Schnellübersicht
Delphi 3

Dirk Louis

SCHNELL-ÜBERSICHT

Markt&Technik
Buch- und Software-
Verlag GmbH

Delphi 3

Delphi 3
Delphi 3
Delphi 3
Delphi 3
Delphi 3
Delphi 3
Delphi 3
Delphi 3
Delphi 3
Delphi 3

Die Deutsche Bibliothek – CIP-Einheitsaufnahme

Louis, Dirk:
Delphi 3 / Dirk Louis. – Haar bei München : Markt und Technik,
Buch- und Software-Verl., 1997
(Schnellübersicht)
ISBN 3-8272-5290-3

10 9 8 7 6 5 4 3 2 1

2000 99 98 97

ISBN 3-8272-5290-3

Einbandgestaltung: Grafikdesign Heinz H. Rauner, München
Satz: CD GmbH, Neuler
Druck: Freiburger Graphische Betriebe, Freiburg
Dieses Produkt wurde mit Desktop-Publishing-Programmen erstellt
und auf chlorfrei gebleichtem Papier gedruckt
Printed in Germany

Was finden Sie in dieser Schnellübersicht?

Tabellenübersicht 6
Inhaltsverzeichnis 7
Vorwort 13
Arbeiten mit der Schnellübersicht Delphi 3 14
Schreibweisen und Syntaxdarstellung 17
Kapitel 1 bis 10 ab Seite 18
Stichwortverzeichnis 569
Inhaltsverzeichnis ausklappbar hinterer Teil

Tips zur Schnellübersicht:

- **Lesen Sie das Kapitel »Arbeiten mit der Schnellübersicht Delphi 3«**
  Sie finden hier eine ausführliche Anleitung zum effektiven Einsatz der Schnellübersicht.
- **Lassen Sie die Schnellübersicht offen aufliegen**
  Das handliche Buch findet immer einen freien Platz.
- **Klappen Sie das Inhaltsverzeichnis aus**
  Sie finden hier schnell das richtige Kapitel.
- **Suchen Sie ein Kapitel nach den Registermarken**
  Die Nummern auf den Marken ermöglichen ein schnelles Auffinden.
- **Nutzen Sie die Verweise für weitere Informationen**
  In jedem Kapitel sind umfangreiche Verweise, mit deren Hilfe weitere Beschreibungen gefunden werden.

Tabellenübersicht

Nachfolgend finden Sie eine Auflistung der Tabellen, die in dieser Schnellübersicht enthalten sind.

Übersicht aller Tabellen

Tabelle	Bezeichnung	Seite
Tabelle 2.1:	Tastenkürzel der IDE (Vorgabe)	57
Tabelle 3.1:	Die wichtigsten Dateien eines Projekts	71
Tabelle 3.2:	Befehle im Fenster Projektverwaltung	80
Tabelle 3.3:	published-Eigenschaften von TForm	95
Tabelle 3.4:	published-Ereignisse von TForm	98
Tabelle 3.5:	Erzeugung und Besitzer von Fenstern	100
Tabelle 3.6:	Wichtige Eigenschaften und Methoden von TForm	100
Tabelle 3.7:	Standard-Eigenschaften von Komponenten	127
Tabelle 3.8:	Standard-Ereignisse von Komponenten	128
Tabelle 3.9:	Die wichtigsten Packages	133
Tabelle 3.10:	Die wichtigsten Entwurfszeit-Packages	134
Tabelle 3.11:	Farben und Bits	153
Tabelle 4.1:	Formatierung im Fenster Auswerten/Ändern	180
Tabelle 5.1:	Schlüsselwörter von Object Pascal	202
Tabelle 5.2:	Standardanweisungen von Object Pascal	203
Tabelle 5.3:	Übersicht über Integer-Typen und ihre Wertebereiche	206
Tabelle 5.4:	Übersicht über Gleitkommatypen und ihre Wertebereiche	209
Tabelle 5.5:	Rangfolge der Operatoren	228
Tabelle 5.6:	Zugriffsmodifizierer für Klassen	270
Tabelle 6.1:	Thread-Funktionen	373
Tabelle 7.1:	TField-Komponenten	407
Tabelle 7.2:	Navigator-Elemente	409
Tabelle 7.3:	Local-SQL-Befehle	417
Tabelle 8.1:	Werte der FTP-Eigenschaft State (nur Laufzeit)	436
Tabelle 8.2:	Übliche Port-Dienst-Kombinationen	441
Tabelle 9.1:	Basisklassen für Komponenten	470
Tabelle 9.2:	Eigenschaftstypen im Objektinspektor	475

Inhaltsverzeichnis

	Was finden Sie in dieser Schnellübersicht?	5
	Tabellenübersicht	6
	Vorwort	13
	Arbeiten mit der Schnellübersicht Delphi 3	14
	Schreibweisen und Syntaxdarstellung	17
1	**Grundlagen und Installation**	**18**
1.1	Einführung	18
1.1.1	Die Sprache Pascal	19
1.1.2	Windows-Programmierung	19
1.1.3	RAD	20
1.1.4	Leistungsmerkmale von Delphi	21
1.2	Die Borland Zusatzprogramme	24
1.2.1	Zusatzprogramme, die mit dem Compiler ausgeliefert werden	24
1.2.2	Zusatzprogramme, die man nachkaufen kann	24
1.3	Installation	26
1.3.1	Anforderungen an den Computer	26
1.3.2	Installation von Delphi 3	26
1.3.3	Anpassungen	28
1.4	Allgemeine Bedienungshinweise	30
1.4.1	Starten und Beenden	30
1.4.2	Menüsystem	30
1.4.3	Benutzung der Online-Hilfe	31
2	**Die RAD-Umgebung**	**32**
2.1	Allgemeines	32
2.2	Konzeption der RAD-Umgebung	34
2.3	Elemente der RAD-Umgebung	36
2.3.1	Die Komponentenpalette	36
2.3.2	Der Formular-Designer	39
2.3.3	Der Objektinspektor	41
2.3.4	Der Projekt-Quelltext	43
2.4	Die IDE	44
2.4.1	Aufbau der IDE	44
2.4.2	Menüsystem	44
2.4.3	Die Mauspalette	55
2.4.4	Tastenkürzel	57
2.4.5	Der Quelltexteditor	59
2.4.6	Fensterverwaltung in der IDE	61
2.4.7	Konfiguration der IDE	65

3	**Programmerstellung**	**66**
3.1	Allgemeines	66
3.1.1	Formulierung als Pascal-Algorithmus	66
3.1.2	Ablauf der RAD-Programmierung	67
3.2	Projektverwaltung	71
3.2.1	Was ist ein Projekt?	71
3.2.2	Projekte erstellen und bearbeiten	74
3.2.3	Das Projektfenster	79
3.2.4	Der Quelltext der Projektdatei (*.dpr)	84
3.2.5	Projekte konfigurieren	86
3.3	Erstellung von Formularen	88
3.3.1	Allgemeines	88
3.3.2	Formulare erzeugen und in Projekte einbinden	89
3.3.3	Fenster instanziieren und anzeigen	91
3.3.4	Fenster dynamisch erzeugen	91
3.3.5	Hauptfenster festlegen	93
3.3.6	Formulare bearbeiten	93
3.3.7	Mit Formularen programmieren	99
3.3.8	Formulare in die Objektablage aufnehmen	102
3.4	Programmieren mit Komponenten	103
3.4.1	Allgemeines	103
3.4.2	Die Komponenten-Palette	104
3.4.3	Komponenten positionieren	123
3.4.4	Komponenten gruppieren	124
3.4.5	Erstellungs- und Tabulatorreihenfolge	125
3.4.6	Komponenten bearbeiten	125
3.5	Kompilieren und Linken	129
3.5.1	Allgemeines	129
3.5.2	Aufrufe	129
3.5.3	Konfiguration des Compilers	130
3.5.4	Packages	133
3.6	Die Experten zur Programmerstellung	139
3.6.1	Allgemeines	139
3.6.2	Anwendungs-Experte	139
3.6.3	Datenbank-Experte	141
3.6.4	Der Dialog-Experte	143
3.6.5	Der QuickReport-Experte	144
3.6.6	Der TeeChart-Experte	145
3.7	Die Objektablage	147
3.7.1	Allgemeines	147
3.7.2	Aufbau der Objektablage	147
3.7.3	Die Verwendung der Objektablage	147

3.8 Bildeditor und Ressourcen 152
3.8.1 Allgemeines 152
3.8.2 Einbindung von Bitmap-Ressourcen in ein Programm 154
3.8.3 Ressourcen erstellen 155
3.8.4 Symbole und Mauszeiger 161
3.9 Das Win95-Logo 162

4 Programmanalyse und Debugging 163
4.1 Allgemeines 163
4.1.1 Fehlerkategorien 164
4.1.2 Debug-Techniken 166
4.1.3 Optimierung 168
4.2 Anzeige von Informationen 171
4.2.1 Die Symbolanzeige 171
4.2.2 Ausgaben des Programms 174
4.2.3 Anzeigen des Debuggers 174
4.2.4 Menübefehl Suchen/Laufzeitfehler suchen 180
4.3 Debugger 181
4.3.1 Steckbrief 181
4.3.2 Hinweise zur Arbeit mit dem Debugger 182
4.3.3 Windows-Anwendungen debuggen 189
4.3.4 Debugger konfigurieren 190
4.4 WinSight 192
4.4.1 Steckbrief 192
4.4.2 Hinweise zur Arbeit mit WinSight 192
4.4.3 Botschaften überwachen 193

5 Object Pascal 197
5.1 Programmaufbau 198
5.2 Typen, Variablen und Konstanten 202
5.2.1 Allgemeines 202
5.2.2 Konstanten 203
5.2.3 Datentypen und Variablen 204
5.2.4 Die vordefinierten Typbezeichner 205
5.2.5 Typumwandlung 224
5.2.6 Gültigkeitsbereiche 225
5.3 Ausdrücke und Operatoren 228
5.3.1 Arithmetische Operatoren 228
5.3.2 Bit-Operatoren 229
5.3.3 Boolesche Operatoren 231
5.3.4 String-Operator 231
5.3.5 Mengenoperatoren 231
5.3.6 Vergleichsoperatoren 232

5.3.7	Sonstige Operatoren	232
5.4	Ablaufsteuerung, Compiler-Direktiven, Exceptions	234
5.4.1	Verzweigungen und Schleifen	234
5.4.2	Abbruchbefehle und -prozeduren	240
5.4.3	Die Compiler-Direktiven	243
5.4.4	Exceptions	256
5.5	Prozeduren und Funktionen	263
5.5.1	Prozedurdeklarationen	263
5.5.2	Funktionsdeklarationen	265
5.5.3	Weitere Spezifizierer	266
5.5.4	Datenaustausch zwischen Routinen	267
5.5.5	Rekursive Funktionen	267
5.5.6	Function overhead	268
5.6	Klassentypen	269
5.6.1	Klassendeklaration	269
5.6.2	Klassen und OOP	272
5.6.3	Datenelemente	274
5.6.4	Methoden	276
5.6.5	Eigenschaften	279
5.6.6	Vererbung	283
5.6.7	Klassenreferenzen und -methoden	289
5.7	Schnittstellen	290
5.7.1	Schnittstellen und das COM-Modell	290
5.7.2	Einsatz von Schnittstellen	291
6	**Windows-Programmierung**	**292**
6.1	Allgemeines	292
6.2	Win16 und Win32	294
6.2.1	Anwendungen starten	294
6.2.2	Botschaftsverarbeitung	297
6.2.3	Speicherverwaltung	301
6.2.4	Multithreading und Multitasking	303
6.3	Anwendung und Hauptfenster erstellen	306
6.4	Botschaftsverarbeitung – I. Teil	310
6.5	Botschaftsverarbeitung – II.Teil	313
6.6	Botschaftsverarbeitung – III. Teil	315
6.7	Menüs und Tastenkürzel	317
6.8	Mauspalette und Statuszeile	321
6.9	Menüverschmelzung und Kontextmenüs	326
6.10	Dialogfenster einrichten	330
6.11	Gerätekontexte und GDI-Objekte	336
6.12	Bitmaps	341

6.13 Animation 344
6.14 Multimedia 349
6.15 Dynamische Linkbibliotheken (DLL) 352
6.16 MDI-Anwendungen 355
6.17 OLE-Anwendungen 359
6.18 Multithreading 368
6.19 Hilfe-Programmierung 376

7 Datenbank-Anwendungen 382
7.1 Allgemeines 382
7.2 Die Datenbank-Hilfsprogramme 383
7.2.1 Die Database Engine (BDE) 383
7.2.2 Datenbank-Treiber und Treiberverbindungen 383
7.2.3 Die Datenbankoberfläche 387
7.2.4 Der Datenbank-Explorer 389
7.2.5 Der Formular- oder Datenbank-Experte 390
7.2.6 Der Feld-Editor 391
7.2.7 Report Smith 392
7.2.8 Die IDAPI 393
7.3 Datenbank-Programmierung 394
7.3.1 Grundlagen von Datenbanken 394
7.3.2 Die Datenbank-Komponenten 397
7.3.3 Verknüpfung der Datenbank-Komponenten 399
7.3.4 Datenmodule 401
7.3.5 Tabellen anlegen und öffnen 402
7.3.6 Felder bearbeiten 406
7.3.7 Der Datenbank-Navigator 409
7.3.8 Indizes erstellen 411
7.3.9 Nach Daten suchen 414
7.3.10 SQL 416
7.3.11 Ein Vokabeltrainer als Beispiel 421
7.3.12 Daten grafisch darstellen mit TDBChart 426
7.3.13 Daten grafisch darstellen mit TGraph 428
7.3.14 Berichte erstellen mit QuickReport f31

8 Internet und ActiveX 434
8.1 Allgemeines 434
8.2 Die Internet-Komponenten 435
8.3 Web-Browser mit THTML 439
8.4 ActiveX 447
8.5 ActiveX-Steuerelemente erstellen 450
8.5.1 Delphi-Komponente als Basis für ActiveX-Steuerelement aufsetzen 450

8.5.2 Delphi-Komponente in ActiveX-Steuerelement verwandeln 452
8.5.3 ActiveX-Steuerelemente in Delphi verwenden 456
8.6 ActiveX-Steuerelemente in HTML-Dokumenten verwenden 458
8.7 ActiveX-Formulare 460
8.8 Glossar 461

9 Eigene Komponenten entwickeln 464
9.1 Allgemeines 464
9.1.1 Komponenten aus Sicht des Komponenten-benutzers 464
9.1.2 Komponenten aus Sicht des Komponenten-entwicklers 465
9.1.3 Vorgehensweise 465
9.2 Festlegung des Aufgabenbereichs 466
9.3 Festlegung der Benutzerschnittstelle 468
9.4 Komponentenklasse anlegen 470
9.5 Eigenschaften implementieren 472
9.5.1 Deklaration von Eigenschaften 472
9.5.2 Eigenschaften im Objektinspektor anzeigen 472
9.5.3 Array-Eigenschaften 473
9.5.4 Eigenschafts-Editoren 475
9.5.5 Speichern und Laden 479
9.6 Ereignisse implementieren 482
9.6.1 Interne Ereignisse 482
9.6.2 Ereignisse im Objektinspektor 483
9.7 Methoden implementieren 485
9.8 Komponente registrieren 486

10 Die Delphi-3-Bibliotheken 492
10.1 Die RTL 492
10.2 Die VCL 552

Stichwortverzeichnis 569

Ausklappbares Inhaltsverzeichnis Hintere Umschlagseite ausklappbar

Vorwort

Mit zunehmender Leistungsfähigkeit von Personalcomputern und ihrer Software wird es für den Anwender immer schwieriger, die Übersicht über alle Funktionen der eingesetzten Software zu behalten. In den meisten Fällen wird nur ein Teil der angebotenen Möglichkeiten genutzt, mit denen er sich im Laufe der Zeit zurechtfindet. In einführenden Schulungen können nur die wichtigsten Funktionen gelehrt und verstanden werden.

So bleibt sowohl für neue Anwender als auch für solche, die schon einige Erfahrungen mit der eingesetzten Software haben, ein Informationsdefizit. Beide möchten bisher unbekannte oder wenig genutzte Funktionen schnell und unkompliziert nachschlagen können.

Für diese Anwendergruppen ist die Reihe »Schnellübersicht« entwickelt worden. Sie besteht aus Nachschlagewerken zu Standardprogrammen und Programmiersprachen, die in kompakter und übersichtlicher Form schnelle Antworten auf die Fragen geben, die bei der täglichen Arbeit mit dem jeweiligen Programm auftreten.

- Die Beschreibungen sind problemorientiert aufgebaut, und miteinander verwandte Themen sind auch in räumlicher Nähe zueinander zu finden.
- Alle Informationen werden so vermittelt, wie sie bei der praktischen Arbeit benötigt werden.
- Eine Übersicht auf der Titelseite gibt einen schnellen Überblick darüber, welche Themenkreise wo zu finden sind.
- Ein ausklappbares Inhaltsverzeichnis erleichtert das Auffinden der Lösungen zu einem bestimmten Problem.
- Ein einheitlicher Aufbau der Kapitel erleichtert die schnelle Erkennung und Umsetzung der benötigten Informationen.
- Zahlreiche Querverweise erschließen den Zugriff auf weiterführende Informationen.
- Das handliche Format vermeidet Platzprobleme am Arbeitsplatz.
- Alle Bücher sind nach einheitlichen Prinzipien gegliedert. So finden Sie sich in weiteren Schnellübersichten für andere Softwareprodukte sofort zurecht.

Damit schließt sich die Lücke zwischen umfangreichen und unhandlichen Programmhandbüchern und knappen Übersichtskarten. Die Schnellübersicht bietet ein Maximum an übersichtlich gegliederter Information auf wenig Raum. Die praktischen Erfahrungen des Autorenteams garantieren den praxisgerechten Aufbau jedes Buches.

Wir wünschen Ihnen viel Erfolg mit der Schnellübersicht für Delphi 3.

Das Autorenteam

Arbeiten mit der Schnellübersicht Delphi 3

Beachten Sie die folgenden Tips zum Arbeiten mit der Schnellübersicht. Damit können Sie diesen handlichen Helfer effektiv einsetzen und Informationen schnell finden.

Tips

- **Stellen Sie Ihre Schnellübersicht in unmittelbare Nähe Ihrer Tastatur.** So können Sie jederzeit bei Auftreten eines Problems schnell zum richtigen Buch greifen und nachschlagen.
- **Klappen Sie das Inhaltsverzeichnis aus.** In diesem kompakten ausklappbaren Inhaltsverzeichnis finden Sie schnell das richtige Kapitel zu jedem Problem.
- **Lassen Sie die Schnellübersicht offen an Ihrem Arbeitsplatz liegen.** Das handliche Buch findet immer einen freien Platz. Jetzt haben Sie bei Auftreten eines weiteren Problems Ihre Schnellübersicht sofort griffbereit und müssen nur noch das richtige Kapitel aufschlagen.

So schlagen Sie ein Problem nach

- **Suchen Sie im ausklappbaren Inhaltsverzeichnis nach Ihrem Problem.** Suchen Sie hier nach dem entsprechenden Kapitel, in dem Ihr Problem beschrieben sein könnte. In der Auflistung der Unterthemen finden Sie schnell das richtige Kapitel mit Kapitel- und Seitennummer.
- **Schlagen Sie das gewünschte Kapitel auf.** Die Registermarken mit Kapitelnummern ermöglichen Ihnen ein schnelles Auffinden.

So schlagen Sie einen Begriff nach

- **Suchen Sie im Stichwortverzeichnis nach dem Begriff.** Das Stichwortverzeichnis finden Sie am Ende des Buches.

So schlagen Sie eine Routine oder Klasse nach

- Im Kapitel 10 finden Sie – neben Datentypen, Variablen und Konstanten – auch die **Funktionen und Prozeduren der Delphi-Lauf-**

zeitbibliotheken in alphabetischer Reihenfolge aufgeführt. Jeder Eintrag besteht aus einer Syntaxdarstellung und einer kurzen Beschreibung.

- Im Kapitel 10 sind die **VCL-Klassen** in jeweils alphabetischer Reihenfolge aufgelistet. Alle Klassen sind kurz beschrieben; zu den wichtigeren Klassen und Komponenten sind auch die einzelnen Eigenschaften, Methoden und Ereignisse aufgelistet.
  Zudem sind in Kapitel 10 auch die in den VCL-Units definierten **Variablen, Prozeduren und Funktionen** und die für die Komponentenprogrammierung wichtigsten **Basisklassen** aufgeführt.
- **Schlagen Sie im Stichwortverzeichnis unter den Einträgen *Laufzeitbibliothek* oder *VCL* nach.** Das Stichwortverzeichnis finden Sie am Ende des Buches.

So finden Sie Tips zur Programmierpraxis

- **Das eigentliche Kapitel zur Programmierpraxis** ist Kapitel 6, »Windows-Programmierung«, in dem Schritt-für-Schritt-Standardlösungen für die wichtigsten Programmieraufgaben aufgezeigt und anhand eines Beispiels erläutert werden.
- Kapitel 7 enthält einen eigenen Praxisteil, der anhand eines Vokabeltrainers in die **Programmierung von Datenbanken** einführt.
- Eine Übersicht über die von Delphi zur Verfügung gestellten **Komponenten** finden Sie im Abschnitt 3.4.2. Die **Programmierung eigener Komponenten** ist in Kapitel 9 beschrieben.
- **Schlagen Sie im Stichwortverzeichnis unter dem Eintrag *Programmierbeispiele* nach.** Das Stichwortverzeichnis finden Sie am Ende des Buches.

Typischer Aufbau eines Kapitels

- **Einführung.** Nach der Überschrift folgt eine kurze allgemeine Beschreibung.
- **Übersichten.** Neben den Tabellen dienen vor allem Übersichten zur schnellen Informierung.
- **Beschreibung der Arbeitsschritte.** Unter der Überschrift »Ausführung« finden Sie Schritt-für-Schritt-Lösungen zu den wichtigsten

Arbeitsabläufen, sei es im Umgang mit der IDE, den verschiedenen Zusatzprogramme oder bei der Programmierung selbst.

- **Anmerkungen.** In den darauffolgenden Anmerkungen sind Tips und Details gesammelt.
- (➔ x.x) Bei jeder Erwähnung eines Punktes, zu dem Sie nähere Erläuterungen in einem anderen Kapitel nachschlagen können, finden Sie einen entsprechenden Verweis mit der Kapitelnummer.

Um den umfangreichen und vielfältigen Möglichkeiten von Delphi 3 zu genügen, weichen einige Kapitel in Details von diesem typischen Aufbau ab. Wir haben aber versucht, immer einen übersichtlichen Aufbau zu bewahren.

Wenn Sie diese Tips beachten, wird das handliche Buch ein nützlicher Helfer bei Ihrer Arbeit mit Delphi werden.

Schreibweisen und Syntaxdarstellung

Schreibweisen

In dieser Schnellübersicht werden die folgenden Schreibweisen zur Unterscheidung von Textelementen verwendet.

- **KAPITÄLCHEN.** Für Menübefehle und Schaltflächen.
- **Fettdruck**. Für Schlüsselwörter sowie Funktionen und Klassen, die in den Delphi-Bibliotheken definiert sind.
- *Kursivschrift*. Für Titel und Einträge in Dialogfenstern.
- `Schreibmaschinenschrift`. Für Beispiele und Listings.

Syntaxdarstellung

Alle Syntaxdarstellungen aus Kapitel 5 sind in einer bestimmten Form aufgebaut, die Ihnen die Anwendung der Befehle verständlich machen soll:

tMyClass = **class**(*TComponent*)

- **Schlüsselwörter:** Schlüsselwörter und andere Textteile, die genau übernommen werden müssen, sind fett dargestellt.
- *Platzhalter*: Platzhalter für eine Gruppe von Elementen (beispielsweise Datentypen in Variablendeklarationen), aus der der Programmierer wählen kann, sind kursiv und mit großem Anfangsbuchstaben dargestellt.
- *Bezeichner:* Namen für Variablen, Parameter, Funktionen, Klassen, etc, die vom Programmierer frei gewählt werden, sind durch kursive Schrift und Kleinschreibung gekennzeichnet.
- []: Eckige Klammern stellen optionale Angaben dar. Diese Angaben sind nur bei Bedarf vorzunehmen und können auch entfallen. Die Klammern dürfen nicht angegeben werden, da sie nicht zur Syntax gehören (Dies gilt jedoch nicht für die Klammern zur Bezeichnung von Arrays, die sehr wohl fester Bestandteil der korrekten Syntax sind).

Die Syntaxdarstellungen der Referenzkapitel sind durchweg in Kursivschrift, wobei der jeweilige Name der Klasse, Funktion, etc. durch Normalschrift hervorgehoben ist:

function **FileSize***(var F): Integer;*

1 Grundlagen und Installation

1.1 Einführung

Aus der Sicht des Programmierers zeichnen sich Anwendungen, die unter Windows laufen, vor allem dadurch aus, daß sie Fenster als Schnittstellen zum Benutzer verwenden und über Ereignisse gesteuert werden.

Um dem Programmierer den damit einhergehenden Mehraufwand an Entwicklungsarbeit abzunehmen, bieten die meisten Compiler, mit denen sich Windows-Anwendungen erstellen lassen, verschiedene Hilfen: von objektorientierten Klassenbibliotheken, in denen die Funktionen der Windows-API gekapselt sind, über Experten-Programme zur automatischen Erstellung von Programmgerüsten bis hin zu Editoren zur visuellen Programmierung von Windows-Anwendungen. Als Vorreiter – gerade für die visuelle Erstellung von Windows-Anwendungen – ist hier vor allem das sehr erfolgreiche Visual Basic zu nennen.

Delphi verbindet diese Idee der visuellen Anwendungsentwicklung mit der äußerst leistungsfähigen Programmiersprache Pascal, und das Ergebnis dieser Verbindung darf man wohl als ausgesprochen geglückt bezeichnen. Dem Einsteiger bietet Delphi objektorientierte Programmgerüste und visuelle Programmierung in Komponentenbauweise, so daß schon nach kurzer Eingewöhnungsphase komfortable und software-technisch ausgereifte Windows-Anwendungen erstellt werden können. Fortgeschrittenen Programmierern ermöglicht die Kombination aus visueller und traditioneller Programmierung die effiziente, weil schnelle Entwicklung anspruchsvoller, professioneller Anwendungen für die verschiedensten Aufgabenbereiche.

Neben der Entwicklung konventioneller Windows-Anwendungen bietet Delphi auch weitreichende Unterstützung bei der Programmierung von Internet- (in der Client/Server-Suite bis hin zur Erstellung eigener Web-Server-Programme) und Datenbankanwendungen (letztere benutzen die Borland Database Engine (BDE), über die jede Kommunikation zwischen Anwendung und Datenbank abläuft und die bei der Installation automatisch eingerichtet wird).

Im Vordergrund steht dabei die Entwicklung von Anwendungen für die 32-Bit-Betriebssysteme Win95 und WinNT. Es können aber auch Konsolenprogramme für MS-DOS (→ Einführung zu 5) oder 16-Bit-Programme für Windows 3.x erstellt werden (mit Hilfe der 1.02-Version, die zusammen mit Delphi 3 ausgeliefert wird).

1.1.1 Die Sprache Pascal

Pascal wurde 1971 von Nikolaus Wirth entwickelt. Ursprünglich als Lehrsprache zur strukturierten Programmierung gedacht, erfreut sich Pascal heute großer Beliebtheit und wird auch in semiprofessionellen und professionellen Bereichen eingesetzt. Neben den positiven Eigenschaften der Sprache ist diese Entwicklung vor allem auch dem in den Achtzigern auf den Markt gekommenen Turbo- Pascal-Compiler von Borland zu verdanken, der sich bereits durch alle wichtigen Merkmale auszeichnete, die mittlerweile zu Markenzeichen der Borland-Compiler geworden sind:

- integrierte Entwicklungsumgebung (IDE),
- kurze Kompilierzeiten und
- schnelle Programme.

Seit der Entwicklung von Pascal haben sich die Anforderungen an Programmiersprachen jedoch verschoben. Heutzutage sieht die Situation so aus, daß Rechenzeit immer billiger und der Programmieraufwand immer kostspieliger wird. Um diesen veränderten Anforderungen gerecht zu werden, wurde Pascal um objektorientierte Konzepte erweitert. Vorläufiges Endprodukt dieser Entwicklung ist Object Pascal, das, abgesehen von Mehrfachvererbung und Templates, alle wichtigen objektorientierten Konzepte unterstützt (→ 5.6).

Object Pascal ist allerdings mehr als nur objektorientiertes Pascal. Was Delphi für Programmierer so interessant macht, ist die schnelle, visuelle Entwicklung von Windows-Anwendungen (RAD = Rapid Application Development). Ermöglicht wird diese aber erst durch einige besondere syntaktische Erweiterungen, die in Object Pascal Eingang gefunden haben und die Object Pascal auf besondere Weise mit Delphi verknüpfen (diese Erweiterungen betreffen vor allem die Programmierung von Komponenten, → 9).

1.1.2 Windows-Programmierung

Die Programmierung für grafische Multitasking-Oberflächen wie Windows oder XWindows konfrontiert den Programmierer mit ganz anderen Problemen als die Erstellung einfacher Programme ohne grafische Oberfläche. Letztere haben meist recht primitive Schnittstellen zum Bediener – einfach im Aufbau und einfach zu programmieren.

Programme, die unter Windows-Oberflächen ablaufen, bieten dagegen wesentlich weitreichendere Möglichkeiten, die Schnittstelle zum Benutzer zu gestalten. Mausbedienung, Popup-Menüs und hochauflösende grafische Darstellung sind Elemente, auf die heute kaum noch ein Benutzer verzichten möchte.

Solche Elemente in DOS-Anwendungen einzubauen, wäre mit einem enormen Aufwand verbunden. Zum Glück nehmen Ihnen grafische Oberflächen wie Windows einen Großteil der Arbeit ab, indem einerseits spezielle Funktionen zur Windows-Programmierung (API = Application Programming Interface) zur Verfügung gestellt werden, andererseits bestimmte Aufgaben (Verschieben von Fenstern auf dem Desktop, Zuweisung von Benutzereingaben an Fenster) direkt vom Betriebssystem übernommen werden, ohne daß der Programmierer sich darum zu kümmern braucht.

Was dem Programmierer bleibt, ist die Mühe, sich in den Gebrauch der Windows-Funktionen beziehungsweise der entsprechenden Klassenbibliotheken (im Falle von Delphi wäre dies die VCL) einzuarbeiten und sich mit den Anforderungen, die die Windows-Oberfläche an seine Anwendungen stellt, vertraut zu machen (➔ 6).

Delphi kommt dem Programmierer allerdings noch einen weiteren Schritt entgegen, indem es die Besonderheiten und Formalismen der Windows-Programmierung in automatisch erstellten Programmgerüsten, Komponenten, Experten und einer Vielzahl spezieller Editoren auffängt, so daß Standardanwendungen in kürzester Zeit und ohne große Vorkenntnisse erstellt werden können (➔ 3).

1.1.3 RAD

RAD ist eine Abkürzung für »Rapid Application Development« und dient zur Beschreibung spezieller Compiler-Oberflächen, die dem Programmierer die Entwicklung von Windows-Anwendungen durch verschiedene Konzepte erleichtern.

Der Vorteil solcher RAD-Umgebungen besteht darin,

- daß der Zeitaufwand für die Anwendungsentwicklung stark reduziert wird,
- daß die Anwendungsentwicklung weniger fehleranfällig ist,
- daß Anfängern ohne großes Hintergrundwissen zur Windows-Programmierung der Einstieg erleichtert wird.

Von Nachteil ist, daß die erstellten Programme im Vergleich zu reinen API-Programmen mehr Speicherplatz benötigen und in der Ausführung langsamer sind. Nicht nur aus diesen Gründen, sondern auch, um ihren Programmierstil zu verbessern und weiterzuentwickeln, sollten Programmierer, die

mit einer RAD-Umgebung wie Delphi in die Windows-Programmierung einsteigen, nicht versäumen, sich nach und nach das nötige Hintergrundwissen zur Windows-Programmierung anzueignen (zu diesem Zwecke finden Sie auch in diesem Buch eine Vielzahl von Rückbezügen und allgemeinen Erläuterungen zur Windows-Programmierung).
Aus welchen Teilen sich die RAD-Umgebung von Delphi im einzelnen zusammensetzt und wie diese Teile zusammenarbeiten, können Sie in Kapitel 2 nachlesen. In Kapitel 3 wird dann der praktische Umgang mit den Elementen der RAD-Umgebung im Vordergrund stehen.

1.1.4 Leistungsmerkmale von Delphi

Vermutlich sind Sie bereits über die Vorzüge des Delphi-Pakets informiert, sonst hätten Sie wohl nicht dieses Buch gekauft. Zur besseren Übersicht seien die wichtigsten Aspekte an dieser Stelle aber noch einmal aufgeführt:

- **Rapid Application Development (RAD)** (➔ 2)
  - Zentrales Element der RAD-Programmierung sind die Komponenten (➔ 2.2; 3.4) – vorprogrammierte Bausteine, die per Drag&Drop implementiert und mit Hilfe des Objektinspektors zur Entwurfszeit konfiguriert werden.
  - Im Formular-Designer (➔ 2.3.2) können die Fenster der Windows-Anwendungen visuell aufgebaut werden.
  - Anwendungsgerüste und Experten (➔ 3.6) liefern wohl konzipierte Vorlagen für die verschiedensten Anwendungen und Fenstertypen.
  - Verschiedene Editoren erleichtern die Programmierarbeit (beispielsweise wenn es darum geht, eine Menüstruktur oder eine Stringliste anzulegen).
  - Die Objektablage (➔ 3.7) dient dem Zugriff und der Verwaltung der verschiedenen Anwendungsgerüste und ermöglicht auch die Wiederverwertung eigener Vorlagen.
- **Integrierte Entwickungsumgebung (IDE)** (➔ 2.4)
  - Über das Menü oder die Mauspalette der IDE sind sämtliche zur Programmerstellung erforderlichen Funktionen (von der Projektverwaltung bis zum Debuggen) direkt verfügbar.
  - Die meisten Zusatz-Tools (Experten-Programme, Bildeditor, Datenbank-Tools) sind ebenfalls direkt aus der IDE heraus aufrubar.
- **Erstellung von Pascal-Programmen** (➔ 5)
  - Abgesehen davon, daß Delphi optimal für die Entwicklung von Windows-Anwendungen ist, können Sie ebensogut einfache Konsolen-Anwendungen erstellen. Dabei kommen Ihnen vor allem der leistungsfähige Compiler zugute sowie die zugrundeliegende Object-Pascal-Ver-

sion, mit der Sie auch anspruchsvolle objektorientierte Anwendungen erstellen können.

- **Erstellung von Windows-Anwendungen** (➔ 6; 7; 8)
  - Delphi ist vor allem für die grafische Programmierung von Windows-Anwendungen ausgelegt. Zu diesem Zweck unterscheidet Delphi die verschiedenen Bestandteile von Windows-Anwendungen in Formulare (Anwendungsfenster, Dialogfenster) und Komponenten (Menüs, Steuerelemente, Verbindung zu Datenbanken etc.). Formulare (➔ 3.3) und Komponenten (➔ 3.5) werden durch Festlegung ihrer Eigenschaften und der Implementierung der zu verarbeitenden Ereignisse eingerichtet und an die Bedürfnisse der jeweiligen Anwendung angepaßt. Für die entsprechenden Arbeitsschritte stehen die Komponentenpalette und der Objektinspektor zur Verfügung.
  - Verschiedene Experten-Programme (Anwendungs-Experte, Dialog-Experte (➔ 3.6)) erzeugen automatisch lauffähige Anwendungen, die von Ihnen weiter ausgebaut werden können.
  - Die VCL-Klassenhierarchie (➔ 10.2) kapselt die Windows-API und erleichtert Ihnen die direkte, nicht-grafische Programmierung.
- **Debugging** (➔ 4)
  - Die IDE birgt einen integrierten Debugger (➔ 4.3) zum komfortablen und schnellen Debuggen Ihrer Programme.
  - Zum Überwachen und Kontrollieren der Botschaftsverarbeitung Ihrer Anwendungen steht Ihnen das Programm WinSight (➔ 4.4) zur Verfügung.
- **Erstellung von Ressourcen** (➔ 3.8)
  - Die wenigsten Windows-Programme kommen ohne Ressourcen aus (Menüs, Dialogfenster, Icons, Bitmaps etc.). Dialogfenster werden einfach als eigene Formulare erzeugt (➔ 6.10), Menüs (➔ 6.7) und Standarddialoge (➔ 3.4.2; 6.16) sind als Komponenten definiert. Bildressourcen (Bitmaps, Icons, Cursor) können mit dem Bildeditor (➔ 3.8) erstellt werden.
- **Optimierung von Programmen** (➔ 3.5.3)
  - Durch die Konfiguration des Delphi-Compilers können Sie selbst bestimmen, inwieweit Ihr Code rückwärtskompatibel sein soll, ob er Debug-Informationen enthalten soll und ob er hinsichtlich Laufzeit und Codegröße optimiert werden soll.
- **Umfangreiche Hilfe**
  - Der Delphi-Compiler verfügt über eine umfangreiche Online-Hilfe mit vielfältigen Suchfunktionen.

- **Konfigurierbarkeit** (→ 1.3.3)
  - Borland bietet Ihnen die Möglichkeit, Ihren Arbeitsplatz ganz nach Ihren Vorstellungen einzurichten. Dies beginnt mit der Konfiguration der IDE und endet bei den Compiler-Einstellungen für einzelne Projekte.
- **Projektverwaltung** (→ 3.2)
  - Die Projektverwaltung unterstützt Sie bei der Erstellung von Programmen aus mehreren Modulen (unter Windows praktisch unverzichtbar).
- **Datenbankprogrammierung** (→ 7)
  - Mit Hilfe der Borland Database Engine können Sie Datenbankanwendungen für Paradox, dBASE, SQL-Server und ODBC-Datenbanken (Access, FoxPro) schreiben.
  - Eine Reihe von Tools unterstützt Sie direkt bei der Erstellung von Datenbankanwendungen (Formular-Experte, Datenbankoberfläche, Datenbank-Komponenten).

1.2 Die Borland Zusatzprogramme

Neben der IDE, dem eigentlichen Compiler und dem Linker gibt es eine Reihe von Programmen, die Sie bei der Programmierung unterstützen. Ein Teil dieser Programme wird zusammen mit dem Delphi-3-Paket ausgeliefert, andere können Sie bei Bedarf zukaufen.

1.2.1 Zusatzprogramme, die mit dem Compiler ausgeliefert werden

- **Bildeditor** (➔ 3.8)
  - Aufruf über Menü **TOOLS**
  - Zur Erstellung und Bearbeitung von Bilder-Ressourcen (Bitmaps, Icons, Cursor)
- **WinSight** (➔ 4.4)
  - Aufruf aus Delphi-Gruppe
  - Debugging-Tool zum Verfolgen von Windows-Botschaften
  - Zeigt Informationen über die Fenster der gerade in der Ausführung befindlichen Anwendungen an
- **Datenbankoberfläche** (➔ 7.2.3)
  - Aufruf über Menü **TOOLS**
  - Programm zum Erstellen, Bearbeiten und Verwalten von Datenbanken
- **Local InterBase Server**
  - Muß separat installiert werden (erst ab Professional-Version verfügbar)
  - Lokaler SQL-Server für Windows zum Erstellen einfacher SQL-Anwendungen
- **InstallShield Express**
  - Muß separat installiert werden (erst ab Professional-Version verfügbar)
  - Hilfsprogramm zur Erstellung von Installationsroutinen für Programme, die Sie an andere Personen weitergeben möchten

1.2.2 Zusatzprogramme, die man nachkaufen kann

- **Turbo Assembler**
  - DOS-Programm
  - Zur Erstellung von Assembler-Programmen
- **Report Smith** (➔ 7.2.7)
  - Windows-Programm

- Programm zur Erstellung von Datenbankberichten (kann als Laufzeit-Version in Delphi-Programme integriert werden)

- **Resource Workshop**
  - Windows-Programm
  - Komfortables Programm zum Erstellen, Bearbeiten, Verwalten und Betrachten von Windows-Ressourcen
- **ForeHelp**
  - Windows-Programm
  - Zur Erstellung von Windows-Hilfstexten und Hypertext-Dokumenten.
- **RAD-Pack**

  Eine Zusammenstellung nützlicher Hilfsmittel
  - Quelltexte der Visual Component Library
  - Turbo Debugger für Windows
  - Visual Solution Pack mit VBX-Steuerelementen
  - Resource Workshop zur Ressourcenerstellung
  - ObjectPascal-Referenzhandbuch

1.3 Installation

Die Installation von Delphi 3 läuft weitgehend automatisch ab. Alles was von Ihnen gefordert wird, ist, die Voraussetzungen für eine sichere Installation zu schaffen und zu entscheiden, in welchem Umfang die Installation erfolgen soll. Beginnen Sie damit, zu überprüfen, inwieweit Ihr System die Anforderungen von Delphi 3 erfüllt und wo Engpässe auftreten können.

1.3.1 Anforderungen an den Computer

Delphi 3 stellt relativ hohe Anforderungen an Ihr System.

- Windows 95 oder Windows NT 3.51
- 80486-Prozessor oder höher
- 8-MByte-Arbeitsspeicher (12 MByte empfohlen)
- Eine Festplatte mit mindestens 50 MByte freiem Plattenplatz (Minimalversion). Falls Sie eine vollständige Installation durchführen möchten, benötigen Sie allerdings bis zu 100 MByte freien Platz auf Ihrer Festplatte.
- VGA-Bildschirm mit 640 x 480 Auflösung oder höher
- CD-ROM-Laufwerk
- Windows-Zeigegerät (Maus)

Anmerkung

- Ist der verfügbare Festplattenspeicher der kritische Faktor, sollten Sie sich für eine benutzerdefinierte Teilinstallation oder die Minimal-Installation entscheiden.

1.3.2 Installation von Delphi 3

Ausführung: Delphi 3 installieren

- **Installation starten.**

1. **Schließen Sie zur Sicherheit alle laufenden Programme, und benutzen Sie den Menübefehl AUSFÜHREN aus dem Startmenü Ihrer Windows-Oberfläche, um das Installationsprogramm \INSTALL\SETUP.EXE aufzurufen.**

   Nach dem Aufruf des Installationsprogramms erscheinen zuerst die Dialogfenster mit den Lizenzvereinbarungen und den Hinweisen zur Installation.

- **Installation fortsetzen.** Wenn Sie die Installation fortsetzen, erscheint eine Reihe von Dialogfenstern, in denen Sie angeben können, in welcher Form und welchem Umfang die Installation vorgenommen werden soll.

- Mit Hilfe der Schalter **Zurück** und **Weiter** können Sie zwischen den Dialogseiten hin- und herspringen und jederzeit zurückgehen, um eine getroffene Entscheidung rückgängig zu machen.

- **Erstes Dialogfeld**. Hier können Sie auswählen, in welchem Umfang das Programmpaket auf die Festplatte installiert werden soll. Für welche Option Sie sich entscheiden, hängt vor allem von dem Ihnen zur Verfügung stehenden Speicherplatz auf der Festplatte ab.

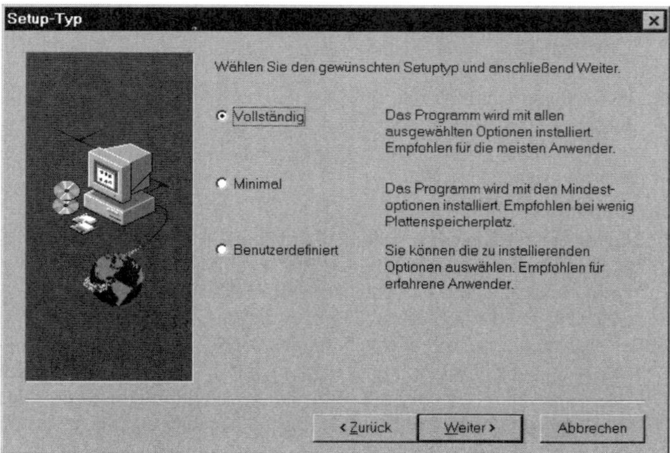

- Mit der Option ***Vollständig*** entschließen Sie sich dazu, das Programmpaket komplett zu installieren. Sie sollten dazu über gut 100 MByte Speicherplatz auf dem Ziellaufwerk verfügen. (Denken Sie auch daran, daß Sie noch Platz für Ihre Projekte benötigen.)
- Bei der Option ***Minimal*** werden nur die nötigsten Dateien auf das Ziellaufwerk kopiert (zirka 50 Mbyte). Die restlichen Dateien (beispielsweise die VCL-Quelltexte und verschiedene Datenbank-Tools und der Local-Interbase-Server) verbleiben auf der CD.
- Die Option ***Benutzerdefiniert*** gestatt et Ihnen, im einzelnen festzulegen, welche Dateien installiert werden sollen und welche nicht. Haben Sie sich für diese Option entschieden, wird eine Reihe zusätzlicher Dialogfenster eingeschaltet, in denen Sie festlegen können, welche Bereiche in welchem Umfang installiert werden sollen.

- **Danach werden die Zielverzeichnisse angezeigt.**
  - Wenn Sie ein eigenes Stammverzeichnis wählen, wird dieses als übergeordnetes Verzeichnis zu Delphi und der Datenbankoberfläche übernommen.
  - Wenn Sie das Zielverzeichnis für Delphi ändern, sollten Sie aufpassen, daß Sie nicht über eine existierende frühere Version installieren, sondern diese zuvor löschen.
  - Ist bereits eine Version der Borland Database Engine installiert, wird deren Verzeichnis als Zielverzeichnis übernommen. Sie können die BDE dann für alle Programmierumgebungen, die auf sie zugreifen, aktualisieren lassen.
- **Einstellungen kontrollieren.** Nachdem Sie noch festgelegt haben, unter welchem Eintrag Delphi im Startmenü aufgeführt werden soll, werden Ihnen noch einmal alle Einstellungen angezeigt, bevor schließlich das Kopieren der Dateien beginnt.

Anmerkungen

- **Programme mit eigener Installation.** Bestimmte Elemente müssen extra installiert werden (Delphi 1.02 für Win16, InstallShield Express und Local Interbase Server). Die entsprechenden Installationsroutinen stehen in den jeweiligen Verzeichnissen (***Delphi16***, ***Isxpress***, ***LocalLib/Disk1***).
- **Deinstallation.** Die zum Paket gehörenden Dateien werden bei der Installation nicht nur in das Delphi-Verzeichnis kopiert, sondern teilweise auch in die Windows-Verzeichnisse. Darüber hinaus modifiziert und erstellt das Installationsprogramm verschiedene .INI-Dateien und trägt bei der Installation unter Windows 95 alle relevanten Informationen in die Registrierdatenbank ein. Benutzen Sie daher das mit ausgelieferte Deinstallationsprogramm (unter Windows 95 benutzen Sie am einfachsten die Deinstallationsroutine unter ***Start/Einstellungen/Systemsteuerung/Software***).
  - Ist der Local-InterBase-Server eingerichtet, schließen Sie diesen vor der Deinstallation (Symbol in Taskleiste mit rechter Maustaste anklikken und Befehl **SHUTDOWN** aufrufen).

1.3.3 Anpassungen

Das Installationsprogramm bietet Ihnen leider keine Möglichkeit, einzelne Komponenten nachzuladen. Sollten Sie sich also nicht für eine vollständige Installation entschieden haben und wollen später bestimmte Komponenten nachladen, bleibt Ihnen nichts anderes übrig, als die gesamte Installation zu wiederholen.

Nach der erfolgreichen Installation ist die IDE standardmäßig so konfiguriert, daß Sie direkt mit der Programmierung beginnen können. Sie können aber zu jedem beliebigen Zeitpunkt die Standardeinstellungen an Ihre persönlichen Vorlieben und Bedürfnisse anpassen. Wie die einzelnen Elemente konfiguriert werden können, ist in den entsprechenden Kapiteln beschrieben.

Übersicht: Konfigurationsmöglichkeiten

- IDE (→ 2.4.7)
- Mauspalette in IDE (→ 2.4.3)
- Komponentenpalette in IDE (→ 2.3.1; 9.8)
- Eintrag externer Tools in Menüleiste (→ 2.4.7)
- Editor (→ 2.4.5)
- Speicherung (→ **Tools/Umgebungsoptionen**, Seite ***Vorgaben***)
- Symbolanzeige (→ **Tools/Umgebungsoptionen**, Seite ***Symbolanzeige***)
- Projektoptionen (→ 3.2.5)
- Formular-Designer (→ 2.3.2)
- Objektablage (→ 3.7.3)
- Compiler und Linker (→ 3.5.3)
- Debugger (→ 4.3.4)
- Borland Database Engine (→ 7.2.2)

1.4 Allgemeine Bedienungshinweise

1.4.1 Starten und Beenden

Wenn Sie Delphi 3 ordnungsgemäß für Windows installiert haben, wurde für Sie bereits eine entsprechende Programmgruppe im Startmenü eingerichtet.

Ausführung: Delphi 3 starten

1. **Öffnen Sie das Untermenü *Programme/Borland Delphi 3* aus dem Startmenü Ihrer Windows-Oberfläche** oder die Programmgruppe, für die Sie sich bei der Installation entschieden haben.
2. **Klicken Sie den Eintrag *Delphi 3* doppelt an.** Die IDE wird nun geladen und erscheint als Kombination aus Menüleiste, Mauspalette und Symbolleisten für Komponenten. Standardmäßig werden auch ein Formular, ein Editorfenster zur Bearbeitung des Quelltextes und der Objektinspektor geöffnet.

   Oder

   Rufen Sie *Delphi* direkt auf, beachten Sie dabei, daß Sie den vollständigen Pfad zu *delphi32.exe* angeben müssen.

Ausführung: Delphi 3 beenden

Das Beenden der IDE (oder der anderen Borland-Tools für Windows) funktioniert genauso wie das Beenden anderer Windows-Programme.

1. **DATEI/BEENDEN wählen.**

   Oder

   [Alt]+[F4] **betätigen.**

   Oder

   das Systemmenüfeld ganz oben links doppelt anklicken. Gibt es irgendwelche Einträge in einer Quelldatei, die noch nicht gespeichert wurden, erscheint eine Abfrage, ob dies nun geschehen soll.

1.4.2 Menüsystem

Das Menüsystem der Delphi-Tools umschließt die jeweiligen Hauptmenüs der Programme sowie zahlreiche Kontextmenüs, die für die meisten Fenster zur Verfügung stehen und eine Zusammenstellung von Befehlen enthalten, die mit der Funktion des jeweiligen Fensters in direktem Zusammenhang stehen (Aufruf durch Klick mit der rechten Maustaste oder Drücken von [Alt]+[F10]).

1.4.3 Benutzung der Online-Hilfe

Delphi 3 unterstützt Sie mit einem umfangreichen Hilfesystem.

- Alle größeren Dialogfenster sind mit einem Hilfe-Schalter versehen, über den Sie sich Informationen zu den Elementen des Dialogfensters anzeigen lassen können.
- Über das Menü **HILFE** oder über die entsprechenden Hilfe-Programme aus der Delphi-Programmgruppe können Sie sich Informationen zur IDE und den verschiedenen Tools sowie zur Programmierung mit den verschiedenen Bibliotheken anzeigen lassen. Die Suche kann sowohl über ein Stichwort als auch über das Inhaltsverzeichnis erfolgen.

  Wenn Sie über einen unter Windows eingerichteten Internet-Zugang verfügen, können Sie sich über die Menübefehle **BORLAND-HOME-PAGE** und **DELPHI-HOME-PAGE** auch Informationen aus dem Internet besorgen.
  - Auf der Borland-Home-Page finden Sie hauptsächlich Produktinformationen zu den Borland-Programmierumgebungen.
  - Über die Delphi-Home-Page erhalten Sie auch Unterstützung bei der Programmierung (NewsGroups, Komponenten, Q&As, Online-Kurse).
- Kontextbezogene Hilfe können Sie mit Hilfe der Taste ⟵ für die folgenden Elemente aufrufen:
  - im Quelltext markierte Suchbegriffe (sinnvollerweise ein Schlüsselwort oder ein Element einer Laufzeitbibliothek),
  - zu ausgewählten Menübefehlen oder Einträgen im Objektinspektor,
  - zu Fehlermeldungen des Compilers.

2 Die RAD-Umgebung

2.1 Allgemeines

Delphi ist in besonderer Weise für die schnelle Entwicklung von Windows-Anwendungen (im Englischen: Rapid Application Development = RAD) eingerichtet. Neben dem Komfort einer integrierten Entwicklungsumgebung (IDE) bietet Delphi dem Programmierer daher auch die Annehmlichkeiten der visuellen Anwendungsentwicklung mit Hilfe von »Komponenten« (d.h. funktionell in sich abgeschlossenen Bausteinen von Windows-Anwendungen).
Sinn der RAD-Programmierung ist es letztendlich, den Programmierer von der Mühsal des Aufbaus einer Windows-adäquaten Benutzeroberfläche zu befreien und ihm zu erlauben, sich wieder vornehmlich auf den eigentlichen funktionellen Code seiner Anwendung zu konzentrieren. Während also ein Programmierer, der mit Turbo Pascal arbeitet, einen Großteil seiner Zeit damit verbringt, Hauptfenster und Menüsystem aufzubauen, Dialogfenster für die Abfrage von Benutzereingaben vorzusehen und eine korrekte Mausbehandlung einzurichten, benötigt der Delphi-Programmierer dazu nur ein paar Mausklicks. RAD macht´s möglich.

Übersicht: IDE

- **IDE** steht für integrierte Entwicklungsumgebung (Integrated Development Environment).
- **Integriert** bedeutet, daß alle nötigen Optionen und Tools zur Programmierung direkt in die IDE eingebaut und aus der IDE heraus verfügbar sind.
- Die IDE ist in vielfältiger Weise an die Bedürfnisse des Programmierers **anpaßbar**.
- **Kontextmenüs** erlauben ein schnelles Auffinden und Aktivieren kontextbezogener Befehle.
- Die Delphi-IDE arbeitet nicht mehr mit dem üblichen MDI-Editor.

Übersicht: RAD

- **RAD** steht für schnelle Anwendungsentwicklung (Rapid Application Development).
- **RAD-Programmierung läuft überwiegend visuell ab,** d.h., der Programmierer stellt seine Anwendung per Drag&Drop mit der Maus zusammen, und Delphi erzeugt automatisch den passenden Quelltext dazu.
- Die **Vorzüge** der RAD-Programmierung sind:
  - stark reduzierter Zeitaufwand
  - geringere Fehleranfälligkeit durch automatisch erzeugten Code
  - WYSIWYG-Programmierung (der Programmierer sieht bereits während der Programmerstellung, wie die Anwendung zur Laufzeit auf dem Bildschirm erscheinen wird)
  - leichterer Einstieg für Anfänger der Windows-Programmierung
- Die wichtigsten **Elemente** der RAD-Programmierung sind:
  - Komponentenbibliothek und Komponentenpalette
  - Formular-Designer
  - Objektinspektor
- Darüber hinaus dienen auch die verschiedenen **Experten-Programme** (➔ 3.6) und die **Objektablage** (➔ 3.7) der effizienteren Anwendungsentwicklung und der Wiederverwertung bestehenden Quellcodes.

2.2 Konzeption der RAD-Umgebung

Das Konzept der RAD-Programmierung fußt auf zwei grundlegenden Feststellungen:

- Windows-Anwendungen bestehen letztendlich aus der Summe ihrer Fenster.
- Die verschiedenen Elemente von Windows-Anwendungen lassen sich gut funktionell voneinander abgrenzen und unabhängig voneinander implementieren.

Formulare als Ausgangspunkt der Anwendungserstellung

Aus der ersten Prämisse folgt, daß man eine Windows-Anwendung erstellen kann, indem man zuerst die einzelnen Fenster der Anwendung implementiert und dann die verschiedenen Fenster zu einer Anwendung zusammenfaßt.
In Delphi werden die Fenster zur Bearbeitung in den Formular-Designer geladen, wo sie sich dem Programmierer gerade so darstellen, wie sie später bei Ausführung des Programmes aussehen werden. Durch Aufnahme einzelner Komponenten (Steuerelemente, Menüleiste, Datenbankverbindung etc.) in das Formular und durch Konfiguration der Eigenschaften des Formulars mit Hilfe des Objektinspektors (Titel, Einstellung von Größe und Position, Hintergrundfarbe etc.) wird das Formular angepaßt.
Delphi unterscheidet bei der visuellen Bearbeitung der Fenster nicht zwischen Hauptfenster, untergeordneten Fenstern, MDI-Fenstern oder Dialogfenstern und auch nicht zwischen sichtbaren und nicht sichtbaren, dynamisch oder nicht dynamisch erzeugten Fenstern – daher auch der allgemeine Begriff des »Formulars«.
Per Voreinstellung werden alle auf diese Weise in ein Projekt aufgenommenen Formulare automatisch erzeugt; sichtbar ist bei Aufruf der Anwendung allerdings nur das Hauptfenster (➔ 3.3.5, 3.2.4). Der entsprechende Code zur Erzeugung der Fenster sowie zur Einrichtung der Anwendung steht in der Projekt-Quelltextdatei (➔ 3.2.4), die von Delphi ebenfalls automatisch angelegt und verwaltet wird.

Komponenten als Bausteine von Windows-Anwendungen

Aus der zweiten Prämisse folgt, daß man die verschiedenen Elemente von Windows-Anwendungen (Steuerelemente, Menüleiste, Elemente zur Visualisierung von Daten etc.) unabhängig voneinander programmieren und dann auf einfache Weise in Windows-Anwendungen einbinden kann.
Zur Kapselung von funktionellen Codeeinheiten bietet sich in objektorientierten Programmiersprachen der Datentyp der »Klasse« an (➔ 5.6). Entsprechend sind auch die Komponenten, die Delphi benutzt, in Form von Klassen

implementiert. In Erweiterung der typischen Syntax einer Klassendeklaration sind die Komponenten aber noch in besonderer Weise an die RAD-Oberfläche von Delphi angepaßt (→ 9.1).

Im Gegensatz zu einfachen Klassen

- werden Komponenten nach der Installation in Delphis Komponentenbibliothek in der Komponentenpalette angezeigt,
- können Komponenten mit Hilfe der Maus in Formulare aufgenommen und
- mit Hilfe des Objektinspektors konfiguriert werden.

Auf diese Weise können Komponenten mit Hilfe der Maus – und ohne die Aufsetzung einer einzigen Zeile Quellcode – in Windows-Anwendungen implementiert werden (die praktische Seite der Programmierung mit Komponenten wird in der Einführung zu Kapitel 3 sowie im Kapitel zur Windows-Programmierung behandelt → 3.4, 6).

2.3 Elemente der RAD-Umgebung

Die visuelle Programmierung mit Komponenten stützt sich auf vier wichtige Elemente:

- die Komponentenpalette
- den Formular-Designer
- den Objektinspektor
- den Projekt-Quelltext

Letzterer wird von Delphi automatisch erstellt und enthält den Quellcode zur Einrichtung der Anwendung, zur Erzeugung der Fenster der Anwendung sowie zur Koppelung der Anwendung mit der Botschaftsverarbeitung von Windows (➔ 6.2.2).

2.3.1 Die Komponentenpalette

Rechts unter der Menüleiste des IDE-Hauptfensters wird standardmäßig die Komponentenpalette angezeigt.

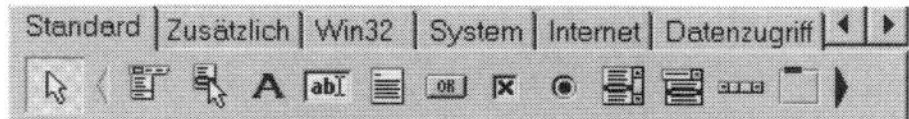

Komponenten sind bestimmte sichtbare oder auch nicht sichtbare Elemente von Windows-Anwendungen, die als fertige Bausteine (eben Komponenten) in Formulare (Anwendungs- und Dialogfenster) integriert werden. Zu den sichtbaren Komponenten gehören die typischen Steuerelemente (Schaltflächen, Editierfelder etc.) sowie die Elemente zur Anzeige von Daten aus Datenbanken. Zu den nicht-sichtbaren Komponenten gehören beispielsweise der Windows-Zeitgebermechanismus, die Menü-Komponenten und die Elemente zur Verbindung mit Datenbanken. Von der Programmierung her sind Komponenten Pascal-Klassen, die bei Verwendung in einem Formular instanziiert und durch Definition ihrer Eigenschaften und Ereignisse konfiguriert werden (mehr zur Programmierung von Komponenten ➔ 9, mehr zur Programmierung mit Komponenten ➔ 3.4).

Verfügbare Komponenten

Die mit Delphi ausgelieferten Komponenten sind gemäß ihrer Funktion auf die verschiedenen Seiten der Komponentenpalette verteilt (➔ 3.4.2 für detailliertere Beschreibungen der einzelnen Komponenten).

Wem diese Auswahl nicht genügt, der kann weitere Komponenten hinzukaufen oder eigene Komponenten entwickeln (➔ 9) und in die Komponentenpalette aufnehmen (➔ 3.5.4, 9.8).

Damit nicht genug bietet Delphi auch die Möglichkeit, ActiveX-Steuerelemente (vormals auch OCX-Steuerelemente genannt) zu installieren und über die Komponentenpalette wie echte Komponenten zur Verfügung zu stellen (→ 8.5.3).

Konfiguration der Komponentenpalette

Die Komponentenpalette können Sie auf drei verschiedene Weisen konfigurieren:

- Sie können die Palette ein- und ausblenden (Befehl **KOMPONENTENPALETTE** im Menü **ANSICHT**).
- Sie können ihre Größe im IDE-Fenster verändern, indem Sie den Balken zwischen Symbolleiste und Komponentenpalette mit der Maus aufnehmen und verschieben.
- Sie können die Zusammenstellung der Komponenten verändern, indem Sie im Kontextmenü der Komponentenpalette den Befehl **EIGENSCHAFTEN** aufrufen (die daraufhin erscheinende Seite des Dialogfensters ***Umgebungsoptionen*** ist auch über den Befehl **TOOLS/UMGEBUNGSOPTIONEN** erreichbar).

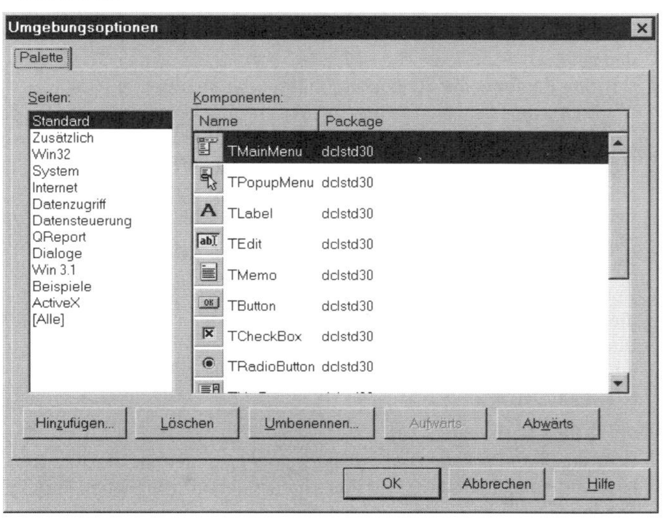

2.3 Elemente der RAD-Umgebung

Übersicht: Konfiguration der Komponentenpalette

Zum Ändern der Komponentenpalette rufen Sie im Kontextmenü der Komponentenpalette den Befehl **EIGENSCHAFTEN** auf. Um das Kontextmenü aufzurufen, klicken Sie einfach mit der rechten Maustaste auf den Hintergrund der Komponentenpalette.

- Um eine neue Seite zu definieren, drücken Sie den Schalter **HINZUFÜGEN**.
- Um eine Seite zu löschen, markieren Sie die Seite im linken Listenfeld, und löschen oder verschieben Sie zuerst alle Komponenten der Seite (→ unten). Danach können Sie durch Drücken des Schalters **LÖSCHEN** die ganze Seite entfernen.
- Um eine Seite umzubenennen, markieren Sie die Seite im linken Listenfeld, und drücken Sie den Schalter **UMBENENNEN**.
- Um eine Komponente zu verbergen, wählen Sie zuerst in der linken Liste die Seite aus, unter der die Komponente eingetragen ist. Markieren Sie dann rechts die Komponente, und drücken Sie den Schalter **VERBERGEN**.
- Um eine Komponente zu verschieben, wählen Sie zuerst in der linken Liste die Seite aus, unter der die Komponente eingetragen ist. Klicken Sie dann rechts die Komponente an, und ziehen Sie die Komponente mit der Maus an die neue Position oder auf die Seite, in der sie fortan aufgeführt werden soll.
- Um eine Komponente zu löschen, müssen Sie den Befehl **PACKAGES INSTALLIEREN** aus dem Menü **KOMPONENTE** aufrufen. Dort markieren Sie das Package, in dem die Komponente abgelegt wurde (klicken Sie im Zweifelsfall auf den Schalter **KOMPONENTEN**, um sich über den Inhalt des Packages zu informieren), und drücken Sie dann den Schalter **BEARBEITEN**. In dem erscheinenden Dialogfenster können Sie schließlich einzelne Komponenten des Packages auswählen und über den Befehl **ENTFERNEN** löschen.
- Unter dem Eintrag *[Alle]* sind stets alle verfügbaren Komponenten – auch diejenigen, die auf keiner der Seiten mehr zu finden sind – aufgeführt.
- Um die Standardkonfiguration der Komponentenpalette wiederherzustellen, wählen Sie links den Eintrag *[Alle]* aus und drücken dann den Schalter **STANDARDSEITEN**.

Anmerkung

- Über die Seite ***Packages*** der Projektoptionen können Sie die Komponentenpalette auch durch An- und Ausschalten der anzuzeigenden Packages konfigurieren.

2.3.2 Der Formular-Designer

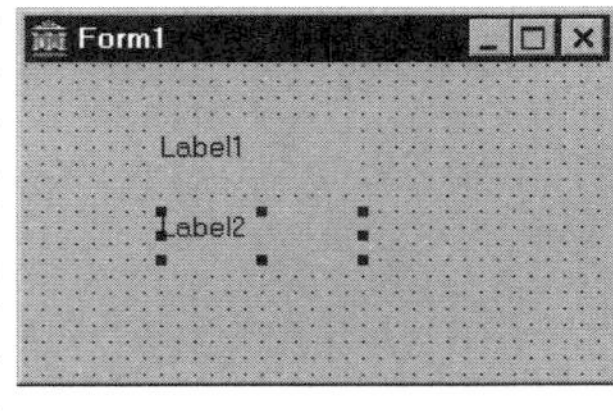

Der Formular-Designer dient zur Bearbeitung der verschiedenen Fenster (Formulare) einer Anwendung. Die Fenster werden dabei vom Formular-Designer möglichst so dargestellt, wie sie später bei Ausführung des Programms zu sehen sein werden. Da der Formular-Designer zudem über kein eigenes Rahmenfenster verfügt, unterscheidet sich die Darstellung der Fenster im Formular-Designer praktisch nur durch die typischen Bearbeitungshilfen (Gitterpunkte, Markierungspunkte etc.) von ihrem Erscheinungsbild zur Laufzeit.

Die Bearbeitung der Fenster im Formular-Designer besteht tpyischerweise aus zwei Schritten:

- Das Fenster dient als Arbeitsfläche, auf der Komponenten, sichtbare wie unsichtbare, abgelegt und angeordnet werden.
- Das Fenster selbst wird – ganz wie eine Komponente – mit Hilfe des Objektinspektors konfiguriert (Eigenschaften und Ereignisse).

Übersicht: Der Formular-Designer

- Für jedes Formular (Hauptfenster, Dialogfenster, MDI-Kindfenster etc.), das Sie in ein Projekt aufnehmen, legt Delphi eine neue Unit (Quelltext) an, (die als neue Seite im Quelltexteditor erscheint) und zeigt das Formular in einer eigenen Instanz des Formular-Designers an.
  Des weiteren wird eine .dfm-Datei für das Formular angelegt. In dieser Datei speichert Delphi alle für den Aufbau des Formulars relevanten Daten (Werte der Formular-Eigenschaften, abgelegte Komponenten).
- Mit Hilfe des Tastenkürzels [F12] können Sie vom Formular-Designer zur Quelltext-Unit des Formulars wechseln.
- Sichtbare Komponenten, die in einem Formular abgelegt wurden, werden zur Entwurfszeit genauso angezeigt, wie sie zur Laufzeit aussehen werden.
- Nicht sichtbare Komponenten, die in einem Formular abgelegt wurden, werden im Formular durch das gleiche Symbol vertreten, welches sie auch in der Komponentenpalette präsentiert. Zur Laufzeit sind diese nicht sichtbar.

Konfiguration des Formular-Designers

Die Optionen zur Konfiguration des Formular-Designers finden Sie auf der Seite ***Vorgaben***, zu der Sie über den Befehl **TOOLS/UMGEBUNGSOPTIONEN** gelangen:

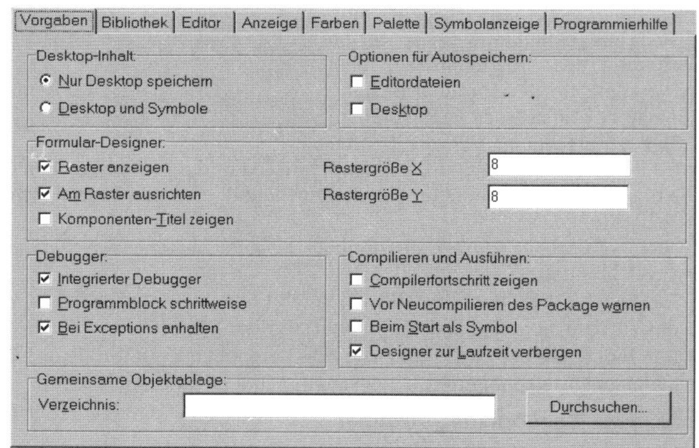

- Ist die Option ***Raster anzeigen*** eingeschaltet, wird im Formular-Designer über den Hintergrund des Formulars ein Gitter aus Punkten gelegt.
  Sie sollten diese Option schon deswegen setzen, damit Sie direkt erkennen können, ob sich ein Fenster im Bearbeitungsmodus befindet oder Teil einer gerade vom Debugger ausgeführten Anwendung ist.
- Ist die Option ***Am Raster ausrichten*** gesetzt, werden die Komponenten beim Ablegen in einem Formular automatisch am Gitter ausgerichtet. Auch das Verschieben von Komponenten und Größenänderungen mit der Maus erfolgt dann nur in Sprüngen der Gitterweite.
  - Über die Komponenten-Eigenschaften **Height/Width** bzw. **Left/Right** können auch weiterhin beliebige, d.h. vom Raster unabhängige Zwischenwerte, eingestellt werden.
- Über die beiden Editierfelder zur ***Rastergröße*** wird die Maschenweite des Gitters festgelegt.
- Wird die Option ***Komponenten-Titel anzeigen*** gesetzt, werden im Formular-Designer zu allen abgelegten Komponenten deren Titel angezeigt. Die Anzeige von Komponenten, die standardmäßig einen Text oder Titel ent-

halten, wird von dieser Option nicht betroffen. Zu den anderen Komponenten (beispielsweise **TMainMenu** oder **TTable**) wird unter dem Symbol der Komponente der **Name** eingeblendet.

2.3.3 Der Objektinspektor

Wie bereits oben erwähnt, werden Komponenten durch Festlegung ihrer Eigenschaften (Properties) und durch Definition von Antwortprozeduren (sogenannten Ereignisbehandlungsroutinen) zu ihren Ereignissen (Events) für den Einsatz in einer Anwendung eingerichtet. Dabei unterstützt Sie vor allem der Objektinspektor, der hierzu über die Seiten ***Eigenschaften*** und ***Ereignisse*** verfügt.

Über die Seite ***Eigenschaften*** können Sie den wichtigsten Datenelementen (➔ 3.4.6) der Komponentenklasse Werte zuweisen. Über die Seite ***Ereignisse*** können Sie für jedes der aufgeführten Ereignisse eine Funktion einrichten, die jeweils bei Eintritt des Ereignisses (➔ 3.4.6) aufgerufen wird.

Übersicht: Der Objektinspektor

- Der Objektinspektor wird standardmäßig zusammen mit der IDE geöffnet und wird bei der Bearbeitung von Windows-Anwendungen üblicherweise nicht geschlossen.
- Wurde der Objektinspektor doch geschlossen, oder ist er von anderen Fenstern verdeckt, kann er durch Drücken von [F11] wieder in den Vordergrund gebracht werden.
- Der Objektinspektor bezieht sich stets auf die aktuell markierte Komponente im gerade aktiven Formularfenster (bzw. auf das Formular selbst, wenn keine Komponente ausgewählt ist). Umgekehrt können Sie die zu bearbeitende Komponente auch in dem Listenfeld des Objektinspektors auswählen (die Komponente wird dann im Formular markiert).
  - ◆ Wenn Sie mehrere Komponenten gleichzeitig markiert haben (Anklikken bei gleichzeitigem Drücken der [⇧]-Taste), werden im Objektinspektor nur die allen ausgewählten Komponenten gemeinsamen Eigenschaften und Ereignisse angezeigt. Auf diese Weise kann man mehreren Komponenten gleichzeitig denselben Wert zuweisen.

- Um einer Eigenschaft einen Wert zuzuweisen, wechseln Sie zur Seite ***Eigenschaften,*** und klicken Sie das Feld der gewünschten Eigenschaft an. Je nach Eigenschaft gibt es dann verschiedene Möglichkeiten der Eingabe:
  - Der häufigste Fall ist der, daß Sie den Wert direkt in das zugehörige Editierfeld eingeben.
  - Eigenschaften vom Typ **Boolean** zeigen ein Listenfeld an, in dem Sie zwischen **True** und **False** wählen können.
  - Eigenschaften vom Typ **Set** zeigen ein Listenfeld an, in dem Sie aus verschiedenen vorgegebenen Werten einen Wert auswählen können. Zudem wird neben der Eigenschaft ein Plus-Zeichen angezeigt, über das Sie die Eigenschaft expandieren können.
  - Für komplexere Eigenschaften kann die Implementierung der Komponentenklasse einen eigenen Editor zur Verfügung stellen. Ist dies der Fall, zeigt der Objektinspektor die Schaltfläche an. Durch Klick auf diese Schaltfläche rufen Sie den speziellen Editor auf.
- Wenn Sie den Wert einer Eigenschaft setzen, die das Aussehen ihrer Komponente betrifft, werden die Änderungen üblicherweise direkt im Formular-Designer angezeigt (WYSIWYG).
- Um eine Behandlungsroutine zu einem Ereignis festzulegen, wechseln Sie zur Seite ***Ereignisse***, und klicken Sie das zu bearbeitende Ereignis an. In dem Editierfeld geben Sie dann den Namen der Behandlungsroutine ein. Danach richtet Delphi die Behandlungsroutine für Sie in der zugehörigen Unit ein, wo sie von Ihnen bearbeitet werden kann. (Wenn Sie keinen Namen angeben bzw. das Editierfeld direkt doppelt anklicken, teilt Delphi der Behandlungsroutine einen Standardnamen zu, der sich aus dem Komponentennamen und dem Ereignis zusammensetzt.)
  - In bestimmten Fällen kann man für ein und dasselbe Ereignis verschiedener Komponenten (beispielsweise das ***OnClick***-Ereignis einer Edit- und einer Label-Komponente) die gleiche Ereignisbehandlungsroutine verwenden. Der Objektinspektor unterstützt dies, indem er in den Listenfeldern der Ereignisse alle bereits für das Ereignis eingerichteten Ereignisbehandlungsroutinen aufführt.
  - Zum Teil werden die zu einem speziellen Ereignis eingerichteten Ereignisbehandlungsroutinen auch in den Listenfeldern anderer Ereignisse aufgeführt (beispielsweise ***OnClick***-Behandlungsroutinen auch für das Ereignis ***OnDblClck*** angeboten).
  - Sollten Sie einmal in die Verlegenheit geraten, ein Ereignis mit einer bestehenden Ereignisbehandlungsroutine verbinden zu wollen, die nicht in dem Listenfeld des Ereignisses aufgeführt wird (→ 6.8), so las-

sen Sie den Objektinspektor einfach eine neue Ereignisbehandlungsroutine anlegen, und rufen Sie in dieser die gewünschte existierende Ereignisbehandlungsroutine auf.

2.3.4 Der Projekt-Quelltext

Damit sich der Programmierer ganz auf die visuelle Erstellung der Formulare konzentrieren kann, übernimmt Delphi die Implementierung und Wartung des Projekt-Quelltextes (➔ 3.2.4). In der Projektdatei, die die Extension .dpr trägt, wird festgehalten, welche Units und Ressourcendateien zu dem Projekt gehören. Des weiteren steht hier der Quellcode zur Einrichtung der Anwendung, zur Erzeugung der Fenster und zum Eintritt in die Botschaftsverarbeitung.

Anmerkungen

- In den meisten Fällen ist es für den Programmierer nicht erforderlich, den Projekt-Quelltext selbst zu bearbeiten. Damit Delphi den Projekt-Quelltext ordnungsgemäß auf dem aktuellen Stand halten kann, sollten Sie
  - neue Formulare, Datenmodule etc. über die Objektablage in Ihre Projekte aufnehmen (Befehle **DATEI/NEU** bzw. **DATEI/NEUES FORMULAR** und **DATEI/NEUES DATENMODUL**),
  - bestehende Units (Quelldateien), die nicht über die Objektablage verfügbar sind, über das Fenster der Projektverwaltung (➔ 3.2.3) oder den Befehl **DEM PROJEKT HINZUFÜGEN** aus dem Menü **PROJEKT** aufnehmen,
  - die Auswahl des Hauptfensters und die automatische Erzeugung der Fenster über die Seite ***Formulare*** (Aufruf über Befehl **PROJEKT/OPTIONEN**) vornehmen.
- Wenn Sie sich den Inhalt der Projektdatei anschauen wollen, rufen Sie den Befehl **ANSICHT/PROJEKT-QUELLTEXT** auf.

2.4 Die IDE

Nach der Beschreibung der zentralen Elemente der RAD-Umgebung behandelt dieser Abschnitt die mehr allgemeinen Elemente und Charakteristika der integrierten Entwicklungsumgebung.

2.4.1 Aufbau der IDE

Übersicht:

- Das **Hauptfenster der IDE** besteht lediglich aus der Menüleiste, einer konfigurierbaren Mauspalette (➔ 2.4.3) und der Komponentenpalette (➔ 2.3.1). Beide Paletten können auf Wunsch ein- oder ausgeblendet werden (Befehle **SYMBOLLEISTE** bzw. **KOMPONENTENPALETTE** im Menü **ANSICHT**).
- Die **Komponentenpalette** rechts unter der Menüleiste besteht aus mehreren Seiten mit Komponenten, die in Formulare integriert werden können. Die einzelnen Seiten werden über ihre zugehörigen Reiter ausgewählt und in den Vordergrund gebracht.
- Der **Objektinspektor** erscheint als eigenes Fenster. Sein Inhalt richtet sich danach, welches Formular oder welche Komponente gerade markiert ist, und dient dazu, Eigenschaften und Ereignisse der Formulare oder Komponenten einzurichten. Der Objektinspektor wird per Voreinstellung automatisch mit der IDE geöffnet, kann aber auch explizit über die Taste F11 aufgerufen werden.
- Schließlich verwaltet die IDE noch die verschiedenen **Fenster für Formulare und Quelldateien**, wobei für jedes Formular ein eigenes Fenster geöffnet wird, während die Quelldateien standardmäßig mit Hilfe von Reitern in einem einzigen Editorfenster angeordnet werden.

2.4.2 Menüsystem

Zur besseren Orientierung für Programmierer, die die englische Version von Delphi installiert haben, sind in der nachfolgenden Überschrift auch die englischen Menübefehle mit angegeben.

Das Menü DATEI (File)

Das Menü **DATEI** (File) dient zur allgemeinen Dateiverwaltung.

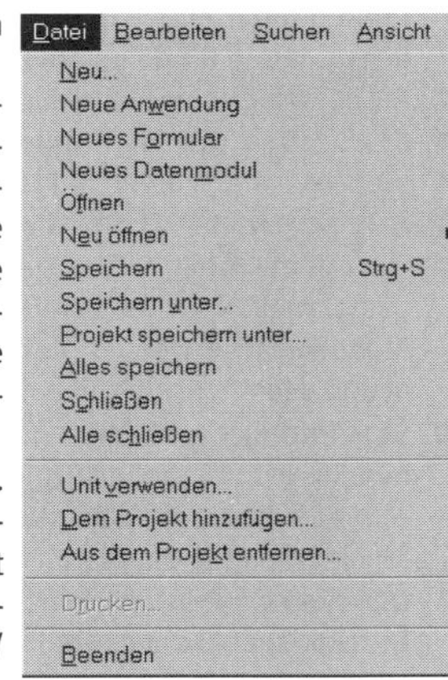

- **NEU...** (New...). Über diesen Befehl gelangen Sie in ein Dialogfenster der Objektablage (➔ 3.7), in dem Sie auswählen können, ob Sie beispielsweise eine neue Unit, ein Formular, eine Komponente oder eine neue Anwendung anlegen wollen, und ob Sie diese auf der Grundlage einer Vorlage oder mit Hilfe eines Experten erstellen wollen.
- **NEUE ANWENDUNG** (New Application). Zum Öffnen eines neuen Projekts. Standardmäßig ist dies ein leeres Projekt mit Projektdatei, einem Formular und dazugehöriger Unit. Über den Befehl **TOOLS/OBJEKTABLAGE** (Tools/Repository) können Sie aber auch andere Projekte als Standardprojekt für diesen Befehl bestimmen.
- **NEUES FORMULAR** (New Form). Zum Öffnen eines neuen leeren Formulars mit zugehöriger Unit. Beide werden dem geöffneten Projekt hinzugefügt. Über den Befehl **TOOLS/OBJEKTABLAGE** (Tools/Repository) können Sie auch andere Formulare als Standardformulare für diesen Befehl bestimmen.
- **NEUES DATEN-MODUL** (New Data Module). Zum Öffnen eines neuen Datenmoduls – üblicherweise eine Sammlung nicht-sichtbarer Komponenten.
- **ÖFFNEN...** (Open...). Dient dazu, eine bereits existierende Datei (auch Projekte) zu öffnen. Im erscheinenden Dialogfenster können Sie Laufwerk, Pfad, Dateierweiterung und Name der Datei auswählen.
- **NEU ÖFFNEN...** (Reopen...). Über diesen Befehl gelangen Sie in ein untergeordnetes Menü, in dem die zuletzt bearbeiteten Projekte und Module aufgelistet sind und zum Öffnen nur ausgewählt werden brauchen.
- **SPEICHERN** (Save). Speichert die Datei des aktiven Editorfensters.
- **SPEICHERN UNTER...** (Save as...). Speichert die Datei des aktiven Editorfensters unter einem neuen Namen, den Sie – zusammen mit einem möglichen neuen Pfad – im erscheinenden Dialogfenster angeben können.

- **Projekt speichern unter...** (Save Project as...). Speichert das aktuelle Projekt unter einem neuen Namen, den Sie - zusammen mit einem möglichen neuen Pfad - im erscheinenden Dialogfenster angeben können.
- **Alles speichern** (Save all). Speichert alle geladenen Dateien.
- **Schliessen** (Close). Schließt das gerade aktive Projekt oder Editorfenster.
- **Alle schliessen** (Close all). Schließt alle Fenster.
- **Unit verwenden...** (Use Unit...). öffnet ein Dialogfenster, in dem alle Units des aktuellen Projekts aufgeführt sind, die in dem gerade ausgewählten Modul nicht verwendet werden. Durch Auswahl einer Unit können Sie diese in den **uses**-Abschnitt der aktuellen Unit aufnehmen (➔ 5.1).
- **Dem Projekt hinzufügen...** (Add to Project...). Über diesen Befehl können Sie dem aktuellen Projekt ein Modul hinzufügen.
- **Aus dem Projekt entfernen...** (Remove from Project...). Über diesen Befehl können Sie ein Modul aus dem aktuellen Projekt entfernen.
- **Drucken...** (Print...). Druckt die Datei des aktiven Editorfensters. Die Druckausgabe kann über das erscheinende Dialogfenster konfiguriert werden.
- **Beenden** (Exit). Beendet und schließt die IDE und damit Delphi.

Das Menü Bearbeiten (Edit)

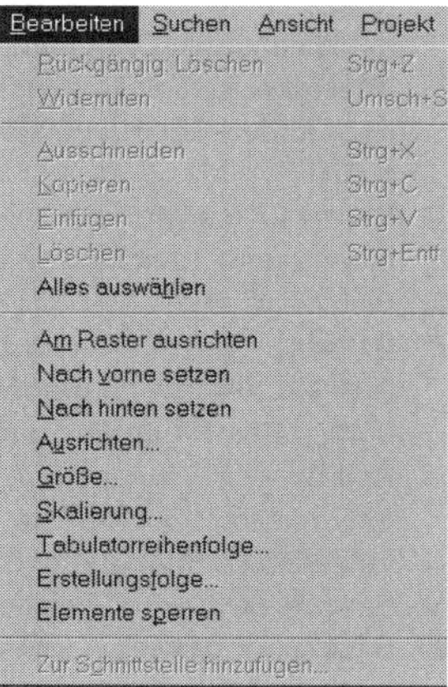

Das Menü **Bearbeiten** (Edit) enthält Befehle für den Editor und die Zwischenablage.

- **Rückgängig** (Undo). Nimmt die letzte Operation im aktiven Editorfenster zurück.
  - ◆ Standardmäßig muß jede Operation einzeln rückgängig gemacht werden. Wollen Sie erreichen, daß gleichartige, direkt aufeinanderfolgende Operationen (z.B. Cursorbewegungen) als Gruppe aufgefaßt und in einem rückgängig gemacht werden, müssen Sie die Option ***Gruppe rückgängig*** auf der Seite ***Editor*** im Dialogfenster ***Umgebungsoptionen*** setzen (Aufruf beispielsweise über den Befehl **Eigenschaften** aus dem Kontextmenü des Editorfensters).

- **Widerrufen** (Redo). Hebt die Auswirkungen des letzten **Rückgängig**-Befehls auf.
- **Ausschneiden** (Cut). Schneidet einen markierten Text (bzw. Komponente) aus und legt ihn in der Zwischenablage ab.
- **Kopieren** (Copy). Kopiert einen markierten Text (bzw. Komponente) in die Zwischenablage.
- **Einfügen** (Paste). Fügt den in der Zwischenablage befindlichen Text (bzw. Komponente) vor der Position des Textcursors ein.
- **Löschen** (Delete). Löscht einen markierten Text (bzw. Komponente), ohne ihn in die Zwischenablage abzuspeichern.
- **Alles auswählen** (Select all). Markiert den gesamten Text (bzw. alle Komponenten) im aktiven Editorfenster.
- **Am Raster ausrichten** (Align to Grid). Richtet die markierten Komponenten am Gitter aus.
- **Nach vorne setzen** (Bring to Front). Bringt im Falle überlappender Komponenten die markierten Komponenten in den Vordergrund.
- **Nach hinten setzen** (Send to Back). Sendet im Falle überlappender Komponenten die markierten Komponenten in den Hintergrund.
- **Ausrichten...** (Align...). Zur aufeinander abgestimmten Ausrichtung der ausgewählten Komponenten.
- **Grösse...** (Size...). Erlaubt die aufeinander abgestimmte Dimensionierung der ausgewählten Komponenten.
- **Skalierung...** (Scale...). Verändert die Größe eines Formulars und der darin enthaltenen Komponenten in Prozent der alten Abmaße.
- **Tabulatorreihenfolge...** (Tab Order...). Dieser Befehl erlaubt Ihnen, die Reihenfolge festzulegen, in der visuelle Komponenten durch Betätigen der [Tab]-Taste angesteuert werden.
- **Erstellungsfolge...** (Creation Order...). Über diesen Befehl können Sie festlegen, in welcher Reihenfolge die nicht sichtbaren Komponenten eines Formulars erzeugt werden sollen (Standard ist die Reihenfolge, in der Komponenten in das Formular aufgenommen wurden).
- **Elemente sperren** (Lock Controls). Verhindert, daß die Komponenten des aktiven Formulars verschoben oder in ihren Maßen verändert werden.
- **Zur Schnittstelle hinzufügen** (Add to Interface). Zur Erweiterung der Schnittstellen von COM-Objekten (➔ 8.4, 5.7).

Das Menü SUCHEN (Search)

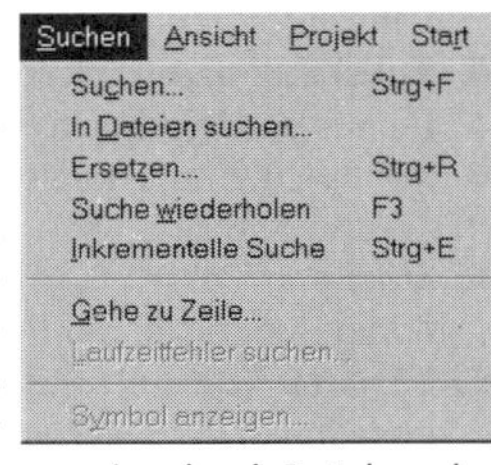

Das Menü **SUCHEN** (Search) enthält die üblichen Suche/Ersetze-Editorbefehle sowie besondere Suchfunktionen zum Auffinden spezieller Programmelemente und fehlerhaften Quellcodes.

- **SUCHEN...** (Find...). öffnet ein Dialogfenster, in dem Sie den Suchbegriff und weitere Parameter zum Ablauf der Suche eingeben können. Beim ersten Auftreten des Suchbegriffs wird die Funktion abgebrochen, kann aber mit dem Befehl **SUCHE WIEDERHOLEN** beziehungsweise durch Drücken der Taste F3 direkt fortgesetzt werden.
- **IN DATEIEN SUCHEN...** (Find in Files...). öffnet ein Dialogfenster, in dem Sie den Suchbegriff und weitere Parameter zum Ablauf der Suche eingeben können. Im Gegensatz zum Befehl **SUCHEN**, der die Suche auf die aktuelle Quelltextdatei beschränkt, können Sie hier eingeben, ob Sie gleichzeitig in allen Dateien des Projekts, in allen geöffneten Dateien oder in den Dateien bestimmter Verzeichnisse suchen wollen.
  - Der Befehl stellt praktisch die Integration des früher als DOS-Programm ausgelieferten GREP-Tools in die Delphi-IDE dar.
- **ERSETZEN...** (Replace...). Sucht nach einem Begriff und ersetzt ihn durch einen zweiten. Das zugehörige Dialogfeld ist analog zu dem Dialogfeld für die einfache Suche aufgebaut, erlaubt aber darüber hinaus die direkte Bearbeitung aller Vorkommen des Suchbegriffs im Text (**ALLES**) und die Anzeige aller beabsichtigten Ersetzungen (**MIT BESTÄTIGUNG**).
- **SUCHE WIEDERHOLEN** (Search again). Setzt eine begonnene Suche fort.
- **INKREMENTELLE SUCHE** (Incremental Search). Sucht nach dem ersten Vorkommen einer Textstelle, wobei das Suchwort Buchstabe für Buchstabe eingegeben wird und die Suche gleich mit dem ersten Buchstaben beginnt.
- **GEHE ZU ZEILE...** (Go to Line Number...). öffnet ein Dialogfenster, in dem man die Nummer der Zeile eingeben kann, zu der man springen möchte.
- **LAUFZEITFEHLER SUCHEN...** (Find Error...). öffnet ein Dialogfenster, in dem man die Adresse der Zeile eingeben kann, zu der man springen möchte (nur verfügbar, wenn Projekt kompiliert wurde).
- **SYMBOL ANZEIGEN...** (Browse Symbol...). Nutzen Sie diesen Befehl, um sich schnell grundlegende Informationen zu verschiedenen Programm-

elementen anzeigen zu lassen (nur verfügbar, nachdem das Projekt kompiliert wurde).

◆ Markieren Sie das gewünschte Symbol (Variable, Klasseninstanz, Typenname, Funktion etc.), rufen Sie den Befehl **SYMBOL ANZEIGEN...** auf, und klicken Sie auf **OK**.

2.4 Die IDE

Das Menü ANSICHT (View)

Das Menü **ANSICHT** (View) dient dazu, verschiedene Fenster – meist solche mit Debugging-Informationen – zu öffnen und anzuzeigen.

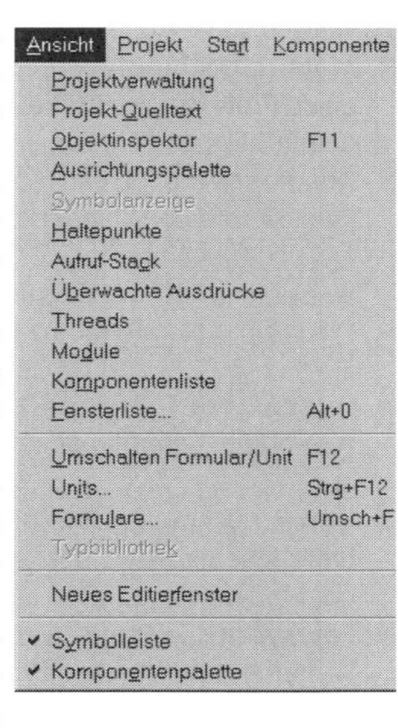

- **PROJEKTVERWALTUNG** (Project Manager). öffnet das Projektfenster, in dem die Dateien des aktuell bearbeiteten Projekts angezeigt werden (➔ 3.2.3).
- **PROJEKT-QUELLTEXT** (Project Source). öffnet die Projektdatei als Quelltext und zeigt ihn auf einer eigenen Seite im Quelltexteditor an (➔ 3.2.4).
- **OBJEKTINSPEKTOR** (Object Inspector). öffnet den Objektinspektor zum Einrichten von Komponenteninstanzen (Eigenschaften und Ereignisse ➔ 2.3.3).
- **AUSRICHTUNGSPALETTE** (Alignment Palette). öffnet eine Symbolleiste mit Werkzeugen zur Ausrichtung von Komponenten in Formularen.
- **SYMBOLANZEIGE** (Browser). öffnet den Browser, mit dessen Hilfe Sie sich über die Module, Klassen und sonstige Elemente Ihrer Anwendung informieren können (➔ 4.2.1).
- **HALTEPUNKTE** (Breakpoints). öffnet ein Fenster, in dem die gesetzten Haltepunkte aufgelistet sind. Über die Befehle im Kontextmenü können Haltepunkte hinzugefügt, bearbeitet und gelöscht werden (➔ 4.3.2).
- **AUFRUF-STACK** (Call Stack). öffnet das Fenster ***Aufruf Stack***, in dem die auf dem Stack befindlichen Module und Routinen angezeigt werden (➔ 4.2.3). Über die Befehle im Kontextmenü können Sie in den Quelltext der auf dem Stack befindlichen Routinen springen.
- **ÜBERWACHTE AUSDRÜCKE** (Watches). öffnet das Fenster ***Liste überwachter Ausdrücke***, in dem der Wert der eingetragenen Variablen und Ausdrücke

angezeigt und während des Debuggens verfolgt werden kann (→ 4.2.3). Über die Befehle im Kontextmenü können zu überwachende Ausdrücke hinzugefügt und überwachte Ausdrücke bearbeitet und gelöscht werden.

- **Threads** (Threads). Zeigt die unter der IDE laufenden Threads an. Über die Befehle im Kontextmenü des Fensters können Sie zum Quelltext eines Threads springen und bestimmen, welcher Thread vom Debugger verfolgt werden soll (→ 4.2.3).
- **Module** (Modules). In dem zugehörigen Fenster werden bei Ausführung eines Projekts die für die Ausführung des Projekts in den Speicher geladenen DLLs und Laufzeit-Packages angezeigt.
- **Komponentenliste...** (Component List...). öffnet ein Dialogfenster, in dem Sie die verschiedenen Komponenten zum Einfügen in ein Formular auswählen können.
  - ◆ Schneller ist der Zugriff über die Komponentenpalette.
- **Fensterliste...** (Window List...). Listet die in der IDE geöffneten Fenster auf.
- **Umschalten Formular/Unit** (Toggle Form/Unit). Ruft für eine Unit das zugehörige Formular oder umgekehrt für ein Formular die zugehörige Unit auf.
- **Units...** (Units...). Über diesen Befehl können Sie die Projektdatei oder eine beliebige Unit des aktuellen Projekts in den Vordergrund bringen oder laden.
- **Formulare...** (Forms...). Über diesen Befehl können Sie ein beliebiges Formular des aktuellen Projekts in den Vordergrund bringen oder laden.
- **Typbibliothek** (Type Libraries). öffnet den Typbibliotheks-Editor für die zu dem aktuellen (ActiveX-Bibliotheks-) Projekt gehörende Typbibliothek (→ 8.5.2).
- **Neues Editierfenster** (New Edit Window). öffnet ein neues Editorfenster für Quelltexte. Dies gibt Ihnen die Möglichkeit, mehrere verschiedene Textstellen gleichzeitig im Auge zu behalten.
- **Symbolleiste** (SpeedBar). öffnet oder verbirgt die Mauspalette.
- **Komponentenpalette** (Component Palette). öffnet oder verbirgt die Komponentenpalette.

Das Menü PROJEKT (Project)

Das Menü **PROJEKT** enthält die Befehle zur Projekterstellung und -verwaltung.

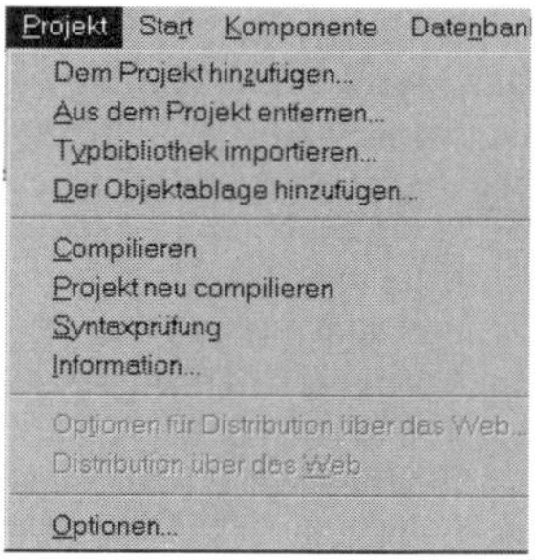

- **DEM PROJEKT HINZUFÜGEN...** (Add to Project...). Über diesen Befehl können Sie dem aktuellen Projekt ein Modul hinzufügen.
- **AUS DEM PROJEKT ENTFERNEN...** (Remove from Project...). Über diesen Befehl können Sie ein Modul aus dem aktuellen Projekt entfernen.
- **TYPBIBLIOTHEK IMPORTIEREN...** (Import Type Library...). Über diesen Befehl gelangen Sie in das Dialogfenster ***Typbibliothek importieren***, in dem Sie Typbibliotheken registrieren und aus der Registrierung entfernen können.
  - Wenn Sie neue Typbibliotheken importieren, werden für diese _TLB.pas-Dateien angelegt, die Sie in Ihre Projekte aufnehmen können.
- **DER OBJEKTABLAGE HINZUFÜGEN...** (Add to Repository...). Über diesen Befehl können Sie das aktuelle Projekt in die Objektablage aufnehmen.
- **KOMPILIEREN** (Compile). Kompiliert und linkt die Dateien des Projektes, die seit der letzten Kompilation geändert wurden.
- **PROJEKT NEU KOMPILIEREN** (Build all). Kompiliert und linkt alle Dateien des Projektes.
- **SYNTAXPRÜFUNG** (Syntax Check). Kompiliert die Dateien des Projektes und gibt Fehlermeldungen aus, ohne allerdings entsprechenden Objektcode anzulegen.
- **INFORMATION...** (Information...). Zeigt alle wichtigen Daten über die Erstellung und den Status des aktuellen Projekts an.
- **OPTIONEN FÜR DISTRIBUTION ÜBER DAS WEB...** (Web Deploy Options...). In dem zugehörigen Dialogfenster können Sie angeben, wie das Projekt auf Ihrem Web-Server geladen werden soll (Zielverzeichnis, zusätzliche Dateien, Code-Signatur).
  - Dieser Befehl ist nur für ActiveX-Bibliotheksprojekte verfügbar.
- **DISTRIBUTION ÜBER DAS WEB...** (Web Deploy...). Mit diesem Befehl können Sie ein ActiveX-Projekt auf einen Server hochladen.
  - Dieser Befehl ist nur für ActiveX-Bibliotheksprojekte verfügbar.

- **OPTIONEN...** (Options...). Über diesen Befehl gelangen Sie in das Dialogfenster zur Konfiguration des aktuellen Projekts (→ 3.2.5).

Das Menü START (Run)

Das Menü **START** (Run) umfaßt die Funktionen des integrierten Debuggers.

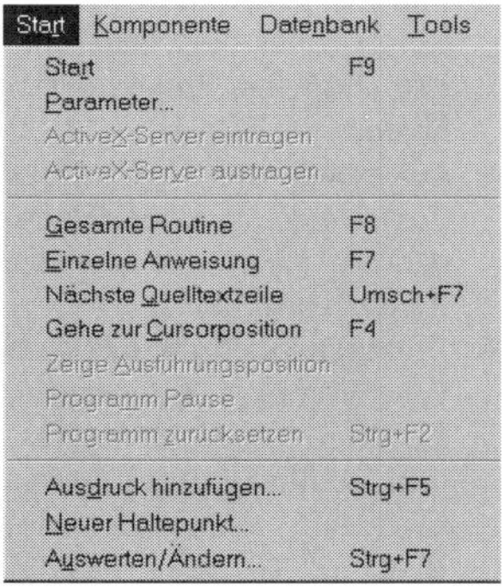

- **START** (Run). Führt ein geladenes und angehaltenes Programm weiter aus oder lädt und startet das Programm, dessen Quelltext gerade in der IDE bearbeitet wird. Wurde der Quelltext des Programms seit der letzten Programmerstellung geändert, wird das Programm vor der Ausführung neu kompiliert und gelinkt.
- **PARAMETER...** (Parameters...). Ruft ein Editierfeld auf, über das Sie der zu debuggenden Anwendung Kommandozeilenargumente übergeben können.
- **ACTIVEX-SERVER EINTRAGEN...** (Register ActiveX Server...). Mit diesem Befehl können Sie das aktuelle ActiveX-Bibliotheksprojekt registrieren lassen (→ 8.5.3).
- **ACTIVEX-SERVER AUSTRAGEN...** (Unregister ActiveX Server...). Mit diesem Befehl können Sie das aktuelle ActiveX-Bibliotheksprojekt aus der Registrierung entfernen (→ 8.5.3).
- **GESAMTE ROUTINE** (Step Over). Führt ein Programm Zeile für Zeile aus, wobei nicht in Funktionen verzweigt wird. Dieser Befehl dient dem schnellen Durchgehen eines Programms. Insbesondere Funktionen, die bereits ausgetestet sind, können so übersprungen werden (→ 4.3).
- **EINZELNE ANWEISUNG** (Trace Into). Führt ein Programm Zeile für Zeile aus, wobei in Funktionen verzweigt wird. Trifft der Debugger auf einen Funktionsaufruf, springt er in die erste Anweisung der Funktion. Dieser Befehl dient der minuziösen Überwachung (→ 4.3).
- **NÄCHSTE QUELLTEXTZEILE** (Trace to Next Source Line). Führt das Programm bis zur nächsten ausführbaren Zeile aus.
- **GEHE ZUR CURSORPOSITION** (Run to Cursor). Führt das Programm bis zu der Zeile aus, in der der Textcursor steht.

- **Zeige Ausführungsposition** (Show Execution Point). Bewirkt, daß die Ausführungsposition (nächste vom Debugger auszuführende Zeile) im Quelltext hervorgehoben wird. Das zugehörige Editorfenster wird, wenn erforderlich, in den Vordergrund gebracht.
- **Programm Pause** (Program Pause). Hält den laufenden Prozeß an.
- **Programm zurücksetzen** (Program Reset). Beendet den laufenden Prozeß und die Debugging-Sitzung.
- **Ausdruck hinzufügen...** (Add Watch...). Ruft das Dialogfenster ***Darstellung überwachter Ausdrücke*** auf, in dem Sie den zu überwachenden Ausdruck (meist eine einfache Variable) eingeben und festlegen können, wie der Ausdruck interpretiert und im Anzeigefenster ***Liste überwachte Ausdrücke*** dargestellt werden soll (➔ 4.2.3).
- **Neuer Haltepunkt...** (Add Breakpoint...). Ruft ein Dialogfenster zur Eingabe und Konfiguration eines Haltepunktes auf. Die eingerichteten Haltepunkte werden im Fenster ***Liste der Haltepunkte*** angezeigt (➔ 4.3.2).
- **Auswerten/Ändern...** (Evaluate/Modify...). Ruft ein Dialogfenster zur Berechnung von Ausdrücken auf. Hier haben Sie auch die Möglichkeit, den Ausdrücken neue Werte zuzuweisen (➔ 4.2.3).

Das Menü Komponente (Component)

Das Menü **Komponente** enthält die Befehle zum Installieren und Einfügen von selbstgeschriebenen oder nachgekauften Komponenten.

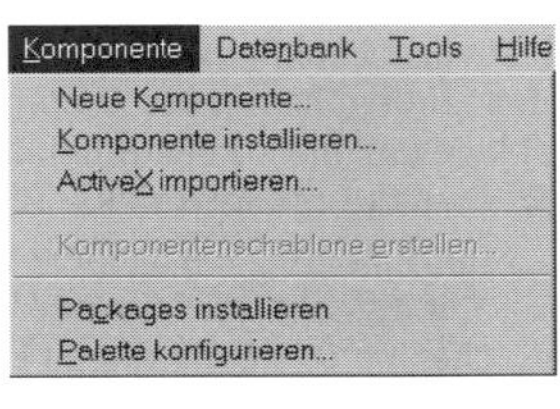

- **Neue Komponente...** (New Component...). Ruft den Komponentenexperten auf, der Sie bei der Erstellung neuer Komponenten unterstützt (➔ 9.4, 8.5.1).
- **Komponente installieren...** (Install Component...). Dient zur Installation neuer Komponenten (➔ 9.8, 8.5.1). Außerdem lassen sich über diesen Menüpunkt Komponenten aus der VCL entfernen.
- **ActiveX importieren...** (Import ActiveX Library...). Dient zur Installation von ActiveX-Steuerelementen (vormals OCX-)(➔ 8.5.3).
- **Komponentenschablone erstellen...** (Create Component Template...). Mit Hilfe dieses Befehls können Sie Komponenten mit selbstdefinierten Standardwerten aus dem Formular-Designer wieder in die Komponentenbibliothek einfügen.

- **PACKAGES INSTALLIEREN...** (Install Packages...). Über diesen Befehl gelangen Sie auf die Seite ***Packages*** der ***Projektoptionen*** (➔ 3.5.4). Hier können Sie sich über die installierten Packages informieren, Packages entfernen und hinzufügen, oder die Zusammensetzung einzelner Packages durch Aufruf des Package-Editors verändern (Schalter **BEARBEITEN**).
- **PALETTE KONFIGURIEREN...** (Configure Palette...). Über diesen Befehl gelangen Sie auf die Seite ***Packages*** der ***Umgebungsoptionen*** (➔ 2.3.1), wo Sie die Seiten der Komponentenpalette neu zusammenstellen können.

Das Menü DATENBANK (Database)

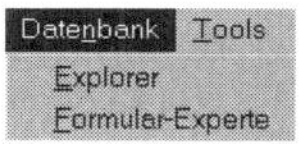

Über das Menü **DATENBANK** (Database) können die verschiedenen Hilfsprogramme zur Datenbankprogrammierung aufgerufen werden.

- **EXPLORER** (Explore). Ruft den Datenbank-Explorer auf, in dem Sie beispielsweise Aliase oder Attributmengen für Feldkomponenten einrichten können (➔ 7.2.4).
- **FORMULAR-EXPERTE...** (Form Wizard...). Ruft den Experten zur Erstellung von Datenbankformularen auf (➔ 3.6.3, 7.2.5).

Das Menü TOOLS (Tools)

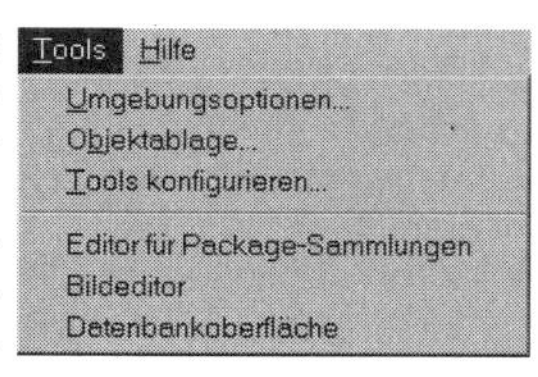

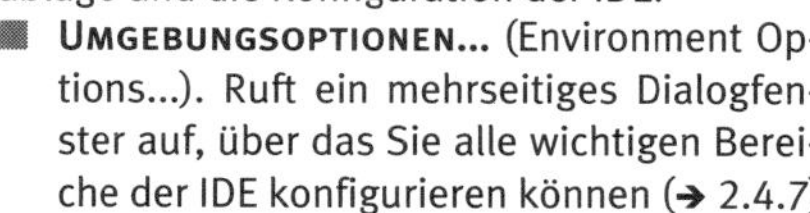

Über das Menü **TOOLS** können Hilfsprogramme installiert, konfiguriert und aufgerufen werden. Zudem haben Sie Zugriff auf die Objektablage und die Konfiguration der IDE.

- **UMGEBUNGSOPTIONEN...** (Environment Options...). Ruft ein mehrseitiges Dialogfenster auf, über das Sie alle wichtigen Bereiche der IDE konfigurieren können (➔ 2.4.7).
- **OBJEKTABLAGE...** (Repository...). Über diesen Befehl gelangen Sie in das Dialogfenster zur Verwaltung der Objektablage (➔ 3.7.3).
- **TOOLS KONFIGURIEREN...** (Configure Tools...). öffnet die Dialogfenster zur Installation von Hilfsprogrammen. Hilfsprogramme können auf diese Weise nach Ihren Wünschen konfiguriert und in das Menü **TOOLS** aufgenommen werden (➔ 2.4.7).
- **BILDEDITOR** (Image Editor). Ruft den Bildeditor zur Erstellung und Bearbeitung bildbasierter Ressourcen (Bitmaps, Icons, Cursor) auf (➔ 3.8).
- **EDITOR FÜR PACKAGE-SAMMLUNGEN** (Package Collection Editor). Mit Hilfe dieses Editors können Packages für die Weitergabe an andere Entwickler zusammengestellt und aufbereitet werden.

- **DATENBANKOBERFLÄCHE** (Database Desktop). Ruft das gleichnamige Programm zur Verwaltung und Bearbeitung von Datenbanken auf (→ 7.2.3).

Das Menü HILFE (Help)

Über das Hilfe-Menü **HILFE** (Help) haben Sie Zugriff auf die verschiedenen Online-Hilfebücher.

2.4.3 Die Mauspalette

Wie die meisten größeren Windows-Programme verfügt auch die IDE über eine Mauspalette, die zudem den Vorteil hat, daß sie von Ihnen konfiguriert werden kann.

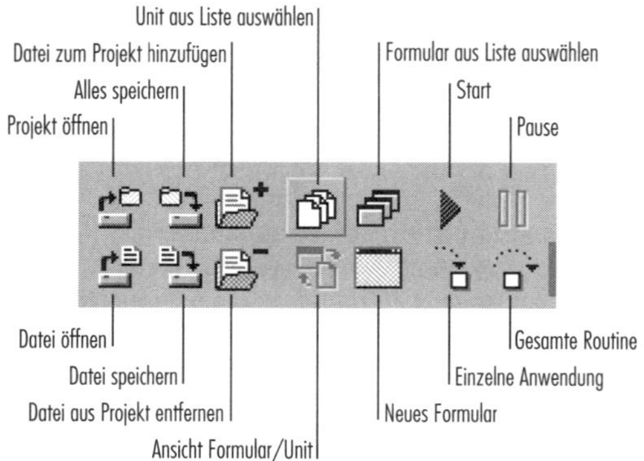

Verfügbare Schalter

- Neben den standardmäßig eingerichteten Schaltflächen gibt es noch eine Reihe weiterer Symbole, die Sie nach Wunsch in die Mauspalette aufnehmen können.

Konfiguration der Mauspalette

Die Mauspalette können Sie auf drei verschiedene Weisen konfigurieren:

- Sie können die Palette ein- und ausblenden (Befehl **SYMBOLLEISTE** im Menü **ANSICHT**).
- Sie können ihre Größe im IDE-Fenster verändern, indem Sie den Balken zwischen Symbolleiste und Komponentenpalette mit der Maus aufnehmen und verschieben.

- Sie können die Zusammenstellung der Schaltflächen verändern, indem Sie im Kontextmenü der Symbolleiste den Befehl **EIGENSCHAFTEN** aufrufen.

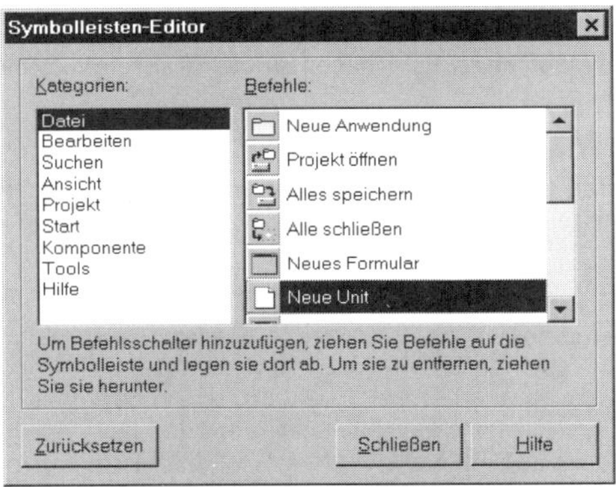

Ausführung: Konfiguration der Mauspalette

1. **Rufen Sie im Kontextmenü der Mauspalette den Befehl EIGENSCHAFTEN auf.** Um das Kontextmenü aufzurufen, klicken Sie einfach mit der rechten Maustaste auf den Hintergrund der Symbolleiste.
2. **Schaffen Sie Platz für neue Schaltflächen.** Entfernen Sie dazu bestehende Schalter, die Sie nicht benötigen, indem Sie die Schaltflächen mit der Maus anklicken und aus dem Bereich der Symbolleiste ziehen.

   Oder

   Vergrößern Sie die Symbolleiste, indem Sie den Balken zwischen Symbolleiste und Komponentenpalette mit der Maus aufnehmen und verschieben.
3. **Nehmen Sie neue Schaltflächen in die Symbolleiste auf.** Die verfügbaren Schaltflächen werden nach den Menüs der Menüleiste sortiert in dem Dialogfenster ***Symbolleisten-Editor*** aufgelistet. Wählen Sie einfach das entsprechende Popup-Menü, und nehmen Sie dann im rechten Listenfeld die gewünschte Schaltfläche auf und ziehen Sie sie in die Mauspalette.

Anmerkung

- Über den Schalter **ZURÜCKSETZEN** können Sie jederzeit die Standard-Mauspalette wiederherstellen.

2.4.4 Tastenkürzel

Zur schnelleren Arbeit mit der Tastatur bieten viele Programme Tastenkürzel, d.h. Kombinationen von meist zwei bis drei Tasten, durch die bestimmte Befehle aufgerufen werden. Die IDE des Delphi-Pakets bietet Ihnen die Möglichkeit, gleich zwischen vier voreingestellten Tastaturbelegungen auszuwählen sowie eigene Belegungen zu erstellen (für UNIX-Programmierer vielleicht in Anlehnung an den **vi** oder **emacs**). Die vordefinierten Belegungen sind:

- Vorgabe
- IDE klassisch
- BRIEF
- Epsilon

Tastaturkürzel einsehen

Die nachfolgende Tabelle gibt Ihnen eine Übersicht über eine Auswahl der wichtigsten Tastenkürzel der Tastaturbelegung »Vorgabe«.

- Eine vollständige Auflistung der Kürzel aller Tastaturbelegungen erhalten Sie, wenn Sie das Dialogfenster ***Umgebungsoptionen*** aufrufen (Menübefehl **TOOLS/UMGEBUNGSOPTIONEN**) und dort auf der Seite ***Editor*** den Schalter **HILFE** drücken. Über den daraufhin erscheinenden Hilfetext gelangen Sie durch Anklicken der Bezeichnungen für die verschiedenen Tastaturbelegungen direkt zu deren Tastenkürzel.

Tabelle 2.1: Tastenkürzel der IDE (Vorgabe)

Taste	Funktion
System:	
Alt+F10	Kontextmenü aufrufen
Alt+0	Fensterliste anzeigen
F11	Objektinspektor anzeigen
F12	Umschalten zwischen Formular/Unit
Strg+⇧+P	Tastaturmakro wiedergeben
Strg+⇧+R	Tastaturmakro aufzeichnen
Alt+F4	Fenster schließen (Systemmenü)
Strg+S	Datei/Speichern
Strg+Z	Bearbeiten/Rückgängig
⇧+Strg+Z	Bearbeiten/Widerrufen
F9	Start/Start
Strg+F9	Projekt/Kompilieren

Tabelle 2.1: Tastenkürzel der IDE (Vorgabe)

Taste	Funktion
F4	Start/Gehe zur Cursorposition
F5	Start/Haltepunkt hinzufügen
F8	Start/Gesamte Routine
F7	Start/Einzelne Anweisung
Strg+F2	Start/Programm zurücksetzen
Strg+F5	Start/Ausdruck hinzufügen
↵	Suche über Schlüsselwort
Editorfenster:	
Strg+T	Wort löschen
Strg+Y	Zeile löschen
Strg+Pos1	Cursor zu Dateianfang
Strg+Ende	Cursor zu Dateiende
Strg+K+B	Markiert den Beginn eines Blocks
Strg+K+K	Markiert das Ende eines Blocks
Strg+K+C	Kopiert einen markierten Block
Strg+K+H	Versteckt/Zeigt einen markierten Block
Strg+K+Y	Löscht einen markierten Block
Strg+K+W	Schreibt einen Block in eine Datei
Strg+K+R	Liest einen Block aus einer Datei aus
Zwischenablage:	
Strg+Einfg	Bearbeiten/Kopieren
Strg+C	Bearbeiten/Kopieren
⇧+Entf	Bearbeiten/Ausschneiden
Strg+X	Bearbeiten/Ausschneiden
⇧+Einfg	Bearbeiten/Einfügen
Strg+V	Bearbeiten/Einfügen
Fenster Haltepunkte:	
Strg+E	Haltepunkt bearbeiten
Strg+D	Haltepunkt löschen
Strg+A	Haltepunkt hinzufügen
Strg+S	Quellen bearbeiten

Tabelle 2.1: Tastenkürzel der IDE (Vorgabe)

Taste	Funktion
Fenster Überwachte Ausdrücke:	
Strg+A	Ausdruck hinzufügen
Strg+E	Ausdruck bearbeiten
Fenster Aufruf-Stack:	
Strg+E	Quelltext bearbeiten

Tastaturbelegung einrichten

Die Optionen zur Auswahl und Einrichtung einer Tastaturbelegung finden Sie auf der Seite ***Editor*** im Fenster ***Umgebungsoptionen***, das Sie sowohl über den Menübefehl **TOOLS/UMGEBUNGSOPTIONEN** als auch den Befehl **EIGENSCHAFTEN** im Kontextmenü des Quelltexteditors aufrufen können.

Ausführung: Tastaturbelegung wählen

1. **Rufen Sie den Menübefehl TOOLS/UMGEBUNGSOPTIONEN auf.**
2. **Klicken Sie in dem erscheinenden Dialogfenster die Seite EDITOR an.**
3. **Wählen Sie in dem zuoberst liegenden Listenfeld *Editor-Schnelleinstellung* die gewünschte Tastaturbelegung aus.**
4. **Klicken Sie zur Bestätigung Ihrer Eingaben auf OK.**

- Die vorgenommenen Einstellungen gelten global – unabhängig davon, ob Sie das Dialogfenster über das Kontextmenü oder das Menü **TOOLS** aufgerufen haben.

2.4.5 Der Quelltexteditor

Trotz visueller RAD-Programmierung und automatischer Verwaltung der Projektdatei kommt man in den allerwenigsten Fällen ohne das direkte Bearbeiten des Quellcodes aus. Aber auch wenn es an das manuelle Eintippen von Quelltext geht, bietet Ihnen Delphi noch vielfältige Unterstützung.

Übersicht: Quelltexteditor

- Bei Anlegen einer neuen Anwendung (Befehl **DATEI/NEUE ANWENDUNG**) liegt der Quelltexteditor anfangs unter dem Hauptfenster, von dem er fast gänzlich verdeckt wird.
- Eine Vielzahl von Befehlen (→ 2.4.6 Übersicht »Editorfenster«) dient dem Laden von Quelltextdateien in den Editor.
- Wenn Sie im Objektinspektor eine Behandlungsroutine zu einem Ereignis spezifizieren, wechselt Delphi danach automatisch für Sie in den Quell-

texteditor, wo die neue Routine bereits angelegt wurde und nur noch von Ihnen mit Quellcode gefüllt werden muß.

- Mit Hilfe des Tastenkürzels F12 können Sie vom Quelltexteditor zum Formular der angezeigten Unit wechseln. Über die Optionen auf der Seite ***Programmierhilfe*** (→ unten) der Umgebungsoptionen (Aufruf über **TOOLS/UMGEBUNGSOPTIONEN**) können Sie den Editor für die automatische Quelltexterweiterung konfigurieren.
- Im Kontextmenü des Quelltexteditors finden Sie eine Reihe interessanter Befehle für die Arbeit im Editor, unter anderem:
  - Die aktuell angezeigte Datei im Editorfenster wird über den Befehl **SEITE SCHLIESSEN** (Tastenkürzel Strg+F4) geschlossen.
  - Um sich schnell über den Inhalt einer Unit zu informieren, die von der aktuellen Unit benutzt wird, gehen Sie zum **uses**-Abschnitt der Unit, setzen den Cursor auf den Namen der gesuchten Unit und rufen den Befehl **ÖFFNE DATEI BEIM CURSOR** auf.
  - Über den Befehl **NUR LESEN** kann die aktuelle Datei schreibgeschützt werden.
  - Über den Befehl **MELDUNGEN ANZEIGEN** kann die Anzeige der aktuellen Compiler- und Linker-Meldungen an- oder ausgeschaltet werden.
- Der linke Rand des Editorfensters dient zur Unterstützung des Debuggers. Hier können Sie per Mausklick Haltepunkte setzen und löschen und die Ausführungsposition beim Debuggen kontrollieren.

Konfiguration des Quelltexteditors

Um den Editor zu konfigurieren, rufen Sie den Befehl **TOOLS/UMGEBUNGSOPTIONEN** auf. Auf den verschiedenen Seiten des Dialogfensters ***Umgebungsoptionen*** haben Sie folgende Einstellmöglichkeiten:

- Seite ***Vorgaben***. Hier können Sie festlegen, ob beim Speichern des Projekts festgehalten werden soll, welche Dateien im Quelltexteditor angezeigt wurden (Option ***Editordateien***).
- Seite ***Editor***.
  - Im oberen Listenfeld wählen Sie eine Tastaturbelegung aus, mit der auch jeweils ein spezifischer Satz von Editoroptionen verbunden ist.
  - Darunter können Sie die Einstellungen zur Tastaturbelegung an Ihre eigenen Bedürfnisse anpassen.
  - Im letzten Feld ***Dateierweiterungen*** legen Sie anhand der Extensionen fest, für welche Dateien die Syntaxhervorhebung (→ Seite ***Farben***) aktiviert werden soll.

- Seite ***Anzeigen***. Hier finden Sie eine bunte Zusammenstellung verschiedener Einstellmöglichkeiten, beispielsweise
  - das Anlegen von Sicherungsdateien
  - die Tastaturbelegung
  - das Anzeigen eines rechten Randstreifens
  - die Verwendung der linken Leiste zur Unterstützung des Debuggers
  - die zu verwendende Schriftart
- Seite ***Farben***. Auf dieser Seite können Sie selbst festlegen, wie die Syntaxhervorhebung der verschiedenen Quelltextelemente aussehen soll.
- Seite ***Programmierhilfe***. Auf dieser Seite können Sie festlegen, inwieweit der Quelltexteditor Sie durch die automatische Komplettierung von Quellcode unterstützen soll. Im einzelnen haben Sie folgende Möglichkeiten:
  - **Code-Vervollständigung**. Der Editor zeigt Ihnen nach Eingabe eines Punktes hinter einem Klassennamen eine Liste der möglichen Klassenelemente an. Sie können das gewünschte Element dann auch direkt aus der Liste einfügen.
  - **Code-Parameter**. Der Editor zeigt nach der Eingabe der öffnenden Klammer hinter einer RTL-Routine deren Parameter an.
  - **Auswertung durch Kurzhinweise**. Der Editor zeigt beim Debuggen den Wert der Variablen an, auf die der Mauszeiger weist.
  - **Quelltextschablonen**. Der Editor ersetzt beim Eintippen die im Feld ***Schablonen*** definierten Schablonen durch den im Feld ***Code*** eingegebenen Quelltext.

2.4.6 Fensterverwaltung in der IDE

Bei der Arbeit mit Delphi haben Sie es mit vier unterschiedlichen Kategorien von Fenstern zu tun:

- **Den zentralen Delphi-Fenstern**. Dies wären zum einen das eigentliche IDE-Fenster mit Menüleiste, Mauspalette und Komponentenpalette, zum anderen der Objektinspektor zum Einrichten von Komponenten.
- **Den Fenstern der zu bearbeitenden Anwendung**. Dies wären die Fenster zur visuellen Bearbeitung der Formulare, die Editorfenster zur direkten Bearbeitung der Quelltexte und das Projektfenster.
- **Den Anzeigefenstern**, die hauptsächlich über das Menü **ANSICHT** aufgerufen werden und Ihnen verschiedene Informationen zu Ihrem Programm anzeigen.

- **Den Fenstern der verschiedenen Hilfsprogramme.**

Die folgende Übersicht zeigt Ihnen, wie Sie die verschiedenen Fenster öffnen können, und gibt Ihnen Tips, wie Sie die Fenster auf dem Desktop verwalten, ohne in einer Fensterflut zu ertrinken.

2.4

Die IDE

Übersicht: Fenster nur nach Bedarf öffnen

- Bei Aufruf von Delphi erscheint automatisch das Hauptfenster der IDE. Da es die zentrale Schaltstelle bei Ihrer Arbeit mit Delphi darstellt, sollte es selbstverständlich die ganze Arbeitssitzung über geöffnet bleiben.
  - Sofern Sie nur einfache Konsolen-Programme schreiben wollen, können Sie das IDE-Fenster verkleinern, indem Sie die Komponentenpalette ausblenden (Menübefehl **ANSICHT/KOMPONENTENPALETTE**) und die Symbolleiste einreihig anordnen (rufen Sie dazu das Kontextmenü der Symbolleiste auf, und wählen Sie den Befehl **EIGENSCHAFTEN.** Danach können Sie die Schaltfelder mit der Maus aufnehmen und an eine andere Position ziehen (→ 2.4.3)). Die Konfiguration des IDE-Fensters bleibt auch nach Beenden der Arbeitssitzung erhalten.
- Der Objektinspektor wird ebenfalls standardmäßig bei Aufruf von Delphi geöffnet und sollte während der Bearbeitung von Windows-Anwendungen geöffnet bleiben.
  - Der Objektinspektor kann über den Befehl **ANSICHT/OBJEKTINSPEKTOR** (Taste [F11]) aufgerufen oder in den Vordergrund gebracht werden.
- Fenster, deren Inhalt aktuell nicht interessiert, können als Symbole abgelegt werden, was meist übersichtlicher ist, als sie überlappend auf dem Desktop anzuordnen.
  - Die Anzeigefenster des Debuggers (→ 4.2.3) können bei Bedarf schnell über ihren entsprechenden Befehl im Menü **ANSICHT** aufgerufen werden, so daß man sie statt als Symbol abzulegen auch ganz schließen kann (die dargestellte Information geht dabei nicht verloren).
  - Zeitaufwendiger ist die Einrichtung der Symbolanzeige und das Laden von Dateien, so daß diese meist länger auf dem Desktop verbleiben.
- Das Laden von Dateien über den Menübefehl **DATEI/ÖFFNEN** ist recht mühsam. Delphi bietet daher zwei Alternativen:
  - Dateien, die bereits einmal geöffnet waren, können unter Umgehung des *Öffnen*-Dialogs über den Befehl **DATEI/NEU ÖFFNEN** geladen werden.
  - Wenn Sie gerade ein Projekt bearbeiten und sich über den Quelltext einer eingebundenen Unit informieren wollen, setzen Sie im Quelltex-

teditor den Cursor auf den Namen der Unit, und rufen Sie im Kontextmenü des Quelltexteditors den Befehl **ÖFFNE DATEI BEIM CURSOR** auf. Delphi sucht daraufhin nach der Datei im aktuellen Verzeichnis und in den Verzeichnissen des Suchpfads (der Suchpfad wird auf der Seite ***Verzeichnisse/Bedingungen*** des Dialogfensters ***Projektoptionen*** eingestellt). Kann Delphi die Datei dort nicht finden, wird das Dialogfenster zum Laden von Dateien geöffnet.

- Auf einem Desktop mit mehreren geöffneten Fenstern ist es oftmals vorteilhafter, Fenster mit Hilfe der entsprechenden Befehle im Menü **ANSICHT** in den Vordergrund zu holen, als durch Verschieben der Fenster auf dem Desktop.
- Bei der Arbeit mit größeren Projekten ist das Projektverwaltungsfenster (→ 3.2.3) recht nützlich, aus dem sämtliche Module per Doppelklick mit der Maus als Quelltext oder Formular aufgerufen werden können.
- Treten beim Kompilieren Fehler auf, können Sie durch Doppelklicken der Meldung die entsprechende Textstelle im Editorfenster anzeigen lassen.

Von besonderem Interesse sind die Editorfenster, in denen Sie die Module Ihrer Anwendung als Formulare oder als Quelltext bearbeiten können.

Übersicht: Editorfenster

- Zu den Editorfenstern sind alle Fenster zu zählen, in denen Teile der zu erstellenden Anwendung bearbeitet werden können, also:
  - der Quelltexteditor
  - der Formular-Designer
  - das Projektfenster
- Der Quelltexteditor von Delphi legt für jede geladene Quelldatei eine eigene Registerseite an. Um einen Quelltext zu laden, haben Sie folgende Möglichkeiten:
  - Befehl **DATEI/NEU/TEXT**, um eine neue Textdatei anzulegen, die mit dem Projekt verwaltet, aber nicht kompiliert wird (beispielsweise zum Anlegen von README-Dateien).
  - Befehl **DATEI/NEU/UNIT**, um eine neue Unit anzulegen. Haben Sie ein Projekt geöffnet, wird die Unit automatisch dem Projekt hinzugefügt.
  - Befehl **PROJEKT/DEM PROJEKT HINZUFÜGEN**, um eine bestehende Datei zu öffnen und sie dem aktuellen Projekt hinzuzufügen.
  - Befehl **DATEI/ÖFFNEN**, um eine bestehende Datei zu öffnen, ohne sie dem aktuellen Projekt zuzuordnen.
  - Befehl **ANSICHT/PROJEKT-QUELLTEXT**, um sich die Projektdatei anzeigen zu lassen.

- Befehl **Ansicht als Text** im Kontextmenü des Formular-Designers, um sich die .dfm-Datei zu einem Formular anzeigen zu lassen (über den Befehl **Ansicht als Text** im Kontextmenü der .dfm-Datei gelangen Sie wieder zur Darstellung im Formular-Designer).
- Wenn Sie **Formulare** neu einrichten oder laden, wird die entsprechende Unit automatisch als Quelltext mitgeladen.

- Die Verwaltung der Quelltexte als Registerseiten in einem Editorfenster ist äußerst übersichtlich, erlaubt es jedoch nicht, gleichzeitig mehrere Quelltextstellen im Blick zu behalten. Aus diesem Grunde können Sie mehrere Editorfenster aufrufen (Befehl **Neues Editierfenster** im Kontextmenü der Quelltextfenster oder im Menü **Ansicht**).
- Die Formularfenster dienen der visuellen Bearbeitung von Formularen. Für jedes Formular wird ein eigenes Formularfenster geöffnet und eine zugehörige Unit für den Quelltext angelegt und auf einer eigenen Seite im Texteditor angezeigt.
  - Durch Drücken der Taste [F12] bzw. durch Aufruf des Befehls **Umschalten Formular/Unit** im Menü **Ansicht** können Sie sich zu einem Formular im Formular-Designer die zugehörige Quelltext-Unit im Quelltexteditor oder umgekehrt zu einer Unit das zugehörige Formular anzeigen lassen.
  - Die Konfiguration eines Formulars (Einstellungen aus Objektinspektor sowie die aufgenommenen Komponenten) wird in einer speziellen Datei festgehalten, die die Extension .dfm besitzt. Um sich die .dfm-Datei zu einem Formular anzusehen, rufen Sie den Befehl **Ansicht als Text** im Kontextmenü des Formularfensters auf, woraufhin im Quelltexteditor statt der zugehörigen Unit die .dfm-Datei angezeigt wird (über den Befehl **Ansicht als Text** im Kontextmenü der .dfm-Datei gelangen Sie wieder zur Darstellung im Formular-Designer).
- Wenn Sie eine Windows-Anwendung erstellen, wird dafür automatisch eine Projektdatei angelegt, in der zum einen festgehalten wird, welche Units zu dem Projekt gehören und wie die Kompilierung zu erfolgen hat, und die zum anderen das Hauptmodul der Anwendung darstellt.
  - Um sich über den Aufbau des Projekts zu informieren, rufen Sie das Fenster ***Projektverwaltung*** auf (Befehl **Ansicht/Projektverwaltung**). Aus diesem Fenster können Sie Formular- und Quelltextfenster der Projektmodule direkt per doppeltem Mausklick aufrufen.
  - Um sich die Projektdatei als Quelltext anzusehen, rufen Sie den Befehl **Projekt/Projekt-Quelltext** auf.

2.4.7 Konfiguration der IDE

Die Konfiguration der IDE erfolgt hauptsächlich über die Seiten des Dialogfensters ***Umgebungsoptionen***, das Sie über den Menübefehl **TOOLS/UMGEBUNGSOPTIONEN** aufrufen können. Daneben können Sie noch das Erscheinungsbild des IDE-Hauptfensters anpassen (➔ unten).

Einstellungen unter Tools/Optionen

Das Dialogfenster ***Umgebungsoptionen*** ist aus mehreren Seiten aufgebaut, die Sie durch Anklicken der zugehörigen Reiter aufrufen:

- ***Vorgaben***. Zusammenstellung verschiedener Optionen zu Desktop, Formular-Designer (➔ 2.3.2) und Debugger (➔ 4.3.4).
- ***Bibliothek***. Optionen zu Linker (➔ 3.5.3) und Bibliotheken.
- ***Editor***. Optionen zur Konfiguration des Quelltexteditors (➔ 2.4.5).
- ***Anzeigen***. Weitere Optionen zum Quelltexteditor (➔ 2.4.5).
- ***Farben***. Zur Einstellung der Syntaxhervorhebung.
- ***Palette***. Zur Zusammenstellung der Komponentenpalette (➔ 2.3.1).
- ***Symbolanzeige***. Optionen zur Konfiguration des Browsers (➔ 4.2.1).
- ***Programmierhilfe***. Optionen zur Konfiguration der unterstützten Quelltexterstellung im Editor (➔ 2.4.5).

Erweiterung der Menüleiste der IDE

Die Menüstruktur der IDE kann auf dreierlei Weise verändert werden:

- Über die Befehle **SYMBOLLEISTE** und **KOMPONENTENPALETTE** aus dem Menü **ANSICHT** können Sie die entsprechenden Paletten im IDE-Fenster unter der Menüleiste ein- und ausblenden.
- Über den Befehl **EIGENSCHAFTEN** der Kontextmenüs der beiden Paletten, kann deren Zusammenstellung geändert werden (➔ 2.4.3, 2.3.2).
- Über den Befehl **TOOLS/TOOLS KONFIGURIEREN** gelangen Sie in das Dialogfenster ***Tools-Optionen*** zur Verwaltung der Dienstprogramme. Über den Schalter **HINZUFÜGEN** kommen Sie in ein weiteres Dialogfenster, das Ihnen erlaubt, ein Programm direkt zu spezifizieren oder nach ihm zu suchen (Schalter **DURCHSUCHEN**) und es für den Aufruf aus dem Menü **TOOLS** einzurichten. Danach wird das Programm als weiterer Eintrag im Menü **TOOLS** aufgeführt und kann direkt von dort aus aufgerufen werden.

3 Programmerstellung

3.1 Allgemeines

Der Weg von der ersten Programmidee zum einsetzbaren Software-Produkt ist meist steinig und von Umwegen gezeichnet. Er beginnt mit einem Kommunikationsproblem.

3.1.1 Formulierung als Pascal-Algorithmus

Alles was ein Computer kann, ist eine sequentielle Abfolge primitivster Anweisungen auszuführen. Der Umfang der von ihm verstandenen Befehle ist zudem äußerst gering und beschränkt sich im wesentlichen darauf, Daten, d.h. Bits, von einem Ort zum anderen zu transferieren oder in der Recheneinheit (ALU = Algorithmic Logic Unit) zu manipulieren.

Wer sich selbst einmal wie ein Computer fühlen möchte, dem steht es frei, sich in der Assembler-Programmierung zu üben, wo Programme aus Maschinenbefehlen bestehen. Um dem Rest der Welt den Zugang zur Programmierung zu erleichtern, gibt es die sogenannten Compiler (Übersetzer). Ihnen obliegt es, für Menschen besser verständliche Anweisungen in Maschinenbefehle zu übersetzen.

Leider ist die menschliche Sprache von ihrem Wortschatz und ihrer Grammatik her viel zu kompliziert, um maschinell übersetzt zu werden. Man muß sich also einer Programmiersprache mit kleinem Sprachumfang und leicht übersetzbarer Grammatik bedienen. Eine dieser Sprachen ist Pascal.

Für den Windows-Programmierer stellt sich aber noch ein weiteres Problem. Der Code seiner Programme muß nicht nur vom Computer verstanden werden, das in Ausführung befindliche Programm muß zudem in korrekter Weise mit dem Windows-Betriebssystem interagieren. Glücklicherweise ist genau dies der Punkt, an dem Delphi ansetzt. Delphis Entwicklungsumgebung schaltet sich zwischen den Programmierer und die Windows-API, deren Routinen und Datentypen die Grundlagen jeglicher Windows-Programmierung bilden, deren Gebrauch aber auch recht mühselig und fehleranfällig ist. Ein Großteil der Windows-API ist daher in Delphis VCL-Bibliothek (Visual Component Library) gekapselt, deren Programmierung wesentlich einfacher und übersichtlicher ist (vorausgesetzt man verfügt über gewisse Grundkenntnisse in der objektorientierten Programmierung (→ 5.6)) und die zudem mit den verschiedenen Elementen der Delphi-Oberfläche perfekt harmoniert:

- Projektverwaltung,
- Experten zur Programmerstellung,
- visuelle Erstellung von Formularen,
- Programmierung mit Komponenten,
- Objektinspektor.

Die folgenden Abschnitte werden Ihnen diese Elemente näher vorstellen. Sie werden sehen, wie die verschiedenen Konzepte aufeinander abgestimmt sind und wie Sie sie für Ihre Programmierarbeiten nutzen können. Bevor es aber zu sehr ins Detail geht, können Sie sich im folgenden Abschnitt einen Überblick über die Anwendungserstellung mit der RAD-Umgebung von Delphi verschaffen.

3.1.2 Ablauf der RAD-Programmierung

Nachdem Ihnen in Kapitel 2 bereits die Konzeption der RAD-Umgebung näher gebracht und die zentralen Elemente vorgestellt wurden, ist dieser Abschnitt vornehmlich der praktischen Seite gewidmet. Grundsätzlich gehen Sie bei der visuellen Programmierung mit Delphi nach folgendem Schema vor:

Übersicht: Programmerstellung

- **Starten Sie Delphi (→ 1.4.1).**
- **Legen Sie ein neues Projekt an (→ 3.2.1, Befehl DATEI/NEUE ANWENDUNG).**
- **Beginnen Sie mit der eigentlichen Programmierarbeit.**
  - Nehmen Sie die benötigten Komponenten in das Formular der Anwendung auf (→ 2.3.1, 3.4).
  - Konfigurieren Sie die Komponenten und das Formular durch Festlegung ihrer Eigenschaften im Objektinspektor (→ 2.3.3, 3.4.6).
  - Bearbeiten Sie die Ereignisse, auf die das Programm reagieren soll (→ 2.3.3, 3.4.6).
- **Sichern Sie Ihr Projekt (Befehl DATEI/PROJEKT SPEICHERN UNTER).**
- **Kompilieren und linken Sie das Projekt (→ 3.5).**
  - Treten bei der Kompilation Fehler auf, müssen Sie diese beheben (u.U. mit Hilfe des Debuggers) und das Projekt erneut kompilieren.
- **Führen Sie das Programm aus (Befehl START/START).**

Die folgende Ausführung soll den schematischen Ablauf anhand eines Beispiels verdeutlichen und erste Hintergrundinformationen geben.

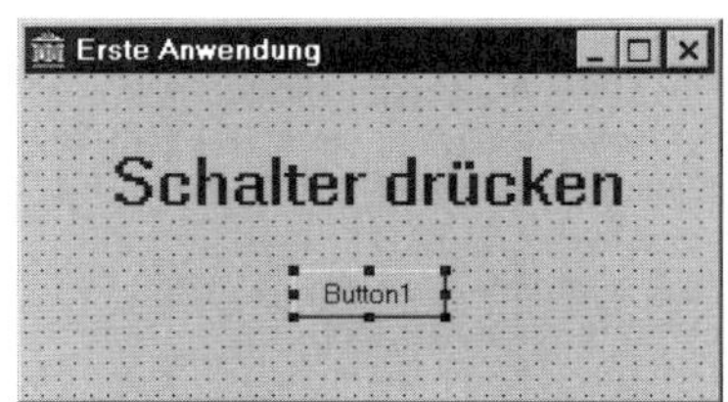

Ausführung: Programmerstellung

1. **Starten Sie Delphi.**
2. **Legen Sie ein neues Projekt an,** wofür Sie beispielsweise den Menübefehl **DATEI/NEUE ANWENDUNG** oder eine der Vorlagen unter **DATEI/NEU/*Projekte*** aufrufen.
   - Wenn Sie ein neues Projekt öffnen, legt Delphi für Sie eine Projektdatei und eine Unit für das Hauptfenster an. Da Sie die Projektdatei üblicherweise nicht selbst bearbeiten müssen (Delphi übernimmt dies für Sie), wird nur die Unit des Hauptfensters im Quelltexteditor angezeigt. Des weiteren wird der Formular-Designer für die grafische Bearbeitung des Hauptfensters geöffnet (das Hauptfenster verdeckt anfangs den Quelltexteditor). Sie können nun Komponenten in das Hauptfenster aufnehmen oder mit Hilfe des Objektinspektors die Eigenschaften und Ereignisse des Fensters bearbeiten. Sie können aber auch den von Delphi vorimplementierten Code direkt ausführen.
   - Für jedes Formular, das Sie in ein Projekt aufnehmen, legt Delphi eine eigene Unit an. In dieser Unit wird für das neue Formular eine eigene Klasse (**TForm1**) von der VCL-Klasse **TForm** abgeleitet und eine Instanz (**Form1**) dieser neuen Klasse gebildet. Über die Instanz können Sie zur Laufzeit auf das Formular zugreifen.
3. **Nehmen Sie eine Label- und eine Button-Komponente in das Formular der Anwendung auf.** Beide Komponenten finden Sie auf der Seite ***Standard*** der Komponentenpalette.

   Klicken Sie zuerst auf das Symbol der Komponente und danach auf die Stelle im Formular, an der die Komponente abgelegt werden soll.

   - Wenn Sie eine Komponente aus der Komponentenpalette auswählen und in einem Formular ablegen, deklariert Delphi in der Klasse des Formulars als neues Datenelement eine Instanz der Komponente (genauer gesagt der VCL-KLasse, die die Komponente implementiert).

4. **Konfigurieren Sie die Label-Komponente.** Klicken Sie auf die Label-Komponente, und geben Sie für die ***Caption***-Eigenschaft der Label-Komponente den Text »Schalter drücken« ein. Doppelklicken Sie dann auf die Eigenschaft ***Font***, und setzen Sie die Größe auf 20.
   - Da die Eigenschaft ***AutoSize*** der Label-Komponenten standardmäßig auf **True** gesetzt ist, paßt Delphi die Größe der Label-Komponente automatisch an den anzuzeigenden Text an.
   - Hinter den Eigenschaften einer Komponente, die Sie im Objektinspektor bearbeiten, stehen letztendlich Datenelemente der entsprechenden VCL-Klasse. Wenn Sie im Objektinspektor einer Eigenschaft einen Wert zuweisen, ist dies im Prinzip nichts anderes, als würden Sie im Konstruktor der Klasse dem Datenelement, das der Eigenschaft zugrundeliegt, einen Wert zuweisen. Die Zuweisungen werden allerdings in einer eigenen Datei (.dfm-Datei des Formulars)) abgespeichert, da diese Informationen ja auch zur Entwurfszeit des Projekts verfügbar sein müssen.
5. **Bearbeiten Sie die Ereignisse der Button-Komponente.** Wenn der Anwender mit der Maus auf den Schalter klickt, soll der Text der Label-Komponente geändert werden. Markieren Sie dazu die Button-Komponente, und wechseln Sie im Objektinspektor auf die Seite ***Ereignisse***. Doppelklicken Sie dort auf das Feld zu dem Ereignis ***OnClick***. Es erscheint automatisch der Quelltexteditor, in dem Sie auf dem Weg über die Instanzvariable **Label1** die Eigenschaften der Label-Komponente zur Laufzeit ändern können:
   ```
   Label1.Font.Size := 14;
   Label1.Caption := 'Schalter wurde gedrückt';
   ```
6. **Konfigurieren Sie das Hauptfenster der Anwendung.** Nehmen Sie mit der Maus eine Ecke des Formulars auf und verkleinern oder vergrößern Sie es, bis es ungefähr zu den Komponenten paßt. Zentrieren Sie dann die beiden Komponenten, indem Sie sie jeweils markieren und im Dialogfenster ***Ausrichtung*** (Aufruf über **BEARBEITEN/AUSRICHTEN**) die Option ***Zentriert im Fenster*** auswählen. Klicken Sie zum Abschluß mit der Maus in das Fenster (nicht auf eine der aufgenommenen Komponenten), und wechseln Sie zum Objektinspektor, wo Sie für die Eigenschaft ***Caption*** des Formulars einen neuen Titel (beispielsweise »Erste Anwendung«) eingeben.
7. **Speichern Sie das Projekt** (Befehl **DATEI/PROJEKT SPEICHERN UNTER**). Delphi fragt Sie nach Namen für die Unit des Formulars und die Projektdatei ab. Nennen Sie die Unit beispielsweise »Test_u« und die Projektdatei »Test_p«.

- In Delphi ist es nicht erlaubt, einer Unit den gleichen Dateinamen zu geben wie der zugehörigen Projektdatei.

8. **Kompilieren und linken Sie das Projekt** (Befehl **PROJEKT/COMPILIEREN** oder **PROJEKT/PROJEKT NEU COMPILIEREN**). Der Compiler versucht, Ihren Quelltext in Objektcode umzuwandeln. Damit der Compiler ein Programm übersetzen kann, muß es syntaktisch korrekt formuliert sein. Trifft der Compiler auf Konstrukte, deren Übersetzung fraglich ist, gibt er eine Warnung oder eine Fehlermeldung aus. Ein guter Compiler unterstützt Sie also bei der Erstellung syntaktisch einwandfreier Programme. Beheben Sie eventuell aufgetretene Fehler, und kompilieren Sie erneut, bis das Programm vollständig übersetzt ist.
   - Treten Fehler auf, wird im unteren Teil des Editorfensters ein Teilfenster aufgemacht, in dem die verschiedenen Fehlermeldungen angezeigt werden (bei schwerwiegenden Syntaxfehlern wird eine Fehlermeldung ausgegeben und die Kompilation abgebrochen). Korrigieren Sie aufgetretene Fehler.
   - Nach dem Compiler wird der Linker aufgerufen (geschieht automatisch), um eine ausführbare .exe-Datei zu erstellen. Umfangreichere Programme bestehen meist aus mehreren Modulen, d.h. Quelltexteinheiten, die jede für sich in Objektcode übersetzt wurden. In Pascal ist dies nahezu immer der Fall, da die Bibliotheken, deren Header-Dateien mittels **uses** eingebunden werden, als bereits kompilierter Objektcode vorliegen. Der Linker setzt nun aus den verschiedenen Modulen das ausführbare Programm zusammen.
9. **Führen Sie das Programm aus** (Befehl **START** im gleichnamigen Menü).
   - Um eine Anwendung auszutesten, ist es nicht erforderlich, das Projekt zuvor noch zu kompilieren. Bei Aufruf des Befehls **START** prüft Delphi automatisch, ob der Quelltext des Projektes seit der letzten Kompilation geändert wurde und aktualisiert gegebenfalls die .exe-Datei. Schritt 8 erübrigt sich daher in solchen Fällen.
   - Leider macht das fertige Programm oftmals nicht das, was von ihm erwartet wird. Es haben sich sogenannte logische Fehler eingeschlichen – liebevoll auch Bugs (Wanzen) genannt. Das Aufspüren und Entfernen dieser Fehler wird als Debuggen bezeichnet und im anschließenden Kapitel 4 behandelt.

3.2 Projektverwaltung

3.2.1 Was ist ein Projekt?

Unter Delphi werden Programme in Form von Projekten erstellt. Ein Projekt ist dabei zunächst nichts anderes als die Sammlung aller Quelltextdateien, die zu dem Programm gehören. (Wenn Sie bisher nur kleinere Pascal-Programme erstellt haben, sind Sie vermutlich mit einer Quelltextdatei, inklusive einiger Header-Dateien, und ohne Projektverwaltung ausgekommen. Windows-Anwendungen sind jedoch meist recht umfangreich, so daß man zur besseren Übersicht und Wartung den Quelltext auf mehrere Dateien (Module) verteilt.) Der Quelltext dieser Dateien wird dann beim Kompilieren in Objektcode umgewandelt, der zusammen mit dem bereits vorkompilierten Code der für das Programm benötigten Laufzeit- und VCL-Bibliothken zur ausführbaren Datei (EXE oder DLL) zusammengebunden wird.

Soweit ist ein Projekt also wirklich bloß eine Sammlung von Dateien, und es liegt nahe, für jedes Projekt ein eigenes Verzeichnis anzulegen. (Schon deshalb weil Delphi für neu erstellte Dateien eines Projekts Standardnamen vergibt. Wenn Sie dann mehrere Projekte in einem Festplattenverzeichnis speichern und vergessen, den einzelnen Dateien beim Speichern eindeutige Namen zu geben, kann es schnell zum unerwünschten Überschreiben wichtiger Module kommen.) Welche Dateien Sie für gewöhnlich in diesen Projektverzeichnissen vorfinden werden, können Sie der folgenden Tabelle entnehmen.

Tabelle 3.1: Die wichtigsten Dateien eines Projekts

Datei (Extension)	Beschreibung
Projektdatei (*.dpr)	Eigentliche Projektdatei. Sie enthält den Quelltext für den Start der Anwendung sowie die Verweise auf die anderen Module. Sie wird automatisch von Delphi verwaltet, kann aber über den Befehl **ANSICHT/PROJEKT-QUELLTEXT** auch in den Editor geladen und dort bearbeitet werden.
Projektoptionen (*.dof)	Trägt den gleichen Namen wie die Projektdatei und speichert die Optionen zum Kompilieren und Linken des Projekts (ASCII-Datei, die üblicherweise nur über die Dialogfenster zu den Projektoptionen bearbeitet wird).

Tabelle 3.1: Die wichtigsten Dateien eines Projekts

Datei (Extension)	Beschreibung
Desktop (*.dsk)	Trägt den gleichen Namen wie die Projektdatei und speichert die Darstellung des Projekts auf dem Desktop, also beispielsweise welche Fenster geöffnet sind und welche Quelltext-Units angezeigt werden sollen (damit diese Informationen korrekt aktualisiert werden, müssen Sie unter **TOOLS/UMGEBUNGSOPTIONEN**/***Vorgaben*** die Optionsfelder unter ***Optionen für Autospeichern*** setzen).
Unit (*.pas)	Quelltext zu einer Unit. Jede Unit stellt ein eigenes Modul dar. Bei der Kompilation wird der Quelltext der Unit (*.pas) in Objektcode (*.dcu oder *.obj) übersetzt. Formulare verfügen neben ihrer Unit auch noch über eine .dfm-Datei.
Formular (*.dfm)	Diese Datei, die über den Befehl **ANSICHT ALS...** entweder grafisch oder als Quelltext angezeigt und bearbeitet werden kann, enthält die Informationen für den Aufbau des Formulars (dazu gehören die integrierten Komponenten und die Eigenschaften (Properties), die nicht mit Standardwerten initialisiert werden sollen (➔ 9.5.5)). Zu einem Formular gehören daher stets seine Unit (in der beispielsweise die Ereignisse des Formulars bearbeitet werden) und seine Formulardatei. Beide Dateien tragen den gleichen Namen.
Unit (*.dcu)	Kompilierte Version des Unit-Quelltextes, die den gleichen Namen wie die zugehörige Unit trägt. Über die Option ***Objekt-Dateien erzeugen*** auf der Seite ***Linker*** unter **PROJEKT/OPTIONEN** können Sie den Compiler anweisen, .obj-Dateien statt .dcu-Dateien zu erzeugen, wodurch die Kompatibilität zu anderen Compilern verbessert, die Kompilierzeit aber verlängert wird.
Ressourcendatei (*.res)	In dieser Datei, die in bereits kompilierter Form vorliegt, werden die Ressourcen (Bitmaps, Cursor, Zeichenketten etc.) des Projekts gespeichert. Sie trägt den gleichen Namen wie die Projektdatei und kann mit Hilfe des Bildeditors bearbeitet werden.
Textdatei (*.txt)	Textdatei (z.B. README.txt), die nicht kompiliert wird.

Tabelle 3.1: Die wichtigsten Dateien eines Projekts

Datei (Extension)	Beschreibung
Ausführbare Datei (*.exe)	Fertige Programmdatei. Sie trägt den gleichen Namen wie die Projektdatei.
Linkbibliothek (*.dll)	Dynamische Linkbibliothek. Sie trägt den gleichen Namen wie die Programmdatei.

Wie Delphi die Projektverwaltung unterstützt

Der wichtigste Punkt ist, daß Delphi die Kompilation und das Linken der Dateien des Projekts automatisch korrekt vornimmt, sofern sich nur die von Ihnen eingerichteten Module (Units) durch die Deklaration im **uses**-Teil einer bereits eingerichteten Datei des Projekts (üblicherweise ist dies die Projektdatei, es kann sich aber auch um eine andere Unit des Projekts handeln) als Bestandteil des Projekts ausweisen. Darüber hinaus

- kann jedes Projekt für sich konfiguriert werden (Einstellungen unter **PROJEKT/OPTIONEN**).
- können Sie abspeichern, welche Fenster bei Aufruf des Projekts geöffnet und welche Dateien geladen werden. Setzen Sie hierzu die Markierungsfelder unter ***Optionen für Autospeichern*** (Befehl **TOOLS/UMGEBUNGSOPTIONEN/*Vorgaben***), damit der Zustand des Desktops in einer .dsk-Datei abgespeichert wird.
- übernimmt Delphi für Sie die Einrichtung neuer Module, wenn Sie zuerst das Projekt öffnen und dann einen der Befehle **NEUES FORMULAR**, **NEUES DATENMODUL**, **NEU/*Unit*** etc. aufrufen. Delphi aktualisiert auch die Verweise auf die Units, wenn Sie diese unter einem anderen Namen abspeichern.
- bietet Ihnen Delphi das Fenster ***Projektverwaltung***, in dem die Module des Projekts aufgeführt werden und das alle wichtigen Befehle zur Bearbeitung des Projekts enthält (→ 3.2.3). Über die ***Projektverwaltung*** können beispielsweise auch bestehende Units aus beliebigen Projekten in das aktuelle Projekt aufgenommen werden.
- können Sie verschiedene Standardprojekte als Ausgangsbasis für Ihre Programme auswählen (→ 3.2.2).
- können Sie mit Hilfe der Objektablage eigene Standardprojekte definieren (→ 3.2.2, 3.7.3).

Anmerkungen

- Die uses-Abschnitte der Units und der Projektdatei dienen nicht nur dazu, die einzelnen Units zu einem Projekt zusammenzuschweißen. Über den

uses-Abschnitt einer Unit können Sie auch steuern, auf welche Elemente anderer Units eine Unit zugreifen kann.

- Wenn Sie beispielsweise eine ***Unit2*** haben, die ein Formular **Form2** mit einer Label-Komponente **Label1** definiert und den Text von **Label1** aus dem Hauptformular **Form1**, das in der ***Unit1*** definiert ist, heraus neu setzen wollen, müssen Sie die ***Unit2*** in dem **uses**-Abschnitt der ***Unit1*** aufführen, damit der Compiler bei der Programmerstellung weiß, auf welches Objekt sich der Name **Label1** beziehen soll.

- Wenn Sie die Markierungsfelder unter ***Optionen für Autospeichern*** gesetzt haben, wird bei jedem Speichern des Projekts oder beim Verlassen von Delphi der Zustand des Desktops abgespeichert, so daß Sie bei erneutem Laden des Projekts stets mit der zuletzt gesicherten Desktop-Konfiguration weiterfahren. Sie können aber auch eine Standard-Konfiguration herstellen, abspeichern und dann die Markierungsfelder unter ***Optionen für Autospeichern*** wieder löschen, so daß Sie bei jedem Aufruf des Projekts mit der Standard-Konfiguration starten.

Vorteile der Projektverwaltung

Die wichtigsten Vorteile sind

- **die Modularisierung des Quellcodes**, die umso wichtiger ist, je größer das Programm ist. Delphi gibt Ihnen dabei die grundlegende Aufteilung in Anwendungsmodul (Projektdatei), Fenster-Module (Formulare) und reine Quelltext-Units ohne visuelle Elemente vor.
- **die bessere Wartbarkeit der Programme**. Bei sauberer Programmierung sind die Module (ähnlich wie Prozeduren und Funktionen) weitgehend unabhängig voneinander und können für sich debuggt und gewartet werden (Divide-and-Conquer-Prinzip).
- **die bequeme Wiederverwertbarkeit einzelner Module**. Einmal erstellte Module, beispielsweise für ein bestimmtes Dialogfenster, können einfach durch Kopieren oder mit Hilfe der Objektablage und mit wenigen Anweisungen in ein anderes Projekt integriert werden.

3.2.2 Projekte erstellen und bearbeiten

Der erste Schritt zur Erstellung einer Windows-Anwendung besteht darin, ein Projekt für die Anwendung anzulegen. Dahinter verbirgt sich

- zum einen die Notwendigkeit, Quellcode zu erzeugen, der die spätere Anwendung und ihr Hauptfenster beim Aufruf unter Windows anmeldet und dafür sorgt, daß Benutzereingaben (über Maus und Tastatur) sowie Windows-interne Ereignisse korrekt an die Anwendung weitergeleitet werden können,

- zum anderen die Forderung nach einem Hauptmodul, das den Startcode der Anwendung enthält und angibt, welche weiteren Module benötigt werden (beachten Sie, daß die im Hauptmodul aufgeführten weiteren Module selbst wieder untergeordnete Module auflisten können, die dann ebenfalls, ohne daß sie nochmals explizit im Hauptmodul aufgeführt werden müßten, zu dem Projekt gehören).

Beide Aufgaben erfüllt die Projektdatei (.dpr). Dabei ist es in den wenigsten Fällen erforderlich, daß Sie den Quellcode der Projektdatei (→ 3.2.4) selbst aufsetzen oder bearbeiten. Statt dessen nutzen Sie zum Anlegen neuer Projekte die Objektablage (→ 3.7.3) und zum Bearbeiten des Projekts die vorgesehenen Tools und Menübefehle (→ die nachfolgenden Abschnitte).

Übersicht: Erstellen neuer Projekte

- Wenn Sie Delphi aus der Delphi-Programmgruppe heraus aufrufen, wird automatisch ein neues **Standardprojekt** angelegt. Das Projekt verfügt bereits über ein Hauptfenster, dessen Aufbau im Formular-Designer und dessen Quelltext als ***Unit1*** im Quelltexteditor angezeigt wird.
  - ◆ Mit Hilfe des Befehls **DATEI/NEUE ANWENDUNG** können Sie jederzeit ein neues Standardprojekt öffnen.

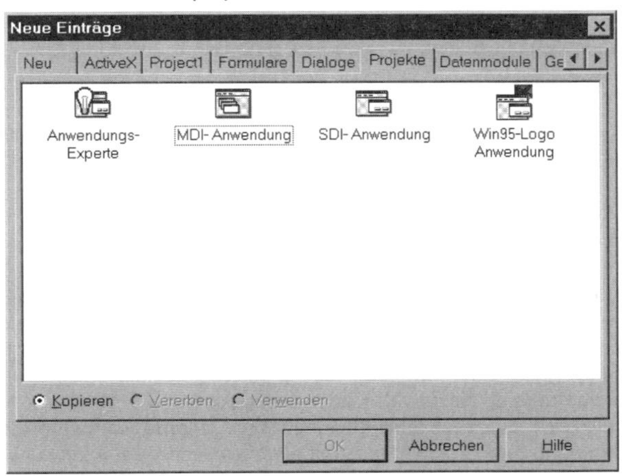

- Weitere **Projektvorlagen** finden Sie auf der Seite ***Projekte*** unter dem Befehl **DATEI/NEU**.

- ***MDI-Anwendung*** legt ein Projekt mit einer Mehrdokumenten-Schnittstelle (MDI = Multiple Document Interface) an. Das Hauptfenster ist bereits als übergeordnetes Fenster konfiguriert (in MDI-Anwendungen können unter einem übergeordneten Fenster mehrere untergeordnete Kindfenster verwaltet werden) und mit einer Menüleiste, Symbolleiste und Statuszeile ausgestattet. Auch eine Klasse für die untergeordneten Kindfenster ist bereist definiert. Die Ereignisbehandlungsroutinen zu den Menübefehlen sind bereits eingerichtet, müssen aber in den meisten Fällen noch mit funktionellem Code ausgestattet werden.
- ***SDI-Anwendung*** legt ein Projekt mit einer Einfachdokumenten-Schnittstelle (SDI = Single Document Interface) an. Das Hauptfenster ist als einfaches Fenster konfiguriert und mit einer Menüleiste, Symbolleiste und Statuszeile ausgestattet. Der Menüleiste fehlen im Vergleich zum MDI-Standardprojekt die Popup-Menüs **BEARBEITEN** und **FENSTER** (letztere ist für SDI-Anwendungen auch nicht erforderlich), dafür ist aber neben dem Dialog zum Öffnen von Dateien auch der Dialog zum Speichern implementiert.
- ***Win95-Logo Anwendung***. Microsoft vergibt Windows-Programmen, die bestimmte Anforderungen erfüllen, das Win95-Logo. Wollen Sie sich um dieses Logo bemühen oder einfach nur gute, dem Windows-Standard folgende Anwendungen schreiben, können Sie dieses Projekt als Ausgangsbasis nehmen (die Anpassungen an den Windows-Standard sind jedoch nur rudimentär – wie das Projektgerüst – und beschränken sich vornehmlich darauf, das **DATEI**-Menü um den Befehl **SENDEN** zu erweitern und Implementierungen für die Bearbeitung der Befehle im Menü **DATEI** vorzugeben). Mehr Informationen zum Win95-Logo (→ 3.9).

- Mit Hilfe des ***Anwendungs-Experten*** können Sie selbst festlegen, wie das von Delphi anzulegende Projektgerüst ausgestattet werden soll. Das Ergebnis ist eine MDI- oder SDI-Anwendung wie sie auch über die gleichlautenden Einträge angelegt werden kann; allerdings erlaubt Ihnen der Anwendungs-Experte, Menü- und Symbolleiste selbst zusammenzustellen und die Anzeige von Hilfetexten in der Statuszeile oder als aufspringende Kurzinformation einzurichten oder wegzulassen.
- Schließlich haben Sie auch die Möglichkeit, **eigene Standardprojekte zu definieren.** Sie brauchen dazu nur ein entsprechendes Projekt zu erstellen und soweit zu bearbeiten, wie es Ihnen günstig erscheint. Danach kopieren Sie es mit Hilfe des Befehls **PROJEKT/DER OBJEKTABLAGE HINZUFÜGEN** zur Seite ***Projekte*** der Objektablage (→ 3.7.3) und können dann Delphi durch Aufruf des Befehls **DATEI/NEU** und Auswahl Ihrer Vorlage

Kopien dieses Projekts als Ausgangsbasis für neue Projekte anlegen lassen.

Die folgende Übersicht beschreibt die wichtigsten Aktionen in Zusammenhang mit der Verwaltung von Projekten und ist zur schnellen Orientierung gedacht. Ansonsten werden die meisten der aufgeführten Befehle in ihrem zugehörigen Kontext noch einmal weiter unten angesprochen.

Übersicht: Pflege existierender Projekte

Zur Ausführung der jeweiligen Aktionen werden in dieser Übersicht die Befehle des Menüsystems angegeben. Entsprechende Befehle finden Sie aber auch in dem Fenster ***Projektverwaltung***.

- **Hinzufügen eines Formulars** (→ 3.3). Öffnen Sie das Projekt.
  - Um ein neues Formular hinzuzufügen, wählen Sie den Befehl **DATEI/NEUES FORMULAR**.
  - Um ein bereits existierendes Formular hinzuzufügen, wählen Sie den Befehl **DATEI/DEM PROJEKT HINZUFÜGEN**, woraufhin ein Dialogfenster zur Auswahl der Unit des Formulars erscheint.
  - Schließlich können Sie auch über den Befehl **DATEI/NEU...** ein Formular hinzufügen, indem Sie auf einer der Seiten ***Formulare*** oder ***Dialoge*** ein Formular auswählen, das dann kopiert wird, oder indem Sie auf der Seite, die den Namen Ihres Projekts trägt, ein Formular auswählen, von dem dann das neue Formular abgeleitet wird.
- **Löschen eines Formulars**. Öffnen Sie das Projekt. Wählen Sie den Befehl **DATEI/AUS DEM PROJEKT ENTFERNEN**, woraufhin ein Dialogfenster zur Auswahl einer Unit des aktuellen Projekts erscheint.
- **Hinzufügen einer Unit**. Öffnen Sie das Projekt.
  - Um eine neue Unit hinzuzufügen, wählen Sie den Befehl **DATEI/NEU** und doppelklicken Sie auf der Seite ***Neu*** den Eintrag ***Unit*** an.
  - Um eine bereits existierende Unit hinzuzufügen, wählen Sie den Befehl **DATEI/DEM PROJEKT HINZUFÜGEN**, woraufhin ein Dialogfenster zur Auswahl einer Datei erscheint.
  - Zudem können Sie Units, die bereits im **uses**-Abschnitt der Projektdatei aufgeführt sind, auch in den **uses**-Abschnitt einer anderen Unit des Projekts aufnehmen. Wählen Sie dazu im Quelltexteditor die Unit aus, deren **uses**-Abschnitt erweitert werden soll, und rufen Sie dann den Befehl **DATEI/UNIT VERWENDEN** auf, woraufhin eine Liste der Units des Projekts erscheint, die noch nicht in der aktuellen Unit aufgeführt sind.
  - Sie können Units auch direkt in den **uses**-Abschnitt einer anderen Unit aufnehmen, ohne die Units erst in der Projektdatei aufführen zu müssen. In diesem Fall müssen Sie die Einbindung von Hand im Quelltex-

teditor vornehmen und können keine Pfadangaben mit den Units verbinden (die Quelltextdateien der Units müssen sich also im Projektverzeichnis oder im Suchpfad des Projekts (➔ 3.2.5) befinden).

- **Löschen einer Unit**. Öffnen Sie gegebenenfalls das Projekt. Wählen Sie den Befehl **DATEI/AUS DEM PROJEKT ENTFERNEN**, woraufhin ein Dialogfenster zur Auswahl einer Unit des aktuellen Projekts erscheint.
- **Bearbeiten der Projektdatei** (➔ 3.2.4). Üblicherweise brauchen Sie die Projektdatei nicht selbst zu bearbeiten. Ist dies doch einmal erforderlich oder wollen Sie sich über den Inhalt der Projektdatei informieren, können Sie sie über den Befehl **ANSICHT/PROJEKT-QUELLTEXT** in den Quelltexteditor laden.
- **Units laden und in den Vordergrund bringen**. Um eine Unit, ein Formular oder ein bestimmtes Fenster zu laden oder in den Vordergrund zu bringen, ohne dabei den ganzen Desktop aufräumen zu müssen, finden Sie im Menü **ANSICHT** die Befehle **FENSTERLISTE**, **UNITS** und **FORMULARE**, die Ihnen entsprechende Listen anzeigen, aus denen Sie auswählen können.
- **Projektoptionen einstellen** (➔ 3.2.5). Über den Befehl **PROJEKT/OPTIONEN** gelangen Sie in ein mehrseitiges Dialogfenster, in dem Sie ihr Projekt individuell konfigurieren können.
- **Projekte speichern**. Um das gesamte Projekt zu speichern, wählen Sie den Befehl **DATEI/PROJEKT SPEICHERN UNTER** oder schließen Sie alle Fenster, woraufhin Sie automatisch abgefragt werden, ob Änderungen abzuspeichern sind. Um eine einzelne Unit abzuspeichern, aktivieren Sie diese im Quelltexteditor und rufen Sie einen der Befehle **SPEICHERN** oder **SPEICHERN UNTER** auf.
- **Projekte als Vorlage ablegen**. Um das Projekt als Ausgangsbasis für zukünftige Projekte in der Objektablage abzuspeichern, rufen Sie im Menü **PROJEKT** den Befehl **DER OBJEKTABLAGE HINZUFÜGEN** auf. In dem gleichnamigen Dialogfenster geben Sie den Titel für den Eintrag in der Objektablage an und wählen Sie die Seite der Objektablage aus, in der das Projekt aufgeführt werden soll – üblicherweise die Seite ***Projekte***.
- **Projekte compilieren, linken, ausführen** (➔ 3.5) . Um ein Projekt zu kompilieren und zu linken, rufen Sie den Befehl **COMPILIEREN** aus dem Menü **PROJEKT** auf. Wollen Sie den Quelltext nur auf seine syntaktische Korrektheit überprüfen, ohne dabei Objektcode erstellen zu lassen, wählen Sie den Befehl **SYNTAXPRÜFUNG**. Um das Programm ausführen zu lassen, rufen Sie den Befehl **START** aus dem gleichnamigen Menü auf (falls erforderlich wird das Projekt dabei neu kompiliert).

Anmerkungen

- Wenn Sie die oben aufgeführten Befehle zum Hinzufügen und Löschen von Modulen verwenden, nimmt Ihnen Delphi das Öffnen und Schließen der entsprechenden Fenster und die Aktualisierung des **uses**-Abschnitts der Projektdatei ab. Selbstverständlich können Sie dies aber auch von Hand erledigen:
  - Deklarieren Sie die neue Unit zusammen mit dem Verweis auf ihre .pas-Datei im **uses**-Abschnitt der Projektdatei (der Verweis auf die Quelltextdatei ist nicht erforderlich, wenn sich die Datei im Suchpfad oder im aktuellen Verzeichnis des Projekts befindet) oder löschen Sie einfach die Deklaration der Unit, um sie aus dem Projekt zu entfernen.

```
uses
  Forms,
  Unit1 in 'D:\Delphi 3.0\Unit1.pas';
```

  - Öffnen Sie im Editorfenster eine neue Seite zur Bearbeitung der Unit, indem Sie im **uses**-Abschnitt der Projektdatei den Cursor auf den Namen der Unit plazieren und im Kontextmenü den Befehl **Öffne Datei beim Cursor** aufrufen, oder schließen Sie die Seite, indem Sie im Kontextmenü den Befehl **Seite schliessen** aufrufen.
- Wenn Sie eine Unit aus einem Projekt entfernen, bleibt die Datei der Unit auf der Festplatte natürlich weiterhin bestehen (es sei denn, die Unit wurde noch nicht abgespeichert). Sie können diese Datei dann selbst entfernen, sollten aber sicher sein, daß sie nicht vielleicht von anderen Projekten benutzt wird.

3.2.3 Das Projektfenster

Für jedes Projekt, das Sie bearbeiten, können Sie sich das Projektfenster mit dem Titel *Projektverwaltung* anzeigen lassen (Menübefehl **Ansicht/Projektverwaltung**). Ist kein Projekt geöffnet, ist der Menübefehl inaktiviert.

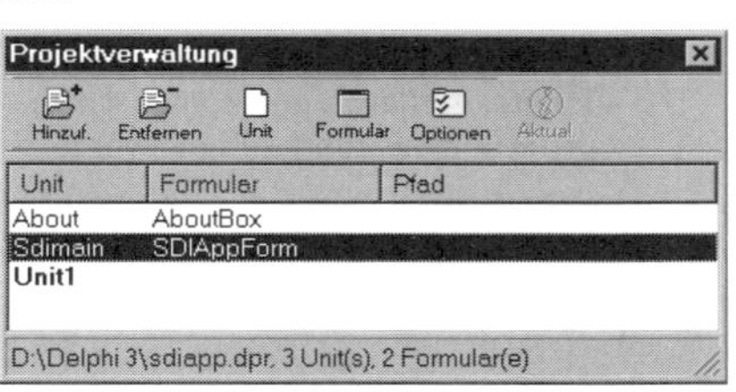

Das Projektfenster zeigt Ihnen an, welche Units zu dem aktuellen Projekt gehören, und stellt über seine Symbolleiste und sein Kontextmenü alle wichtigen Befehle zur Verwaltung des Projekts zur Verfügung. Für die Bearbeitung kleinerer Projekte ist das Projektfenster nicht unbedingt erforderlich, da alle Befehle und Informationen auch über die Menüleiste erreichbar sind. Für umfangreiche Projekte mit mehreren Units ist es jedoch meist bequemer, statt den Menübefehlen das Projektfenster als Schaltzentrale zu verwenden.

Übersicht: Anzeige von Informationen im Projektfenster

Dem Projektfenster können Sie folgende Informationen entnehmen:

- **Units des Projekts.** Diese werden mit Namen und Pfad aufgelistet (eine leere Pfadangabe steht für das Projektverzeichnis). Angezeigt werden jedoch nur die Module, die im **uses**-Abschnitt der Projektdatei aufgeführt sind; die Projektdatei selbst und Units, die nur im **uses**-Abschnitt anderer Units deklariert sind, werden nicht angezeigt.
- **Formulare des Projekts.** Units, in denen ein Formular definiert ist, sind durch den Formularnamen gekennzeichnet.
- **Geänderte Dateien.** Units, in denen Änderungen vorgenommen wurden, die noch nicht gesichert sind, werden im Projektfenster durch Fettschrift hervorgehoben.
- **Das Projektverzeichnis,** das in der Statuszeile des Fensters angezeigt wird.

Anmerkung

- Die Informationen im Fenster ***Projektverwaltung*** entstammen fast ausschließlich der Projektdatei (*.dpr). Sofern Sie diese nicht manuell bearbeiten, stimmt die Anzeige im Projektfenster mit der Projektdatei stets überein. Sollten Sie doch einmal den Quelltext der Projekdatei direkt verändern, können Sie die Anzeige im Fenster ***Projektverwaltung*** über den Befehl AKTUALISIEREN (aus dem Kontextmenü oder dem obenstehenden Symbol) wieder auf den neuesten Stand bringen.
  - In Delphi 3 erscheint der Abgleich zwischen Projektfenster und Projektdatei mittlerweile automatisch zu erfolgen, weswegen der Befehl AKTUALISIEREN überflüssig geworden ist.

Aktionen im Projektfenster

Die folgende Tabelle listet die Befehle im Kontextmenü des Projektfensters sowie deren Entsprechungen in der Symbolleiste und dem Menüsystem der IDE auf.

Tabelle 3.2: Befehle im Fenster Projektverwaltung

Kontextmenü	Symbol	Menüleiste
PROJEKT SPEICHERN		DATEI/ALLES SPEICHERN
DER PROJEKTABLAGE		PROJEKT/DER OBJEKTABLAGE HINZUFÜGEN
NEUE UNIT		DATEI/NEU (SEITE NEU, EINTRAG, UNIT)

Tabelle 3.2: Befehle im Fenster Projektverwaltung

Kontextmenü	Symbol	Menüleiste
Neues Formular		Datei/Neues Formular
Datei hinzufügen	Hinzuf.	Datei/Dem Projekt hinzufügen
Datei entfernen	Entfernen	Datei/Aus dem Projekt entfernen
Unit anzeigen	Unit	Ansicht/Units
Formular anzeigen	Formular	Ansicht/Formulare
Projekt-Quelltext		Ansicht/Projekt-Quelltext anzeigen
Optionen	Optionen	Projekt/Optionen
Aktualisieren	Aktual.	

Ausführung: Neue Projektvorlage erstellen

Die folgende Ausführung zeigt Ihnen, wie Sie ein neues Projekt erstellen, dann mit Hilfe des Projektfensters erweitern und schließlich über die Objektablage zur Verfügung stellen können. Die neue Projektvorlage ist eine MDI-Anwendung mit vorgegebenem Kindfenster.

1. **Neues Projekt anlegen**. Als Ausgangspunkt wählen Sie die von Delphi vorgegebene MDI-Anwendung (Befehl **Datei/Neu**, Seite ***Projekte***, Eintrag ***MDI-Anwendung***). Bevor Delphi das neue Projekt erstellt, fragt es von Ihnen das Verzeichnis ab, in das die Dateien des Projekts kopiert werden sollen. Es empfiehlt sich, hier ein neues Verzeichnis anzugeben, das Delphi dann automatisch für Sie anlegt.
2. **Öffnen Sie das Projektfenster** (Befehl **Ansicht/Projektverwaltung**). Arrangieren Sie das Projektfenster so, daß es nicht durch andere Fenster des Projekts verdeckt wird.
3. **Formular bearbeiten**. Doppelklicken Sie im Projektfenster auf den Eintrag ***Childwin***. Dies ist die von Delphi vorgegebene Unit für die Kindfenster. Wir werden das Formular für die Kindfenster nun um ein **Bearbeiten**-Menü erweitern, das bei Aufruf eines Kindfensters das **Bearbeiten**-Menü des Hauptfensters ersetzt.

◆ Doppelklicken Sie im Projektfenster auf den Eintrag ***MDIChild***, um den Formular-Designer für das Kindfenster aufzurufen.

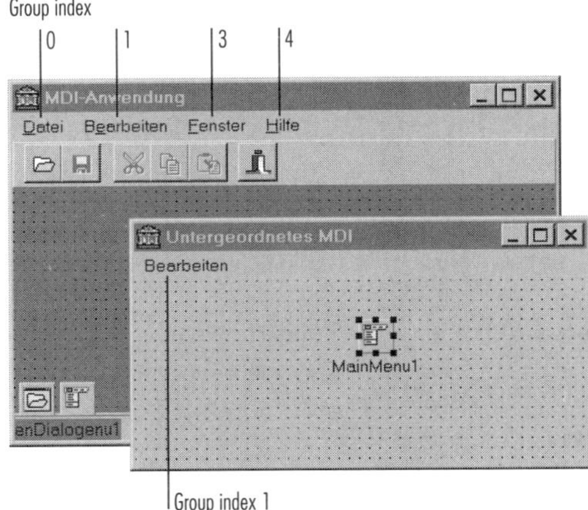

◆ Fügen Sie in das MDIChild-Formular eine Menüleistenkomponente ein, und richten Sie ein Popup-Menü mit dem Titel »Bearbeiten« ein (➔ 6.7).

◆ Beim Öffnen eines Kindfensters verschmilzt Delphi automatisch dessen Menüleiste (soweit vorhanden) mit der Menüleiste des Hauptfensters. Sie können die Verschmelzung durch die Vergabe von Gruppenindizes an die Popup-Menüs steuern (➔ Anmerkung). Weisen Sie im Objektinspektor dem Menü **DATEI** des Hauptfensters den Gruppenindex **0** zu (entspricht Voreinstellung). Weisen Sie den Menüs **BEARBEITEN** beider Formulare den gleichen Index zu, beispielsweise **1**. Weisen Sie den Menüs **FENSTER** und **HILFE** die Indizes **3** und **4** zu (wir lassen die Position **2** absichtlich frei, so daß Sie in späteren Projekten, die auf der Basis dieser Projektvorlage erstellt werden, die Möglichkeit haben, ohne Neuvergabe der Gruppenindizes ein weiteres Popup-Menü für die Kindfenster zu definieren, das hinter dem Menü **BEARBEITEN** eingefügt wird).

4. **Unit hinzufügen.** In einer MDI-Anwendung wird die eigentliche Funktionalität zumeist über die Befehle der Kindfenster zur Verfügung gestellt, während dem Rahmenfenster mehr die Verwaltung der Kindfenster obliegt.

Unter Umständen können daher die Bearbeitungsroutinen für die Menübefehle der Kindfensterklasse recht umfangreich werden.

Der besseren Übersichtlichkeit wegen soll unsere Projektvorlage darum die Möglichkeit bieten, Subroutinen in eine gesonderte Unit auszulagern. Dadurch daß die Bearbeitungsroutinen aus der Unit der Kindfensterklasse die Subroutinen der zugehörigen Unit aufrufen, bleiben die Bearbeitungsroutinen klein und übersichtlich.

- Rufen Sie im Kontextmenü des Projektfensters den Befehl **NEUE UNIT** auf, woraufhin die neue Unit dem Projekt hinzugefügt wird.
- Aktivieren Sie durch Doppelklick im Projektfenster die Unit ***Childwin***, und rufen Sie den Befehl **UNIT VERWENDEN** aus dem Menü **DATEI** auf, um die neue Unit in der Unit ***Childwin*** bekanntzumachen. In dem erscheinenden Dialog wählen Sie den Eintrag ***Unit1*** (dies ist die neu eingerichtete Unit) und klicken Sie auf **OK**.

5. **Formular automatisch erzeugen**. Als nächstes soll die Anwendung beim Aufruf direkt ein Kindfenster anzeigen. Der einfachste Weg hierzu ist die automatische Instanzierung der Kindfensterklasse beim Aufruf der Anwendung (um ein Fenster auf dem Bildschirm anzuzeigen, muß einerseits eine Instanz der Fensterklasse gebildet werden und andererseits die Eigenschaft **Visible** der Instanz auf **True** gesetzt werden; letzteres ist bei MDI-Kindfenstern automatisch der Fall, so daß man nur für die Instanziierung beim Start der Anwendung sorgen muß).
   - Rufen Sie im Kontextmenü des Projektfensters den Befehl **OPTIONEN** auf. Verschieben Sie auf der Seite ***Vorgaben*** mit Hilfe der Pfeiltaste [<] das Formular ***MDIChild*** in die Liste der automatisch erstellten Formulare. Die Projektdatei wird daraufhin von Delphi um einen entsprechenden **CreateForm**-Aufruf erweitert, wobei Delphi den Instanznamen des zu erzeugenden Kindfensters verwendet, der in der Projektdatei jedoch noch nicht bekannt ist.
   - Deklarieren Sie daher noch in der Unit **Childwin** den Variablennamen ***MDIChild*** vom Typ **TMDIChild**.
6. **Projekt speichern**. Rufen Sie im Kontextmenü des Projektfensters den Befehl **PROJEKT SPEICHERN** auf.
7. **Projekt der Objektablage hinzufügen**. Rufen Sie im Kontextmenü des Projektfensters den Befehl **DER OBJEKTABLAGE HINZUFÜGEN** auf. In dem gleichnamigen Dialogfenster geben Sie einen Titel für den Eintrag im Dialogfenster ***Neue Einträge*** an sowie eine Kurzbeschreibung der Projektschablone. Dann wählen Sie die Seite ***Projekte*** und ein Symbol aus und klicken Sie auf **OK**.

Anmerkung

- Wird in einer MDI-Anwendung ein Kindfenster mit einer eigenen Menüleiste aufgerufen, verschmilzt Delphi die Menüleisten des Hauptfensters und des Kindfensters. Gesteuert wird die Verschmelzung durch die Vergabe der Gruppenindizes. Diese werden nach folgenden Regeln vergeben:
  - Um den Gruppenindex eines Popup-Menüs zu definieren, doppelklikken Sie auf die Menü-Komponente und markieren Sie im erscheinenden Menüeditor das gewünschte Popup-Menü. Danach können Sie im Objektinspektor den Index in dem Feld ***Groupindex*** eingeben.
  - Gruppenindizes werden in aufsteigender Reihenfolge vergeben, d.h., der Index eines Popup-Menüs ist immer größer oder gleich dem links benachbarten Popup-Menü.
  - Negative Indizes sind nicht erlaubt.
  - Popup-Menüs mit gleichem Index innerhalb einer Menüleiste bilden eine Gruppe.
  - Bei der Verschmelzung werden alle Popup-Menüs des Kindfensters übernommen, wobei Popup-Menüs des Kindfensters, die den gleichen Index haben wie eine Gruppe von Popup-Menüs des Hauptfensters, diese ersetzen. Popup-Menüs des Kindfensters, für die es keinen entsprechenden Index in der Menüleiste des Hauptfensters gibt, werden entsprechend ihres Index eingefügt.

3.2.4 Der Quelltext der Projektdatei (*.dpr)

Die Projektdatei (Extension *.dpr) wird, wie schon mehrfach erwähnt, üblicherweise ganz von Delphi verwaltet. In ihr sind die Module aufgeführt, die zum Projekt gehören. Gleichzeitig stellt sie aber auch das Hauptmodul des Projekts dar, das den Code für die Einrichtung der Anwendung enthält und bei Aufruf des Programms als erstes ausgeführt wird. Wenn Sie sich über den Inhalt der Datei informieren oder die Einrichtung der Anwendung selbst übernehmen wollen, laden Sie die Projektdatei mit Hilfe des Befehls **ANSICHT/PROJEKT-QUELLTEXT** in den Editor. Im allgemeinen finden Sie hier folgende Einträge:

Übersicht: Anweisungen in der Projektdatei

- Zu Beginn werden im **uses**-Abschnitt die zum Projekt gehörenden Units aufgeführt.
  - Soweit Sie sich der entsprechenden Menübefehle zum Aufnehmen und Entfernen von Modulen bedienen, übernimmt Delphi die Verwaltung des **uses**-Abschnitts, Sie können den **uses**-Abschnitt aber auch selbst bearbeiten.

- Vor dem eigentlichen Anweisungsteil wird dem Compiler dann noch mitgeteilt, welche Ressourcendateien in das Projekt aufzunehmen sind.
  - Zum Einbinden einer Ressourcendatei wird die Compiler-Direktive **{$R *dateiname*}** verwendet (→ 3.8.2, 5.4.3).
  - Standardmäßig bindet Delphi automatisch eine Ressourcendatei ein, die das Symbol der Anwendung birgt und den gleichen Namen trägt wie die Anwendung. Der entsprechende Befehl an den Compiler lautet:
    `{$R *.RES}`
  - Um eine weitere Ressourcendatei (beispielsweise eine Bitmap-Datei) einzubinden, könnten Sie schreiben:
    `{$R MeinBitmap.RES}`
- Im Anweisungsteil werden dann die Formulare des Projekts erstellt, d.h., es werden Instanzen der jeweiligen Fensterklassen gebildet. Das zuerst erzeugte Formular wird automatisch zum Hauptfenster der Anwendung.
  - Die Instanz **Application**, die die Anwendung selbst repräsentiert, ist bereits in der VCL-Unit **Forms** vordefiniert.
  - Mehr Informationen zur automatischen bzw. dynamischen Erstellung von Fenstern sowie zur Festlegung des Hauptfensters der Anwendung finden Sie im Abschnitt 3.3.
- Zum Schluß wird die Botschaftsverarbeitung gestartet (gekapselt in der Elementfunktion **Run**), wonach die Anwendung auf Eingaben seitens des Benutzers wartet.

Das folgende Beispiel zeigt die Projektdatei der Projektvorlage ***SDI-Anwendung***.

Beispiel

```
program Sdiapp;

uses
  Forms,
  Sdimain in 'SDIMAIN.PAS' {SDIAppForm},
  About in 'ABOUT.PAS' {AboutBox};

{$R *.RES}

begin
Application.CreateForm(TSDIAppForm, SDIAppForm);
Application.CreateForm(TAboutBox, AboutBox);
Application.Run;
end.
```

3.2.5 Projekte konfigurieren

Die Konfiguration Ihrer Projekte steuern Sie über das Dialogfenster ***Projektoptionen***, das Sie über den Befehl **PROJEKT/OPTIONEN** oder aus dem Kontextmenü des Fensters ***Projektverwaltung*** aufrufen können. Das Fenster verfügt über 7 Seiten:

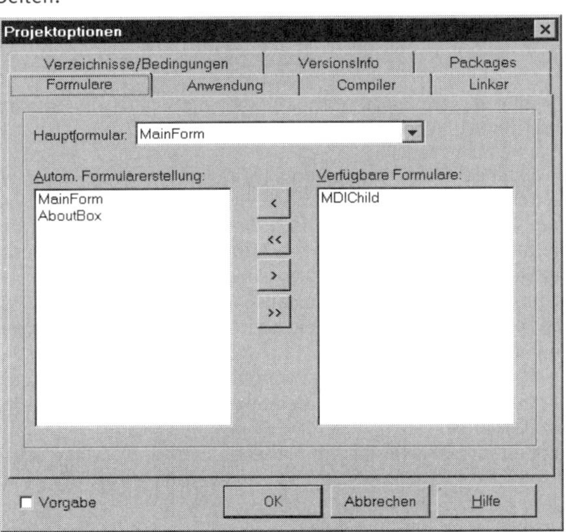

- ***Formulare***. Hier können Sie festlegen, welches Formular als Hauptfenster dienen soll und welche Formulare automatisch beim Start der Anwendung erzeugt werden sollen (➔ 3.3.5).
- ***Anwendungen***. Hier können Sie der Anwendung einen Titel, eine Hilfedatei und ein Symbol zuordnen. Titel und Symbol werden z.B. in der Startleiste von Windows 95 benutzt.
- ***Compiler***. Hier können Sie Einfluß auf die Erzeugung des Objektcodes nehmen (➔ 3.5.3).
- ***Linker***. Hier können Sie Einfluß auf die Arbeit des Linkers nehmen (➔ 3.5.3).
- ***Verzeichnisse/Bedingungen***. Hier können Sie das Ausgabeverzeichnis für die von Compiler und Linker erzeugten Dateien und andererseits die Quellverzeichnisse für die Projektdateien angeben. Des weiteren können

Sie Symbole für die bedingte Kompilierung und Aliase für Unit-Namen spezifizieren.
- ***Versionsinfo***. Hier können Sie festlegen, ob und, wenn ja, welche Versionsinformationen in den kompilierten Code mit aufgenommen werden sollen. Unter Windows kann sich der Benutzer der Anwendung dann im Kontextmenü des Anwendungssymbols über den Befehl **EIGENSCHAFTEN** die Versionsinformationen anzeigen lassen.
- ***Packages*** (→ 3.5.4). Ab der Version 3.0 arbeitet Delphi mit sogenannten Packages, die die VCL unterteilen. Der Vorteil des Package-Konzeptes liegt darin, daß man nun auswählen kann,
  - welche Teile der VCL für das Projekt benötigt werden und
  - ob diese Teile in die .exe-Datei mit aufgenommen oder als externe DLL mit dem Projekt vertrieben werden sollen.

Anmerkung

- Über das Optionsfeld ***Vorgabe*** können Sie festlegen, ob Ihre Einstellungen dem aktuellen Projekt zugewiesen werden oder als Startkonfiguration für neu zu erstellende Projekte gelten soll:
  - Ist das Optionsfeld ***Vorgabe*** nicht markiert und Sie verlassen das Dialogfenster durch Drücken des Schalters **OK**, gelten die Einstellungen nur für das aktuelle Projekt.
  - Ist das Optionsfeld ***Vorgabe*** dagegen markiert und Sie verlassen das Dialogfenster durch Drücken des Schalters **OK**, gelten die Einstellungen als Vorgabe für zukünftig zu erstellende Projekte.

3.3 Erstellung von Formularen

3.3.1 Allgemeines

Formulare sind keine definierten Elemente von Windows-Anwendungen, sondern vielmehr diejenigen Elemente von Delphi-Anwendungen, die mit Hilfe des Formular-Designers bearbeitet werden und Komponenten aufnehmen können. Dies sind zum einem

- die **Fenster der Anwendung**, die von **TForm** abgeleitet sind und vom Benutzer bearbeitet werden. (Hauptfenster, Dialoge, MDI-Fenster und andere Fenster, die auch vom Benutzer als Fenster erkannt und auf dem Desktop verschoben werden können. Man muß hier etwas vorsichtig sein, denn der Begriff des Fensters ist unter Windows – aus der Sicht des Programmierers – viel weiter gefaßt und umfaßt alle Elemente, deren Darstellung auf dem Desktop weitgehend vom Windows-Betriebssystem übernommen wird und die daher über ein Fenster-Handle verfügen – hierzu gehören auch alle Komponenten, die von **TWinControl** abgeleitet sind.)
- zum anderen die **Datenmodule**, die vor allem dazu dienen, unsichtbare Komponenten aufzunehmen und als vorkonfigurierte Pakete an Anwendungen weitergegeben zu werden (vor allem für Datenbank-Anwendungen eingesetzt). Diese Formulare sind von **TDataModule** abgeleitet und in der späteren Anwendung nicht sichtbar.

Beide Kategorien zeichnen sich dadurch aus, daß sie Komponenten beherbergen, was sie für die Bearbeitung im Formular-Designer geeignet macht, denn der Formular-Designer arbeitet eng mit der Komponentenpalette und dem Objektinspektor zusammen. Das Zusammenspiel dieser Elemente wird am deutlichsten am Ablauf einer typischen Arbeitssitzung zur Erstellung eines Formulars:

Ausführung: Schema zur Erstellung eines Formulars

1. **Anlegen des Formulars** (Befehl **Neues Formular** im Menü **Datei**).
2. **Konfiguration des Formulars** mit Hilfe des Objektinspektors (Seite ***Eigenschaften***).
3. **Implementierung der Ereignisbehandlung** für das Formular. Die wichtigsten Standardereignisse sind im Objektinspektor auf der Seite ***Ereignisse*** aufgeführt. Durch Doppelklick werden diese im Quelltext des Formulars eingerichtet und können dort weiter bearbeitet werden.
4. **Aufnehmen von Komponenten.** Diese werden in der Komponentenpalette angeklickt und per Mausklick im Formular plaziert.

5. **Bearbeiten der Komponenteneigenschaften.** Dazu werden die entsprechenden Komponenten im Formular markiert und mit Hilfe des Objektinspektors bearbeitet.

Anmerkung

- Prinzipiell läuft die Programmierung mit Formularen genauso ab, wie die Programmierung mit Komponenten. Dies liegt daran, daß Formulare von der Implementierung her ebenfalls Komponenten sind (auch wenn sie nicht über die Komponentenpalette zur Verfügung gestellt werden) und die Klasse **TForm** auf die Basisklasse **TComponent** zurückgeht.

Übersicht: Formulare

Was die Programmierung mit Formularen betrifft, sind für den Programmierer insbesondere die folgenden Punkte interessant:

- Wie werden Formulare angelegt (→ 3.3.2)?
- Wie werden Formulare in Projekte eingebunden (→ 3.3.2)?
- Wie werden Fenster instanziiert (→ 3.3.3)?
- Wie werden Fenster verborgen oder sichtbar gemacht (→ 3.3.3)?
- Wie kann man Fenster dynamisch erzeugen (→ 3.3.4)?
- Wie wird das Hauptfenster einer Anwendung festgelegt (→ 3.3.5)?
- Wie werden Formulare konfiguriert (→ 3.3.6)?
- Wie sieht die Ereignisbehandlung für Formulare aus (→ 3.3.6)?
- Wie greift man zur Laufzeit auf Formulare zu (→ 3.3.7)?
- Wie arbeitet man mit Datenmodulen (→ 7.3.4)?
- Wie werden Formulare in die Objektablage aufgenommen (→ 3.3.8)?

3.3.2 Formulare erzeugen und in Projekte einbinden

Um ein neues, gänzlich leeres Formular anzulegen, rufen Sie einfach einen der folgenden Befehle auf:

- NEUES FORMULAR oder
- NEUES DATENMODUL

Bevor Sie das Formular anlegen, ist zu entscheiden, ob das Formular Teil eines Projekts oder als unabhängige Einheit angelegt werden soll.

- Im ersten Fall laden Sie zuerst das Projekt, bevor Sie den Befehl zur Erzeugung des Formulars aufrufen.
- Im zweiten Fall achten Sie darauf, daß kein Projekt aktuell geladen ist. Zweck dieser Vorgehensweise ist zumeist, das Formular in zukünftige Projekte einzubinden. Alternativ können Sie dabei auch so vorgehen, daß Sie das Formular als Teil eines Projekts erstellen (beispielsweise durch Aufruf des Befehls ***Neue Anwendung***), was den Vorteil hat, daß Sie gleich ein Projekt zur Verfügung haben, innerhalb dessen das Formular ausgetestet

werden kann. Um das Formular dann anderen Projekten zur Verfügung zu stellen, nehmen Sie es in die Objektablage (→ 3.3.8) auf (Befehl **DER OBJEKTABLAGE HINZUFÜGEN** im Kontextmenü des Formular-Designers).

Um ein bestehendes Formular zu laden,

- wählen Sie das Formular aus der Objektablage aus (dies ist natürlich nur möglich, wenn das Formular zuvor in die Objektablage aufgenommen wurde). Die mit Delphi ausgelieferten Formular-Vorlagen finden Sie auf der Seite *Formulare* der Objektablage.
- rufen Sie den Befehl **ÖFFNEN** aus dem Menü **DATEI** auf, und wählen Sie die .dfm-Datei des Formulars aus.

Um ein bestehendes Formular in ein Projekt aufzunehmen,

- wählen Sie das Formular aus der Objektablage aus (dies ist natürlich nur möglich, wenn das Formular zuvor in die Objektablage aufgenommen wurde). Die mit Delphi ausgelieferten Formular-Vorlagen finden Sie auf der Seite *Formulare* der Objektablage.
- rufen Sie den Befehl **DEM PROJEKT HINZUFÜGEN** aus dem Menü **PROJEKT** oder aus dem Projektverwaltungs-Fenster auf, und wählen Sie die .dfm-Datei des Formulars aus.

Anmerkungen

- Delphi öffnet für die Quelltext-Unit jedes Formulars im Quelltexteditor eine neue Seite und zeigt das Formular selbst im Formular-Designer an.
- In der Quelltext_Unit wird für das Formular eine neue Klasse von der VCL-Klasse **TForm** abgleitet und eine globale Instanz der neuen Klasse gebildet.
  - Die abgeleiteten Klassen und ihre korrespondierenden Instanzen werden von Delphi automatisch durchnumeriert. Das erste Formular einer Anwendung heißt daher standardmäßig **Form1** und ist eine Instanz der Klasse **TForm1**. Wenn Sie den Namen der Instanz ändern möchten, sollten Sie dies möglichst mit Hilfe des Objektinspektors und direkt nach Erstellung des Formulars tun.
  - Dadurch daß Delphi für jedes neue Formular eine eigene Klasse ableitet, statt die Fenster direkt als Instanzen von **TForm** zu definieren, haben Sie die Möglichkeit, jedes Fenster über seine Klassendefinition individuell zu implementieren.
- Ist das Formular Teil eines Projekts, wird die Projektdatei um einen Aufruf der Methode **Application.CreateForm** erweitert, der dafür sorgt, daß das Fenster direkt beim Start der Anwendung erzeugt wird, vorausgesetzt, Sie wählen nicht den Weg, das entsprechende Fenster dynamisch zu erzeugen (→ 3.3.4).

3.3.3 Fenster instanziieren und anzeigen

Im obigen Abschnitt haben sie erfahren, daß Delphi alle automatisch angelegten Formulare auch gleich durch einen Aufruf der Methode **Application.CreateForm** beim Programmstart instanziiert. Die Instanziierung eines Fensters bedeutet jedoch nicht, daß es auch sichtbar ist. Damit ein Fenster sichtbar wird, muß seine Eigenschaft **Visible** auf **True** gesetzt werden (beispielsweise mit Hilfe des Objektinspektors oder durch einen Aufruf der Methode **Show**). Umgekehrt können Sie ein Fenster verbergen, indem Sie seine Eigenschaft **Visible** auf **False** setzen oder die Methode **Hide** aufrufen (um das Hauptfenster beim Programmstart zu verbergen, müssen Sie die Eigenschaft **Application.ShowMainForm** auf **False** setzen).

Anmerkungen

- Es ist wichtig, zwischen der Definition einer Instanz für ein Fenster und der Instanzbildung oder Erzeugung eines Fensters zu unterscheiden, da sich hinter den Instanzvariablen von Delphi-Klassen immer Zeiger verstecken (auch wenn Sie die Variablen wie einfache Variablen verwenden). Die Definition einer Instanzvariablen für ein Fenster legt also nur Namen und Typ eines Zeigers fest. Erst mit der Instanziierung, d.h. mit dem Aufruf eines passenden Konstruktors (meist **Create** oder **CreateForm**), wird ein entsprechendes Objekt im globalen Heap angelegt.
- Die Trennung von Instanziierung und Sichtbarmachung eines Fensters ist durchaus sinnvoll, da das Anzeigen/Verbergen eines Fensters wesentlich schneller vonstatten geht als seine Instanziierung und Auflösung. Man kann also die Laufzeit des Programms auf Kosten der Ladezeit verbessern, indem man auch diejenigen Fenster der Anwendung bereits zur Ladezeit instanziiert, die erst später auf Befehl des Benutzers angezeigt werden.
- Wollen Sie umgekehrt die Ladezeit verringern, können Sie Fenster auch erst später durch einen Aufruf der Methode **Create** instanziieren, was uns zur dynamischen Erzeugung von Fenstern führt.

3.3.4 Fenster dynamisch erzeugen

Die standardmäßig von Delphi vorgenommene automatische Instanziierung der Fenster (→ 3.3.3) ist nicht immer erwünscht. Unter Umständen möchten Sie lieber selbst für die Instanziierung bestimmter Fenster sorgen und diese dann auch wieder aus dem Speicher entfernen, wenn sie nicht mehr benötigt werden.

Ausführung: Fenster dynamisch erzeugen und auflösen

1. **Legen Sie eine neue Anwendung mit zwei Fenstern an.** Rufen Sie dazu zuerst den Befehl **DATEI/NEUE ANWENDUNG** auf. Nehmen Sie danach mit Hilfe des Befehls **DATEI/NEUES FORMULAR** ein zweites Formular in das Projekt auf. Letzteres soll in der fertigen Anwendung erst instanziiert werden, wenn der Anwender mit der Maus in das erste Formular klickt.
2. **Schalten Sie die automatische Erstellung für das zweite Formular aus.** Rufen Sie dazu den Befehl **PROJEKT/OPTIONEN** auf, und verschieben Sie auf der Seite ***Vorgaben*** das zweite Formular aus der Liste der automatisch erstellten Fenster in die Liste der verfügbaren Fenster.
3. **Sorgen Sie für die dynamische Erzeugung des Fensters.** Doppelklicken Sie im Objektinspektor auf das Feld zu dem ***OnClick***-Ereignis des ersten Formulars. Zum Erzeugen von Fenstern benutzen Sie die Methode **Create**, der Sie eine Referenz auf das übergeordnete Objekt übergeben (üblicherweise **Application** für die Anwendung oder **Self** für das übergeordnete Fenster):
```
procedure TForm1.FormClick(Sender: TObject);
var
  SubForm : TForm2;
begin
  SubForm := TForm2.Create(Self);
  SubForm.Show;
end;
```
4. **Sorgen Sie für die dynamische Auflösung des Fensters.** Doppelklicken Sie im Objektinspektor auf das Feld zu dem ***OnClose***-Ereignis des dynamisch instanziierten zweiten Formulars. Zum Löschen von Fenstern benutzen Sie die Methode **Release**:
```
procedure TForm2.FormClose(Sender: TObject; var Action:
                                              TCloseAction);
begin
Release;
end;
```

Anmerkungen

- Das »Hauptproblem« bei der dynamischen Erzeugung von Fenstern ist tatsächlich das Löschen der Fenster, wofür Sie nicht wie für andere Komponenten die Methode **Free**, sondern die Methode **Release** verwenden sollten. Das eigentliche Problem ist aber zu entscheiden, zu welchem Zeitpunkt ein Formular gelöscht werden soll:
  - In obigem Beispiel wird dazu die **OnClose**-Ereignisbehandlungsroutine des aufzulösenden Formulars benutzt. Auf diese Weise sorgt jede Instanz des Formulars für seine eigene Auflösung.

- Soll die Auflösung von außen angestoßen werden, beispielsweise als Antwort auf das ***OnDestroy***- oder ***OnClose***-Ereignis des übergeordneten Fensters, stellt sich die Frage, wie man die aufzulösende Instanz anspricht. Eine mögliche Lösung hierzu bietet die **Components**-Eigenschaft (➔ 5.2.5, 3.3.7 Tabelle 3.6) des übergeordneten Objekts. Als Erweiterung des obigen Beispiels geht der folgende Code die Liste der dem Hauptformular untergeordneten Komponenten durch, bestimmt diejenigen, die Fenster darstellen, und ruft dann deren **TForm**-Methode **Release** auf.

```
procedure TForm1.FormClose(Sender: TObject; var Action:
                                          TCloseAction);
var zaehler : integer;
begin
for zaehler := ComponentCount-1 downto 0 do
  if Components[zaehler] is TForm then
    TForm(Components[zaehler]). Release;
end;
```

- Am einfachsten ist es, die Auflösung Delphi zu überlassen, was bedeutet, daß die Fenster zusammen mit Ihrem übergeordneten Objekt (wurde als Parameter im **Create**-Aufruf spezfiziert) aufgelöst werden.

■ Ein weiteres Beispiel für die dynamische Erzeugung von Fenstern wäre die MDI-Vorlage aus der Objektablage (➔ ***Projekte***).

3.3.5 Hauptfenster festlegen

Wie bereits erwähnt, sorgt Delphi standardmäßig für die automatische Instanziierung aller in ein Projekt aufgenommenen Fenster, indem es für jedes Formular einen Aufruf der Methode **Application.CreateForm** in den Anweisungsteil der Projektdatei einträgt. Dasjenige Fenster, das als erstes auf diese Weise in der Projektdatei instanziiert wird, wird automatisch zum Hauptfenster.

Um selbst festzulegen, welches Fenster das Hauptfenster sein soll, können Sie entweder direkt den Quelltext der Projektdatei ändern, oder Sie rufen den Befehl **PROJEKT/OPTIONEN** auf und wählen auf der Seite ***Vorgaben*** des erscheinenden Dialogfensters das gewünschte Fenster aus der Liste der zu dem Projekt gehörenden Formulare aus.

3.3.6 Formulare bearbeiten

Der wichtigste Schritt bei der Bearbeitung von Formularen ist mit Sicherheit das Einfügen und Konfigurieren von Komponenten (➔ 3.4). Daneben gilt es aber auch, das Formular selbst zu konfigurieren und eine Ereignisbehandlung für das Formular einzurichten.

Übersicht: Formulare bearbeiten

Nachdem Sie ein Formular in Ihre Anwendung aufgenommen und für seine Erzeugung gesorgt haben, können Sie es Schritt für Schritt (➔ nachfolgende Checkliste) weiter bearbeiten:

- **Setzen Sie die Eigenschaften des Formulars.** Hierfür können Sie die Seite ***Eigenschaften*** des Objektinspektors (➔ 2.3.3) nutzen. Tabelle 3.3 stellt Ihnen die verschiedenen Eigenschaften der Formulare vor, die im Objektinspektor angezeigt werden.
  - Der Eigenschaft ***Name*** kommt hierbei eine besondere Bedeutung zu, da sie den Namen der Instanzvariablen bezeichnet. Da es zu Konflikten kommen kann, wenn Sie diesen Namen benutzen, um im Quelltext auf das Formular zuzugreifen, später den Namen dann aber über den Objektinspektor verändern (Delphi tauscht den Namen nur in dem von Delphi generierten und überwachten Code aus), sollten Sie gleich im Objektinspektor einen sinnvollen Namen für das Formular vergeben, den Sie später nicht mehr zu ändern brauchen.
  - Die von Ihnen gesetzten Eigenschaften werden in der .dfm-Datei des Formulars abgespeichert (ausgenommen Eigenschaften deren Wert Null entspricht) und können dort prinzipiell auch direkt bearbeitet werden (Befehl **ANSICHT ALS TEXT** im Kontextmenü des Formulars).
- **Bearbeiten Sie die Ereignisse des Formulars.** Hierfür können Sie die Seite ***Ereignisse*** des Objektinspektors (➔ 2.3.3) nutzen. Tabelle 3.4 stellt Ihnen die verschiedenen Ereignisse der Formulare vor.
- **Um Aussehen und Verhalten des Formulars zur Laufzeit zu ändern**, können Sie über die Instanzvariable auf die Eigenschaften des Formulars wie auf öffentliche Datenelemente zugreifen.

  ```
  Form1.Caption := 'Neuer Titel';
  ```
- **Um zur Laufzeit mit dem Formular zu arbeiten**, können Sie über die Instanzvariable die Eigenschaften des Formulars abfragen und seine Methoden aufrufen.

  ```
  if Form1.Visible = True then
     Form1.Hide;
  ```

Eigenschaften der Formulare setzen

Um ein Formular zu konfigurieren, d.h. die Eigenschaften des Formulars zur Entwurfszeit festzulegen, klicken Sie zuerst im Formular-Designer auf den Hintergrund des Formulars, so daß seine Eigenschaften auf der gleichnamigen Seite des Objektinspektors angezeigt werden. Über die Felder in der rechten Spalte können Sie den verschiedenen Eigenschaften dann Werte zuweisen oder spezielle Editoren zur Bearbeitung komplexerer Eigenschaften aufrufen.

Anmerkung

- ➔ Tabelle 3.6 für weitere Eigenschaften, die zwar nicht über den Objektinspektor bearbeitet werden können, da Sie nicht als **published** deklariert sind, die aber für die Programmierung mit Formularen von Bedeutung sein können.

Aufgeführt sind nur die Eigenschaften, die im Objektinspektor angezeigt werden. Eine vollständige Liste der Eigenschaften finden Sie in der Online-Hilfe.

Tabelle 3.3: published-Eigenschaften von TForm

Eigenschaft	Beschreibung
ActiveControl: TWinControl	Zeigt an, welches Steuerelement den Tastaturfokus hat
AutoScroll: Boolean	Erzeugt automatisch Bildlaufleisten, wenn Formular nicht alle Steuerelemente anzeigen kann
BorderIcons: TBorderIcons	Symbole in der Titelleiste
BorderStyle: TFormBorderStyle	Bestimmt Aussehen und Verhalten des Rahmens
Caption: String	Text in der Titelleiste
ClientHeight: Integer	Höhe des Client-Bereichs in Pixeln
ClientWidth: Integer	Breite des Client-Bereichs in Pixeln
Color: TColor	Hintergrundfarbe
Ctl3D: Boolean	Dreidimensionale Darstellung
Cursor: TCursor	Aussehen des Cursors über dem Formular
Enabled: Boolean	Legt fest, ob auf Maus-, Tastatur- und Timer-Ereignisse reagiert wird oder nicht
Font: TFont	Zu verwendende Schrift
FormStyle: TFormStyle	Legt fest, ob Fenster eigenständig (**fsNormal**), untergeordnet (**fsMDIChild**), übergeordnet (**fsMDIForm**) oder immer im Vordergrund (**fsStayonTop**) ist
Height: Integer	Höhe in Pixel
HelpContext: THelpContext	Verweis zu kontextbezogener Hilfe (➔ 6.19)
HelpFile: String	Hilfedatei für kontextbezogene Hilfe (➔ 6.19)
Hint: String	Text für Kurzinformation und Hilfetext in Statuszeile (➔ 6.8)
HorzScrollBar: TControlScrollBar	Horizontale Bildlaufleiste

Tabelle 3.3: published-Eigenschaften von TForm

Eigenschaft	Beschreibung
Icon: TIcon	Symbol für Fenster (➔ 6.3)
KeyPreview: Boolean	Vorschau auf Tastatureingaben. Ist ***KeyPreview*** gleich **True** treten Tastaturereignisse untergeordneter Steuerelemente zuerst im Formular auf
Left: Integer	x-Koordinate der linken Kante
Menu: TMainMenu	Spezifiziert das gewünschte Menü (standardmäßig die zuerst aufgenommene MainMenu-Komponente); kann zum Wechseln des Menüs benutzt werden
Name: String	Bezeichner für Formular (Name der Instanzvariablen)
ObjectMenuItem: TMenuItem	Ein Menüeintrag der automatisch bei Auswahl eines OLE-Objekts aktiviert wird
ParentFont: Boolean	Wenn **True,** verwendet das Formular den Font der Anwendung (und nicht den der eigenen ***Font***-Eigenschaft)
PixelsPerInch: Integer	Wert für automatische Skalierung des Fensters und seiner Elemente (nur wenn **Scaled** = **True**)
PopupMenu: TPopupMenus	Kontextmenü zum Formular (➔ 6.9)
Position: TPosition	Bestimmt anfängliche Positionierung des Fensters auf dem Desktop
PrintScale: TPrintScale	Skalierung des Ausdrucks in Relation zur Bildschirmdarstellung
Scaled: Boolean	Legt fest, ob gemäß dem Wert in **PixelsperInch** skaliert wird
ShowHint: Boolean	Legt fest, ob Kurzinformationen angezeigt werden sollen (➔ 6.8)
Tag: Longint	Kennziffer zur Identifizierung des Fensters; kann vom Programmierer ganz nach Bedarf vergeben und genutzt werden (➔ 5.2.5).
Top: Integer	y-Koordinate der oberen Kante
VertScrollBar: TControlScrollBar	Vertikale Bildlaufleiste
Visible: Boolean	Bestimmt, ob Formular sichtbar ist oder nicht (➔ 3.3.3)

Tabelle 3.3: published-Eigenschaften von TForm

Eigenschaft	Beschreibung
Width: Integer	Breite in Pixeln
WindowMenu: TMenuItem	Menü, in dem eine Liste der geöffneten Fenster angezeigt wird (MDI-Anwendungen)
WindowState	Legt fest, wie das Fenster anfangs auf dem Desktop angezeigt wird: Normalgröße (**wsNormal**), Vollbild (**wsMaximized**), Symbol (**wsMinimized**).

Ereignisbehandlung für Formulare

Die eigentliche Funktionalität einer Anwendung liegt in ihren Routinen zur Ereignisbehandlung. Als erstes wäre hier natürlich die Behandlung der Menübefehle zu nennen (➔ 6.7), aber auch Komponenten und Formulare können und müssen auf Eingaben des Benutzers reagieren, die vom Betriebssystem als Ereignisse an die Anwendung weitergeleitet werden (➔ 6.4, 9.6). Am einfachsten ist die Behandlung von Ereignissen, die im Objektinspektor aufgeführt sind (für die meisten Anwendungen ist die im Objektinspektor gebotene Auswahl auch vollkommen ausreichend):

Ausführung: Ereignisbehandlung implementieren

1. **Klicken Sie auf den Hintergrund des Formulars.** Danach kann das Formular mit Hilfe des Objektinspektors bearbeitet werden.
2. **Wechseln Sie im Objektinspektor auf die Seite *Ereignisse*,** und klicken Sie auf den Eintrag, dessen Ereignis bearbeitet werden soll (eine Liste der für **TForm** aufgeführten Ereignisse, finden Sie in der nachfolgenden Tabelle 3.4).
3. **Geben Sie im rechten Teil einen Namen für die Behandlungsroutine ein,** und drücken Sie ⏎ oder doppelklicken Sie auf den Eintrag, um Delphi einen Standardnamen vergeben zu lassen.
   Delphi richtet die Behandlungsroutine nun in der Unit des Formulars ein und setzt im Quelltexteditor den Cursor in den Anweisungsteil der Routine, so daß Sie direkt mit der Implementierung beginnen können.
4. **Geben Sie die Anweisungen für die Routine ein.**

Anmerkungen

- Um die Verbindung des Ereignisses mit seiner Bearbeitungsroutine brauchen Sie sich in diesem Fall nicht zu kümmern – Delphi übernimmt dies für Sie.

- Zudem können Sie auch Ereignisse bearbeiten, die nicht im Objektinspektor aufgeführt sind, sowie auch eigene Ereignisse definieren (→ 6.5, 9.6).

Aufgeführt sind nur die Ereignisse, die im Objektinspektor angezeigt werden. Eine vollständige Liste der Ereignisse finden Sie in der Online-Hilfe.

Tabelle 3.4: published-Ereignisse von TForm

Eigenschaft	Ereignis tritt auf, wenn
OnActivate: TNotifyEvent	Formular aktiv wird (Eingabefokus erhält)
OnClick: TNotifyEvent	das Formular angeklickt wird
OnClose: TCloseEvent	das Formular geschlossen werden soll
OnCloseQuery: TCloseQueryEvent	das Formular geschlossen werden soll (kann dazu benutzt werden, das Schließen vom Benutzer bestätigen zu lassen)
OnCreate: TNotifyEvent	das Formular zum ersten Mal erzeugt wird
OnDblClick: TNotifyEvent	das Formular doppelt angeklickt wird
OnDeactivate: TNotifyEvent	der Benutzer zu einer anderen Anwendung wechselt
OnDestroy: TNotifyEvent	das Formular aufgelöst wird
OnDragDrop: TDragDropEvent	ein Drag&Drop-Objekt im Formular abgelegt wird
OnDragOver: TDragOverEvent	ein Drag&Drop-Objekt mit der Maus über das Formular bewegt wird
OnHelp: THelpEvent	von der Anwendung Hilfe angefordert wird
OnHide: TNotifyEvent	das Formular verborgen wird
OnKeyDown: TKeyEvent	eine Taste oder Tastenkombination gedrückt wird
OnKeyPress: TKeyPressEvent	eine einzelne Zeichentaste gedrückt wird
OnKeyUp: TKeyEvent	eine gedrückte Taste losgelassen wird
OnMouseDown: TMouseEvent	eine Maustaste gedrückt wird
OnMouseMove: TMouseMoveEvent	die Maus über dem Formular bewegt wird
OnMouseUp: TMouseEvent	eine gedrückte Maustaste losgelassen wird
OnPaint: TNotifyEvent	Windows das Neuzeichnen des Formulars verlangt
OnResize: TNotifyEvent	die Größe des Formulars verändert wurde
OnShow: TNotifyEvent	das Formular sichtbar wird

Anmerkung

- Die Datentypen der Ereignisse legen fest, welche Argumente den zugehörigen Ereignisbehandlungsroutinen von Windows übergeben werden. Alle Ereignisse erhalten zumindest den Parameter **Sender**, dessen Argument das Objekt (Formular oder Komponente) identifiziert, von dem das Ereignis herstammt.
  - Dies ist erforderlich, wenn Sie im Objektinspektor den Namen einer Behandlungsroutine mit den Ereignissen verschiedener Formulare/ Komponenten verknüpfen. Anhand des Senders kann dann festgestellt werden, woher das Ereignis stammt.

3.3.7 Mit Formularen programmieren

In den obigen Abschnitten konnten Sie nachlesen, wie Sie Formulare anlegen und in Projekte einbinden, wie Formulare instanziiert und angezeigt bzw. verborgen werden, wie Formulare mit Hilfe des Objektinspektors zur Entwurfszeit bearbeitet werden. In diesem Abschnitt geht es nun darum, wie Sie mit den Formularen Ihrer Anwendung arbeiten können.

Voraussetzungen

Für den Programmierer verbirgt sich hinter jedem Formular eine Instanz der entsprechenden Formularklasse. Bevor Sie mit einem Formular programmieren können, d.h. auf seine Eigenschaften und Methoden zugreifen können, brauchen Sie zuerst den Namen der Instanzvariablen des Formulars oder einen Zeiger auf die Instanz.

Übersicht: Zugriff auf die Instanz eines Formulars

- **Zugriff über die globale Instanzvariable.** Dies ist der einfachste und von Delphi vorgesehene Weg. Delphi legt bekanntlich für jedes Formular eine eigene Unit an, in der die Formular-Klasse von **TForm** abgeleitet und eine globale Instanzvariable deklariert wird. Um auch in anderen Units Ihres Projekts auf diese Instanzvariable zugreifen zu können:
  - Wechseln Sie im Quelltexteditor zu der Unit, aus der Sie auf das Formular zugreifen möchten.
  - Rufen Sie den Befehl **DATEI/UNIT VERWENDEN** auf und wählen Sie die Unit des Formulars aus.
- **Zugriff über den Besitzer des Fensters** (Anwendung oder Elternfenster). Bei Erzeugung des Fensters wird auch der Besitzer des Fensters festgelegt (→ 3.2.4). Das Fenster wird daraufhin in der Eigenschaft **Components** (→ 5.2.5) seines Besitzers eingetragen und kann über diese Eigenschaft wieder angesprochen werden.

Tabelle 3.5: Erzeugung und Besitzer von Fenstern

Erzeugung	Besitzer
CreateForm	Anwendung
Create(Application)	Anwendung
Create(Self)	Hauptfenster (vorausgesetzt, daß der Aufruf von **Create** in einer Methode des Hauptfensters aufgerufen wird.

- **Zugriff über lokale Variable.** Diese Möglichkeit wird häufig benutzt, um neue Fenster zu erzeugen. Beachten Sie aber, daß die lokale Variable, nicht aber das erzeugte Fenster, automatisch bei Verlassen der Routine, in der die lokale Variable deklariert wurde, gelöscht wird (auf das Fenster können Sie später über den Besitzer des Fensters zugreifen).

```
procedure TForm1.FormClick(Sender: TObject);
var
  SubForm : TForm2;
begin
  SubForm := TForm2.Create(Self);
  SubForm.Show;
end;
```

- **Zugriff über Parameter** (➔ 5.5.4). Reichen Sie die Instanzvariable des Fensters als Parameter an die Routine weiter, in der Sie auf das Fenster zugreifen wollen (natürlich nur nötig, wenn die Instanzvariable nicht ehedem als globale Variable in der Funktion sichtbar ist).

Über die Instanz des Formulars können Sie dann auf die öffentlichen (**public**) Eigenschaften, Datenelemente und Methoden des Formulars (sprich seiner Formular-Klasse) zugreifen. Die vollständige Liste der zur Verfügung stehenden Eigenschaften und Methoden entnehmen Sie bitte der Online-Hilfe zu **TForm**. Hier nur eine kleine Auswahl:

Tabelle 3.6: Wichtige Eigenschaften und Methoden von TForm

Eigenschaft	Beschreibung
Active: Boolean	Zeigt an, ob das Formular den Tastaturfokus hat.
Canvas: TCanvas	Repräsentiert die Zeichenfläche (Client-Bereich) des Fensters. Über Canvas haben Sie auch Zugriff auf spezielle Zeichenfunktionen (➔ 6.11).
ClientHeight: Integer	Höhe des Client-Bereichs des Formulars (in Pixel).
ClientWidth: Integer	Breite des Client-Bereichs des Formulars (in Pixel).

Tabelle 3.6: Wichtige Eigenschaften und Methoden von TForm

Eigenschaft	Beschreibung
ComponentCount: Integer	Anzahl der Komponenten, die vom Fenster verwaltet werden (dazu gehören beispielsweise alle Komponenten, die im Formular-Designer in das Formular aufgenommen wurden, sowie untergeordnete Fenster, bei deren Erzeugung das aktuelle Fenster als Besitzer (parent) spezfiiziert wurde.
Components: TComponent	Array der Komponenten, die sich im Besitz des Fenster befinden (die Indizierung beginnt mit **0**). Da die Elemente im Array der Basisklasse **TComponent** angehören, müssen Sie erst eine Typumwandlung (➔ 5.2.5) zur abgeleiteten Klasse vornehmen, um auf die speziellen Eigenschaften und Methoden der verschiedenen Komponenten zugreifen zu können.
Controls: TControl	Array der dem Fenster untergeordneten Steuerelemente.
Handle: HWND	Handle des Fensters. Diesen benötigen Sie, wenn Sie API-Funktionen, die sich auf das Fenster beziehen, aufrufen wollen.
eigene Datenelemente	Nutzen Sie die von TForm abgeleitete Fenster-Klasse, um eigene Datenelemente für den jeweiligen Fenstertyp einzurichten.
Methode	**Beschreibung**
Close	Schließt das Fenster (ruft zuvor noch die Methode **CloseQuery** auf).
Create(AOwner : TComponent)	Erzeugt ein neues Fenster und meldet es bei seinem Besitzer (**AOwner**) an.
Release	Löscht das Fenster (entspricht **Free** für Objekte, wartet aber zudem auf die Beendigung der Ereignisbehadlung für das Fenster).
Show	Zeigt das Fenster auf dem Desktop an.
ShowModal	Zeigt das Fenster auf dem Desktop an. Bevor der Anwender nun zu einem anderen Fenster der Anwendung wechseln kann, muß das modale Fenster schließen. ShowModal wird meist in Verbindung mit Dialogfenstern (➔ 6.10) verwendet.
Hide	Verbirgt das Fenster.
Print	Druckt das Fenster.

Methode	Beschreibung
Repaint	Erwirkt, daß das Fenster neu gezeichnet wird.
Komponenten-Unterstützung	Verschiedene Methoden dienen zur Bearbeitung der Komponenten im Fenster (**InsertComponent, FindComponent, RemoveComponent**).
MDI-Unterstützung	Verschiedene Methoden dienen zur Verwaltung der MDI-Kindfenster (**Cascade, Tile, Previous, Next**).
eigene Methoden	Nutzen Sie die von **TForm** abgeleitete Fenster-Klasse, um eigene Methoden für den jeweiligen Fenstertyp einzurichten.

3.3.8 Formulare in die Objektablage aufnehmen

Der einfachste Weg, ein spezielles Formular (sprich die Formularklasse) für zukünftige Anwendungen zur Verfügung zu stellen, führt über die Objektablage.

Ausführung: Formular in die Objektablage aufnehmen

1. **Erstellen Sie zuerst das Formular** (Implementierung der Formularklasse).
2. **Klicken Sie im Formular-Designer mit der rechten Maustaste in den Hintergrund des Formulars, und rufen Sie im Kontextmenü den Befehl DER OBJEKTABLAGE HINZUFÜGEN auf** (➔ 3.7.3).
3. **Bearbeiten Sie das erscheinende Dialogfenster.**
   - Unter dem Titel wird das Formular in der Objektablage aufgeführt.
   - Die Beschreibung zu dem Formular wird angezeigt, wenn die Detailansicht für die Objektablage eingestellt ist.
   - Wählen Sie eine Seite der Objektablage für das Formular aus (sinnvollerweise die Seite *Formulare*).
   - Geben Sie einen Autor an.
   - Wählen Sie optional ein Symbol zur Repräsentation des Formulars in der Objektablage aus (können Sie zuvor mit dem Bildeditor erstellen (➔ 3.8.4)).
   - Schicken Sie das Dialogfenster mit **OK** ab.

Anmerkung

- Bei der Erstellung des Formulars sollten Sie erwägen, wie weit Sie die Implementierung des Formulars vorgeben wollen. Je allgemeiner Sie die Formularklasse halten, um so vielseitiger ist das Formular einsetzbar, um so mehr muß es aber auch nachbearbeitet werden. Umgekehrt können Sie Formulare für spezielle Aufgaben nahezu komplett (unter Umständen einschließlich Ereignisbehandlung) vorgeben, so daß sie in anderen Projekten nur noch eingebunden zu werden brauchen.

3.4 Programmieren mit Komponenten

3.4.1 Allgemeines

Komponenten sind Bestandteile von Delphi-Anwendungen, die in sich funktionell abgeschlossen sind und deren Schnittstelle mit Hilfe des Objektinspektors programmiert wird. Mehr noch als bei den Formularen verbirgt sich unter dem Begriff der Komponenten ein ganzes Sammelsurium von Elementen (vornehmlich Steuerelemente, aber auch Dialoge, Elemente für den Zugriff auf Datenbanken, Menüs etc.), die dadurch zur Komponente werden, daß Sie auf eine bestimmte Weise implementiert wurden (➔ 9) und daher über die Komponentenpalette der Delphi-IDE zur Verfügung gestellt und mit Hilfe des Objektinspektors bearbeitet werden können.
Während sich Kapitel 9 damit beschäftigt, wie Sie selbst Komponenten implementieren können, befaßt sich dieses Kapitel mehr mit der Verwendung bestehender Komponenten. Nach der Übersicht über die typischen Arbeitsschritte und die wichtigsten Punkte bei der Programmierung mit Komponenten werden wir uns daher erst noch einen Überblick über die von Delphi zur Verfügung gestellten Komponenten verschaffen, bevor es dann in den nachfolgenden Abschnitten mehr um die praktische Programmierarbeit geht.

Ausführung: Programmierung mit Komponenten

1. **Komponente in Komponentenpalette auswählen** (einfacher Klick auf Schaltfläche).
   - Wenn Sie mehrere Instanzen der ausgewählten Komponente in Ihrem Formular ablegen möchten (beispielsweise mehrere Editierfelder), drücken Sie vor dem Auswählen der Komponente die ⇧-Taste.
   - Durch Klick auf das Mauspfeil-Symbol am linken Anfang der Komponentenpalette wird der Einfügemodus beendet.
2. **Komponenten in Formular plazieren.** Klicken Sie mit der Maus auf die Stelle im Formular, an der die Komponente abgelegt werden soll. Danach können Sie die Position der Komponente jederzeit durch Verschieben mit der Maus korrigieren.
3. **Markieren Sie die Komponente und wechseln Sie zum Objektinspektor,** um die Komponente gemäß ihrer Aufgabe im Formular einzurichten (➔ 3.4.6).
4. **Passen Sie das Formular zur Nutzung der Komponenten an.** In vielen Fällen genügt es nicht, die Komponente im Formular abzulegen und ihre Ereignisse zu bearbeiten. Beispielsweise müssen Dialog-Komponenten von der Anwendung aufgerufen werden, oder Eingaben des Benutzers in visuellen Steuerelementen müssen von der Anwendung abgefragt werden.

Übersicht: Komponenten

Was die Programmierung mit Komponenten betrifft, sind für den Programmierer insbesondere die folgenden Punkte interessant:

- Wie werden Komponenten in Formulare eingebunden (→ obige Übersicht)?
- Wie werden Komponenten positioniert (→ 3.4.3)?
- Wie werden Komponenten gruppiert (→ 3.4.4)?
- Welche Bedeutung haben Erstellungs- und Tabulatorreihenfolge von Komponenten (→ 3.4.5)?
- Was sind sichtbare und nicht sichtbare Komponenten (→ 3.4.2)?

Ansonsten läuft die Programmierung mit den Komponenten analog zur Programmierung mit Formularen ab:

- Wie werden Komponenten konfiguriert (→ 3.3.6)?
- Wie sieht die Ereignisbehandlung für Komponenten aus (→ 3.3.6)?
- Wie greift man zur Laufzeit auf Komponenten zu (→ 3.3.7)?

3.4.2 Die Komponenten-Palette

Nach ihrer Funktion sind die Komponenten auf die verschiedenen Seiten der Komponentenpalette verteilt (ein Sternchen hinter dem Klassenamen zeigt an, daß die Komponente in der späteren Anwendung selbst nicht sichtbar ist).

- Sichtbare Komponenten sind Komponenten, die die visuelle Oberfläche einer Anwendung mitgestalten und im Formular-Designer genauso angezeigt werden, wie in der späteren Anwendung (hierzu gehören sämtliche Steuerelemente).
- Nicht sichtbare Komponenten sind Komponenten, die mehr der internen Implementierung der Anwendung dienen und keine direkte visuelle Darstellung (Table, DataSource, aber auch MainMenu) haben oder nur auf Abruf angezeigt werden (Dialogfenster). Nicht sichtbare Komponenten sind direkt von **TComponent** abgeleitet.

Übersicht: Standard

- **TMainMenu***. Zur Einrichtung einer Menüleiste (→ 6.7).
  - ◆ Zur Bearbeitung der Menüleiste doppelklicken Sie auf die Komponente, woraufhin der Menüeditor (→ 6.7) geöffnet wird.

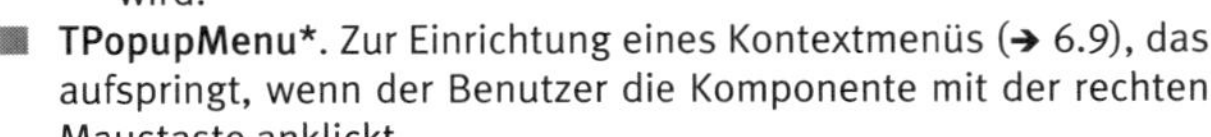

- **TPopupMenu***. Zur Einrichtung eines Kontextmenüs (→ 6.9), das aufspringt, wenn der Benutzer die Komponente mit der rechten Maustaste anklickt.
  - ◆ Zur Bearbeitung des Menüs doppelklicken Sie auf die Komponente, woraufhin der Menüeditor (→ 6.7) geöffnet wird.

- **TLabel**. Zur Anzeige von statischem Text, d.h., der Text kann vom Programm, aber nicht vom Benutzer geändert werden. Statischer Text wird oft als Überschrift zu anderen Steuerelementen verwendet.

  - Um den Text zur Laufzeit zu ändern, weisen Sie den neuen Text einfach der Eigenschaft ***Caption*** zu:

```
Label1.Caption := 'Neuer Text';
```

- **TEdit**. Editierfeld, in das der Benutzer einzeiligen Text eingeben kann.
  - Die Komponente verfügt über Methoden zur Unterstützung der Zwischenablage (**CopyToClipboard**, **CutToClipboad** und **PasteToClipboard**) sowie Eigenschaften und Methoden zur Arbeit mit markiertem Text (**SelectAll**, **SelStart**, **SelLength**, **ClearSelection** sowie die Eigenschaft **SelText**, die den vom Benutzer markierten Text enthält). Der Inhalt des Editierfeldes selbst ist in der Eigenschaft **Text** gespeichert:

```
Textvar : TCaption;
Edit1.Text := 'Hier Text eingeben'; {Initialisierung zur
Laufzeit}
Textvar := Edit1.Text; {Auslesen, was Benutzer
                         eingegeben hat}
```

- **TMemo**. Editierfeld, mit mehreren Zeilen. Die Programmierung ist ähnlich wie für **TEdit**.

  - Über die zusätzliche Eigenschaft **Lines** (vom Typ **TString**) kann man wie bei einem Array mittels eines Index auf die einzelnen Zeilen des Textes zugreifen. Zur weiteren Unterstützung des mehrzeiligen Textes dienen die Methoden **Add**, **Delete** und **Insert** des **Lines**-Objekts.
- **TButton**. Schalter, über den der Benutzer eine Aktion auslösen kann.
  - In modalen Dialogfenstern können Sie Schalter zum bequemen Schließen des Dialogs benutzen (→ 6.10). Sie brauchen dazu nur die Eigenschaft **ModalResult** der Schalter auf einen Wert größer **mrNone** setzen, beispielsweise:

Konstante	Wert
mrNone	0
mrOk	idOK
mrCancel	idCancel
mrAbort	idAbort

Konstante	Wert
mrRetry	idRetry
mrIgnore	idIgnore
mrYes	idYes
mrNo	idNo
mrAll	mrNo + 1

- Die Funktion **ShowModal**, die den Dialog erzeugt hat, liefert danach den Wert des Schalters zurück, so daß überprüft werden kann, welchen Schalter der Benutzer zum Verlassen des Dialogs gedrückt hat:

```
if Dialog.ShowModal = idOK then
   {lese Einstellungen in Dialog aus}
   else
   {Einstellungen nicht übernehmen}
```

- **TCheckBox**. Markierungsfeld, das gesetzt oder gelöscht werden kann.

  - Ob das Markierungsfeld vom Benutzer gesetzt oder gelöscht wurde, können Sie am Wert der Eigenschaft **Checked** ablesen. Der Zustand (Eigenschaft **State**) erlaubt eine noch detailliertere Unterscheidung: gesetzt (**cbChecked**), nicht gesetzt (**cbUnChecked**) oder inaktiviert und grau dargestellt (**cbGrayed**):

```
CheckBox1.Checked := False; {nicht gesetzt}
if CheckBox1.Checked then
   {gesetzt}
else
   {nicht gesetzt}
```

- **TRadioButton**. Optionsfeld, das gesetzt oder gelöscht werden kann (Eigenschaft **Checked** wie bei **TCheckBox**). Gruppierte Optionsfelder schließen sich gegenseitig aus (➔ **TGroupBox**).

- **TListBox**. Listenfeld zur Auswahl eines Eintrags aus einer vorgegebenen Menge.

  - Verwaltet werden die Einträge der Liste in dem Eigenschafts-Objekt **Items** und dessen Methoden (**Add, Delete, Insert, Exchange, Move**). Um die Liste mit konstanten Einträgen zu initialisieren, können Sie statt der Methode **Add** auch den Objektinspektor benutzen. Klicken Sie einfach auf die Eigenschaft **Items** und dann auf die Schaltfläche am rechten Rand, um in den String-Editor zu gelangen. Über die Eigenschaft **ItemIndex** können Sie einen Eintrag auswählen oder abfragen, welchen Eintrag der Benutzer ausgewählt hat (der erste Eintrag hat den Index **0**). Erlaubt das Listenfeld die gleichzeitige Auswahl mehrerer Einträge (Eigenschaft **MultiSelect** gleich **True**), verwenden Sie die Eigenschaft **Selected**, um abzufragen, welcher Eintrag ausgewählt ist.

```
{Zur Laufzeit Zeile in Listenfeld aufnehmen}
Listbox1.Items.Add('dritter Eintrag');

{testen, welche Einträge ausgewählt wurden}
for loop := 0 to Listbox1.Items.Count-1 do
  begin
  if Listbox1.Selected[loop] then
    ShowMessage(Listbox1.Items[loop]);
  end;
```

- **TComboBox**. Kombination aus Listenfeld und Editierfeld.

- **TScrollBar**. Bildlaufleisten werden eingesetzt, um Fensterinhalte zu scrollen, die nicht auf einmal auf dem Bildschirm dargestellt werden können.

  - Zur Programmierung einer Bildlaufleiste definieren Sie den Anfangs- (**Min**) und Endwert (**Max**) für den Balken der Bildlaufleiste sowie **SmallChange** und **LargeChange**, deren Integerwerte festlegen, um wie viele Positionen der Balken bewegt wird, wenn der Benutzer auf eine der Pfeiltasten bzw. seitlich vom Balken klickt. Die aktuelle Position des Balkens wird in der Eigenschaft **Position** festgehalten. Um Scrollereignisse zu verarbeiten, implementieren Sie die Behandlungsroutine zu dem Ereignis **OnScroll**, dessen Parameter **ScrollCode** folgende Werte annehmen kann:

ScrollCode	Benutzer hat
scLineUp	oberen/linken Bildlaufpfeil gedrückt
scLineDown	unteren/rechten Bildlaufpfeil gerückt
scPageUp	oberhalb/links des Bakens geklickt
scPageDown	unterhalb/rechts des Balkens geklickt
scPosition	Balken aufgenommen und neu positioniert
scTrack	gerade den Balken verschoben
scTop	den Balken ganz nach oben/links bewegt
scBottom	den Balken ganz nach unten/rechts bewegt
scEndScroll	den Balken losgelassen

- **TGroupBox**. Rahmen, durch den eine Gruppe von Steuerelementen visuell gekennzeichnet werden kann. Um eine Komponente in das Gruppenfeld aufzunehmen, müssen Sie die Komponenten ko-

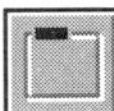

pieren (verschieben einer bereits im Formular abgelegten Komponente geht nicht).

- **TRadioGroup**. Dient zur Gruppierung von Optionsfeldern (→ 6.10).
  - Die einzelnen Optionsfelder (**TRadioButton**) werden über die Eigenschaft **Items** verwaltet (→ **TListBox**) und werden am einfachsten eingefügt, indem Sie die Komponente markieren, dann im Objektinspektor den Eintrag **Items** aktivieren und durch Klick auf das Symbol rechts den String-Editor aufrufen, in dem Sie Zeile für Zeile die Titel der anzulegenden Optionsfelder eingeben können.
  - Von den Optionsfeldern innerhalb einer **RadioGroup**-Komponente kann jeweils nur eine vom Anwender ausgewählt werden.
- **TPanel**. Übergeordnetes Fenster zur Erzeugung von Symbolleisten, Paletten und Statuszeilen (→ 6.8).
  - Um ein Panel automatisch in den Rahmen des Hauptfensters zu integrieren, wählen Sie einen entsprechenden Wert für die Eigenschaft **Align** aus. Über die Eigenschaften **Bevel...** können Sie das Erscheinungsbild des Panels detaillierter festlegen. Je nach Verwendungszweck werden Sie das Panel mit unterschiedlichen Komponenten füllen, am typischsten für eine Symbolleiste ist allerdings der Symbolschalter (**TSpeedButton**), dessen Komponente auf der Seite ***Zusätzlich*** zu finden ist.

Übersicht: Zusätzlich

- **TBitBtn**. Schalter, der Text und Bitmap anzeigen kann.
  - Um dem Schalter eine Bitmap zuzuordnen, weisen Sie der Eigenschaft **Glyph** eine Bitmap-Datei zu – entweder mit Hilfe des Objektinspektors (die Schaltfläche des Feldes **Glyph** ruft einen Dialog zum Laden einer Datei auf) oder durch Aufruf der Methode **Glyph.LoadFromFile**.

```
BitBtn1.Glyph.LoadFromFile('SCHALTER1.tif');
```

  - Zur Anordnung von Bitmap und Titel nutzen Sie die Eigenschaften **Layout**, **Margin** und **Spacing**.
  - In der BMP-Datei können mehrere Bitmaps gleicher Abmessung hintereinander gespeichert sein. In diesem Fall bestimmt der Schalterzustand, welche Bitmap im Schalter angezeigt wird:

Bitmap	Schalterzustand
Erste	nicht gedrückt
Zweite	nicht verfügbar

Bitmap	Schalterzustand
Dritte	angeklickt
Vierte	eingerastet (nur für **TSpeedButton**)

- **TSpeedButton**. Schalter mit Bitmap statt Titel. Wird in Werkzeugpaletten und Symbolleisten verwendet (➔ 6.8, **TButton, TBitBtn**).

- **TMaskEdit**. Editierfeld, das Maske für die Eingabe vorgibt, beispielsweise um nur Datumsangaben zuzulassen.
  - Die Maske wird als String der Eigenschaft **EditMask** zugewiesen. Eine Maske besteht aus drei Abschnitten, die durch Semikolons voneinander getrennt werden. Der erste Teil ist die eigentliche Maske, die aus Platzhaltern und echten Zeichen besteht (eine Übersicht der zur Verfügung stehenden Schalter finden Sie in der Online-Hilfe unter dem Index-Eintrag »EditMask«). Im zweiten Abschnitt steht eine **1** oder eine **0**, je nachdem, ob die konstanten Zeichen der Maske zusammen mit der Benutzereingabe abgespeichert werden sollen oder nicht (bestimmt Inhalt von **EditText**). Der dritte Abschnitt definiert das Zeichen, das im Editierfeld statt der Platzhalterzeichen angezeigt wird. Zur Definition von Masken stellt der Objektinspektor den Masken-Editor zur Verfügung, der über den Schalter des Eigenschaftsfeldes **EditMask** aufgerufen wird.
  - Sie können dieses Element auch zum Abfragen von Paßwörtern nutzen. Ersetzen Sie dazu die **0** im Eigenschaftsfeld **PasswordChar** durch ein beliebiges anderes Zeichen, das statt des tatsächlich eingegebenen Zeichens angezeigt werden soll.

- **TStringGrid**. Gitterelement für Tabellen mit Texteinträgen.
  - Die einzelnen Texteinträge werden in Zellen abgelegt. Um eine Zelle anzusprechen, benutzen Sie die Eigenschaft **Cells**, die wie ein zweidimensionales Array indiziert wird.

```
for I := 0 to StringGrid1.ColCount - 1 do
   for J:= 0 to StringGrid1.RowCount - 1 do
      StringGrid1.Cells[I,J] := 'Delphi';
```

- **TDrawGrid**. Gitterelement für Zellen mit grafischen Daten.

- **TImage**. Zur Anzeige von Bitmaps und Metadateien (➔ 6.12).
  - Um der Komponente ein Bild zuzuordnen, weisen Sie der Eigenschaft **Picture** eine Bild-Datei zu – entweder mit Hilfe des Objektinspektors (die Schaltfläche des Feldes **Picture** ruft einen Dialog zum Laden einer Datei auf) oder durch Aufruf der Methode **Picture.LoadFromFile**. Um das Bild an die Dimension der Komponente an-

zupassen, setzen Sie die Eigenschaften **Stretch**; um die Größe der Komponente an das Bild anzupassen, setzen Sie die Eigenschaft **AutoSize**.

```
Image1.Stretch := True;
Image1.Picture.LoadFromFile('Calendar.tif');
```

- **TShape**. Zur Anzeige von grafischen Figuren. Welche Figur gezeichnet werden soll, können Sie im Objektinspektor in der Liste zum Eigenschaftsfeld **Shape** auswählen.

- **TBevel**. Zur Darstellung reliefartiger, hervorgehobener Linien und Felder.

- **TScrollBox**. Container mit funktionsfähigen Bildlaufleisten, die eingefügt werden, wenn die Komponenten des Containers nicht auf einmal angezeigt werden können.

- **TCheckListbox**. Ein Listenfeld dessen einzelne Einträge mit Häkchen dargestellt werden können.
  - Über die Array-Eigenschaften **Checked[]** oder **State[]** können die Häkchen ein- und ausgeblendet werden.

- **TSplitter**. Zur Laufzeit verschiebbare Trennleiste, mit deren Hilfe der Client-Bereich eines Formulars aufgeteilt werden kann.
  - Um die automatische Größenänderung der benachbarten Steuerelemente zu aktivieren, müssen diese und die Trennleiste in gleicher Weise an den Rändern des Formulars ausgerichtet werden (Eigenschaft ***Align***). Es bietet sich an, neben die Trennleiste Panel-Komponenten als übergeordnete Container anzuordnen und auf diesen dann die weiteren Steuerelemente zu plazieren.

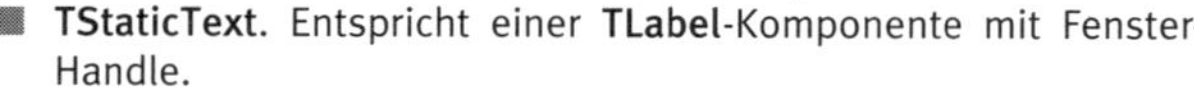

- **TStaticText**. Entspricht einer **TLabel**-Komponente mit Fenster-Handle.

- **TChart**. Komponente zur Darstellung von Diagrammen.
  - Um Daten einzugeben, doppelklicken Sie auf die Komponente oder die Eigenschaft ***SeriesList***. In dem erscheinenden Editor legen Sie dann zuerst den Diagrammtyp fest. Klicken Sie auf der Seite ***Diagramm/Reihen*** auf den Schalter **HINZUFÜGEN**, und wählen Sie einen Diagrammtyp aus. Für den ausgewählten Diagrammtyp wird eine unsichtbare Instanz angelegt, die Sie im Objektinspektor bearbeiten können. Mit Hilfe der **Add**-Methode können Sie dann Werte in dieser Instanz ablegen.

Anmerkung

- Die **TChart**-Komponente stammt von einem Drittanbieter und ist in einer eigenen Hilfedatei beschrieben. Um sich über die Eigenschaften, Methoden und Ereignisse der Komponenten zu informieren, rufen Sie die Datei ***Teechart.hlp*** im ***Help***-Verzeichnis von Delphi auf oder markieren Sie die Komponenten in Ihrem Formular und drücken Sie die Taste ↵.

Übersicht: Win32

Auf dieser Seite sind die Komponenten für die von Microsoft im Zuge der Auslieferung von Win95 neu definierten Standard-Steuerelemente zusammengefaßt.

- **TTabControl**. Registersteuerelement.
  - Die einzelnen Seiten werden über die Eigenschaft **Tabs** bearbeitet (rufen Sie den String-Editor des Feldes **Tabs** auf, um die Titel der Reiter Zeile für Zeile einzugeben und dabei gleichzeitig die entsprechenden Seiten einrichten zu lassen. Welche Seite gerade aktiv ist und angezeigt wird, bestimmt die Eigenschaft **TabIndex** (der Index beginnt bei **0**). Beachten Sie, daß im Gegensatz zu **TPageControl** alle Seiten des Registers zu einem einzigen Steuerelement gehören.
- **TPageControl**. Zur Einrichtung mehrseitiger Dialoge (→ 6.10). Im Aussehen und Gebrauch gleicht das Element der Komponente **TTabControl**. Allerdings sind alle Seiten, die Sie einrichten, eigene Instanzen der Komponente **TTabSheet** (→ 6.10).

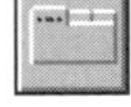

- **TImageList***. Sammlung gleich großer Bitmaps für **TTreeView**- oder **TListView**-Elemente.

- **TRichEdit**. Erweitertes Memofeld mit zusätzlichen Eigenschaften und Methoden zur Formatierung des Textes.

- **TTrackBar**. Schieber zur Einstellung und Anzeige diskreter Werte, dessen Implementierung der Programmierung von Bildlaufleisten (→ **TScrollBar**) ähnelt.
  - Statt **LargeChange** definiert **TTrackBar** die Eigenschaft **PageSize**, statt **SmallChange** die Eigenschaft **LineSize** (deren Schrittweite verwendet wird, wenn der Benutzer eine der Pfeiltasten drückt). Der Wert der Eigenschaft **TickMarks** legt fest, ob die möglichen Positionen des Balkens zu beiden Seiten (**tmBoth**) oder nur einseitig (**tmBottomRight**, **tmTopLeft**) angezeigt werden sollen. Welche Positionen überhaupt markiert werden, legen Sie durch den Wert von **TickStyle** fest:

Stil	Bedeutung
tsAuto	Alle Positionen werden automatisch mit Ticks markiert
tsManual	Programm ist für die Darstellung der Ticks verantwortlich
tsNone	Darstellung ohne Ticks

- Die Eigenschaft **Orientation** bestimmt, ob der Schieber waagerecht (**trhorizontal**) oder senkrecht (**trvertical**) angezeigt wird.

- **TProgressBar**. Fortschrittsanzeige zur Veranschaulichung von länger andauernden Operationen (die Implementierung ähnelt der Programmierung von Bildlaufleisten (→ **TScrollBar**)).
  - Um den Füllstand vorrücken zu lassen, rufen Sie eine der Methoden **StepIt** oder **StepBy** auf.

- **TUpDown**. Drehregler zur Einstellung diskreter Werte (meist mit Editierfeld gepaart, in dem der Wert angezeigt wird).
  - Die Verbindung des Drehreglers mit seinem Anzeigeelement erfolgt über die Eigenschaft **Associate**.
- **THotKey**. Zur Festlegung von Tastenkürzeln.
  - Die vom Benutzer eingegebene Tastenkombination wird in der Eigenschaft **HotKey** festgehalten. Über die Eigenschaft **Modifiers** kann festgelegt werden, welche Taste (Tastenpaar) dem Tastenkürzel automatisch hinzuzufügen ist:

Konstante	Taste
hkShift	Umschalttaste [⇧]
hkCtrl	Steuertaste [Strg]
hkAlt	[Alt]-Taste
hkExt	Extra-Taste

  - Über die Eigenschaft **InvalidKeys** wird festgelegt, welche Tasten im Tastenkürzel nicht erlaubt sind:

Konstante	Bedeutung
hcNone	Nur Tastenkombinationen, die Steuertasten enthalten
hcShift	Umschalttaste [⇧] ist nicht erlaubt
hcCtrl	Steuertaste [Strg] ist nicht erlaubt
hcAlt	Alt-Taste [Alt] ist nicht erlaubt
hcShiftCtrl	Die Kombination [⇧]+[Strg] ist nicht erlaubt
hcShiftAlt	Die Kombination [⇧]+[Alt] ist nicht erlaubt
hcCtrlAlt	Die Kombination [Strg]+[Alt] ist nicht erlaubt
hcShiftCtrlAlt	Die Kombination [⇧]+[Strg]+[Alt] ist nicht erlaubt

```
HotKey1.InvalidKeys := [hcNone];
Hotkey1.Modifiers := [hkCtrl];
...
{Zuweisung an Menübefehl}
procedure TForm1.HotKey1Exit(Sender: TObject);
   begin
   Menuebefehl12.ShortCut := HotKey1.HotKey;
   end;
```

- **TAnimate**. Innerhalb dieses Steuerelements können kleine Animationen abgespielt werden.
  - Die Animation ist allerdings nicht frei programmierbar, sondern besteht lediglich in dem Abspielen eines AVI-Clips. Dieser kann aus einer AVI-Datei (Eigenschaft ***FileName***), einer Ressource (Eigenschaft ***ResID*** etc.) oder aus der Windows-DLL ***Shell32.dll*** (Eigenschaft ***CommonAVI***) geladen werden.
  - Zum Abspielen stehen die üblichen Methoden zur Verfügung (**Play, Stop, Seek, Reset**).
- **TDateTimePicker**. Listenfeld zur Auswahl von Datums- und Zeitwerten (Voraussetzung ist die Windows-DLL ***COMCTL32.DLL*** in der Version 4.70 oder höher).

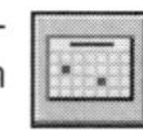

- **TTreeView**. Zur Anzeige von Informationen in einer hierarchischen Baumstruktur. Die Komponente definiert eine ganze Reihe von Eigenschaften, Methoden und Ereignissen, um die Funktionalität einer Baumansicht bereitzustellen, wie Sie sie vom linken Feld des Win95-Explorers her kennen.

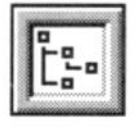

- **TListView**. Zur Anzeige von Informationen in Listen. Die Komponente definiert eine ganze Reihe von Eigenschaften, Methoden und Ereignissen, um die Funktionalität einer Listenansicht bereitzustellen, wie Sie sie vom rechten Feld des Win95-Explorers her kennen.

- **THeaderControl**. Element für Spaltenüberschriften. Die Spalten werden über die Eigenschaft **Sections** und deren Methoden verwaltet. Im Objektinspektor können sie auf einfache Weise durch Anklicken des Schaltsymbols zum Eigenschaftsfeld **Sections** eingerichtet und konfiguriert werden. Ist die Eigenschaft **AllowResize** gleich **True**, kann der Benutzer die Spaltenbreite mit seiner Maus ändern. Um auch die Darstellung des zur Spaltenüberschrift gehörenden Steuerelements anzupassen, sollten Sie das Ereignis **OnSizing** bearbeiten.
- **TStatusBar**. Zur Implementierung einer Statusleiste (→ 6.8).

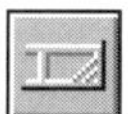

- **TToolBar**. Zur Implementierung von Werkzeugleisten mit speziellen Eigenschaften zur Anordnung und Darstellung der Schaltflächen.

- **TCoolBar**. Zur Einrichtung von Symbolleisten mit in der Größe veränderbaren Bereichen (Voraussetzung ist die Windows-DLL ***COMCTL32.DLL*** in der Version 4.70 oder höher).

Übersicht: System

- **TTimer***. Zur Installation eines Zeitgebers.
  - Mit Hilfe dieser Komponente kann man das Betriebssystem veranlassen, in regelmäßigen Zeitabständen (Eigenschaft **Interval**) Botschaften an die Anwendung zu schicken, die dann in der Antwortfunktion zu dem Ereignis **OnTimer** bearbeitet werden.

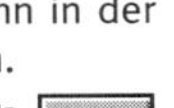

- **TPaintBox**. Umgrenzung für Zeichenfläche (→ 6.13). Mit Hilfe dieser Komponente kann für einen Teilbereich des Formulars ein eigenes **TCanvas**-Objekt erzeugt werden.

- **TMediaPlayer**. Schaltpult zum Aufzeichnen und Abspielen von Video- und Musikaufnahmen (→ 6.14). Die Komponente verfügt über folgende Schaltflächen:

Konstante	Schalter zum
btPlay	Abspielen des Mediums
btPause	Unterbrechen des Abspielvorgangs
btStop	Abbrechen des Abspielvorgangs
btNext	Springen zur nächsten Spur
btPrev	Springen zur vorhergehenden Spur
btStep	Vorspulen
btBack	Rückwärtsspulen
btRecord	Aufzeichnen
btEject	Auswerfen des Mediums

  - Alle Schalter, die angezeigt werden sollen, werden der Eigenschaft **ColoredButtons** zugewiesen. Welche der Schalter verfügbar sind, wird durch die Eigenschaft **EnabledButtons** festgelegt. Zur Ereignisbehandlung bearbeiten Sie das Ereignis **OnClick** und vergleichen Sie den Parameter **Button** mit den Konstanten für die Schalter (→ 17.3.7, Implementierung des Datenbanknavigators).

- **TOleContainer**. OLE-fähiger Clientbereich, der zum Einbetten und Verknüpfen von Objekten dient (→ 6.17 für eine Erläuterung der wichtigsten OLE-Begriffe). Um einen OLE-Container in Ihre Anwendung zu integrieren, können Sie nach folgendem Schema vorgehen:

Ausführung:

1. **Verbinden Sie den Container mit einem OLE-Objekt.** Sie können dies bei der Aufnahme der Komponente in das Formular oder zur Laufzeit erledigen:
   Bei der Programmerstellung klicken Sie mit der rechten Maustaste auf die Komponente, um das Kontextmenü zu öffnen. Über die Befehle **OBJEKT EINFÜGEN** und **INHALTE EINFÜGEN** gelangen Sie in entsprechende Dialoge, in denen Sie ein Objekt durch Auswahl seines Servers bzw. durch Einfügen aus der Zwischenablage mit dem Container verbinden können. Beide Dialoge betten das Objekt standardmäßig ein, enthalten aber auch Optionen zum Verknüpfen des Objekts (im Dialogfenster ***Objekt einfügen*** müssen Sie zuvor die Option ***Aus Datei erstellen*** setzen).
   Oder
   Verwenden Sie eine der zur Verfügung stehenden Methoden der Komponente, um Objekte zur Laufzeit mit dem Container zu verbinden (**CreateLinkToFile, CreateObject, CreateObjectFromFile, Paste, LoadFromFile, LoadFromStream**). Ist bereits ein Objekt im Container enthalten, wird es beim Aufnehmen eines anderen Objekts automatisch gelöscht, da der Container jeweils nur ein Objekt beherbergen kann. Um dem Benutzer die Auswahl des aufzunehmenden Objekts zu überlassen, rufen Sie zuvor mit Hilfe der Methoden **InsertObjectDialog** oder **PasteSpecialDialog** eines der entsprechenden Dialogfenster auf.
2. **Passen Sie die Dimension des Objekts an die Größe des Containers an.** Weisen Sie hierzu der Eigenschaft **SizeMode** einen der folgenden Werte zu:

Wert	Bedeutung
smClip	(Voreinstellung) Zeigt das OLE-Objekt in Normalgröße an, wobei Teile, die nicht in den Container passen, abgeschnitten werden.
SmCenter	Zeigt das OLE-Objekt in Normalgröße und zentriert an.
SmScale	Skaliert das OLE-Objekts so, daß es vollständig in den Container paßt (Seitenverhältnis bleibt erhalten).
SmStretch	Skaliert das OLE-Objekts so, daß es den Container vollständig ausfüllt.
SmAutoSize	Wie **smClip**. Zusätzlich wird der Container automatisch in der Größe verändert, wenn sich die Größe des OLE-Objekts ändert.

3. **Legen Sie fest, wie das Objekt aktiviert wird**. OLE-Objekte werden von der Client-Anwendung, in deren Dokument sie integriert sind, nur verwaltet, nicht aber bearbeitet. Zur Bearbeitung muß die Server-Anwendung, die das Objekt erstellt hat, aufgerufen werden. Üblicherweise geschieht das durch Doppelklick auf das Objekt (Eigenschaft **AutoActivate** gleich **aaDoubleClick**). Setzen Sie **AutoActivate** auf **aaGetFocus**, wird das Objekt automatisch aktiviert, wenn es den Fokus erhält. Setzen Sie **AutoActivate** auf **aaManual**, so kann das Objekt nur vom Programm durch Aufruf der Methode **DoVerb(ovShow)** aktiviert werden.
4. **Wird der Server zur Bearbeitung seines Objekts aufgerufen, gibt es zwei Möglichkeiten, den Server anzuzeigen**:
   Entweder als Vollanwendung mit eigenem Hauptfenster (Eigenschaft **AllowInPlace** des OLE-Objekts gleich **False**).
   Oder
   Zur Vor-Ort-Bearbeitung (In Place), wobei der Server im Hauptfenster der Client-Anwendung erscheint, seine Menüs mit der Menüleiste des Hauptfensters verschmilzt (➔ 3.2.3 Ausführungsteil) und dessen Symbolleisten durch seine eigenen ersetzt (sofern nicht für die Symbolleisten der Client-Anwendung die Eigenschaft **Locked** auf **True** gesetzt ist). Um die Vor-Ort-Bearbeitung zu erlauben, die in guten Anwendungen Standard ist, setzen Sie die Eigenschaft **AllowInPlace** auf **True**).
5. **OLE-Objekte stellen üblicherweise bestimmte Befehle zur direkten Bearbeitung bereit** (meist sind dies **BEARBEITEN** (ruft Server auf) und **ÖFFNEN** (ruft Server als Vollanwendung auf)). Diese Befehle nennt man Verben. Indem Sie die Eigenschaft **AutoVerbMenu** auf **True** setzen, wird automatisch ein Kontextmenü für den OLE-Container eingerichtet, über das die Verben des OLE-Objekts aufgerufen werden können (gute Server stellen die Verben auch über das Menü **BEARBEITEN** zur Verfügung).

DDE (bzw. DDML) ist gegenüber OLE das ältere Protokoll zum dynamischen Datenaustausch, wird aber trotz gewisser Anfälligkeiten immer noch gern benutzt. Im Vergleich zu OLE ist es jedoch nur noch von untergeordneter Bedeutung.

- **TDdeClientConv***. Zur Einrichtung einer Verbindung mit einem DDE-Server. 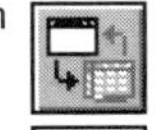
- **TDdeClientItem***. Client-Daten für DDE-Datenaustausch. 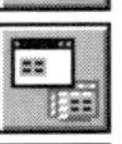
- **TDdeServerConv***. Zur Einrichtung einer Verbindung mit einem DDE-Client. 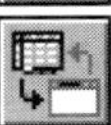

- **TDdeServerItem***. Server-Daten für DDE-Datenaustausch.

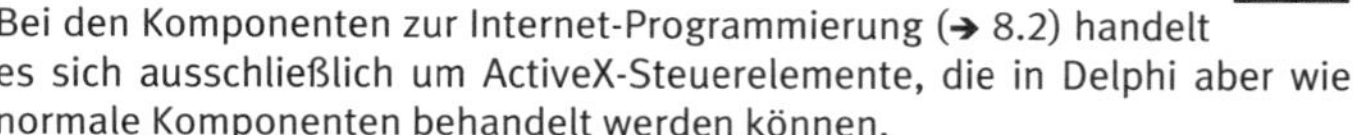

Übersicht: Internet

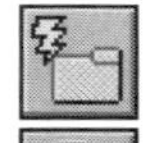

Bei den Komponenten zur Internet-Programmierung (→ 8.2) handelt es sich ausschließlich um ActiveX-Steuerelemente, die in Delphi aber wie normale Komponenten behandelt werden können.

- **TFTP***. Komponente zur Verbindung mit FTP-Servern.
- **THTML.** Komponente zum Abrufen, Einparsen und Anzeigen von HTML-Seiten (→ 8.3).

- **THTTP***. Komponente zum Abrufen von HTTP-kompatiblen Dokumenten.
- **TNNTP***. Komponente zur Verbindung mit NNTP-News-Servern.
- **TPOP***. Komponente zum Empfangen von POP3-Post.

- **TSMTP***. Komponente zur Verbindung mit SMTP-Mail-Servern.
- **TTCP***. Komponente zur Verbindung mit TCP-Netzwerkdiensten.
- **TUDP***. Komponente zur Verbindung mit UDP-Netzwerkdiensten.

Übersicht: Datenzugriff

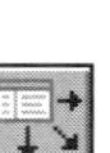

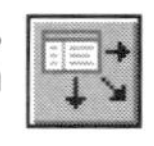

Nicht sichtbare Komponenten, die in Datenbank-Anwendungen für die Verbindung zur Datenbank sorgen (→ 7.3.3).

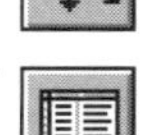

- **TDataSource***. Verbindungsglied zwischen Datenquelle (**TTable**, **TQuery** oder **TStoredProc**) und datensensitiven Komponenten (→ 7.3.3).
- **TTable***. Stellt Verbindung zu einer Datenbank-Tabelle her (→ 7.3).

- **TQery***. Für SQL-Datentransfer in beide Richtungen (→ 7.3).

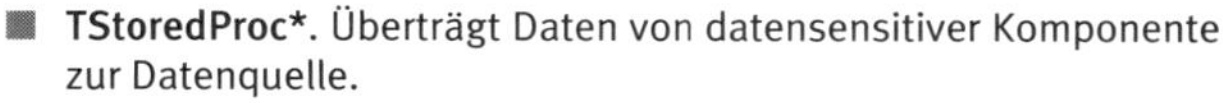

- **TStoredProc***. Überträgt Daten von datensensitiver Komponente zur Datenquelle.

- **TDatabase***. Richtet dauerhafte Verbindung zur Datenbank ein. Erlaubt Anmeldung mit Benutzername und Paßwort.

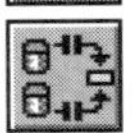

- **TSession***. Zur Verwaltung mehrerer **TDatabase**-Komponenten. In Multithread-Datenbank-Anwendungen benötigt jeder Thread eine Instanz dieser Klasse.

- **TBatchMove***. Kopiert Tabelle, übersetzt zwischen Datenbank-Formaten.

- **TUpdateSQL***. Zur Aktualisierung von Nur-Lesen-Datensätzen.

Übersicht: Datensteuerung

Sichtbare Komponenten, zur Anzeige von Daten aus Datenbanken (➔ 7.3).

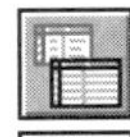

- **TDBGrid**. Datengitter zur Repräsentation von Tabellen.

- **TDBNavigator**. Gruppe von Schaltflächen zum Bewegen in und Verwalten von Datensätzen (➔ 7.3.7).

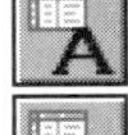

- **TDBText**. Textfeld, das den Inhalt eines Feldes repräsentiert.
- **TDBEdit**. Editierfeld für Spaltenwerte.

- **TDBMemo**. Memo-Steuerelement für BLOB-Textdaten.

- **TDBImage**. Steuerelement für BLOB-Gafikdaten.

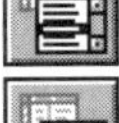

- **TDBListBox**. Listenfeld für Spaltenwerte.

- **TDBComboBox**. Kombinationsfeld für Spaltenwerte.
- **TDBCheckBox**. Markierungsfeld für Spaltenwerte.

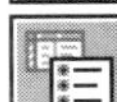

- **TDBRadioGroup**. Gruppe von Optionsfeldern für Spaltenwerte.

- **TDBLookupListBox.** Listenfeldartiges Element mit zusätzlichen Werten aus zweiter Tabelle.
- **TDBLookupComboBox.** Kombinationsfeldartiges Element mit zusätzlichen Werten aus zweiter Tabelle.
- **TDBRichEdit.** RTF-Editierfeld für Spaltenwerte.

- **TDBCtrlGrid.** Datengitter zur Repräsentation von Tabellen, wobei jede Zelle mehrere Felder eines Datensatzes enthält.

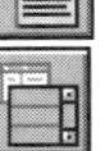

- **TDBChart.** Chart-Komponente zur grafischen Visualisierung der Spaltenwerte (➔ 7.3.12).

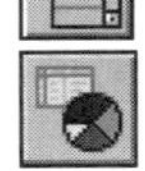

Übersicht: QReport

QuickReport ist ein Add-On zu Delphi 3, das zusammen mit diesem ausgeliefert wird und zur Erstellung von Berichten dient (➔ 7.3.14).

- **TQuickRep.** Das eigentliche Berichtsformular. Auf dieser Komponente werden die anderen QR-Komponenten so arrangiert, daß der gewünschte Bericht entsteht (➔ 7.3.14).

  - Eine Vorschau des Berichts können Sie sich über den Befehl **DRUCKBILD** im Kontextmenü der Komponente anzeigen lassen.
- **TQRSubDetail.** Mit dieser Komponente können Haupt-Detail-Beziehungen zwischen Datenbank-Tabellen im Bericht nachgebildet werden.

  - Über die Eigenschaft ***Master*** verbinden Sie den Abschnitt mit dem Hauptabschnitt. Über die Eigenschaft ***DataSet*** verknüpfen Sie die Komponente mit den anzuzeigenden Daten.
- **TQRBand.** Berichte werden in Abschnitten (Bands) aufgebaut. Diese Abschnitte erstrecken sich immer über die ganze Seitenbreite des Berichts und nehmen weitere Komponenten zur Anzeige der Daten auf. **TQRBand** präsentiert solche Abschnitte (➔ 7.3.14).

- **TQRChildBand.** Zum Einrichten untergeordneter Abschnitte. Wird für Komponenten verwendet, die bei Bedarf nach unten verschoben werden sollen.

- **TQRGroup.** Zur Erstellung gruppierter Berichte.
- **TQRLabel.** Komponente für statischen Text (➔ 7.3.14).

- **TQRDBText**. Zur Ausgabe des Inhalts von Textfeldern (einschließlich Memofeldern) (➔ 7.3.14).

- **TQRExpr**. Komponente zur Ausgabe von Datenbankfeldern, Berechnungen und statischem Text.

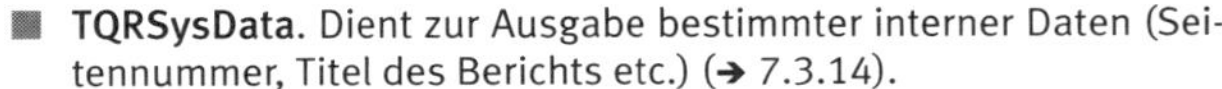

- **TQRSysData**. Dient zur Ausgabe bestimmter interner Daten (Seitennummer, Titel des Berichts etc.) (➔ 7.3.14).

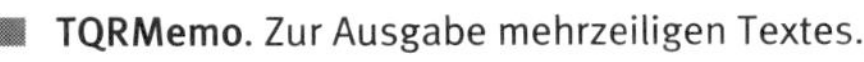

- **TQRMemo**. Zur Ausgabe mehrzeiligen Textes.

- **TRichText**. Zur Ausgabe formatierten statischen Textes.

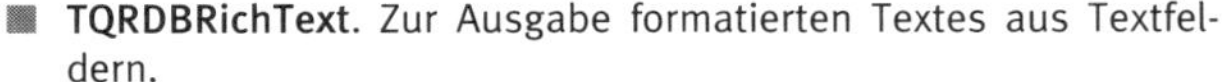

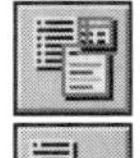

- **TQRDBRichText**. Zur Ausgabe formatierten Textes aus Textfeldern.

- **TQRShape**. Zur Ausgabe verschiedener Figuren zur visuelllen Aufbereitung eines Berichts (Trennlinien, Rahmen etc.).

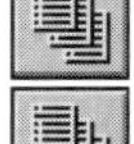

- **TQRImage**. Zur Ausgabe von Bitmaps.

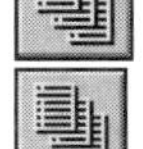

- **TQRDBImage**. Zur Ausgabe von Bildern aus binären BLOB-Feldern.
- **TQRCompositeReport**. Zur Erstellung zusammengesetzter Berichte.

- **TQRPreview**. Wird zur Erstellung eigener Vorschaumasken verwendet.

- **TQRChart**. Zur Ausgabe von grafischen Veranschaulichungen von Daten (bietet auf der Grundlage der **TChart**-Komponente die Aufbereitung der Daten in verschiedenen Diagrammtypen an).

Anmerkung

- Die Komponenten zu QuickReport sind in einer eigenen Hilfedatei beschrieben. Um sich über die Eigenschaften, Methoden und Ereignisse der Komponenten zu informieren, rufen Sie die Datei ***quickrep.hlp*** im ***Help***-Verzeichnis von Delphi auf oder bewegen Sie den Mauszeiger über eine der QR-Komponenten in der Komponentenpalette und drücken Sie die Taste [↵].

Übersicht: Dialoge

Eine Reihe von Standarddialogen, deren Aussehen von Win95 definiert ist, sind ebenfalls als Komponenten implementiert.

- **TOpenDialog***. Dialog zum Öffnen von Dateien (→ 6.16).

- **TSaveDialog***. Dialog zum Speichern von Dateien (→ 6.16).

- **TOpenPictureDialog***. Entspricht dem Dialogfeld **TOpenDialog,** bietet aber zudem die Möglichkeit der Vorschau auf Grafikdateien.

- **TSavePictureDialog***. Entspricht dem Dialogfeld **TSaveDialog,** bietet aber zudem die Möglichkeit der Vorschau auf Grafikdateien.

- **TFontDialog***. Dialog zum Auswählen einer Schriftart.

- **TColorDialog***. Dialog zum Auswählen einer Farbe.

- **TPrintDialog***. Dialog zum Drucken von Dateien.

- **TPrinterSetupDialog***. Dialog zum Einrichten des Druckers.

- **TFindDialog***. Dialog zum Suchen nach einem Text.

- **TReplaceDialog***. Dialog zum Ersetzen von Text.

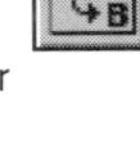

Übersicht: Win 3.1

Veraltete Steuerelemente, die in Win32-Anwendungen nicht mehr verwendet werden sollten.

- **TDBLookupList**. Daten-Listenfeld mit zusätzlichen Werten aus anderer Tabelle.

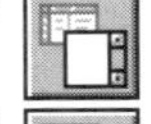

- **TDBLookupCombo**. Daten-Kombinationsfeld mit zusätzlichen Werten aus anderer Tabelle.

- **TTabSet**. Reiterelemente zur Auswahl von Registerseiten.

- **TOutline.** Zeigt Informationen in verschiedenen Formaten an.

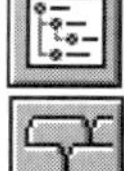

- **TTabbedNotebook.** Zur Einrichtung mehrseitiger Dialoge.

- **TNotebook.** Mehrseitiges Element (wird mit **TTabSet** kombiniert, wenn Benutzer in die Lage versetzt werden, einzelne Seiten auszuwählen.

- **THeader.** Element für Spaltenüberschriften.

- **TFileListBox.** Spezialisiertes Listenfeld, das alle Dateien aus dem aktuellen Verzeichnis bzw. aus dem in **Directory** spezifizierten Verzeichnis aufführt.

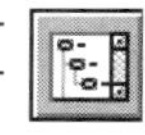

- **TDirectoryListBox.** Spezialisiertes Listenfeld, das alle Verzeichnisse des aktuellen Laufwerks bzw. aus dem in **Drive** spezifizierten Laufwerks aufführt.
  - Der Benutzer kann mit Hilfe des Steuerelements das Verzeichnis wechseln. Das aktuelle Verzeichnis wird in der Eigenschaft **Directory** festgehalten.
- **TDriveComboBox.** Spezialisiertes Kombinationsfeld, das alle verfügbaren Laufwerke anzeigt.
  - Der Benutzer kann mit Hilfe des Steuerelements das Laufwerk wechseln. Das aktuelle Laufwerk wird in der Eigenschaft **Drive** festgehalten.

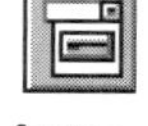

- **TFilterComboBox.** Spezialisiertes Kombinationsfeld, über das Filter zur Auswahl bereitgestellt werden.
  - Die zur Verfügung stehenden Filter werden der Eigenschaft **Filter** zugewiesen. Der vom Benutzer ausgewählte Filter wird in der Eigenschaft **Mask** abgespeichert.

Übersicht: Beispiele

Sammelsurium verschiedener in Delphi programmierter Komponenten. Den Quelltext zu diesen Komponenten finden Sie im Verzeichnis ***Delphi/Source/Samples***.

- **TGauge.** Meßanzeige (Vorgänger der Fortschrittsanzeige **TProgressBar**).

- **TColorGrid.** Farbgitter zur Auswahl einer Vordergrund- und einer Hintergrundfarbe.

- **TSpinButtom**. Drehfeld (Vorgänger von **TUpDown**).

- **TSpinEdit**. Kombination aus Dreh- und Editierfeld.

- **TDirectoryOutline**. Hierarchische Darstellung der Verzeichnisstruktur des aktuellen Laufwerks.
- **TCalendar**. Darstellung eines Kalenders.

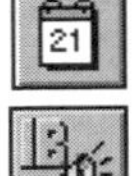

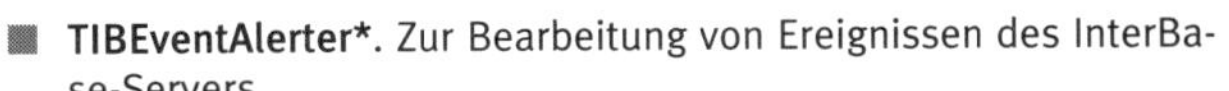

- **TIBEventAlerter***. Zur Bearbeitung von Ereignissen des InterBase-Servers.

Übersicht: ActiveX

Auf dieser Seite sind die in der Voreinstellung mitinstallierten ActiveX- (vormals OCX-) Steuerelemente aufgeführt.

- **TChartFX**. Zur Erstellung von Diagrammen und Tabellen.

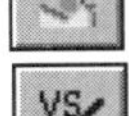

- **TVSSpell***. Zur Rechtschreibprüfung der Daten.
- **TF1Book**. Zur Datenanalyse via Tabellenkalkulationen.

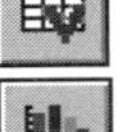

- **TVtChart**. Zur Erstellung von 24-Punkt-Diagrammen und Tabellen.

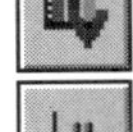

- **TGraph**. Zur Erstellung von Graphiken (➔ 7.3.13).

Anmerkung

- Um sich detaillierter über die zur Verfügung stehenden OCX-Steuerelemente zu informieren, rufen Sie die entsprechenden Hilfedateien aus den Verzeichnissen unter ***Delphi/OCX*** auf.

3.4.3 Komponenten positionieren

Während nicht sichtbare Komponenten beliebig über das Formular verteilt werden können, muß die Positionierung der sichtbaren Komponenten natürlich besser durchdacht werden, damit der Benutzer sich ohne Schwierigkeiten zurecht findet.

Übersicht: Positionierung von Komponenten

- **Mit der Maus.** Um eine Komponente in einem Formular abzulegen, klicken Sie den gewünschten Zielort einfach mit der Maus an. Danach können Sie die Komponente jederzeit mit der Maus aufnehmen und verschieben. Durch Aufnehmen der Ziehpunkte können Sie die Größe der Komponente verändern (nur sichtbare Komponenten).
- **Verwendung des Gitters.** Zur besseren Orientierung und gleichmäßigen Ausrichtung der Komponenten können Sie ein Raster im Formular anzeigen lassen (bei der Ausführung des Programms ist das Raster nicht sichtbar).
  - Über die entsprechenden Optionen auf der Seite ***Vorgaben*** des Dialogfensters ***Umgebungsoptionen*** (Menübefehl **TOOLS/UMGEBUNGSOPTIONEN**) können Sie die Verwendung des Rasters an Ihre Bedürfnisse anpassen (➔ 2.3.2).
  - Um eine frei plazierte Komponente wieder aufs Gitter zu setzen, rufen Sie den Befehl **BEARBEITEN/AM RASTER AUSRICHTEN** auf.
- **Um mehrere Komponenten zueinander auszurichten,** markieren Sie die Komponenten (entweder in dem Sie die Komponenten bei gedrückter [⇧]-Taste anklicken oder indem Sie mit der Maus einen Rahmen aufziehen, der alle gewünschten Komponenten umschließt) und rufen Sie dann den Befehl **AUSRICHTEN** aus dem Menü **BEARBEITEN** (oder dem Kontextmenü) auf. In dem erscheinenden Dialogfenster können Sie auswählen, wie die markierten Komponenten waagerecht und senkrecht zueinander ausgerichtet werden können (alternativ können Sie auch die Ausrichtungspalette (Befehl **ANSICHT/AUSRICHTUNGSPALETTE**) aufrufen; sie enthält die gleichen Optionen wie das Dialogfenster ***Ausrichten***, bleibt aber während der Bearbeitung geöffnet).

3.4.4 Komponenten gruppieren

Wenn Sie mehrere sichtbare Komponenten in ein Formular aufnehmen (beispielsweise in einen Dialog mit vielfältigen Optionen), ist es sinnvoll, die Komponenten grafisch zu gruppieren, um dem Benutzer das Zurechtfinden zu erleichtern. Zu diesem Zweck dienen die verschiedenen »Container«-Komponenten (**TBevel, TGroupBox, TRadioGroup, TPanel, TTabControl, TPageControl**).

Unter diesen kommt **TGroupBox** eine Sonderstellung zu, da die Optionsfelder dieser Komponente nicht nur grafisch, sondern auch funktionell eine Gruppe bilden, d.h., von den Optionsfeldern einer Gruppe kann jeweils nur eine gesetzt werden (➔ 6.10).

3.4.5 Erstellungs- und Tabulatorreihenfolge

Tabulatorreihenfolge

Sichtbare Komponenten eines Formulars können üblicherweise durch Drükken der Tabulatortaste ⭾ aktiviert werden, d.h., der Benutzer kann mit Hilfe der ⭾-Taste von Komponente zu Komponente springen.

Ob eine Komponente mit Hilfe der ⭾-Taste aktiviert werden kann, hängt davon ab, ob ihre Eigenschaft **TabStop** auf **True** gesetzt ist.

Die Reihenfolge, in der die Komponenten aktiviert werden, hängt von dem Wert der Eigenschaft **TabOrder** ab. Statt aber die Eigenschaft für jede Komponente extra zu bearbeiten, können Sie auch den Befehl **Tabulatorreihenfolge** aus dem Menü **Bearbeiten** bzw. aus dem Kontextmenü des Formulars aufrufen. In dem erscheinenden Dialogfenster werden alle integrierten Komponenteninstanzen aufgeführt, die mit der ⭾-Taste angesprungen werden können. Ändern Sie die Reihenfolge einfach, indem Sie die Einträge mit der Maus aufnehmen und verschieben oder benutzen Sie die Pfeilschalter des Dialogfensters.

- Standardmäßig ist die Tabulatorreihenfolge gleich der Reihenfolge, in der die Komponenteninstanzen erstellt wurden.

Erstellungsreihenfolge

Für die nichtsichtbaren Komponenten ist naturgemäß keine Tabulatorreihenfolge definiert, dafür aber eine Erstellungreihenfolge, die über den Befehl **Erstellungsreihenfolge** aus dem Menü **Bearbeiten** bzw. aus dem Kontextmenü des Formulars geändert werden kann (das erscheinende Dialogfenster ist ganz so aufgebaut wie das Fenster ***Tabulator-Reihenfolge bearbeiten***.

- Die Erstellungsreihenfolge spielt bei bestimmten nicht sichtbaren Komponenten insofern eine Rolle, als diese unter Umständen Referenzen auf andere nicht sichtbare Komponenten enthalten. Damit diese Referenzen korrekt aufgelöst werden können, muß die referenzierte Komponente zuerst erstellt werden.

3.4.6 Komponenten bearbeiten

Komponenten sind extra dafür ausgelegt, daß sie nach dem Einfügen in ein Formular weitgehend mit Hilfe des Objektinspektors eingerichtet werden können. Die prinzipielle Vorgehensweise ist dabei die gleiche wie für Formulare (➔ 3.3.6), die letzten Endes auch nur Komponenten sind. Was Sie noch brauchen, sind Informationen über die im Objektinspektor angezeigten Eigenschaften und Ereignisse. Die wichtigsten speziellen Eigenschaften, Methoden und Ereignisse der verschiedenen Komponenten wurden bereits im

Abschnitt 3.4.2 aufgeführt. Hier nun die mehr allgemeinen Eigenschaften und Ereignisse, die größtenteils von den Basisklassen **TComponent** – **TControl** – **TWinControl** stammen. (Welche der unten aufgeführten Eigenschaften oder Ereignisse für eine spezielle Komponente definiert ist, hängt natürlich davon ab, ob sie direkt von **TComponent** (dies sind vor allem die unsichtbaren Komponenten) oder erst von **TWinControl** (beispielsweise **TEdit, TTabSet** etc.) abgeleitet ist.)

Tabelle 3.7: Standard-Eigenschaften von Komponenten

Eigenschaft	Beschreibung
Align: TAlign	Ausrichtung der Komponente zu ihrem Container (**alNone, alTop, alBottom, alLeft, alRight, alClient**) (→ 6.12, 6.8)
Caption: String	Text in der Titelleiste
Color: TColor	Hintergrundfarbe
Ctl3D: Boolean	Zwei- oder dreidimensionale Darstellung
Cursor: TCursor	Aussehen des Cursors über der Komponente
DragCursor: TCursor	Aussehen des Cursors über der Komponente, die Drag&Drop-Objekt aufnehmen kann
DragMode: TDragMode	Bestimmt, ob das Steuerelement automatisch (**dmAutomatic**) mit dem Cursor aufgehoben und gezogen werden kann oder erst nach Aufruf der Methode **BeginDrag** (**dmManual**)
Enabled: Boolean	Legt fest, ob auf Maus-, Tastatur- und Timer-Ereignisse reagiert wird oder nicht
Font: TFont	Zu verwendende Schrift
Height: Integer	Höhe in Pixel
HelpContext: THelpContext	Verweis zu kontextbezogener Hilfe (→6.19)
Hint: String	Text für Kurzinformation (→6.8)
Left: Integer	x-Koordinate der linken Kante
Name: String	Bezeichner für Komponente
PopupMenu: TPopupMenus	Kontextmenü (→ 6.9)
ShowHint: Boolean	Legt fest, ob Kurzinformationen angezeigt werden sollen oder nicht (→ 6.8)
TabOrder: TTabOrder	Rang der Komponente in Tabulatorreihenfolge
TabStop: Boolean	Legt fest, ob eine Komponente mit Hilfe der [Tab]-Taste angesteuert werden kann oder nicht
Tag: Longint	Kennziffer zur Identifizierung des Fensters
Top: Integer	y-Koordinate der oberen Kante
Visible: Boolean	Bestimmt, ob Formular sichtbar ist oder nicht
Width: Integer	Breite in Pixeln

Tabelle 3.8: Standard-Ereignisse von Komponenten

Ereignis	Ereignis tritt auf, wenn
OnClick: TNotifyEvent	die Komponente angeklickt wird
OnDblClick: TNotifyEvent	das Formular doppelt angeklickt wird
OnDragDrop: TDragDropEvent	ein Drag&Drop-Objekt im Formular abgelegt wird
OnDragOver: TDragOverEvent	ein Drag&Drop-Objekt mit der Maus über das Formular bewegt wird
OnEnter: TNotifyEvent	die Komponente aktiviert wird
OnExit: TNotifyEvent	die Komponente den Fokus abgibt
OnKeyDown: TKeyEvent	eine Taste oder Tastenkombination gedrückt wird
OnKeyPress: TKeyPressEvent	eine einzelne Zeichentaste gedrückt wird
OnKeyUp: TKeyEvent	eine gedrückte Taste losgelassen wird
OnMouseDown: TMouseEvent	eine Maustaste gedrückt wird
OnMouseMove: TMouseMoveEvent	die Maus über dem Formular bewegt wird
OnMouseUp: TMouseEvent	eine gedrückte Maustaste losgelassen wird

Anmerkungen

- Wenn Sie gerade dabei sind, eine Komponente im Objektinspektor zu bearbeiten, und sich über eine bestimmte Eigenschaft oder ein Ereignis informieren wollen, das im Objektinspektor aufgeführt ist, klicken Sie einfach das Feld im Objektinspektor an und drücken Sie [↵].
- Die Datentypen der Ereignisse legen fest, welche Argumente den zugehörigen Ereignisbehandlungsfunktionen von Windows übergeben werden. Alle Ereignisse erhalten zumindest den Parameter **Sender**, dessen Argument das Objekt (Formular oder Komponente) identifiziert, von dem das Ereignis herstammt.
  - Dies ist erforderlich, wenn Sie im Objektinspektor den Namen einer Behandlungsfunktion mit den Ereignissen verschiedener Elemente verknüpfen. Anhand des Senders kann dann festgestellt werden, woher das Ereignis stammt.

3.5 Kompilieren und Linken

3.5.1 Allgemeines

Die Umwandlung eines Projekts in eine ausführbare Datei – sei es eine exe-Datei oder eine dynamische Linkbibliothek (DLL) – ist Aufgabe des Compilers. Die Informationen zum Kompilieren und Linken des Projekts entnimmt der Compiler der Projektdatei (➔ 3.2.4), den **uses**-Abschnitten der Module und den Einstellungen auf den Seiten ***Compiler*** und ***Linker*** des Fensters ***Projektoptionen*** (➔ 3.5.3). Entsprechend dieser Informationen werden die Quelldateien des Projekts in Objektcode übersetzt. Diese Objektdateien (Extension .dcu oder .obj) werden dann zur ausführbaren Datei zusammengebunden (gelinkt).

Der Delphi-Compiler arbeitet dabei sehr schnell, so daß Sie meist nicht lange auf das Ergebnis der Kompilation warten müssen. Trotzdem sieht Delphi verschiedene Formen des Aufrufs für den Compiler vor, die die Arbeit mit ihm noch weiter beschleunigen. Neu in Delphi 3 ist die Aufteilung der Komponentenbibliothek in Packages (➔ 3.5.4), die Ihnen weitere Möglichkeiten zur Beschleunigung der Programmerstellung und zur Reduzierung der Größe der .exe-Datei an die Hand geben.

3.5.2 Aufrufe

Übersicht: Compiler und Linker aufrufen

- Befehl **PROJEKT/COMPILIEREN**. Das aktuelle Projekt wird übersetzt und die ausführbare Datei erzeugt (sofern keine Fehler auftreten). Module, die bereits als Objektcode vorliegen und deren Quelltext seit der letzten Kompilation nicht geändert wurde, werden nicht neu übersetzt.
- Befehl **PROJEKT/PROJEKT NEU COMPILIEREN**. Im Gegensatz zum Befehl **COMPILIEREN** werden hier stets alle Module neu übersetzt.
- Befehl **START/START**. Führt das Programm aus. Wurde zu dem aktuell geladenen Projekt noch keine .exe-Datei erstellt, wird dies automatisch nachgeholt. Auch im Falle, daß der Objektcode nicht mehr aktuell ist, wird die .exe-Datei neu erstellt.
- Befehl **PROJEKT/SYNTAXPRÜFUNG**. Die meisten Compiler-Aufrufe enden damit, daß der Compiler über einen Syntaxfehler stolpert, der eine Übersetzung des Moduls unmöglich macht und zuerst behoben werden muß. Dabei geht viel Zeit verloren, da der Compiler gleichzeitig Objektcode anlegt. Wollen Sie also erst einmal Ihren Quellcode auf korrekte Syntax hin überprüfen lassen, können Sie den Befehl **SYNTAXPRÜFUNG** aus dem

Menü **Projekt** aufrufen, woraufhin der Compiler das Projekt wie üblich übersetzt, ohne dabei jedoch Quellcode zu erzeugen.

Anmerkungen

- Treten Syntaxfehler auf, werden diese im unteren Bereich des Quelltexteditors angezeigt (Delphi richtet für die Meldungen ein eigenes Teilfenster im Editor ein).
  - Um sich zu einer Fehlermeldung die auslösende Quelltextstelle anzeigen zu lassen, klicken Sie doppelt auf die Fehlermeldung.
  - Nähere Erläuterungen zu einer Fehlermeldung erhalten Sie, indem Sie die Meldung auswählen und ⏎ drücken.
- Möchten Sie mehr Informationen zum Ergebnis einer Kompilation haben, rufen Sie den Befehl **Projekt/Information** auf. Hier erfahren Sie,
  - wieviel Quelltextzeilen kompiliert wurden,
  - wieviel Bytes der Objektcode umfaßt,
  - wieviel Platz für die globalen und lokalen Variablen benötigt wird und
  - wie groß die ausführbare Datei sein wird.

3.5.3 Konfiguration des Compilers

Compiler und Linker können im Dialogfenster ***Projektoptionen*** (Aufruf **Projekt/Optionen**) individuell für jedes Projekt konfiguriert werden.

Übersicht: Optionen der Seite *Compiler*

- ***Optimierung***. Bewirkt, daß der Compiler den Objektcode in Hinblick auf Schnelligkeit und Größe optimiert. Da es dabei zum Wegfallen unnötiger Anweisungen kommen kann, sollte diese Option nicht unbedingt eingeschaltet sein, solange der Quelltext noch debuggt wird.
- ***Ausgerichtete Record-Felder***. Richtet Elemente von Strukturen an 32-Bit-Grenzen aus, was die Laufzeit verbessert und den Speicherbedarf erhöht.
- ***Stack-Frames***. Bewirkt, daß der Compiler für jede Prozedur oder Funktion einen eigenen Stack-Rahmen mit lokalen Variablen, Rücksprungadresse etc. anlegt (nur für bestimmte Debug-Programme notwendig).
- ***Pentium sichere FDIV***. Erzeugt Code, der auch auf Pentiums der ersten Generation nicht zu Fehlern in Gleitkommaberechnungen führt.
- Abschnitt ***Laufzeitfehler***. Hier haben Sie die Möglichkeit, automatisch Code erstellen zu lassen, der zur Laufzeit das Auftreten typischer Fehler abfängt und entsprechende Exceptions auslöst.
- ***Strenge Prüfung von VAR-Strings***. Schaltet die strikte Typenprüfung für Short Strings als VAR-Parameter an und ist aus Gründen der Rückwärtskompatibilität vorgesehen.

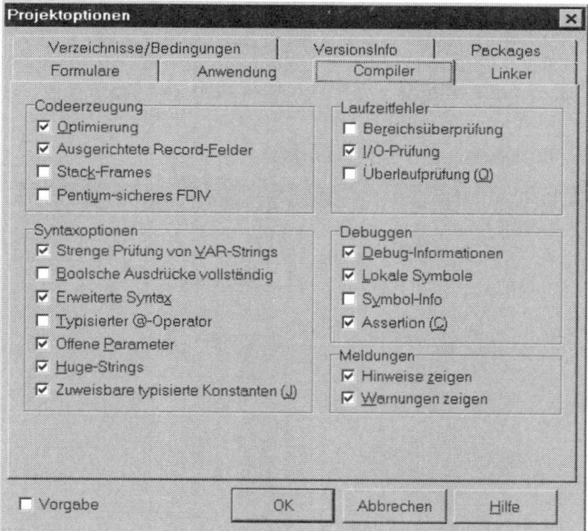

- ***Boolesche Ausdrücke vollständig***. Berechnet Boolesche Ausdrücke stets ganz – auch wenn das Ergebnis des Gesamtausdrucks schon vorher feststeht.
- ***Erweiterte Syntax***. Ermöglicht die Definition eines Funktionsaufrufs als Prozedur.
- ***Typisierter @-Operator***. Ist die Option eingeschaltet, liefert der @-Operator, wenn er auf eine Variablenreferenz angewendet wird, einen Zeiger vom Typ ^T; ansonsten einen untypisierten Zeiger.
- ***Offene Parameter***. Ermöglicht die Verwendung offener String-Parameter in Prozedur- und Funktionsaufrufen.
- ***Huge Strings***. Ist die Option gesetzt, entspricht das Schlüsselwort **string** dem Datentyp **AnsiString**, ansonsten dem Typ **ShortString**.
- ***Zuweisbare typisierte Konstanten***. Diese Option sollte zur Abwärtskompatibilität mit Delphi 1.0 eingeschaltet werden und erlaubt dann die Zuweisungen an typisierte Konstanten.
- Abschnitt ***Debuggen***. Hier finden Sie verschiedene Optionen, die Sie während des Debuggens eines Projekts alle eingeschaltet haben sollten, damit der Debugger möglichst viel Informationen vom Compiler erhält. Vor der Erstellung der endgültigen Version der ausführbaren Datei, sollten Sie

die Optionen ausschalten, damit ihr Objektcode nicht mit unnötigem Code aufgebläht wird.

- Abschnitt ***Botschaften***. Hier können Sie festlegen, ob der Compiler neben den üblichen Fehlermeldungen auch Hinweise und Warnungen anzeigen soll.

Übersicht: Optionen der Seite *Linker*

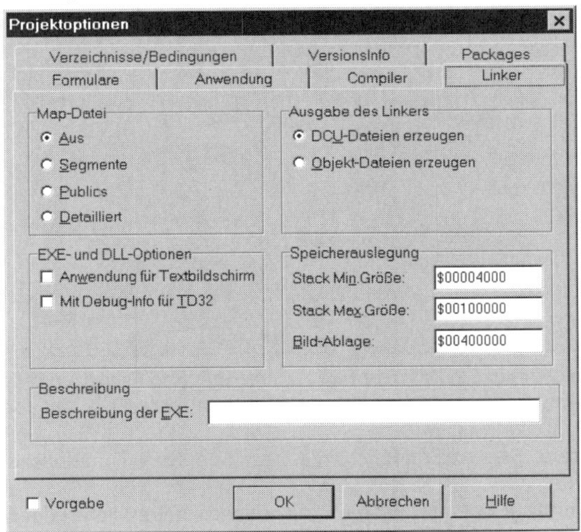

- Abschnitt ***Map-Datei***. Hier können Sie bestimmen, ob der Linker eine Map-Datei mit einer Auflistung der Segmente des Programms anlegen soll und welche Informationen er zusätzlich in die Map-Datei aufnehmen soll.
- Abschnitt ***Ausgabe des Linkers***. Hier können Sie festlegen, ob der Compiler .dcu-Dateien oder .obj-Dateien erzeugt. .obj-Dateien sind besser portierbar, aber langsamer als .dcu-Dateien.
- ***Anwendung für Textbildschirm***. Wollen Sie Anwendungen erzeugen, die im MSDOS-Fenster von Windows laufen sollen (Konsolenanwendungen), setzen Sie diese Option.
- ***Mit Debug-Info für TD32***. Wollen Sie den **Turbo Debugger** zum Debuggen eines Programms verwenden, setzen Sie diese Option, damit die nötigen Debug-Informationen in die .exe-Datei mit aufgenommen werden. Vor der

Erstellung der endgültigen .exe- oder .dll-Datei sollten Sie diese Option löschen.

- Abschnitt ***Speicherauslegung***. Hier können Sie die minimale und maximale Größe des anzulegenden Stacks definieren (die Größe des Stacks richtet sich vornehmlich nach der Größe der statischen Daten sowie der Anzahl der ineinander verschachtelten Funktions- oder Prozeduraufrufe und deren lokalen Variablen) und eine bevorzugte Ladeadresse für die Anwendung oder DLL angeben (wird die Anwendung oder DLL in einen anderen Prozeß geladen, versucht Windows zuerst die spezifizierte Ladeadresse im Adreßraum des Prozesses zu verwenden).
- ***EXE-Beschreibung***. Schließlich können Sie noch einen beschreibenden Text für Ihre .exe-Datei angeben, der in der .exe-Datei gespeichert wird (üblicherweise gibt man den Modulnamen und die Versionnummer an).

Anmerkung

- Per Voreinstellung gelten die Einstellungen nur für das gerade geöffnete Projekt. Möchten Sie die Standard-Einstellungen für die Projekte ändern, setzen Sie vor dem Schließen des Dialogs das Markierungsfeld ***Vorgabe***.

3.5.4 Packages

In Delphi 3 ist die VCL in sogenannte Packages aufgegliedert. Dabei handelt es sich um dynamische Linkbibliotheken (DLLs (➔ 6.15)), in denen die einzelnen Komponenten ihrer Funktion nach aufgeteilt sind.

Die Aufteilung fällt allerdings nicht mit der Aufteilung der Komponeten auf die Seiten der Komponentenpalette zusammen. Tabelle 3.9 listet die Units zu den zentralen Delphi-Packages auf:

Tabelle 3.9: Die wichtigsten Packages

Package	Units
VCL30.DPL	Ax, Buttons, Classes, Clipbrd, Comctrls, Commctrl, Commdlg, Comobj, Comstrs, Consts, Controls, Ddeml, Dialogs, Dlgs, Dsgnintf, Dsgnwnds, Editintf, Exptintf, Extctrls, Extdlgs, Fileintf, Forms, Graphics, Grids, Imm, IniFiles, Isapi, Isapi2, Istreams, Libhelp, Libintf, Lzexpand, Mapi, Mask, Math, Menu, Messages, Mmsystem, Nsapi, Ole2I, Oleconst, Olectnrs, Olectrls, Oledlg, Penwin, Printers, Proxies, Registry, Regstr, Richedit, Shellapi, Shlobj, Stdctrls, Stdvcl, Sysutils, Tlhelp32, Toolintf, Toolwin, Typinfo, Vclcom, Virtintf, Windows, Wininet, Winsock, Winspool, Winsvc

Tabelle 3.9: Die wichtigsten Packages

Package	Units
VCLX30.DPL	Checklst, Colorgrd, Ddeman, Filectrl, Mplayer, Outline, Tabnotbk, Tabs
VCLDB30.DPL	Bde, Bdeconst, Bdeprov, Db, Dbcgrids, Dbclient, Dbcommon, Dbconsts, Dbctrls, Dbgrids, Dbinpreq, Dblogdlg, Dbpwdlg, Dbtables, Dsintf, Provider, SMintf
VCLDBX30.DPL	Dblookup, Report

Anmerkung

- Für die meisten Standard-Anwendungen benötigen Sie folglich nur die DLL ***VCL30***, für Datenbank-Anwendungen zusätzlich die DLL ***VCLDB30***.

Entwurfszeit- und Laufzeit-Packages

Des weiteren wird nun zwischen Entwurfszeit- und Laufzeit-Packages unterschieden. Dies liegt daran, daß zur Unterstützung einer Komponente nicht nur die eigentliche Implementierung der Komponente benötigt wird, sondern auch Code, den die Delphi-IDE benötigt, um die Komponente in die RAD-Umgebung eingliedern zu können. Folglich gibt es nun Laufzeit-Packages (➔ oben), in denen die Komponenten implementiert sind, und Entwurfszeit-Pakkages, die von der Delphi-IDE benötigt werden.

Tabelle 3.10: Die wichtigsten Entwurfszeit-Packages

Package	Seiten der Komponentenpalette
DCLSTD30.DPL	Standard, Zusätzlich, System, Win32, Dialoge
DCLTEE30.DPL	Zusätzlich (Komponente TChart)
DCLDB30.DPL	Datenzugriff, Datensteuerung
DCL31W30.DPL	Win 3.1
DCLISP30.DPL	Internet
DCLSMP30.DPL	Beispiele
DCLOCX30.DPL	ActiveX

Auf der Seite ***Packages*** der Projektoptionen (Aufruf über PROJEKT/OPTIONEN) können Sie für jedes Projekt individuell festlegen, welche Packages verwendet werden sollen.

Ausführung: Packages verwenden

1. **Rufen Sie den Menübefehl PROJEKT/OPTIONEN auf,** und gehen Sie in dem erscheinenden Dialogfenster zur Seite ***Packages***.

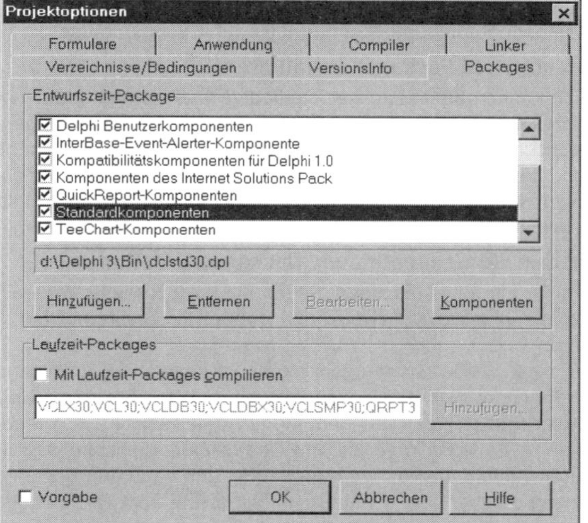

2. **Im oberen Bereich des Dialogfensters können Sie die Entwurfszeit-Packages auswählen** (Setzen bzw. Löschen des Markierungskästchens), **die Sie für Ihr Projekt benötigen.** Entsprechend Ihrer Auswahl wird dann die Komponentenpalette der IDE aktualisiert und überflüssige Seiten entfernt. Auch die Liste der korrespondierenden Laufzeit-Packages im unteren Teil des Dialogfensters wird aktualisiert.
3. **Im unteren Bereich können Sie die Laufzeit-Packages auswählen, die Sie verwenden möchten.** Per Voreinstellung ist die Option ***Mit Laufzeit-Packages compilieren*** jedoch ausgeschaltet, was bedeutet, daß der Objektcode der benutzten VCL-Klassen vom Linker in die .exe-Datei mit eingebunden wird. Wenn Sie die Option einschalten, wird das darunterliegende Editierfeld aktiviert, in dem bereits die Laufzeit-Packages aufgeführt sind, die zu den im oberen Teil ausgewählten Entwurfszeit-Packages gehören.

Anmerkungen

- Für die Verwendung der Packages sprechen vor allem die geringere Größe der .exe-Dateien sowie die bessere Nutzung der Systemressourcen, da für mehrere Programme, die die gleichen Packages benutzen, stets nur eine Kopie der Packages in den Arbeitsspeicher geladen werden muß.

- Über die Schalter des Dialogfensters können Sie die Packages ganz aus der Komponentenbibliothek entfernen oder in sie aufnehmen.

Komponenten und Packages installieren

Tatsächlich können Sie in Packages beliebige Quellcode-Module verwalten (schließlich sind es letztendlich DLLs (➔ 6.15)), sie bieten sich aber wegen der zusätzlichen Entwurfszeit-Unterstützung speziell für Komponenten an. Die folgende Ausführung beschreibt daher, wie Sie vorgehen können, wenn Sie eine neue Komponente in ein neues Package aufnehmen und zusammen mit diesem in die Komponentenbibliothek installieren wollen.

Ausführung: Komponenten und Packages installieren

1. **Öffnen Sie ein neues Package.** Gehen Sie dazu zur Seite ***Neue Einträge*** der Objektablage (**DATEI/NEU**), und doppelklicken Sie auf den Eintrag ***Package***.
   - ◆ Auf diese Weise wird ein ganz neues Package angelegt. Wenn Sie ein bestehendes Package erweitern wollen, rufen Sie den Befehl **PAKKAGES INSTALLIEREN** aus dem Menü **KOMPONENTE** auf. Sie gelangen dann zur Seite ***Packages*** der ***Projektoptionen***. Hier können Sie im oberen Listenfeld das Package auswählen und dann den Schalter **BEARBEITEN** drücken (der Schalter ist aber nur für Packages verfügbar, für die eine .dpk-Quelldatei vorliegt).

2. **Geben Sie einen Namen und eine Beschreibung für das neue Package ein,** und schicken Sie das Dialogfenster ab.

3. **Es erscheint der Package-Editor.** Mit Hilfe der Mausschalter des Package-Editors können Sie:
   - ◆ das aktuelle Package compilieren.
   - ◆ Elemente (Units, Komponenten, ActiveX-Steuerelemente) in das Pakkage aufnehmen.
   - ◆ ein ausgewähltes Element aus dem Package entfernen.

- das Package konfigurieren (beispielsweise um festzulegen, ob das Package als Entwurfszeit-Package, Laufzeit-Package oder beides erstellt werden soll).
- das aktuelle Package als Entwurfszeit-Package installieren.
- die Anzeige im Package-Editor mit der .dpk-Datei des Package abgleichen (erforderlich, falls diese im Quelltexteditor manuell bearbeitet wurde).

4. **Klicken Sie auf den Schalter HINZUFÜGEN.**
5. **Wechseln Sie zur Seite *Neue Komponente,*** und machen Sie die erforderlichen Angaben zum Anlegen der neue Komponente:
   - Wählen Sie eine Basisklasse zu Ihrer Komponente aus (das Package mit der Implementierung der Basisklasse wird automatisch in die Liste der ***benötigten*** Packages aufgenommen (→ Seite ***Benötigt*** des Package-Editors).
   - Kontrollieren Sie die restlichen Einträge, ob Sie Ihren Wünschen entsprechen, und geben Sie auch einen Namen für die gewünschte Seite der Komponentenpalette an, zu der die neue Komponente hinzugefügt werden soll.
   - Drücken Sie **OK**.
6. **Implementieren Sie die neue Komponente.** Danach gehen Sie zurück zum Package-Editor (sollte das Fenster verdeckt sein, finden Sie es über den Befehl **ANSICHT/FENSTERLISTE**).
7. **Klicken Sie auf den Schalter OPTIONEN.** Setzen Sie auf der Seite ***Beschreibung*** die Optionsfelder für die Erstellung als Entwurfszeit- und Laufzeit-Package.
8. **Klicken Sie auf die Schalter COMPIL und INSTALL,** um das Package zu kompilieren und in die Komponentenbibliothek aufzunehmen.

Anmerkungen

- Ein Package besteht im großen und ganzen nur aus zwei Listen: einer Aufzählung der Packages, die von dem neuen Package benötigt werden (beispielsweise für den Zugriff auf Basiskomponenten oder das korrespondierende Laufzeit-Package zu einem Entwurfszeit-Package), und einer Liste der Units mit dem eigentlichen Quellcode.
- Statt über den Package-Editor die Erstellung der Komponente und des Packages in einem Schritt zu erledigen, können Sie beide Schritte aber auch getrennt erledigen.
- Neue Komponenten können Sie über die Befehle **KOMPONENTEN/NEUE KOMPONENTE** (→ 9.4, 8.5.1) und **KOMPONENTE/KOMPONENTE INSTALLIEREN** (→ 9.8, 8.5.1) anlegen und installieren.

- Bestehende Packages können über die Schalter **HINZUFÜGEN** und **ENTFERNEN** auf der Seite ***Packages*** des Dialogfensters ***Projektoptionen*** in die Komponentenbibliothek installiert oder aus ihr entfernt werden.
- Um ein bestehendes Package, das beispielsweise um eine weitere Komponente bereichert wurde, neu zu kompilieren und die Komponentenpalette aktualisieren zu lassen, drücken Sie im Package-Editor die Schaltfläche **COMPIL**.

3.6 Die Experten zur Programmerstellung

3.6.1 Allgemeines

Delphi stellt Ihnen eine Reihe von Experten-Programmen zur Verfügung, mit deren Hilfe Sie für die wichtigsten Elemente von Delphi-Programmen (vom Datenbankformular bis zu ganzen Projekten) flexible Vorlagen erstellen können. Wie die anderen Vorlagen aus der Objektablage dienen auch die von den Experten erzeugten Vorlagen dazu, Ihnen unnötige Tipparbeit für Routineaufgaben abzunehmen. Die Experten haben aber zudem den Vorzug, daß Sie vor der Erstellung der Vorlagen diese auf einer oder mehreren Dialogseiten konfigurieren und an Ihre Bedürfnisse anpassen können. Alle Experten sind rein dialoggesteuert und die Arbeit mit Ihnen läuft in immer gleicher Weise ab:

Ausführung: Einsatz von Experten

1. **Rufen Sie das Experten-Programm aus der Objektablage auf.** Sie finden die Experten auf den verschiedenen Seiten des Dialogfensters ***Neue Einträge*** (Menübefehl **DATEI/NEU**).
2. **Wandern Sie durch die Dialogseiten des Experten, und konfigurieren Sie dort die vom Experten zu erstellende Vorlage.**
3. **Drücken Sie auf der letzten Dialogseite den Schalter ABSCHLIESSEN (bzw. BEENDEN etc.)**, um die Vorlage einzurichten.
4. **Die Vorlage wird daraufhin vom Experten angelegt und geladen** und kann nun von Ihnen im Quelltexteditor weiter bearbeitet werden.

Die folgenden Abschnitte stellen Ihnen die einzelnen Experten vor und erläutern ihre Einstellmöglichkeiten.

3.6.2 Anwendungs-Experte

Der Anwendungs-Experte (Aufruf über **DATEI/NEU*/Projekte/Anwendungs-Experte***) legt ein neues Projekt an, dessen Hauptfenster nach Ihren Maßgaben konfiguriert wird. Die Optionen sind auf mehrere Dialogseiten verteilt, zwischen denen Sie mit den Schaltern **ZURÜCK** und **WEITER** nach Belieben hin- und herspringen können. Erst wenn Sie den Schalter **ABSCHLIESSEN** auf der letzten Dialogseite drücken, wird das Projekt erstellt, und Sie können Ihre Einstellungen nicht mehr korrigieren.

Auf den verschiedenen Dialogseiten haben Sie folgende Einstellmöglichkeiten:

Übersicht: Die Dialogseiten des Anwendungs-Experten

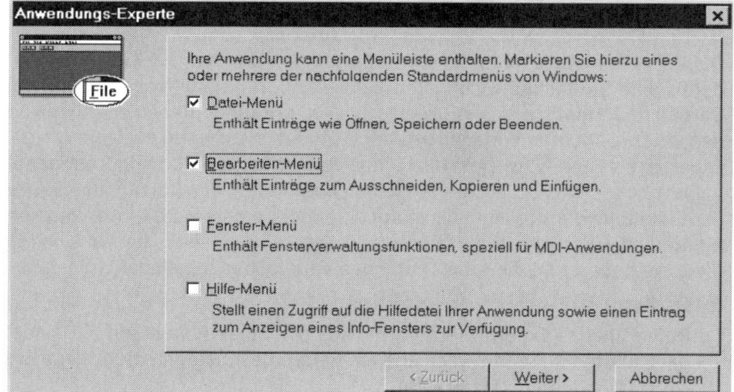

- **1. Seite**. Hier können Sie durch Anklicken auswählen, welche Popup-Menüs in die **Menüleiste des Hauptfensters** aufgenommen werden sollen. Wenn Sie keines der Menüs auswählen, wird das Hauptfenster ohne Menüleiste (Komponente **TMainMenu**) angelegt, und Sie springen direkt zur 4ten und letzten Seite.
- **2. Seite**. Zu dieser Seite gelangen Sie nur, wenn Sie auf der 1. Seite das Menü **DATEI** angeklickt haben. Hier können Sie festlegen, welche **Dateifilter** (definiert durch Datei-Extension und einer Beschreibung für den Benutzer) in den Dialogen zum Öffnen und Speichern von Dateien verwendet werden. Um einen neuen Dateifilter aufzunehmen, klicken Sie auf den Schalter **HINZUFÜGEN**.
- **3. Seite**. Hier können Sie die **Symbolleiste** zusammenstellen. Indem Sie im linken Listenfeld auf ein Popup-Menü klicken, werden Ihnen rechts die zugehörigen Symbole für die Befehle des Menüs angezeigt. Sie brauchen dann nur noch die gewünschten Symbole anzuklicken und mit Hilfe des Schalters **EINFÜGEN** in die Symbolleiste aufzunehmen. Durch das Einfügen von kleinen Zwischenabständen (Schalter **LEERZEICHEN**) können Sie die Symbole in der Symbolleiste gruppieren.
- **4. Seite**. Auf der letzten Seite können Sie der Anwendung einen **Titel** zuweisen (wird beispielsweise in Win95-Startmenü verwendet) und das **Projektverzeichnis** auswählen (neue Verzeichnisse werden, wenn gewünscht, angelegt). Schließlich können Sie die Anwendung noch

- mit einer **MDI-Schnittstelle** ausrüsten (Hauptfenster kann mehrere untergeordnete Kindfenster verwalten). Üblicherweise sollten Sie, wenn Sie diese Option wählen, in Ihrer Menüleiste auch das Popup-Menü Fenster vorgesehen haben.
- um eine **Statuszeile** erweitern.
- und **Kurzinformationen** anzeigen lassen (Kurzinformationen gehören zu den neuen Windows-Steuerelementen. Es sind kleine Popup-Fenster, die aufspringen, wenn der Benutzer den Cursor für eine gewisse Zeit über einem Steuerelement stehen läßt, und die dann einen entsprechenden Hilfetext zu diesem Steuerelement anzeigen).

Anmerkung

- Der Anwendungs-Experte legt auch schon die Behandlungsroutinen für die Menübefehle an, deren Anweisungsteile jedoch zum größten Teil von Ihnen selbst implementiert werden müssen.

3.6.3 Datenbank-Experte

Mit dem Datenbank-Experten (Aufruf über DATEI/NEU/*Geschäftlich/Datenbank-Experte*), der in Delphi unter insgesamt drei Titeln geführt wird (Datenbank-Experte, Formular-Experte und Datenbankformular-Experte), können Sie Ihre Projekte zu Datenbank-Anwendungen ausbauen, d.h., der Experte erstellt keine eigenen Projekte, sondern lediglich die Units und Formulare zum Zugriff auf eine Datenbank. Insbesondere übernimmt der Experte die Einrichtung und Verknüpfung der erforderlichen Datenbank-Komponenten und die Erstellung des Formulars zum Betrachten und Bearbeiten der Daten. Die Optionen sind auf mehrere Dialogseiten verteilt, zwischen denen Sie mit den Schaltern **ZURÜCK** und **WEITER** nach Belieben hin- und herspringen können. Erst wenn Sie den Schalter **BEENDEN** auf der letzten Dialogseite drücken, wird das Projekt erstellt, und Sie können Ihre Einstellungen nicht mehr korrigieren. Auf den verschiedenen Dialogseiten haben Sie folgende Einstellmöglichkeiten:

Übersicht: Die Dialogseiten des Datenbank-Experten

- **1. Seite.** Hier bestimmen Sie,
  - ob ein ***einfaches*** oder ein ***Haupt/Detail-Formular*** angelegt werden soll. Für einfach strukturierte Datenbanken genügt meist ein einfaches Formular. Der Vorteil relationaler Datenbanken liegt aber unter anderem darin, daß eine Datenbank aus mehreren Tabellen bestehen kann, die über gemeinsame Felder verknüpft sind (in Relation stehen). Ein Haupt/Detail-Formular ist dafür eingerichtet, eine solche hierarchische Strukturierung zu unterstützen. Hierzu wird eine Tabelle als

Haupt-Tabelle geöffnet, eine zweite Tabelle als Detail-Tabelle, wobei beide Tabellen über ein gemeinsames Feld verbunden sein müssen. Beide Tabellen werden dann so verknüpft, daß sich die Anzeige der Daten aus der Detail-Tabelle danach richtet, welcher Eintrag in der Haupt-Tabelle ausgewählt wurde (beispielsweise könnte man in der Haupt-Tabelle die Verzeichnisse eines Laufwerks speichern und in der Detail-Tabelle die Dateien der Verzeichnisse. Im Formular würden dann nur die Dateien angezeigt, die in dem Verzeichnis stehen, das in der Haupt-Tabelle gerade ausgewählt ist).

- ob Sie zur Repräsentation der Datenbank ein **TTable**-Objekt oder ein **TQuery**-Objekt verwenden möchten. **TTable** bietet einen einfachen Zugriff auf eine Tabelle und unterstützt die wichtigsten Operationen in Zusammenhang mit Datenbanken. Mit **TQuery** können Sie darüber hinaus die Daten, auf die zugegriffen wird, vorfiltern und SQL-Abfragen starten.

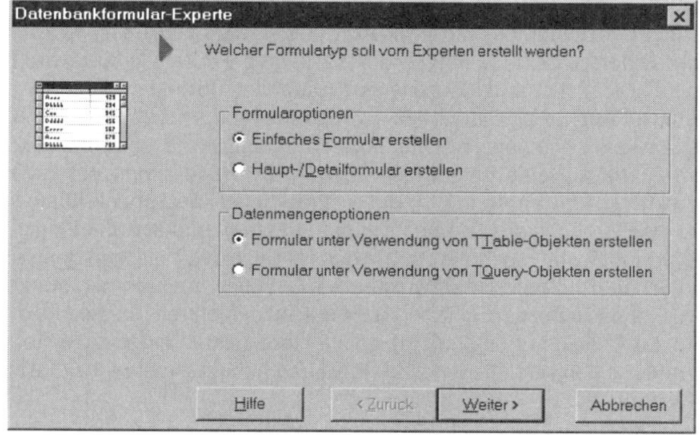

- **2. Seite**. Auf dieser Seite wählen Sie eine **Datenbank-Tabelle** aus (im Falle eines Haupt/Detail-Formulars wählen Sie zuerst die Haupt-Tabelle (auch Master-Tabelle genannt) und auf einer späteren Dialogseite die Detail-Tabelle).
- **3. Seite**. Auf dieser Seite wählen Sie die **Felder der Tabelle** aus, für die Zugriffs- und Anzeige-Komponenten im Formular eingerichtet werden sollen.

- **4. Seite.** Hier bestimmen Sie, **wie die Anzeige-Komponenten im Formular angeordnet werden** (wobei die Anzeige sich auch nach den Abmaßen des Formulars richtet). Wenn Sie die Option ***Tabellenförmig*** wählen, wird eine **TGrid**-Komponente in das Formular integriert, die das gleichzeitige Betrachten mehrerer Datensätze erlaubt (innerhalb einer **TGrid**-Komponente können keine bildbasierten Felder dargestellt werden).
- **5. Seite.** Wenn Sie sich für ein Haupt/Detail-Formular entschieden haben, erhalten Sie hier die Gelegenheit, Felder aus Haupt- und Detail-Formular zu verbinden.
- **6. Seite.** Auf der letzten Seite können Sie festlegen,
  - ob das Datenbank-Formular zum Hauptfenster gemacht werden soll und
  - ob die Datenbank-Komponenten in einem Formular abgelegt werden sollen oder ob die Datenzugriffskomponenten von den Anzeigekomponenten getrennt werden.

3.6.4 Der Dialog-Experte

Mit Hilfe des Dialog-Experten (Aufruf über **DATEI/NEU**/*Dialoge/Dialog-Experte*) richten Sie ein Formular für einen Dialog ein. Neben dem automatischen Hinzufügen der Standardschalter (**OK**, **ABBRECHEN**, **HILFE**) ist der DialogExperte besonders nützlich zum Einrichten mehrseitiger Dialoge.

Übersicht: Die Dialogseiten des Dialog-Experten

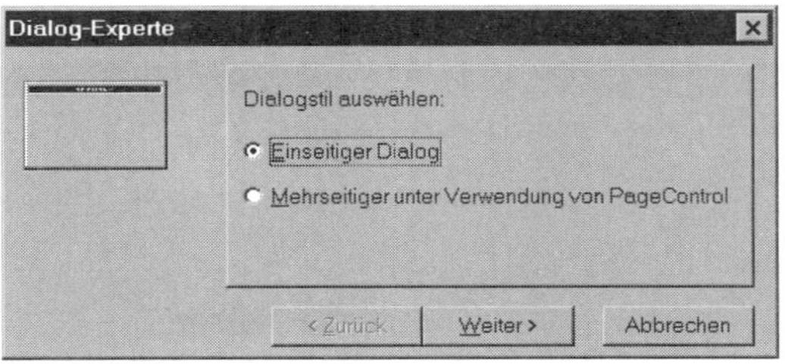

- **1. Seite.** Hier bestimmen Sie, ob Sie einen ***einseitigen*** oder ***mehrseitigen*** Dialog erzeugen wollen.
  - Mehrseitige Dialoge finden unter Windows 95 vielfache Verwendung (beispielsweise für die Eigenschaftsfenster), da mit ihrer Hilfe eine große Zahl von Informationen und Optionen übersichtlich präsentiert werden können. Ihre Implementierung ist dank der zur Verfügung ste-

henden Komponenten und des Dialog-Experten kaum schwieriger als bei einfachen Dialogen (→ 6.10).

- **2. Seite**. Auf diese Seite gelangen Sie nur, wenn Sie sich für einen mehrseitigen Dialog entschieden haben. Jede Seite erhält einen eigenen Reiter, über den sie ausgewählt werden kann. Auf dieser Seite geben Sie die **Namen der Reiter** an und legen gleichzeitig durch die Anzahl der Namen fest, wie viele Seiten der Dialog haben soll.
- **3. Seite**. Auf der letzten Seite legen Sie fest, ob der Dialog mit den üblichen **Standardschaltern** (**OK**, **ABBRECHEN**, **HILFE**) ausgestattet werden soll, und wenn ja, wie diese anzuordnen sind.

Anmerkung

- Zur Einrichtung eines mehrseitigen Dialogs verwendet Delphi die PageControl-Komponente, mit deren Hilfe die einzelnen Seiten des Dialogs verwaltet werden. Die Seiten selbst sind Instanzen der VCL-Klasse **TTabSheet**.

3.6.5 Der QuickReport-Experte

Mit Hilfe des QuickReport-Experten (Aufruf über **DATEI**/**NEU**/*Geschäftlich*/*QuickReport-Experte*) können Sie auf bequeme Weise einen aus QuickReport-Komponenten aufgebauten Bericht zu einer bestimmten Datenbank-Tabelle einrichten. Die Vorgehensweise gleicht der Konfiguration des Datenbank-Experten.

Übersicht: Die Dialogseiten des QuickReport-Experten

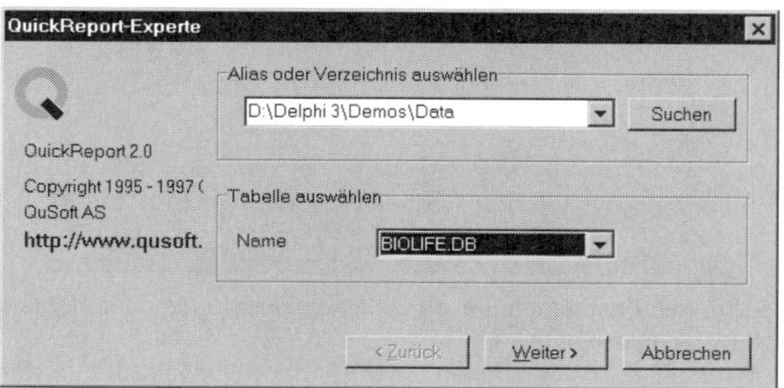

- **1. Seite**. Hier stellen Sie die Verbindung zur der Datenbank-Tabelle her.
  - Wählen Sie zuerst das Alias aus, oder geben Sie einen gültigen Verzeichnispfad zu der Tabelle ein.

- Wählen Sie dann im unteren Listenfeld die Datenbank-Tabelle aus, auf deren Feldern der Bericht aufbauen wird.

- **2. Seite.** Auf dieser Seite wählen Sie diejenigen Felder der Tabelle aus, deren Inhalt im Bericht angezeigt werden soll.
- **3. Seite.** Auf dieser Seite können Sie noch einen Titel und die zu verwendende Schriftart für den Bericht angeben.
  - Vor der Fertigstellung sollten Sie sich das Druckbild anschauen. Klikken Sie dazu auf den gleichnamigen Schalter. Wenn Ihnen die Zusammenstellung der Felder nicht gefällt, haben Sie jetzt immer noch die Möglichkeit zur 2. Seite des Experten zurückzugehen.
  - Um die Druckbild-Vorschau zu beenden und wieder zum Experten zurückzukehren, drücken Sie den Schalter **SCHLIESSEN**.

3.6.6 Der TeeChart-Experte

Mit Hife des TeeChart-Experten (Aufruf über DATEI/NEU/*Geschäftlich/TeeChart-Experte*) erstellen Sie ein Formular mit einer TChart-Komponente. Die Darstellung der Daten in der TChart-Komponente wird über den Experten konfiguriert.

Übersicht: Die Dialogseiten des TeeChart-Experten

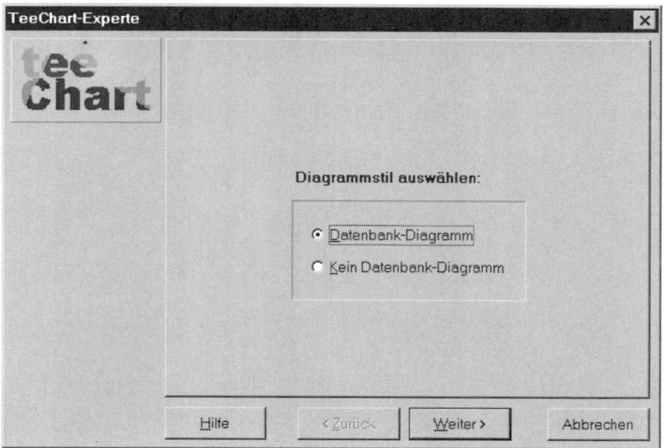

- **1. Seite**. Hier bestimmen Sie, ob die Daten für das zu erstellende Diagramm aus einer Datenbank ausgelesen oder später explizit eingelesen werden sollen.
- **2. und 3. Seite**. Auf diese Seite gelangen Sie nur, wenn Sie sich für ein Datenbank-Diagramm entschieden haben. Sollte dies der Fall sein, erhalten Sie hier die Möglichkeit eine Datenbank-Tabelle und einzelne Felder aus dieser Tabelle auszuwählen. (Diese Seiten entsprechen den Seiten 2 und 3 des Datenbank-Experten.)
- **4. Seite**. Auf dieser Seite wählen Sie den gewünschten Diagrammtyp aus.
  - Die einzelnen Diagrammtypen sind jeweils zwei- und dreidimensional verfügbar.
- **5. Seite**. Auf dieser Seite haben Sie noch die Möglichkeit, eine Legende und Markierungen einblenden zu lassen.

3.7 Die Objektablage

3.7.1 Allgemeines

In der Objektablage werden neben den Experten-Programmen (→ 3.6) Projekte und Module (Formulare, Dialoge, Datenmodule) verwaltet, die der Programmierer als Vorlagen für neue Anwendungen verwenden kann. Darüber hinaus hat der Programmierer auch die Möglichkeit, eigene Projekte oder Module in die Objektablage einzufügen, so daß er einerseits eigene Vorlagen schaffen kann und andererseits die Objektablage dazu nutzen kann, Module auf einfache Weise zwischen Projekten auszutauschen. Schließlich ist es auch möglich, das Standardprojekt (wird durch Befehl **DATEI/NEUE ANWENDUNG** erzeugt), das Standardformular und das Standardhauptformular festzulegen.

3.7.2 Aufbau der Objektablage

Intern verwaltet die Objektablage lediglich die Verweise auf die in ihr abgelegten Projekte und Module sowie alle nötigen Informationen, die sie zur Anzeige ihrer Elemente benötigt (Beschreibung, Autor, Symbol etc.). Die meisten Eintragungen sind in der Textdatei ***Delphi32.dro*** aus dem ***Delphi/bin***-Verzeichnis gespeichert. Sie brauchen aber nun keineswegs diese Datei selbst zu bearbeiten, wenn Sie mit der Objektablage arbeiten wollen. Delphi stellt Ihnen hierfür drei Dialogfenster zur Verfügung:

- Das Dialogfenster ***Der Objektablage hinzufügen***, das die Angaben abfragt, die zum Aufnehmen eines Projekts oder Formulars in die Objektablage nötig sind (Aufruf über den Befehl **DER OBJEKTABLAGE HINZUFÜGEN** aus dem Menü **PROJEKT** oder die Kontextmenüs des Projektfensters und des Formular-Designers).
- Das Dialogfenster ***Neue Einträge***, in dem die Elemente der Objektablage ausgewählt werden können (Aufruf über den Menübefehl **DATEI/NEU**).
- Das Dialogfenster ***Objektablage***, das den Inhalt der einzelnen Seiten anzeigt und zur Konfiguration der Objektablage dient.

3.7.3 Die Verwendung der Objektablage

Ausführung: Vorlagen in Objektablage aufnehmen

1. **Erstellen Sie ein neues Projekt, Formular, Dialog oder Datenmodul,** und implementieren Sie es soweit, wie Sie es als Vorlage für spätere Projekte verwenden wollen.
2. **Rufen Sie den Befehl DER OBJEKTABLAGE HINZUFÜGEN auf.** Um ein Projekt aufzunehmen, rufen Sie den Befehl aus dem Menü **PROJEKT** auf (bzw. dem

Kontextmenü des Projektfensters); um ein Modul hinzuzufügen, rufen Sie den Befehl aus dem Kontextmenü des Formular-Designers auf.

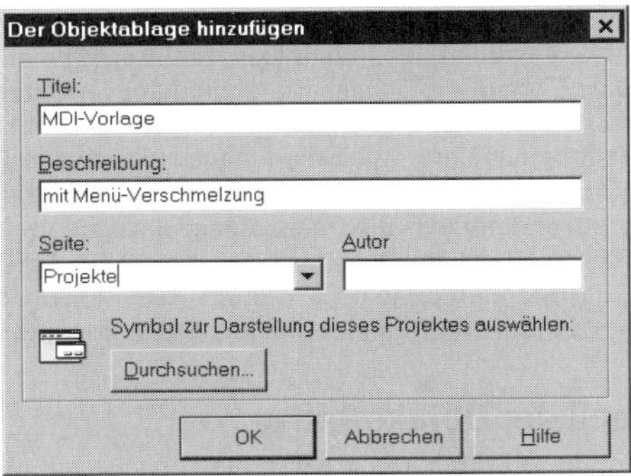

3. **In dem erscheinenden Dialogfenster**
   - geben Sie den ***Titel*** für den Eintrag des Elements in der Objektablage ein.
   - setzen Sie eine kurze ***Beschreibung*** des Elements auf (wird im Dialogfenster ***Neue Einträge*** angezeigt).
   - wählen Sie die ***Seite*** der Objektablage aus, der das Element hinzugefügt werden soll.
   - geben Sie den ***Autor*** des Elements an.
   - wählen Sie ein ***Symbol*** für das Element aus.
   - drücken Sie den Schalter **Ok**.

Ausführung: Vorlagen aus der Objektablage benutzen

1. **Rufen Sie den Befehl Datei/Neu auf.**
2. **Wählen Sie die Seite, auf der sich die gewünschte Vorlage befindet.**
3. **Wählen Sie die Art und Weise, in der die Vorlage übernommen werden soll.** Hierzu sehen Sie drei Optionen am unteren Rand des Dialogfensters, die aber je nach ausgewählter Vorlage nicht unbedingt alle drei zur Verfügung stehen.
   - ***Kopieren***. Bedeutet, daß die zugrundeliegenden Dateien in das aktuelle Projektverzeichnis kopiert werden (bei Verwendung von Experten werden die Dateien neu angelegt). Für Projektvorlagen (Seite ***Projekte***) ist dies die einzig mögliche Option.

- ***Vererben***. Bedeutet, daß die Klasse für das neu anzulegende Modul von der Klasse des ausgewählten Eintrags abgeleitet wird. Für die Module des gerade geöffneten Projekts ist dies die einzig mögliche Option.
- ***Verwenden***. Bedeutet, daß die zugrundeliegenden Dateien nicht kopiert werden, sondern daß das aktuelle Projekt auf die Originaldateien zugreift. Änderungen in den Originaldateien betreffen daher automatisch alle Projekte, die das Modul benutzen.

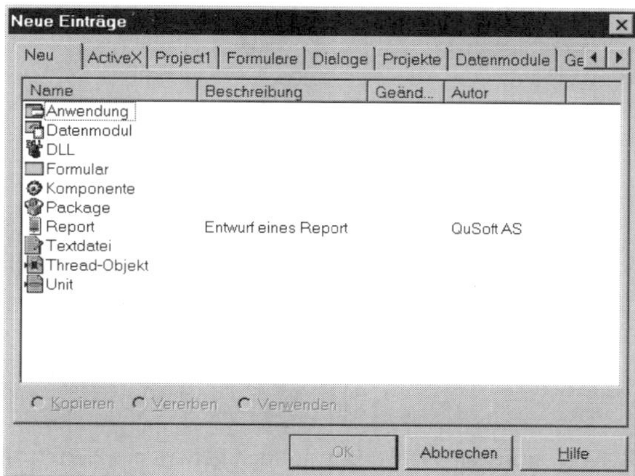

4. **Doppelklicken Sie auf die gewünschte Vorlage.**

Anmerkung

- Die Anzeige der Einträge in der Objektablage können wie die Dateien im Explorer auf verschiedene Weisen angezeigt werden. Die Befehle zum Wechseln der Anzeige finden Sie im Kontextmenü der Objektablage.

Ausführung: Objektablage konfigurieren

Wenn Sie den Befehl **TOOLS/OBJEKTABLAGE** aufrufen, gelangen Sie in das Dialogfenster ***Objektablage***, in dem Sie

- neue Seiten einrichten können (Schalter **SEITE HINZUFÜGEN**).
- Seiten umbenennen können (Schalter **SEITE UMBENENNEN**).
- Seiten löschen können (Schalter **SEITE LÖSCHEN**); zuvor müssen alle Objekte der Seite gelöscht sein.
- die Reihenfolge der Seiten verändern können (Pfeile).

- Objekte bearbeiten können (Schalter **OBJEKTE BEARBEITEN**); betrifft Titel des Eintrags, Beschreibung, Symbol.
- Objekte löschen können (Schalter **OBJEKTE LÖSCHEN**).
- Formulare oder Projekte als Standardvorlagen festlegen können (Markierungsfelder ***Neues Formular, Hauptfenster, Neues Projekt***).

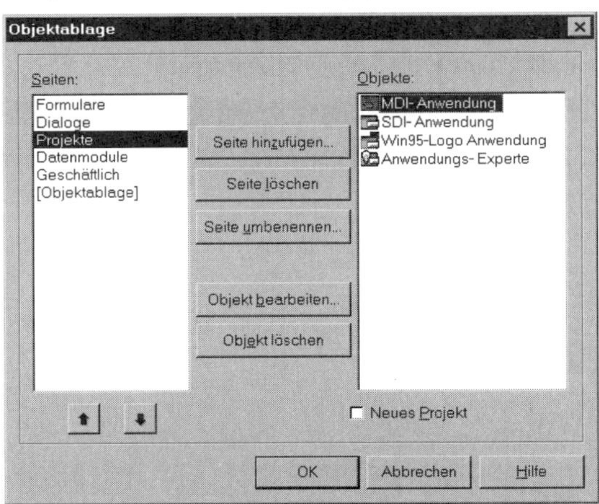

Die Befehle beziehen sich jeweils auf den gerade markierten Listeneintrag.

Ausführung: Standardvorlagen definieren

Delphi kennt drei Standardvorlagen:

- Das **Standardprojekt**, das erzeugt wird, wenn Sie den Befehl **DATEI/NEUE ANWENDUNG** aufrufen.
- Das **Standardformular**, das erzeugt wird, wenn Sie den Befehl **NEUES FORMULAR** aus dem Menü **DATEI** oder dem Kontextmenü des Projektfensters aufrufen.
- Das **Standardhauptfenster**, das erzeugt wird, wenn Sie ein neues Projekt anlegen.

Für alle drei Standardvorlagen können Sie festlegen, welches Element der Objektablage dieser Vorlage entsprechen soll (einschließlich der vorhandenen Experten).

1. **Rufen Sie den Befehl TOOLS/OBJEKTABLAGE auf.**
2. **Wählen Sie das zukünftige Standardelement aus.** Markieren Sie dazu zuerst die Seite, in der das Element abgelegt ist (oder den Eintrag **Objektablage**), und dann das Element selbst.
3. **Setzen Sie unter dem Listenfeld die Option zur Festlegung des Standardelements.**
   - Handelt es sich bei dem ausgewählten Element um ein Projekt, erscheint das Markierungfeld ***Neues Projekt***,
   - handelt es sich um ein Formular (inklusive Dialoge und Datenmodule), können Sie es als ***Neues Formular*** und/oder als ***Hauptformular*** definieren.

Anmerkung

- Um wieder das alte Standardprojekt oder -Formular zu verwenden, löschen Sie einfach die Markierungskästchen für das aktuelle Projekt/Formular.

3.8 Bildeditor und Ressourcen

3.8.1 Allgemeines

Was sind Ressourcen?

Bei Ressourcen handelt es sich um binäre Daten, die in eigene Dateien ausgelagert sind und vom Programm bei Bedarf eingelesen und unverändert übernommen werden. Das Ressourcen-Konzept sowie das Format der verschiedenen Ressourcen sind von Windows vorgegeben. Windows sieht damit einen Mechanismus vor, Datensammlungen (von einfachen Textsammlungen über Bitmaps bis hin zu Dialogfenstern und Menüstrukturen) unabhängig zu erstellen und beliebigen Anwendungen zuzuweisen.

Delphi unterstützt im wesentlichen nur Bitmap-Ressourcen, die Sie mit dem Bildeditor bearbeiten können. Dialogfenster und Menüs können Sie ersatzweise als Komponenten oder Formulare austauschen, wobei der Menüeditor (➔ 6.7) in seinem Kontextmenü spezielle Befehle enthält, mit denen Sie zum einen Menüressourcen in den Editor laden und zum anderen Menüs als Schablonen speichern und einfügen können. Schließlich bleibt Ihnen auch noch der Rückgriff auf die Windows-API-Funktionen, die Ihnen alle Möglichkeiten des Ressourcen-Konzepts erschließen.

Anmerkungen: Vorteile von Ressourcen

- Durch die Auslagerung in eigene Dateien können einmalig definierte Ressourcen von mehreren Anwendungen benutzt werden.
- Durch Kopieren und Nachbearbeiten können schnell speziell abgestimmte Ressourcen für einzelne Anwendungen erstellt werden.
- Umgekehrt kann durch die Übernahme vordefinierter Ressourcen ein programmübergreifendes, einheitliches Erscheinungsbild sichergestellt werden, das dem Benutzer die Einarbeitung in Programme, die diese Standard-Schnittstelle verwenden, wesentlich erleichtert.
- Mittels externer Ressourcen kann das Erscheinungsbild einer Anwendung ohne Neukompilation des Quelltextes der Anwendung verändert werden (lediglich die Ressourcendatei(-en) wird/werden neu kompiliert und in die Anwendung eingebunden).
- Die Auslagerung der Ressourcen verbessert das Speichermanagement unter Windows.
- Durch ihre einfache Syntax können Ressourcen leicht und zeitsparend definiert werden.
- Durch die Auslagerung der Ressourcen wird die Kompilierzeit der Anwendung verkürzt.

Was sind Bitmaps?

Bitmaps sind punktweise definierte Grafiken. Werden sie auf dem Bildschirm dargestellt, entspricht jedem Punkt im Bitmap genau ein Pixel des Bildschirms. Jeder Punkt im Bitmap ist definiert durch seine Koordinaten und seine Farbe.

- **Dimension**. Bitmaps sind stets Rechtecke. Dies hat den Vorteil, daß man nicht jeden Punkt im Bitmap explizit mit Koordinatenwerten ausstatten muß. Statt dessen gibt man die Dimension der Bitmap (Breite und Höhe des Rechtecks in Pixeln) an und speichert die Farben der einzelnen Punkte sukzessive ab. Für eine Bitmap mit einer Breite von 10 Punkten bedeutet dies, daß der 36. abgespeicherte Farbwert die Farbinformation für den 6. Punkt in der 4. Zeile enthält.
- **Farbe**. Jeder Punkt erhält ein Bitmuster, das seine Farbe spezifiziert. Je mehr Bits für die Farbinformation zur Verfügung gestellt werden, desto mehr Farben können vergeben werden, desto größer wird aber auch der Speicherbedarf der Bitmap.

Tabelle 3.11: Farben und Bits

Anzahl Bits	Mögliche Farbwerte
1	2 (monochrome Anzeige)
4	16 (VGA-Standardfarben)
8	256 (SVGA)
24	16.777.216 (RGB-Echtfarbdarstellung)

- **Geräteabhängigkeit** bedeutet, daß eine Bitmap im Speicher in einem Format vorliegt, welches es dem installierten Gerätetreiber ermöglicht, auf die Bitmap zuzugreifen.
  - Solange Sie sich mit 16 Farben begnügen, bewegen Sie sich in der simplen Welt geräteabhängiger Bitmaps (DDB = Device Dependent Bitmap), was bedeutet, daß der installierte Gerätetreiber die Bitmap selbst aus dem Arbeitsspeicher in den Speicher der Grafikkarte liest. Dies verbessert die Laufzeit, beschränkt Sie aber auf 16 Farben.
  - Mit den ersten Super-VGA-Grafikkarten wurde der Speicher der Grafikkarte auf 512 Kbyte aufgestockt, so daß für kleinere Auflösungen 256 Farben möglich wurden. Dies war die Geburtsstunde der Farbpaletten und der geräteunabhängigen Bitmaps (DIB = Device Independent Bitmap). 256 Farben für alle möglichen Bilder sind nicht viel, 256 Farben für ein Bild sind dagegen eine ganze Menge. Indem also jede Bitmap ihre eigenen 256 Farben, ihre Farbpalette, mitbringt (wobei heute üb-

licherweise jeder dieser 256 Farbwerte als 24-Bit RGB-Wert definiert ist), sind bei vertretbarem Speicherbedarf qualitativ befriedigende Grafiken erstellbar. Der Nachteil ist, daß Windows nun verstärkt die Übertragung der Bitmap aus dem Arbeitsspeicher in den Speicher der Grafikkarte kontrollieren muß.

- **Bitmap-Dateien.** Delphi und der Bildeditor unterscheiden drei verschieden Typen von Bitmap-Dateien:
  - **Extension BMP.** Allgemeinste Form einer Bitmap. Diese Bitmaps sind Rechtecke variabler Größe und mit 2, 16 oder 256 Farben ausgestattet.
  - **Extension ICO.** Diese Bitmaps werden als Symbole (Icons) zur Repräsentation von Anwendungen benutzt. Symbole können 16x16 oder 32x32 Pixel groß sein und 2 oder 16 Farben (plus transparenter und invertierender Darstellung) enthalten (gute Anwendungen stellen ihre Symbole zur besseren Anpassung an unterschiedliche Bildschirmauflösungen in beiden Abmaßen zur Verfügung).
  - **Extension CUR.** Diese Bitmaps dienen zur Darstellung des Cursors. Sie sind stets 32x32 Pixel groß und haben nur zwei Farben plus transparenter und invertierender Darstellung.

3.8.2 Einbindung von Bitmap-Ressourcen in ein Programm

Um eine Bitmap-Ressource in einem Programm nutzen zu können, gibt es drei Möglichkeiten:

1. **Sie weisen die Ressource mit Hilfe des Objektinspektors der entsprechenden Eigenschaft Ihrer Komponente** (beispielsweise **TBitBtn.Glyph**) **zu.** Der Code der Ressource wird dabei im ASCII-Format in die .dfm-Datei eingefügt.
2. **Sie laden die Ressource direkt aus der Bitmap-Datei.** Die meisten Komponenten und Klassen, die mit Bitmaps arbeiten, kapseln hierfür spezielle Lade-Routinen (beispielsweise **TImage.Picture.LoadFromFile, Application.Icon.LoadFromFile**), denen der Name der Ressourcendatei als Argument übergeben wird.
3. **Sie binden die Ressourcendatei mit Hilfe der Direktive $R in die ausführbare Datei des Projekts ein** und laden die Ressourcen mit entsprechenden Methoden, denen Sie den Namen der Ressource oder deren ID übergeben (beispielsweise **TImage.Picture.Bitmap.LoadFromResourceID, TImage.Picture.Bitmap.LoadFromResourceName**).

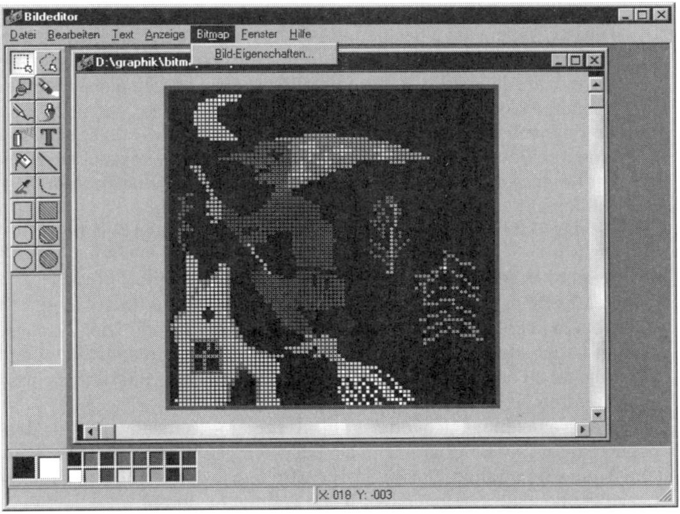

3.8.3 Ressourcen erstellen

Auch wenn das ASCII-Format für Bitmap-Ressourcen nicht sonderlich kompliziert ist (es besteht einfach aus einem Array von 256-Bit-Werten, die in Hexadezimalcode geschrieben sind und jeweils die Farbe für ein Pixel der Bitmap definieren), ist es extrem unhandlich. Delphi stellt Ihnen daher den Bildeditor zur Seite, mit dem sich Bitmaps für Grafiken, Schaltflächen, Symbole und Cursor schnell und ohne Mühe erstellen lassen.

Ausführung: Ressourcen erstellen

1. **Bildeditor aufrufen** (Befehl **BILDEDITOR** im Menü **TOOLS**).
2. **Ressourcendatei öffnen.** Öffnen Sie eine neue oder eine bestehende Ressourcendatei (Befehle **NEU** und **ÖFFNEN** im Menü **DATEI**. Wenn Sie den Befehl **NEU** wählen, müssen Sie sich für eine der folgenden Dateien entscheiden:

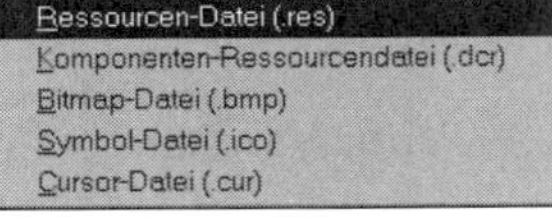

   - **Ressourcendatei (.res).** Dies ist die allgemeine Form einer Ressourcendatei. In ihr können mehrere Ressourcen zusammen gespeichert werden (der Bildeditor öffnet für eine Ressourcendatei ein spezielles Fenster, in dem die einzelnen Ressourcen nach Ressourcentyp geordnet aufgeführt sind). Der Bildeditor kann Ressourcendateien allerdings nicht in vollem Maße unterstützen (wie es beispielsweise der Resource Workshop von Borland tut).

- **Komponenten-Ressourcendatei (.dcr).** Diese Datei wird genauso wie eine .res-Datei bearbeitet. In ihr werden speziell die Ressourcen zu einer Komponente abgelegt, beispielsweise die Grafik für die Repräsentation der Komponente in der Komponentenpalette.
- **Bitmap-Datei (.bmp).** Datei zur Aufnahme einer Bitmap beliebiger Größe.
- **Symbol-Datei (.ico).** Datei zur Aufnahme eines Symbols (Icons).
- **Cursor-Datei (.cur).** Datei zur Aufnahme einer Cursor-Darstellung.

3. **Ressource in Editorfenster laden.** Wenn Sie eine .res- oder .dcr-Datei geöffnet haben, doppelklicken Sie im Fenster der Ressourcendatei auf den Eintrag der zu bearbeitenden Ressource. Um eine neue Ressource einzufügen, rufen Sie den Menübefehl **RESSOURCE/NEU** auf.
   Wenn Sie eine .bmp-, .ico- oder .cur-Datei geöffnet haben, wurde die Ressource direkt zur Bearbeitung in ein Editorfenster geladen.
4. **Ressource bearbeiten.** Die Ressource wird nun in einem Editorfenster angezeigt und kann von Ihnen bearbeitet werden (→ unten).
5. **Änderungen speichern.** Speichern Sie die Ressourcendatei (Menübefehl DATEI/SPEICHERN).

Übersicht: Bearbeitungshilfen im Bildeditor

- **Die Menüleiste.** Wenn Sie eine Ressource zur Bearbeitung in ein Editorfenster geladen haben, erscheinen in der Menüleiste vier neue Popup-Menüs:
  - BEARBEITEN. Mit den typischen Befehlen zum Rückgängig machen, Wiederholen, Markieren und zur Unterstützung der Zwischenablage.
  - TEXT. Hier können Sie die Schriftart und die Ausrichtung wählen, die verwendet wird, wenn Sie nach Drücken des Text-Symbols aus der Werkzeugpalette in eine Bitmap schreiben.
  - ANZEIGE. Mit den Befehlen zum Vergrößern und Verkleinern der Bitmap, bzw. zum Wiederherstellen der eigentlichen Größe.
  - BITMAP/SYMBOL/CURSOR. Dieses Menü enthält Befehle, die speziell zur Bearbeitung des entsprechenden Bitmap-Typs gedacht sind.
  - Für Bitmaps steht nur der Befehl **BILD-EIGENSCHAFTEN** zur Verfügung, über den noch einmal das Dialogfenster zur Einstellung der Größe und der Farbpalette aufgerufen wird. Da es sich in diesem Fall um eine Ver-

änderung der bestehenden Größe handelt, können Sie über die Option ***Strecken*** festlegen, ob die bestehende Grafik entsprechend den neuen Abmaßen skaliert werden soll (Option gesetzt) oder ob die bestehende Grafik geschnitten bzw. erweitert werden soll.
  - Für Symbole können neue Darstellungen hinzugefügt bzw. existierende Darstellungen gelöscht und das Symbol getestet werden.
  - Für den Cursor besteht ebenfalls die Möglichkeit, die Bitmap auszutesten, und Sie können den sensiblen Punkt des Cursors festlegen (der sensible Punkt ist das Pixel der Cursor-Bitmap, das bei Verwendung des Cursors seiner eigentlichen Position entspricht).
- **Die Farbpalette** zeigt die zur Verfügung stehenden Farben. Um eine Farbe als Vordergrund- oder Hintergrundfarbe auszuwählen, brauchen Sie das entsprechende Farbfeld nur mit der linken oder rechten Maustaste anzuklicken.
  - Vor der Farbpalette werden die aktuell eingestellte Vorder- und Hintergrundfarbe angezeigt.
  - Für Symbole und Cursor stehen Ihnen zusätzlich die Farben **transparent** (Pixel erscheint immer in der Hintergrundfarbe des Bildschirms) und **invertiert** (Pixel erscheint immer in der Komplementärfarbe des Bildschirms) zur Verfügung.
- **Die Werkzeugpalette** enthält eine Reihe von Schaltern zum Auswählen und Einrichten der verschiedenen Malwerkzeuge.
  - **Markierungsrahmen aufziehen.** Nachdem Sie das Symbol angeklickt haben, klicken Sie in die Bitmap, um eine Ecke zu definieren, und ziehen Sie den Markierungsrahmen auf.
  - Danach können Sie den markierten Bereich mit den Befehlen im Menü BEARBEITEN kopieren, einfügen oder löschen.
  - Um den markierten Bereich zu verschieben, nehmen Sie ihn auf, indem Sie ihn mit der Maus ziehen. Je nachdem, ob Sie dabei die linke oder rechte Maustaste drücken, wird der ursprüngliche Bereich in der Vorder- oder Hintergrundfarbe aufgefüllt.
  - Um den markierten Bereich abzulegen, klicken Sie mit der rechten Maustaste außerhalb des Bereichs, aber innerhalb der Bitmap.
  - **Ausschneiden.** Dieses Symbol dient dazu, einen Bereich mit einer Freihandlinie als Grenze zu definieren. Die Grenzlinie wird bei gedrückter Maustaste gezogen und darf sich auch selbst kreuzen. Wenn Sie die Maustaste loslassen, wird der Bereich automatisch durch Verbindung des ersten und letzten Punktes geschlossen. Der markierte Bereich wird wie oben (→ Markierungsrahmen) bearbeitet.

- **Vergrößern.** Um einen Ausschnitt zu vergrößern, klicken Sie das Symbol an und ziehen Sie dann einen Rahmen um den gewünschten Ausschnitt. Sowie Sie die rechte Maustaste wieder loslassen, wird der Ausschnitt vergrößert.

- Weitere Befehle zum Vergrößern und Verkleinern sowie zur Wiederherstellung der Originalgröße finden Sie auch im Kontextmenü und im Menü **ANZEIGE**.
- **Radieren.** Löscht durch Überstreichen in der aktuellen Hintergrund- oder Vordergrundfarbe.

- Ziehen mit der rechten Maustaste überstreicht mit der aktuellen Vordergrundfarbe.
- Ziehen mit der linken Maustaste überstreicht mit der aktuellen Hintergrundfarbe.
- **Stift aufnehmen.** Wählt das Stiftobjekt zum Zeichnen aus.

- **Pinsel aufnehmen.** Wählt das Pinselobjekt zum Zeichnen aus.

- **Sprühdose aufnehmen.** Wählt die Sprühdose zum Zeichnen aus.

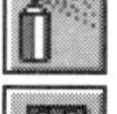

- **Text eingeben.** Nachdem Sie das Symbol gedrückt haben, markieren Sie die Stelle, wo der Text eingefügt werden soll. Danach sind Sie im Eingabemodus.

- Schriftart und Ausrichtung können Sie über die Befehle im Menü **TEXT** bestimmen.
- **Farbeimer aufnehmen.** Wählt den Farbeimer aus, um einen umgrenzten Bereich zu füllen.

- **Linie ziehen.** Um eine Linie zu ziehen, klicken Sie mit der rechten Maustaste auf den Anfangspunkt und bewegen Sie die Maus bei gedrückter Taste zum Endpunkt. Wenn Sie loslassen, wird die Linie eingezeichnet.

- Um horizontale, vertikale oder 45-Grad-Linien zu erzwingen, halten Sie während des Zeichnens die Taste ⇧ gedrückt.
- **Pipette.** Zum Aufnehmen einer Farbe aus einer bestehenden Bitmap.

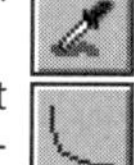

- **Kurve zeichnen.** Um einen Bogen zu zeichnen, beginnen Sie mit einer normalen Linie. Danach klicken Sie einen Punkt auf der Linie an und ziehen ihn, wobei der Bogen aufgespannt wird. Nochmaliges Klicken beendet die Zeichenoperation, Sie können vorher aber noch einen zweiten Punkt anklicken und ausziehen.

- Wenn Sie, statt eine Linie zu ziehen, Anfangs- und Endpunkt anklikken, können Sie danach einen Kreis aufziehen.
- **Rechteck zeichnen**. Um ein leeres oder ausgefülltes Rechteck zu zeichnen, wählen Sie den entsprechenden Schalter.

  Klicken Sie dann in der Bitmap auf eine Ecke, und ziehen Sie das Rechteck auf.
- Um eine quadratische Form zu erzwingen, halten Sie während des Zeichnens die Taste ⇧ gedrückt.
- **Abgerundetes Rechteck zeichnen**. Um ein leeres oder ausgefülltes Rechteck zu zeichnen, wählen Sie den entsprechenden Schalter.

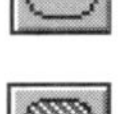

  Klicken Sie dann in der Bitmap auf eine Ecke, und ziehen Sie das Rechteck auf.
- Um eine quadratische Form zu erzwingen, halten Sie während des Zeichnens die Taste ⇧ gedrückt.

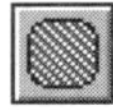

- **Ellipse zeichnen**. Um eine leere oder ausgefüllte Ellipse zu zeichnen, wählen Sie den entsprechenden Schalter.

  Klicken Sie dann in der Bitmap auf eine Ecke, und ziehen Sie die Ellipse auf.
- Um eine Kreisform zu erzwingen, halten Sie während des Zeichnens die Taste ⇧ gedrückt.
- **Strichstärke auswählen.** Für den Zeichenstift und die verschiedenen Figuren können Sie nach dem Auswählen des Zeichenwerkzeugs eine Strichstärke bestimmen.

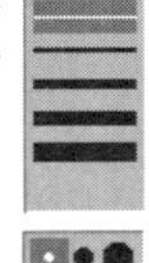

- **Pinselform, Sprühdüse auswählen.** Für den Pinsel und die Sprühdüse können Sie nach dem Auswählen des Zeichenwerkzeugs eine Form bestimmen.

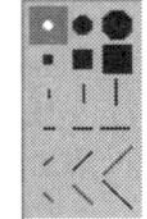

- **Das Kontextmenü.** Das Kontextmenü enthält noch einmal die Befehle zum Vergrößern und Verkleinern sowie die speziellen Befehle für den jeweiligen Bitmap-Typ.

Ausführung: Zeichenwerkzeug vorbereiten

1. **Wählen Sie eines der folgenden Zeichenwerkzeuge aus.**

Stift, Pinsel, Sprühdose	(für Freihandzeichnungen)
Figur	(Linie, Rechteck etc.)
Farbtopf	(zum Füllen)
Text	

2. **Konfigurieren Sie ihr Werkzeug.**
   Stift, Figur: Bestimmen Sie die Strichstärke.
   Pinsel, Sprühdose: Bestimmen Sie die Pinselform bzw. die Düse.
   Text: Bestimmen Sie den Schriftfont.
3. **Bestimmen Sie die Farbe.**
   Wenn Sie mit der rechten Maustaste zeichnen, benutzen Sie die Vordergrundfarbe; mit der linken Maustaste zeichnen Sie entsprechend in der Hintergrundfarbe.
   Um die Vordergrundfarbe zu bestimmen, klicken Sie die gewünschte Farbe mit der linken Maustaste an. Um die Hintergrundfarbe auszuwählen, klicken Sie analog mit der rechten Maustaste.
4. **Führen Sie Ihre Zeichenoperation aus.**

Ausführung: Erstellung einer Beispielressource

1. **Rufen Sie den Bildeditor auf.** Wählen Sie dazu den Befehl **BILDEDITOR** im Menü **TOOLS** der IDE.
2. **Öffnen Sie eine neue Bitmap-Datei (.bmp).** Wählen Sie im Untermenü zu **DATEI/NEU** den Eintrag **BITMAP-DATEI**.
3. **Größe und Farbpalette auswählen.** In dem erscheinenden Dialogfenster geben Sie Breite und Höhe der anzulegenden Bitmap an und wählen Sie die gewünschte Farbpalette für die Bitmap aus.
4. **Hintergrund einfärben.** Klicken Sie in der Farbpalette mit der rechten Maustaste auf die gewünschte Hintergrundfarbe. Danach wählen Sie das Symbol des Farbeimers aus und klicken mit der linken Maustaste in die leere Bitmap.
5. **Text einfügen.** Konfigurieren Sie die Texteingabe über den Befehl **SCHRIFTART** im Menü **TEXT**. Klicken Sie dann auf das Symbol zur Texteingabe, und bewegen Sie den Cursor auf die Stelle in der Bitmap, wo Sie den Text einfügen wollen. Klicken Sie die Stelle an, und geben Sie Ihren Text ein.
6. **Bitmap einfügen.** Laden Sie eine weitere Bitmap (*.bmp). Ziehen Sie einen Rahmen um die Bitmap, und kopieren Sie sie in die Zwischenablage. Kehren Sie zu Ihrer ersten Bitmap zurück, und rufen Sie den Befehl **EINFÜGEN** im Menü **BEARBEITEN** auf. Die Bitmap erscheint links oben und kann mit der Maus aufgenommen und verschoben werden.
7. **Speichern Sie die Bitmap.**

3.8.4 Symbole und Mauszeiger

Prinzipiell werden Symbole (Icons) und Mauszeiger wie andere Bitmaps auch mit dem Grafikeditor bearbeitet. Es gibt jedoch einige Besonderheiten:

Übersicht: Besonderheiten von Symbolen und Cursorn

- Symbole können nur im 16x16 oder 32x32-Format erstellt werden, Mauszeiger nur im 32x32-Format.
  - Bessere Anwendungen verfügen über das gleiche Symbol in mehreren Abmaßen, die entsprechend der grafischen Auflösung des aktuellen Systems ausgewählt werden.
- In Symbolen und Mauszeigern können Sie die Farben **transparent** (Pixel erscheint immer in der Hintergrundfarbe des Bildschirms) und **invertiert** (Pixel erscheint immer in der Komplementärfarbe des Bildschirms) auswählen.
- Wenn Sie einen Mauszeiger bearbeiten, können Sie mit dem Befehl **Sensitive Zone festlegen** (Kontaktpunkt setzen) aus dem Menü **Cursor** festlegen, welcher Punkt der Cursor-Bitmap der Position des Cursors entsprechen soll.
- Mauszeiger und Symbole können mit den jeweiligen **Test**-Befehlen aus ihren Menüs getestet werden. Durch Mausklick beenden Sie den Test.

3.9 Das Win95-Logo

Programme, die sich an den von Win95 vorgegebenen Standard halten, also Programme, die nicht nur unter Win95 laufen, sondern dessen Möglichkeiten auch voll nutzen und ihrerseits wieder Win95 unterstützen, können von Microsoft das Win95-Logo erhalten. Folgende Punkte sind bei der Programmierung für das Win95-Logo zu beachten:

- Erstellen Sie Programmdateien im PE-Format (Portable Executable Format).
- Halten Sie sich an die Microsoft-Konventionen zur Gestaltung von Benutzerschnittstellen (Hilfe-Datei ***uiguide.hlp***).
- Die Anwendung muß unter Win95 und WinNT lauffähig sein.
- Sehen Sie Kontextmenüs für die rechte Maustaste vor (Shell-Erweiterungen sind über die Registrierdatenbank möglich).
- Verwenden Sie die Registrierdatenbank statt INI-Dateien (INI-Dateien werden nur noch für ganz programmspezifische Daten benutzt).
- Stellen Sie für Datentypen und Anwendungen Symbole im Format 16 x 16 und 32 x 32 bereit.
- Benutzen Sie die Standard-Steuerelemente und -Dialogfenster.
- Verwenden Sie die Systemfarben.
- Unterstützen Sie lange Dateinamen.
- Unterstützen Sie Plug&Play.

4 Programmanalyse und Debugging

4.1 Allgemeines

Wie im letzten Kapitel schon angesprochen, ist die Arbeit des Programmierers üblicherweise nicht mit dem erfolgreichen Kompilieren und Linken der Anwendung abgeschlossen. Danach beginnt das Austesten des Programms, verbunden mit dem Ausmerzen auftretender Fehler (Bugs), wozu Ihnen folgende Hilfstools zur Verfügung stehen:

Übersicht: Debugging-Hilfen

- **Compiler** (→ 3.5). Unterstützt Sie bei der Erstellung syntaktisch korrekter Programme.

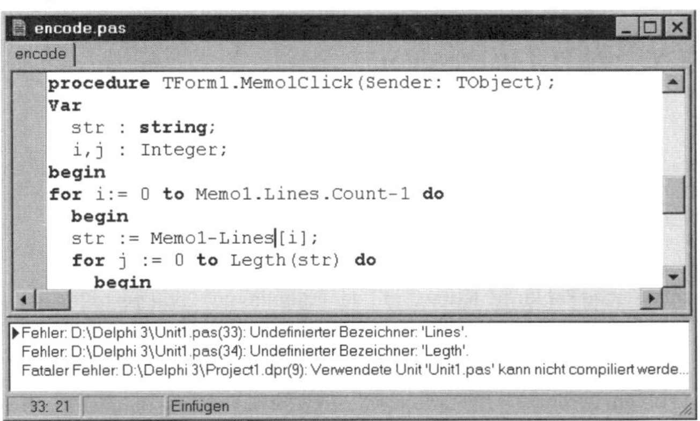

- **Meldungsausschnitt**. Treten bei der Kompilation Fehler auf, wird im unteren Bereich des Editorfensters ein Teilfenster angelegt, in dem die aufgetretenen Fehler aufgelistet sind. Durch Doppelklick auf eine Fehlermeldung können Sie in den auslösenden Quelltext springen. Wenn

Sie eine Fehlermeldung markieren und ⏎ drücken, erhalten Sie Hilfsinformationen zu dem Fehlertyp.

- ◆ **Befehl SYNTAXPRÜFUNG**. Dieser Befehl aus dem Menü **PROJEKT** dient dazu, die Quelldateien eines Projekts auf korrekte Pascal-Syntax hin zu überprüfen. Da der Compiler hierbei keinen Objektcode erstellt, geht dies schneller als ein üblicher Kompilationsvorgang.

- **ANSICHT/SYMBOLANZEIGE** (→ 4.2.1). In dem Fenster ***Symbol anzeigen*** können Sie sich über Klassen, Units und Symbole informieren. Mit der Symbolanzeige, die im übrigen nur verfügbar ist, wenn eine .exe-Datei für das aktuelle Projekt erstellt wurde, können Sie sich auf vielfältige Weise Informationen zum Inhalt der Units ihres Projekts verschaffen.
- **Debugger** (→ 4.3). Integriertes Tool zur schrittweisen Ausführung und Kontrolle eines Programms.
  - ◆ Um den Ablauf des Programms während des Debuggens überwachen zu können, stehen Ihnen die Anzeigefenster ***Liste der Haltepunkte***, ***Aufruf-Stack***, ***Liste überwachter Ausdrücke***, ***Thread-Status***, ***Module***, die über die Befehle im Menü **ANSICHT** aufgerufen werden, sowie der Befehl **AUSWERTEN/ÄNDERN** aus dem Menü **START** zur Verfügung (→ 4.2.3).
  - ◆ Ab Delphi 3 besteht während des Debuggens auch die Möglichkeit, sich direkt im Quelltexteditor über die Werte einfacher Variablen und Klassenelemente zu informieren (→ 4.2.3, 2.4.5).
- **WinSight** (→ 4.4). Hilfstool zur Inspektion von Fensterklassen und zur Botschaftsverfolgung von Windows-Anwendungen.

4.1.1 Fehlerkategorien

Grundsätzlich haben wir mit drei verschiedenen Arten von Fehlern zu kämpfen:

- syntaktische Fehler
- Laufzeitfehler
- logische Fehler

Syntaktische Fehler bedeuten, daß der Compiler auf Code gestoßen ist, den er nicht übersetzen kann. Üblicherweise gibt der Compiler dann eine entsprechende Meldung darüber aus, wo der Fehler aufgetreten ist und was die vermutete Ursache ist. Syntaktische Fehler nehmen also eine Sonderstellung ein, da sie vom Compiler automatisch entdeckt, lokalisiert und definiert werden.

Häßlicher verhalten sich dagegen die **Laufzeitfehler** und die **logischen Fehler** – die eigentlichen Bugs. (Der Name Bug oder Insekt geht auf einen Vorfall an der Harvard University zurück, wo eine in die Schaltungen eingedrungene Motte den Computer lahmlegte.) Diese sind meist nur sehr schwer aufzuspüren, auch wenn sich häufig recht triviale Fehler dahinter verbergen. Eine saubere Programmiertechnik und die zahlreichen Debugging-Tools des Delphi-Compilers können Ihnen dabei helfen, diese Fehler zu lokalisieren und zu beseitigen. Bevor Sie daran gehen können, einen solchen Fehler in Ihrem Quellcode zu lokalisieren, muß der Fehler natürlich erst einmal auftreten. Dies ist nicht unbedingt bei jeder Ausführung des Programms der Fall, da bestimmte Fehler unter Umständen nur für bestimmte Eingaben (unabhängig, ob von Tastatur, Maus, Datei etc.) auftreten. Es bleibt Ihnen daher nichts anderes übrig, als zu testen, testen, testen ...

Anmerkungen: Syntaktische Fehler

- Syntaxfehler in Quelltext werden von Compiler identifiziert und gemeldet.
- Eine erfolgreiche Kompilation bedeutet, daß das Programm von Syntaxfehlern frei ist.

Beispiel

```
var
  i : Integer;
begin
  i := 32.2;             {Real-Wert an Integer-Variable)
for i=0 to 10 do         {Vergleich statt Zuweisung}
  begin
  end
end;
```

Anmerkungen: Laufzeitfehler

- Laufzeitfehler führen gewöhnlich zu Programmabstürzen, d.h., das Programm wird vom Betriebssystem abgebrochen oder das Programm wird im Gegenteil überhaupt nicht mehr beendet.
- Nicht endende Programme entstehen meist durch Endlosschleifen ohne zu erfüllende Abbruchbedingung oder durch Rekursion.
- Laufzeitfehler, die nicht auf direkte Fehler im Quelltext, sondern auf bestimmte, äußere Bedingungen (Benutzereingaben, verfügbarer Speicher) zurückgehen, sollten im Programm selbst durch eine entsprechende Fallunterscheidung abgefangen werden – gegebenenfalls mit Fehlerausgabe, Exception handling und Beendigung des Programms.

Beispiel

```
var
i,j : Integer;
f : Real;
begin
f := 65;
for i:=10 downto 0 do  {führt zu Division durch Null}
```

```
    begin
    f := f/i;
    end
  end;

  function f2 :Integer; forward;
  function f1 :Integer;
    begin
    f2;
    end;
  function f2 :Integer;
    begin
    f1;                         {wechselseitiger Aufruf}
    end;
```


Anmerkungen: **Logische Fehler**

- Logische Fehler äußern sich darin, daß ein einwandfrei ablaufendes Programm nicht zu dem von ihm erwarteten Ergebnis führt.
- Es ist daher unerläßlich, auch die Ausgabe eines Programms zu überprüfen.

Beispiel

```
var
i,j : Integer;
sinus : Real;
begin
for i:=0 to 10 do
  begin
  sinus := Sinh(i/10); {berechnet Sinus Hyperbolikus statt}
  end                  {den Sinus}
end;
```

4.1.2 Debug-Techniken

Je komplexer und umfangreicher ein Programm, um so aufwendiger ist das Debuggen desselbigen. Während man beispielsweise für einfache Programme noch theoretisch beweisen kann, daß sie stets korrekt arbeiten (allerdings sind diese Programme meist so simpel, daß sich der Nachweis nicht lohnt), sind umfangreichere Programme meist so komplex, daß der Beweis der Korrektheit nicht einmal mehr mit Hilfe von Supercomputern erbracht werden kann (weswegen Microsoft bei der Entwicklung von WIN 95 auch lieber auf Millionen von Beta-Testern vertraute). Daraus ergibt sich natürlich die Forderung, schon bei der Programmerstellung die Fehleranalyse zu berücksichtigen.

Debug-fähigen Code erstellen

Sie können das Debuggen Ihrer Anwendungen durch Berücksichtigung zweier Konzepte wesentlich vereinfachen:

- Modularisierung
- Kritischen Code überprüfen

Übersicht: Modularisierung

Die Modularisierung eines Programms geschieht auf verschiedenen Ebenen:

- Code in Schleifen zusammenfassen.
- Teilaufgaben als Funktionen oder Prozeduren implementieren.
- Objekte als Klassen implementieren.
- Bibliotheken verwenden.
- Programme in mehrere Quelltextdateien aufteilen.

Der Vorteil der Modularisierung für das Debuggen liegt darin, daß die einzelnen Module (z.B. eine implementierte Funktion) für sich debuggt werden können.

Statt also ein komplexes Programm als Ganzes zu debuggen, checkt man zuerst die einzelnen, übersichtlicheren Module und danach das Zusammenspiel dieser Module im Programm – im Vertrauen darauf, daß die Module für sich genommen ja korrekt arbeiten (wovon man ja beispielsweise auch bei der Verwendung der Funktionen und Klassen der Laufzeitbibliotheken ausgeht).

Übersicht: Kritischen Code überprüfen

- Bestimmte Stellen eines Programms sind besonders fehlerträchtig.
  - **Schleifen** (→ 5.4.1) sind stets darauf zu überprüfen, ob ihre Abbruchbedingungen irgendwann erfüllt werden. Nicht abbrechende Programmläufe weisen meist auf Endlosschleifen hin.
  - Ebenso muß für **Rekursionen** (→ 5.5.5) sichergestellt sein, daß irgendwann die gewünschte Rekursionstiefe erreicht und die Rekursion nicht endlos fortgesetzt wird. Endlosrekursionen enden meist damit, daß der Stack vollgeschrieben wird.
  - Der **indizierte Zugriff** (→ 5.2.4 »Array-Typ«) auf Felder ist besonders anfällig dafür, mit ungültigen Indizes auf Speicher außerhalb des vorgesehenen Speicherbereichs zuzugreifen.
  - **Zeiger** (→ 5.2.4 »Zeiger-Typ«) sind eine häufige Fehlerquelle. Zeiger müssen mit einem entsprechenden Speicherraum verbunden werden oder auf **nil** gesetzt werden. Zeiger, die auf keinen Speicherraum weisen, dürfen nicht dereferenziert werden.

- ◆ **Eingaben** müssen stets auf ihre Korrektheit überprüft werden. Dies gilt für die Eingabe seitens des Benutzers, der vielleicht »eins« statt »1« eintippt, ebenso wie für die Funktionsaufrufe innerhalb des Programms, wo eine Funktion beispielsweise »-1« oder »0« als Argument erhält, aber nur natürliche Zahlen verarbeiten kann.

- Der Inhalt von Zeigern oder Eingaben wird meist in **if**- oder **case**-Anweisungen überprüft. Bei unerwünschtem Ergebnis wird dann eine Fehlermeldung ausgegeben und eventuell sogar das Programm abgebrochen.
- Die Aufnahme von **if**-Verzweigungen zur Fehlerbehandlung vermindert die Lesbarkeit des Quelltexts und erschwert das Verständnis des eigentlichen Programmablaufs. Unter anderem aus diesem Grund bietet das Exception Handling (➔ 5.4.4) unter Object Pascal eine Alternative zur Behandlung derartiger Fehler.

Debugger verwenden

Der Debugger ist mit Abstand das wichtigste Werkzeug zum Auffinden von Fehlern. Unabhängig davon, welchen Debugger Sie verwenden, sind die grundlegenden Schritte beim Debuggen stets die gleichen.

Übersicht: Debuggen

- Der Vorteil des Debuggers besteht darin, daß ein Programm schrittweise, notfalls Anweisung für Anweisung, ausgeführt werden kann.
- Nach jedem ausgeführten Schritt wird das Programm angehalten, und Informationen zum aktuellen Zustand des Programms können angezeigt und überprüft werden.
- Um ein Programm nur an ganz bestimmten Punkten anhalten zu lassen, können Haltepunkte gesetzt werden. Bedingte Haltepunkte führen darüber hinaus nur zu einem Programmstop, wenn der Haltepunkt erreicht und zudem eine bestimmte Bedingung – meist bezüglich des Inhalts einer Variablen – erfüllt ist.
- Bevor der Programmierer das Programm nach einem Stop weiter ablaufen läßt, kann er sich Informationen anzeigen lassen, beispielsweise den Inhalt von Variablen oder den Zustand des Stacks.

Wenn Sie keinen Debugger verwenden wollen, können Sie einen einfachen Debugger auch simulieren, indem Sie sich zur Laufzeit vom Programm selbst Informationen ausgeben lassen.

4.1.3 Optimierung

Sollten Sie auch nach dem Debuggen noch nicht die Lust am Programmieren verloren haben, können Sie darangehen, Ihr Programm nach verschiedenen Kriterien zu optimieren:

- nach Lesbarkeit und Wartbarkeit,
- nach Codegröße und Ausführungszeit.

Übersicht: Lesbarkeit und Wartbarkeit

Das Einarbeiten in Quellcode älterer Programme oder in Quellcode, der von jemand anderem aufgesetzt wurde, ist meist recht mühsam. Man kann dies erleichtern durch

- Modularisierung,
- Kommentierung,
- übersichtliches Einrücken.

Wobei zumindest die beiden ersten Punkte bereits bei der Programmerstellung, auf jeden Fall aber vor dem endgültigen Debuggen, beherzigt werden sollten.

Übersicht: Codegröße und Ausführungszeit

Die Optimierung von Anwendungen in Hinblick auf Laufzeit und Codegröße ist nicht mit ein paar Stichworten abzuhandeln. Hierzu bedarf es einiger Programmiererfahrung und Hintergrundwissen zur Funktion und Arbeitsweise von Computern. Andererseits werden die Computer immer schneller und die Speicherkapazitäten immer größer, so daß ausgefeilte Optimierungstechniken für die Erstellung von Standard-Software nicht unbedingt notwendig sind. Zudem kann Ihnen der Delphi-Compiler einen Teil der Arbeit abnehmen. Rufen Sie dazu die Seite ***Compiler*** im Dialogfenster ***Projektoptionen*** auf (Menübefehl **PROJEKT/OPTIONEN**).

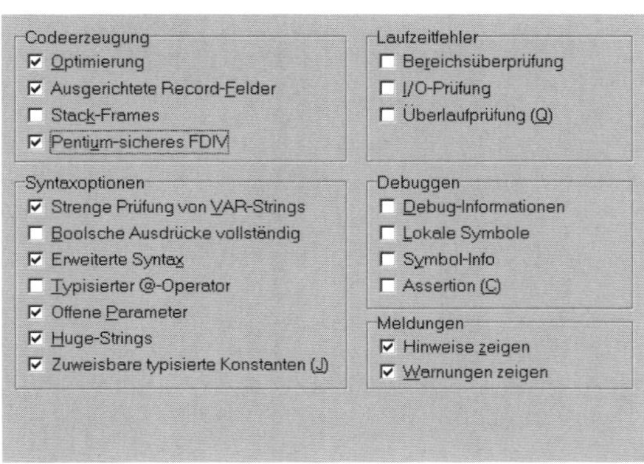

- Setzen Sie die Option ***Optimierung***.
- Schalten Sie alle Optionen zur Aufnahme von Debug-Informationen aus.
- Achten Sie darauf, daß die Option ***Stack-Frames*** ausgeschaltet ist.
- Ist Ihnen Schnelligkeit wichtiger als RAM-Bedarf, setzen Sie die Option ***Ausgerichtete Record-Felder***.
- Schalten Sie die Optionen im Bereich ***Laufzeitfehler*** aus, wenn Sie meinen, daß entsprechende Fehler in Ihrem Programm nicht auftreten.

4.2 Anzeige von Informationen

Um Fehler in Programmen aufspüren zu können, sind Sie auf Informationen angewiesen, die Rückschlüsse auf die Fehlerursache ermöglichen. Solange Sie unter der Delphi-IDE arbeiten, können Sie auf drei verschiedene Gruppen von Informationen zurückgreifen:

- statische Informationen wie Quelltext und Symbolanzeige,
- Ausgaben und Aktionen des Programms zur Laufzeit,
- Laufzeitinformationen, die von einem Debugging-Tool erzeugt werden.

4.2.1 Die Symbolanzeige

Mit der Symbolanzeige können Sie sich über die Units, Objekte und allgemein alle Bezeichner Ihres Projekts informieren. Voraussetzung dafür ist, daß eine (möglichst aktuelle) ausführbare Datei zu dem Projekt vorhanden ist und daß die Debug-Optionen auf der Seite ***Compiler*** des Dialogfensters ***Projektoptionen*** gesetzt sind.

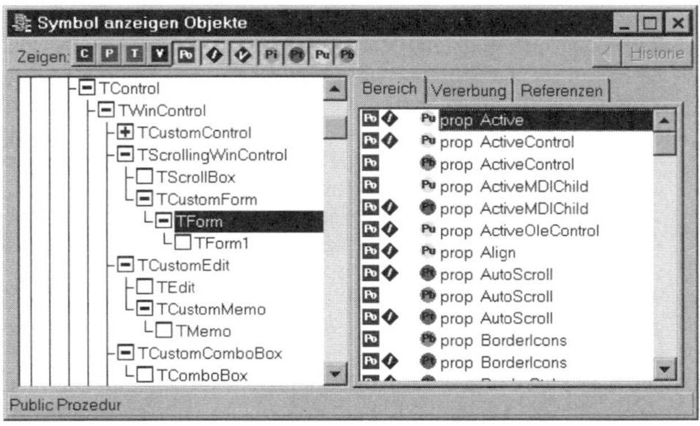

Ausführung: Arbeit mit der Symbolanzeige

1. **Rufen Sie die Symbolanzeige auf** (Befehl **ANSICHT/SYMBOLANZEIGE**).
2. **Bestimmen Sie im Kontextmenü der Symbolanzeige, welche Informationen angezeigt werden sollen.** Sie können dazu das Fenster der Symbolanzeige an beliebiger Stelle anklicken.

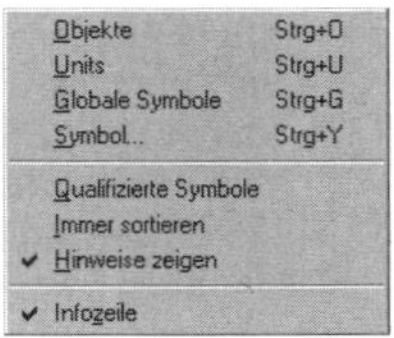

- Entscheiden Sie sich für **OBJEKTE** (hierarchische Präsentation aller Klassen), **UNITS** (Liste der eingebundenen Units), **GLOBALE SYMBOLE** (Liste aller globalen Bezeichner (Typen, Variablen, Prozeduren etc.)) oder **SYMBOL** (öffnet ein Dialogfenster, in dem Sie den Namen des zu suchenden globalen Symbols eingeben können).

Danach sehen Sie im linken Bereich eine entsprechende Auflistung und rechts Details zu dem Eintrag, der im linken Ausschnitt markiert ist.

3. **Passen Sie die Anzeige an Ihre Bedürfnisse an.** Die Listen der aufgeführten Elemente sind meist sehr umfangreich, da beim Anlegen der Delphi-Projekte viele Units automatisch aufgenommen werden. Filtern und ordnen Sie daher die angezeigten Informationen:
   - Wenn Sie nach einem bestimmten globalen Symbol suchen, durchforschen Sie nicht die Listen, sondern rufen Sie aus dem Kontextmenü den Befehl **SYMBOL** auf.
   - Standardmäßig sind die Einträge der Listen nach der Reihenfolge ihrer Deklaration aufgeführt. Durch Auswahl der Option ***Immer sortieren***, können Sie die Anzeige zwischen Deklarationsreihenfolge und alphabetischer Sortierung umschalten.
   - Benutzen Sie die Schalter über den Ausschnitten, um die angezeigte Information zu filtern. Über die Schalter können Sie steuern, welche Arten von Symbolen (Datentyp, Prozedur etc.) und welche Arten von Klassenelementen (geerbt, virtuell, privat etc.) angezeigt werden sollen. Wenn Ihnen die Bedeutung eines Schalters unklar sein sollte, lassen Sie den Cursor eine kleine Weile über dem Schalter stehen, um die Kurzinformation anzeigen zu lassen (vorausgesetzt die Option ***Hinweise zeigen*** im Kontextmenü ist gesetzt).
   - Wenn Sie sich die Hierarchie der Objekte anschauen, können Sie Zweige, die Sie nicht interessieren, durch Klick auf das davor stehende Kästchen ausblenden.
4. **Lassen Sie sich weitere Details anzeigen.** Viele der Elemente, die im rechten Ausschnitt zu sehen sind, enthalten wiederum untergeordnete Elemente (Objekte verfügen über Datenelemente, Prozeduren und Funktionen und u.U. über lokale Variablen).
   - Durch Doppelklick auf einen Eintrag im linken Abschnitt laden Sie seine Detailansicht vom rechten Abschnitt in den linken Abschnitt.
   - Durch Doppelklick auf einen Eintrag im rechten Abschnitt laden Sie seine Detailansicht neu in den linken Abschnitt.
5. **Springen Sie zum Quelltext.** Liegen alle Debug-Informationen vor, können Sie links ein Symbol markieren und sich rechts auf der Seite ***Referenzen*** den Verweis auf seine Deklaration ansehen. Durch Doppelklick auf den

Verweis springt die Anzeige im Editorfenster automatisch zur Deklaration des Symbols.

Das verwirrendste an der Symbolanzeige ist die Vielzahl der Möglichkeiten und Anzeigen. Die folgende Übersicht faßt daher die wichtigsten Einsatzbereiche zusammen.

Übersicht:

- **Klassenhierarchie anzeigen.** Die Standardeinstellung von Delphi ist so, daß beim öffnen der Symbolanzeige automatisch die Klassenhierarchie angezeigt wird (auf der Seite ***Symbolanzeige*** des Fensters ***Umgebungsoptionen*** können Sie eine andere ***Ausgangsansicht*** auswählen). Dies ist die vollständigste Anzeige der Klassenhierarchie. Zwar gibt es im rechten Ausschnitt eine Extra-Seite ***Vererbung***, die Basisklassen und abgeleitete Klassen zu der im linken Ausschnitt ausgewählten Klassenvariablen anzeigt, allerdings immer nur die unmittelbaren Basis- und abgeleiteten Klassen und auch nur für Klassen, zu denen Debug-Informationen vorliegen, was für die Klassen der Delphi-Units nicht der Fall ist.
- **Elemente einer Klasse einsehen.** Markieren Sie im linken Ausschnitt die Klasse, deren Elemente untersucht werden sollen. Wählen Sie die Klasse aus der Klassenhierarchie (Befehl **OBJEKTE** im Kontextmenü), oder geben Sie im Dialogfenster ***Symbol anzeigen*** (Befehl **SYMBOL** im Kontextmenü) den Typnamen der Klasse oder den Variablennamen einer Instanz der Klasse ein. Rechts werden dann die Klassenelemente angezeigt. Benutzen Sie die Schalter in der Symbolleiste des Fensters, um die Klassenelemente zu filtern.
- **Eigene Units untersuchen.** Geben Sie den Namen der Unit ohne Extension im Dialogfenster ***Symbol anzeigen*** (Befehl **SYMBOL** im Kontextmenü) ein, oder lassen Sie sich alle Units unsortiert anzeigen (Befehl **UNITS** im Kontextmenü). Da die von Ihnen selbst eingerichteten Units meist nach den Delphi-Units deklariert sind, finden Sie ihre Units am Ende der Liste.
- **Bestimmtes Symbol suchen.** Rufen Sie den Befehl **SYMBOL** aus dem Kontextmenü auf, und geben Sie den Namen des gesuchten Symbols ein.
- **Lokale Symbole anzeigen.** Nach lokalen Symbolen können Sie **nicht** mit dem Befehl **SYMBOL** aus dem Kontextmenü suchen. Suchen Sie statt dessen die zugehörige Prozedur oder Funktion, und lassen Sie sich die Detailansicht anzeigen. (Achten Sie auch darauf, daß die Option ***Lokale Symbole*** auf der Seite ***Compiler*** des Dialogfensters ***Projektoptionen*** beim Kompilieren gesetzt war.)
- **Deklaration eines Symbols suchen.** Laden Sie das Symbol in den linken Ausschnitt. Wählen Sie im rechten Ausschnitt die Seite ***Referenzen***. War

beim Kompilieren der Unit die Option ***Symbol-Info*** auf der Seite ***Compiler*** des Dialogfensters ***Projektoptionen*** gesetzt, sehen Sie jetzt rechts den Verweis auf die Deklaration des Symbols. Doppelklicken Sie auf den Verweis, um im Editorfenster in die Zeile der Deklaration zu springen.

Anmerkungen

- Wollen Sie von einer Detailansicht zur vorangehenden Übersicht zurückgehen, drücken Sie auf den Pfeilschalter neben dem Schalter ***Historie***.
- Die Standardeinstellungen zur Symbolanzeige können über die gleichnamige Seite im Fenster ***Projektoptionen*** angepaßt werden (Menübefehl TOOLS/UMGEBUNGSOPTIONEN).

4.2.2 Ausgaben des Programms

Selbstverständlich können Ihnen auch die Ausgaben des Programms Rückschlüsse auf mögliche Fehlerquellen erlauben. Wollen Sie das Programm um spezielle Ausgaben zum Debuggen erweitern, empfiehlt es sich, diese zwischen die Compiler-Direktiven {**$ifdef** ***DEBUG_MAKRO***} und {**$endif**} zu setzen, um sie einfach durch Definition des entsprechenden Makros ein- und auszuschalten.

In den meisten Fällen ist allerdings die Verwendung des Debuggers vorzuziehen.

Anmerkungen

- Zur Ausgabe der Informationen verwenden Sie die Methode **TextOut** der Klasse **TCanvas**. Ein entsprechendes **TCanvas**-Objekt mit Namen **Canvas** ist für alle Formulare vorgesehen. Bei Konsolenanwendungen (Option ***Anwendung für Textbildschirm*** auf der Seite ***Linker*** des Dialogfensters ***Projektoptionen***) verwenden Sie die Prozedur **Writeln**.
- Werden mehr Ausgaben erzeugt, als auf dem Bildschirm übersichtlich angezeigt werden können, bleibt die Alternative, die Ausgaben in eine Datei zu schreiben.

4.2.3 Anzeigen des Debuggers

In Zusammenarbeit mit dem Debugger stehen Ihnen einige weitere Anzeigefenster zur Verfügung. Die Anzeige in diesen Fenstern wird bei jedem Anhalten des Programms durch den Debugger (durch Haltepunkte oder schrittweise Ausführung) automatisch aktualisiert.

Übersicht: Überwachte Ausdrücke

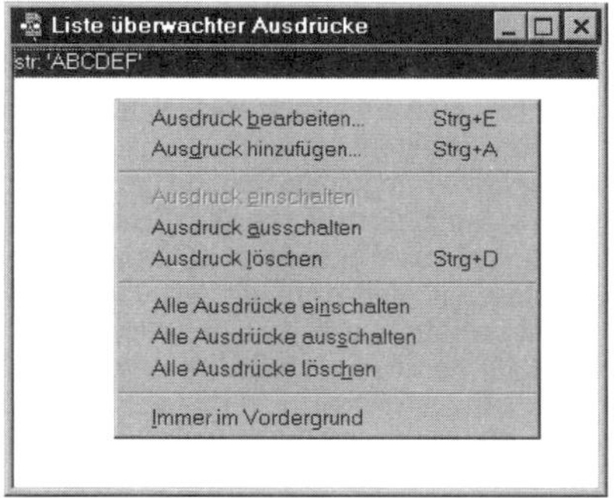

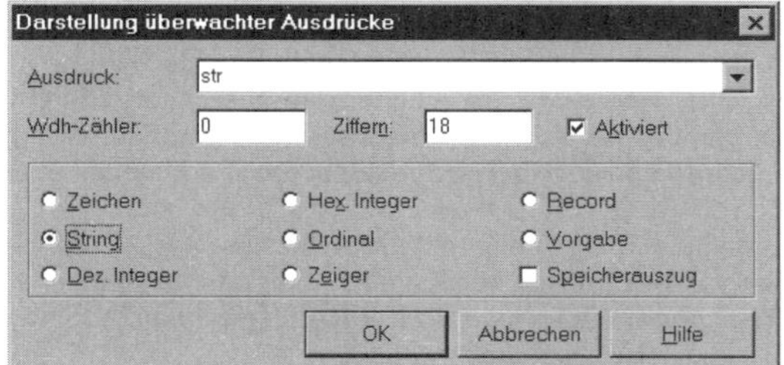

In diesem Fenster, welches wohl traditionell das wichtigste Anzeigefenster des Debuggers ist, können die Werte ausgewählter Variablen überwacht werden.

- Sie können das Fenster über den Menübefehl **ANSICHT/ÜBERWACHTE AUSDRÜCKE** aufrufen.
- Um eine neue Variable zur Überwachung einzurichten, rufen Sie den Befehl **AUSDRUCK HINZUFÜGEN** im Menü **START** oder aus dem Kontextmenü des Fensters ***Liste überwachter Ausdrücke*** auf. In dem erscheinenden Dialogfenster haben Sie folgende Eingabemöglichkeiten:
  - In das Editierfeld ***Ausdruck*** geben Sie den Namen der Variablen oder den zu überwachenden Ausdruck (durch Operatoren verbundene Variablen und Konstanten) ein.
  - Die Angabe ***Wdh.-Zähler*** dient dazu, die ersten n Elemente eines Arrays anzeigen zu lassen. Als Variable muß unter ***Ausdruck*** dazu das er-

ste Element des Arrays angegeben werden (und nicht bloß der Name der Array-Variablen). Wenn Sie sich zur Anzeige von ***Speicherauszügen*** entschlossen haben, geben Sie hier die Anzahl der zu überwachenden Bytes an.

- Im Falle von Gleitkommawerten kann noch die Zahl der angezeigten signifikanten ***Ziffern*** eingestellt werden.
- Über die Option ***Aktiviert*** legen Sie fest, ob der überwachte Ausdruck beim Debuggen ständig aktualisiert wird. Das Setzen dieser Option entspricht dem Befehl **AUSDRUCK AUSSCHALTEN** aus dem Kontextmenü des Anzeigefensters und dient dazu, die Ausführungszeit beim Debuggen durch das Ausschalten nicht interessierender Ausdrücke zu verbessern, ohne dafür den Ausdruck ganz aus dem Fenster löschen zu müssen.
- Darunter können Sie die Interpretation und Anzeige der Werte festlegen.

- Über die Befehle **AUSDRUCK AUSSCHALTEN** und **AUSDRUCK EINSCHALTEN** aus dem Kontextmenü des Anzeigefensters kann die Überwachung eines Ausdrucks, die standardmäßig eingeschaltet ist, nach Wunsch aus- und eingeschaltet werden. Ist ein Ausdruck ausgeschaltet, erfolgt keine Aktualisierung der Werte. Diese Vorgehensweise empfiehlt sich beispielsweise dann, wenn der überwachte Ausdruck in der aktuell überwachten Funktion nicht definiert ist.
- Sämtliche Befehle zur Konfiguration der Anzeige und zum Aufnehmen und Löschen von Ausdrücken können auch über das Kontextmenü des Fensters ***Liste überwachter Ausdrücke*** aufgerufen werden.

Anmerkungen: Überwachte Ausdrücke

- Das An- und Ausschalten der überwachten Ausdrücke erlaubt es Ihnen, die zu überwachenden Ausdrücke in Gruppen (beispielsweise die Variablen einer Funktion, Schleife etc.) zusammenzufassen. So könnten bei der Überwachung zweier Funktionen, die Ausdrücke zu den Funktionen in zwei Blöcken untereinander stehen. Beim Debuggen schalten Sie dann nur die Ausdrücke ein, die zu der überwachten Funktion gehören. Soll eine neue Funktion oder eine weitere Schleife überwacht werden, brauchen Sie die nicht interessierenden Ausdrücke nicht zu löschen, sondern nur auszuschalten. Bei Bedarf können Sie sie wieder einschalten.
- Wenn Sie viele solcher Gruppen definieren, sollten Sie diese auch »beschriften«. Geben Sie die Überschrift einfach als zusätzlichen Ausdruck an.

- Scheuen Sie sich auch nicht, Ausdrücke mehrmals in die Liste der überwachten Ausdrücke aufzunehmen. Dies ist meist besser, als wenn Sie zur Kontrolle der Ausdrücke die Anzeige scrollen müssen.

Übersicht: Quelltexteditor

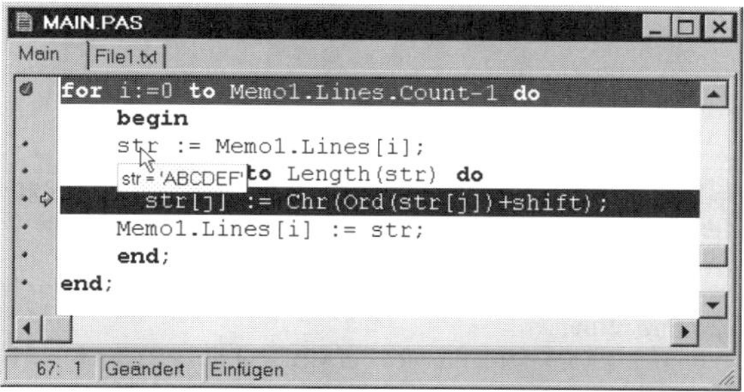

Der Quelltexteditor arbeitet mit dem Debugger eng zusammen. Zum einen können Sie ihn vor dem Debuggen nutzen, um festzulegen, in welche Quelltextzeilen Haltepunkte gesetzt werden sollen (→ Beispiel zu 4.3.2), zum anderen unterstützt er Sie während des Debuggens durch die Anzeige bestimmter Informationen:

- Zeilen, in die Haltepunkte gesetzt wurden, sind rot unterlegt.
- Die Zeile, die als nächstes ausgeführt wird (Ausführungsposition), ist blau unterlegt.
- Wenn Sie auf der Seite ***Anzeige*** der Umgebungsoptionen (Befehl TOOLS/UMGEBUNGSOPTIONEN) die Option ***Leiste sichtbar*** gesetzt haben, werden in der Gutterleiste (linker Randstreifen) Zeilen mit Haltepunkten durch rote Punkte und die Ausführungsposition durch einen Pfeil markiert.
  - Zudem können Sie mit Hilfe der Gutterleiste Haltepunkte leicht setzen und löschen, indem Sie einfach neben der betreffenden Zeile in die Leiste klicken.
- Sie können den Quelltexteditor auch als Alternative zum Fenster ***Liste überwachter Ausdrücke*** benutzen. Bewegen Sie den Mauszeiger einfach im Quelltext auf einen Bezeichner (Variablen einfachen Datentyps ebenso wie Klasseninstanzen oder Eigenschaften von Klassen), und lassen Sie den Mauszeiger einen Moment über dem Bezeichner stehen, bis eine Kurzinformation mit dem aktuellen Wert der Variablen aufspringt.

Übersicht: Haltepunkte

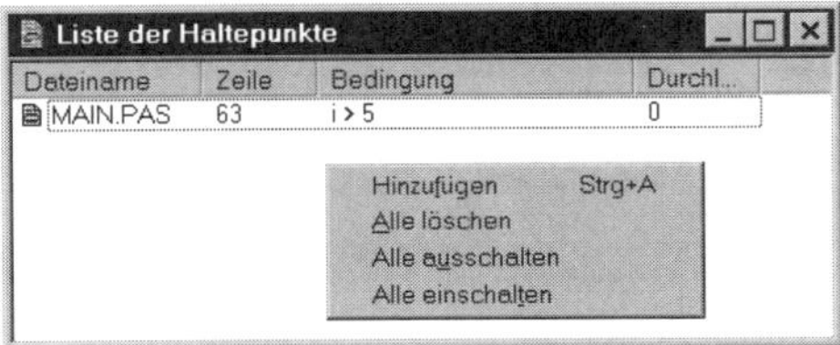

In diesem Fenster werden die von Ihnen gesetzten Haltepunkte angezeigt. In den beiden Kontextmenüs des Fensters stehen sämtliche wichtigen Befehle zur Verwaltung der Haltepunkte zur Verfügung (➔ 4.3.2).

- Über den Befehl **ANSICHT/HALTEPUNKTE** können Sie das Fenster ***Liste der Haltepunkte*** öffnen.
- Das allgemeine Kontextmenü wird bei Klick mit der rechten Maustaste auf den Fensterhintergrund angezeigt.
- Das zweite Kontextmenü dient der Bearbeitung eines bestimmten Haltepunktes und wird angezeigt, wenn Sie mit der rechten Maustaste auf den betreffenden Haltepunkt klicken.

Übersicht: Aufruf-Stack

Dieses Fenster zeigt an, welche Routinen und Module bis zur Abarbeitung der aktuellen Programmzeile aufgerufen, aber noch nicht abgeschlossen wurden.

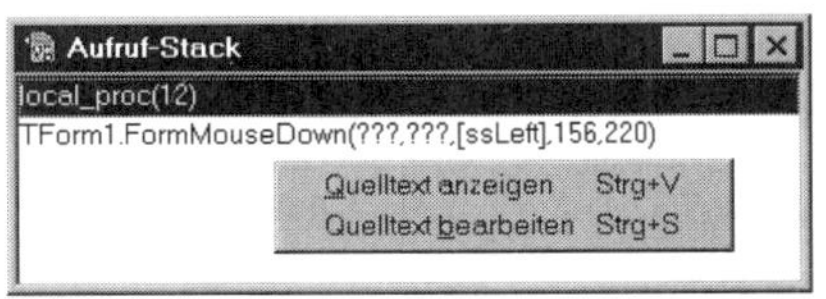

- Über den Befehl **ANSICHT/AUFRUF-STACK** können Sie das gleichnamige Fenster öffnen.
- Auf diese Weise läßt sich die Reihenfolge, in der die Funktionen und Prozeduren durchlaufen werden, nachvollziehen. (Die zuletzt aufgerufene Routine befindet sich auf dem Stack und in der Anzeige ganz oben.)
- Zudem werden die Argumente angezeigt, die den Routinen übergeben wurden.
- Über die Befehle im Kontextmenü können Sie direkt zu den Quelltexten der Routinen springen.

Übersicht: Threads

In diesem Fenster werden die in Ausführung befindlichen Threads aufgeführt.

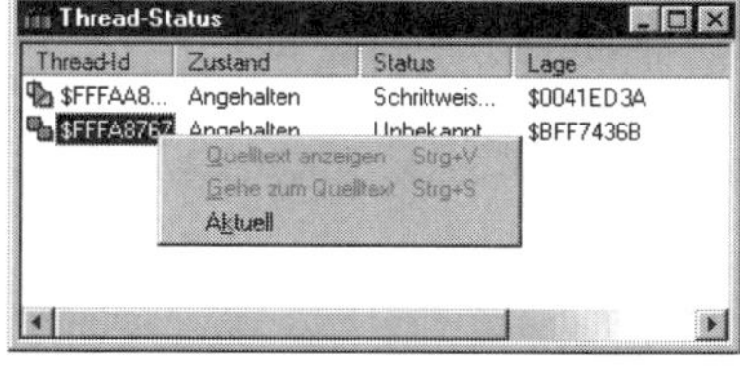

- Über den Befehl **ANSICHT/THREADS** können Sie das Fenster *Thread-Status* öffnen.
- Die Aktionen des Debuggers beziehen sich immer nur auf einen Thread: den aktuellen Thread, der durch einen Pfeil gekennzeichnet wird.
- Mit den Befehlen im Kontextmenü können Sie einen Thread als aktuellen Thread festlegen, und Sie können sich die Ausführungsposition des aktuellen Thread anzeigen lassen (der Befehl **QUELLTEXT ANZEIGEN** lädt den entsprechenden Quelltext ins Editorfenster, der Befehl **GEHE ZUM QUELLTEXT** bringt das Editorfenster zusätzlich in den Vordergrund und übergibt ihm den Eingabefokus).

Übersicht: Inhalte von Variablen ändern

In diesem Fenster können Sie Ausdrücke wie in einem Taschenrechner berechnen, aber auch während des Debuggens mit neuen Werten belegen.

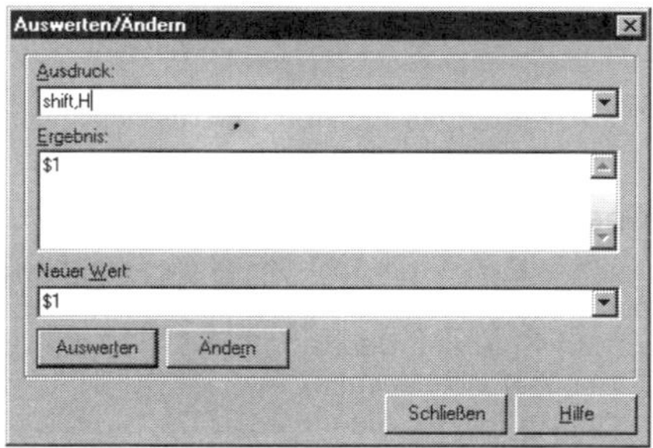

- Über den Befehl **ANSICHT/AUFRUF-STACK** können Sie das gleichnamige Fenster öffnen.
- Wenn Sie während des Debuggens einen ***neuen Wert*** zu einer Variablen angeben und dann den Schalter **ÄNDERN** drücken, wird dieser Wert der Variablen vom Debugger zugewiesen.

- Auf diese Weise können Sie verdächtige Werte gezielt austesten oder Schleifenvariablen zurücksetzen, um die Schleife weiter ausführen und den in ihr enthaltenen Code weiter austesten zu können. Innerhalb von Schleifen haben Sie damit die Möglichkeit, das Programm zurückzusetzen.

- Wenn Sie möchten, können Sie bei der Eingabe des Ausdrucks Formatierungsanweisungen für die Darstellung des Ergebnisses angeben (in der Abbildung wurde beispielsweise festgelegt, daß ein Speicherauszug gelesen und als Hexadezimalzahl angezeigt wird).
  - Die Formatierungsanweisungen werden der Variablen, durch Komma getrennt, nachgestellt.

Tabelle 4.1: Formatierung im Fenster Auswerten/Ändern

Formatzeichen	Bedeutung
C	Für Zeichen und Strings
D	Für Integerwerte
Fn	Für Gleitkommazahlen mit n signifikanten Stellen
H oder X	Hexadezimale Darstellung von Integerwerten
nM	Zeigt einenSpeicherauszug von n Bytes ab der spezifizierten Adresse. Statt M können auch die Formatzeichen C, D, H, S und X verwendet werden
P	Für Zeiger
R	Für Strukturen und Unions
S	Für Zeichen und Strings im Zusammenhang mit Speicherauszügen

4.2.4 Menübefehl Suchen/Laufzeitfehler suchen

Viele Exceptions geben als Hilfe die Speicheradresse des auslösenden Programmcodes an. Mit Hilfe des Debuggers und des Menübefehls **Suchen/Laufzeitfehler suchen** können Sie die Verbindung zwischen der Code-Adresse und dem Quelltext herstellen (vorausgesetzt die erforderlichen Informationen sind dem Debugger zugänglich).

- Wenn Sie die verdächtige Adresse in dem Editierfeld des Dialogfensters eingeben und auf **Ok** drücken, springt der Debugger im Quelltexteditor zu der zur Adresse gehörenden Quelltextzeile.

4.3 Debugger

Aufgabe des Debuggers ist es, Sie bei der Lokalisierung von Fehlern zu unterstützen. Hierzu erlaubt der Debugger die schrittweise Ausführung eines Programms und die Anzeige von Informationen über den Zustand des Programms zur Laufzeit.

4.3.1 Steckbrief

- **Aufruf.** Der Debugger wird automatisch gestartet, wenn Sie ein Programm innerhalb der IDE ablaufen lassen, es sei denn es wurden beim Kompilieren keine Debugging-Informationen in den Objektcode mit aufgenommen (→ unten).
- Sind dem auszuführenden Programm Kommandozeilenargumente zu übergeben, können Sie diese im Dialogfenster unter **START/PARAMETER** eintragen.
- Um ein Programm in den Debugger zu laden und es auszuführen, haben Sie folgende Möglichkeiten:
  - **START/START**. Führt Programm ganz bzw. bis zum nächsten Haltepunkt aus.
  - **START/GESAMTE ROUTINE START/EINZELNE ANWEISUNG, START/NÄCHSTE QUELLTEXTZEILE**. Starten das Programm und stoppen, wenn beim Start eine Routine aufgerufen wird, die vom Programmierer implementiert wurde (beispielsweise die Antwortprozedur zum Ereignis ***OnActivate*** des Hauptfensters). Ansonsten führen diese Befehle das Programm schrittweise aus (→ Beispiel zu 4.3.2, 4.3.3), allerdings nicht die Anweisungen aus der Projektdatei (dazu müssen Sie die Option ***Programmblock schrittweise*** auf der Seite ***Vorgaben*** der ***Umgebungsoptionen*** setzen).
  - **START/GEHE ZUR CURSORPOSITION**. Führt das Programm bis zur aktuellen Cursorposition aus.
- **Funktionalität und Einsatzbereich.** Mit dem Debugger können Programme schrittweise ausgeführt werden, während gleichzeitig mit Hilfe der verschiedenen Anzeigefenster die Werte interessierender Variablen verfolgt werden können. Er unterstützt also die Prozeßsteuerung und die Anzeige von Informationen zur Laufzeit.
- **Aufbau.** Der Debugger ist vollkommen in die IDE integriert. Er steuert automatisch die Ausführung von Programmen innerhalb der IDE. Seine Befehle finden sich im Menü **START** sowie den Kontextmenüs seiner Anzeigefenster. Außer diesen Anzeigefenstern und einigen Dialogfenstern zur Konfigurierung verfügt der Debugger über kein eigenes Fenster.

- **Sonstiges.** Damit der Debugger korrekt arbeiten kann, ist er auf entsprechende Debugging-Informationen in den .dcu/.obj- und .exe-Dateien angewiesen. Schalten Sie dazu vor der Kompilation die Optionen
  - ***Debug-Informationen***,
  - ***Lokale Symbole*** und
  - ***Symbol-Info***

  auf der Seite ***Compiler*** des Fensters ***Projektoptionen*** (Aufruf über **PROJEKT/OPTIONEN** ein.

  Um eine vollständige Übereinstimmung zwischen Ihrem Quelltext und dem debuggten Objektcode zu garantieren, sollten Sie bei der Kompilation keinerlei Optimierungen vornehmen lassen, da diese unter anderem zu Code-Umstellungen oder zum Wegfallen von Anweisungen führen können (Option ***Optimierung*** auf der gleichen Seite ausschalten).

4.3.2 Hinweise zur Arbeit mit dem Debugger

Aufgabe des Debuggers ist es, Sie bei der Lokalisierung von Fehlern zu unterstützen. Hierzu erlaubt der Debugger die schrittweise Ausführung eines Programms und die Anzeige von Informationen über den Zustand des Programms zur Laufzeit.

Übersicht: Steuerung des Programmablaufs

Im Laufe einer Debugging-Sitzung ist es meist erforderlich, ein Programm mal Anweisung für Anweisung, mal in gröberen Schritten auszuführen und mal gezielt zu bestimmten Textstellen zu springen. Der Debugger stellt dazu mehrere Befehle bereit:

- **START/START**. Führt Programm ganz bzw. bis zum nächsten Haltepunkt aus. Dieser Befehl dient vor allem dem Springen von Haltepunkt zu Haltepunkt.

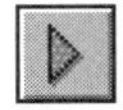

- **START/GESAMTE ROUTINE**. Führt ein Programm Zeile für Zeile aus, wobei nicht in Funktionen verzweigt wird. Dieser Befehl dient dem schnellen Durchgehen eines Programms. Insbesondere Funktionen, die bereits ausgetestet sind, können so übersprungen werden.

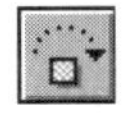

- **START/EINZELNE ANWEISUNG**. Führt ein Programm Zeile für Zeile aus, wobei in Funktionen verzweigt wird. Trifft der Debugger auf einen Funktionsaufruf, springt er in die erste Anweisung der Funktion. Dieser Befehl dient der minuziösen Überwachung.
  - An sich sollte dieser Befehl wohl dazu gedacht sein, daß man mehrere Anweisungen, die in einer Quelltextzeile stehen, einzeln ausführen kann (im Unterschied zum Befehl **NÄCHSTE QUELLTEXTZEILE**).

- **START/NÄCHSTE QUELLTEXTZEILE.** Führt ein Programm Zeile für Zeile aus, wobei in Funktionen verzweigt wird. Trifft der Debugger auf einen Funktionsaufruf, springt er in die erste Anweisung der Funktion.
- **START/GEHE ZUR CURSORPOSITION.** Führt Programm bis zur aktuellen Cursorposition aus.
- **START/PROGRAMM PAUSE.** Mit diesem Befehl kann ein Programm angehalten werden. Die Ausführungsposition bleibt erhalten, und das Programm kann später von dort aus wieder weiter ausgeführt werden 
- **START/PROGRAMM ZURÜCKSETZEN** Dieser Befehl setzt ein Programm zurück, so daß es wieder von neuem ausgeführt werden kann.
- **START/NEUER HALTEPUNKT.** Mit diesem Befehl können Haltepunkte gesetzt werden. Dies ist interessant, wenn Sie bei jeder Ausführung des Programms an einer bestimmte Stelle anhalten wollen, wenn Sie Schleifen debuggen oder wenn Sie Windows-Anwendungen debuggen, die aufgrund ihrer besonderen Ablaufstruktur nur in begrenztem Maße Zeile für Zeile ausgeführt werden können. Um ein Programm bis zum nächsten Haltepunkt auszuführen, verwenden Sie den Befehl **START/START.**

Wenn die Ausführung des Programms an irgendeinem Punkt gestoppt wird, wird die als nächstes auszuführende Zeile im Quelltext farbig (blau) unterlegt und mit einem Pfeil in der Gutterleiste (→ 4.3.4) gekennzeichnet. Sollte Ihnen diese sogenannte Ausführungsposition einmal aus den Augen geraten, sei es, weil Sie im Quelltext scrollen oder andere Fenster geöffnet wurden, können Sie die Ausführungsposition mit dem Befehl **START/ZEIGE AUSFÜHRUNGSPOSITION** schnell wiederfinden.

Übersicht: Haltepunkte einrichten

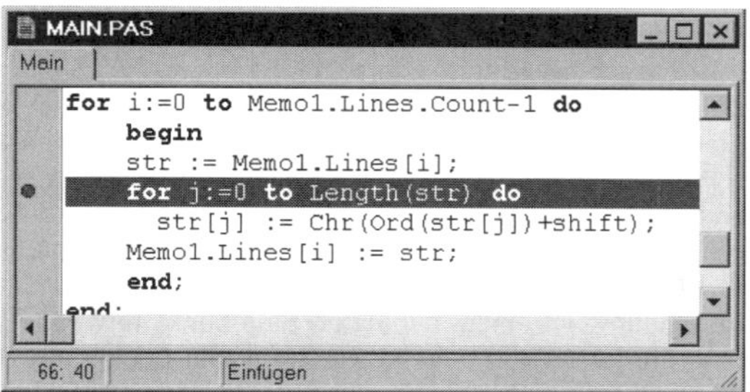

Haltepunkte gehören zu den wesentlichen Konzepten jedes besseren Debuggers. Sie ermöglichen es dem Programmierer, das Programm ganz gezielt an bestimmten Stellen anhalten zu lassen, um sich dann mit Hilfe der Anzeigefenster des Debuggers Informationen über den aktuellen Zustand des Programms und seiner Variablen anzeigen zu lassen. Haltepunkte können auf verschiedene Weisen eingerichtet werden:

- **Unbedingte Haltepunkte** setzen Sie am schnellsten, indem Sie im Quelltexteditor mit der linken Maustaste in die Gutterleiste links neben der entsprechenden Textzeile klicken, woraufhin die Zeile farbig (rot) markiert und mit einem Punkt gekennzeichnet wird. Durch nochmaliges Klicken auf den Anfang der Textzeile löschen Sie den Haltepunkt wieder.
  - Der Haltepunkt wird nun im Fenster ***Liste der Haltepunkte*** aufgeführt und kann dort bearbeitet werden (➔ unten).
- Die zweite Möglichkeit, Haltepunkte einzurichten, geht über die Befehle **NEUER HALTEPUNKT** und **HINZUFÜGEN** aus dem Menü **START** bzw. dem Kontextmenü des Fensters ***Liste der Haltepunkte***. Es erscheint das Dialogfenster ***Haltepunkt bearbeiten***, in dem Sie u.a. die Möglichkeit haben, eine Bedingung für die Gültigkeit des Haltepunkts einzugeben:

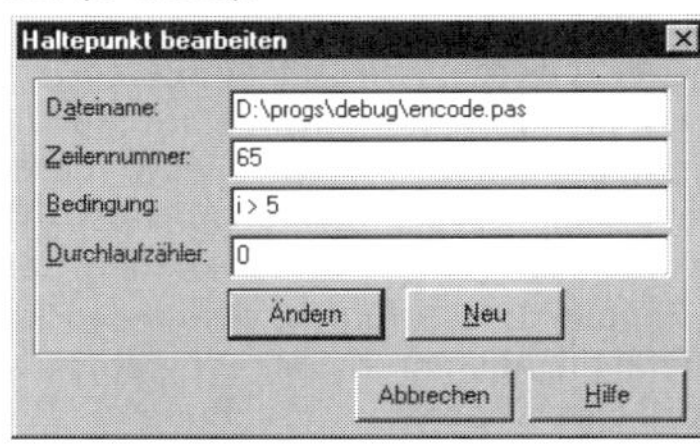

  - ***Dateiname***. Hier geben Sie den vollständigen Namen der Unit ein, in die der Haltepunkt gesetzt werden soll (wenn Sie das Fenster ***Haltepunkt bearbeiten*** öffnen, wird per Voreinstellung die Unit angezeigt, die im Editorfenster aktiv ist).
  - ***Zeilennummer***. Hier geben Sie die Nummer der Zeile ein, in die der Haltepunkt gesetzt werden soll (wenn Sie das Fenster ***Haltepunkt bearbeiten*** öffnen, wird per Voreinstellung die Zeilennummer angezeigt, in der der Cursor des Editorfensters steht).
  - ***Bedingung***. Hier können Sie einen booleschen Ausdruck eingeben, der jedesmal überprüft wird, wenn der Debugger bei der Ausführung des Programms den Haltepunkt erreicht. Der Haltepunkt wird nur dann berücksichtigt, wenn die Bedingung erfüllt ist.
  - ***Durchlaufzähler***. Legt fest, wie oft der Haltepunkt ausgeführt werden muß, bevor er zu einem Programmstop führt. Wird der Durchlaufzähler in Verbindung mit einem bedingten Haltepunkt verwendet, wird die Ausführung erst dann angehalten, wenn die Bedingung zum n-ten Male erfüllt ist (wobei ***n*** die Anzahl der geforderten Durchläufe ist).

Übersicht: Das Fenster Liste der Haltepunkte

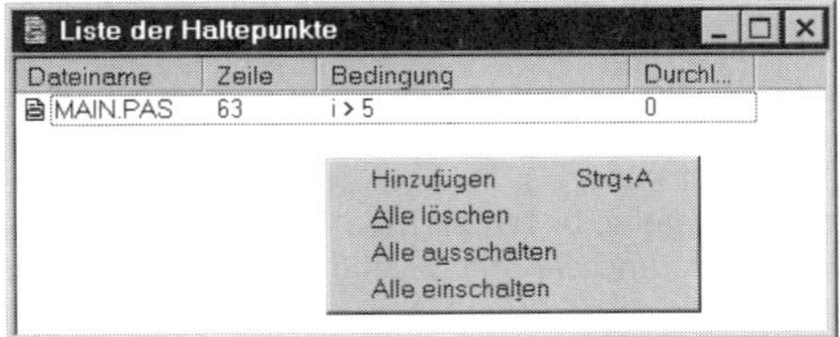

Alle Haltepunkte, die in dem aktuellen Projekt eingerichtet wurden, werden hier aufgeführt.

- Zu jedem Haltepunkt werden folgende Informationen angezeigt:
  - Der ***Name*** der Datei, in der der Haltepunkt gesetzt wurde.
  - Die Quelltext***zeile***, in der der Haltepunkt gesetzt wurde.
  - Die ***Bedingung***, die für den Haltepunkt definiert wurde.
  - Die Anzahl der ***Durchläufe***, bis ein Haltepunkt greift.
- Klicken Sie in einen freien Bereich des Fensters, um das Menü mit den allgemeinen Befehlen aufzurufen:
  - **HINZUFÜGEN** und Einrichten eines neuen Haltepunkts.
  - **LÖSCHEN** aller Haltepunkte.
  - **AUSSCHALTEN** aller Haltepunkte. (Das Ein- und Ausschalten von Haltepunkten ist sinnvoll, um Haltepunkte schnell inaktivieren zu können, ohne sie später neu definieren zu müssen.)
  - **EINSCHALTEN** aller Haltepunkte.
- Klicken Sie auf den Dateinamen eines Haltepunkts, um das Menü mit den für einen Haltepunkt spezifischen Befehlen aufzurufen:
  - **AKTIVIERT**. Menüoption, die festlegt, ob der Haltepunkt bei der Ausführung des Programms berücksichtigt wird oder nicht (entspricht Ein- und Ausschalten).
  - **LÖSCHEN** des Haltepunkts.
  - **QUELLTEXT ANZEIGEN** und **BEARBEITEN** (wechsel zum Quelltexteditor) der Quelltextzeile zu dem Haltepunkt.
  - **EIGENSCHAFTEN**. Dieser Befehl öffnet das Fenster ***Haltepunkt bearbeiten*** (→ oben), in dem Sie den Haltepunkt neu konfigurieren können.

Übersicht: Anzeige von Informationen

Welche Art von Informationen Sie sich wie anzeigen lassen können, wurde bereits im vorangehenden Teil (→ 4.2) beschrieben.

Beispiel

Das folgende Beispiel soll eine Datei einlesen und verschlüsseln, indem die einzelnen Buchstaben durch Zeichen ersetzt werden, die ihnen im ASCII-Code um ***shift*** Positionen versetzt folgen. Das Programmgerüst mit seinem Dateimenü und der Symbolleiste wurde mit Hilfe des Anwendungs-Experten (→ 3.6.2) erstellt. Danach wurde das Menü im Menüeditor (→ 6.7) bis auf die drei unterstützten Menübefehle **DATEI/ÖFFNEN**, **DATEI/SPEICHERN UNTER** und **DATEI/BEENDEN** gelöscht und die drei zugehörigen Ereignisbehandlungsroutinen implementiert. Als zusätzliche Komponente wurde ein Memofeld in das Formular aufgenommen, dessen Eigenschaft **Align** im Objektinspektor der Wert **alClient** zugewiesen wurde, damit es den ganzen Client-Bereich des Hauptfensters ausfüllt. Die Prozedur ***Memo1Click*** ist die Ereignisbehandlungsroutine für das **OnClick**-Ereignis des Memofeldes. In ihr findet die Umcodierung des Textes statt.

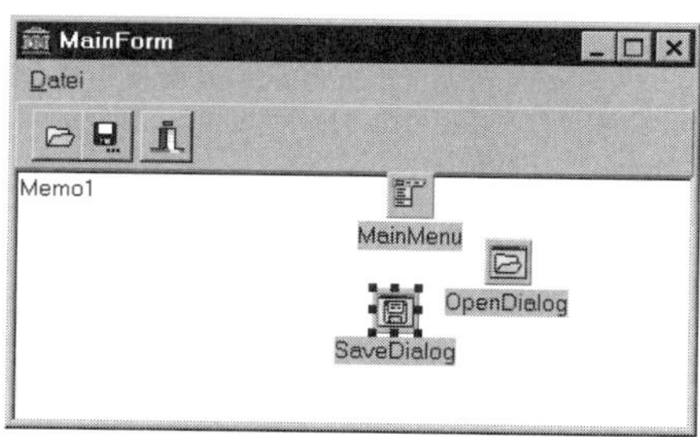


```
unit code;

interface

uses
  SysUtils, Windows, Messages, Classes, Graphics, Controls,
  Forms, Dialogs, StdCtrls, Buttons, ExtCtrls, Menus;

type
  TMainForm = class(TForm)
    MainMenu: TMainMenu;
    FileOpenItem: TMenuItem;
    FileSaveAsItem: TMenuItem;
    FileExitItem: TMenuItem;
    OpenDialog: TOpenDialog;
    SaveDialog: TSaveDialog;
    SpeedBar: TPanel;
```

```
    SpeedButton1: TSpeedButton;  { &öffnen... }
    SpeedButton2: TSpeedButton;  { Speichern &unter... }
    SpeedButton3: TSpeedButton;  { &Beenden }
    Memo1: TMemo;
    procedure FileOpen(Sender: TObject);
    procedure FileSaveAs(Sender: TObject);
    procedure FileExit(Sender: TObject);
    procedure Memo1Click(Sender: TObject);
  end;

var
  MainForm: TMainForm;

implementation

{$R *.DFM}
procedure TMainForm.FileOpen(Sender: TObject);
begin
  if OpenDialog.Execute then
  begin
  Memo1.Lines.LoadFromFile(OpenDialog.Filename);
  end;
end;

procedure TMainForm.FileSaveAs(Sender: TObject);
begin
  if SaveDialog.Execute then
  begin
  Memo1.Lines.SaveToFile(SaveDialog.Filename);
  end;
end;

procedure TMainForm.FileExit(Sender: TObject);
begin
  Close;
end;

procedure TMainForm.Memo1Click(Sender: TObject);
Var
  str : string;
  i,j : Integer;
  shift : Integer;
begin
shift := 1;
for i:=0 to Memo1.Lines.Count do
    begin
    str := Memo1.Lines[i];
```

```
    for j:=0 to Length(str) do
      str[j] := Chr(Ord(str[j])+shift);
    Memo1.Lines[i] := str;
    end;
end;
end.
```

Ausführung: Beispiel debuggen

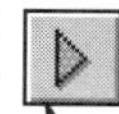

1. **Führen Sie das Programm aus.** Wählen Sie nach dem Start des Programms den Befehl **DATEI/ÖFFNEN,** und laden Sie eine nicht allzu große Textdatei. Gut eignen würde sich beispielsweise folgender Text:
   ```
   ABCDEF
   BCDEFG
   opqrst
   pqrstu
   012345
   Ende
   ```
2. **Wenn Sie jetzt in das Memofeld klicken,** können Sie verfolgen, wie die Zeilen nacheinander umcodiert werden. Da **shift** gleich 1 ist, wird A zu B, B zu C etc. Zum Schluß bricht das Programm ab, und es wird eine Exception angezeigt.
3. **Bestätigen Sie das Meldungsfenster.** Danach zeigt der Debugger Ihnen im Quelltexteditor die Zeile
   `str[j] := Chr(Ord(str[j])+shift);`
   an. (Tut er dies nicht, rufen Sie den Befehl **TOOLS/UMGEBUNGSOPTIONEN** auf und setzen Sie auf der Seite ***Vorgaben*** die Option ***Bei Exceptions anhalten***. Führen Sie dann das Programm erneut aus.)
   Wenn Sie möchten, können Sie zur Kontrolle auch noch das Fenster ***Aufruf-Stack*** öffnen, das Ihnen ebenfalls anzeigt, daß die zuletzt ausgeführte Routine ***Memo1Click*** war.
4. **Setzen Sie einen Haltepunkt in die Zeile**
   `for j:=0 to Length(str) do`
   (Klicken Sie einfach mit der Maus auf den Anfang der Zeile oder verwenden Sie den Befehl **NEUER HALTEPUNKT** im Menü **START.**) Die Idee dabei ist, den Inhalt der einzelnen Zeilen im Memofeld zu kontrollieren. Diese werden jeweils in der vorangehenden Zeile der Variablen zugewiesen. Wir lassen diese Zeile daher noch ausführen und stoppen das Programm erst danach.
5. **Überwachen Sie die Variable *str*.** Rufen Sie den Befehl **AUSDRUCK HINZUFÜGEN** aus dem Menü **START** auf. Geben Sie im Feld ***Ausdruck str*** ein, und klicken Sie auf die Option ***String***.

6. **Führen Sie das Programm nochmals aus**. Drücken Sie die Taste [F9] oder das Maussymbol, um jeweils einen weiteren Schleifendurchgang auszuführen. Zu Anfang jeden Durchgangs stoppt der Debugger am Haltepunkt, und Sie können den Wert der Variablen ***str*** kontrollieren, der an sich wie gewünscht die einzelnen Zeilen der Datei korrekt aufnehmen sollte.
   Zum Schluß können Sie allerdings feststellen, daß ein leerer String zugewiesen wurde – was äußerst verdächtig ist.
7. **Führen Sie das Programm nun schrittweise aus**. Drücken Sie die Taste [F7] oder das Maussymbol.
   Beim Zugriff auf das erste Zeichen im String, das natürlich nicht vorhanden ist, kommt es zum Absturz. Wo kommt der leere String her? Offenbar wird eine Zeile mehr eingelesen, als in der Datei wirklich vorhanden ist. Der Fehler liegt in der Anweisung
   ```
   for i:=0 to Memo1.Lines.Count do
   ```
   Memo1.Lines.Count gibt die Anzahl der Zeilen im Memofeld an und soll hier sicherstellen, daß nicht mehr Zeilen als vorhanden eingelesen werden. Da die Indizierung jedoch bei **0** beginnt, muß die korrekte obere Grenze **Memo1.Lines.Count-1** lauten.
8. **Korrigieren Sie die Zeile** zu
   ```
   for i:=0 to Memo1.Lines.Count-1 do
   ```
9. **Führen Sie das Programm erneut aus**. Es sollte nun korrekt ablaufen. Das Problem der leeren Strings taucht aber nicht nur auf, wenn mehr Zeilen eingelesen werden, als eigentlich vorhanden sind. Auch im regulären Text können sich leere Zeilen befinden. Aus diesem Grund sollten Sie das Programm noch um einen entsprechenden Test auf leere Zeilen erweitern, um eine zum Absturz führende Indizierung leerer Strings zu vermeiden.

4.3.3 Windows-Anwendungen debuggen

Beim Debuggen von Windows-Anwendungen sind einige Besonderheiten zu beachten.

- Wegen der **Botschaftsverarbeitung** und der damit verbundenen besonderen Ablaufstruktur von Windows-Anwendungen, können diese nur in begrenztem Maße schrittweise ausgeführt werden. Sie müssen daher Haltepunkte in jede interessierende Antwortfunktionen setzen, um so bei Ausführung des Programms aus der Botschaftsverarbeitung wieder in den Debugging-Modus zu kommen.
- Zur effektiveren Speichernutzung ist es unter Windows üblich, Code, der unter Umständen von mehreren laufenden Anwendungen gleichzeitig benötigt wird, in dynamischen Linkbibliotheken (DLLs) auszulagern

(→ 6.15). Wenn Sie selbst DLLs schreiben wollen (DLL-Projekte werden über den Befehl **DATEI/NEU/DLL** angelegt), brauchen Sie zusätzlich eine Anwendung, die die Funktionen, Klassen, Ressourcen aus Ihrer DLL aufruft. Implementieren Sie also die aufrufende Anwendung und erstellen Sie die entsprechende .exe-Datei. Kehren Sie dann in Ihr DLL-Projekt zurück, und rufen Sie den Befehl **START/PARAMETER** auf. In dem erscheinenden Dialogfenster können Sie im Editierfeld ***Host-Anwendung*** die .exe-Datei der aufrufenden Anwendung angeben. Starten Sie dann das DLL-Projekt.

- In 32-Bit-Anwendungen haben Sie die Möglichkeit, mehrere **Threads** gleichzeitig ausführen zu lassen. Welcher Thread Ihres Programms vom Debugger verfolgt wird, können Sie dem Thread-Fenster entnehmen (**ANSICHT/THREADS**). Hier haben Sie auch die Möglichkeit, mit Hilfe der Option ***Aktuell*** aus dem Kontextmenü des Fensters einen beliebigen Thread zum aktiven, d.h. überwachten Thread zu machen. Um den Überblick darüber zu behalten, welcher Thread gerade aktiv ist, sollten Sie beim Debuggen von Multithread-Programmen stets das Thread-Fenster im Auge behalten.

4.3.4 Debugger konfigurieren

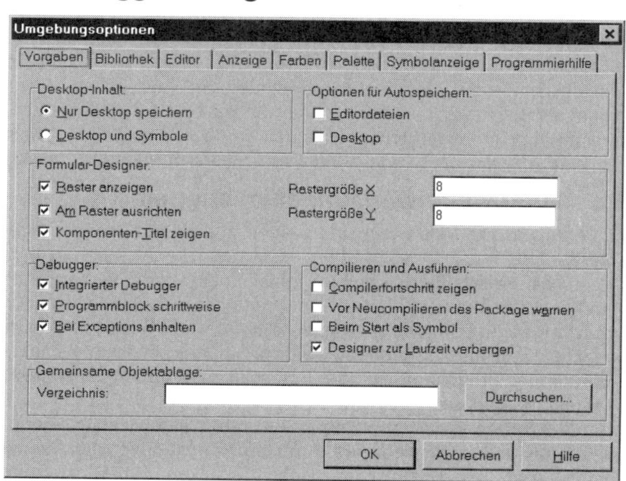

Die für den Debugger relevanten Einstellungen finden sich auf der Dialogseite ***Vorgaben*** des Dialogfensters ***Umgebungsoptionen*** (Befehl **TOOLS/UMGEBUNGSPTIONEN**):

- ***Integrierter Debugger.*** Schaltet den Debugger ein und aus.
- ***Programmblock schrittweise.*** Veranlaßt den Debugger, bei der ersten Unit-Initialisierung mit Debug-Informationen anzuhalten. Ist diese Option gesetzt, kann man auch die Anweisungen der Projektdatei schrittweise ausführen.
- ***Bei Exceptions anhalten.*** Stoppt die Ausführung bei Auftreten einer Exception.

Und rechts im Bereich ***Compilieren und Ausführen*** die beiden Optionen:

- ***Beim Start als Symbol.*** Legt Delphi während der Debug-Sitzung als Symbol ab.
- ***Designer zur Laufzeit verbergen.*** Verbirgt alle Design-Fenster (Objektinspektor, Formular-Designer) während der Debug-Sitzung.

Die Gutterleiste (➔ Abschnitt »Quelltexteditor« in 4.2.3) zur Unterstützung des Debuggers im Quelltexteditor wird über die Seite ***Anzeigen*** konfiguriert:

- ***Leiste sichtbar.*** Schaltet die Anzeige der Gutterleiste ein und aus.
- ***Breite der Leiste.*** Legt die Breite der Gutterleiste fest.

4.4 WinSight

4.4.1 Steckbrief

- **Aufruf.** Sie können **WinSight** über den gleichnamigen Eintrag aus der Delphi-Gruppe oder direkt von Windows aus aufrufen (Datei: ***ws32.exe***).
- **Funktionalität und Einsatzbereich. WinSight** ist ein spezielles Anzeige-Werkzeug zum Debuggen von Windows-Anwendungen. Im einzelnen versorgt Sie **WinSight** mit Informationen zu
  - den Fenstern,
  - den Fensterklassen und
  - den eintreffenden Botschaften

  der laufenden Windows-Anwendungen.
- **Aufbau.** Das Rahmenfenster von **WinSight** ist in zwei unterschiedliche Client-Bereiche geteilt:
  - Den Ausschnitt **Fensterhierarchie,** in dem die Fenster der aktuell laufenden Anwendungen sowie deren hierarchischen Abhängigkeiten angezeigt werden (beim ersten Aufruf von **WinSight** wird nur dieser Ausschnitt angezeigt).
  - Der Ausschnitt **Botschaftsverfolgung,** in dem die Botschaften zu den ausgewählten Fenstern kontrolliert werden können.
- **Sonstiges.**
  WinSight kann über den vorletzten Menüpunkt gewissermaßen ein- und ausgeschaltet werden. Der Schalter wechselt zwischen **START!** und **HALT!** hin und her und bestimmt, ob die Anzeige in den Ausschnitten fortwährend aktualisiert oder eingefroren wird.

4.4.2 Hinweise zur Arbeit mit WinSight

Fensterausschnitte verändern

- Welche Ausschnitte angezeigt und ob sie horizontal oder vertikal angeordnet werden sollen, kann über die Befehle im Menü **ANZEIGE** festgelegt werden.
- Sie können die Größe der beiden Bereiche von **WinSight** verändern, indem Sie die Rahmen zwischen den Teilfenstern mit der Maus an eine neue Position ziehen.

Anzeige in Ausschnitten steuern

- Die Anzeige in dem Ausschnitt **Fensterhierarchie** ist hierarchisch aufgebaut. Die Raute vor den Einträgen zeigt an, ob dieser expandiert werden kann oder nicht (vgl. Windows-Explorer).

- Durch Doppelklick auf einen Eintrag können Sie sich detailliertere Informationen zu einem Eintrag anzeigen lassen (entspricht dem Menübefehl WINSIGHT/EINZELHEITEN).
- Im Ausschnitt **Fensterhierarchie** werden folgende Informationen angezeigt:
  - **Handle.** Der erste Eintrag ist der Handle des Fensters, wie er beispielsweise von der API-Funktion **CreateWindowEx** zurückgeliefert wird.
  - **{Klasse}.** Dahinter steht in Klammern der Klassenname des Fensters, wie er in der Klassenliste angezeigt wird.
  - **Modul.** Der nächste Eintrag bezeichnet das Modul des Fensters - eine .exe oder .dll -Datei.
  - **Position.** Gibt die Bildschirmkoordinaten an bzw. »hidden« für verborgene Fenster.
  - **Titel.** Der Eintrag endet mit dem Fenstertitel.
- Im Ausschnitt **Botschaftsverfolgung** werden folgende Informationen angezeigt:
  - **Handle.** Der erste Eintrag ist der Handle des Fensters, das die Botschaft empfangen hat.
  - **{Titel}.** Dahinter steht in Klammern der Titel des Fensters oder der Klassenname.
  - **Botschaft.** Bezeichnet die empfangene Windows-Botschaft.
  - **Status.** Zeigt an, ob die Botschaft über **DispatchMessage** (Dispatched) oder **SendMessage** (Sent) empfangen wurde und ob sie nach Empfang über **SendMessage** wieder zurückgeht (Returns).
  - **Parameter.** Zuletzt können noch eventuell vorhandene Parameter einer Botschaft angezeigt werden. Im Dialogfenster mit den Optionen zur Botschaftsverfolgung (Menübefehl BOTSCHAFTEN/OPTIONEN) können Sie bestimmen, ob diese Werte hexadezimal oder als Text angezeigt werden sollen.

4.4.3 Botschaften überwachen

Um aus der Flut von Informationen, die **WinSight** produziert, Nutzen ziehen zu können, ist es wichtig, diese Informationen von vorneherein zu filtern. Dies geschieht auf drei Ebenen:

- Schließen von unwichtigen Anwendungen auf dem Desktop.
- Auswahl der zu verfolgenden Botschaften nach den empfangenden Fenstern bzw. Prozessen.
- Auswahl der zu verfolgenden Botschaften nach der Art der Botschaft.

Übersicht: Zu überwachende Fenster auswählen

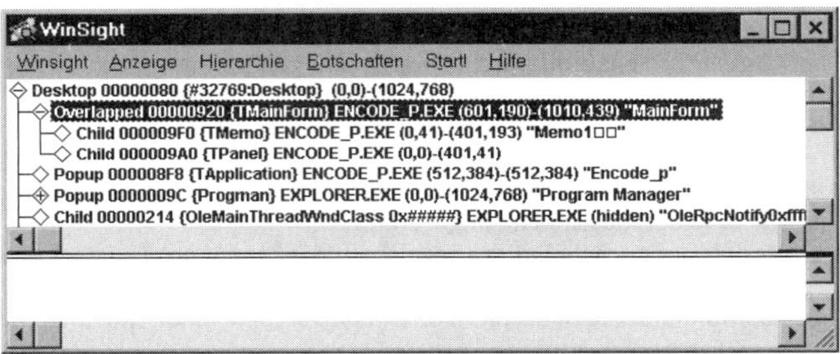

- Im Menü **BOTSCHAFTEN** legen Sie fest, ob alle oder nur die im Ausschnitt **Fensterhierarchie** ausgewählten Fenster überwacht werden sollen.
- Wenn Sie nur ausgewählte Fenster überwachen wollen, markieren Sie diese im Ausschnitt **Fensterhierarchie**. Um mehrere Fenster gleichzeitig zu markieren, benutzen Sie in gewohnter Weise die Tasten [Strg] und [⇧].

Wenn Sie nicht sicher sind, welches Fenster zu welchem Eintrag im Ausschnitt **Fensterhierarchie** gehört, benutzen Sie die Befehle **WINSIGHT/FENSTER FINDEN**, **WINSIGHT/FOKUS FOLGEN** und **WINSIGHT/WECHSELN ZU**.

- **FENSTER FINDEN**. Ermöglicht die Identifizierung der im Ausschnitt **Fensterhierarchie** aufgelisteten Fenster.
  - Klicken Sie einfach nach dem Aufruf des Befehls auf einen Eintrag im Ausschnitt **Fensterhierarchie,** und das zugehörige Fenster wird auf dem Desktop durch einen dunklen Rahmen hervorgehoben (sofern es nicht verborgen (hidden) ist).
  - Mit [Esc] können Sie den Suchmodus verlassen.
- **FOKUS FOLGEN**. Ermöglicht die Zuordnung der Fenster auf dem Desktop zu den Einträgen im Ausschnitt **Fensterhierarchie** (nur 32-Bit-Version).
  - Klicken Sie einfach nach dem Aufruf des Befehls auf ein Fenster auf dem Desktop, und der zugehörige Eintrag im Ausschnitt **Fensterhierarchie** wird markiert.
  - Rufen Sie den Menübefehl erneut auf, um den Suchmodus auszuschalten.
- **WECHSELN ZU**. Bringt das Fenster, dessen Eintrag im Ausschnitt **Fensterhierarchie** markiert ist, in den Vordergrund und übergibt ihm den Fokus.

Übersicht: Zu überwachende Botschaften auswählen

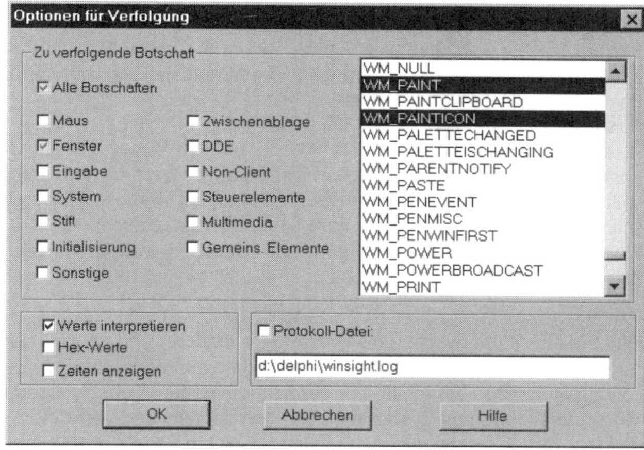

- Im Dialogfenster des Menübefehls **BOTSCHAFTEN/OPTIONEN** legen Sie fest, welche Botschaften für die ausgewählten Fenster überwacht werden sollen.
  - Im oberen Bereich des Fensters können die Botschaften nach Gruppen sowie einzeln in der rechtsstehenden Liste ausgewählt werden.
  - Darunter kann ausgewählt werden, ob die Botschaftsparameter im Ausschnitt **Botschaftsverfolgung** als hexadezimale Werte oder als lesbarer Text angegeben werden sollen.
  - Rechts unten besteht schließlich die Möglichkeit, die aufgezeichneten Botschaften in eine Log-Datei zu schreiben.

Ausführung: Botschaften kontrollieren

1. **Wählen Sie im Dialogfenster *Optionen für Verfolgung* die zu überwachenden Botschaften aus.** Beschränken Sie sich bei Ihrer Auswahl auf die notwendigsten Botschaften.
2. **Wenn Sie nur bestimmte Fenster überwachen wollen, wählen Sie diese nun aus.** Um Fenster auszuwählen, gehen Sie in den Ausschnitt **Fensterhierarchie** und klicken Sie das entsprechende Fenster an. Um mehrere Fenster zu markieren, drücken Sie gleichzeitig `Strg`. Können Sie ein gewünschtes Fenster nicht in der Fensterliste identifizieren, arrangieren Sie es neben **WinSight** auf dem Desktop. Rufen Sie dann den Befehl **WIN-**

SIGHT/FOKUS FOLGEN auf, um in den Suchmodus zu wechseln. Wenn Sie das Fenster auf dem Desktop aktivieren, wird sein zugehöriger Eintrag im Fensterausschnitt hervorgehoben.

3. **Starten Sie die Botschaftsverfolgung,** indem Sie in der Menüleiste auf **START!** klicken (aktiviert die automatische Aktualisierung) und im Menü **BOTSCHAFTEN** einen der Einträge
   AUSGEWÄHLTE FENSTER oder
   ALLE FENSTER
   auswählen (aktiviert die Botschaftsverfolgung). Werden nun entsprechende Botschaften von den Fenstern empfangen, werden diese im Botschaftsausschnitt (oder auch in Ihrer Log-Datei) aufgezeichnet.
4. **Wenn Sie die Botschaftsverfolgung unterbrechen wollen,** wählen Sie **BOTSCHAFTEN/AUFZEICHNUNG AUS** oder klicken Sie auf **HALT!**.

Beispiel

Wählen Sie als zu überwachendes Fenster den **Explorer** und als zu überwachende Botschaft lediglich **WM_PAINT,** die an das Fenster geschickt wird, um ihm mitzuteilen, daß sein Inhalt neu gezeichnet werden muß. Nachdem Sie die Botschaftsverfolgung gestartet haben, verkleinern und vergrößern Sie das Fenster des **Explorers,** minimieren Sie es zu Symbolgröße und stellen Sie es wieder her, wobei Sie die Botschaftsverfolgung von **WinSight** im Auge behalten sollten, um zu sehen, welche Aktionen **WM_PAINT** und **WM_PAINTICON** auslösen.

5 Object Pascal

Wenn Sie Delphi-Anwendungen erstellen, programmieren Sie in Object Pascal – einem objektorientierten Pascal-Dialekt. Syntax und Semantik von Objekt Pascal sind in diesem Kapitel zusammengefaßt und beschrieben. Um Ihnen das Nachschlagen und Auffinden von Informationen zu erleichtern, verfügt das Kapitel über:

- speziell formatierte, leicht auszumachende Syntaxdarstellungen,
- Hervorhebung der einzelnen Sprachelemente durch graue Unterlegung,
- Beispiele zur Syntax und Verwendung der verschiedenen Sprachelemente,
- viele Tabellen und Übersichten.

Ausführung: Beispiele ausprobieren

Wenn Sie die kleinen Konsolenanwendungen aus diesem Kapitel selbst ausprobieren möchten, gehen Sie wie folgt vor:

1. **Erzeugen Sie eine neue Anwendung** (DATEI/NEUE ANWENDUNG).
2. **Legen Sie fest, daß es sich um eine Konsolenanwendung handelt.** Rufen Sie hierzu die Projektoptionen auf (PROJEKT/OPTIONEN), und setzen Sie auf der Seite ***Linker*** die Option ***Textbildschirm-Anwendung erzeugen***.
3. **Entfernen Sie das Formular.** Rufen Sie dazu das Projektfenster auf (ANSICHT/PROJEKTVERWALTUNG), markieren Sie das Formular, und klicken Sie auf die Schaltfläche ENTFERNEN.
4. **Lassen Sie sich den Quelltext der Projektdatei anzeigen** (ANSICHT/PROJEKT-QUELLTEXT).
5. **Löschen Sie bis auf die erste Zeile mit dem Programmnamen den Text der Projektdatei, und geben Sie den Beispieltext ein.**
   - Die Änderung des Projektnamens müssen Sie Delphi überlassen (geschieht üblicherweise beim Abspeichern unter einem neuen Namen).
6. **Kompilieren und starten Sie die Anwendung** (START/START).

5.1 Programmaufbau

Ein Object Pascal-Programm besteht aus 4 Teilen:

- einem Programmkopf,
- einer optionalen **uses**-Anweisung,
- einem optionalen Deklarationsteil und
- einem Anweisungsblock.

Programmkopf — program, library, unit

Der erste Teil eines Objekt Pascal-Programms, der Programmkopf, besteht aus dem Schlüsselwort **program** und einem von Ihnen vergebenen Programmnamen.

program *tuIrgendwas*;

- Das Schlüsselwort **program** zeigt dem Compiler an, daß es sich bei dem vorliegenden Modul um das Hauptmodul des Programms handelt, mit dessen Ausführung beim Programmstart begonnen wird.
- Außer dem Schlüsselwort **program** können Sie hier auch eines der Schlüsselwörter **unit** oder **library** verwenden, um eine Unit oder eine DLL (➔ 6.15) zu erstellen.

5.1 Programmaufbau

uses-Anweisung — uses

Auf das Schlüsselwort **uses** folgt eine Liste der vom Programm verwendeten Units. Units bilden in Pascal die Grundlage der modularen Programmierung. Units sind Sammlungen von Funktionen, Prozeduren, Variablen etc., die Sie Programmen, DLLs oder anderen Units zur Verfügung stellen. Dazu muß die Unit zuerst kompiliert werden (als Teil eines Projekts). Danach kann jedes beliebige Modul die Unit mit Hilfe der **uses**-Anweisung einbinden (Voraussetzung ist allerdings, daß der Compiler weiß, in welchem Verzeichnis die kompilierte Unit zu finden ist) und dann auf die Elemente, die von der Unit im Interface-Teil als öffentliche Elemente deklariert wurden, zugreifen.

- Eine Unit verfügt über folgenden Aufbau:
  - **Dem Unit-Kopf**, der die Unit als solche kennzeichnet und ihr einen Namen zuweist.
  - **Dem Interface-Teil** (eingeleitet durch das Schlüsselwort **interface**). Alle Elemente (Konstanten, Typen, Variablen, Prozeduren und Funktionen), die hier deklariert werden, sind öffentlich, d.h., sie können später in den Modulen, die die Unit per **uses**-Anweisung einbindet, so verwendet werden, als wären sie in dem Modul selbst deklariert. Prozeduren und Funktionen werden im Interface-Teil nur als **Forward**-Dekla-

rationen (→ 5.5.3) aufgeführt (das Schlüsselwort **forward** wird dabei nicht benötigt).

- **Dem Implementationsteil** (eingeleitet durch das Schlüsselwort **implementation**). Dieser enthält zum einen die Anweisungblöcke zu den im Interface-Teil deklarierten Funktionen, Prozeduren und Methoden, zum anderen diejenigen Elemente, die nur innerhalb der Unit verwendet werden und für andere Module nicht zugänglich sind.
- **Dem Initialisierungsteil** (eingeleitet durch das Schlüsselwort **initialization**). Hier werden Anweisungen zusammengefaßt, die automatisch beim Programmstart zur Initialisierung der Unit ausgeführt werden sollen. Üblicherweise nutzt man dies zum Initialisieren von Variablen oder zur Allokation dynamischen Speichers. Der Initialisierungsteil ist optional und kann folglich weggelassen werden.
- **Dem Abschlußteil** (eingeleitet durch das Schlüsselwort **finalization**). Dieser ist ebenfalls optional und kann nur bei einem vorhandenen Initialisierungsteil definiert werden. Die Abschlußteile der Units werden bei Beendigung des Programms ausgeführt und dienen dazu, die nötigen Aufräumarbeiten vorzunehmen (der Abschlußteil bildet das natürliche Gegenstück zum Initialisierungsteil und wird beispielsweise dazu verwendet, dynamischen Speicher, der im Initialisierungsteil reserviert wurde, wieder freizugeben.

Beispiel

```
UNIT unitname;

{-----Interface-Teil------}
INTERFACE
   USES       { Liste der öffentlichen Units };
   CONST      { Liste der öffentlichen Konstanten };
   TYPE       { Liste der öffentlichen Typen };
   VAR        { Liste der öffentlichen Variablen };
   { Liste der öffentlichen Prozeduren und Funktionen }

{-----Implementationsteil------}
IMPLEMENTATION
   USES       { Liste der privaten Units };
   CONST      { Liste der privaten Konstanten };
   TYPE       { Liste der privaten Typen };
   VAR        { Liste der privaten Variablen };
   { Implementationen der öffentlichen und privaten
     Prozeduren und Funktionen }

{-----Initialisierungsteil------}
```

```
INITIALIZATION
  {Anweisungen}
  FINALIZATION
    {Anweisungen}
END.
```

Deklarationsteil — const, type, var

Als nächstes folgt der Deklarationsteil, in dem die globalen Elemente des Programms aufgeführt werden. Im einzelnen sind dies:

- globale Konstanten (eingeleitet durch das Schlüsselwort **const**),
- globale Typen (eingeleitet durch das Schlüsselwort **type**),
- globale Variablen (eingeleitet durch das Schlüsselwort **var**),
- globale Prozeduren und Funktionen.

Anweisungsteil — begin ... end.

Zuletzt folgt der Anweisungsblock des Programms, der wie jeder Anweisungsblock in die Schlüsselwörter **begin** und **end** gefaßt wird (im Vergleich zu anderen Anweisungsblöcken folgt hier auf das Schlüsselwort jedoch ein Punkt und kein Semikolon). Die Ausführung eines Programms beginnt mit der ersten Anweisung in diesem Anweisungsblock.

Beispiel

```
program Vektor; {Konsolenanwendung}

{Bibliotheken einbinden}
uses
  Math,
  Unit1 in 'Unit1.pas';

{Deklarationsteil}
Const
  MaxWert = 255;
  MinWert = 0;
Type
  TVektor = record
    x,y,z : Double;
    end;
Var
  v1, v2 : TVektor;

function vektor_betrag(v: TVektor): Double;
begin
result := sqrt(sqr(v.x) + sqr(v.y) + sqr(v.z));
end;
```

```
{Anweisungsteil}
begin
v1.x := 12.5; v1.y := 1; v1.z := 240;
v2.x := 0.34; v2.y := 234; v2.z := -13;
writeln('Betrag von v1: ',vektor_betrag(v1));
writeln('Betrag von v2: ',vektor_betrag(v2));
readln;
end.
```

Anmerkungen

- Wie Sie den Beispielen entnehmen können, wird jede Programmanweisung mit einem Semikolon als Anweisungsbegrenzer abgeschlossen. Lediglich bei dem letzten Anweisungsblock folgt dem Schlüsselwort **end** ein Punkt.
- Wollen Sie in Ihr Programm Kommentare mit aufnehmen, so müssen diese wie folgt eingefaßt bzw. eingeleitet werden:

  ```
  { Kommentar } oder
  (* Kommentar*) oder
  // Kommentar
  ```

5.2 Typen, Variablen und Konstanten

5.2.1 Allgemeines

Wenn Sie in Object Pascal Programme schreiben, werden Sie in den seltensten Fällen mit den Schlüsselwörtern der Sprache und den Elementen der Bibliotheken auskommen. Zumindest einige eigene Variablen werden Sie zum Aufnehmen und Manipulieren von Daten deklarieren wollen.

Um überhaupt eigene Elemente in ein Programm aufnehmen zu können (sei es nun eine Variable, ein neuer Datentyp oder eine Funktion etc.), müssen Sie das Element zuerst beim Compiler bekanntmachen – sprich deklarieren. Die Deklaration teilt dem Compiler mit, um was für ein Element es sich handelt (Typ, Variable, Prozedur etc.), und verbindet das neue Element mit einem Namen, seinem Bezeichner. Prinzipiell sind Sie in der Vergabe von Bezeichnern ganz frei. Schließlich sollen die Bezeichner vor allem der besseren Lesbarkeit der Programme dienen, während der Compiler den Bezeichner nur als Referenz auf das bezeichnete Element ansieht (meist ist der Bezeichner, wie im Falle von Variablennamen, nur ein Synonym für eine Speicheradresse). Trotzdem gilt es bei der Namensgebung einige Regeln zu beachten:

- Bezeichner dürfen Buchstaben, Ziffern und Unterstriche enthalten; Leerzeichen, Umlaute und ß sind nicht zugelassen.
- Das erste Zeichen muß ein Buchstabe oder ein Unterstrich (_) sein.
- Bezeichner dürfen beliebig lang sein, werden aber nur nach den ersten 63 Zeichen unterschieden.
- Es wird nicht zwischen Groß- und Kleinschreibung unterschieden.
- Die zum Sprachumfang von Object Pascal gehörenden Schlüsselwörter können nicht als Bezeichner verwendet werden.

Beispiele

```
my_type     //ok
Writeln     //ok, kann aber RTL-Prozedur verdecken
index       //ok, definiert aber Standardanweisung um
3fach       // nicht erlaubt
file        // nicht erlaubt
```

Tabelle 5.1: Schlüsselwörter von Object Pascal

and	export	library	set
array	file	mod	shl
as	finally	nil	shr
asm	for	not	string
begin	function	object	then

Tabelle 5.1: Schlüsselwörter von Object Pascal

and	export	library	set
case	goto	of	to
class	if	on	try
const	implementation	or	type
constructor	in	packed	unit
destructor	inherited	procedure	until
div	initialization	program	uses
do	inline	property	var
downto	interface	raise	while
else	is	record	with
end	label	repeat	xor
except			
sowie			
private	protected	public	published
sofern sie in Klassendeklarationen verwendet werden.			

Bei den folgenden Bezeichnern, den sogenannten Standardanweisungen von Object Pascal, handelt es sich zwar um keine Schlüsselwörter, dennoch sollten Sie sie nicht umdefinieren, indem Sie sie als Bezeichner für eigene Elemente verwenden (gleiches gilt auch für die vordefinierten Datentypen).

Tabelle 5.2: Standardanweisungen von Object Pascal

absolute	export	name	published
abstract	external	near	read
assembler	far	nodefault	resident
at	forward	override	stored
cdecl	index	private	virtual
default	interrupt	protected	write
dynamic	message	public	

5.2.2 Konstanten

Eine Konstante ist ein Bezeichner, dessen Wert während des ganzen Programms gleich, d.h. konstant bleibt.

const
konstantenname = *konstanterWert*;

Eingeleitet wird die Deklaration mit dem Schlüsselwort **const**. Danach folgt der Bezeichner für die Konstante und ihr Wert. Aus dem Format des Wertes liest der Compiler den Typ ab.

Anmerkung

- Daneben erlaubt Object Pascal auch die Deklaration von typisierten Konstanten, bei denen Sie selbst den Datentyp der Konstanten festlegen. Der Vorteil der typisierten Konstanten liegt darin, daß sie auch für selbstdefinierte Datentypen wie Records und Arrays definiert werden können.

  const
  konstantenname : *Typ* = *konstanterWert*;

Beispiel

```
CONST
  konst_int = 255;
  konst_double = 0.24;
  konst_char = 'Z';
  konst_string = 'Text';
     konst_pchar = 'Text'#0;
Type
  TVektor = record
    x,y,z : Double;
    end;
  TDreieck = array[0..2] of TVektor;
Const
  konst_TVektor : TVektor = (x: 1.0; y: 0.0; z: 0.0);
  konst_Dreieck : TDreieck = ((x: 1.0; y: 0.0; z: 0.0),
                              (x: 0.0; y: 1.0; z: 0.0),
                              (x: 0.0; y: 0.0; z: 1.0));
```

5.2.3 Datentypen und Variablen

Programme arbeiten jedoch nicht nur mit Konstanten, sondern auch mit **Variablen.** Variablen repräsentieren die Daten einer Anwendung und beziehen sich folglich auf die Speicherbereiche, in denen die Daten abgelegt werden (intern verbirgt sich hinter einem Variablenname daher eine Speicheradresse).
Zudem muß der Compiler aber auch wissen, wie groß der Speicherbereich ist, den die Variable belegt, wie der Speicherbereich – bei dem es sich ja lediglich um ein Bitmuster handelt – zu interpretieren ist (ob als Zahl, Adresse, Buchstabe, Record etc.) und welche Operationen auf die Variable angewandt wer-

den dürfen (beispielsweise können zwei Array-Variablen nicht mit Hilfe des Plus-Operators addiert werden).
All diese Informationen erhält der Compiler durch die Zuordnung der Variablen zu einem **Datentyp**.

Deklaration von Variablen **var**

> **var**
> *variablenname* : *Typ*;

Eingeleitet wird die Deklaration mit dem Schlüsselwort **var**. Danach folgt der Bezeichner für die Variable und ihr Wert. Mehrere Variablen eines Datentyps können in einer Anweisung zusammen deklariert werden, indem ihre Bezeichner durch Kommata getrennt hintereinander aufgelistet werden.

Beispiel

```
VAR
  var1 : Integer;
  Formular1 : TForm;
  var2 : array[0..100] of Double;
```

Deklaration von Datenypen **type**

> **type**
> *typenname* = *Typ*;

Eingeleitet wird die Deklaration mit dem Schlüsselwort **type**. Danach folgt der Bezeichner für den neuen Typ und schließlich die Definition des neuen Typs, die auf bereits vordefinierte Typbezeichner (➔ unten) zurückgeht. Abgesehen von dem einleitenden Schlüsselwort und dem Gleichheitszeichen sieht die Deklaration eines neuen Typs genauso aus wie die Deklaration einer Variablen dieses Typs (➔ unten).

5.2.4 Die vordefinierten Typbezeichner

Die ObjectPascal-Typbezeichner gliedern sich in 6 Hauptklassen:

- Einfache Typen
- String-Typen
- Struktur-Typen
- Zeiger-Typen
- Prozedur-Typen
- Varianten-Typen

Einfache Typen

Einfache Typen definieren geordnete Wertemengen. Auch sie sind unterteilt in mehrere Untergruppen:

- Ordinaltypen:
  - Integer-Typen
  - Zeichentypen
  - Aufzählungstypen
  - Boolesche Typen
  - Teilbereichstypen
- Gleitkommatypen

Integer-Typen integer

var
variablenname : *Integer_Typ*;

Die fundamentalen Integer-Typen heißen **ShortInt, SmallInt, LongInt, Byte** und **Word,** die generischen **Integer** und **Cardinal**. Diese Datentypen stellen jeweils Teilmengen der ganzen Zahlen dar und unterscheiden sich in dem von ihnen benötigten Speicherplatz.

Tabelle 5.3: Übersicht über Integer-Typen und ihre Wertebereiche

Typ	Wertebereich	Format
ShortInt	-128 ... 127	8 Bit mit Vorzeichen
SmallInt	-32768 ... 32.767	16 Bit mit Vorzeichen
LongInt	-2.147.483.648..2.147.483.647	32 Bit mit Vorzeichen
Byte	0 ... 255	8 Bit ohne Vorzeichen
Word	0 ... 65.535	16 Bit ohne Vorzeichen
Integer		16 oder 32 Bit mit Vorzeichen (abh. von Umgebung)
Cardinal		16 oder 32 Bit ohne Vorzeichen (abh. von Umgebung)

Anmerkungen

- Hexadezimalzahlen werden durch das Dollarsymbol $ gekennzeichnet:
  ```
  $FF = 255
  $10 =  16
  ```
- Bei der Ausführung einer Operation auf zwei Integer-Typen werden beide Operanden in ein gemeinsames Format konvertiert, dessen Wertebereich beide Operanden beinhalten muß.

Zeichentypen char

var
variablenname : *Char_Typ*;

Es gibt zwei Grundzeichen-Typen, **AnsiChar** und **WideChar**, sowie einen generischen Zeichentyp **Char**, der je nach Umgebung als **AnsiChar** oder **WideChar** definiert ist. Alle drei Typen dienen dazu, einzelne Zeichen aufzunehmen. Der Typ **AnsiChar** belegt 1 Byte und kann daher 256 verschiedene Zeichen codieren (1 Byte = 8 Bit gleich 2^8 = 256 mögliche Bitkombinationen). Der Typ **WideChar** belegt dagegen 1 Word = 2 Byte und kann daher 2^16 = 65.536 verschiedene Zeichen codieren. Während **AnsiChar** also lediglich die Zeichen des erweiterten ASCII-Codes darstellen kann, dient **WideChar** zur Unterstützung des UNICODEs (Erweiterung des ASCII-Codes für internationale Zeichensätze).

Anmerkungen

- Zeichentyp-Konstanten werden in Hochkommata eingeschlossen: 'a', '9'.
  - Das Zeichen '9' stellt ein »Zeichen« und nicht den numerischen Wert 9 dar.
- Jedem Zeichen eines Zeichensatzes entspricht ein Integer-Wert – seine Ordinalzahl. Die Funktion **Ord(ch)** liefert die Ordinalzahl des Zeichens in *ch*.

Aufzählungstyp (w1, w2, .. wn)

var
variablenname : (*element1*, *element2*, ...);

Aufzählungstypen sind Datentypen, deren Werte Synonyme für Integer-Konstanten sind, d.h., der Compiler weist dem ersten Element in der Aufzählung den Wert 0 zu, dem zweiten Element den Wert 1 und so fort.

Anmerkungen

- Aufzählungstypen werden meist für kleine geordnete Mengen eingesetzt, insbesondere dann, wenn die Werte in einer **case**-Anweisung verarbeitet werden sollen (→ Beispiel).
- Die Elemente von Aufzählungstypen können als Argumente an die Funktion **Ord** übergeben werden, um den Integer-Wert des Elements zu ermitteln.

Beispiel

```
Type
  TAmpel = (Ausgefallen, Rot, Gelb, Gruen, RotGelb);
Var
  Ampel : TAmpel;

begin
Ampel := Gruen;
```

```
case Ampel of
  Ausgefallen: Writeln('Ampel ist defekt');
  Rot: Writeln('Anhalten');
  Gelb: Writeln('Ampel wird rot');
  RotGelb: Writeln('Ampel wird grün');
  Gruen: Writeln('Fahren');
  end;
end.
```

Boolescher Typ — boolean

var
  variablenname : *Boolescher_Typ*;

Boolesche Werte können nur eine der vordefinierten Konstanten **False** oder **True** annehmen. Die verschiedenen booleschen Datentypen sind: **Boolean, ByteBool, WordBool** und **LongBool**.

Anmerkungen

- Üblicherweise verwendet man den Typ **Boolean**, der am wenigsten Speicherplatz benötigt. Eine Variable vom Typ **Boolean** kann nur die Ordinalwerte 0 oder 1 annehmen.
- Die Typen **ByteBool, WordBool** und **LongBool** belegen 8, 16 bzw. 32 Byte und dienen der Kompatibilität zu anderen Sprachen (speziell Visual Basic). Aus Gründen der Kompatibilität steht bei diesen Datentypen 0 für **False** und -1 für **True**.
- Einem booleschen Ausdruck wird der Wert **False** zugeordnet, wenn sein Ordinalwert gleich Null, oder der Wert **True**, wenn sein Ordinalwert ungleich Null ist.

Teilbereichstyp — (Min...Max)

var
  Variablenname = **(***minimum..maximum***);**

Ein Teilbereich ist eine zusammenhängende Teilmenge eines Ordinaltyps, der durch die Angabe seines kleinsten und größten Elements definiert wird.

Gleitkommatypen — real

var
  variablenname : *Gleitkommatyp*;

Gleitkommatypen besitzen als Wertebereich eine Teilmenge der reellen Zahlen. In Object Pascal gibt es sechs Arten von Gleitkommatypen: **Real, Single, Double, Extended, Comp** und **Currency**.

Tabelle 5.4: Übersicht über Gleitkommatypen und ihre Wertebereiche

Typ	Wertebereich	Bytes
Real	2.9×10^{-39} .. 1.7×10^{38}	6
Single	1.5×10^{-45} .. 3.4×10^{38}	4
Double	5.0×10^{-324} .. 1.7×10^{308}	8
Extended	3.4×10^{-4932} .. 1.1×10^{4932}	10
Comp	-2^{63} .. $2^{63}-1$	8
Currency	-922337203685477.5808 .. .. 922337203685477.5807	8

Anmerkung

- Der Typ **Real** dient nur der Abwärtskompatibilität zu Borland Pascal und bedingt langsamere Berechnungen als die anderen Gleitkommatypen.

String-Typen — string

Unter Strings versteht man eine Folge von Zeichen. Strings dienen meistens dazu, Zeichenketten recht unterschiedlicher Größe aufzunehmen:

Beispiel

```
Var
  str : string;

begin
str := 'Dies ist ein String';
writeln(str);
str := 'Dies ist ebenfalls ein String';
writeln(str);
end.
```

Dies stellt den Compiler vor das Problem, wie und wieviel Speicher er für den String bereitzustellen hat. Nach der Art wie dieses Problem gelöst wird, unterscheidet man verschiedene String-Typen:

Übersicht: String-Typen

- **Short Strings** erhalten ihren Speicher statisch zugewiesen. Dazu muß bei der Deklaration angegeben werden, wieviel Zeichen der String maximal aufnehmen kann (erlaubt sind Werte zwischen 1 und 255). Short Strings dienen der Abwärtskompatibilität zu Borland Pascal und können auf verschiedene Weisen deklariert werden:
  - mit Hilfe des Typbezeichners **ShortString**:
    ```
    str := ShortString;
    ```

- mit Hilfe des Typbezeichners **string** und einer Längenangabe:
  `str := string[127];`
- mit Hilfe des Typbezeichners **string** und der Compiler-Direktive **{$H-}** (Voreinstellung ist **{H+}** für **AnsiString**).
  ```
  {$H-}
  str := ShortString;
  ```

- **Long Strings** erhalten ihren Speicher dynamisch zugewiesen und unterliegen, praktisch gesehen, keiner Größenbeschränkung (theoretisch liegt diese bei 2 GigaByte). Intern ist ein Long String ein Zeiger auf einen dynamisch reservierten Speicherbereich plus einem 32-Bit-Wert, der die Länge des Strings codiert. Zudem wird hinter einem Long String ein Null-Zeichen abgespeichert, was eine Konvertierung in einen nullterminierten String erlaubt. Long Strings können auf verschiedene Weisen deklariert werden:
  - mit Hilfe des Typbezeichners **AnsiString**:
    `str := AnsiString;`
  - mit Hilfe des Typbezeichners **string** und der Compiler-Direktive {$H+} (dies ist die Voreinstellung).
    `str := string;`
- **Nullterminierte Strings** erhalten ebenfalls dynamisch verwalteten Speicher. Allerdings speichern Sie nur die Adresse auf den Anfang des Speicherbereichs. Das Ende des Strings wird durch das abschließende Null-Zeichen #0 gekennzeichnet. Null-terminierte Strings können auf folgende Weisen deklariert werden:
  - als Arrays vom Typ **Char**:
    `str := array[0..10000] of Char;`
  - als Zeiger vom Typ **PChar**
    `str := PChar;`
- **Wide Strings** verwenden statt der 8-Bit-ANSI-Zeichen 16-Bit-UNICODE-Zeichen, wie sie in 32-Bit-ActiveX-Anwendungen obligatorisch sind. Ansonsten gelten für Wide Strings die gleichen Aussagen wie für Long Strings. Deklariert werden Wide Strings:
  - mit Hilfe des Typbezeichners **WideString**:
    `str := WideString;`

Anmerkungen

- String-Literale sind stets auf maximal 255 Zeichen begrenzt.
- Bei der Programmierung mit nullterminierten Strings müssen Sie darauf achten, daß Ihnen das abschließende Null-Zeichen nicht verloren geht, da es sonst zu undefinierten Speicherzugriffen kommt.
- Ist der Schalter **{$X+}** für die erweiterte Syntax gesetzt, sind die Typen **PChar** und **Array of Char** zueinander kompatibel.

Struktur-Typen

Strukturierte Typen speichern mehrere Werte und können bis zu einer Größenordnung von 65.520 Byte beliebig viele Strukturebenen aufweisen. Folgende Struktur-Typen lassen sich differenzieren:

- Array-Typen
- Record-Typen
- Mengen-Typen
- Datei-Typen

Anmerkung

- Das Schlüsselwort **packed** dient praktisch nur noch der Abwärtskompatibilität und ist in Objekt Pascal ohne große Bedeutung, da strukturierte Variablen nach Möglichkeit stets komprimiert abgelegt werden. Es kann aber dazu benutzt werden, die Ausrichtung von Record-Variablen an 32-Bit-Grenzen (Option im Dialogfeld ***Projektoptionen*** bzw. Compiler-Direktive **{$A+}**) für ausgesuchte Records zu verhindern.

Array-Typ — array

Ein Array, auch Datenfeld oder Feld genannt, ist die Zusammenfassung von mehreren Daten des gleichen Typs zu einer Variablen.

var
  variablenname : **array** [*indexbereich*] **of** *Typ*;

Die Anzahl der Elemente, die im Array abgelegt werden können, ist durch die Angabe *indexbereich* festgelegt, der Datentyp der Elemente ist durch *Typ* gegeben.

Anmerkungen

- **Der Indexbereich**. Als Indexbereich können Sie jeden Ordinaltyp außer **LongInt** sowie jeden Teilbereich eines Ordinaltyps (wiederum mit der Ausnahme von **LongInt**) angeben. Schreiben Sie einfach den Typbezeichner in die eckige Klammer, oder geben Sie den Bereich durch seinen Anfangs- und Endwert an:

```
type
  teilmenge = -1..1;
var
  var1 : array [Teilmenge] of Double;
  var2 : array [Boolean] of array [1..100] of Double;
```

- Der Indexbereich bestimmt nicht nur, wieviel Elemente das Array fassen kann (Obergrenze – Untergrenze +1), sondern auch über welche Indizes auf die einzelnen Elemente im Array zugegriffen wird.

- **Zugriff auf Array-Elemente**. Der Zugriff auf die einzelnen Speicherbereiche des Arrays erfolgt über Indizes, die einfach in eckigen Klammern hinter den Namen der Array-Variablen gestellt werden.
```
var1[-1] := -PI;              //Wert in Array ablegen
var1[0]  :=  0;
var1[1]  :=  PI;
for i := -1 to 1 do           //Werte auslesen
  writeln(var1[i]);
```
- Beim indizierten Zugriff ist es wichtig, darauf zu achten, daß nur gültige Indizes verwendet werden, da Indizes, die außerhalb des für das Array spezifizierten Indexbereichs liegen, zu unkontrollierten Speicherzugriffen führen.
  - Prinzipiell sollten Sie natürlich selbst sicherstellen, daß in Ihren Programmen nur gültige Indizes verwendet werden, Sie können aber auch den Compiler anweisen, Code zur Überprüfung der Indizes zu erzeugen (im Falle eines ungültigen Index wird dann eine **ERangeError**-Exception ausgelöst).
- **Mehrdimensionale Arrays** sind Arrays mit mehr als einem Indexbereich und entsprechen praktisch Arrays, deren Elemente wiederum Arrays sind:
```
var
  var2: array [Boolean] of array [1..100] of Double;
  //entspricht
  var3 : array [Boolean,1..100] of Double;
begin
for j := 1 to 100 do
  begin
  var3[true,j] := 2*j-Ord(true);
  var3[false,j]:= 2*j-Ord(false);
  end;
end.
```
- **Arrays als Parameter**. Arrays können natürlich auch als Parameter von Funktionen und Prozeduren eingesetzt werden. Der Nutzen solcher Funktionen wäre allerdings sehr eingeschränkt, wenn die Größe der zu übergebenden Arrays immer schon durch die Größe des Array-Parameters festgelegt wäre. Object Pascal erlaubt daher die Deklaration sogenannter offener Array-Parameter, die Arrays beliebiger Größe akzeptieren. Für sie gelten einige besondere Regeln:
  - Offen ist lediglich die Anzahl der Elemente, die das Array aufnehmen kann; der Datentyp der Elemente muß für Parameter und Argument übereinstimmen.
  - Bei der Übergabe ändert sich die Indizierung. Wird ein Array übergeben, das für N Elemente deklariert ist, läuft der Index im formalen Ar-

ray-Parameter der Routine von 0 bis N-1. Um den höchsten Index für den Array-Parameter zu ermitteln, rufen Sie die Funktion **High** auf und übergeben ihr den Namen des Array-Parameters.

- Auf formale Array-Parameter kann nur elementweise zugegriffen werden, sie können aber an offene Array-Parameter oder untypisierte Variablenparameter anderer Routinen weitergereicht werden.
- Mehrdimensionale Arrays können nicht als offene Parameter übergeben werden.

```
var
 var1 : array [Teilmenge] of Double;

{Funktion zur Berechnung des Mittelwerts aus Math.Pas}
function Mean(const Data: array of Double): Extended;
  var
    I: Integer;
  begin
    Result := SUM(Data) / (High(Data) - Low(Data) + 1)
  end;

begin
  writeln(mean(var1));
end.
```

Anmerkung

- **SUM** ermittelt die Summe aller Werte des Arrays *Data*, **High** und **Low** liefern die Indexwerte des letzten und ersten Elementes des Arrays.

Record-Typ — record

Ein Record ist wie ein Array dazu gedacht, mehrere Komponenten aufzunehmen. Im Unterschied zum Array können die einzelnen Komponenten (die man im Zusammenhang mit Records auch als Felder bezeichnet) verschiedenen Datentypen angehören. Bei der Deklaration eines Records wird jede Komponente durch einen Bezeichner und ihren Datentyp spezifiziert.

var
varname : *record*
    feld1, feld2 : *Typ1*;
        feld3 : *Typ2*;
end;

Object Pascal erlaubt zudem die Deklaration sogenannter varianter Felder. Variante Felder werden in Listen aufgeführt. Ein Record kann beliebig viele solcher Varianten (Listen varianter Felder) enthalten, aber nur eine verwenden. Dies liegt daran, daß der Compiler für alle Varianten nur einen gemeinsamen Speicherplatz bereitstellt, der sich nach der speicherintensivsten Variante bemißt. Welche Variante benutzt wird, hängt von dem Wert eines speziellen statischen Feldes ab, dem Markierungsfeld.

```
var
 varname : record
  feld1, feld2 : Typ1;
  feld3        : Typ2;
  case markfeld4 : OrdTyp3 of
   Konst1:  (feld5, feld6 : Typ4);
   Konst2:  (feld7 : Typ5;
             feld8 : Typ6);
end;
```

Anmerkungen

- Der Zugriff auf ein Feld einer Record-Variablen erfolgt über den Namen der Record-Variablen, den Punkt-Operator und den Namen des Feldes:
  `varname.feld1 := 3;`
  Eine andere Möglichkeit, die in Zusammenhang mit Records oder Klassen häufig verwendet wird, ist das Schlüsselwort **with**. Durch das Schlüsselwort **with** wird eine Record- oder Klassenvariable als Vorgabe ausgewählt und ein eigener Block eingeleitet. Alle Felder und Methoden, die innerhalb dieses Blocks ohne den Namen ihres Records oder ihrer Klasseninstanz aufgerufen werden, werden als Felder oder Methoden der Vorgabe aufgefaßt (➔ Beispiel).
- Das Markierungsfeld, das den varianten Teil einleitet, ist selbst ein statisches Feld.
  - Ein Markierungsfeld muß einem Ordinaltyp angehören. Die Konstanten, die die verschiedenen Feldlisten kennzeichnen, müssen gültige Werte des Ordinaltyps des Markierungsfeldes darstellen.
  - Das Markierungsfeld kann ohne Bezeichner, nur als Typ angegeben werden. Üblicherweise gibt man aber einen Bezeichner an. Der Wert des Markierungsfeldes legt dann fest, welche Feldliste zu verwenden ist, d.h., wie der entsprechende Speicherplatz zu interpretieren ist.
- Der Wert des Markierungsfeldes legt zwar fest, welche Feldliste benutzt wird – also wie der Speicher des varianten Teils zu interpretieren ist – verhindert aber nicht, daß Sie auf die Felder anderer Feldlisten zugreifen können. Da dies fast zwangsläufig zu Fehlern führt, müssen Sie bei der Programmierung selbst darauf achten, daß es hier nicht zu unerwünschten Speicherzugriffen kommt.

Beispiel

```
Var
  buch1 : record
    Autor: string[40];
    Titel: string[40];
    case Taschenbuch: boolean of
      true: (Ausgabe: (gekuerzt,
                       ungekuerzt, Maengelexemplar));
      false:(Einband: (Leinen, Kunstleder, Leder));
    end;

begin
with buch1 do begin
  Autor := 'Graham Greene';
  Titel := 'The Power and the Glory';
  Taschenbuch := true;
  Ausgabe := Ungekuerzt;
  end;
case buch1.Taschenbuch of
  true:  writeln(Ord(buch1.Ausgabe));
  false: writeln(Ord(buch1.Einband));
  end;
end.
```

Mengen-Typ — set

var
  variablenname : **Set of** *Ordtyp*;

Äußerlich erinnert der Mengentyp an den Aufzählungstyp. Beide werden durch die Angabe einer endlichen Menge von Werten definiert. Während eine Variable eines Aufzählungstyps jedoch jeweils nur einen einzelnen Wert aus dieser Definitionsmenge repräsentiert, werden einer Variablen eines Mengentyps stets Teilmengen der Definitionsmenge zugewiesen.

Beispiel

```
Var
  f1, f2 ; set of (fRot, fGruen, FBlau);     // Mengentyp
  f3 : set of 100..200;
  f4 : (Rot, Gruen, Blau);                   // Aufzaehlungstyp
Begin
  f1 := [fRot, fGruen];
  f2 := [fBlau];                    // Einelementige Teilmenge
  f4 := Blau;
End.
```

Anmerkungen

- Der Wertebereich einer Variablen eines Mengentyps ist die Menge aller Teilmengen seiner Basismenge. Den Variablen *f1* und *f2* aus obigem Beispiel können also die Teilmengen:
  [fRot, fGruen, fBlau],
  [fRot, fGruen], [fRot, fBlau], [fGruen,fBlau],
  [fRot], [fGruen], [fBlau] sowie
  die leere Teilmenge []
  zugewiesen werden. Allgemein gilt, daß eine N-elementige Menge **2^n** Teilmengen enthält.
- Da die Anzahl der Teilmengen sich mit jedem zusätzlichen Element der Basismenge verdoppelt, sind für *Ordtyp* nur Mengen mit maximal 256 Elementen zugelassen. Die Ordinalwerte der Ober- und Untergrenzen der Basismenge müssen zwischen 0 und 255 liegen.

Datei-Typ — file

var
variablenname **: File of** *Typ***;**

Ein Dateityp besteht aus einer linearen Folge von Komponenten des angegebenen Komponententyps, deren Anzahl bei der Deklaration nicht festgelegt wird.

Variablen von Dateitypen dienen zum Zugriff auf Dateien. Je nachdem, in welcher Form die Daten in einer Datei gespeichert sind (oder gespeichert werden sollen), wählt man für den Zugriff auf die Datei einen der folgenden Dateitypen:

- **Textdateien**. Sie enthalten ASCII- oder UNICODE-Zeichen, die zeilenweise angeordnet sind.
  ```
  MyFile : Text;
  ```
- **Strukturierte Dateien**. Sie enthalten nur Komponenten eines bestimmten Datentyps, beispielsweise eine Serie von Integer-Werten oder auch ganze Records.
  ```
  MyFile : File of Integer;
  ```
- **Unstrukturierte Dateien**. Die Daten dieser Dateien können keinem bestimmten Datentyp zugeordnet werden, entweder weil die Datei Daten unterschiedlichen Typs enthält, oder weil nichts über ihre Datentypen bekannt ist. Aus diesem Grunde wird der Inhalt dieser Dateien byteweise gelesen und gespeichert.
  ```
  MyFile : File;
  ```

Anmerkungen

- Textdateien und strukturierte Dateien werden zusammengenommen als typisierte Dateien bezeichnet. Unstrukturierte Dateien werden auch untypisierte Dateien genannt.
- Folgende Routinen stehen für Dateioperationen bereit (→ 10.1): **Append, AssignFile, BlockRead, BlockWrite, ChDir, CloseFile, Eof, Eoln, Erase, FilePos, FileSize, Flush, GetDir, IOResult, MkDir, Read, Readln, Rename, Reset, Rewrite, RmDir, Seek, SeekEof, SeekEoln, SetTextBuf, Truncate, Write, Writeln**.
  - Nicht alle Routinen sind für jeden Dateityp geeignet. So sind die Prozeduren **BlockRead** und **BlockWrite** speziell für untypisierte Dateien gedacht (ersetzen hier die Routinen **Read, Readln, Write, Writeln**), während beispielsweise die Routinen **FileSize** und **Seek** nicht auf Textdateien angewendet werden können.

Beispiel

```
program schreiben; {Konsolenanwendung}
var
  MyFile : Text;

begin
AssignFile(MyFile,'Neu.txt');
{$I-}
Rewrite(MyFile);
{$I+}
if IOResult = 0 then begin
  writeln(MyFile,'Hello, World');
  CloseFile(MyFile);
  end;
end.

program lesen; {Konsolenanwendung}
var
  MyFile : File;
  buf : Byte;
  ok : Integer;

begin
AssignFile(MyFile,'Neu.txt');
{$I-}
Reset(MyFile, 1);              // Datensatzgrösse auf 1 setzen
{$I+}
if IOResult <> 0 then
  writeln('Fehler in der Dateibehandlung')
```

```
  else begin
  while not Eof(MyFile) do begin
    BlockRead(MyFile, buf, 1, ok); // byteweise einlesen
    if ok > 0 then
      write(Char(buf));    // Ausgabe auf Bildschirm
    end;
  CloseFile(MyFile);
  end;
readln;
end.
```

Zeiger-Typen ^Typ

Ein Zeiger ist eine Variable, in der sich die Adresse eines Datenobjektes befindet.

var
zeigername : ^*Typ*;

Obwohl es sich bei Zeigern um Adressen handelt (ihr Speicherbedarf also immer gleich ist), wird bei ihrer Deklaration ein Datentyp angegeben – nämlich der Typ der Objekte, auf die der Zeiger (genauer gesagt die Adresse in der Zeigervariablen) verweist. Diese Typinformation ist für die Dereferenzierung erforderlich – jenem Vorgang, bei dem man über die Zeigervariable direkt auf das Objekt zugreift, auf dessen Speicherraum der Zeiger verweist.
Insgesamt sind bei der Arbeit mit Zeigern drei wichtige Abschnitte zu unterscheiden:

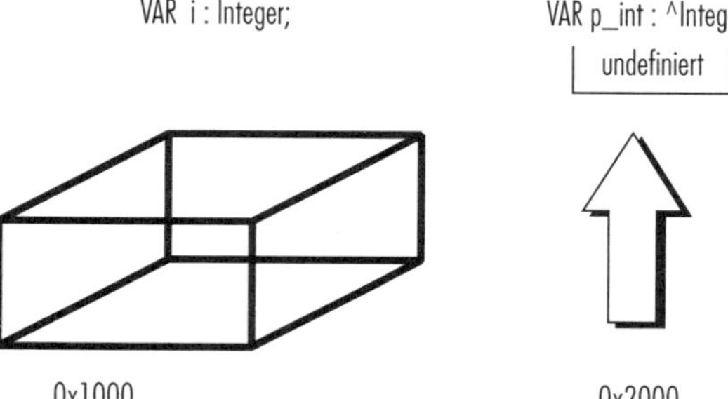

- **Deklaration.** Zeigervariablen werden entweder als Variablen eines bereits definierter Zeigertyps oder als Zeiger auf Objekte eines bestimmten Typs deklariert.

Wollen Sie sich bei der Deklaration des Zeigers noch nicht auf einen bestimmten Typ festlegen – sei es, daß der Typ des Zeigers nicht feststeht oder allgemein gehalten werden soll –, so können Sie den vordefinierten, unspezifischen Typ **Pointer** verwenden. Erst in einer nachfolgenden expliziten Typumwandlung (➔ Beispiel, 5.2.5) wird dann festgelegt, wie der zum Zeiger gehörende Speicherplatz interpretiert werden soll, ob zum Beispiel als Folge von Double-Werten oder als String.

```
type
  pVektor = ^tVektor;
  tVektor = record
    x,y,z : Double;
    end;
Var
  ptr1 : ^tVektor;    // ptr1 und ptr2 verweisen beide auf
  ptr2 : pVektor;     // Objekte vom Typ tVektor
  ptr3 : PChar;
  ptr4 : ^Double;
  ptr5 : Pointer;
```

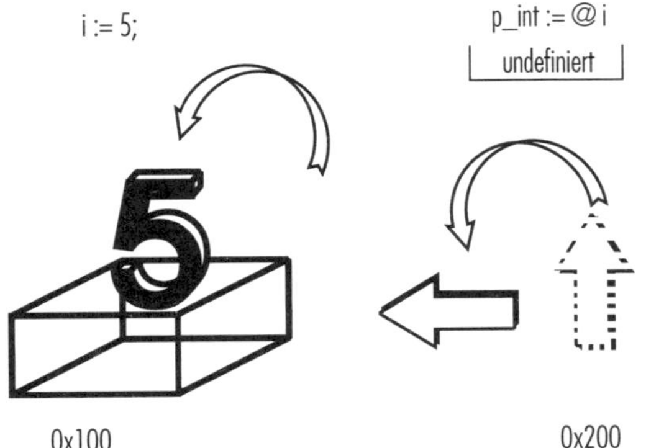

- **Initialisierung.** Die Initialisierung eines Zeigers erfolgt durch die Zuweisung einer Adresse und eines mit der Adresse verbundenen Speicherbereichs. Die Initialisierung kann auf verschiedene Weisen geschehen.
  - **Zuweisung einer Adresse** eines existierenden Objekts (sofern es sich bei dem Objekt nicht ehedem um eine Adresse handelt, können Sie

seine Adresse mit Hilfe des @-Operators zurückliefern oder die Funktion **Ptr** (➔ 10.1) verwenden).

```
ptr1 := @vektor_var;
ptr2 := ptr1;
```

- **Zuweisung von nil**. Zeiger, die auf kein Objekt gerichtet sind, sollten mit der NULL-Adresse **nil** initialisiert werden. Auf diese Weise kann auch leicht getestet werden, ob der Zeiger auf ein Objekt weist oder nicht.

```
ptr3 := nil;
```

- **Allokation durch die Routinen zur dynamischen Speicherreservierung** (➔ 10.1 **New, GetMem**). Speicher, der mit einer dieser Routinen eingerichtet wurde, kann durch die korrespondierende Freigabe-Routine (➔ 10.1 **Dispose, FreeMem**) wieder gelöscht werden. Voraussetzung ist natürlich, daß ein Zeiger auf den Speicherbereich vorhanden ist. (Wenn Sie einem Zeiger, dessen Adresse auf einen dynamisch reservierten Speicherbereich weist, eine neue Adresse zuweisen, und es keinen anderen Zeiger mit der Anfangsadresse dieses Speichers gibt, können Sie diesen Speicher nicht mehr zur Laufzeit freigeben.)

```
New(ptr4);
Dispose(ptr4);
```

- **Dereferenzierung**. Wenn Sie statt an dem Zeiger an dem Wert des Objekts, auf das er verweist, interessiert sind, können Sie den Zeiger mit Hilfe des **^**-Operators dereferenzieren. (Zeiger des Typs **Pointer** müssen vor der Dereferenzierung in einen anderen Typ umgewandelt werden.)

```
vektor_var := ptr4^;
vektor_var.x := ptr4^.x;
```


Beispiel

```
type
  pVektor = ^tVektor;
  tVektor = record
    x,y,z : Double;
    end;
Var
  ptr1 : ^tVektor;
  ptr2 : pVektor;
  v1   : tVektor;

begin
  v1.x := 12.5; v1.y := 1; v1.z := 240;
  writeln(v1.x, v1.y, v1.z);
  // Initialisierung von ptr1
  ptr1 := @v1;
  ptr1^.x := 100;
```

```
  // Typumwandlung und Initialisierung von ptr2
  ptr2 :=  pVektor(ptr1);
  // Dereferenzierung
  writeln(ptr2^.x, ptr2^.y, ptr2^.z);
  v1 := ptr2^;
  writeln(v1.x, v1.y, v1.z);
  readln;
end.
```

Anmerkungen

- Die Verwendung von Zeigern bringt zwei entscheidende Vorteile mit sich:
  - **Speicherersparnis**. Zeigervariablen speichern Adressen. Ihr Speicherbedarf ist also auf 16 oder 32 Bit festgelegt, wohingegen die Objekte, auf die sie zeigen, wesentlich größer sein können.
  - **Dynamische Speicherverwaltung**. Mittels Zeigern kann der Programmierer selbst entscheiden, wann Speicher reserviert und wann freigegeben wird. Zeiger erlauben die Implementierung dynamischer Datenstrukturen wie Listen und Bäume.
- Nichtinitialisierte Zeiger enthalten undefinierte Bitmuster, die bei der Dereferenzierung als Adresse interpretiert werden. Dies führt unweigerlich zu Programmfehlern und oftmals zu Programmabstürzen. Durch folgende Vorsichtsmaßnahmen kann man sich dagegen schützen:
  - Initialisieren Sie Zeiger stets direkt bei ihrer Deklaration; zumindest als Zeiger auf **nil**.
  - Testen Sie an wichtigen Programmstellen, ob ein Zeiger eine Adresse enthält oder auf **nil** zeigt.

Prozedur-Typen ^func, ^proc, ^method

Object Pascal ermöglicht es auch, Zeiger auf Routinen zu definieren. Dabei muß man unterscheiden zwischen

- Zeigern auf globale Prozeduren oder Funktionen
- und Methodenzeigern.

Zeiger auf globale Prozeduren

var
ptr_proc : **procedure** (*param*: *Typ*);
ptr_func : **function** (*param*: *Typ1*): *Typ2*;

Dem Zeiger wird also als Typ die vollständige Signatur der Prozedur bzw. Routine übergeben.

Methodenzeiger

Methodenzeiger erlauben es, von außen auf die Methoden von Klasseninstanzen zuzugreifen.

Die Typenangabe für Methodenzeiger enthält neben der Signatur der zu referenzierenden Methode noch die Angabe **of object**. Methodenzeiger werden intern mittels zweier Zeiger realisiert: der erste Zeiger speichert die Adresse einer Methode, und der zweite Zeiger speichert eine Referenz auf das Objekt, zu dem die Methode gehört.

var
ptr_meth1 : **procedure(***param*: *Typ***) of object;**
ptr_meth2 : **function(***param*: *Typ1***):** *Typ2* **of object;**

Beispiel

Bei der Komponentenprogrammierung werden Methodenzeiger, beispielsweise für die Einrichtung der Ereignisbehandlung, eingesetzt (➔ 9.6). Der folgende Auszug aus einem Beispiel der Delphi Online-Hilfe zeigt die Definition des Standardtyps für Ereignisse (**TNotifyEvent**) sowie den Einsatz eines Methodenzeigers (*FOnClick*):

```
type
  TNotifyEvent = procedure(Sender: TObject) of object;

type
  TAnObject = class(TObject)
    FOnClick: TNotifyEvent;
  end;
  TAnotherObject = class(TObject)
    procedure AMethod(Sender: TObject);
  end;
var
  AnObject: TAnObject;
  AnotherObject: TAnotherObject;
begin
  AnObject := TAnObject.Create;
  AnotherObject := TAnotherObject.Create;
  AnObject.FOnClick := AnotherObject.AMethod;
end;
```

Anmerkungen

- Der Variablen eines prozeduralen Typs kann ein prozeduraler Wert zugewiesen werden:
  - der Wert **nil,**
  - eine Variablenreferenz eines prozeduralen Typs,
  - ein Bezeichner einer globalen Prozedur oder Funktion,

- ◆ ein Methodenbezeichner.
- Zeiger auf Routinen und Methoden haben u.a. den Vorteil, daß auf diese Weise Prozeduren und Funktionen als Argumente an Funktionen übergeben und in Arrays abgelegt werden können.
- Prozedurale Typen sind kompatibel, wenn sie gleich viele Parameter besitzen und die Parameter an korrespondierenden Positionen vom selben Typ sind. Bei Funktionen müssen außerdem die Ergebnistypen identisch sein.
- Der Wert **nil** ist mit jedem prozeduralen Typ kompatibel.
- Um globale Prozeduren und Funktionen als prozedurale Werte verfügbar zu machen, müssen sie mit einer **far**-Anweisung deklariert oder im Modus **{$F+}** compiliert werden. Außerdem können folgende Routinen nicht als prozedurale Werte verwendet werden:
  - ◆ Die Standardroutinen der Unit **System**
  - ◆ Lokal deklarierte Routinen
  - ◆ Inline-Routinen

Varianten-Typen variant

var
variablenname : *Variant*;

Mit Hilfe des Datentyps **Variant** lassen sich Variablen deklarieren, deren Datentyp nicht festgelegt ist. Dies hat den Vorteil, daß der Datentyp erst bei der Initialisierung bestimmt wird (durch den Datentyp des zugewiesenen Objektes) und daß der Datentyp sogar während der Laufzeit umdefiniert werden kann.

Anmerkungen

- Varianten können Integer-Werte, Realwerte, Stringwerte, Boolesche Werte, Datums- und Zeitwerte und OLE-Automatisierungsobjekte enthalten sowie Arrays wechselnder Größe und Dimension. (Zur Zuweisung von OLE-Automatisierungsobjekten ist der Typ **Variant** vorgeschrieben.)
  - ◆ Intern werden Variablen des Datentyps **Variant** durch eine **TVarData**-Struktur repräsentiert (→ 10.1). Welchen Typ die Variable aktuell repräsentiert, ist in dem Feld **TVarData.VType** festgehalten und kann durch einen Aufruf der Funktion **VarType** (→ 10.1) ermittelt werden.
- Alle Varianten-Variablen werden beim ersten Mal mit dem Wert **Unassigned** initialisiert.
- Eine Variable vom Typ **Variant** belegt im Speicher 16 Byte. Sie bietet zwar eine größere Flexibilität, jedoch nur zur Lasten des Speicherbedarfs und der Laufzeit.

5.2.5 Typumwandlung

Pascal ist bezüglich der Unterscheidung von Typen sehr streng. So sind die beiden Typen *pVektor* und *^tVektor* aus dem Beispiel zu den Zeiger-Typen an sich identisch, werden aber vom Compiler als ganz eigenständige Typen behandelt.

Damit der Programmierer diese rigide Typentrennung bei Bedarf umgehen kann, sieht Object Pascal die Möglichkeit der expliziten Typumwandlung vor. Allerdings ist dann der Programmierer selbst dafür verantwortlich, daß die vorgenommene Typumwandlung sinnvoll ist. (Der Compiler zeigt Ihnen nur an, wenn Sie versuchen, inkompatible Typen ineinander umzuwandeln: beispielsweise kann ein **SmallInt**-Wert wegen des zu kleinen Speicherplatzes nicht in einen **Single**-Wert umgewandelt werden.)

Beispiel

```
type
  pVektor = ^tVektor;
  tVektor = record
    x,y,z : Double;
    end;
Var
  v    : tVektor;
  ptr1 : pVektor;
  ptr2 : Pointer;   //unspezifizierter Zeiger

Begin
v.x := 1; v.y := 2; v.z := 3;
ptr1 := @v;
New(ptr2);
ptr2 := pVektor(ptr1);          //Typumwandldung
pVektor(ptr2)^.x := ptr1^.x;
pVektor(ptr2)^.y := 3.5;
writeln(pVektor(ptr2)^.x);
End.
```

Automatische Typumwandlung **as**

with *objekt* **as** *TKlassentyp* **do... ;**

Um sich fortwährende explizite Typumwandlungen zu ersparen, können Sie den **as**-Operator nutzen, der zuerst prüft, ob die gewünschte Typumwandlung der Variablen *objekt* in den Typ *TKlassentyp* erlaubt ist. Wenn ja, wird die Variable im nachfolgenden Codeblock als Variable vom Typ *TKlassentyp* behandelt.

Demnach stellt die obige Verwendung des **as**-Operators eine verkürzte Version der folgenden Konstruktion dar:

if *objekt* **is** *TKlassentyp* **then with** *TKlassentyp(Objekt)* **do... ;**

Typische Anwendungbeispiele für die Verwendung der Operatoren **is** und **as** sind die Überprüfung der Klassentypen der in einem Formular abgelegten Komponenten (➔ Anmerkung zu 3.3.4) sowie die Überprüfung des Sender-Objekts in Ereignisbehandlungsroutinen (vorausgesetzt, die Ereignisbehandlungsroutine wurde mit mehreren Komponenten verbunden):

Beispiel

```
procedure TForm1.Button1Click(Sender: TObject);
begin
with Sender as TButton do
  begin
  case Tag of
      1: Form1.Close;
      2: Form1.Caption := 'Neuer Titel';
      end;
  end;
end;
```

5.2.6 Gültigkeitsbereiche

In Object Pascal wird jedem Bezeichner, in Abhängigkeit davon, an welcher Stelle des Programms er deklariert wird, ein Gültigkeitsbereich zugeordnet. Danach kann der Bezeichner von dem Ort seiner Deklaration bis zum Ende seines Gültigkeitsbereiches verwendet werden. In Object Pascal gibt es verschiedene Kategorien von Gültigkeitsbereichen.

Blöcke

Blöcke sind die Gültigkeitsbereiche von Prozeduren, Funktionen, Methoden und Modulen. Sie umfassen jeweils den Deklarations- und Anweisungsteil und enden mit der abschließenden END-Anweisung.
Blöcke sind häufig ineinander verschachtelt, dadurch daß Prozeduren und Funktionen innerhalb eines Programms oder Moduls deklariert werden und selbst auch wieder Prozeduren und Funktionen in ihrem Deklarationsteil einschließen können:

Beispiel

```
programm MyProg; {Konsolenanwendung}
Var
  writeln   : Integer;

procedure innerer_Bereich;
  Var
    writeln : Real;
```

```
    i : Integer;
  begin
  writeln := 3.54;            // Zugriff auf lokale Variable
  MyProg.writeln := 100;      // Zugriff auf globale Variable
  system.writeln(writeln);    // Zugriff auf System-Variable
  i := MyProg.writeln;
  system.writeln(i);
  end;

begin
innerer_Bereich;
readln;
end.
```

In solchen Fällen gilt:

- Ein Bezeichner, der in einer Prozedur, Funktion oder Methode deklariert wird, ist lokal zu dieser.
- Ein Bezeichner, der außerhalb jeder Prozedur, Funktion, Methode, Struktur oder Klasse deklariert wird, ist ein globaler Bezeichner.
- Ab dem Ort der Deklaration ist ein Bezeichner in seinem Gültigkeitsbereich und allen folgenden eingeschlossenen Gültigkeitsbereichen verwendbar.
- Ein Bezeichner kann in einem untergeordneten Gültigkeitsbereich dadurch verdeckt werden, daß in dem eingeschlossenen Gültigkeitsbereich ein Bezeichner gleichen Titels deklariert wird. Trotzdem stehen beide Bezeichner für verschiedene Objekte und können vom Compiler unterschieden werden. Mit Hilfe des Namens des Gültigkeitsbereichs und des Punkt-Operators können Sie auch auf verdeckte Variablen zugreifen (➔ obiges Beispiel).

Records

Feldbezeichner aus Record-Typen sind zum einem innerhalb der Deklaration ihres Record-Typs gültig – und zwar ab dem Ort ihrer Deklaration. Zum anderen sind sie in zusammengesetzten Bezeichnern gültig, wenn der vorangehende Bezeichner auf ein Objekt ihres Typs verweist.

Klassen

Wird ein Elementbezeichner in einer Klassentyp-Deklaration vereinbart, so erstreckt sich sein Gültigkeitsbereich vom Ort seiner Deklaration bis zum Ende der Klassentyp-Definition sowie über alle Nachkommen des Klassentyps und die Blöcke sämtlicher Methoden des Klassentyps. Zusätzlich ist er in zusammengesetzten Bezeichnern gültig, wenn der vorangehende Bezeichner auf ein Objekt ihres Typs verweist.

Units

Bezeichner, die im **interface**-Abschnitt einer Unit deklariert werden, gehören zum globalen Gültigkeitsbereich der Unit. Darüber hinaus erstreckt sich ihr Gültigkeitsbereich auf alle Units und Programme, die diese Unit in ihrer **uses**-Anweisung aufführen.

Die Unit System

Die Unit **System**, die automatisch in jedes Programm eingebunden wird, stellt einen Gültigkeitsbereich außerhalb des globalen Gültigkeitsbereichs dar. Daher können Sie auf alle Bezeichner dieser Unit (→ 10.1) direkt oder, für den Fall, daß der Bezeichner verdeckt ist, mittels **System**.*Bezeichner* zugreifen.

5.3 Ausdrücke und Operatoren

Ausdrücke sind Zusammensetzungen aus Operatoren und ihren Operanden (Variablen, Konstanten, Rückgabewerte von Funktionen).
Bei komplexeren Ausdrücken mit mehreren Operatoren ist es wichtig zu wissen, in welcher Reihenfolge die Operatoren ausgewertet werden:

Tabelle 5.5: Rangfolge der Operatoren

Operatoren	Priorität	Kategorie
@, not	1 (höchste)	unäre Operatoren
*,/,div,mod,and,shl,shr,as	2	multiplikative Operatoren
+,-,or,xor	3	additive Operatoren
=, <>, <, >, <=, >=, in, is	4 (niedrigste)	relationale Operatoren

Anmerkungen

- Ein Operand ist immer an den höherrangigeren Operator gebunden, so daß die Operatoren höherer Priorität zuerst ausgewertet werden.
- Steht ein Operand zwischen zwei gleichrangigen Operatoren, so ist dieser stets an den links von ihm stehenden Operator gebunden, so daß Operatoren gleicher Priorität von links nach rechts ausgewertet werden.
- Ausdrücke in Klammern haben bei der Auswertung Priorität und werden dann als einzelner Operand betrachtet, so daß Sie durch die Klammerung von Teilausdrücken, die durch die Priorität der Operatoren vorgegebene Auswertungsreihenfolge aufheben können.

5.3.1 Arithmetische Operatoren

Mit den arithmetischen Operatoren können Sie, wie es der Name vermuten läßt, einfache arithmetische Operationen durchführen.

Operator	Operation	Operandentyp	Ergebnistyp
+	Addition	Integer	Integer
		Real	Real
		PChar, Integer	PChar
-	Subtraktion	Integer	Integer
		Real	Real
		PChar, Integer	PChar
		PChar, PChar	Word
*	Multiplikation	Integer	Integer
		Real	Real

Operator	Operation	Operandentyp	Ergebnistyp
/	Division	Integer	Real
		Real	Real
div	Integerdivision	Integer	Integer
mod	Modulo (Rest)	Integer	Integer
+(unär)	Identität	Integer	Integer
		Real	Real
-(unär)	Negation	Integer	Integer
		Real	Real

Beispiel

```
i := 5+3;              // i = 8
j := -i;               // j = -8
j := 20 mod i;         // j = 4
j := 3*4 + i;          // j = 20
j := 3*(4 + i);        // j = 36
```

Anmerkungen

- Fast alle arithmetischen Operatoren gehören zu den sogenannten binären Operatoren, d.h., sie arbeiten immer mit zwei Operanden.
- Eine Ausnahme bilden die beiden unären Operatoren + (Identität) und – (Negation), die nur einen Operanden benötigen.
- Auf Zeiger vom Typ **PChar** angewandt, manipulieren die Operatoren den Offset-Anteil des Zeigers. Auf diese Weise kann ein **PChar**-Zeiger um eine bestimmte Anzahl von Zeichen nach vorne oder nach hinten gerückt werden. Bildet man die Differenz zweier **PChar**-Zeiger, erhält man einen Wert, der anzeigt, wieviel Zeichen zwischen den Adressen der beiden Zeiger liegen.

5.3.2 Bit-Operatoren

and, or

Bit-Operatoren erlauben nur Integer-Werte als Operanden und manipulieren diese bitweise.

Operator	Operation	Operandentyp	Ergebnistyp
not	bitweise Negation	Integer	Integer
and	bitweises UND	Integer	Integer
or	bitweises ODER	Integer	Integer
xor	bitweises XOR	Integer	Integer
shl	Schieben links	Integer	Integer
shr	Schieben rechts	Integer	Integer

Auf die bitweise Manipulation von Integer-Werten wird meist dann zurückgegriffen, wenn mehrere Schalterzustände als Kombination in einer Variablen abgespeichert werden sollen. Dabei nutzt man den **or**-Operator, um einen Schalter zu setzen, ohne die anderen Schalter in der Variablen zu löschen. Der **and**-Operator dient dazu, zu prüfen, ob ein Schalter gesetzt ist, und der **xor**-Operator kann dazu verwendet werden, einen Schalter zu löschen.

Beispiel

Das folgende Beispiel definiert drei Flags, die anzeigen, daß eine Datei geöffnet ist, ungesicherte Änderungen enthält oder nicht beschrieben werden darf. Die Konstanten werden so gewählt, daß es bei den gesetzten Bits keine Überschneidungen gibt. Im Anweisungsteil werden die Flags *open* und *dirty* gesetzt. Danach wird überprüft, ob das Flag *dirty* gesetzt ist. Da dies der Fall ist, wird eine entsprechende Meldung ausgegeben und das Flag gelöscht.

```
const
  open    = $0001;  //0000 0000 0000 0001
  dirty   = $0002;  //0000 0000 0000 0010
  nowrite = $0004;  //0000 0000 0000 0100
Var
  dateiflags : SmallInt;

Begin
 dateiflags := $0000;
 dateiflags := dateiflags or open;
 dateiflags := dateiflags or dirty;
 if dateiflags and dirty <> 0 then
   begin
   writeln('Ungesicherte Aenderungen');
   dateiflags := dateiflags xor dirty;
   end;
 if dateiflags and dirty = 0 then
   writeln('Ungesicherte Aenderungen');
End.
```

Die Shift-Operatoren dagegen dienen dazu, schnelle Divisionen und Multiplikationen um Potenzen von 2 durchzuführen.

Beispiel

```
dateiflags := dateiflags shl 3;
// entspricht
dateiflags := dateiflags * Trunc(Power(2,3)); // * 2^3

dateiflags := dateiflags shr 3;
// entspricht
dateiflags := dateiflags div Trunc(Power(2,3)); // div 2^3
```

5.3.3 Boolesche Operatoren

and, or

Die Programmiersprache ObjectPascal kennt vier Boolesche Operatoren:

Operator	Operation	Operandentyp	Ergebnistyp
not	logische Negation	Boolean	Boolean
and	logisches UND	Boolean	Boolean
or	logisches ODER	Boolean	Boolean
xor	logisches XOR	Boolean	Boolean

Mit Hilfe dieser Operatoren lassen sich komplexe Boolesche Ausdrücke aufbauen und auswerten.

5.3.4 String-Operator

str1 + str2

Operator	Operation	Operandentyp	Ergebnistyp
+	Verkettung	String, Char oder gepackter String	String

Der Operator + verkettet zwei String-Operanden miteinander, wobei es sich bei den Operanden um einen String, ein Zeichen oder einen gepackten String handeln kann. Der Operator hängt den zweiten String an den ersten String an und liefert das Ergebnis dieser Verkettung zurück. Ist der Ergebnis-String länger als 255 Zeichen, werden alle weiteren Zeichen abgeschnitten.

5.3.5 Mengenoperatoren

(, (

Den Mengenoperationen liegen die Gesetze der Mengenlehre zugrunde. So liefert der Operator +, auf zwei Operanden vom Typ **Set of** angewendet, die Vereinigungsmenge seiner beiden Operandenmengen zurück, der Operator – die Differenz von A und B, der Operator * die Schnittmenge von A und B.

Operator	Operation	Ergebnistyp
+	Vereinigung	kompatible Mengentypen
–	Differenz	kompatible Mengentypen
*	Schnitt	kompatible Mengentypen
=	identisch	Boolean

Operator	Operation	Ergebnistyp
<>	nicht identisch	Boolean
<=	Teilmenge von	Boolean
>=	Obermenge von	Boolean
in	Element von	Boolean

5.3.6 Vergleichsoperatoren

Mit den Vergleichsoperatoren, die auch relationale Operatoren genannt werden, werden Vergleiche zwischen zwei Operanden durchgeführt. Das Ergebnis dieser Operation ist entweder wahr (**True**) oder falsch (**False**). Ausdrücke, die vergleichende Operatoren enthalten, werden häufig als Kontrollbedingung in **do**-, **while**- oder **for**-Schleifen und **if**-Anweisungen eingesetzt.

Operator	Operation	Operandentyp
=	gleich	einfache Typen, Klassen, Zeiger, String-Typen, Mengen
<>	ungleich	einfache Typen, Klassen, Zeiger, String-Typen, Mengen
<	kleiner als	einfache Typen, String-Typen
>	größer als	einfache Typen, String-Typen
<=	kleiner als oder gleich	einfache Typen, String-Typen
>=	größer als oder gleich	einfache Typen, String-Typen
<=	Teilmenge von	Mengen
>=	Obermenge von	Mengen
in	Element von	linker Operand ist Ordinaltyp, rechter Operand ist Mengen-Typ

5.3.7 Sonstige Operatoren

@, :=, in, as,

Als weitere Operatoren Dnoch erwähnt:

- Der **Adreß-Operator @**, mit dem die Adresse einer Variablen, Prozedur, Funktion oder Methode zurückgeliefert werden kann (➔ 5.2.4 Zeiger-Typen).
- Der **Zuweisungsoperator :=**, mit dem einer Variablen ein Wert zugewiesen wird.

- Mit dem **Klassenoperator is** können Sie überprüfen, ob der aktuelle (Laufzeit-) Typ einer Objektreferenz (Klasseninstanz oder Zeiger auf Klasseninstanz) einem bestimmten Klassentyp entspricht (➔ 5.2.5):

  objectRef is classRef

  - Der Operator erlaubt Ihnen eine dynamische Typüberprüfung und wird hauptsächlich zusammen mit einer **if**-Anweisung benutzt. Das Ergebnis ist ein boolescher Wert.
- Der **Klassenoperator as** dient der Typumwandlung:

  objectRef as classRef

  - Dieser Operator wird primär im Zusammenhang mit einer **with**-Anweisung benutzt (➔ 5.2.5).

5.4 Ablaufsteuerung, Compiler-Direktiven, Exceptions

Je komplexer Programme werden, desto öfter ist es erforderlich, je nach Situation und Zustand des Programms, zu verschiedenen Anweisungen zu verzweigen.
In diesem Abschnitt werden daher drei Konzepte vorgestellt, mit denen der Programmablauf beeinflußt werden kann.

- Der Abschnitt 5.4.1 befaßt sich mit Verzweigungen und Schleifen, die wichtige Elemente jeden Algorithmus darstellen.
- Der Abschnitt 5.4.2 behandelt Abbruchbefehle und Prozeduren zur Ablaufsteuerung bei der Programmausführung.
- Der Abschnitt 5.4.3 erläutert die Möglichkeiten der Compiler-Direktiven und der bedingten Kompilation, d.h. der Ablaufsteuerung durch Kompilation.
- Der Abschnitt 5.4.4 beschreibt die objektorientierte Fehlerbehandlung durch Exceptions, bei der Programmablauf und Fehlerbehandlung getrennt werden.

5.4.1 Verzweigungen und Schleifen

Dieses Kapitel erläutert die Möglichkeiten der bedingten Verzweigung und der Konstruktion von Schleifenanweisungen.

Bedingte Verzweigung mit if und else — if.. else

Verzweigungen werden mit dem Schlüsselwort **if** eingeleitet. Auf das Schlüsselwort folgt eine Bedingung, die darüber entscheidet, mit welcher Anweisung das Programm fortgesetzt werden soll. Wird die Bedingung zu **True** ausgewertet, wird der mit dem Schlüsselwort **then** eingeleitete Block ausgeführt. Liefert die Auswertung des Ausdrucks als Ergebnis **False**, wird die Ausführung des Programms mit der ersten Anweisung hinter der Verzweigung fortgesetzt.

```
if Bedingung then
  begin
  Anweisungen;
  end;
```

Es gibt auch Fälle, in denen alternativ (also dann und nur dann, wenn die zu **if** gehörende Bedingung als Ergebnis **False** liefert) zu einem anderen Anweisungsblock verzweigt werden soll. Letzterer wird durch das Schlüsselwort **else** eingeleitet.

if *Bedingung* **then**
  begin
  Anweisungen1;
  end
else
  begin
  Anweisungen2;
  end;

- Als **Bedingung** sind nur Boolesche Ausdrücke erlaubt.
- Besteht ein **Anweisungsteil** aus einer einzigen Anweisung, braucht diese nicht in die Schlüsselwörter **begin** und **end** eingefaßt werden. Sollen dagegen als Antwort auf die Auswertung der Bedingung mehrere Anweisungen ausgeführt werden, müssen diese durch die Schlüsselwörter **begin** und **end** als Block gekennzeichnet werden.

Anmerkung

- Beachten Sie, daß dem Schlüsselwort **else** kein Semikolon vorangehen darf.

Beispiel

```
program project1; {Konsolenanwendung}
var
  zahl1, zahl2 : Real;
  op : char;

begin
writeln('Ein kleiner Taschenrechner:');
write('1. Operanden eingeben: ');
readln(zahl1);
write('Operator eingeben: ');
readln(op);
write('2. Operanden eingeben: ');
readln(zahl2);
if op = '+' then
  writeln(zahl1 + zahl2:5:3)
  else if op = '-' then
    writeln(zahl1 - zahl2:5:3)
    else if (op = 'X') or (op = 'x') or (op = '*') then
      write(zahl1 * zahl2:5:3)
      else if (op = ':') or (op = '/') then
        write(zahl1 / zahl2:5:3)
  else write('Operator nicht bekannt');
readln;
end.
```

Ausführung: Auswertung der if-else-Ketten

- Die Bedingungen werden in der Reihenfolge ausgewertet, in der sie im Programmcode stehen.
- Wenn eine der Bedingungen als Ergebnis **True** liefert, wird der zugehörende Anweisungsteil ausgeführt und damit die Abarbeitung der Kette beendet.
- Die zum letzten **else** gehörenden Anweisungen werden ausgeführt, wenn keine der vorher überprüften Bedingungen das Ergebnis **True** liefert.
- Das letzte **else** ist optional, kann also entfallen, wenn keine Standard-Aktion ausgeführt werden soll.

Bedingte Verzweigung mit case — case

Eine einfachere und meist auch übersichtlichere Programmiertechnik als die im vorigen Abschnitt beschriebenen **else-if**-Ketten bietet die **case**-Anweisung. Auch mit ihr kann ein Programm zwischen mehreren Alternativen auswählen.

```
case selektor of
  Konstanten1:  Anweisungsteil1;
  Konstanten2:  Anweisungsteil2;
  Konstanten3:  Anweisungsteil3;
  Konstanten4:  Anweisungsteil4;
  else          Standard-Verarbeitung;
  end;
```

- Als **Selektor** ist jeder Ausdruck zulässig, dessen Wert einem Ordinaltyp von Byte- oder Word-Größe entspricht.
- Als **Konstanten** sind alle Werte erlaubt, die zum Wertebereich des Typs des Selektors gehören. Bei der Ausführung der **case**-Verzweigung wird der Selektor der Reihe nach mit den Konstanten verglichen. Trifft er auf eine Konstante, die den gleichen Wert wie der Selektor repräsentiert, wird der zugehörige Anweisungsteil ausgeführt.
- Der **Anweisungsteil** kann aus einer oder mehreren Anweisungen bestehen (im letzteren Fall müssen die Anweisungen in die Schlüsselwörter **begin** und **end** eingefaßt werden). Nach der Ausführung des Anweisungsteils wird das Programm nicht mit dem Vergleich der nächsten Konstante, sondern mit der ersten Anweisung hinter dem **case**-Block fortgesetzt. Aus diesem Grunde dürfen sich die in den **case**-Konstanten definierten Bereiche nicht überlappen.
- **Else**-Block. Zu diesem Anweisungsblock wird verzweigt, wenn der Vergleich des Selektors mit den **case**-Konstanten keine Übereinstimmung er-

geben hat. Dieser Block ist optional, wird aber häufig implementiert, um eine Standardverarbeitung für unvorhergesehene Fälle einzurichten.

Beispiel

```
program project1; {Konsolenanwendung}
var
  zahl1, zahl2 : Real;
  operator : char;

begin
writeln('Ein kleiner Taschenrechner:');
write('1. Operanden eingeben: ');
readln(zahl1);
write('Operator eingeben: ');
readln(operator);
write('2. Operanden eingeben: ');
readln(zahl2);
case operator of
   '+': writeln(zahl1 + zahl2:5:3);
   '-': writeln(zahl1 - zahl2:5:3);
   'X','x','*': write(zahl1 * zahl2:5:3);
   ':','/' : write(zahl1 / zahl2:5:3);
  else write('Operator nicht bekannt');
  end; // end of case
readln;
end.
```

Allgemeines zu Schleifen

Schleifen werden eingesetzt, wenn ein Anweisungsblock mehrere Male hintereinander ausgeführt werden soll. Schleifen bestehen aus

- einer Abbruchbedingung, die festlegt, wann die Ausführung der Schleife zu beenden ist, und
- einem von **begin** und **end** eingefaßten Anweisungsblock.

In Object Pascal gibt es **while, for** und **repeat**-Schleifen. Unabhängig von der verwendeten Schleife kann diese auf mehrere Weisen verlassen werden:

- Abbruchbedingung der Schleife wird erfüllt.
- Abbruch durch **break**.
- Sprung aus Schleife heraus durch **goto**.

Anmerkung

- Es ist Aufgabe des Programmierers, daß eine Schleife auch in jedem Fall wieder verlassen wird, da das Programm sonst in einer Endlosschleife verharren kann.

for-Schleife — for

Mit dem Schlüsselwort **for** wird eine bedingte Schleife eingeleitet, deren Schleifenanzahl bei Beginn feststeht. Der Schleifenausdruck besteht aus einer Kontrollvariablen, einem Anfangswert, einem Endwert und dem Anweisungsteil:

> **for** *kontrollvariable* := *Anfangswert* **to** *Endwert* **do**
> *Anweisungsteil*;

- **Kontrollvariable**. Als Kontroll- oder Schleifenvariable ist jede Variable zulässig, die einem einfachen Ordinaltyp angehört. Je nachdem, ob die **for**-Schleife mit **to** oder **downto** gebildet wird, wird die Schleifenvariable bei jedem Schleifendurchgang um Eins erhöht oder erniedrigt.
- Der **Anfangswert** dient zur Initialisierung der Kontrollvariablen beim Eintritt in die Schleife.
- Der **Endwert** legt fest, bei welchem Wert der Kontrollvariablen, die Schleife verlassen wird. Aus Anfangswert und Endwert ergibt sich daher üblicherweise die Anzahl der Schleifendurchgänge (Endwert – Anfangswert +1, falls Endwert >= Anfangswert und Schleifenvariable inkrementiert wird). Wird der Wert der Schleifenvariablen allerdings im Anweisungsteil verändert (wovor allerdings meist abzuraten ist) oder werden Schleifendurchgänge mittels der Prozeduren **Break** oder **Continue** übersprungen, läßt sich die Anzahl der Schleifendurchgänge natürlich nicht mehr so leicht errechnen.
- Der **Anweisungsteil** kann aus einer einzelnen Anweisung oder aus einem Anweisungsblock bestehen, wobei letzterer in die Schlüsselwörter **begin** und **end** eingeschlossen werden muß.

Beispiel

```
program project1; {Konsolenanwendung}
var
  zaehler : integer;

begin
for zaehler := 0 to 9 do
  writeln('Der Wert von zaehler beträgt:', zaehler);
readln;
end.
```

while-Schleifen — while

Eine **while**-Schleife definiert in ihrem Kopf nur eine Abbruchbedingung. Die Initialisierung der Schleifenvariablen (es können hier mehrere Variablen in die Abbruchbedingung eingehen) muß vor der **while**-Schleife geschehen. Da die Schleifenvariablen nicht wie bei der **for**-Schleife automatisch inkrementiert oder dekrementiert werden, muß innerhalb des Anweisungsteils dafür gesorgt werden, daß die Abbruchbedingung irgendwann erfüllt wird oder die Schleife anderweitig (→ **break, goto**) verlassen wird.

while *Bedingung* **do**
Anweisungsteil;

- Als **Bedingung** sind nur Boolesche Ausdrücke erlaubt.
- Der **Anweisungsteil** kann aus einer einzelnen Anweisung oder aus einem Anweisungsblock bestehen, wobei letzterer in die Schlüsselwörter **begin** und **end** eingeschlossen werden muß. Auf jeden Fall ist darauf zu achten, daß die wiederholte Ausführung des Anweisungsteils irgendwann zum Verlassen der Schleife führt (üblichweise dadurch, daß die Abbruchbedingung erfüllt wird).

Beispiel

```
program project1; {Konsolenanwendung}
var
  i : Integer;

begin
  i:= 1;
  while (i < 20) and (sqr(i) < 100) do
    begin
    i:= i+1;
    writeln(i,' ',sqr(i));
    end;
readln;
end.
```

Ausführung: Auswertung der while-Schleife

- Die Bedingung der **while**-Schleife wird eingangs jeden Schleifendurchgangs getestet.
- Die Schleife endet, wenn die Bedingung nicht mehr den Wert **True** ergibt (oder anderweitig verlassen wird).
- Liefert die Auswertung der Bedingung der **while**-Schleife bereits beim Eintritt den Wert **False**, werden die zur Schleife gehörenden Anweisungen nie ausgeführt.

repeat-Schleifen repeat

Der **while**-Schleife ähnlich ist die **repeat**- oder **repeat-until**-Schleife. Im Unterschied zur **while**-Schleife findet die Auswertung der Schleifenbedingung jedoch immer nach dem Durchlaufen des Anweisungsteils statt, so daß der Anweisungsteil der **repeat**-Schleife mindestens einmal ausgeführt wird.

repeat
 Anweisungsteil;
until *Bedingung*;

- Der **Anweisungsteil** kann aus einer einzelnen Anweisung oder aus einem Anweisungsblock bestehen und ist in die Schlüsselwörter **repeat** und **until** eingeschlossen (nicht **begin** .. **end**). Auf jeden Fall ist darauf zu achten, daß die wiederholte Ausführung des Anweisungsteils irgendwann zum Verlassen der Schleife führt (üblichweise dadurch, daß die Abbruchbedingung erfüllt wird).
- Als **Bedingung** sind nur Boolesche Ausdrücke erlaubt.

Beispiel

```
program project1; {Konsolenanwendung}
var
  zahl : Single;

begin
repeat
  writeln('Geben Sie eine Zahl ein. <0> zum Abbruch.');
  readln(zahl);
  writeln('Die eingelesene Zahl war ', zahl);
until (zahl = 0);
readln;
end.
```

Ausführung: Auswertung der repeat-Schleife

- Die Bedingung der **repeat**-Schleife wird zum Abschluß jeden Schleifendurchgangs getestet.
- Die Schleife endet, wenn die Bedingung nicht mehr den Wert **True** ergibt (oder anderweitig verlassen wird).
- Die zur **repeat**-Schleife gehörenden Anweisungen werden mindestens einmal abgearbeitet.

5.4.2 Abbruchbefehle und -prozeduren

Die folgenden Schlüsselwörter und Prozeduren werden verwendet, um Anweisungsblöcke zu verlassen.

Zurück zu Schleifenanfang — continue

Mit der **continue**-Prozedur wird zum Anfang einer Schleife zurückgesprungen, d.h., der aktuelle Schleifendurchgang wird abgebrochen und die Schleife wird mit dem nächsten Schleifendurchgang fortgesetzt.

Beispiel

Das Beispiel entspricht dem Programm zur Repeat-Schleife, gibt aber negative Eingaben nicht mehr auf den Bildschirm aus.

```
program project1; {Konsolenanwendung}
var
  zahl : Single;

begin
repeat
  writeln('Geben Sie eine Zahl ein. <0> zum Abbruch.');
  readln(zahl);
  if zahl < 0 then
    continue;
  writeln('Die eingelesene Zahl war ', zahl);
until (zahl = 0);
readln;
end.
```

Anmerkung

- Wenn Sie einen **continue**-Aufruf einbauen, müssen Sie darauf achten, daß dieser nicht verhindert, daß die Abbruchbedingung irgendwann erfüllt wird. Im folgenden Programm, das die Zeichen mit ASCII-Codes zwischen 33 und 110 ausgibt, die Ziffern aber auslassen soll, wird die **continue**-Prozedur beispielsweise vor der Inkrementierung der Schleifenvariablen *asciiCode* aufgerufen. Sobald *asciiCode* den Wert 48 erreicht hat, ändert sich sein Wert daher nicht mehr, und die Schleife wird endlos weiter ausgeführt.

```
program project1; {Konsolenanwendung}
var
  asciiCode : SmallInt;

begin
asciicode := 33;
while asciicode < 111 do
  begin
  if (asciiCode > 47) and (asciiCode < 58) then
    continue;
  writeln(Chr(asciiCode),' (', asciiCode, ')');
  asciiCode := asciiCode + 1;
  end;
readln;
end.
```

Abbruch break

Die Prozedur **break** bewirkt im Gegensatz zur **continue**-Prozedur, daß nicht nur der aktuelle Schleifendurchgang abgebrochen, sondern die Schleife ganz verlassen wird.

Beispiel

Das Beispiel entspricht dem Programm zur Repeat-Schleife, gibt aber negative Eingaben nicht mehr auf den Bildschirm aus.

```
program project1; {Konsolenanwendung}
var
  zahl : Single;

begin
repeat
  writeln('Geben Sie eine Zahl ein. <0> zum Abbruch.');
  readln(zahl);
  if zahl < 0 then
    break;
  writeln('Die eingelesene Zahl war ', zahl);
until (zahl = 0);
readln;
end.
```


Programmabbruch exit

Mit der Prozedur **exit** wird die Routine, in der sie aufgerufen wird, umgehend verlassen und das Programm wird mit der nächsten Anweisung hinter dem Aufruf der Routine fortgesetzt.

- Wird die Prozedur **exit** nicht innerhalb einer Routine, sondern im Hauptanweisungsteil des Programms aufgerufen, führt ihr Aufruf zum Programmabbruch.

Programmabbruch halt

Die Prozedur **halt(*Exitcode* : Integer)** beendet das Programm und übergibt die Steuerung wieder an das Betriebssystem. Exitcode bezeichnet den Austrittscode des Programmes.

Programmabbruch runerror

Dieser Prozedur kann ein Fehlercode mitgegeben werden (beispielsweise **runerror(*204*)**). Die Programmausführung wird angehalten und es erscheint die Meldung: **Runtime error 204 at ...**

label
sprungmarke;

Mit **goto** kann zu einem beliebigen anderen Punkt innerhalb des aktuellen Blocks verzweigt werden, der durch ein Label gekennzeichnet wurde.

Beispiel

```
program project1; {Konsolenanwendung}
label
  sprungmarke;
var
  zahl : Single;

begin
repeat
  writeln('Geben Sie eine Zahl ein. <0> zum Abbruch.');
  readln(zahl);
  if zahl < 0 then
    goto sprungmarke;
  writeln('Die eingelesene Zahl war ', zahl);
until (zahl = 0);
sprungmarke: readln;
end.
```

- Die in der **goto**-Anweisung aufgeführte Sprungmarke muß sich im selben Block wie die **goto**-Anweisung befinden. Sie können also nicht in eine andere Funktion oder Prozedur springen. Deshalb sollten Sie, auch wenn die Verführung groß ist, **goto** vermeiden, zumal jedes Programm mit **goto**-Anweisungen auch als Programm ohne **goto**-Anweisungen geschrieben werden kann.
- Der ausgiebige Gebrauch von **goto** führt, wie dies auch bei den ersten Basic-Interpretern der Fall war, zu beinahe unüberschaubaren Programmen, deren Wartung, wegen der nach kurzer Zeit nicht mehr zu überblickenden Programmlogik, beinahe unmöglich ist.

5.4.3 Die Compiler-Direktiven

Compiler-Direktiven beeinflußen das Verhalten des Compilers. Compiler-Direktiven werden wie Kommentare in geschweifte Klammern gefaßt und beginnen stets mit einem Dollar-Zeichen: $. Auf das Dollar-Zeichen folgt dann die Liste der Direktiven.

{$ *Direktive1*, *Direktive2***}**

Es werden drei Formen unterschieden:

- **Schalterdirektiven.** Dabei handelt es sich um Direktiven, die zusammen mit einem Plus- oder Minuszeichen auftreten und auf die Arbeitsweise des Compilers Einfluß nehmen. Sie gelten entweder global, d.h. für den gesamten Compiliervorgang (global Direktiven müssen vor den Deklarationsteil der Unit plaziert werden), oder nur lokal, d.h. bis zur Änderung des Schalters durch einen erneuten Aufruf.
- **Parameterdirektiven.** Mit diesen Direktiven übergeben Sie dem Compiler Parameter, die den Compiliervorgang beeinflussen, z.B. Dateinamen.
- **Befehle für die bedingte Kompilierung.** Mit diesen Direktiven können Anweisungen zu Blöcken zusammengefaßt werden, die dann in Abhängigkeit bestimmter, vom Programmierer definierter Debug-Konstanten compiliert oder von der Kompilation ausgeschlossen werden (→ Beispiel am Ende des Abschnitts).

Ausrichten der Daten — ALIGN

Syntax:	{$A+} oder {$A-} {$ALIGN ON} oder {$ALIGN OFF}
Voreinstellung:	{$A+} bzw. {$ALIGN ON}
Gültigkeitsbereich:	Lokal
Art:	Schalter
IDE-Analogon:	***Ausgerichtete Record-Felder*** auf der Seite ***Compiler*** des Dialogfensters ***Projektoptionen***
Erläuterung:	Diese Direktive kontrolliert die Ausrichtung der Felder von Record-Variablen. Ist der Schalter gesetzt **{$A+}**, werden die Felder der nachfolgenden Records an 32-Bit-Grenzen ausgerichtet, was die Laufzeit zu Lasten des Speicherbedarfs verbessert. Records, die zudem als **packed** deklariert sind, können nicht ausgerichtet werden.

Anwendungstyp — APPTYPE

Syntax:	{$APPTYPE GUI} oder {$APPTYPE CONSOLE}
Voreinstellung:	{$APPTYPE GUI}
Gültigkeitsbereich:	Global
Art:	Parameter
IDE-Analogon:	***Anwendung für Textbildschirm*** auf der Seite ***Linker*** des Dialogfensters ***Projektoptionen***
Erläuterung:	Diese Direktive steuert, ob eine Befehlszeilen- oder GUI-Anwendung erzeugt werden soll. Per Voreinstellung generiert der Compiler eine GUI-Anwen-

dung. Diese Direktive ist nur innerhalb von Programmen sinnvoll.

Überprüfung Boolescher Ausdrücke — ASSERTIONS

Syntax:	{$C+} oder {$C-} {$ASSERTIONS ON} oder {$ASSERTIONS OFF}
Voreinstellung:	{$C+} bzw. {$ASSERTIONS ON}
Gültigkeitsbereich:	Global
Art:	Schalter
IDE-Analogon:	***Assertions*** auf der Seite ***Compiler*** des Dialogfensters ***Projektoptionen***
Erläuterung:	Die **{$C}**-Anweisung aktiviert bzw. deaktiviert die Erzeugung von Code zur automatischen Überprüfung boolescher Ausdrücke durch die RTL-Funktion **Assert**. Nutzen Sie **Assert**, um Bedingungen zu prüfen, die stets **True** sein müssen. Für die endgültige Version Ihrer .exe-Datei deaktivieren Sie den Schalter vor der Kompilation.

Auswerten Boolescher Ausdrücke — BOOLEVAL

Syntax:	{$B+} oder {$B-} {$BOOLEVAL ON} oder {$BOOLEVAL OFF}
Voreinstellung:	{$B-} bzw. {$BOOLEVAL OFF}
Gültigkeitsbereich:	Lokal
Art:	Schalter
IDE-Analogon:	***Boolesche Ausdrücke vollständig*** auf der Seite ***Compiler*** des Dialogfensters ***Projektoptionen***
Erläuterung:	Bestimmt, ob Boolesche Ausdrücke vollständig auszuwerten sind oder die Auswertung abgebrochen wird, sobald das Ergebnis abzusehen ist. Standardmäßig ist die Option deaktiviert **{$B-}**, und die Auswertung wird abgebrochen, wenn das Ergebnis des Gesamtausdrucks eindeutig feststeht.

Debug-Information — DEBUGINFO

Syntax:	{$D+} oder {$D-} {$DEBUGINFO ON} oder {$DEBUGINFO OFF}
Voreinstellung:	{$D+} bzw. {$DEBUGINFO ON}
Gültigkeitsbereich:	Global

Art:	Schalter
IDE-Analogon:	***Debug-Informationen*** auf der Seite ***Compiler*** des Dialogfensters ***Projektoptionen***
Erläuterung:	Diese Compiler-Direktive aktiviert bzw. deaktiviert die Erzeugung von Debug-Informationen durch den Compiler. Standardmäßig ist **{$D}** aktiviert.

DEFINE-Direktive — DEFINE

Syntax:	{$DEFINE name}
Art:	Bedingte Kompilierung
Erläuterung:	Diese Direktive definiert ein bedingtes Symbol mit dem Bezeichner *name*, welches so lange gültig ist, bis es in einer Direktive **{$UNDEF name}** auftaucht.

Description-Direktive — DESCRIPTION

Syntax:	{$D text} {$DESCRIPTION text}
Gültigkeitsbereich:	Global
Art:	Parameter
IDE-Analogon:	***Beschreibung der EXE*** auf der Seite ***Linker*** des Dialogfensters ***Projektoptionen***
Erläuterung:	Mit dieser Direktiven wird der angegebene Text in den Modulbeschreibungseintrag im Kopf einer .exe oder .dll-Datei eingefügt.

ELSE-Direktive — ELSE

Syntax:	{$ELSE}
Art:	Bedingte Kompilierung
Erläuterung:	Diese Direktive dient zur Umschaltung zwischen Kompilieren und Ignorieren des Quelltextes, der sich zwischen dem letzten **{$IFxxx}** und dem nächsten **{$ENDIF}** befindet.

ENDIF-Direktive — ENDIF

Syntax:	{$ENDIF}
Art:	Bedingte Kompilierung
Erläuterung:	Die ENDIF-Direktive beendet die bedingte Kompilierung, die mit dem letzten **{$IFxxx}**-Befehl eingeleitet wurde.

Erweiterte Syntax	EXTENDEDSYNTAX
Syntax:	{$X+} oder {$X-} {$EXTENDEDSYNTAX ON} oder {$EXTENDEDSYNTAX OFF}
Voreinstellung:	{$X+} bzw. {$EXTENDEDSYNTAX ON}
Gültigkeitsbereich:	Global
Art:	Schalter
IDE-Analogon:	***Erweiterte Syntax*** auf der Seite ***Compiler*** des Dialogfensters ***Projektoptionen***
Erläuterung:	Diese Compiler-Direktive legt fest, ob die erweiterte Delphi-Syntax (Funktionsaufrufe, nullterminierte Strings) benutzt wird oder nicht.

Hinweise	HINTS
Syntax:	{$HINTS ON} oder {$HINTS OFF}
Voreinstellung:	{$HINTS OFF}
Gültigkeitsbereich:	Lokal
Art:	Schalter
IDE-Analogon:	***Hinweise zeigen*** auf der Seite ***Compiler*** des Dialogfensters ***Projektoptionen***
Erläuterung:	Diese Direktive legt fest, ob vom Compiler Hinweismeldungen erzeugt werden oder nicht.

IFDEF-Direktive	IFDEF
Syntax:	{$IFDEF name}
Art:	Bedingte Kompilierung
Erläuterung:	Falls *name* definiert ist, wird der nachfolgende Quelltext kompiliert.

IFNDEF-Direktive	IFNDEF
Syntax:	{$IFNDEF name}
Art:	Bedingte Kompilierung
Erläuterung:	Falls *name* nicht definiert ist, wird der nachfolgende Quelltext kompiliert.

IFOPT-Direktive	IFOPT
Syntax:	{$IFOPT switch}
Art:	Bedingte Kompilierung

Erläuterung:	Falls der Schalter momentan den angegebenen Zustand besitzt, wird der nachfolgende Quelltext kompiliert.

Image Base Adresse — IMAGEBASE

Syntax:	{$IMAGEBASE nummer}
Voreinstellung:	{$IMAGEBASE $00400000}
Gültigkeitsbereich:	Global
Art:	Parameter
IDE-Analogon:	***Bild-Ablage*** auf der Seite ***Linker*** des Dialogfensters ***Projektoptionen***
Erläuterung:	Diese Anweisung steuert die voreingestellte Ladeadresse für eine Anwendung oder eine DLL. Das Argument *nummer* muß ein 32-Bit-Integer-Wert sein, der die Image Base-Adresse angibt.

Include-Datei — INCLUDE

Syntax:	{$I dateiname} oder {$INCLUDE dateiname}
Gültigkeitsbereich:	Lokal
Art:	Parameter
Erläuterung:	Mit dieser Direktiven wird der Compiler angewiesen, die angegebene Datei während des Compiliervorgangs einzufügen. Die Include-Datei wird direkt hinter der Direktiven in den Quelltext eingebunden.

Überprüfung Ein-/Ausgabe — IOCHECKS

Syntax:	{$I+} oder {$I-} {$IOCHECKS ON} oder {$IOCHECKS OFF}
Voreinstellung:	{$I+} bzw. {$IOCHECKS ON}
Gültigkeitsbereich:	Lokal
Art:	Schalter
IDE-Analogon:	***I/O-Prüfung*** auf der Seite ***Compiler*** des Dialogfensters ***Projektoptionen***
Erläuterung:	Die **{$I}**-Anweisung aktiviert bzw. deaktiviert die Erzeugung von Code zur automatischen Überprüfung der Ergebnisse von E/A-Operationen. In der Voreinstellung ist der Schalter aktiviert.

Einbinden von Objektdateien **LINK**

Syntax: {$L dateiname} oder {$LINK dateiname}
Gültigkeitsbereich: Lokal
Art: Parameter
Erläuterung: Mit dieser Direktiven wird der Compiler angewiesen, die angegebene Datei in das gerade kompilierte Programm einzubinden. Dient dazu externe, in Assembler geschriebene Unterprogramme einzubinden.

Lokale Symbolinformationen **LOCALSYMBOLS**

Syntax: {$L+} oder {$L-}
{$LOCALSYMBOLS ON} oder
{$LOCALSYMBOLS OFF}
Voreinstellung: {$L+} bzw. {$LOCALSYMBOLS ON}
Gültigkeitsbereich: Global
Art: Schalter
IDE-Analogon: ***Lokale Symbole*** auf der Seite ***Compiler*** des Dialogfensters ***Projektoptionen***
Erläuterung: Die **{$L}**-Direktive aktiviert bzw. deaktiviert die Erzeugung von Informationen über lokale Symbole.

Lange Strings **LONGSTRINGS**

Syntax: {$H+} oder {$H-}
{$LONGSTRINGS ON} oder
{$LONGSTRINGS OFF}
Voreinstellung: {$H+} bzw. {$LONGSTRINGS ON}
Gültigkeitsbereich: Lokal
Art: Schalter
IDE-Analogon: ***Huge-Strings*** auf der Seite ***Compiler*** des Dialogfensters ***Projektoptionen***
Erläuterung: Die **{$H}**-Direktive steuert die Bedeutung des Schlüsselwortes **string**. Sie können den generischen Typ **string** entweder als einen langen dynamisch reservierten String (Voreinstellung) oder als einen kurzen statisch reservierten String definieren.

Speicherbelegungsgrößen **MINSTACKSIZE/MAXSTACKSIZE**

Syntax: {$M minstacksize,maxstacksize}
{$MINSTACKSIZE Nummer}
{$MAXSTACKSIZE Nummer}
Voreinstellung: {$M 16384,1048576}
Gültigkeitsbereich: Global
Art: Parameter
IDE-Analogon: ***Stack Min.Größe / Stack Max.Größe*** auf der Seite ***Linker*** des Dialogfensters ***Projektoptionen***
Erläuterung: Mit dieser Direktiven werden die Stackbelegungsparameter einer Anwendung festgelegt. Sinnvoll ist, diese Direktive nur in Programmen anzuwenden.

Speichergröße von Aufzählungstypen **MINENUMSIZE**

Syntax: {$Z1} oder {$Z2} oder {$Z4}
{$MINENUMSIZE1} oder {$MINENUMSIZE2}
oder {$MINENUMSIZE4}
Voreinstellung: {$Z1}
{$MINENUMSIZE1}
Gültigkeitsbereich: Lokal
Art: Parameter
IDE-Analogon: ***Lokale Symbole*** auf der Seite ***Compiler*** des Dialogfensters ***Projektoptionen***
Erläuterung: Die **{$Z}**-Anweisung legt die Speichergröße von Aufzählungstypen fest.

Offene String-Parameter **OPENSTRINGS**

Syntax: {$P+} oder {$P-}
{$OPENSTRINGS ON} oder
{$OPENSTRINGS OFF}
Voreinstellung: {$P+}
{$OPENSTRINGS ON}
Gültigkeitsbereich: Lokal
Art: Schalter
IDE-Analogon: ***Offene Parameter*** auf der Seite ***Compiler*** des Dialogfensters ***Projektoptionen***
Erläuterung: Diese Compiler-Direktive legt fest, wie die mit dem Schlüsselwort **string** deklarierten Variablenparameter interpretiert werden. **{$P-}** steht für normale,

{$P+} für offene String-Parameter. Diese Direktive steht aus Gründen der Rückwärtskompatibilität zur Verfügung.

Optimierung — OPTIMIZATION

Syntax: {$O+} oder {$O-}
{$OPTIMIZATION ON} oder
{$OPTIMIZATION OFF}

Voreinstellung: {$O+}
{$OPTIMIZATION ON}

Gültigkeitsbereich: Lokal

Art: Schalter

IDE-Analogon: ***Optimierung*** auf der Seite ***Compiler*** des Dialogfensters ***Projektoptionen***

Erläuterung: Mit dieser Compiler-Direktiven kann der Code in mehrerlei Hinsicht optimiert werden, z.B. Variablen in CPU-Register ablegen, gemeinsame Teilausdrükke eliminieren.

Überprüfung auf arithmetischen Überlauf — OVERFLOWCHECKS

Syntax: {$Q+} oder {$Q-}
{$OVERFLOWCHECKS ON} oder
{$OVERFLOWCHECKS OFF}

Voreinstellung: {$Q-}
{$OVERFLOWCHECKS OFF}

Gültigkeitsbereich: Lokal

Art: Schalter

IDE-Analogon: ***Überlaufprüfung*** auf der Seite ***Compiler*** des Dialogfensters ***Projektoptionen***

Erläuterung: Diese Compiler-Direktive steuert die Erzeugung von Code zur Prüfung arithmetischer Überläufe. Das Aktivieren der Überlaufprüfung verlangsamt die Programmausführung beträchtlich und vergrößert den Programmumfang. Deshalb sollte diese Option nur in der Testphase zur Fehlersuche eingesetzt werden.

Pentiumsichere Fließkommadivision (FDIV) — SAFEDIVIDE

Syntax: {$U+} oder {$U-}
{$SAFEDIVIDE ON} oder {$SAVEDIVIDE OFF}

Voreinstellung:	{$U-} {$SAFEDIVIDE OFF}
Gültigkeitsbereich:	Lokal
Art:	Schalter
IDE-Analogon:	***Pentium-sicheres FDIV*** auf der Seite ***Compiler*** des Dialogfensters ***Projektoptionen***
Erläuterung:	Diese Compiler-Direktive aktiviert die Erzeugung von Code, der die fehlerhafte Gleitkommadivision bei den Pentiumprozessoren der 1. Generation ausgleicht.

Überprüfung auf Wertebereichsüberlauf — RANGECHECKS

Syntax:	{$R+} oder {$R-} {$RANGECHECKS ON} oder {$RANGECHECKS OFF}
Voreinstellung:	{$R-} {$RANGECHECKS OFF}
Gültigkeitsbereich:	Lokal
Art:	Schalter
IDE-Analogon:	***Bereichsüberprüfung*** auf der Seite ***Compiler*** des Dialogfensters ***Projektoptionen***
Erläuterung:	Diese Compiler-Direktive aktiviert oder deaktiviert die Erzeugung von Code zur Bereichsüberprüfung. Das Aktivieren der Überlaufprüfung verlangsamt die Programmausführung beträchtlich und vergrößert den Programmumfang. Deshalb sollte diese Option nur in der Testphase zur Fehlersuche eingesetzt werden.

Ressourcendatei — RESOURCE

Syntax:	{$R dateiname} oder {$RESOURCE dateiname}
Gültigkeitsbereich:	Lokal
Art:	Parameter
Erläuterung:	Mit dieser Direktiven wird eine Ressourcendatei (mit Standard-Dateinamenserweiterung .res) angegeben, die in eine Anwendung oder in eine Bibliothek aufgenommen werden soll.

Typinformation zur Laufzeit — TYPEINFO

Syntax: {$M+} oder {$M-}
{$TYPEINFO ON} oder {$TYPEINFO OFF}

Voreinstellung: {$M-}
{$TYPEINFO OFF}

Gültigkeitsbereich: Lokal

Art: Schalter

Erläuterung: Diese Compiler-Direktive aktiviert oder deaktiviert die Erzeugung von Typinformationen zur Laufzeit (im Falle von Klassen betrifft dies alle Elemente, die als **published** deklariert sind). Klassen, die unter der Schalterstellung **{M-}** deklariert oder von einer in diesem Zustand deklarierten Klasse abgeleitet werden, können keine **published**-Abschnitte enthalten (u.a. aus diesem Grunde werden Komponentenklassen (➔ 9) von der Klasse **TPersistent** abgeleitet, die unter der Schalterstellung **{$M+}** deklariert ist).

Information über Symbolreferenzen — REFERENCEINFO

Syntax: {$Y+} oder {$Y-}
{$REFERENCEINFO ON} oder
{$REFERENCEINFO OFF}

Voreinstellung: {$Y+}
{$REFERENCEINFO ON}

Gültigkeitsbereich: Lokal

Art: Schalter

IDE-Analogon: ***Symbol-Info*** auf der Seite ***Compiler*** des Dialogfensters ***Projektoptionen***

Erläuterung: Diese Compiler-Direktive legt fest, ob Informationen über Symbolreferenzen erzeugt werden. Diese werden in Tabellen gefaßt mit den Zeilennummern aller Deklarationen und Referenzen auf Symbole in einem Modul.

Typgeprüfte Zeiger — TYPEDADDRESS

Syntax: {$T+} oder {$T-}
{$ TYPEDADDRESS ON} oder
{$ TYPEDADDRESS OFF}

Voreinstellung: {$T-}
{$TYPEDADDRESS OFF}

Gültigkeitsbereich: Global

Art: Schalter

IDE-Analogon: ***Typisierter @-Operator*** auf der Seite ***Compiler*** des Dialogfensters ***Projektoptionen***

Erläuterung: Diese Compiler-Direktive legt fest, welche Zeigertypen vom @-Operator erzeugt werden. In der Voreinstellung liefert der Operator einen untypisierten, kompatiblen Zeiger. Für **{$T+}** richtet sich der zurückgelieferte Zeigertyp nach dem Typ der übergebenen Variablen.

UNDEF-Direktive — UNDEF

Syntax: {$UNDEF name}

Art: Bedingte Kompilierung

Erläuterung: Diese Direktive hebt die Definition des zuvor definierten Symbols *name* auf.

Überprüfung von var-Strings — VARSTRINGCHECKS

Syntax: {$V+} oder {$V-}
{$ VARSTRINGCHECKS ON} oder
{$ VARSTRINGCHECKS OFF}

Voreinstellung: {$V+}
{$ VARSTRINGCHECKS ON}

Gültigkeitsbereich: Lokal

Art: Schalter

IDE-Analogon: ***Strenge Prüfung von VAR-Strings*** auf der Seite ***Compiler*** des Dialogfensters ***Projektoptionen***

Erläuterung: Diese Compiler-Direktive kontrolliert die Typenprüfung von **ShortStrings**, die als Variablen-Parameter weitergegeben werden. Dient der rückwärtigen Kompatibilität mit früheren Versionen.

Warnungen — WARNINGS

Syntax: {$ WARNINGS ON} oder {$ WARNINGS OFF}

Voreinstellung: {$ WARNINGS ON}

Gültigkeitsbereich: Lokal

Art: Schalter

IDE-Analogon:	***Warnungen zeigen*** auf der Seite ***Compiler*** des Dialogfensters ***Projektoptionen***
Erläuterung:	Diese Direktive steuert die Generierung von Warnungen durch den Compiler.

Windows Stack-Rahmen — STACKFRAMES

Syntax:	{$W+} oder {$W-} {$ STACKFRAMES ON} oder {$ STACKFRAMES OFF}
Voreinstellung:	{$W-} {$ STACKFRAMES OFF}
Gültigkeitsbereich:	Lokal
Art:	Schalter
IDE-Analogon:	***Stack-Frames*** auf der Seite ***Compiler*** des Dialogfensters ***Projektoptionen***
Erläuterung:	Diese Compiler-Direktive kontrolliert die Erzeugung von Stack-Rahmen für Prozeduren und Funktionen. Im aktiven Status werden Stack-Rahmen auch dann erzeugt, wenn sie nicht benötigt werden, im deaktivierten Zustand nur dann, wenn sie angefordert werden.

Beschreibbare typisierte Konstanten — WRITEABLECONST

Syntax:	{$J+} oder {$J-} {$ WRITEABLECONST ON} oder {$ WRITEABLECONST OFF}
Voreinstellung:	{$J-} {$ WRITEABLECONST OFF}
Gültigkeitsbereich:	Lokal
Art:	Schalter
IDE-Analogon:	***Zuweisbare typisierte Konstanten*** auf der Seite ***Compiler*** des Dialogfensters ***Projektoptionen***
Erläuterung:	Mit dieser Compiler-Direktiven kann die Veränderbarkeit typisierter Konstanten festgelegt werden. Im aktiven Zustand haben Sie die Möglichkeit, typisierte Konstanten zu verändern, d.h., wie Variablen zu behandeln; im deaktivierten Zustand sind die typisierten Konstanten echte Konstanten, bei denen ein Änderungsversuch zu einer Fehlermeldung führt.

Beispiel

Das folgende Beispiel demonstriert den Einsatz der Direktiven zur bedingten Kompilierung. Das Programm soll ein Array mit Zusatzzahlen füllen und den Mittelwert dieser Zahlen berechnen. Um die Korrektheit des Programms zu testen, ist es einfacher, einen festen Datensatz zu haben, für den man den Mittelwert kennt, als den Mittelwert für 1000 Zufallszahlen nachzurechnen. Aus diesem Grunde sieht das Programm zwei **for**-Schleifen zum Initialisieren des Arrays vor.

Zum Debuggen braucht der Programmierer dann nur den Bezeichner *DEBUG* definieren (wie im Listing zu sehen), und der Compiler übersetzt nur die erste der beiden Schleifen. Für die Erstellung des fertigen Programms wird dann {**$define** *DEBUG*} durch {**$undef** *DEBUG*} ersetzt, und der Compiler übersetzt den Code zur Initialisierung mit Zufallszahlen.

```
program Project1;
{$define DEBUG}
uses math;
var
  daten : array[0..999] of Double;
  i : Integer;

begin
{$ifdef DEBUG}
  for i:= 0 to 999 do
    daten[i] := i+1;
{$else}
  randomize;
  for i:= 0 to 999 do
    daten[i]:=random(100);
{$endif DEBUG}
writeln(mean(daten));
readln;
end.
```

5.4.4 Exceptions

Die Exception-Behandlung ist eine moderne Art der Fehlerbehandlung, bei der Fehler in Form von Exceptions im Programm weitergereicht werden, bis Sie auf eine passende Exception-Behandlungsroutine treffen. Gegenüber der herkömmlichen Art der Fehlerbehandlung bringt die Exception-Behandlung einige Vorteile:

- So erlaubt die Exception-Behandlung eine räumliche Trennung von Fehlerauslöser und Fehlerbehandlung. Eine Bibliotheksfunktion braucht ihre Fehler also nicht unbedingt selbst zu verarbeiten. Statt dessen kann sie eine Exception auslösen und die Behandlung des Fehlers dem aufrufenden Programm überlassen.

- Der zweite Vorteil liegt darin, daß die Weiterreichung der Exception nicht über Rückgabewerte von Funktionen, Parameter von Routinen oder irgendwelche globale Variablen erfolgt. Die für den korrekten Einsatz der Funktion benötigte Schnittstelle wird also nicht belastet oder aufgebläht.
- Drittens wird der Quelltext übersichtlicher, da der eigentliche Algorithmus und die Fehlerbehandlung getrennt ablaufen.

Schema einer Exception-Behandlung

- Eine Exception-Behandlung beginnt mit dem Auftreten eines Fehlers, beispielsweise einer Division durch Null oder das öffnen einer nicht vorhandenen Datei.
- Als Antwort auf den Fehler löst die Funktion, in der der Fehler auftrat, eine Exception aus. Eine Exception ist eine Instanz einer von der Basisklasse **Exception** abgeleiteten Klasse. Bei der Erzeugung der Instanz erhält diese üblicherweise Informationen über den aufgetretenen Fehler, meist ein String, der den Anwender über den aufgetretenen Fehler informiert. Dann wird die Exception mittels des Schlüsselwortes **raise** ausgelöst.
- Danach wird in den umgebenden Blockbereichen nach einer Behandlungsroutine für die Exception gesucht. Behandlungsroutinen werden also für spezielle Exceptions, sprich Instanzen eines bestimmten Klassentyps, definiert. Die Behandlungsroutinen werden am Ende eines Blocks (Routine oder Unit) aufgelistet. Eingeleitet wird dieser Bereich durch das Schlüsselwort **except**.
- Bereiche, in denen Exceptions ausgelöst werden können, werden mit dem Schlüsselwort **try** eingeleitet.

Beispiel

```
program lesen2; {Konsolenanwendung}
Uses SysUtils;
var
   MyFile : File;
   buf : Byte;
   ok : Integer;

 begin
 AssignFile(MyFile,'Neu2.txt');
 try
   Reset(MyFile, 1);          // Datensatzgrösse auf 1 setzen
   while not Eof(MyFile) do begin
     BlockRead(MyFile, buf, 1, ok); // byteweise einlesen
     if ok > 0 then
```

```
      write(Char(buf));    // Ausgabe auf Bildschirm
    end;
  readln;
except
  on EInOutError do begin
    writeln('Fehler in Dateibehandlung');
    CloseFile(MyFile);
    readln;
  end;
end;
end.
```

Anmerkungen

- Obiges Beispiel ist das Pendant zu dem Beispielprogramm Lesen aus dem Abschnitt 5.2.4 »Datei-Typ«. Statt der Fehlerbehandlung mittels **IOResult** wird hier jedoch von der Exception-Behandlung Gebrauch gemacht.
- Kompilieren Sie das Programm, und rufen Sie es von einem Konsolenfenster aus auf.
- Sofern im aktuellen Verzeichnis keine Datei ***Neu2.txt*** zu finden ist, führt der Aufruf von Reset zu einer **EInOutError**-Exception. Diese Exception, die in der Unit **SysUtils** definiert ist, wird innerhalb der Bibliotheksfunktion **Reset** ausgelöst.
- Danach springt das Programm direkt in den **except**-Teil und prüft, ob eine Behandlungsroutine für Exceptions vom Klassentyp **EInOutError** vorgesehen ist. Ist dies wie im vorliegenden Beispiel der Fall, wird die Behandlungsroutine aufgerufen, bzw. wie im Beispiel die zugehörenden Anweisungen direkt ausgeführt.
- Danach wird das Programm beendet.

Abschnitte einer Exception-Behandlung

Exception definieren — except = class()

In Delphi werden Exceptions durch Klasseninstanzen repräsentiert. Bevor man eine Exception auslösen kann, muß man sie daher zuvor als Instanz ihrer Exception-Klasse einrichten.

Im Zuge der Instanzbildung kann man den Datenelementen der Exception Werte zuweisen, die über den Fehler oder den Zustand des Programms beim Auftreten des Fehlers informieren. **Exception**, die oberste Basisklasse aller Exception-Klassen, vererbt hierfür bereits das Datenelement **Message**, dem ein Meldungsstring zugewiesen werden kann (formatierte Meldungsstrings lassen sich bequem mit Hilfe der Methode **CreateFmt** erstellen).

Wollen Sie spezielle Informationen in der Exception speichern, definieren Sie eine eigene Exception-Klasse, die sie von der Basisklasse **Exception** oder ei-

ner von **Exception** abgeleiteten Klasse ableiten. In der Unit **SysUtils** finden Sie eine Reihe vordefinierter Exception-Klassen.
Während Exceptions als Instanzen ausgelöst werden, erfolgt die Zuordnung der Exceptions zu ihren Behandlungsroutinen nach dem Klassentyp der Exception (→ **except**).

Exception auslösen — raise

Mit Hilfe des Schlüsselwortes **raise** wird eine Exception, d.h. eine Instanz einer Exception-Klasse, ausgelöst. Üblicherweise geschieht dies als Antwort auf einen Fehler im Programmablauf (beispielsweise eine bevorstehende Division durch Null, eine falsche Indizierung, Dereferenzierung eines **nil**-Zeigers).
Nach dem Auslösen einer Exception ist der übliche Programmablauf gestoppt. Statt zur nächsten Anweisung zu springen, wird nun eine geeignete Behandlungsroutine für die aufgetretene Exception gesucht. Dazu werden die **except**-Abschnitte des aktuellen und der übergeordneten, äußeren **try**-Blöcke der Reihe nach überprüft, ob sie eine Routine zur Behandlung von Exceptions vom Typ der ausgelösten Exception enthalten.
Wurde eine entsprechende Exception-Behandlung gefunden, wird sie ausgeführt; kann keine Behandlungsroutine gefunden werden, bricht das Programm mit einem Laufzeitfehler ab, was man aber beispielsweise dadurch vermeiden kann, daß man den Anweisungsteil des Hauptmoduls mit einem Except-Teil abschließt, der alle Exceptions beliebigen Typs abfängt (→ **except**).

- Das Schlüsselwort **raise** ohne Objekt kann benutzt werden, um Exceptions innerhalb eines **except**-Abschnitts erneut auszulösen und so an eine Behandlungsroutine eines äußeren **try**-Blocks weiterzureichen.

Exception abfangen — except

Das Schlüsselwort **except** leitet den Abschnitt mit den Behandlungsroutinen ein. Mit Hilfe der Syntax

on *Exception-Klassentyp* **do** *Anweisungsteil*;

kann für jeden Exception-Klassentyp eine eigene Behandlung festgelegt werden. Wurde eine Exception ausgelöst, wird in dem aktuellen und den äußeren **try..except**-Blöcken nach einer Routine zur Behandlung von Exceptions vom Typ der ausgelösten Exception gesucht. Wurde eine entsprechende Exception-Behandlung gefunden, wird sie ausgeführt. Danach verläßt das Programm den **try..except**-Block, der die Behandlungsroutine enthielt, und wird normal fortgesetzt. Wurde die Exception-Behandlung also innerhalb einer Routine gefunden, wird das Programm hinter dem Aufruf der Routine fortgesetzt. Wurde die Exception dagegen erst im Anweisungsteil des Programms abgefangen, wird das Programm beendet.

- Eine Exception-Behandlung besteht üblicherweise aus dem Aufruf einer Behandlungsroutine, kann aber auch aus einem einfachen Anweisungsblock bestehen.
- Eine Exception-Behandlung fängt alle Exceptions auf, die vom gleichen oder einem abgeleiteten Typ sind.
- In einer abschließenden **else**-Verzweigung können alle Exception-Typen abgefangen werden, die zuvor nicht explizit aufgeführt wurden.
  - Man kann dies im Hauptanweisungteil des Programms dazu nutzen, alle Exceptions abzufangen und Abbrüche durch Laufzeitfehler zu umgehen.
- Ein Except-Block ohne **on..do**-Anweisungen dient dazu, direkt alle Exceptions ohne Unterscheidung ihres Typs abzufangen.
  - Man kann dies im Hauptanweisungteil des Programms dazu nutzen, alle Exceptions abzufangen und Abbrüche durch Laufzeitfehler zu umgehen.
- Die Exception-Behandlungen eines Except-Blocks werden in der Reihenfolge ihrer Deklaration mit dem Typ der ausgelösten Exception verglichen. Stimmen beide Typen überein, wird die entsprechende Exception-Behandlung aufgerufen und anschließend die Exception-Instanz aufgelöst. D.h., eine Exception wird stets nur von einer Exception-Behandlung abgefangen.
  - Aus diesem Grunde ist es nicht sinnvoll, in einem Except-Block eine Exception-Behandlung für einen abgeleiteten Klassentyp hinter eine Exception-Behandlung für ihre Basisklasse zu plazieren, da die Exception-Behandlung für die Basisklasse immer zuerst aufgerufen wird und die Exception danach löscht.

Exception abfangen — finally

Tritt in einer Routine eine Exception auf, bedeutet dies, daß die Routine direkt verlassen wird. Damit dies nicht dazu führt, daß Ressourcen wie dynamischer Speicher oder Datei-Handles, die von der Routine angefordert wurden, nicht wieder freigegeben werden, können Sie die Routine mit einem **finally**-Block abschließen, in dem die entsprechenden Aufräumarbeiten vorgenommen werden.

Tritt nun in der Routine eine Exception auf, wird vor dem Verlassen der Routine noch der **finally**-Block ausgeführt. Die Besonderheit des **finally**-Blocks besteht darin, daß er in jedem Fall ausgeführt wird, also auch, wenn keine Exception auftritt.

Handlerbereich festlegen try

Durch das Schlüsselwort **try** wird ein Block zur Exception-Behandlung definiert. Auf das Schlüsselwort **try** folgt der Anweisungsteil des Blocks, in dem die Exceptions auftreten können. Dahinter schließt sich ein **except**- oder **finally**-Abschnitt an. Mit einem **end** hinter dem **except**- oder **finally**-Block schließt der **try**-Block ab.

Verwandte Routinen

Folgende Routinen und Variablen der Units **System** und **SysUtils** sind im Zusammenhang mit der Exception-Behandlung interessant:.

- Die Funktion **ExceptObject** liefert eine Referenz auf die aktuelle Exception zurück – bzw. **nil**, falls gerade keine Exception vorliegt. In **on..do**-Anweisungen können Sie die Exception-Instanz auch direkt einem Bezeichner zuweisen:

  on *bezeichner* : *Exception-Klassentyp* **do**
- Die Funktion **ExceptAddr** liefert die Adresse, an der die aktuelle Exception ausgelöst wurde.
- Die Prozedur **ShowException** gibt den Meldungsstring und die Adresse der aktuellen Exception zurück
- Die Prozedur **Abort** löst eine **EAbort**-Exception aus.
- Die Prozedur **OutOfMemory** löst eine **EOutOfMemory**-Exception aus.
- Die Variable **ExceptProc** ist ein Zeiger auf die RTL-Behandlungsroutine für ansonsten nicht behandelte Exceptions.

Beispiel

```
program prg_except; {Konsolenanwendung}
uses SysUtils;
type
  EMyDivError = class (EMathError)
    fakt1, fakt2 : Single;
    public
    property Faktor1 : Single read fakt1 write fakt1;
    property Faktor2 : Single read fakt2 write fakt2;
    end;
var
  bruch : Single;

function division(zaehler, fakt1, fakt2: Single) : Single;
var
  DivError : EMyDivError;
begin
  try
```

```
  if fakt1*fakt2 = 0 then
      begin
      DivError := EMyDivError.CreateFmt(
       'Faktoren %f und %f fuehren zu Division durch Null',
       [fakt1,fakt2]);
    DivError.Faktor1 := fakt1;
    DivError.Faktor2 := fakt2;
    raise DivError;
       end;
     result := zaehler / (fakt1*fakt2);
  finally
    writeln('Schnell noch Ressourcen freigeben');
  end;
   end;

begin
  try
    bruch := division(12,3,0);
    writeln('Bruch = ',bruch);
    readln;
  except
    on E: EMyDivError do writeln(E.Message);
    else writeln('Programm hat mit Fehler abgeschlossen');
  end;
end.
```

5.5 Prozeduren und Funktionen

Die Implementierung größerer Programme ist meist nur schwer dadurch zu realisieren, daß man den Code vom Anfang bis zum Ende Anweisung für Anweisung niederschreibt. Statt dessen versucht man üblicherweise das Programme in Teilaufgaben zu zerlegen, diese dann unabhängig voneinander zu lösen und wieder zum Hauptprogramm zusammenzuführen.

Unterstützt wird diese Form der modularen Programmierung durch Prozeduren und Funktionen. Ob Funktion oder Prozedur (zusammen als Routinen bezeichnet), beide Elemente verfügen wie ein Programm über einen optionalen Deklarationsteil und einen Anweisungsteil. Verbunden wird der Anweisungsblock mit dem Namen der Routine. Über diesen Namen kann die Routine später aufgerufen werden. Der Compiler übersetzt den Aufruf so, daß die Programmausführung nach dem Aufruf bei den Anweisungen der Routine fortgesetzt wird. Nach der Abarbeitung der letzten Anweisung der Routine springt der Befehlszeiger wieder zurück, und das Programm wird mit der ersten Anweisung hinter dem Aufruf fortgeführt.

Routinen dienen aber nicht nur der Modularisierung des Codes, sie können auch wiederverwertet werden. Entweder dadurch, daß ein Programm eine Routine mehrere Male, unter Umständen auch von verschiedenen Stellen aus aufruft, oder daß Routinen in einer Unit (➔ 5.1) gesammelt und somit auch anderen Programmen zur Verfügung gestellt werden.

Voraussetzung dafür, daß eine Routine mehrfach verwendet werden kann, ist, daß sie flexibel und unabhängig ist. Unabhängig in dem Sinne, daß ihr Anweisungsteil ein Teilproblem löst, das prinzipiell immer gleich aussieht (beispielsweise die Berechnung eines Mittelwerts aus einem Satz von Werten oder das öffnen einer Datei). Flexibel in dem Sinne, daß die aktuelle Konfiguration des Programms berücksichtigt wird (beispielsweise dadurch, daß vom Programm die Daten übernommen werden, aus denen der Mittelwert berechnet werden soll, oder der Namen der Datei, die zu öffnen ist). Die Flexibilität der Routinen wird durch ihre Schnittstelle zum Programm sichergestellt, über die beide Daten miteinander austauschen können.

5.5.1 Prozedurdeklarationen

procedur *proc_name* (*Parameterliste*);
 [*Aufruf*;] [*Spezifizierer*;] *Deklarationsteil*;
 Anweisungsteil;

- *proc_name*. Der Name der Prozedur. Hierbei muß es sich um einen eindeutigen Bezeichner (➔ 5.2.1) handeln.

- *Parameterliste.* Als Parameter bezeichnet man diejenigen Variablen einer Prozedur, die beim Aufruf der Prozedur mit Werten initialisiert werden, die vom Aufrufer übergeben werden (die Werte, die der Aufrufer übergibt, werden auch als Argumente bezeichnet). Parameter werden wie normale Variablen deklariert, mit den folgenden erweiterten Möglichkeiten:
  - **Üblicherweise ist ein Parameter** eine eigene lokale Variable, die mit dem Wert einer Variablen des Aufrufers initialisiert wird. Auf diese Weise übernimmt die Prozedur einen Wert vom Aufrufer, kann den Wert der Variablen, die zur Initialisierung des Parameters diente, aber nicht ändern. Durch die Voranstellung des Schlüsselwortes **var** vor den Parameternamen können Sie festlegen, daß der Parameter auf die gleiche Adresse weist wie die übergebene Variable. Wird nun der Wert des Parameters geändert, ändert sich damit natürlich auch der Wert der Variablen des Aufrufers.
  - **Parameter, denen das Schlüsselwort const** vorangestellt wird, sind zwar keine echten Konstanten, dafür aber schreibgeschützte Variablen, die beim Prozeduraufruf initialisiert und danach nicht mehr geändert werden können.
  - **Arrays** (➔ 5.2.4) können als sogenannte offene Parameter übergeben werden, bei denen die Anzahl der Elemente im Array nicht festgelegt ist, sondern erst bei Übergabe eines Arguments festgelegt wird.
  - **Parameter, denen eines der Schlüsselwörter var** oder **const** vorangestellt sind, brauchen keinen Typ. Solchen Parametern können Argumente beliebigen Typs übergeben werden. In Zuweisungen in der Routine müssen sie dann allerdings per Typumwandlung (➔ 5.2.5) in definierte Typen verwandelt werden.
- *Aufruf.* Die Art und Weise, in der die Parameter intern angelegt und initialisiert werden, können Sie durch eines der vordefinierten Wörter **register**, **pascal**, **cdecl** oder **stdcall** festlegen (➔ 5.6.3).
- *Spezifizierer.* Die Spezifizierer **forward** und **external** kennzeichnen Deklarationen, die nur der Bekanntmachung des Prozedurnamens dienen und nicht von einem Rumpf mit Deklarations- und Anweisungsteil gefolgt werden.
- *Deklarationsteil.* Wie in einer Unit können Sie hier Labels, Typen, Konstanten, Variablen und untergeordnete Prozeduren und Funktionen deklarieren, die jedoch nur im lokalen Gültigkeitsbereich der Prozedur verwendbar sind.
- *Anweisungsteil.* Folge von Pascal- oder Assembler-Anweisungen (letztere werden mit dem Schlüsselwort **asm** statt **begin** eingeleitet).

5.5.2 Funktionsdeklarationen

function *func_name* (*Parameterliste*);
[*Aufruf*;] [*Spezifizierer*;] : *Ergebnistyp Deklarationsteil*;
Anweisungsteil;

Die Funktionsdeklaration ähnelt sehr stark der Prozedurdeklaration (→ 5.5.1). Zusätzlich zur Prozedur deklariert eine Funktion aber noch einen Ergebnistyp. Im Anweisungsteil können sie dem vordefinierten Bezeichner **result** einen Wert dieses Typs zuweisen. Dieser Wert wird dann automatisch von der Funktion zurückgeliefert und erlaubt, daß der Funktionsname in Ausdrücken anstelle dieses Rückgabewertes aufgeführt werden kann.

Beispiel

```
program prg_max; {Konsolenanwendung}
var
  i,j : Integer;

function Max(a, b :Integer) : Integer;
begin
  if a > b then
    result := a
    else
    result := b;
end;

procedure Tausche(var a, b :Integer);
var
  lokal : Integer;
begin
  lokal := a;
  a := b;
  b := lokal;
end;

begin
i := 13; j := 23552;
writeln(Max(i,j));
tausche(i,j);
writeln(Max(i,j));
readln;
end.
```

5.5.3 Weitere Spezifizierer

Aufrufkonventionen **register, pascal, cdecl, stdcall, safecall**

In Object Pascal können Sie die Aufrufkonventionen, die bei der Übergabe von Parametern an Prozeduren und Funktionen zum Einsatz kommen, selbst festlegen. Damit bestimmen Sie

- die Reihenfolge der Parameterübergabe,
- den Einsatz von Registern bei der Parameterübergabe,
- ob die Routine oder ihr Aufrufer die Parameter vom Stack löscht.

Aufruf	Übergabe der Parameter	Bereinigung	Register
register	von links nach rechts	Funk/Proz	Ja
pascal	von links nach rechts	Funk/Proz	Nein
cdecl	von rechts nach links	Aufrufer	Nein
stdcall	von rechts nach links	Funk/Proz	Nein
safecall	von rechts nach links	Funk/Proz	Nein

Von diesen Konventionen wird **register** am häufigsten eingesetzt, da sie häufig die Erzeugung eines Stack-Rahmens entbehrlich macht. Die Konventionen **pascal** und **cdecl** werden am ehesten beim Aufruf von in C/C++ geschriebenen Routinen in dynamischen Funktionsbibliotheken (DLL) eingesetzt. Die Konvention **stdcall** wird für den Aufruf von Windows API-Routinen verwendet. Die **safecall**-Konvention wurde mit Delphi 3 zur Unterstützung dualer Schnittstellen eingeführt. Alle Methoden dualer Schnittstellen (→ 5.7), die nicht von **IUnknwon** oder **IDispatch** abgeleitet sind, müssen die **safecall**-Konvention verwenden.

Forward-Deklaration **forward**

Unter einer **forward**-Deklaration versteht man die Deklaration einer Prozedur oder Funktion, bei der statt des Rumpfes, d.h. des Deklarations- und Anweisungsblocks, die Anweisung **forward** steht. Der Rumpf selber braucht erst später definiert zu werden – allerdings noch im gleichen Deklarationsteil wie die **forward**-Deklaration.

Anmerkungen

- Die Verschachtelung von mehreren **forward**-Deklarationen (die jeweils innerhalb eines Deklarationsteils durch Definitionen abgeschlossen werden) erlaubt eine wechselseitige Rekursion, d.h. den wechselseitigen Aufruf von Prozeduren oder Funktionen.
- Deklarationen im **interface**-Teil einer Unit sind automatisch **forward**-Deklarationen.

- Explizite **forward**-Deklarationen im **interface**-Teil einer Unit sind nicht zulässig.

external-Deklaration **external**

External-Deklarationen ermöglichen die Einbindung von separat kompilierten, beispielsweise auch in Assemblersprache geschriebenen Prozeduren und Funktionen sowie den Import von Prozeduren und Funktionen aus DLLs.

- Zum Importieren von Routinen aus kompilierten Dateien wird das Schlüsselwort **external** an die Routinendeklaration angehängt und die Objektcode-Datei eingebunden (Direktive **{$L** *Dateiname***}**).
- Zum Importieren von Routinen aus dynamischen Linkbibliotheken wird die **external**-Anweisung um den Namen der DLL und optional einen Bezeichner für die Routine erweitert (→ 6.15).

Beispiel

```
procedure get_maus(x,y : Integer); external 'Maus_DLL';

procedure get_maus(x,y : Integer); external;
{$L maus.obj}
```

5.5.4 Datenaustausch zwischen Routinen

Damit Routinen flexibel eingesetzt werden können, müssen sie Daten mit ihrem Aufrufer austauschen können. Hierfür gibt es drei Möglichkeiten:

- **Funktionen** liefern über die vordefinierte Variable **result** einen Ergebniswert zurück. Den Typ des Ergebniswerts legt die Funktion bei ihrer Deklaration fest (→ 5.5.2).
- Routinen definieren **Parameter**, die vom Aufrufer initialisiert werden. Parameter, die als **var** deklariert sind oder die einem Zeigertyp angehören, kopieren nicht einfach die Werte aus den Variablen, die ihnen als Argument übergeben wurde. Statt dessen greifen sie auf deren Speicherbereich zu. Solange sie nicht auf einen anderen Speicherbereich umgelenkt werden, betreffen alle Zuweisungen von Werten an diese Parameter auch die Variablen, mit denen die Parameter initialisiert wurden.
- **Globale Variablen**, die in den Gültigkeitsbereichen des Aufrufers und der aufgerufenen Routine verwendbar sind.

5.5.5 Rekursive Funktionen

Von Rekursion spricht man, wenn eine Funktion sich selbst wieder aufruft. Verschiedene Probleme, wie zum Beispiel die Berechnung der Fakultät, lassen sich durch Rekursion elegant lösen.

Mathematisch ist die Fakultät definiert als:

```
n! = 1,                          wenn n = 0
n! = 1 * 2 * 3 ... * n-1 * n,     für n = 1, ..
```

oder rekursiv formuliert:

```
fac(0) = 1;
fac(n) = n * fac(n-1);
```

Die rekursive Formel läßt sich leicht in eine rekursive Funktion umwandeln:

Beispiel

```
function fac(zahl : Integer): LongInt;
begin
  if zahl = 0 then
    result := 1
    else
    result := zahl * fac(zahl-1);
end;
```

Anmerkung

- Für rekursive Funktionen gilt es zu beachten, daß die Rekursion auch wieder beendet wird und nicht bis ins Unendliche fortgesetzt wird.

Rekursion birgt aber noch ein weiteres Problem und dieses hat mit den Funktionsaufrufen selbst zu tun. Funktions- oder Prozeduraufrufe führen zum sogenannten Function Overhead.

5.5.6 Function overhead

Wenn in Pascal eine Prozedur oder Funktion aufgerufen wird, wird für die Routine Speicherplatz reserviert. Die Einrichtung und Verwaltung des Speicherbereichs der Routine kostet auch Laufzeit. Diesen Zeitverlust bezeichnet man als Function Overhead.

In dem für die Routine bereitgestellten Speicherbereich liegen die Speicherzellen der Parameter, der lokalen Variablen und der Rücksprungadresse, die sicherstellt, daß nach Abarbeitung der Routine wieder an die richtige Stelle im Programm zurückgesprungen wird. Bei Beenden der Routine gibt Pascal diesen Speicherbereich wieder frei, es entsteht also kein Speicherverlust.

Es sei denn, Sie verwenden rekursive Funktionen. Ist die Rekursionstiefe sehr groß oder die lokalen Variablen der rekursiven Funktion sehr speicheraufwendig, kann es passieren, daß während der Rekursion der Speicher vollständig belegt wird, da für jeden Funktionsaufruf Speicherplatz reserviert werden muß. Das Programm stürzt dann mit einer entsprechenden Fehlermeldung ab. Dies passiert zwangsläufig, wenn ihre Rekursion keine Abbruchbedingung erreicht.

5.6 Klassentypen

Klassen sind eine Erweiterung des Record-Datentyps und bilden gleichzeitig die grundlegende Stütze der objektorientierten Programmierung. Alle wichtigen Konzepte und Errungenschaften der objektorientierten Programmierung (Kapselung, Vererbung, Polymorphie) beruhen auf diesem neuen Datentyp. Was ist so anders am Datentyp **class**:

- Zu den Elementen einer Klasse können sowohl Elementdaten als auch Elementfunktionen oder Elementprozeduren (kurz Methoden) gehören.
- Jede Klasse spezifiziert verschiedene Zugriffsrechte für die Elemente, die festlegen, unter welchen Umständen auf die Elemente zugegriffen werden kann.
- Die Objekte eines Klassentyps bezeichnet man als Instanzen. Alle Instanzen sind dynamische Objekte, die auf dem Heap eingerichtet werden. Bei den Variablen, mit denen man auf die Objekte zugreift, handelt es sich folglich um Zeiger – auch wenn sie nicht zusammen mit der üblichen Syntax zur Referenzierung und Dereferenzierung von Zeigern eingesetzt werden.
- Klassen können auf der Basis bereits bestehender Klassen definiert werden.

5.6.1 Klassendeklaration

type
  klassenname = **class**(*Basisklasse*)
    Elementliste;
    end;

- *klassenname*: Name der zu deklarierenden Klasse.
- *Basisklasse*: Wird eine Basisklasse angegeben, erbt die neu zu definierende, abgeleitete Klasse alle Elemente dieser Basisklasse. Folglich verfügt eine abgeleitete Klasse über alle Elemente, die in ihrer Deklaration explizit aufgelistet sind, plus den geerbten Elementen. (Konkret erspart Ihnen die Vererbung zum einem die erneute Auflistung der geerbten Elemente, zum anderen die Implementierung der geerbten Methoden.)
  - Eine Basisklasse muß vollständig deklariert sein, bevor sie zur Vererbung herangezogen werden kann!
  - Object Pascal sieht als oberste Basisklasse die Klasse **TObject** vor, die in der Unit **System** definiert ist. Auch wenn Sie Klassen ohne Basisklasse definieren oder Klassenhierarchien auf selbstdefinierten obersten Basisklassen aufbauen, wird stets **TObject** automatisch als grundlegende Basisklasse verwendet.

- *Elementliste*: In der Elementliste werden die Datenelemente und Methoden der Klasse deklariert. Der Zugriff auf die Elemente kann durch die Spezifizierer **published**, **public**, **protected** und **private** geregelt werden. Alle Elemente haben ihre Klasse als Gültigkeitsbereich.

Übersicht: Zugriffsmodifizierer

Tabelle 5.6: Zugriffsmodifizierer für Klassen

Zugriff	Beschreibung
private	Innerhalb der eigenen Klasse, d.h. in einer **property**-Deklaration oder Methoden-Definition, kann das Element direkt über seinen Bezeichner angesprochen werden. Von außerhalb der Klasse kann man auf das Element über einen qualifizierten Bezeichner (d.h. dem Elementbezeichner wird der Name einer Instanz seiner Klasse vorangestellt) zugreifen – vorausgesetzt, der Zugriff erfolgt in dem gleichen Modul, in der auch die Klasse deklariert ist. (Üblicherweise möchte man durch den Zugriffsmodifzierer **private** einen Zugriff von außerhalb unterbinden. Um dies zu erreichen, sollte man eine Klasse in einer eigenen Unit definieren.)
protected	Es gilt das gleiche wie für **private**. Zusätzlich ist jedoch der Aufruf aus Methoden und Eigenschaften von Klassen, die von der deklarierten Klasse abgeleitet sind, möglich (auch über Modulgrenzen hinweg). Gibt es keine abgeleiteten Klassen, sind **private** und **protected** identisch.
public	Anders als **private** und **protected** erlaubt **public** immer den Zugriff von außen. Der Zugriff erfolgt über den Namen der Instanz :instanz_name.elementname
published	Diese Zugriffsebene ist nur für Komponenten interessant. Elemente, die als **published** deklariert sind, werden Delphi und speziell dem Objektinspektor schon zur Programmerstellung verfügbar gemacht.

- Ein Zugriffsmodifizierer gilt für alle folgenden Klassenelemente bis zum Auftreten eines neuen Zugriffsmodifizierers.
- Auf den Zugriffmodifizierer folgen zuerst die Datenelemente und dann die Methoden, die dem Zugriffsmodifizierer zugeteilt werden sollen (auf eine Methode kann kein Datenelement folgen, ohne daß dazwischen ein neuer Zugriffsmodifizierer steht).
- Zugriffsmodifizierer können nicht kombiniert werden.
- Zugriffsmodifizierer dürfen in der Klassendeklaration mehrfach auftauchen.

- Klassenelemente am Anfang der Deklaration, für die kein Zugriffsmodifizierer spezifiziert wurde, gelten automatisch als **public** (wenn die Compiler-Direktive **{$M+}** gesetzt ist, haben die Elemente sogar den Zugriffsmodifizierer **published**).

Beispiel

```
type
  TBeispielklasse = class
  private
    fWert : Integer;
  public
    constructor Create(i: Integer);
    destructor Destroy;
    function gebe_wert_aus: Integer;
    property wert: Integer read fWert;
  private
    procedure wert_setzen;
  end;
var
  klasseninstanz : TBeispielklasse;
constructor TBeispielklasse.Create(i: Integer);
  begin
  fWert := i;          //Initialisierung eines Datenelements
  end;
destructor TBeispielklasse.Destroy;
  begin
  end;
function TBeispielklasse.gebe_wert_aus: Integer;
  begin
  wert_setzen;         // Zugriff auf private-Elemente
  result := fWert;     // aus Klassenmethode
  end;
procedure TBeispielklasse.wert_setzen;
  begin
  fWert := fWert + 1;
  end;
begin
klasseninstanz := TBeispielklasse.Create(0);
writeln(klasseninstanz.wert);              //Zugriff auf
writeln(klasseninstanz.gebe_wert_aus);  //Klassenelemente
writeln(klasseninstanz.gebe_wert_aus);  //von außerhalb
klasseninstanz.Destroy;
readln;
end.
```

5.6.2 Klassen und OOP

Das Konzept, welches hinter den Klassen und allgemein hinter der objektorientierten Programmierung steht, beruht auf der alltäglichen Erfahrung, daß wir die Objekte der realen Welt nach zwei Maßstäben beurteilen. Einmal nach statischen Merkmalen wie Form und Farbe, zum anderen nach bestimmten »Verhaltensweisen«, die ein Objekt aufweist und die beispielsweise festlegen, wie man mit ihm umzugehen hat.

In der objektorientierten Terminologie entsprechen die statischen Merkmale den Datenelementen und die Verhaltensweisen den Methoden.

Objekte, die gleiche Merkmale und Verhaltensweisen aufweisen, können in einer Klasse zusammengefaßt werden. So könnte die Klasse *videorecorder* folgendermaßen aussehen:

Beispiel

```
videorecorder = class(TObject)
    { statische Merkmale }
    hersteller : PChar;
    anzahl_videokoepfe . SmallInt;
    zeitlupe, longplay, zweikanalton : Boolean;
   public
    { Verhaltensweisen }
    procedure anschalten;
    procedure abspielen;
    procedure aufnahme;
    procedure in_zeitlupe_abspielen;
    procedure ausschalten;
   end;
```

Bei der Bildung einer Variablen der Klasse – im folgenden als Instanzbildung bezeichnet – werden den statischen Merkmalen Werte zugewiesen. Auf diese Weise entsteht durch Spezialisierung eine Instanz, die nur noch einen besonderen Videorecorder repräsentiert. (Ein weiteres Beispiel wäre die Klasse ***Mensch*** und ihre Instanzen, nämlich jeder einzelne von uns – die Individuen. Eine Geburt wäre folglich eine Instanzbildung.)

Kapselung

Die Zusammenfassung von Datenelementen und Elementfunktionen wird als Kapselung bezeichnet. Darüber hinaus verbinden sich mit dem Begriff noch zwei weitere Designkriterien:

Information hiding und Abgeschlossenheit.

Information hiding

Klassen sollten vornehmlich über ihre Methoden angesprochen werden. Diese bilden die Schnittstelle zwischen Klasse und Programm. (Die genaue Festlegung der Schnittstelle erfolgt über die Vergabe der Zugriffsmodifizierer (→ 5.6.1.).)

Nach der Implementierung der Klasse ist es für den Programmierer wichtig, daß er die Klasse nur noch über ihre Schnittstelle einzusetzen braucht, ohne sich weitere Gedanken um deren Implementierung machen zu müssen. Für die fehlerlose Bearbeitung der Methodenaufrufe und das korrekte Verhalten der Klasse trägt diese selbst Sorge. Wurde zum Beispiel eine Klasse *videorecorder* implementiert, um Videorecorder über den Computer anzusteuern, braucht der Programmierer nur noch eine Instanz der Klasse zu bilden (wobei die Instanz entsprechend des konkret angeschlossenen Videorecorders initialisiert wird) und kann danach die Instanz einsetzen wie einen realen Videorecorder:

```
my_recorder.anschalten;
my_recorder.in_zeitlupe_abspielen;
my_recorder.ausschalten;
```

Die Ansteuerung des Videorecorders über die parallele Schnittstelle oder die Kontrolle, ob der Videorecorder überhaupt über Zeitlupe verfügt, nimmt die Klasse selbst vor, d.h., sie versteckt solche Details vor dem Programmierer und entlastet ihn dadurch.

Abgeschlossenheit

Aus der Forderung des Information hiding ergibt sich das Kriterium der Abgeschlossenheit. Die Schnittstelle einer Klasse sollte möglichst vollständig sein, in dem Sinne, daß die Klasse auch sinnvoll eingesetzt werden kann. Eine Klasse *videorecorder*, die über keine Methode *in_zeitlupe_abspielen* verfügt, wäre von vornherein zur Bedienung von Videorecordern mit Zeitlupe ungeeignet.

Umgekehrt sollten in einer Klasse nur Daten und Methoden enthalten sein, die die Objekte der Klasse auch wirklich kennzeichnen. Eine Methode *berechne_bruch* würde in der Klasse *videorecorder* keinen Sinn machen.

Vererbung

Vererbung ist ein weiteres, ganz wesentliches Konzept der objektorientierten Programmierung, welches es ermöglicht, neue Klassen auf der Basis bereits vorhandener Klassen zu definieren.

Durch die Vererbung wird festgelegt, daß die abgeleitete Klasse – zusätzlich zu den in ihrer Definition aufgeführten Elementen – über sämtliche Elemente der Basisklasse verfügt.

Zusätzlich zu den mit dem Klassenkonzept und der Kapselung verbundenen Vorteilen bringt die Vererbung weitere Annehmlichkeiten mit sich:

- Gemeinsame Eigenschaften von Klassen brauchen durch Verlegung in eine Basisklasse nur einmal implementiert zu werden, wodurch auch die Wartbarkeit des Quelltextes erleichtert wird.
- Umgekehrt gewährt die Ableitung von einer Basisklasse eine einheitliche Schnittstelle verwandter Klassen (typisches Beispiel ist die Implementierung verschiedener grafischer Figuren als Objekte (*TRechteck*, *TKreis*, *TLinie*), die alle von einer Klasse *TFigur* abgeleitet sind. Von dieser Basisklasse erben Sie u.a. die Prozedur *Zeichnen*. Das heißt, alle abgeleiteten Objekte werden durch einen Aufruf der Prozedur *Zeichnen* ausgegeben).
- Abgeleitete Klassen können polymorphes Verhalten aufweisen, d.h., sie haben die Möglichkeit, geerbte Methoden zu »überladen«. Dabei wird eine geerbte Methode unter Beibehaltung ihres Bezeichners und ihrer Signatur neu implementiert (auf diese Weise stellen die abgeleiteten Klassen *TRechteck*, *TKreis*, *TLinie* aus dem obigen Beispiel sicher, daß beim Aufruf ihrer geerbten *Zeichnen*-Prozedur auch wirklich ein Rechteck, ein Kreis bzw. eine Linie gezeichnet wird).

5.6.3 Datenelemente

Klassen bringen ihre eigenen Daten mit. Wird eine Instanz von der Klasse gebildet, wird der Instanz Speicher für die Datenelemente zur Verfügung gestellt. Jede Instanz hat also ihre eigene Kopie der Datenelemente. Gleichzeitig wird die Instanzbildung dazu genutzt, die Datenelemente zu initialisieren. Diese Aufgabe übernimmt der Konstruktor (➔ 5.6.4). Die Auflösung der Datenelemente geschieht weitgehend automatisch im Zuge der Auflösung der Klasseninstanz (hierfür sorgt der Destruktor (➔ 5.6.4)).

Übersicht: Datenelemente

- Datenelemente können als **published**, **public**, **protected** oder **private** (➔ 5.6.1) deklariert werden.
- Sie werden vom Konstruktor initialisiert und vom Destruktor aufgelöst. Beide arbeiten weitgehend automatisch, d.h., Sie brauchen sich um die zugrundeliegenden Vorgänge der Speicherverwaltung nicht zu kümmern. Sie haben aber die Möglichkeit, Konstruktoren und Destruktoren selbst zu definieren und um eigene Anweisungen zu erweitern.

- Der Konstruktor wird üblicherweise dazu genutzt, den Datenelementen Werte zuzuweisen, Ressourcen zu aktivieren und eingebettete Objekte (→ unten) zu erzeugen.
- Der Destruktor wird benötigt, um Ressourcen und eingebettete Objekte wieder freizugeben.

- Eine Klasse kann eine Instanz einer anderen Klassen als Element enthalten, sofern diese Klassen dem Compiler zumindest als **forward**-Deklaration bekannt ist.
  - Prinzipiell ist es möglich, daß eine Klasse eine Instanz von sich selbst als Datenelement deklariert (**eingebettete oder verschachtelte Objekte**). Derartige Konstruktionen dürften allerdings nur selten sinnvoll sein – auf jeden Fall sind sie wegen der leicht herbeizuführenden Endlos-Rekursionen bei der Initialisierung gefährlich.

Beispiel

```
Type
TBasisklasse = class(TObject)
   constructor Create;
   { braucht keinen eigenen Destruktor }
  private
   Wert1 : Integer;
   Wert2 : Integer;
  end;

TAbgeleitet = class(TBasisklasse)
   constructor Create;
   destructor Destroy; override;
  private
   Wert3 : Integer;
   Objekt: TBasisklasse;
  end;

constructor TBasisklasse.Create;
  begin
  { Aufruf des von TObject geerbten Konstruktors }
  inherited Create;
  Wert1 := 1;
  Wert2 := 2;
  end;

constructor TAbgeleitet.Create;
  begin
  { Aufruf des von TBasisklasse geerbten Konstruktors }
  inherited Create;
  { Initialisierung durch geerbten Konstruktor aendern }
```

```
  Wert2 := 11;
  { Eigene (nicht geerbte) Datenelemente initialisieren }
  Wert3 := 12;
  objekt:= TBasisklasse.Create;
  end;

  { Eigener Destruktor zur Auflösung des eingebetteten Objekts
   }
destructor TAbgeleitet.Destroy;
  begin
  objekt.Free;
  inherited Destroy;
  end;
```

5.6.4 Methoden

Klassen definieren ihre eigenen Methoden, die bestimmen, was man mit den Instanzen der Klasse machen und wie man mit Ihnen programmieren kann. Im Gegensatz zu den Datenelementen erhält nicht jede Instanz der Klasse eine eigene Kopie der Methoden (dies ist auch nicht nötig, da die Instanzen einer Klasse sich ja nur in ihren Datenelementen unterscheiden).

Übersicht: Methoden

- Methoden können als **published, public, protected** oder **private** (➔ 5.6.1) deklariert werden.
- Sie können als **virtual**, **dynamic** oder **virtual abstract** deklariert werden (➔ 5.6.6), wodurch der Zugriff auf überladene Methoden geregelt wird.
- Sie haben Zugriff auf alle Datenelemente.
- Sie stellen neben Eigenschaften die einzige Möglichkeit dar, auf **private** Elemente ihrer Klasse zuzugreifen.
  - Ein gutes Konzept ist es, alle Datenelemente als **protected** oder **private** zu deklarieren und den Zugriff auf die Datenelemente nur über Methoden und Eigenschaften (➔ unten) zu ermöglichen. Auf diese Weise kann die Klasse durch die Implementierung ihrer Methoden sicherstellen, daß die Daten in korrekter Weise verwendet werden.
- Sie werden außerhalb der Klassendeklaration definiert, wobei dem Methodenbezeichner zur eindeutigen Kennzeichnung der Klassenname vorangestellt werden muß.
- Sie besitzen alle den impliziten Parameter **Self**, der als Referenz auf die aufrufende Instanz dient.
  - Dies ist notwendig, da alle Instanzen einer Klasse auf die gleiche Implementierung der Methoden zugreifen. Da Methoden aber üblicherweise mit den Datenelementen der Klasse operieren, und diese in-

stanzspezifisch sind, muß die Methode wissen, von welcher Instanz sie aufgerufen wurde, damit sie auf die Daten der korrekten Instanz zugreifen kann. Dies leistet der Parameter **Self**.

- **Self** arbeitet weitgehend im Verborgenen, d.h., Sie brauchen **Self** weder explizit als Parameter einer Methode zu deklarieren, noch innerhalb der Methode den Bezeichnern der Klassenelemente voranzustellen. Sie können **Self** jedoch wie jeden anderen Parameter auch nutzen, beispielsweise wenn Sie die aktuelle Klasseninstanz als Parameter an eine Prozedur oder Funktion übergeben wollen, die keine Methode der Klasse ist.

- Zwei spezielle Methoden dienen der Einrichtung (Konstruktor) und Auflösung (Destruktor) der Klassenobjekte.

Anmerkung

- Aus Gründen der Abwärtskompatibilität zu Delphi 2 können Methoden zudem als **automated** deklariert werden (bei gleichzeitiger Verwendung der Unit ***OleAuto***). Die Zugriffsberechtigung **automated** entspricht der Zugriffsberechtigung **public**, sorgt aber darüber hinaus noch für die Erzeugung von Automatisierungstypinformationen zur Unterstützung der OLE-Automatisierung (in Delphi 3 werden dazu Typbibliotheken verwendet). Methoden, die als **automated** deklariert sind, unterliegen einigen Beschränkungen (→ Online-Hilfe).

Der Konstruktor

Der **Konstruktor** ist eine spezielle Methode, die zur Erzeugung und Initialisierung von Klasseninstanzen dient und durch das Schlüsselwort **constructor** eingeleitet wird. Wenn Sie einen Konstruktor definieren, werden Sie in ihm üblicherweise Anweisungen zur Initialisierung der Datenelemente der Instanz, zur Anforderung von Ressourcen (dynamisch allokierter Speicher, Datei-Handles etc.) und zur Erzeugung eingebetteter Objekte zusammenfassen. Implizit geschieht aber beim Konstruktor-Aufruf noch mehr:

- es wird dynamischer Speicher für die Instanz reserviert,
- der Speicherbereich wird mit Null-Werten initialisiert,
- dann werden die von Ihnen vorgesehenen Anweisungen ausgeführt und
- zum Abschluß wird ein Zeiger auf die neue Instanz zurückgeliefert. (Klassenvariablen sind in Object Pascal immer Zeiger, die allerdings wie normale Variablen eingesetzt werden.)

Daraus folgt, daß eine Klasseninstanz erst nach dem Aufruf eines ihrer Konstruktoren benutzt werden kann und daß ein Konstruktor nicht über eine Klasseninstanz aufgerufen werden kann, die noch nicht erzeugt wurde. Aus diesem Grunde wird der Konstruktor zur Erzeugung einer Klasseninstanz mit dem Bezeichner des Klassentyps aufgerufen:

```
Type
  TKlasse = class(TObject)
    ...
    end;
Var
  klasseninstanz : TKlasse;

Begin
klasseninstanz := TKlasse.Create;
End.
```

Anmerkungen

Bezüglich der Konstruktoren gelten folgende Regeln:

- Jede Klasse muß über einen Konstruktor verfügen. (Es reicht aber meist, wenn sie den Konstruktor von ihrer Basisklasse erbt. So stellt beispielsweise die oberste Basisklasse **TObject** sicher, daß alle ihre abgeleiteten Klassen über den Konstruktor **Create** verfügen.)
- Eine Klasse kann mehrere Konstruktoren definieren.
- Jeder Konstruktor sollte üblicherweise mit Hilfe des Schlüsselwortes **inherited** den Konstruktor der Basisklasse aufrufen, damit die geerbten Elemente korrekt initialisiert werden.
- Ein Konstruktor kann über seine Instanz aufgerufen werden, wenn diese zuvor bereits erzeugt wurde. In diesem Fall wird keine neue Speicherzuweisung vorgenommen, sondern es werden wie bei einer normalen Methode nur die Befehle im Anweisungsteil des Konstruktors ausgeführt.

Der Destruktor

Der **Destruktor** ist eine spezielle Methode, die zur Löschung und Freigabe von Klasseninstanzen dient und durch das Schlüsselwort **destructor** eingeleitet wird. Der Destruktor ist praktisch das Pendant zum Konstruktor.

Wenn Sie einen Destruktor selbst definieren, dann meist um die Ressourcen und eingebetteten Objekte freizugeben, die im Konstruktor erzeugt wurden. Die Auflösung der Klasseninstanz selbst übernimmt der Destruktor automatisch. (Oftmals brauchen Sie einen Destruktor weder zu definieren noch aufzurufen: Sofern Sie im Konstruktor keine extra Speicherbereiche reservieren, genügt Ihrer Klasse der geerbte Destruktor der Basisklasse, und dieser wird sogar automatisch aufgerufen, wenn der Gültigkeitsbereich der Klasseninstanz verlassen wird.)

Anmerkungen

Bezüglich der Destruktoren gelten folgende Regeln:

- Jede Klasse muß über einen Destruktor verfügen. (Es reicht aber meist, wenn sie den Destruktor von ihrer Basisklasse erbt. So stellt beispielsweise die oberste Basisklasse **TObject** sicher, daß alle ihre abgeleiteten Klassen über den virtuellen Konstruktor **Destroy** verfügen.)
- Eine Klasse kann mehrere Destruktoren definieren. Borland empfiehlt jedoch, es bei einem Destruktor zu belassen und diesen durch Überladung (→ 5.6.6) des Destruktors der Basisklasse zu definieren.
- Jeder Destruktor sollte üblicherweise mit Hilfe des Schlüsselwortes **inherited** den Destruktor der Basisklasse aufrufen, damit die geerbten Elemente korrekt gelöscht werden.
- Wenn Sie den Destruktor explizit aufrufen, sollten Sie vorher sicherstellen, daß das zu löschende Objekt auch existiert (durch einen Vergleich mit **nil**) oder statt dessen die von **TObject** geerbte Methode **Free** aufrufen, die dies automatisch für Sie übernimmt (wenn Sie die Methode **Free** verwenden – was zu empfehlen ist –, vergessen Sie aber nicht, den Destruktor **Destroy** in ihren Klassen konsequent mit dem Schlüsselwort **override** zu deklarieren).

5.6.5 Eigenschaften

Eigenschaften stellen die natürliche Erweiterung eines Datenelements um Methoden zum Lesen und Schreiben dar. Gemäß den Prinzipien der objektorientierten Programmierung sollte eine Klasse ihre Datenelemente durch die Deklaration als **private** oder **protected** vor unsachgemäßem Gebrauch schützen und nur über **public**-Methoden zugänglich machen.

Eigenschaften vereinfachen dieses Konzept, indem Sie auf der einen Seite festlegen, wie auf ein Datenelement zugegriffen wird (entweder direkt oder über spezielle Routinen zum Lesen und Schreiben), und auf der anderen Seite den Zugriff auf die Eigenschaft (und damit auf das zugrundeliegende Datenelement) durch den Zuweisungsoperator ermöglichen:

Beispiel

```
{Klasse ohne Eigenschaft}
TKlasse = class(TObject)
   private
    fWert : Integer;
   public
    function get_Wert : Integer;
    procedure set_Wert(i : Integer);
   end;
```

```
function TKlasse.get_Wert : Integer;
  begin
  result := fWert;
  end;
procedure TKlasse.set_Wert(i : Integer);
  begin
  fWert := (fWert + i) mod 100;
  end;
{Implementierung als Eigenschaft}
TPropKlasse = class(TObject)
   private
    fWert : Integer;
    procedure set_Wert(i : Integer);
   public
    property Wert : Integer read fWert write set_Wert;
   end;
procedure TPropKlasse.set_Wert(i : Integer);
  begin
  fWert := (fWert + i) mod 100;
  end;
begin
klasse := TKlasse.Create;
writeln(klasse.get_wert);
klasse.set_wert(5);
propklasse := TPropKlasse.Create;
writeln(propklasse.Wert);
propklasse.Wert:= 5;
end;
```


Übersicht: Eigenschaften

property *propName*: *Typ* **read** *Lesezugriff* **write** *Schreibzugriff*;

- *propName* ist der Name der Eigenschaft, der dem Bezeichner des zugrundeliegenden Datenelements ähnlich sein sollte.
- Der *Typ* der Eigenschaft muß mit dem Typ des zugrundeliegenden Datenelements übereinstimmen.
- *Lesezugriff* steht entweder für das Datenelement selbst oder eine parameterlose Elementfunktion, deren Rückgabewert vom gleichen Typ ist wie das Datenelement.
- *Schreibzugriff* steht entweder für das Datenelement selbst oder eine Elementprozedur mit einem Parameter, der vom gleichen Typ ist wie das Datenelement.

- Eigenschaften können einen Lesezugriff, einen Schreibzugriff oder beide Formen des Zugriffes definieren.

- Sie können als **published**, **public**, **protected** oder **private** (→ 5.6.1) deklariert werden.
- Eigenschaften haben Zugriff auf alle Datenelemente, dürfen jedoch nicht von einem Datei-Typ sein (→ 5.2.4).
- Sie können als Arrays implementiert werden. Array-Eigenschaften unterliegen einigen gesonderten Regeln:
  - Auf den Bezeichner der Eigenschaft folgt in eckigen Klammern eine Liste der Indexparameter.
  - Für den Lesezugriff sind nur Elementfunktionen erlaubt, denen entsprechende Indizes übergeben werden können (d.h., ihre Parameterliste muß mit der Liste der Indizes übereinstimmen).
  - Für den Schreibzugriff sind nur Elementprozeduren erlaubt, denen entsprechende Indizes übergeben werden können (d. h., ihre Parameterliste muß bezüglich dieser Parameter mit der Liste der Indizes übereinstimmen).
  - Durch die Anhängung des Schlüsselworts **default** kann eine Array-Eigenschaft zur Array-Standardeigenschaft erhoben werden. Ist eine Array-Standardeigenschaft definiert, kann man auf deren Elemente direkt über den Instanznamen zugreifen:

```
property Wert[Index: Integer]: Integer
                    read get_Wert write set_Wert; default;
function TPropKlasse.get_Wert(Index: Integer): Integer;
  begin
  result:= fWert[index];
  end;
procedure TPropKlasse.set_Wert(Index: Integer; W: Integer);
  begin
  fWert[index]:= (fWert[index] + w) mod 100;
  end;
begin
klasse := TKlasse.Create;
klasse[1]:=5;
writeln(klasse[1]);
end.
```

- Ein Konzept, das den Array-Eigenschaften ähnlich ist, sind die indizierten Eigenschaften. Dies sind Eigenschaften, die auf genau ein Element aus einem Array-Datenelement zugreifen. Auf welches Datenelement zugegriffen wird, wird durch das Schlüsselwort **index** spezifiziert, auf das ein vorzeichenbehafteter **SmallInt**-Wert folgt. Dieser Index wird den Zugriffsmethoden als Parameter übergeben:

```
Type
TPropKlasse = class(TObject)
   private
    fWert : array[1..2] of Integer;
    function get_Wert(index: Integer): Integer;
    procedure set_Wert(index : Integer; w : Integer);
   public
    property Wert1 : Integer index 1 read get_Wert
                                     write set_Wert;
    property Wert2 : Integer index 2 read get_Wert
                                     write set_Wert;
   end;

 function TPropKlasse.get_Wert(Index: Integer): Integer;
   begin
   result:= fWert[index];
   end;

 procedure TPropKlasse.set_Wert(Index: Integer;
                              W: Integer);
   begin
   fWert[index]:= (fWert[index] + w) mod 100;
   end;

function TKlasse.get_Wert : Integer;
  begin
  result := fWert;
  end;

begin
propklasse := TPropKlasse.Create;
propklasse.Wert1:= 5;
propklasse.Wert2:= 15;
writeln(propklasse.Wert1);
writeln(propklasse.Wert2);
readln;
end.
```

- Eigenschaften stellen neben Methoden die einzige Möglichkeit dar, auf **private** Elemente ihrer Klasse zuzugreifen.
  - Ein gutes Konzept ist es, alle Datenelemente als **protected** oder **private** zu deklarieren und den Zugriff auf die Datenelemente nur über Methoden und Eigenschaften zu ermöglichen. Auf diese Weise kann die Klasse durch die Implementierung ihrer Methoden sicherstellen, daß die Daten in korrekter Weise verwendet werden.

- Sie können weder als **var**-Parameter noch als Adresse an Methoden übergeben werden.
- Für Eigenschaften von Komponenten sind zudem die Spezifizierer **stored**, **default** und **nodefault** interessant, die das Abspeichern ihrer Werte in Formulardateien regeln (→ 9).

Anmerkung

- Aus Gründen der Abwärtskompatibilität zu Delphi 2 können Methoden zudem als **automated** deklariert werden (bei gleichzeitiger Verwendung der Unit *OleAuto*). Die Zugriffsberechtigung **automated** entspricht der Zugriffsberechtigung **public**, sorgt aber darüber hinaus noch für die Erzeugung von Automatisierungstypinformationen zur Unterstützung der OLE-Automatisierung (→ in Delphi 3 werden dazu Typbibliotheken verwendet). Methoden, die als **automated** deklariert sind, unterliegen einigen Beschränkungen (→ Online-Hilfe).

5.6.6 Vererbung

Als Vererbung bezeichnet man den Vorgang, wenn bei der Deklaration einer Klasse eine Basisklasse angegeben wird, die alle ihre Elemente (Datenelemente, Methoden, Konstruktor, Destruktor) der Klasse vererbt. Die abgeleitete Klasse ist in diesem Sinne also eine Erweiterung der Basisklasse um die Elemente, die sie selbst noch zusätzlich deklariert.

Die Vererbung ermöglicht aber nicht nur die bequeme Wiederverwertbarkeit bestehenden Codes (in der Form existierender Klassen und ihrer Methoden). Sie eröffnet zudem ganz neue Möglichkeiten:

- Geerbte Elemente lassen sich durch Überladung anpassen.
- Klasseninstanzen können selbst polymorph sein.
- Klassen können polymorphes Verhalten implementieren.
- Basisklassen können Schnittstellen definieren.

Anpassen geerbter Elemente durch Überladung

Wenn Sie eine Klasse von einer anderen Klasse ableiten, erbt die neue Klasse erst einmal alle Elemente der Basisklasse, so wie sie dort definiert sind. Sie können zwar keine der geerbten Elemente wieder weglöschen, Sie können sie aber anpassen oder auf verschiedenen Ebenen unsichtbar machen.

Dabei ist zwischen Verdeckung und Überladung zu unterscheiden. Die Verdeckung ist eine erlaubte vollständige Neudeklaration eines Klassenelements in einer abgeleiteten Klasse (ansonsten ist eine Neudeklaration, d.h. eine zweite Deklaration unter Verwendung eines im Gültigkeitsbereich bereits bekannten Bezeichners, nicht erlaubt). Die Überladung ermöglicht dagegen einen differenzierteren Zugriff auf die Version der Basis- und der abgeleiteten Klasse.

In beiden Fällen (Verdeckung und Überladung) bleibt das Element der Basisklasse stets erhalten.

Betrachten wir Verdeckung und Überladung für die verschiedenen Klassenelemente:

- **Datenelemente** können nicht überladen, sondern nur durch Neudeklaration verdeckt werden.
- **Eigenschaften** können sowohl verdeckt, als auch überladen werden. Eine Verdeckung erreicht man durch eine komplette Neudeklaration, die dadurch gekennzeichnet ist, daß der Datentyp der Eigenschaft angegeben wird. Wenn Sie keinen Datentyp angeben, überladen Sie die Eigenschaft. Dabei brauchen Sie nicht alle Teile neu zu deklarieren. Was nicht neu deklariert wurde, komplettiert der Compiler mit dem entsprechenden Teil aus der Basisklasse.

```
{Deklaration in Basisklasse}
public
  property beispiel : Integer read fWert write fWert;

{Beispiel für Neudeklaration in abgeleiteter Klasse, die
aus einer Lese/Schreib-Eigenschaft eine NurLesen-Eigen-
schaft macht}
public
  property beispiel : Integer read fWert;

{Beispiel für Überladung in abgeleiteter Klasse, die Lese-
zugriff neu definiert und Schreibzugriff übernimmt}
public
  property beispiel read get_Wert;

{Beispiel für Überladung in abgeleiteter Klasse, wobei
Lese-und Schreibzugriff erhalten bleiben und lediglich die
Zugriffsberechtigung der Eigenschaft von public auf pu-
blished erweitert wird }
published
  property beispiel read get_Wert;
```

Beispiel

Das folgende Beispiel demonstriert, daß es in der abgeleiteten Klasse zwei Datenelemente *fWert* gibt, und wie die überladene Eigenschaft *Wert* zum Lesen auf das in der abgeleiteten Klasse neu deklarierte Element *fWert* und zum Schreiben auf das von der Basisklasse geerbte Element *fWert* zugreift.

```
program overl1; {Konsolenanwendung}
Type
 TBasis = class(TObject)
   private
    fWert : Integer;
   public
    property Wert : Integer read fWert write fWert;
   end;

 TAbgeleitet = class(TBasis)
   private
    fWert: Integer;
   public
    property Wert read fWert;
   end;

var
  obj : TAbgeleitet;

begin
obj := TAbgeleitet.Create;
writeln(obj.Wert);    // Ausgabe 0
obj.Wert := 13;       // setzt das Datenelement fWert
                      // der Basisklasse auf 13
writeln(obj.Wert);    // Ausgabe 0
readln;
end.
```

- **Methoden** werden entweder verdeckt oder ganz überladen. Um eine Methode zu überladen, wird sie in der Basisklasse als **virtual** und in der abgeleiteten Klasse als **override** deklariert. Die Überladung hat hier eine andere Bedeutung als bei den Eigenschaften. Verdeckt die Methode der abgeleiteten Klasse die Version der Basisklasse, wird bei einem Aufruf der Methode diejenige Version ausgewählt, die zu dem Typ paßt, mit dem die aufrufende Klasseninstanz deklariert wurde. Wurde die Methode überladen, wird die Methode aufgerufen, die zum aktuellen Typ des aufrufenden Objekts paßt. Daß dies überhaupt ein Unterschied ist, liegt daran, daß Objekte polymorph sein können.
  Unabhängig davon, ob Sie eine Methode verdecken oder überladen, haben Sie stets die Möglichkeit, in der Version der abgeleiteten Klasse mittels **inherited** die Version der Basisklasse aufzurufen. In Konstruktoren und Destruktoren ist dies gang und gäbe, um die Elemente der Basisklasse korrekt zu initialisieren oder zu löschen.

Klasseninstanzen können polymorph sein

Wenn Sie in einem **var**-Abschnitt eine Klassenvariable deklarieren, müssen Sie angeben, welchem Klassentyp die Variable angehört. Wenn Sie danach im Anweisungsteil der Variablen eine Instanz zuweisen, können Sie aber nicht nur Instanzen des Klassentyps aus der Variablendeklaration zuweisen, sondern auch Instanzen jeden abgeleiteten Klassentyps.
In obigem Beispiel könnten Sie die Variable *obj* also auch vom Typ **TBasis** deklarieren:

Beispiel

```
programm overl2;
...
var
  obj : TBasis;

begin
obj := TAbgeleitet.Create;
writeln(obj.Wert);     // Ausgabe 0
obj.Wert := 13;        // setzt das Datenelement fWert
                       // der Basisklasse auf 13
writeln(obj.Wert);     // Ausgabe 13
readln;
end.
```

Diese kleine Änderung hat aber auch Auswirkungen auf das Laufzeitverhalten des Programms. Der Compiler erlaubt zwar die Zuweisung eines Objekts einer abgeleiteten Klasse an die Klassenvariable *obj*, sieht sie aber weiterhin als **TBasis**-Objekt an.
Wenn Sie jetzt auf ein Element (sei es ein Datenelement, eine Methode oder eine Eigenschaft) zugreifen, das in der abgeleiteten und der Basisklasse deklariert ist, wird immer die Version der Basisklasse aufgerufen. Tatsächlich können Sie gar nicht auf Elemente der abgeleiteten Klasse zugreifen, obwohl *obj* eine Instanz von **TAbgeleitet** zugewiesen wurde.
Das ist aber meist nicht das, was man erreichen wollte. Wie kann man es einrichten, daß man einer Variablen der Basisklasse Instanzen verschiedener abgeleiteter Klassen zuweisen kann und sich die weitere Verarbeitung nach der zugewiesenen Instanz und nicht dem Datentyp der Variablen richtet. Die Antwort sind die virtuellen Methoden.

Polymorphes Verhalten

Ein klassisches Beispiel für polymorphes Verhalten abgeleiteter Klassen sind Zeichenobjekte. Basisklasse wäre beispielsweise eine Klasse *TFigure*, in der die Methode *Zeichnen* dekariert ist.

Die einzelnen Zeichenobjekte werden nun als abgeleitete Klassen von *TFigure* deklariert (*TRechteck*, *TKreis* etc.) und erben alle die Methode *Zeichnen*. Damit jedes Zeichenobjekt auch korrekt ausgegeben wird, wird die Methode *Zeichnen* in jeder abgeleiteten Klasse entsprechend neu deklariert.
Will man nun aber die Polymorphie von Klassenvariablen ausnutzen und eine Reihe verschiedener Zeichenobjekte in einer Schleife ausgeben, in der die Objekte nacheinander einer Variablen vom Typ *TFigure* zugewiesen und dann über diese Variable die Methode *Zeichnen* aufgerufen wird, steht man vor dem Problem, daß stets die Implementierung der Basisklasse aufgerufen wird.
Was man sich jedoch wünscht, ist ein echtes polymorphes Verhalten, und dies erreicht man, indem man die Neudeklaration der Methode *Zeichnen* in eine Überladung umwandelt. Dazu wird die Methode in der Basisklasse als **virtual** und in den abgeleiteten Klassen als **override** deklariert. Für derartig überladene Methoden wird stets die Version aufgerufen, die am besten zum aktuellen Objekt und nicht zum Typ der Klassenvariablen paßt (intern wird dies durch Erzeugung zusätzlichen Codes erreicht, der zur Laufzeit den aktuellen Typ einer Instanz ermittelt).

Beispiel

Das folgende Beispiel demonstriert, wie Sie das Programm ***overl2*** mittels virtueller Methoden so verändern, daß es sich wieder so verhält wie das Programm ***overl1***.

```
program overl3; {Konsolenanwendung}
uses SysUtils;

Type
 TBasis = class(TObject)
   private
    fWert : Integer;
    function get_wert: Integer; virtual;
   public
    property Wert : Integer read get_Wert write fWert;
   end;

 TAbgeleitet = class(TBasis)
   private
    fWert: Integer;
    function get_wert: Integer; override;
   public
    property Wert read get_Wert;
   end;
```

```
function TBasis.get_Wert: Integer;
  begin
  result := fWert;
  end;

function TAbgeleitet.get_Wert: Integer;
  begin
  result := fWert;
  end;

var
  obj : TBasis;

begin
obj := TAbgeleitet.Create;
writeln(obj.Wert);     // Ausgabe 0
obj.Wert := 13;        // setzt das Datenelement fWert
                       // der Basisklasse auf 13
writeln(obj.Wert);     // Ausgabe 0
readln;
end.
```


Anmerkung

- Außer dem Schlüsselwort **virtual** können Sie auch das Schlüsselwort **dynamic** verwenden, um eine Methode zum Überladen vorzubereiten. Semantisch sind **virtual** und **dynamic** identisch, allerdings vekleinert die Verwendung von **dynamic** den Code auf Kosten des Laufzeitverhaltens, während **virtual** umgekehrt den Code aufbläht, aber dafür schneller in der Ausführung ist.

Basisklassen als Schnittstellenvorgabe

Oftmals – wie im Beispiel der Klassenhierarchie für die Zeichenobjekte – ist es gar nicht erforderlich, daß eine Methode einer Basisklasse eine Definition, sprich einen Anweisungsteil, besitzt, da sie sowieso nur dazu dient, allen abgeleiteten Klassen den Namen der Methode vorzugeben. Aufgabe einer solchen Methode ist es, eine definierte, einheitliche Schnittstelle für alle abgeleiteten Klassen vorzugeben. Object Pascal unterstützt dieses Konzept durch das Schlüsselwort **abstract**.

Als **abstract** können nur solche Methoden deklariert werden, die auch als **virtual** oder **dynamic** deklariert sind:

```
TFigure = class
  procedure Zeichnen; virtual; abstract;
  ...
  end;
```

Abstrakte Methoden werden nicht zusammen mit der Klasse implementiert, in der sie deklariert werden, sondern erst in den abgeleiteten Klassen, die eine entsprechende Methode dieses Bezeichners verwenden wollen.

Anmerkung

- Beachten Sie, daß Sie bei der Überladung einer abstrakten Methode natürlich nicht das Schlüsselwort **inherited** verwenden können.

5.6.7 Klassenreferenzen und -methoden

type

tKlassenReferenz = **class of** *TBasisklasse*

Klassenreferenzen vereinfachen den Umgang mit polymorphen Objekten, indem sie Informationen über die Klassen selbst speichern (und nicht die Instanzen).

Ebenso wie Sie einer Klassenvariablen neben Instanzen ihres eigenen Typs auch Instanzen von abgeleiteten Klassentypen zuweisen können, kann eine für den Klassentyp T deklarierte Klassenreferenz Klassen des Typs T sowie Klassen eines von T abgeleiteten Typs aufnehmen. Dies allein wäre noch kein Vorteil, wenn Sie nicht mit Hilfe virtueller Konstruktoren die Möglichkeit hätten, aus der Variablen einer Klassenreferenz ein entsprechendes Objekt zu erzeugen.

Zudem werden Klassenreferenzen auf der rechten Seite der Operatoren **is** und **as** eingesetzt.

5.7 Schnittstellen

Ab Delphi 3 kennt Object Pascal die Möglichkeit der Implementierung objektorientierter Schnittstellen (Interfaces) für COM-Objekte.
Eine Delphi-Schnittstelle enthält die Deklarationen einer Gruppe von Methoden, die die besondere Eigenschaft aufweisen, daß sie von jedem beliebigen Code außerhalb ihrer Implementierung aufgerufen werden können.

type
  interfacename = **interface**(*Basisschnittstelle*)['{*GUID*'}]
   Elementliste;
   end;

- *interfacename*: Name der zu deklarierenden Schnittstelle.
- *Basisschnittstelle*: Wird eine Basisschnittstelle angegeben, erbt die neu zu definierende, abgeleitete Schnittstelle alle Elemente dieser Basisschnittstelle.
  - Object Pascal sieht als oberste Basisschnittstelle **IUnknown** vor (jedes COM-Objekt muß zumindest über diese Schnittstelle verfügen). Auch wenn Sie Schnittstellen ohne Basisschnittstelle definieren oder Hierarchien auf selbstdefinierten obersten Basisschnittstellen aufbauen, wird automatisch **IUnkown** als grundlegende Basisschnittstelle verwendet.
- *GUID*: Steht für einen optionalen Globally Unique Identifier. GUIDs können Sie sich von dem Typenbibliothek-Editor (➔ 8.5.2) generieren lassen, den Sie im übrigen auch zur Definition von Schnittstellen verwenden können (➔ 5.7, 8.4).
- *Elementliste*: Liste der Methoden und Eigenschaften, die die Schnittstelle bilden. Bezüglich der Eigenschaften ist nur die Deklaration von Zugriffsmethoden erlaubt.

Anmerkungen

- Schnittstellen können nur im äußersten Block eines Moduls deklariert werden.
- Zugriffsmodifizierer zur Einschränkung der Zugriffsberechtigung sind in Schnittstellen nicht erlaubt. Alle Elemente einer Schnittstelle sind sozusagen **public**.

5.7.1 Schnittstellen und das COM-Modell

Delphi-Schnittstellen sind ohne Einschränkung zum Microsoft COM-Standard kompatibel. In Delphi implementierte Objekte, die Schnittstellen verwenden, sind damit automatisch auch COM-Objekte.

5.7.2 Einsatz von Schnittstellen

Innerhalb einer Schnittstelle werden die zu ihr gehörenden Methoden und Eigenschaften lediglich deklariert, nicht implementiert. Die Implementierung der Methoden der Schnittstelle ist Aufgabe der Klassen, die die Schnittstelle verwenden.

Instanzen von Delphi-Klassen, die Schnittstellen verwenden, sind automatisch COM-Objekte und können mit anderen COM-Objekten zusammenarbeiten.

Anmerkung

- Für die Erstellung von COM-Objekten (beispielsweise zur Automatisierung von Klassen oder der Programmierung von ActiveX-Steuerelementen) bedienen Sie sich am besten der Vorlagen auf der Seite ***ActiveX*** der Objektablage (→ 8.4).

6 Windows-Programmierung

6.1 Allgemeines

Drei Eigenschaften der Windows-Umgebung sind für den Programmierer von Windows-Anwendungen von besonderem Interesse:

- **Windows verfügt über eine grafische Oberfläche.** Grafische Oberflächen stehen für hohen Benutzerkomfort und ansprechende bildliche Darstellungen. Für den Programmierer bedeutet dies zuerst einmal erhöhte Anforderungen an seine Programme, damit diese überhaupt dem vorgegebenen Standard entsprechen. Es bietet sich ihm aber auch die Gelegenheit, mit vergleichsweise vertretbarem Aufwand faszinierende Anwendungen zu kreieren.
- **Windows-Anwendungen werden aus der Sicht des Benutzers in Fenstern ausgeführt.** Da unter Windows mehrere Anwendungen gleichzeitig geöffnet und verwaltet werden können, muß es einen Weg geben, wie der Benutzer die einzelnen Anwendungen auswählen und mit ihnen kommunizieren kann. Mit ganz wenigen Ausnahmen verfügen Windows-Anwendungen daher über Fenster. In den Fenstern werden dem Benutzer Informationen angezeigt, und umgekehrt kann er Eingaben an die Anwendung schicken. Für den Benutzer verschmilzt daher das Hauptfenster einer Anwendung mit der Anwendung selbst; für den Programmierer ist es »lediglich« eine visuelle Schnittstelle.
- **Windows arbeitet ereignisorientiert.** Unter DOS kann jeweils nur ein Programm ablaufen. Wurde es einmal aufgerufen, läuft es stur ab (wobei es meist durch Benutzereingaben gesteuert werden kann), bis es beendet ist oder abgebrochen wird.
- Windows-Anwendungen laufen dagegen meist nur schrittweise ab (zumindest sollten sie dies (➔ 6.2.4)). Alle Eingaben von seiten des Benutzers (beispielsweise die Aktivierung eines im Hintergrund liegenden Fensters oder der Aufruf eines Menübefehls) werden zuerst von Windows abgefangen. Das Ereignis wird verarbeitet und an die entsprechende

Anwendung geschickt. Für eine Anwendung bedeutet dies, daß sie zur Bearbeitung eines Ereignisses aufgerufen wird, entsprechend der Eingabe reagiert und dann wieder zurücktritt, bis ihr vom Windows-Manager ein weiteres Ereignis zur Bearbeitung zugesandt wird (diese Darstellung ist zwar etwas vereinfacht, trifft aber den Kern der Sache (➔ 6.2.2, 6.2.4)).

6.2 Win16 und Win32

In diesem Abschnitt werden die wichtigsten Charakteristika der beiden Windows-Umgebungen kurz vor- und gegenübergestellt.

- **Win16**, das sind die »alten« 16-Bit-Versionen, im wesentlichen also Windows 3.x. Diese Umgebungen zeichnen sich dadurch aus, daß sie lediglich 16-Bit-Adressen zur Speicherverwaltung benutzen und daher die unbequeme Form der segmentierten Adressierung verwenden müssen, um größere Speicherräume verwalten zu können. Zudem sind die Windows-3.x-Systeme dem DOS-Betriebssystem lediglich aufgesetzt, also keine eigenständigen Betriebssysteme.
- **Win32**, das sind die 32-Bit-Betriebssysteme Windows NT und Windows 95. Beides sind eigenständige Betriebssysteme, auch wenn Win 95 aus Kompatibilitätsgründen DOS immer noch integriert hat. Beides sind 32-Bit-Betriebssysteme mit den damit verbundenen Vorteilen, auch wenn Windows 95 selbst zum Großteil noch in 16-Bit-Code implementiert ist.

6.2.1 Anwendungen starten

Wenn Sie unter DOS ein Programm aufrufen, geschieht im Prinzip nicht viel mehr, als daß der Code für das Programm und die Daten in den Arbeitsspeicher geladen werden und das Hauptmodul des Programms gestartet wird. Unter Windows läuft unterschwellig schon etwas mehr ab:

Übersicht: Ablauf und Aufbau eines Windows-Programms

1. **Aufruf des Programms.**
2. **Übergabe der Argumente vom System an das Programm.** Nachdem eine Anwendung unter Windows gestartet wurde, weist Windows dem Programm verschiedene Parameter zu. Neben den Kommandozeilenargumenten sind dies vor allem der Handle der eigenen Instanz und ein Handle für die vorherige Instanz des Programms (falls vorhanden). Da unter Windows mehrere Programme gleichzeitig verwaltet und ausgeführt werden, wird jeder Ausführung des Programms (Instanz oder Prozeß genannt) ein eindeutiger Integer-Wert, der Handle, zugewiesen. Über diesen Handle kann der Prozeß dann später identifiziert werden.
   - Unter Win16 ist es sehr wichtig, daß die Handles eindeutig sind, da alle Programme in einem Adreßraum ablaufen.
   - Unter Win32 kann eine Verwechslung mit anderen Prozessen nicht vorkommen, da jeder Prozeß seinen eigenen Prozeßraum zugewiesen bekommt. Der Handle braucht folglich nur im Adreßraum des Prozesses eindeutig zu sein; verschiedene Prozesse können aber gleiche

Handles erhalten. Der zweite Handle auf die vorherige Instanz wird auf Null gesetzt.

3. **Hauptfenster registrieren.** Die Klasse für das Hauptfenster der Anwendung wird konfiguriert und registriert. Dazu wird eine Variable vom Record **TWndClass** initialisiert und an die API-Funktion **RegisterClass** übergeben.
   - Unter Win32 können Sie mit der Funktion **FindWindowEx** checken, ob eine bekannte Fensterklasse bereits registriert wurde. Auf diese Weise kann ein Programm testen, ob es unter Win32 bereits einmal ausgeführt wird.
   - Unter Win16 kann dies über den Handle auf die vorherige Instanz geschehen, der unter Win32 stets auf Null gesetzt ist.
4. **Erzeugung des Hauptfensters.** Üblicherweise wird eine Instanz der registrierten Fensterklasse erzeugt, um eine Schnittstelle zum Benutzer zu schaffen.
5. **Eintritt in die Botschaftsverarbeitung.** In dieser Schleife werden Botschaften aus der Botschaftswarteschlange des Prozesses eingelesen, in ein handlicheres Format umgewandelt und wieder auf dem Umweg über Windows an die verarbeitende Fensterfunktion verschickt. Diese Botschaftsschleife, die **MessageLoop**, wird wieder und wieder ausgeführt.
6. **Beenden der Anwendung.** Die Funktion **PostQuitMessage** beendet die Ausführung der **MessageLoop**. Die Registrierung der Fensterklasse wird gelöscht.

Delphi-Programme

Bei der Arbeit mit Delphi wird Ihnen das Starten Ihrer Anwendungen wesentlich vereinfacht, d.h., Routinearbeiten werden Ihnen abgenommen, aber auch vor Ihnen versteckt. Die folgende Aufstellung soll daher das Grundgerüst eines Delphi-Programms vorstellen und Ihnen aufzeigen, wo was geschieht und wie Sie Ihre Anwendung konfigurieren können.

Übersicht: Ablauf und Aufbau eines Delphi-Programms

1. **Aufruf des Programms**. Die Ausführung des Programms beginnt mit dem Hauptmodul, d.h. der Projektdatei mit der Extension .dpr.
   - Üblicherweise wird diese Datei von Delphi verwaltet und braucht von Ihnen nicht bearbeitet zu werden.
2. **Übergabe der Argumente**. Die vom Windows-System übergebenen Kommandozeilenargumente und der Handle der Instanz werden den globalen Variablen **CmdLine** und **HInstance** übergeben, die in der Unit **System** definiert sind.
   - Die Unit **System** wird automatisch in jedes Delphi-Programm eingebunden.

- Zum Auswerten der Kommandozeilenargumente stehen Ihnen die Funktionen **ParamCount** und **ParamStr** zur Verfügung (➔ 6.3).

3. **Einrichtung des Hauptfensters.** Mit Hilfe der Methode **CreateForm** werden die Fenster einer Anwendung erzeugt. Das erste Fenster wird dabei automatisch zum Hauptfenster der Anwendung und an die **private**-Elementvariable **FMainForm** der Anwendung übergeben. Die Konfiguration des Hauptfensters geschieht natürlich über den Objektinspektor (➔ 2.3.3).
4. **Eintritt in die Botschaftsverarbeitung.** Zum Eintritt in die Botschaftsverarbeitung wird die **TApplication**-Methode **Run** aufgerufen.
5. **Beenden der Anwendung.** Die Botschaftsverarbeitung wird abgebrochen, wenn eine entsprechende Botschaft zum Schließen der Anwendung empfangen wurde. Eine Möglichkeit, eine entsprechende Botschaft auszusenden, besteht darin, die **TApplication**-Methode **Terminate** aufzurufen, die ihrerseits die API-Funktion **PostQuitMessage** aufruft.

Das folgende Beispiel zeigt den Quelltext der Projektdatei und der Unit für das Hauptfenster, wie sie angelegt werden, wenn Sie eine neue Anwendung erzeugen (Befehl **NEUE ANWENDUNG** im Menü **DATEI**).

Beispiele

Die Projektdatei:

```
{Projektdatei project1.dpr}
program Project1;
uses
  Forms,
  Unit1 in 'Unit1.pas' {Form1};
{$R *.RES}

begin
  Application.Initialize;
  Application.CreateForm(TForm1, Form1);
  Application.Run;
end.
```

Die Unit des Hauptfensters:

```
{Unit für die Klasse des Hauptfensters}
unit Unit1;
interface
uses
 Windows, Messages, SysUtils, Classes, Graphics, Controls,
  Forms, Dialogs;
type
```

```
  TForm1 = class(TForm)
  private
    { Private declarations }
  public
    { Public declarations }
  end;
var
  Form1: TForm1;

implementation
{$R *.DFM}

end.
```

6.2.2 Botschaftsverarbeitung

Es wurde bereits darauf hingewiesen, daß Windows eine botschaftsorientierte Programmierung erfordert. Botschaften dienen der Kommunikation zwischen Windows und den laufenden Anwendungen und stellen damit ein wichtiges Element der Multitasking-Umgebung dar. Botschaften können aber auch zur Kommunikation von Anwendungen untereinander verwendet werden.

Delphi kapselt das Botschaftssystem in seinen Ereignissen, die stärker als Botschaften an Formulare und Komponenten gebunden sind. Zuvor jedoch einige Anmerkungen zu der zugrundeliegenden Botschaftsverarbeitung unter Windows und einiger relevanten API-Funktionen.

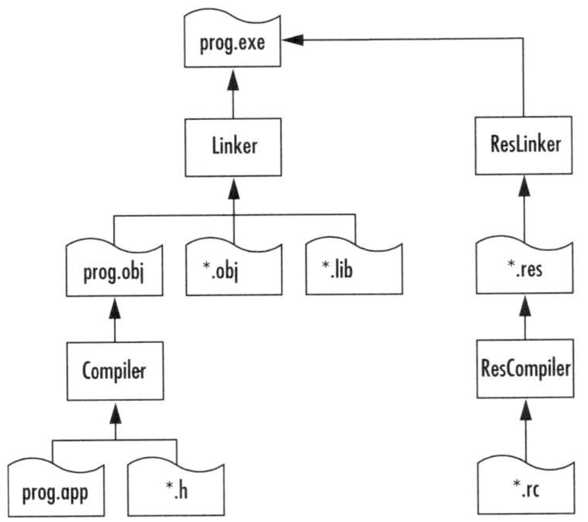

Übersicht: Botschaftsverarbeitung

1. **Ereignis tritt auf**, beispielsweise die Bewegung der Maus.
2. **Ereignis wird in Systemqueue eingetragen**. Die zugehörige Anwendung (oder Thread) wird ermittelt.
3. **Die Systemqueue wird abgearbeitet** (First in, First out). Die Ereignisse werden in die ApplicationQueue eingetragen, die entsprechenden Anwendungen aufgerufen.
4. **Botschaft wird in der MessageLoop empfangen**, übersetzt (in für den Programmierer leichter zu lesende Parameter) und an die bearbeitende Fensterfunktion weitergereicht (die Fensterfunktion wird im Zuge der Registrierung des Hauptfensters bei Windows angemeldet).
5. **Die Fensterfunktion erhält die Botschaft** und reagiert entsprechend, meist indem die spezielle Ereignisbehandlungsroutine aufgerufen wird, die für den Typ der eingetroffenen Botschaft eingerichtet wurde.

Anmerkung

- Unter Win32 verfügt jeder einzelne Thread über eine eigene MessageQueue (statt einer ApplicationQueue für den gesamten Prozeß).

Botschaften bearbeiten

Welche Möglichkeiten stehen Ihnen zur Verfügung, um in die Botschaftsverarbeitung einzugreifen und Behandlungsfunktionen für spezielle Botschaftstypen einzurichten?

Der Ort, in dem letztendlich alle Botschaften, die ein Fenster betreffen, abgefangen und in Aufrufe der zugehörigen Behandlungsprozeduren umgesetzt werden, ist die sogenannte Fensterfunktion (**WndProc**) des Fensters. Die folgende Übersicht stellt Ihnen verschiedene Möglichkeiten vor, direkt oder indirekt Abbildungen von Botschaften auf Botschaft-Behandlungsprozeduren einzurichten.

Übersicht: Botschaften abfangen und bearbeiten

- **API-Programmierung.** In API-Programmen wird in der Fensterfunktion eine je nach Bedarf mehr oder weniger umfangreiche case-Anweisung aufgesetzt, die überprüft, welcher Typ von Botschaft vorliegt, und dann die zugehörige Behandlungsprozedur aufruft.
- **Das Schlüsselwort** message. In Delphi können Sie mit Hilfe des Schlüsselworts message die Behandlungsprozeduren auch direkt im Zuge ihrer Deklaration mit einem Botschaftstyp verbinden (➔6.5). Für den entsprechenden Eintrag in der Fensterfunktion sorgt Delphi.
- **Delphi-Ereignisse.** Für die Komponenten und Formulare der VCL sind bereits die wichtigsten Botschaften in Form von Ereignissen gekapselt und können direkt über den Objektinspektor bearbeitet werden (➔ 2.3.3, 3.3.6, 6.4).
- **TApplication.** Auch das Anwendungsobjekt kann Botschaften empfangen und verarbeiten, die Ereignisbearbeitung muß allerdings komplett von Ihnen selbst eingerichtet werden, da der Objektinspektor keinen Zugriff auf das TApplication-Objekt hat (➔ 6.6).

Übersicht: Botschaften verschicken

Wenn Sie selbst Botschaften verschicken wollen, können Sie dazu

- eigene Ereignisse definieren (➔ 9.6),
- die API-Funktionen der SendMessage/PostThreadMessage-Familie verwenden.
    - **SendMessage** dient zum synchronisierten Austausch von Botschaften, d.h. der Thread, der die Botschaft gesendet hat, wird erst weiter ausgeführt, nachdem die Botschaft in dem empfangenden Thread bearbeitet wurde. Wird die Botschaft zwischen unterschiedlichen Fenstern des gleichen Threads ausgetauscht, wird die Botschaft einfach wie beim Aufruf einer Subroutine verarbeitet. Wird die Botschaft zwi-

schen unterschiedlichen Threads ausgetauscht, wird sie in die Warteschlange des empfangenden Threads eingetragen. Der absendende Thread muß bis zur Abarbeitung der Botschaft warten.

- Verwenden Sie dagegen **PostThreadMessage,** wird die Anwendung direkt weiter ausgeführt.
- Gleiches gilt für die Funktion **SendNotifyMessage**, deren Botschaften bei der Verarbeitung jedoch eine höhere Priorität besitzen als **PostThreadMessage**-Botschaften.
- Die Funktion **SendMessageCallback** kehrt nach dem Versenden der Botschaft direkt wieder zum aufrufenden Thread zurück, der weiter ausgeführt wird. Sie spezifiziert aber einen zusätzlichen Parameter, dem als Argument die Adresse einer Callback-Funktion übergeben wird. Nach Bearbeitung der verschickten Botschaft wird diese Callback-Funktion vom Betriebssystem aufgerufen, so daß der Thread auf das Ergebnis seiner Botschaft reagieren kann.
- Die Funktion **ReplyMessage** wird vom empfangenden Thread aufgerufen und liefert dem Thread, der die Botschaft versendet hat, die erwartete Rückmeldung, so daß dieser fortgeführt werden kann. Der Sinn dieser Funktion liegt darin, daß sie innerhalb der Antwortroutine aufgerufen werden kann und der sendende Thread nicht warten muß, bis die Antwortroutine vollständig abgearbeitet wurde.

Anmerkungen

- Um Botschaften direkt an andere Threads zu versenden, brauchen Sie die entsprechende ID des Threads oder den Handle des Fensters, das zum Thread gehört. Mit Hilfe der API-Funktionen GetNextWindow und GetWindowText können Sie sich über die vom Windows-Manager verwalteten Fenster informieren. Durch Aufruf der API-Funktion GetWindowThreadProcessID erhalten Sie die Thread-ID zu einem Fenster-Handle.
- Wenn Sie die Funktion SendMessage zur Botschaftsübermittlung verwenden, kann es passieren, daß der aufrufende Thread längere Zeit auf die Rückmeldung des empfangenden Threads warten muß (schlimmstenfalls befindet dieser sich in einer Endlosschleife und kann die Botschaft nicht mehr verarbeiten). Als Alternative können Sie daher die Funktion SendMessageTimeout zum Versenden der Botschaft verwenden. SendMessageTimeout können Sie ein zusätzliches Argument übergeben, das spezifiziert, nach welcher Zeit der Thread trotz fehlender Rückmeldung weiter ausgeführt werden soll.

- Für Win16-Anwendungen gibt es verschiedene Funktionen, die es den Anwendungen ermöglichen, sich in das kooperative Multitasking unter Win16 besser einzugliedern: WaitMessage, GetMessage, SetTimer (→ 6.2.4).

6.2.3 Speicherverwaltung

Der Übergang von 16-Bit- zu 32-Bit-Adressen und das Wegfallen der segmentierten Adressierung sind mit Sicherheit die unmittelbarsten Vorteile der 32-Bit-Programmierung, wenigstens aus Sicht der Windows-Programmierer. Doch wird es wohl noch eine ganze Zeit dauern, bis WinNT und Win95 die Win3.x-Generation verdrängt haben, und folglich wird man sich für eine gewisse Übergangszeit noch mit beiden Formen der Adressierung beschäftigen müssen, bis die unselige Zeit der DOS-Kompatibilität endgültig hinter uns liegt.

Adressen

Die 16-Bit-Adressierung paßte am besten noch zur Generation der 80x286er-PCs. Doch schon damals erkannte man, daß 64 KByte Arbeitsspeicher (so viel konnte man durch eine 16-Bit-Adresse direkt ansprechen) für die sich rasch weiterentwickelnde, immer umfangreichere Software bald nicht mehr ausreichen und die Ausführung größerer Programme stark abbremsen würde.
Um größere Mengen Arbeitsspeicher adressieren zu können, ging man dazu über, die endgültige Adresse aus zwei 16-Bit-Adressen zusammenzusetzen: der Segment-Adresse und der Offset-Adresse. Ein Segment bezeichnet dabei einen 64-KByte-Block. Der Offset gibt die genaue Position in dem durch die Segment-Adresse spezifizierten Segment an.
Die segmentierte Adressierung führte zur Einrichtung unterschiedlich großer Zeigertypen: **Near** und **Far**. **Far**-Zeiger werden benötigt, wenn ein Programm mehrere Segmente im Speicher belegt und die Zeiger (zum Beispiel auf Funktionen) über Segmentgrenzen hinwegreichen müssen. **Near**-Zeiger sind dagegen auf die Adressierung innerhalb eines Segments beschränkt und wegen der entfallenden Addition von Segment und Offset schneller in der Anwendung.
Üblicherweise ist die Einrichtung von **Far**- und **Near**-Zeigern unter Win16 an das gewählte Speichermodell gekoppelt und kann von Delphi 1 übernommen werden. In Fällen, wo die automatische Zuordnung versagt (beispielsweise, wenn Zeiger auf Prozeduren/Funktionen als Parameter an andere Prozeduren/Funktionen übergeben werden), können Sie mit Hilfe der Compiler-Direktive **{$F+}** festlegen, daß alle nachfolgenden Prozeduren und Funktionen über **Far**-Zeiger aufgerufen werden. Oder Sie deklarieren die Subroutinen einzeln als **Far** oder **Near**.

Bei der 32-Bit-Adressierung ist keine Zusammensetzung von Adressen mehr erforderlich. Statt dessen nutzt sie voll die Vorteile der heute weit verbreiteten 32-Bit-Architektur, so daß bei Bedarf 4 Gigabyte Speicher direkt angesprochen werden können. Im Gegensatz zur Segmentadressierung spricht man hier von flacher Adressierung.

Adreßräume

Unter Win16 laufen alle Prozesse in einem einzigen Adreßraum ab. Aus diesem Grunde kann prinzipiell jeder laufende Prozeß auf die Daten eines anderen Prozesses zugreifen, was von Vorteil sein kann, meist aber nachteilig ist. Unter Win32 verfügt jeder Prozeß über seinen eigenen Adreßraum, d.h., über vollständige 4 GByte virtuellen Speicher. Die Threads eines Prozesses teilen sich allerdings diesen Adreßraum.
Während der Arbeit unter Windows wird dieser virtuelle Speicher je nach Bedarf der laufenden Threads auf dem physikalischen Speicher (RAM + Auslagerungsdatei) abgebildet, wobei die Trennung der Adreßräume aus Gründen der Datensicherheit natürlich erhalten bleibt. Allerdings können unter Win95 im Gegensatz zu WinNT alle Prozesse auf Speicherbereiche des Betriebssystems zugreifen, wodurch naturgemäß auch Systemabstürze verursacht werden können.

Übersicht: Speicherkonzepte in Win32

- **Heap.** Win32 unterscheidet nicht mehr zwischen lokalem und globalem Speicher. Statt dessen gibt es nur noch globalen Heap, auf den Sie mit New/Dispose bzw. GetMem/FreeMem zugreifen können. Standardmäßg erhält jeder Prozeß einen Heap von 1 MByte. Aber abgesehen davon, daß Sie diese Größe verändern können, haben Sie auch die Möglichkeit, mit Hilfe der HeapXxxx-Funktionen der Win-API weitere Heaps für einen Prozeß bereitzustellen.
  - Sinnvoll ist dies beispielsweise, wenn Sie mehrere dynamische Strukturen mit unterschiedlicher Elementgröße verwalten. Indem Sie in jedem Heap nur Elemente gleicher Größe ablegen, reduzieren Sie die Fragmentierung des Speichers.
  - Die alten Funktionen **GlobalAlloc/GlobalLock** und **LocalAlloc/LocalFree** werden aus Kompatibilitätsgründen weiter unterstützt, sind aber ineffektiv in der Anwendung.
- **Virtueller Speicher.** Der virtuelle Adreßraum eines Prozesses umfaßt prinzipiell 4 GByte. Virtuellen Speicher allokieren Sie mit der Funktion VirtualAlloc. Virtueller Speicher wird in zwei Schritten zur Verfügung gestellt:
  - **Virtuellen Speicher reservieren.** Dabei wird lediglich ein entsprechender virtueller Adreßraum bereitgestellt. Zum Reservieren übergeben

Sie der Funktion **VirtualAlloc** das Flag **MEM_RESERVE**. Auf diese Weise können Sie beliebig viele Objekte (beispielsweise Arrays) anlegen, die anhand Ihrer virtuellen Adressen unterschieden werden, ohne daß bereits physikalischer Speicher für sie bereitgestellt werden muß.
  - **Virtuellen Speicher belegen**. Bei diesem Schritt wird zuvor reservierter virtueller Speicher mit physikalischem Speicher (RAM + Auslagerungsdatei) verbunden. Zur Speicherbelegung übergeben Sie der Funktion **VirtualAlloc** das Flag **MEM_COMMIT**.
  - Den virtuellen Speicher kann man gut für dynamische Arrays verwenden. Wenn Sie nicht wissen, wie viele Elemente in ein Array aufzunehmen sind, reservieren Sie einfach ein verschwenderisch großes Array im virtuellen Speicher. Danach belegen Sie nach Bedarf physikalischen Speicher für das virtuelle Array.
- **Speicherbasierte Dateien**. Unter Win32 sind die laufenden Prozesse vollständig voneinander getrennt, wodurch die Win16-Techniken des File-Sharing verlorengehen. Die Alternative sind speicherbasierte Dateien, die es mehreren Anwendungen erlauben, auf ein und dieselbe Datei zuzugreifen. Zum Einrichten und Arbeiten mit speicherbasierten Dateien dienen die API-Funktionen CreateFileMapping, OpenFileMapping, MapViewOfFile etc.
  - Im übrigen benutzt Windows eine ähnliche Technik, wenn Sie ein Programm aufrufen. Statt den Code des Programms zu laden, bildet es die ausführbare Datei in den virtuellen Speicher ab (macht die Datei zu einem Teil der Auslagerungsdatei) und lädt nur den momentan notwendigen Code.

6.2.4 Multithreading und Multitasking

Multithreading

Unter Win16 bezeichnete man in Ausführung befindlichen Code als Task. Da man unter Windows 3.x ein Programm mehrfach aufrufen kann, sind die Bezeichnungen Programm und Task nicht identisch. Statt dessen spricht man von Instanzen eines Programms, und jeder solchen Instanz würde dann eine Task entsprechen.

In Win32 spricht man dagegen von Prozessen und Threads. Jede Instanz eines Programms entspricht nun einem Prozeß, und jeder Prozeß verfügt automatisch über einen Thread, der den eigentlichen auszuführenden Handlungsfaden bezeichnet. Unter Win32 werden Botschaften an Threads gesendet, und Threads sind es, die sich die Kontrolle über die CPU teilen.

Bis dahin gibt es noch keinen wesentlichen Unterschied zwischen Threads und Tasks, aber Threads haben den Vorzug, daß sie selbst neue Threads er-

zeugen können (wobei erzeugter und erzeugender Thread dem gleichen Prozeß angehören). Da alle erzeugten Threads am Multitasking (→ unten) teilnehmen, hat eine Anwendung damit die Möglichkeit, zeitaufwendige Routinen (beispielsweise das Ausdrucken eines Textes) als Thread abzuspalten, so daß die Anwendung, genauer gesagt ihr Hauptthread, während des Druckens weiter ausgeführt werden kann.
Zusätzlich kann man einem Thread bei seiner Erzeugung eine Priorität zuordnen, um so die CPU-Zeit sinnvoller zu verwalten.

Multitasking

Multitasking kennt man bereits von Windows 3.x her. Doch handelte es sich dabei um kein echtes Multitasking. Vielmehr ist Windows 3.x auf die Gutmütigkeit der laufenden Anwendungen angewiesen, weswegen man auch von kooperativem Multitasking spricht.
Beim kooperativen Multitasking übernimmt der Windows-Manager die Verwaltung mehrerer gleichzeitig geöffneter Anwendungen. Windows überwacht die Eingaben durch den Benutzer und leitet diese der Reihe nach als Botschaften an die entsprechenden Anwendungen weiter. Die Anwendungen erhalten zur Bearbeitung der Botschaften die Kontrolle über die CPU und geben diese wieder ab, wenn ihre Aufgabe erledigt ist. Während eine Anwendung ausgeführt wird, oder genauer gesagt, solange sie nicht wieder in die **MessageLoop** eingetreten ist, hat Windows jedoch keine Möglichkeit, ihr die Kontrolle über die CPU abzunehmen. Schlimmstenfalls gerät die Anwendung in eine Endlosschleife oder stürzt ab und legt dadurch das gesamte System lahm.

Win32, d.h. Windows 95 und Windows NT, verwenden dagegen das preemptive Multitasking, bei dem das System dem laufenden Thread praktisch jederzeit (nach Ausführung jeden CPU-Befehls) die Kontrolle über die CPU entziehen kann. Es muß aber erst einmal angewiesen werden, dies zu tun. Win32 benutzt aus diesem Grunde deserialisierte Eingaben, d.h., nicht mehr alle Benutzereingaben werden sequentiell abgearbeitet, sondern nur noch jeweils die Benutzereingaben, die zu einem Thread gehören.
Wechseln Sie zu anderen Threads oder anderen Fenstern (Alt+Tab), erhält jeder Thread seine Botschaften in der korrekten Reihenfolge, aber es kann passieren, daß der zweite Thread seine erste Botschaft bearbeitet, bevor der erste Thread mit seinen Botschaften fertig ist. Der Vorteil ist, daß Sie nun mittels Alt+Tab auch dann noch in eine andere Anwendung springen können, wenn sich das zuvor bearbeitende Programm aufgehängt hat.

Anmerkungen

- Um die Kooperativität Ihrer Anwendungen unter Win16 zu verbessern, sollten Sie größere Berechnungen in Teilbereiche aufspalten. Statt beispielsweise eine zeitaufwendige Berechnung in einer for-Schleife 1000 Mal auszuführen, implementieren Sie zehn Schleifen mit jeweils 100 Durchgängen. Nach jeder dieser Schleifen gibt die Anwendung die Kontrolle an Windows zurück.

Um von Windows jedoch wieder zur Weiterbearbeitung der Aufgabe aufgerufen zu werden, nehmen Sie zuerst eine TTimer-Komponente (Uhrsymbol der Seite ***System*** der Komponentenpalette) in das Formular der Anwendung auf, spezifizieren das Intervall, in dem die WM_TIMER-Benachrichtigungen ausgesendet werden sollen, und definieren die Behandlungsroutine zum Ereignis OnTimer.

Das Programm muß dann nur noch Buch darüber führen, mit welcher for-Schleife es weiterzufahren hat und wann der Vorgang abgeschlossen ist. Zum Schluß können Sie die Eigenschaft Enabled der TTimer-Komponente auf False setzen, um weitere Botschaften zu ignorieren oder das TTimer-Objekt ganz löschen.

- Durch Threads kann verhindert werden, daß zeitraubende Routinen das ganze System aufhalten. Es bleibt aber das Problem, daß der Thread selbst nicht mehr auf Benutzereingaben reagiert. Unter Umständen ist dies auch nicht erforderlich. Wenn doch, sollten Sie bei der Implementierung des Threads darauf achten, daß dieser sich kooperativ verhält und regelmäßig seine MessageQueue abfrägt (Aufruf der Prozedur **TApplication.ProcessMessages**).

- Wenn ein Thread einen anderen Thread erzeugt, stellt sich meist die Frage, wie beide Threads aufeinander abzustimmen sind. Sind beide Threads gleichzeitig auszuführen? Wie kann der abgespaltene Thread seinen übergeordneten Thread über die Erledigung seiner Aufgabe informieren? Muß der übergeordnete Thread auf zurückgelieferte Daten des abgespaltenen Threads warten (dies ist besonders interessant für Computer mit mehreren Prozessoren, wo die Threads parallel ablaufen können)?

Die Synchronisierung der Threads ist das eigentliche Problem bei der Multithread-Programmierung, und je nachdem, wie eine Synchronisierung beschaffen sein muß, gibt es unterschiedliche Lösungsansätze, die mit kritischen Bereichen, Semaphoren, Mutexen oder speziellen Ereignissen arbeiten. Eine Einführung in die Synchronisierung von Threads finden Sie im Abschnitt 6.18; für weiterführende Informationen schlagen Sie bitte in der entsprechenden Fachliteratur nach.

6.3 Anwendung und Hauptfenster erstellen

Unter DOS unterschied man üblicherweise nicht zwischen einem Programm und seiner Funktionalität. Wenn Sie unter Windows von einer Anwendung sprechen, haben Sie natürlich auch meist deren Funktionen und Verwendungszweck im Auge, aber darüber hinaus gibt es in Windows-Programmen eine Menge Code, dem keine andere Aufgabe zukommt, als die Anwendung unter Windows einzurichten und lauffähig zu halten.

Wie im vorangehenden Abschnitt beschrieben, gehören dazu beispielsweise die Registrierung der Instanz der Anwendung, die Konfiguration und Zuordnung eines Fensters zu dieser Instanz und schließlich der Eintritt in die Botschaftsverarbeitung. Und erst danach, durch die Implementierung der Behandlungsroutinen zu den verschiedenen Botschaften, wird die Anwendung ihrer eigentlichen Bestimmung zugeführt.

Dieser Abschnitt zeigt Ihnen auf, wie schnell und bequem Sie in Delphi ein Grundgerüst für Ihre Anwendung erstellen und anpassen können.

Ausführung:

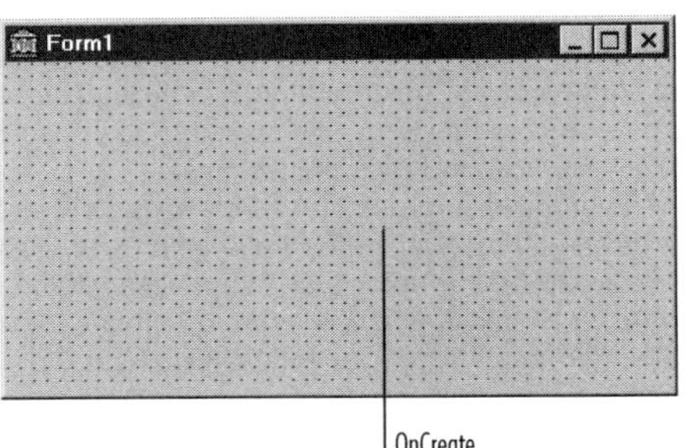

1. **Projekt anlegen.** Wenn Sie Delphi starten,
   a) legt es automatisch ein neues Projekt an und richtet für das Projekt ein Anwendungsobjekt ein (Instanz von **TApplication**),
   b) legt es ein Formular für das Hauptfenster an,
   c) weist es der Anwendung das Hauptfenster zu (das erste mit **CreateForm** eingerichtete Fenster wird automatisch zum Hauptfenster der Anwendung) und
   d) sorgt es für den Eintritt in die **MessageLoop**.

Das erste Ziel dieses Abschnitts (die Erstellung einer Anwendung und ihres Hauptfensters) haben Sie damit schon erreicht, was noch bleibt, ist die individuelle Anpassung.

Statt diesem sehr einfachen Standardprojekt (das Sie auch über den Befehl **DATEI/NEUE ANWENDUNG** erstellen lassen können) können Sie sich auch weiter ausgebaute Projekte erstellen lassen (Seite ***Projekte*** im Dialogfenster zum Befehl **DATEI/NEU**), oder Sie können mit Hilfe der Objektablage ein eigenes Standardprojekt definieren (➔ 3.2.2).

2. **Hauptfenster anpassen.** Um das Hauptfenster anzupassen, wechseln Sie in das Formularfenster und klicken auf den Fensterhintergrund. Der Objektinspektor ist jetzt zur Bearbeitung des Hauptfensters bereit. Gehen Sie auf die Seite ***Eigenschaften*** des Objektinspektors, und konfigurieren Sie Ihr Hauptfenster, indem Sie einfach auf die entsprechenden Einträge klicken und diesen dann über das zugehörige Eingabefeld neue Werte zuweisen.
   - Nutzen Sie zur Einstellung der Eigenschaften den Objektinspektor. Sein Einsatz ist sehr bequem, fehlerfrei und hat den Vorteil, daß Sie die meisten Einstellungen direkt im Formular-Designer verfolgen können.
   - Alternativ können Sie auch den Text zu dem Formular aufrufen (Befehl **ANSICHT ALS TEXT** im Kontextmenü des Formularfensters) und direkt bearbeiten (hier sind allerdings nur die Eigenschaften aufgeführt, für die eine automatische Speicherung in die .dfm-Datei eingerichtet wurde (➔ 9.5.5)).
   - Oder Sie definieren/ändern die Eigenschaften zur Laufzeit. Für das Programm zu diesem Kapitel wurde beispielsweise auf der Seite ***Ereignisse*** des Objektinspektors das Ereignis ***OnCreate*** ausgewählt und per Doppelklick in dem zugehörigen Feld die Methode **FormCreate** angelegt. ***OnCreate*** wird ausgelöst, wenn das Formular oder die Komponente erzeugt wird, so daß die dort vorgenommenen Einstellungen von Anfang an gültig sind. Im Beispiel wurde dieser Weg gewählt, damit sich die Einstellungen im Quelltext wiederspiegeln, und um zu verdeutlichen, wie Eigenschaften zur Laufzeit verändert werden. In der Praxis sollten Sie ***OnCreate*** für andere Aufgaben nutzen (beispielsweise zur Behandlung von Ereignissen der Anwendung (➔ 6.6)) und die Eigenschaften des Formulars direkt über den Objektinspektor anpassen (➔ 3.3.6, Tabellen 3.3).
3. **Kommandozeilenargumente verarbeiten.** Kommandozeilenargumente, die der Anwendung über Windows zugewiesen werden, werden in der globalen Variablen **CmdLine** (deklariert in **System**) zugewiesen. Mit der Funktion **ParamCount** kann man überprüfen, wie viele Argumente überge-

ben wurden, wobei das Argument **0** der Name der EXE-Datei ist. Mit der Funktion **ParamStr** können einzelne Argumente ausgelesen werden.

- Um der Anwendung aus der Delphi-IDE heraus Kommandozeilenargumente zu übergeben, rufen Sie den Befehl **START/PARAMETER** auf.

4. **Der Anwendung ein Symbol zuweisen**. Erstellen Sie zuerst mit Hilfe des Bildeditors (→ 3.8.4) ein neues Icon. Danach öffnen Sie die Projektdatei als Text (Befehl **ANSICHT/PROJEKT-QUELLTEXT**) und weisen mit Hilfe der Methode **LoadFromFile** der Eigenschaft **Icon** ihres **TApplication**-Objektes die Datei mit dem Symbol zu.
   - Noch einfacher ist es, das Symbol über die Projektoptionen zuzuweisen. Rufen Sie dazu den Befehl **PROJEKT/OPTIONEN** auf, und gehen Sie in dem erscheinenden Dialogfenster zur Seite ***Anwendung***. Über den Schalter **SYMBOL LADEN** können Sie dann ein Symbol für die Anwendung auswählen. Achten Sie jedoch darauf, daß Sie nicht beide Wege (**LoadFromFile** und Projektoptionen) gleichzeitig beschreiten.

Beispiele

Zu Ausführung 1a:

```
program Project1;
uses
  Forms,SysUtils,Windows,
  Unit1 in 'Unit1.pas' {Form1};

{$R *.RES}
begin
```

Zu Ausführung 3:

```
    if ParamCount = 0 then
      Application.MessageBox('Keine Argumente',
                             'Kommandozeile',mb_ok)
    else
      Application.MessageBox(CmdLine,
                             'Kommandozeile',mb_ok);
```

Zu Ausführung 4:

```
    Application.Icon.LoadFromFile('Mein.ico');
    Application.Initialize;
```

Zu Ausführung 1c:

```
    Application.CreateForm(TForm1, Form1);
```

Zu Ausführung 1d:

```
    Application.Run;
end.
```

Zu Ausführung 1b:

```
unit Unit1;
interface
uses
  Windows, Forms;
type
  TForm1 = class(TForm)
```

Zu Ausführung 2:

```
    procedure FormCreate(Sender: TObject);
  end;
var
  Form1: TForm1;

implementation
{$R *.DFM}
```

Zu Ausführung 2:

```
procedure TForm1.FormCreate(Sender: TObject);
  begin
  Width := 350;
  Height := 75;
  Caption := 'Hauptfenster';
  end;
end.
```

Anmerkung

- **Segmentverwaltung**. Für Win16-Anwendungen haben Sie die Möglichkeit, mit Hilfe der $C-Compiler-Direktive festzulegen, wie das Code-Segment von Windows im Speicher verwaltet werden soll. Sie brauchen dafür die Compiler-Direktive lediglich in dem Code-Modul aufzurufen, auf das sie sich bezieht (Projektdatei oder Unit), und die gewünschten Attribute (Moveable/Fixed Preload/Demandload Discardable/Permanent) zu spezifizieren. Mit Hilfe der Compiler-Direktive {$M *Stacksize*} können Sie die Größe des Stacks und des lokalen Heaps festlegen.

6.4 Botschaftsverarbeitung – I. Teil

Wenn Sie rein mit den Windows-API-Funktionen arbeiten, sieht Ihre Botschaftsverarbeitung zumeist so aus, daß Sie zu jedem Fenster der Anwendung, das auf bestimmte Botschaften antworten soll, eine Callback-Funktion (die Fensterfunktion) definieren, die von Windows zur Bearbeitung der entsprechenden Botschaften aufgerufen wird. Diese Callback-Funktion besteht üblicherweise aus einer **case**-Anweisung, die die einkommenden Botschaften selektiert und zu jeder Botschaft die entsprechende Behandlungsfunktion aufruft.

Unter Delphi wird die Botschaftsverarbeitung durch die Einführung der Komponenten und ihrer Ereignisse stark vereinfacht. Für die meisten Anforderungen brauchen Sie lediglich im Objektinspektor nachzuschlagen, welche Ereignisse für das Formular oder die Komponenten aufgeführt sind.

Ereignisse, die Sie bearbeiten wollen, klicken Sie an, lassen die Behandlungsroutine von Delphi einrichten und setzen dann den Anweisungsteil der Routine auf. Darüber hinaus haben Sie aber auch die Möglichkeit, Botschaften zu bearbeiten, für die keine Ereignisse im Objektinspektor zu finden sind, wobei Sie allerdings beachten sollten, daß das Formular oder die Komponente die entsprechende Botschaft unter Umständen bereits intern verarbeitet und diese Bearbeitung für das korrekte Verhalten des Formulars/der Komponente wichtig ist.

Ausführung: Ereignisbehandlungsroutinen definieren

1. **Markieren Sie das Formular oder die Komponente, deren Ereignis bearbeitet werden soll.** In diesem Beispiel werden verschiedene Mausereignisse für das Hauptfenster bearbeitet, wozu Sie im Formular-Designer in den Client-Bereich des Fensters klicken.

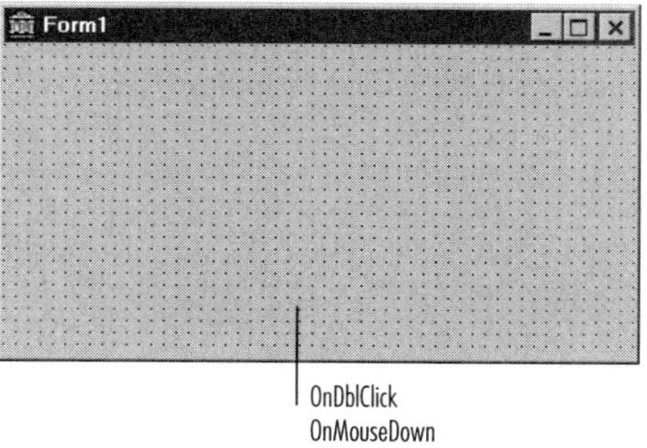

2. **Rufen Sie die Seite *Ereignisse* des Objektinspektors auf.**
3. **Klicken Sie das zu bearbeitende Ereignis an.** In diesem Beispiel bearbeiten Sie zuerst ***OnDblClick***, das ausgelöst wird, wenn das Fenster mit der linken Maustaste doppelt angeklickt wird. Damit Delphi eine entsprechende Ereignisbehandlungsroutine in der Unit des Formulars für Sie einrichtet, geben Sie einen Namen für die Prozedur ein, und bestätigen Sie Ihre Eingabe (⏎) oder doppelklicken Sie in das Eingabefeld, um Delphi einen Standardnamen erzeugen zu lassen.
   - Danach richtet Delphi die Ereignisbehandlungsroutine für Sie ein und springt direkt in den Anweisungsteil der Prozedur, so daß Sie gleich Ihren Code eingeben können.
4. **Definieren Sie die Behandlungsroutine.**
   - Die Schritte 3 und 4 werden für das Ereignis ***OnMouseDown*** wiederholt. Die Ereignisse ***OnMouseDown***, ***OnMouseMove*** und ***OnMouseUp*** haben den Vorteil, daß sie einen zusätzlichen Parameter übergeben, in dem die Position der Maus bei Auftreten des Ereignisses codiert ist.

Beispiele

```
unit Unit1;

interface
uses
  Windows, Messages, Controls, Classes, Forms, WinProcs;
type
  TForm1 = class(TForm)
```

Zu Ausführung 3:

```
    procedure FormDblClick(Sender: TObject);
    procedure FormMouseDown(Sender: TObject;
                     Button: TMouseButton;
                     Shift: TShiftState; X, Y: Integer);
    end;

var
  Form1: TForm1;

implementation
{$R *.DFM}
```

Zu Ausführung 4:

```
procedure TForm1.FormDblClick(Sender: TObject);
  begin
  WinProcs.MessageBeep(-1);
  end;
```

```
procedure TForm1.FormMouseDown(Sender: TObject;
                    Button: TMouseButton;
                    Shift: TShiftState; X, Y: Integer);
  begin
  canvas.TextOut(X,Y,'Maustaste gedrückt');
  end;
end.
```

Anmerkungen

- Um Botschaften zu bearbeiten, für die keine Ereignisse vorgesehen sind, können Sie passende Antwortroutinen mit Hilfe des Schlüsselwortes message einrichten (➔ 6.5 Botschaftsverarbeitung – II.Teil) oder die Botschaften über das OnMessage-Ereignis von TApplication abfangen (➔ 6.6 Botschaftsverarbeitung – III.Teil), das für alle Windows-Botschaften, die an die Anwendung und ihre Fenster gerichtet sind, aufgerufen wird.
- Üblicherweise reagiert eine Anwendung nur auf einkommende Botschaften. Gibt es dagegen eine Aufgabe, die die Anwendung erledigen soll, wenn es gerade keine abzuarbeitenden Botschaften gibt, können Sie diese als Bearbeitungsprozedur für das TApplication-Ereignis OnIdle definieren.

6.5 Botschaftsverarbeitung – II.Teil

Neben der Bearbeitung der für die einzelnen Komponenten vorgegebenen Ereignisse besteht auch die Möglichkeit, beliebige Windows-Botschaften abzufangen und mit einer entsprechenden Antwortroutine zu verbinden.
Dabei ist allerdings zu beachten, daß das Formular oder die Komponente die entsprechende Botschaft unter Umständen bereits intern verarbeitet und diese Bearbeitung für das korrekte Verhalten des Formulars/der Komponente wichtig ist.

Ausführung: Botschaft bearbeiten

Die für Formulare vorgesehenen Ereignisse unterscheiden leider nicht zwischen rechter und linker Maustaste. Durch die direkte Bearbeitung der entsprechenden Windows-Botschaften können Sie dieses Manko beheben. In diesem speziellen Beispiel geht es darum, die Botschaft **WM_RButtonUp** abzufangen, die das Loslassen der rechten Maustaste anzeigt.

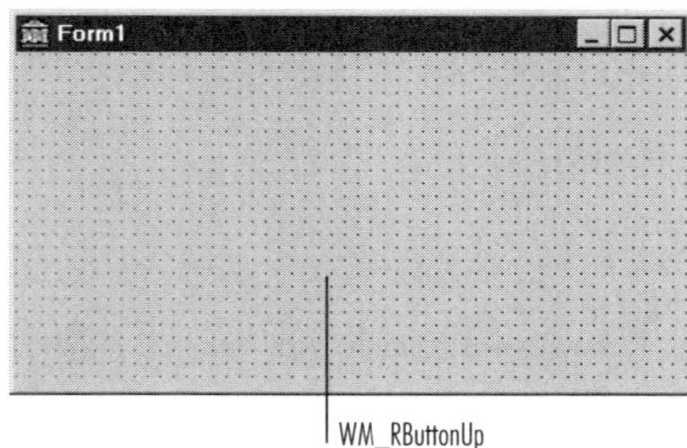

1. **Deklarieren Sie die Antwortprozedur zur Botschaft**. Bei der Deklaration sind mehrere Punkte zu beachten:
   - Botschaften werden immer von Prozeduren behandelt.
   - Die Prozedur wird in einem **protected**-Abschnitt der Klassendefinition deklariert.
   - Die Prozedur lautet ebenso wie die zu bearbeitende Windows-Botschaft, enthält jedoch keinen Unterstrich.
   - Die Prozedur wird immer mit einem Zeiger auf eine entsprechende Botschaftsstruktur aufgerufen. (In der Unit **Messages** sind entsprechende Strukturen vordefiniert.)
   - An die Deklaration der Prozedur wird das Schlüsselwort **message** und die Bezeichnung der Windows-Botschaft angehängt.

2. **Definieren Sie die Antwortroutine im Implementierungsteil der Unit**. In diesem Fall geben wir einfach einen Text aus, um anzuzeigen, daß die Botschaft korrekt empfangen und verarbeitet wurde.
Um eine etwaige vordefinierte Behandlung nicht zu übergehen, wird das Schlüsselwort **inherited** in den Anweisungsteil aufgenommen.

Beispiel

```
unit Unit1;

interface
uses
  Windows, Messages, Controls, Classes, Forms, WinProcs;
type
  TForm1 = class(TForm)
```

Zu Ausführung 1:

```
  protected
    procedure WMRButtonUp(var Param : TWMRButtonUp);
                                     message WM_RButtonUp;
  end;

var
  Form1: TForm1;

implementation
{$R *.DFM}
```

Zu Ausführung 2:

```
procedure TForm1.WMRButtonUp(var Param : TWMMouse);
  begin
  canvas.TextOut(Param.XPos,Param.YPos,
               'rechte Maustaste');
  inherited;
  end;
end.
```

Anmerkung

- Weitere Möglichkeiten, Botschaften zu bearbeiten, bieten das OnMessage-Ereignis von TApplication (➔ 6.6) sowie die für Komponenten vordefinierten Ereignisse (➔ 6.4).

6.6 Botschaftsverarbeitung – III. Teil

Auch das Anwendungsobjekt verfügt wie die anderen Komponenten über Eigenschaften und Ereignisse, die jedoch nicht über den Objektinspektor zugänglich sind. Während die Bearbeitung der Eigenschaften sehr geradlinig vonstatten geht (➔ Zuweisung des Symbols in 6.3), erfolgt die Ereignisbehandlung auf dem Umweg über das Hauptfenster und dessen Behandlungsroutine zu *OnCreate*.

Ausführung: Ereignisse der Anwendung bearbeiten

1. **Richten Sie mit Hilfe des Objektinspektors eine Behandlungsroutine zum** *OnCreate*-Ereignis des Hauptfensters ein.
2. **Deklarieren Sie die Behandlungsroutine zu dem Anwendungsereignis** (*TForm1.ApplicationActivate*) als Methode des Hauptfensters.
3. **Definieren Sie die Behandlungsroutine zu dem Anwendungsereignis.**
4. **Verbinden Sie in der** *OnCreate*-**Behandlungsroutine das Anwendungsereignis mit seiner Behandlungsroutine.**
   - Eine Liste der zu **TApplication** gehörenden Eigenschaften und Ereignisse finden Sie in der Online-Hilfe.

Beispiele

```
unit Unit1;
interface
uses
  Windows, Forms;
type
  TForm1 = class(TForm)
```

Zu Ausführung 1:

```
    procedure FormCreate(Sender: TObject);
```

Zu Ausführung 2:

```
    procedure ApplicationActivate(Sender: TObject);
end;
var
  Form1: TForm1;

implementation
{$R *.DFM}
```

Zu Ausführung 3:

```
procedure TForm1.ApplicationActivate(Sender: TObject);
  begin
  Application.Messagebox('Anwendung wurde aktiviert',
                          '',mb_ok);
  end;
```

Zu Ausführung 4:

```
procedure TForm1.FormCreate(Sender: TObject);
  begin
  Application.OnActivate := ApplicationActivate;
  end;
end.
```

Anmerkung

- Weitere Möglichkeiten, Botschaften zu bearbeiten, bieten das Schlüsselwort message (→ 6.5) sowie die für Komponenten vordefinierten Ereignisse (→ 6.4).

6.7 Menüs und Tastenkürzel

Die meisten Anwendungen stellen ihre Befehle über Menüleiste und Mauspalette zur Verfügung. Dieser Abschnitt beschäftigt sich mit der Einrichtung von Menüleisten. Wie Sie ein Menüsystem durch Mauspalette und Statuszeile unterstützen, wird dann im nächsten Abschnitt behandelt.
Der einfachste Weg, eine Anwendung mit Menü zu programmieren, ist sicherlich, direkt mit einer SDI-Anwendung zu starten oder den Anwendungs-Experten zu verwenden. Menüsystem, Mauspalette und Statuszeile werden dann bereits vorgegeben und brauchen nur noch an Ihre Bedürfnisse angepaßt zu werden.
In diesem Beispiel gehen wir jedoch auch weiterhin von einem Standardprojekt aus und richten die Elemente Schritt für Schritt ein, was Ihnen später die Bearbeitung der Delphi-Vorgaben sicherlich vereinfachen wird.

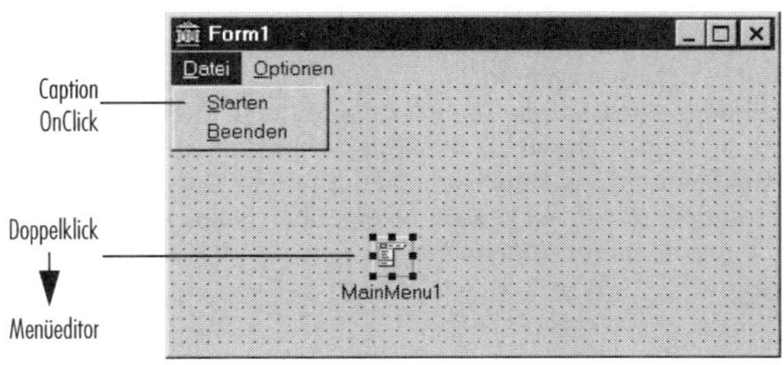

Ausführung: Menü einrichten

1. **Fügen Sie eine Menüleisten-Komponente in das Formular des Hauptfensters ein.** Die MainMenu-Komponente befindet sich auf der Seite ***Standard*** der Komponentenpalette.
2. **Rufen Sie den Menüeditor auf.** Klicken Sie hierzu doppelt auf die Komponente in Ihrem Formular oder auf den Button zu dem Eintrag ***Items*** im Objektinspektor der Komponente.
3. **Definieren Sie ein Popup-Menü für die Menüleiste.** Geben Sie im Objektinspektor im Feld ***Caption*** einen Titel für das Menü an. Nachdem Sie Ihren Eintrag bestätigt haben (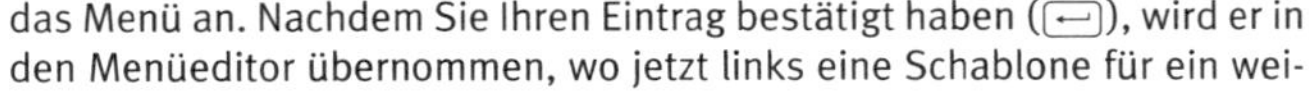), wird er in den Menüeditor übernommen, wo jetzt links eine Schablone für ein wei-

teres Popup-Menü erscheint. Wenn Sie auf den Titel des Popup-Menüs klicken, wird darunter eine weitere Schablone für den ersten Menüeintrag geöffnet.

4. **Richten Sie auf diese Weise eine Menüleiste ein**. Legen Sie beispielsweise ein Popup-Menü **DATEI** mit den Befehlen **STARTEN** und **BEENDEN** und einen Menüleisteneintrag **OPTIONEN** ein. Zu jedem Popup-Menü und Menüeintrag sollten Sie im Objektinspektor folgende Felder bearbeiten:
   - Geben Sie den Titel ein (Eigenschaft ***Caption***). Soll ein Menübefehl über eine Kombination von [Alt] mit einem Buchstaben des Titels aufrufbar sein, stellen Sie dem gewünschten Buchstaben ein kaufmännisches Und »&« voran.
   - Für Menüeinträge können Sie zudem ein Tastenkürzel auswählen (Feld ***ShortCut***).
   - Geben Sie unter ***Hint*** den Hilfe-Text ein, der später in der Statuszeile angezeigt werden soll.
5. **Schließen Sie den Menüeditor**, wobei Sie sich um unbenutzte Schablonen nicht zu kümmern brauchen.
6. **Menübefehle bearbeiten**. Das Menü wird Ihnen direkt im Formular-Designer angezeigt. Klappen Sie die Popup-Menüs auf, und wählen Sie einen der Menübefehle aus. Delphi legt daraufhin eine ***OnClick***-Ereignisbehandlungsroutine für den ausgewählten Menübefehl an, die Sie im Quelltexteditor implementieren können.

Beispiele

```
unit Unit1;
interface
uses
  Windows, Classes, Forms, Menus;
type
  TForm1 = class(TForm)
```

Zu Ausführung 1:

```
    MainMenu1: TMainMenu;
```

Zu Ausführung 4:

```
    Starten1: TMenuItem;
    Optionen1: TMenuItem;
    Beenden1: TMenuItem;
```

Zu Ausführung 6:

```
    procedure Starten(Sender: TObject);
    procedure Optionen(Sender: TObject);
    procedure Beenden(Sender: TObject);
    end;
```

```
var
  Form1: TForm1;

implementation
{$R *.DFM}
```

Zu Ausführung 6:

```
unit Unit1;
 interface
 uses
   Windows, Forms, Menus, Classes, WinProcs;
 type
   TForm1 = class(TForm)
    MainMenu1: TMainMenu;
    Datei1: TMenuItem;
    Starten1: TMenuItem;
    Beenden1: TMenuItem;
    Optionen1: TMenuItem;
    procedure Starten1Click(Sender: TObject);
    procedure Beenden1Click(Sender: TObject);
    procedure Optionen1Click(Sender: TObject);
   end;
 var
   Form1: TForm1;

implementation
{$R *.DFM}
```

Zu Ausführung 6:

```
procedure TForm1.Starten1Click(Sender: TObject);
  begin
  WinProcs.MessageBeep(-1);
  end;
procedure TForm1.Beenden1Click(Sender: TObject);
  begin
  Close;
  end;
procedure TForm1.Optionen1Click(Sender: TObject);
  begin
  canvas.TextOut(50,50,
          'Dialog aufrufen (noch nicht implementiert)');
  end;
end.
```

Anmerkungen

- Die einzelnen Menüeinträge werden durch Instanzen der Klasse TMenuItem repräsentiert. Über die Eigenschaften dieser Klasse können Sie das Erscheinungsbild der Menüeinträge zur Entwurfszeit und zur Laufzeit anpassen:
  - ***Break***. Spaltenumbruch im Menü.
  - ***Checked***. Zeigt ein Häkchen vor dem Menüeintrag an.
  - ***Enabled***. Zum Aktivieren und Deaktivieren des Menüeintrags.
- Trennlinien werden in Menüs aufgenommen, indem Sie als Titel (***Caption***-Eigenschaft) für den Menüeintrag einen Bindestrich eingeben.

6.8 Mauspalette und Statuszeile

Die meisten größeren Anwendungen verfügen heutzutage über Mauspalette und Statuszeile. Beide weisen gewisse Ähnlichkeiten bezüglich ihres Aufbaus im Formular-Designer und in puncto Hilfe-Unterstützung auf.

Als Grundlage für Mauspalette und Statuszeile verwendet man üblicherweise eine Panel-Komponente, die als Container für untergeordnete Komponenten (SpeedButtons, Label-Komponenten etc.) fungiert. Der Vorteil liegt darin, daß die Panel-Komponente

- zum einen über ihre ***Align***-Eigenschaft so eingerichtet werden kann, daß sie sich auch zur Laufzeit stets an die Größe des Fensters anpaßt,
- zum anderen die ihr untergeordneten Komponenten verwaltet (so können die Mausschalter zum Beispiel mit ihrer übergeordneten Panel-Komponente verschoben werden).

Mauspalette wie Statuszeile unterstützen das Hilfe-System der Anwendung. Die Statuszeile, indem sie bei entsprechender Konfiguration die zu den Menübefehlen und Mausschaltern vorgesehenen Hilfe-Text anzeigt. Die Mauspalette, indem sie Kurzinformationen und Hilfe-Texte in der Statuszeile anzeigen kann.

Ob zu einer Komponente Kurzinformationen angezeigt werden, hängt nicht nur von der Zuweisung eines Hilfe-Textes an die ***Hint***-Eigenschaft ab. Zusätzlich kann die Anzeige der Hilfe-Texte für jede Komponente ein- und ausgeschaltet werden. Dafür gibt es wiederum zwei Möglichkeiten:

- Sie setzen direkt die ***ShowHint***-Eigenschaft der Komponente auf **True** oder **False**.
- Sie setzen die ***ParentShowHint***-Eigenschaft der Komponente auf **True**. Die Anzeige der Hilfe-Texte zu der Komponente richtet sich dann nicht mehr nach der ***ShowHint***-Eigenschaft der Komponente, sondern der ***ShowHint***-Eigenschaft der übergeordnenten Komponente.

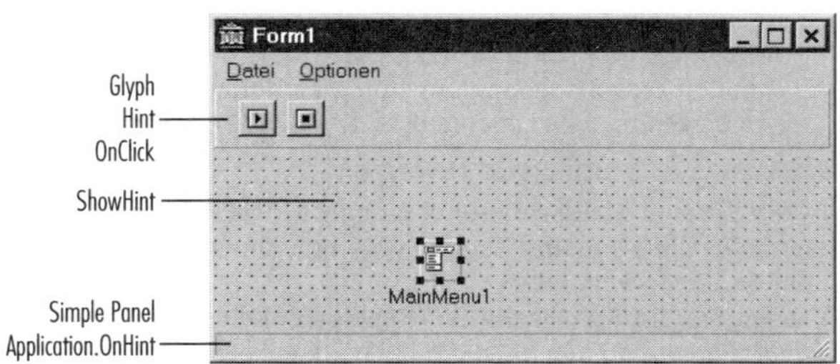

Da standardmäßig die ***ParentShowHint***-Eigenschaft der Komponenten auf **True** gesetzt ist, besteht der einfachste Weg, die Hilfe-Texte zu allen Komponenten eines Formulars anzuzeigen, darin, die ***ShowHint***-Eigenschaft des Formulars auf **True** zu setzen.

Anmerkung

- Wenn Sie den Anwendungs-Experten verwenden, können Sie direkt von diesem Mauspalette und Statuszeile einrichten lassen.

Ausführung A: Mauspalette zuweisen

Ausgangspunkt für dieses Beispiel ist das Programm mit dem Menü aus dem vorangehenden Kapitel. Sie können dessen Quelldateien in ein neues Verzeichnis kopieren oder das Projekt über die Objektablage zur Verfügung stellen (➔ 3.2.2).

1. **Fügen Sie eine Panel-Komponente in das Formular des Hauptfensters ein.** Die Panel-Komponente befindet sich am Ende der Seite ***Standard*** der Komponentenpalette.
2. **Passen Sie das Panel im Objektinspektor an.**
   - Löschen Sie den automatisch vergebenen Titel.
   - Wählen Sie im Feld ***Align*** die Option ***alTop*** aus, so daß das Panel in den oberen Rand des Hauptfensters integriert wird.

3. **Fügen Sie Mausschalter in das Panel ein.** Die SpeedButton-Komponente befindet sich auf der Seite ***Zusätzlich*** der Komponentenpalette.
4. **Passen Sie die Mausschalter im Objektinspektor an.**
   - Um eine Bitmap für den Schalter zu laden, klicken Sie im Objektinspektor auf den Button zu der ***Glyph***-Eigenschaft der Komponente.
   - Geben Sie unter ***Hint*** den Hilfe-Text ein, der später in den Kurzinformationen und der Statuszeile angezeigt werden soll (Kurzinformations- und Statuszeilen-Text werden durch einen senkrechten Strich getrennt, beispielsweise »öffnen|öffnet eine Datei«).
   - Weisen Sie den ***OnClick***-Ereignissen der Mausschalter die entsprechenden Ereignisbehandlungsroutinen der Menübefehle zu (Sie können diese über das Listenfeld zu dem ***OnClick***-Ereignis auswählen).

Ausführung B: Statuszeile zuweisen

1. **Fügen Sie eine Statuszeilen-Komponente in das Formular des Hauptfensters ein.** Die StatusBar-Komponente befindet sich auf der Seite ***Win32*** der Komponentenpalette.
2. **Passen Sie die Statuszeile im Objektinspektor an.** Setzen Sie das Feld ***SimplePanel*** auf ***True***, um die Hilfe-Texte anzeigen zu lassen.

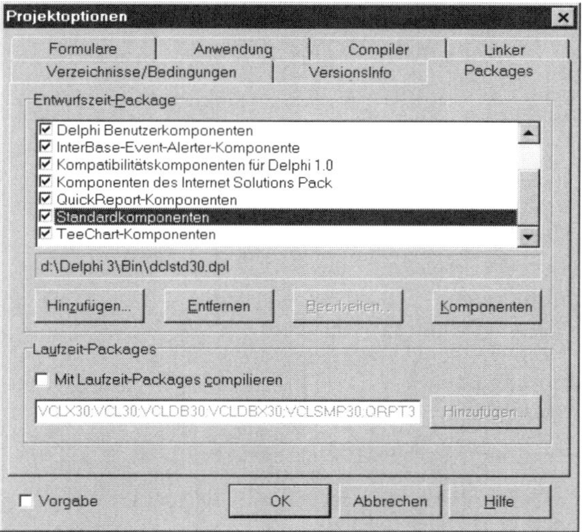

3. **Definieren Sie eine Prozedur, in der die Hilfe-Texte der Anwendung als Texte für die Statuszeile festgelegt werden.** In dieser Prozedur weisen Sie der ***SimpleText***-Eigenschaft der Statuszeile den Text aus der **Application.Hint**-Eigenschaft zu (letzterer wird fortlaufend aktualisiert und enthält stets den Hilfe-Text zu dem Element, über dem sich der Mauszeiger befindet).
4. **Geben Sie auf der Seite *Ereignisse* einen Namen für die Behandlungsroutine zu dem Ereignis *OnCreate* des Hauptfensters an,** und verbinden Sie in dieser Prozedur das **TApplication**-Ereignis **OnHint** mit der Prozedur zur Festlegung der Hilfe-Texte.

Ausführung C: Hints anzeigen

1. **Setzen Sie die ShowHint-Eigenschaft des Formulars auf True.** Und achten Sie darauf, daß die ***ParentShowHint***-Eigenschaften der anderen Komponenten ebenfalls auf **True** gesetzt sind.

Beispiele

```
unit Unit1;
 interface
 uses
```

```
    Windows, Forms, Menus, Classes, WinProcs, ComCtrls,
Controls, Buttons,
   ExtCtrls;
  type
    TForm1 = class(TForm)
     MainMenu1: TMainMenu;
     Datei1: TMenuItem;
     Starten1: TMenuItem;
     Beenden1: TMenuItem;
     Optionen1: TMenuItem;
```

Zu Ausführung A1:

```
     Panel1: TPanel;
```

Zu Ausführung A3:

```
     SpeedButton1: TSpeedButton;
     SpeedButton2: TSpeedButton;
```

Zu Ausführung B1:

```
     StatusBar1: TStatusBar;
     procedure Starten1Click(Sender: TObject);
     procedure Beenden1Click(Sender: TObject);
     procedure Optionen1Click(Sender: TObject);
     procedure FormCreate(Sender: TObject);
    protected
     procedure ShowHint(Sender: TObject);
    end;
  var
    Form1: TForm1;

implementation
{$R *.DFM}
```

Zu Ausführung A4:

```
procedure TForm1.Starten1Click(Sender: TObject);
  begin
  WinProcs.MessageBeep(-1);
  end;
procedure TForm1.Beenden1Click(Sender: TObject);
  begin
  Close;
  end;
procedure TForm1.Optionen1Click(Sender: TObject);
  begin
  canvas.TextOut(50,50,
          'Dialog aufrufen (noch nicht implementiert)');
  end;
```

Zu Ausführung B3:

```
procedure TForm1.ShowHint(Sender: TObject);
  begin
  StatusBar1.SimpleText := Application.Hint;
  end;
```

Zu Ausführung B4:

```
procedure TForm1.FormCreate(Sender: TObject);
  begin
  Application.OnHint := ShowHint;
  end;

end.
```

6.9 Menüverschmelzung und Kontextmenüs

Um die Menüs untergeordneter Formulare mit dem Menü des Hauptfensters zu verschmelzen, müssen Sie den ***GroupIndex***-Eigenschaften der einzelnen Popup-Menüs entsprechende Werte zuweisen.

- Um den Gruppenindex eines Popup-Menüs zu definieren, doppelklikken Sie auf die Menü-Komponente, und markieren Sie im erscheinenden Menüeditor das gewünschte Popup-Menü. Danach können Sie im Objektinspektor den Index in dem Feld ***Groupindex*** eingeben.
- Gruppenindizes werden in aufsteigender Reihenfolge vergeben, d.h., der Index eines Popup-Menüs ist immer größer oder gleich dem seines linken Nachbarn.
- Negative Indizes sind nicht erlaubt.
- Popup-Menüs mit gleichem Index innerhalb einer Menüleiste bilden eine Gruppe.
- Bei der Verschmelzung werden alle Popup-Menüs des Kindfensters übernommen, wobei Popup-Menüs des Kindfensters, die den gleichen Index haben wie eine Gruppe von Popup-Menüs des Hauptfensters, diese ersetzen. Popup-Menüs des Kindfensters, für die es keinen entsprechenden Index in der Menüleiste des Hauptfensters gibt, werden entsprechend ihres Index eingefügt.

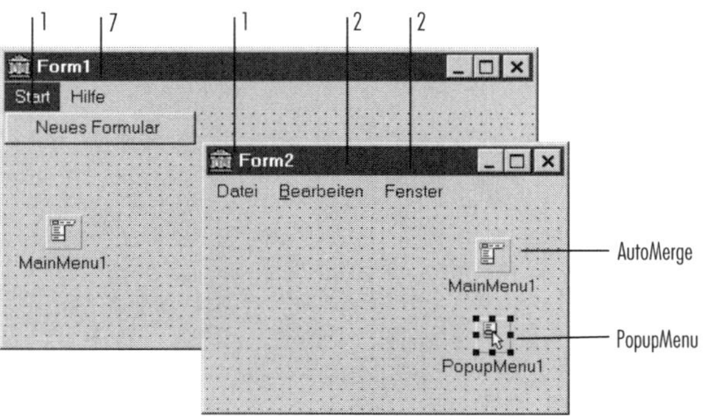

Im Falle von MDI-Eltern- und -Kindfenstern werden die Menüs automatisch verschmolzen. Um das Menü eines einfachen untergeordnenten Menüs mit

dem Menü des Hauptfensters zu verschmelzen, müssen Sie die Eigenschaft ***AutoMerge*** des untergeordneten Fensters auf **True** setzen.
Um ein Kontextmenü einzurichten, das durch Klick mit der rechten Maustaste in den Fensterhintergrund oder auf eine Komponente geöffnet werden soll, nehmen Sie eine PopupMenü-Komponente in das Formular auf und weisen Sie der ***PopupMenu***-Eigenschaft des Formulars und/oder der entsprechenden Komponenten die Instanz der PopupMenü-Komponente zu.

Ausführung A: Das untergeordnete Fenster

1. **Legen Sie ein neues Formular an** (Befehl DATEI/NEUES FORMULAR).
2. **Fügen Sie eine Menüleisten-Komponente in das Formular des Hauptfensters ein.**
3. **Rufen Sie den Menüeditor auf, und legen Sie drei Menüs, DATEI, BEARBEITEN und FENSTER, an.** Zum Einrichten der einzelnen Menüs können Sie das Kontextmenü des Menüeditors **ÖFFNEN** und den Befehl **AUS SCHABLONE EINFÜGEN** benutzen.
   - Weisen Sie der ***GroupIndex***-Eigenschaft des **DATEI**-Menüs den Wert 1 und den ***GroupIndex***-Eigenschaften der Menüs **BEARBEITEN** und **FENSTER** den Wert 2 zu.
4. **Setzen Sie die *AutoMerge*-Eigenschaft der MainMenu-Komponente auf True.**

Ausführung B: Kontextmenü einrichten

1. **Fügen Sie eine PopupMenü-Komponente in das untergeordnete Formular auf.** Die PopupMenü-Komponente befindet sich auf der Seite ***Standard*** der Komponentenpalette.
   - **Rufen Sie den Menüeditor auf, und legen Sie einen Menübefehl Beenden an.**
2. **Richten Sie die Ereignisbehandlungsroutine für den Befehl BEENDEN ein.** Markieren Sie im Menüeditor den **BEENDEN**-Befehl, und doppelklicken Sie im Objektinspektor in das Feld neben dem ***OnClick***-Ereignis. Implementieren Sie im Quelltexteditor die Ereignisbehandlungsroutine.
3. **Richten Sie die PopupMenü-Komponente als Kontextmenü für das untergeordnete Formular ein.** Klicken Sie in den Hintergrund des Formulars, und wählen Sie im Listenfeld der ***TForm***-Eigenschaft ***PopupMenu*** die Instanz des Kontextmenüs aus.

Ausführung C: Das Hauptfenster

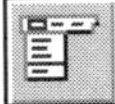

1. **Fügen Sie eine Menüleisten-Komponente in das Formular des Hauptfensters ein.** Die MainMenu-Komponente befindet sich auf der Seite ***Standard*** der Komponentenpalette.

2. **Rufen Sie den Menüeditor auf (Doppelklick auf MainMenu), und legen Sie zwei Menüs, START und HILFE, an.** Für das Popup-Menü **START** legen Sie einen Menübefehl mit dem Titel ***Neues Formular*** an, der das untergeordnete Formular aufruft.
   - Weisen Sie der ***GroupIndex***-Eigenschaft des **START**-Menüs den Wert 1 und der ***GroupIndex***-Eigenschaft des Menüs **HILFE** den Wert 7 zu.
3. **Richten Sie die Ereignisbehandlungsroutine für den Befehl NEUES FORMULAR ein.** Schließen Sie dazu den Menüeditor, und wählen Sie im Formular-Designer den Menübefehl aus. Im Quelltexteditor geben Sie dann Code zum Öffnen des untergeordneten Formulars an.
   - Vergessen Sie nicht, die Unit des untergeordneten Fensters in die Unit des Hauptfensters aufzunehmen (Befehl **DATEI/UNIT VERWENDEN**).

Beispiele

Unit des untergeordneten Formulars (A1):

```
unit Unit2;
interface
uses
  Windows, Messages, SysUtils, Classes, Graphics, Controls,
   Forms, Dialogs, Menus;
type
  TForm2 = class(TForm)
```

Zu Ausführung A2:

```
      MainMenu1: TMainMenu;
```

Zu Ausführung A3:

```
      Datei1: TMenuItem;
      Fenster1: TMenuItem;
      Bearbeiten1: TMenuItem;
      Objekt1: TMenuItem;
...
```

Zu Ausführung B1:

```
      PopupMenu1: TPopupMenu;
      Beenden1: TMenuItem;
```

Zu Ausführung B2:

```
      procedure Beenden1Click(Sender: TObject);
      end;
var
  Form2: TForm2;

implementation
{$R *.DFM}
```

Zu Ausführung B2:

```
procedure TForm2.Beenden1Click(Sender: TObject);
  begin
  Application.Terminate();
  end;
end.
```

Unit des Hauptformulars:

```
unit Unit1;
interface
uses
  Windows, Messages, SysUtils, Classes, Graphics, Controls,
  Forms, Dialogs, Menus;
type
  TForm1 = class(TForm)
```

Zu Ausführung C1:

```
    MainMenu1: TMainMenu;
```

Zu Ausführung C2:

```
    Start1: TMenuItem;
    NeuesFormular1: TMenuItem;
    Hilfe1: TMenuItem;
```

Zu Ausführung C3:

```
    procedure NeuesFormular1Click(Sender: TObject);
    end;
var
  Form1: TForm1;

implementation
uses Unit2;
{$R *.DFM}
```

Zu Ausführung C3:

```
procedure TForm1.NeuesFormular1Click(Sender: TObject);
  begin
  Form2.Show();
  end;
end.
```

6.10 Dialogfenster einrichten

Dialogfenster sind mit die wichtigsten Kommunikationselemente zwischen der Anwendung und dem Benutzer. Durch die große Zahl vordefinierter Steuerelemente gestaltet sich die Erstellung von Dialogen recht einfach. Etwas aufwendiger ist es, Eingaben, die der Benutzer in einem Dialogfenster vorgenommen hat, auszuwerten, oder umgekehrt die Anzeige von Informationen in einem Dialogfenster von der Anwendung aus zu steuern. Zu jedem Steuerelement gibt es zu diesem Zweck Methoden, mit denen sich das Element setzen und abfragen läßt. Des weiteren ist es für Steuerelemente, die in Dialogen eingesetzt werden, üblich, daß sie in Gruppen eingeteilt und mit Tabulatorpositionen versehen werden.

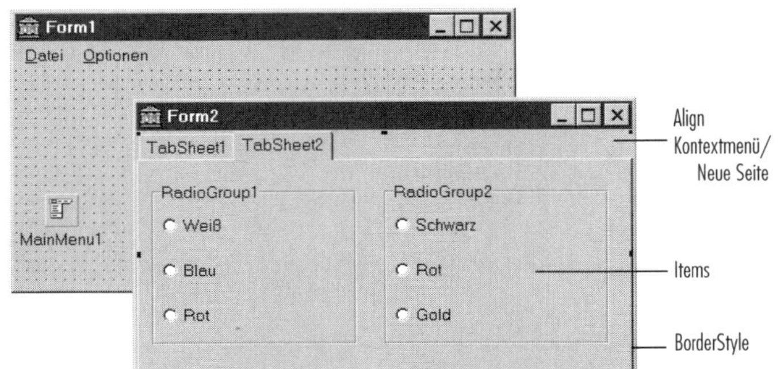

Ausführung:

Die folgende Ausführung richtet einen Dialog mit zwei Registerseiten ein. Die erste Seite enthält zwei Gruppen von Optionsfeldern, die zweite ein Editierfeld und die Schalter zum Verlassen des Dialogs. Ausgangspunkt ist das Programm mit dem Menü aus Kapitel 6.7. Sie können dessen Quelldateien in ein neues Verzeichnis kopieren oder das Projekt über die Objektablage zur Verfügung stellen (→ 3.2.2).

Ausführung A: Das Dialogfenster

1. **Neues Formular für Dialog öffnen.** Ausgehend von dem Projekt aus 6.7 öffnen Sie mit dem Befehl **NEUES FORMULAR** ein neues Formular für den Dialog. Wählen Sie im Objektinspektor für die Eigenschaft ***BorderStyle*** den Wert ***bsDialog*** aus.

2. **Richten Sie die Registerseiten ein.** Die PageControl-Komponente für das Registerseitenelement befindet sich auf der Seite ***Win32*** der Komponentenpalette.

   - Legen Sie das Element im Formular ab, und wählen Sie im Feld ***Align*** des Objektinspektors den Eintrag ***alClient*** aus, um es formatfüllend im Dialog einzurichten.
   - Klicken Sie das Element mit der rechten Maustaste an, um das zugehörige Kontextmenü zu öffnen. Mit Hilfe des Befehls **NEUE SEITE** richten Sie zwei Seiten ein.
   - Über das Feld ***Name*** des Objektinspektors können Sie den Reitern der Registerseiten eigene Namen zuteilen.
3. **Legen Sie auf der ersten Seite ein Editierfeld und zwei Schalter an.** Die entsprechenden Komponenten befinden sich auf der Seite ***Standard*** der Komponentenpalette.

   - Zu einem Editierfeld wird üblicherweise ein zugehöriges statisches Textfeld eingerichtet, dessen Text den Benutzer darauf hinweist, welche Art von Eingabe in dem Editierfeld erwartet wird (andere Elemente wie Optionsfelder, Markierungsfelder, Schalter etc. haben meist eine eigene Text-Eigenschaft).

   - Editierfeld und Schalter sind Steuerelemente, die bei Bedienung mit der Tastatur über die [Tab]-Taste erreichbar sind. Die Reihenfolge, in der man mit der [Tab]-Taste von Element zu Element springt, ist die gleiche Reihenfolge, in der Elemente in den Dialog aufgenommen wurden. Um eine andere Reihenfolge festzulegen, markieren Sie die Registerseite (die einzelne **TTabSheet**-Seite, nicht das ganze Registersteuerelement), und rufen Sie den Befehl **TABULATORREIHENFOLGE** aus dem Menü **BEARBEITEN** oder dem Kontextmenü auf. In dem erscheinenden Dialogfenster können Sie die einzelnen Elemente direkt mit der Maus verschieben oder sie markieren und mit den rechts befindlichen Schaltern in der Reihenfolge nach oben oder nach unten bewegen.
4. **Legen Sie auf der zweiten Seite die Gruppen mit den Optionsfeldern an.** Die Komponente für das **TRadioGroup**-Element befindet sich auf der Seite ***Standard*** der Komponentenpalette.

   - Ordnen Sie zwei Gruppenfelder nebeneinander auf der Seite an.
   - Um die Gruppenfelder mit Optionsfeldern zu füllen, gehen Sie im Objektinspektor zum Feld ***Items,*** und betätigen Sie den zugehörigen Schalter. Es erscheint der Stringeditor, in dem Sie die Titel der einzurichtenden Optionsfelder eingeben (in diesem Beispiel drei Optionsfelder zu jedem Gruppenfeld). Jeder Titel fängt in einer neuen Zeile an.

Ausführung B: Das Hauptfenster

1. **Dialogelemente initialisieren**. Die meisten Dialogelemente sollten initialisiert werden, d.h., Sie legen eine Vorgabe fest, die der Benutzer im Normalfall direkt übernehmen kann.
   - Für jede Gruppe von Optionsfeldern können Sie im Objektinspektor festlegen, welche Option standardmäßig ausgewählt ist. Markieren Sie dazu das **TRadioGroup**-Element, und geben Sie für die Eigenschaft ***ItemIndex*** den Index des ausgewählten Optionsfeldes an (das erste Optionsfeld hat den Index 0; die Vorgabe -1 des Objektinspektors bedeutet, daß kein Optionsfeld ausgewählt ist).
   - Für das Editierfeld sollten Sie die Eigenschaft ***Text*** bearbeiten. Geben Sie einen eigenen Text ein, oder löschen Sie die Vorgabe, um ein leeres Editierfeld anzeigen zu lassen.
   - Von den Schaltern jeder Dialogseite sollte jeweils einer vorausgewählt sein (Eigenschaft ***Default*** = **True**). Der vorausgewählte Schalter wird durch eine zusätzliche Umrandung gekennzeichnet. Drückt der Benutzer die Taste ⏎, wird dadurch automatisch die Bearbeitungsprozedur des vorausgewählten Schalters aufgerufen.
   - Den ersten Schalter machen wir zum **Ok**-Schalter, bei dessen Drücken der Dialog geschlossen und die vorgenommenen Einstellungen übernommen werden sollen. Ändern Sie dazu den Titel des Schalters, und wählen Sie im Feld ***ModalResult mrOk***.
   - Den zweiten Schalter machen wir zum **Abbrechen**-Schalter, bei dessen Drücken der Dialog geschlossen werden soll, ohne daß die vorgenommenen Einstellungen übernommen werden. Ändern Sie dazu den Titel des Schalters, setzen Sie die Eigenschaft ***Cancel*** auf ***True,*** und wählen Sie im Feld ***ModalResult mrCancel***.
   - Andere Steuerelemente werden entsprechend ihrer Funktion initialisiert (für Listenfelder werden beispielsweise die einzelnen Einträge eingegeben und einer der Einträge als Vorauswahl definiert (→ 3.4.2)).

   Statt die Elemente mit Hilfe des Objektinspektors zu initialisieren, können Sie dies auch explizit vor dem Aufruf des Dialogs erledigen (→ Beispiel). Der Unterschied liegt darin, daß beim Initialisieren durch den Objektinspektor die von Ihnen festgelegten Vorgaben nur beim ersten Aufruf des Dialogs gültig sind, während bei jedem nachfolgenden Aufruf die Einstellungen, die der Benutzer im Dialog zuvor vorgenommen hat, berücksichtigt werden. Initialisieren Sie den Dialog dagegen direkt vor seinem Aufruf, können Sie dafür sorgen, daß die Eingaben des Benutzers nur übernommen werden, wenn er den **Ok**-Schalter gedrückt hat.

2. **Dialog aufrufen**. Der Dialog soll als Antwort auf den Menübefehl **OPTIONEN** aufgerufen werden (➔ 6.7). Gehen Sie dazu zur Definition der Behandlungsroutine *Optionen* (um nicht in größeren Projekten lange suchen zu müssen, können Sie Behandlungsroutinen auch über den Objektinspektor aufrufen. Wechseln Sie dazu zum Formular des Hauptfensters, und doppelklicken Sie auf die Komponente für die Menüleiste. Im Menüeditor markieren Sie das Popup-Menü **OPTIONEN**. Jetzt können Sie auf der Seite ***Ereignisse*** des Objektinspektors das Feld ***OnClick*** doppelt anklikken). Rufen Sie den Dialog auf.
   - Dialoge (oder ganz allgemein Fenster) können modal oder nicht-modal aufgerufen werden. Dialoge sind meist modal, was bedeutet, daß der Benutzer den Dialog zuerst bearbeiten und wieder schließen muß, bevor er mit den anderen Fenstern der Anwendung weiterarbeiten kann. Um einen Dialog im modalen Modus aufzurufen, verwenden Sie die Methode **ShowModal**. Um einen Dialog im nicht-modalen Modus aufzurufen, verwenden Sie die Methode **Show**.
3. **Eingaben aus Dialog ablesen**. Sofern der Dialog nicht durch Drücken des **ABBRECHEN**-Schalters geschlossen wurde, weisen wir die Werte der Dialogelemente den Variablen des Programms zu (und zwar den gleichen Variablen, mit denen die Dialogelemente initialisiert werden).
4. **Dialog-Unit bekanntmachen**. Da der Dialog nicht in der gleichen Unit implementiert ist, in der er auch aufgerufen wird, müssen Sie die Dialog-Unit im **uses**-Abschnitt der anderen Unit (im Beispiel die Unit des Hauptfensters) deklarieren.

Beispiele

Unit des Dialogs:

```
unit Unit2;
interface
uses
  Windows, Messages, SysUtils, Classes, Graphics, Controls,
   Forms, Dialogs, StdCtrls, ExtCtrls, ComCtrls;
type
  TForm2 = class(TForm)
```

Zu Ausführung A2:

```
    PageControl1: TPageControl;
    TabSheet1: TTabSheet;
    TabSheet2: TTabSheet;
```

Zu Ausführung A3:

```
    Edit1: TEdit;
```

```
    Button1: TButton;
    Button2: TButton;
```

Zu Ausführung A4:

```
    RadioGroup1: TRadioGroup;
    RadioGroup2: TRadioGroup;
end;
var
  Form2: TForm2;
implementation
{$R *.DFM}
end.
```

Unit des Hauptfensters:

```
{Unit des Hauptfensters}
unit Unit1;
interface
uses
unit Unit1;
interface
uses
   Windows, Forms, Menus, Classes, WinProcs, ComCtrls,
   Controls, Buttons,ExtCtrls;
type
   TForm1 = class(TForm)
     MainMenu1: TMainMenu;
     Datei1: TMenuItem;
     Starten1: TMenuItem;
     Beenden1: TMenuItem;
     Optionen1: TMenuItem;
     procedure Starten1Click(Sender: TObject);
     procedure Beenden1Click(Sender: TObject);
     procedure Optionen1Click(Sender: TObject);
    public
     option1 : Integer;
     option2 : Integer;
     edittext : TCaption;
    end;
var
   Form1: TForm1;
implementation
```

Zu Ausführung B4:

```
uses Unit2;
{$R *.DFM}
procedure TForm1.Starten1Click(Sender: TObject);
  begin
```

Zu Ausführung B1:

```
    option1 := 0;
    option2 := -1;
    edittext:= 'Hier Text eingeben';
    WinProcs.MessageBeep(-1);
    end;
  procedure TForm1.Beenden1Click(Sender: TObject);
    begin
    Close;
    end;
  procedure TForm1.Optionen1Click(Sender: TObject);
    begin
```

Zu Ausführung B1:

```
    Form2.RadioGroup1.ItemIndex := option1;
    Form2.RadioGroup2.ItemIndex := option2;
    Form2.Edit1.Text := edittext;
```

Zu Ausführung B2:

```
    if Form2.ShowModal <> idCancel then
      begin
```

Zu Ausführung B3:

```
      option1 := Form2.RadioGroup1.ItemIndex;
      option2 := Form2.RadioGroup2.ItemIndex;
      edittext:= Form2.Edit1.Text;
      end;
    end;
  end.
```

6.11 Gerätekontexte und GDI-Objekte

Wenn Sie Text oder Grafiken ausgeben wollen, sprechen Sie das Ausgabegerät (sei es ein Drucker oder einfach ein Fenster der Anwendung) nicht direkt, sondern über einen Gerätekontext an. Der Umweg über den Gerätekontext hat für den Programmierer den Vorteil, daß er von der jeweils installierten Hardware weitgehend unabhängig ist. Statt abfragen zu müssen, wie die angeschlossenen Geräte ausgestattet sind, schreibt er in den Gerätekontext und überläßt Windows die Übergabe an die Hardware.

Delphi vereinfacht die Ausgabe noch weiter, indem es Ihnen die Einrichtung von Gerätekontexten weitgehend abnimmt und dafür Instanzen der Klasse **TCanvas** bereitstellt. Die Klasse **TCanvas** übernimmt die Kommunikation mit dem Gerätekontext, kapselt die verschiedenen GDI-Objekte (Pen, Brush, Font), stellt alle wichtigen Zeichenfunktionen zur Verfügung und kontrolliert noch die Freigabe seiner Ressourcen. Über **TCanvas**-Instanzen verfügen:

- Alle Formulare, wobei das Canvas-Element dabei den ganzen Client-Bereich ausfüllt. Für kleinere Zeichenbereiche können eigene Canvas-Instanzen erstellt werden (➔ **TPaintBox**).
- Die Komponente **TPaintBox** zum Zeichnen in einen Teil eines Formulars.
- Die Komponente **TPrinter** für Ausgaben auf einen Drucker.
- Die Komponente **TBitmap**.
- Verschiedene Komponenten, die sich üblicherweise selbst zeichnen, deren Darstellung jedoch auch von Ihnen unter Verwendung des **TCanvas**-Elements übernommen werden kann (**TImage, TListBox, TComboBox, TGrid, TTabSet, TOutline**).
- Selbstdefinierte Komponenten, die von **TGraphicControl** oder **TCustomControl** abgeleitet sind.

TCanvas nutzt für seine Zeichenausgaben verschiedene Zeichenwerkzeuge (**TPen, TBrush, TFont**). Die Zeichenwerkzeuge werden auch GDI-Objekte genannt. Jedem GDI-Objekt entspricht eine eigene Klasse, beispielsweise **TFont** oder **TBrush** für eine Schriftart oder ein Pinselobjekt. Die GDI-Objekte können wiederum über ihre Eigenschaften konfiguriert werden (beispielsweise Farbe oder Schriftgröße). Dabei verfügt jedes **TCanvas**-Element über jeweils eine Instanz jeden GDI-Objektes, die aber durch eigene Instanzen ersetzt werden kann. Wenn Sie in den Gerätekontext zeichnen, wird dann, je nachdem welche Zeichenoperation (**TCanvas**-Methode) Sie aufrufen, automatisch das entsprechende Zeichenwerkzeug benutzt.

Ausführung:

Ausgangspunkt für dieses Beispiel ist das Programm mit dem Menü aus Kapitel 6.7. Sie können dessen Quelldateien in ein neues Verzeichnis kopieren oder das Projekt über die Objektablage zur Verfügung stellen (➔ 3.2.2).

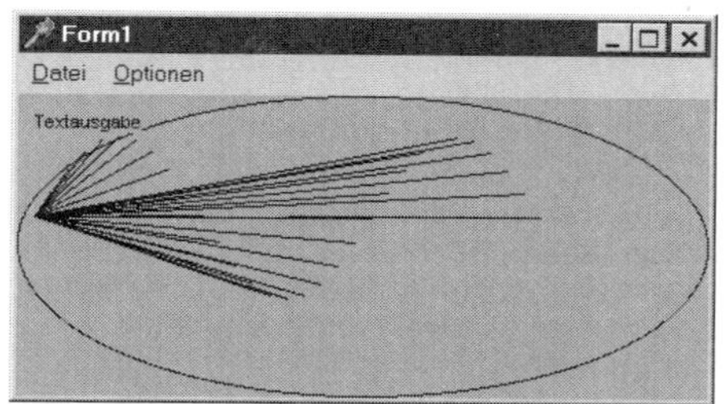

1. **Definieren Sie die Zeichenwerkzeuge, die Sie verwenden möchten.** Dies ist an sich nur dann notwendig, wenn Sie mit mehreren Instanzen eines Zeichenwerkzeugs arbeiten, so daß die Umkonfigurierung der Standardobjekte der **TCanvas**-Instanzen aufwendiger ist als die abwechselnde Zuweisung verschiedener Zeichenwerkzeuge (in diesem Beispiel wird die Zuweisung der Zeichenwerkzeuge nur zu Übungszwecken vorgeführt). Die Einrichtung der Zeichenwerkzeuge verläuft in vier Schritten:
   - Deklaration der Zeichenwerkzeuge als Elemente des Formulars.
   - Definition der Zeichenwerkzeuge bei Erzeugung des Formulars.
   - Einrichtung der Zeichenwerkzeuge im Laufe des Programms.
   - Auflösung der Zeichenwerkzeuge.

   Die globale Deklaration der Zeichenwerkzeuge hat den Vorteil, daß sie in allen Elementfunktionen des Formulars verwendet werden können.
2. **Konfigurieren Sie das gewünschte Zeichenwerkzeug.** Weisen Sie dazu seinen Eigenschaften entsprechende Werte zu.
3. **Weisen Sie das GDI-Objekt der TCanvas-Instanz zu.**
4. **Zeichnen Sie in den Gerätekontext.** Benutzen Sie hierzu die Elementfunktionen von **TCanvas** oder API-Funktionen. Die Ausgabe kann prinzipiell in jeder Ereignisbehandlungsroutine erfolgen (Ausführung 4a: *TForm1.Starten*). Wenn Sie aber möchten, daß Ihre Grafikausgaben stets automatisch rekonstruiert werden, wenn Windows das Fenster neu zeichnet (beispielsweise nach Größenänderung oder Minimierung), sollten Sie Ihre Grafikausgaben in die Ereignisbehandlungsroutine zu dem ***OnPaint***-Ereignis der Komponente oder des Formulars schreiben (Ausführung 4b: *TForm1.FormPaint*).

Beispiel

```
unit Unit1;
 interface
 uses
   Windows, Forms, Graphics, Menus, Classes, WinProcs;
 type
   TForm1 = class(TForm)
     MainMenu1: TMainMenu;
     Starten1: TMenuItem;
     Optionen1: TMenuItem;
     Beenden1: TMenuItem;
     procedure Starten1Click(Sender: TObject);
     procedure Beenden1Click(Sender: TObject);
     procedure Optionen1Click(Sender: TObject);
     procedure FormPaint(Sender: TObject);
     procedure FormCreate(Sender: TObject);
     procedure FormDestroy(Sender: TObject);
```

Zu Ausführung 1a:

```
   protected
     pinsel : ^TBrush;
     schrift: ^TFont;
   end;
 var
   Form1: TForm1;

 implementation
 {$R *.DFM}
 procedure TForm1.Starten1Click(Sender: TObject);
   var
     i : Integer;
   begin
```

Zu Ausführung 4a:

```
   for i := 0 to 30 do
     begin
     Canvas.MoveTo(10,75);
     Canvas.LineTo(10+i*10,
                   Trunc(75-50*sin(3.1415*i*0.1)));
     end;
 end;
 procedure TForm1.Beenden1Click(Sender: TObject);
   begin
   Close;
   end;
```

Zu Ausführung 1c:

```
procedure TForm1.Optionen1Click(Sender: TObject);
  begin
  if pinsel = nil then
    begin
    new(pinsel);
    pinsel^ := TBrush.Create;
    new(schrift);
    schrift^:= TFont.Create;
```

Zu Ausführung 2:

```
    pinsel^.Color := RGB(0,255,0);
    schrift^.Name := 'Arial';
    schrift^.Height:= 14;
    Invalidate;
    end;
  end;
```

Zu Ausführung 4b:

```
procedure TForm1.FormPaint(Sender: TObject);
  begin
  if pinsel <> nil then
    begin
```

Zu Ausführung 3:

```
    Canvas.Brush := pinsel^;
    Canvas.Font := schrift^;
    end;
  Canvas.FillRect(Canvas.ClipRect);
  Canvas.Ellipse(Canvas.ClipRect.Left,
                 Canvas.ClipRect.Top,
                 Canvas.ClipRect.Right,
                 Canvas.ClipRect.Bottom);
  Canvas.TextOut(10,10,'Textausgabe');
  end;
```

Zu Ausführung 1b:

```
procedure TForm1.FormCreate(Sender: TObject);
  begin
  pinsel := nil;
  schrift := nil;
  end;
```

Zu Ausführung 1d:

```
procedure TForm1.FormDestroy(Sender: TObject);
  begin
  if pinsel <> nil then
    begin
```

```
      pinsel.Free;
      schrift.Free;
      end;
    end;
  end.
```

Anmerkungen

- Wenn Sie von der Windows-API-Programmierung herkommen, werden Sie es gewohnt sein, daß Sie die Standard-GDI-Objekte, über die jeder Gerätekontext automatisch verfügt, stets abspeichern, bevor Sie sie durch eigene Zeichenwerkzeuge ersetzen. Um dies in Delphi nachzuempfinden, müssen Sie die API-Funktion SelectObject aufrufen.
- Abgesehen von den von TCanvas zur Verfügung gestellten Zeichenfunktionen, definiert die Windows-API noch eine Reihe weiterer Funktionen, die für die Erstellung und Ausgabe von Grafiken interessant sind (weitere Zeichenfunktion, Funktionen zur Einstellung des Abbildungsmodi etc.). Diese API-Funktionen benötigen als ersten Parameter meist den Handle des Gerätekontextes. Aus diesem Grund stellt jede TCanvas-Instanz den Handle ihres Gerätekontextes über die Eigenschaft Handle zur Verfügung.
- Wenn ein Fenster neu gezeichnet werden muß (Benutzer hat Fenstergröße verändert oder Fenster wieder in den Vordergrund zurückgeholt), sendet Windows die Botschaft WM_PAINT an das Fenster. Dieser Botschaft ist das Ereignis ***OnPaint*** zugeordnet, für das Sie eine Behandlungsroutine vorsehen müssen, wenn Sie nicht wollen, daß der Inhalt Ihres Fensters bei diesen Gelegenheiten verlorengeht.
  - Durch Aufruf der Elementfunktion **Invalidate** (für alle Komponenten und Formulare verfügbar) können Sie selbst eine **WM_PAINT**-Botschaft auslösen, um das Neuzeichnen des Fensters zu forcieren.

6.12 Bitmaps

Um Bitmaps in Ihren Fenstern anzuzeigen, benutzen Sie die Image-Komponente, die Sie auf der Seite ***Zusätzlich*** finden. Diese Komponente bietet Ihnen komfortable Möglichkeiten, eine Bitmap zur Entwurfs- wie zur Laufzeit aus Dateien zu laden und in der Größe anzupassen:

- Um eine Bitmap zur Entwurfszeit zu laden, bearbeiten Sie im Objektinspektor die Eigenschaft ***Picture***.
- Um eine Bitmap zur Laufzeit aus einer Datei zu laden, verwenden Sie die *TPicture*-Methode **LoadFromFile**.
- Um eine Bitmap zur Laufzeit aus einer Ressource zu laden, greifen Sie über das Picture-Objekt auf die *TBitmap*-Methode **LoadFromResourceName** zu. Der Methode wird der Instanz-Handle der Anwendung (abgelegt in der Variablen **HInstance** aus ***System.pas***) und der Bezeichner der Bitmap in der Ressourcendatei übergeben. Die Ressourcendatei wird per **{$R** *Dateiname.res***}** eingebunden:

```
{$R Skyline.RES}            // in Projektdatei (.dpr)
Image1.Picture.Bitmap.LoadFromResourceName(HInstance,
                                          'BitmapName');
```

- Um die Image-Komponente automatisch den ganzen Client-Bereich des Fensters ausfüllen zu lassen, setzen Sie die ***Align***-Eigenschaft auf **alClient**.
- Um die geladene Bitmap an die Größe der Image-Komponente anzupassen, setzen Sie die ***Stretch***-Eigenschaft auf **True**.

Ausführung A: Bitmap zur Entwurfszeit laden

1. **Nehmen Sie eine Image-Komponente in Ihr Formular auf.** Die Komponente für das **Image**-Element befindet sich auf der Seite ***Zusätzlich*** der Komponentenpalette.

2. **Konfigurieren Sie die Image-Komponente.** Weisen Sie dazu der Eigenschaft ***Align*** den Wert **alClient** und der Eigenschaft ***Stretch*** den Wert **True** zu.
3. **Laden Sie ein Bitmap zur Entwurfszeit.** Doppelklicken Sie in das Eingabefeld der ***Picture***-Eigenschaft.
   - Über den Schalter **LADEN** des angezeigten Dialogfensters wählen Sie eine Bitmap aus (beispielsweise aus dem Delphi-Verzeichnis *\Images\Splash\16color*).
   - Schicken Sie danach die Fenster mittels **OK** ab.

Ausführung B: Bitmap zur Laufzeit laden

1. **Nehmen Sie eine OpenDialog-Komponente in Ihr Formular auf.** Die Komponente für den ***Datei öffnen***-Dialog befindet sich auf der Seite ***Dialoge*** der Komponentenpalette.

2. **Setzen Sie die Eigenschaft *Options/ofFileMustExist* auf True.** Damit wird verhindert, daß der Benutzer eigene Dateinamen eingibt, was beim Laden zum Programmabsturz führen würde.
3. **Wählen Sie im Objektinspektor die Image-Komponente aus.** Benutzen Sie dazu die Komponentenauswahlliste ganz oben im Objektinspektor, oder klicken Sie im Formular-Designer auf die **Image**-Komponente. Wechseln Sie im Objektinspektor zur Seite ***Ereignisse***.
4. **Bearbeiten Sie das *OnClick*-Ereignis.** Doppelklicken Sie in das Eingabefeld zu dem ***OnClick***-Ereignis, um eine Ereignisbehandlungsroutine einrichten zu lassen. In der Ereignisbehandlungsroutine rufen Sie den ***Öffnen***-Dialog auf und laden die dort spezifizierte Bitmap in die **Image**-Komponente.

Beispiele

```
unit Unit1;
interface
uses
  Windows, Messages, SysUtils, Classes, Graphics, Controls,
   Forms, Dialogs, ExtCtrls;
type
   TForm1 = class(TForm)
```

Zu Ausführung A1:

```
      Image1: TImage;
```

Zu Ausführung B1:

```
      OpenDialog1: TOpenDialog;
```

Zu Ausführung B4:

```
      procedure Image1Click(Sender: TObject);
      end;
  var
    Form1: TForm1;

  implementation
  {$R *.DFM}
```

Zu Ausführung B4:

```
  procedure TForm1.Image1Click(Sender: TObject);
    begin
    if(OpenDialog1.Execute)then
     begin
     Image1.Picture.LoadFromFile(OpenDialog1.Filename);
     end;
    end;
  end.
```

6.13 Animation

Um einigermaßen flackerfreie Animationen zu programmieren, benötigen Sie die API-Funktion BitBlt:

```
BOOL BitBlt(
        HDC  hdcDest,    // Handle des Zielkontextes
        int  nXDest,     // x-Koord. links oben
        int  nYDest,     // y-Koord. links oben
        int  nWidth,     // Breite des Zielkontextes
        int  nHeight,    // Höhe des Zielkontextes
        HDC  hdcSrc,     // Handle des Quellkontextes
        int  nXSrc,      // x-Koord. links oben
        int  nYSrc,      // y-Koord. links oben
        DWORD  dwRop     // Kopiermodus
        );
```


Des weiteren benötigen Sie ein Hintergrundbitmap und das zu bewegende Objekt (den Sprite). Letzteres muß in zwei Formen vorliegen, die Sie aber in einer Bitmap abspeichern können:

- einmal als farbiges Bitmap vor schwarzem Hintergrund,
- einmal als Schatten vor weißem Hintergrund.

Um die Bitmap zur Laufzeit mit dem Mauszeiger vor dem Fensterhintergrund zu bewegen, wird das ***OnMouseMove***-Ereignis abgefangen. In der zugehörigen Ereignisbehandlungsroutine gehen Sie wie folgt vor:

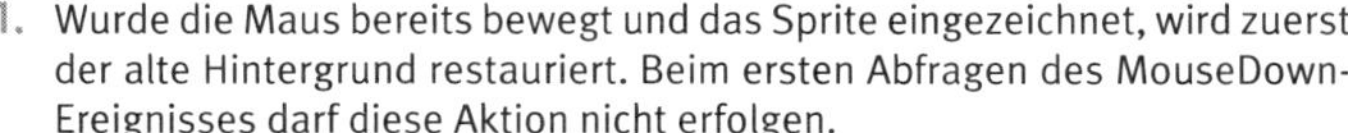

1. Wurde die Maus bereits bewegt und das Sprite eingezeichnet, wird zuerst der alte Hintergrund restauriert. Beim ersten Abfragen des MouseDown-Ereignisses darf diese Aktion nicht erfolgen.
2. Speichern Sie die Daten für die spätere Restaurierung des gleich zu übermalenden Hintergrundes ab. Dies sind
   - die aktuelle Position des Mauszeigers (gleich obere linke Ecke des zu übermalenden Rechtecks) und
   - der Hintergrund im zu übermalenden Rechteck.
3. Bereiten Sie die auszugebende Bitmap in einer unsichtbaren Leinwand vor:
   - Kopieren Sie den aktuellen Hintergrund in die temporäre Bitmap.
   - Stanzen Sie mit der Schatten-Version des Sprites die Umrisse des Sprites aus der temporären Bitmap heraus.
   - Kopieren Sie das Sprite in die temporäre Bitmap.
4. Kopieren Sie die temporäre Bitmap in das anzuzeigende Bild.

Zuvor ist jedoch noch einiges an Verwaltungsarbeit zu leisten.

Ausführung A: Sprite erstellen

1. **Laden Sie das Icon** ***Delphi\Images\Icons\Technl-gy.ico*** **in den Bildeditor.**
2. **Legen Sie eine neue 40 x 40-Bitmap im Bildeditor an.**
3. **Kopieren Sie das Icon über die Zwischenablage in die Bitmap, und zentrieren Sie es.** Färben Sie den Hintergrund der Bitmap mit dem Farbeimer schwarz ein.

4. **Legen Sie eine Kopie der Bitmap an.** Färben Sie den Sprite in der Kopie schwarz, dann färben Sie den Hintergrund der Kopie weiß ein.

5. **Vergrößern Sie die Original-Bitmap auf 80x40.**
6. **Kopieren Sie die S/W-Bitmap über die Zwischenablage in die Original-Bitmap, und verschieben Sie es in die zweite Hälfte.**
7. **Speichern Sie die 80 x 40-Bitmap ab.**

Ausführung B: Die Animation

1. **Nehmen Sie eine Image-Komponente für die Hintergrund-Bitmap in Ihr Formular auf.** Die **Image**-Komponente befindet sich auf der Seite ***Zusätzlich*** der Komponentenpalette.

2. **Konfigurieren Sie die Image-Komponente.** Weisen Sie der Eigenschaft ***AutoSize*** den Wert **True** zu, und setzen Sie ***Visible*** auf **False.**
3. **Laden Sie eine Bitmap für den Hintergrund.** Doppelklicken Sie in das Eingabefeld der ***Picture***-Eigenschaft.
   - Über den Schalter **LADEN** des angezeigten Dialogfensters wählen Sie eine Bitmap für den Hintergrund aus (beispielsweise ***Earth.bmp*** aus dem Delphi-Verzeichnis ***\Images\Splash\16color***).
   - Schicken Sie danach die Fenster mittels **OK** ab.
4. **Nehmen Sie eine Image-Komponente für den Sprite in Ihr Formular auf.**

5. **Konfigurieren Sie die Image-Komponente.** Weisen Sie dazu der Eigenschaft ***AutoSize*** den Wert **True** zu, und setzen Sie ***Visible*** auf **False**.
6. **Laden Sie die Sprite-Bitmap.** Doppelklicken Sie dazu in das Eingabefeld der ***Picture***-Eigenschaft.
7. **Nehmen Sie eine PaintBox-Komponente in Ihr Formular auf.** Die **PaintBox**-Komponente befindet sich auf der Seite ***System*** der Komponentenpalette.

8. **Konfigurieren Sie die PaintBox-Komponente.** In der Panel-Komponente wird die Animation ablaufen. Setzen Sie daher die Eigenschaft ***Align*** auf den Wert **alClient** (Animation paßt sich der Größe des Fensters an).
9. **Kopieren Sie das Hintergrund-Bitmap aus Image1 in die PaintBox.** Erzeugen Sie dazu die Ereignisbehandlungsroutine zur ***OnPaint***-Routine des Formulars, und rufen Sie dort die Funktion **StretchBlt** auf, die die Bitmap kopiert und gleichzeitig skaliert.
10. **Implementieren Sie die Animation.** Bearbeiten Sie dazu das ***OnMouseMove***-Ereignis der PaintBox.
11. **Initialisieren Sie die globalen Variablen.** Bearbeiten Sie dazu das ***OnCreate***-Ereignis des Formulars.

Beispiele

```
unit Unit1;
interface
uses
  SysUtils, WinTypes, WinProcs, Messages, Classes,
  Graphics, Controls, Forms, Dialogs, ExtCtrls, Buttons,
  StdCtrls;
type
  TForm1 = class(TForm)
```

Zu Ausführung B1:

```
    Image1: TImage;
```

Zu Ausführung B4:

```
    Image2: TImage;
```

Zu Ausführung B7:

```
    PaintBox1: TPaintBox;
    procedure PaintBox1MouseMove(Sender: TObject;
                         Shift: TShiftState; X,Y: Integer);
    procedure FormPaint(Sender: TObject);
    procedure FormCreate(Sender: TObject);
    end;
var
  Form1: TForm1;
```

```
implementation
var
  first : boolean;
  alt_X, alt_Y : Integer;
  save : TBitmap;
{$R *.DFM}
```

Zu Ausführung B9:

```
procedure TForm1.FormPaint(Sender: TObject);
begin
    StretchBlt(paintbox1.canvas.handle, 0, 0,
             painbox1.width,paintbox1.height,
             image1.picture.bitmap.canvas.handle,
             0,0, image1.width, image1.height, SRCCOPY);
    First := True;
end;
```

Zu Ausführung B10:

```
procedure TForm1.PaintBox1MouseMove(Sender: TObject;
                        Shift: TShiftState; X, Y: Integer);
var z: TBitmap;
begin
    //erzeuge temporaeres Bitmap
    z := TBitmap.create;
    z.width := 40;
    z.height:= 40;

    //wenn Maus bereits bewegt wurde
    //Hintergrund restaurieren
    if(first = false) then
     BitBlt(paintbox1.canvas.handle, alt_X, alt_Y, 40, 40,
             save.canvas.handle, 0, 0, SRCCOPY)
      else
      first := false;

    // Position für spätere Restauration abspeichern
    alt_X := X;
    alt_Y := Y;

    //Hintergrund für spätere Restauration abspeichern
    BitBlt(save.canvas.handle, 0, 0, 40, 40,
          paintbox1.canvas.handle, X, Y, SRCCOPY);

    //Hintergrund in temporaere Bitmap kopieren
    BitBlt(z.canvas.handle, 0, 0, 40, 40,
          paintbox1.canvas.handle, X, Y, SRCCOPY);
    //Spriteumriß aus temporaerer Bitmap ausstanzen
    BitBlt(z.canvas.handle, 0, 0, 40, 40,
          image2.picture.Bitmap.canvas.handle,
```

```
            40, 0, SRCAND);
        //Sprite in temporaere Bitmap kopieren
        BitBlt(z.canvas.handle, 0, 0, 40, 40,
            image2.picture.Bitmap.canvas.handle,
            0, 0, SRCPAINT);
        //temporaere Bitmap in anzuzeigendes Bild kopieren
        BitBlt(paintbox1.canvas.handle, X, Y, 40, 40,
            z.canvas.handle, 0, 0, SRCCOPY);
        z.free;
    end;
```

Zu Ausführung B11:

```
    procedure TForm1.FormCreate(Sender: TObject);
    begin
        save := TBitmap.create;
        save.width := 40;
        save.height:= 40;

        alt_X := 0;
        alt_Y := 0;

        first := true;
    end;
    end.
```

Anmerkungen

- In der obigen Implementierung der Ereignisbehandlungsroutine `PaintBox1MouseMove` wird unnötigerweise zweimal in `PaintBox1` gezeichnet, was zu einem Flackern führt. Sie können dies vermeiden, indem Sie die Hülle um alte und neue Position berechnen und in einem Schritt aufbauen und ausgeben.
- Für schnellere Grafikausgaben sollten Sie den Windows95-Games-Software-Developer-Kit von Microsoft anfordern.

6.14 Multimedia

Multimedia-Programme mit Delphi zu erstellen, ist nicht schwer – solange Sie mit den Möglichkeiten der **MediaPlayer**-Komponente auskommen. Diese kapselt die wichtigsten Routinen der von Windows definierten Multimedia-Schnittstelle: MCI (Media Control Interface). Die Wiedergabe von Klangdateien im WAV-Format, von Videos im AVI-Format oder von Musik-CDs ist mit der **MediaPlayer**-Komponente kein Problem.

Als sichtbare Schnittstelle zeigt die **MediaPlayer**-Komponente eine Reihe von Schaltern an (ähnlich der **TDBNavigator**-Komponente (➔ 7.3.7)). Soll die Multimedia-Unterstützung Ihrer Programme im Hintergrund ablaufen, machen Sie die Schalter einfach unsichtbar, und rufen Sie die entsprechenden Methoden des MediaPlayers in den Ereignisbehandlungsroutinen Ihres Programms auf. Der grundlegende Ablauf zum Abspielen einer Multimedia-Datei sieht dabei immer gleich aus:

1. **Weisen Sie der Eigenschaft *FileName* die abzuspielende Datei zu.**
2. **Definieren Sie den Typ der abzuspielenden Datei** (Eigenschaft ***DeviceType***).
3. **Öffnen Sie den MediaPlayer** (Methode **Open**).
4. **Spielen Sie die Datei ab** (Methode **Play**).
5. **Schließen Sie den MediaPlayer** (Methode **Close**).

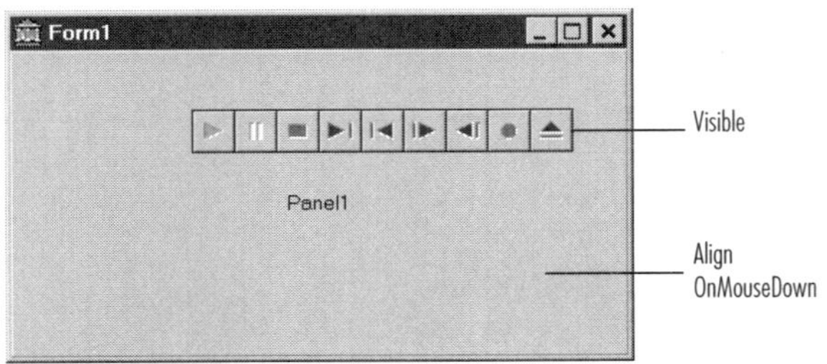

Ausführung:

1. **Fügen Sie eine MediaPlayer-Komponente in das Formular des Hauptfensters ein.** Die MediaPlayer-Komponente befindet sich auf der Seite ***System*** der Komponentenpalette. 
2. **Verbergen Sie die Schalterleiste des MediaPlayers.** Setzen Sie dazu die Eigenschaft ***Visible*** auf **False**.

Multimedia

6.14

3. **Fügen Sie eine Panel-Komponente in das Formular des Hauptfensters ein.** Die Komponente befindet sich auf der Seite ***Standard*** der Komponentenpalette.
4. **Passen Sie das Panel im Objektinspektor an.** Setzen Sie die Eigenschaft ***Align*** auf ***alClient***, damit sich die Panel-Komponente stets dem Client-Bereich des Fensters anpaßt.
5. **Fangen Sie Mausklicks in der Panel-Komponente auf.** Richten Sie dazu eine Ereignisbehandlungsroutine zu dem ***OnMouseDown***-Ereignis der Panel-Komponente ein. Je nachdem, ob die linke oder eine andere andere Maustaste gedrückt wurde, wird eine AVI- oder eine WAV-Datei abgespielt:
   - AVI-Datei abspielen. Übergeben Sie der ***Display***-Eigenschaft die Instanz der Panel-Komponente, um das Video in das Panel einzuspielen. Wenn Sie möchten, daß das Video einen bestimmten Bereich in dem Panel einnimmt (beispielsweise auf die Größe des Panels gestreckt wird), spezifizieren Sie das gewünschte Rechteck in Koordinaten des Panels, und weisen Sie das Rechteck der Laufzeit-Eigenschaft ***DisplayRect*** zu.
6. **Schließen Sie den MediaPlayer.** Dies können Sie beispielsweise beim Schließen des Fensters erledigen.

Beispiele

```
unit Unit1;
interface
uses
  Windows, Messages, SysUtils, Classes, Graphics, Controls,
   Forms, Dialogs, MPlayer, ExtCtrls;
type
  TForm1 = class(TForm)
```

Zu Ausführung 1:

```
    MediaPlayer1: TMediaPlayer;
```

Zu Ausführung 3:

```
    Panel1: TPanel;
```

Zu Ausführung 5:

```
    procedure Panel1MouseDown(Sender: TObject;
                              Button: TMouseButton;
                              Shift: TShiftState;
                              X, Y: Integer);
```

Zu Ausführung 6:

```
    procedure FormDestroy(Sender: TObject);
```

```
    end;
  var
    Form1: TForm1;

  implementation
  {$R *.DFM}
```

Zu Ausführung 5:

```
  procedure TForm1.Panel1MouseDown(Sender: TObject;
                              Button: TMouseButton;
                             Shift: TShiftState; X, Y: Integer);
    begin
    if (Button = mbLeft) then
     begin
     MediaPlayer1.Close;
     MediaPlayer1.Filename := 'C:\Windows\Help\Whatson.avi';
     MediaPlayer1.DeviceType := dtAVIVideo;
     MediaPlayer1.Open;
     MediaPlayer1.DisplayRect :=
                    Rect(0, 0, Panel1.Width, Panel1.Height);
     MediaPlayer1.Play;
     end
    else
     begin
     MediaPlayer1.Close;
     MediaPlayer1.Filename :=
               'C:\Windows\Media\Der Microsoft-Sound.wav';
     MediaPlayer1.DeviceType := dtWaveAudio;
     MediaPlayer1.Open;
     MediaPlayer1.Play;
     end;
    end;
```

Zu Ausführung 6:

```
  procedure TForm1.FormDestroy(Sender: TObject);
    begin
    MediaPLayer1.Close;
    end;
  end.
```

Anmerkung

- Bevor Sie eigene Multimedia-Programme schreiben, empfiehlt es sich auszutesten, ob Ihr System von der Hardware und Software die gewünschte Multimedia-Untertützung bietet. Wenn ja, sollten Sie in der Lage sein, mit Hilfe der Windows-Medienwiedergabe (MPlayer.exe) WAVE-, MIDI- und AVI-Dateien abzuspielen.

6.15 Dynamische Linkbibliotheken (DLL)

Dynamische Linkbibliotheken sind vermutlich die herausragendsten Mittel zur Speichereinsparung unter Windows. DLLs werden nur bei Bedarf in den Speicher geladen, insgesamt aber nur einmal, auch wenn sie gleichzeitig von mehreren Anwendungen ausgeführt werden.
Unter Win32, wo jede Anwendung ihren eigenen Adreßraum hat, bedeutet dies, daß alle Anwendungen, die die DLL benutzen, sie in ihren speziellen Adreßraum laden, die DLL aber jeweils auf den gleichen Ort im physikalischen Speicher abgebildet wird.

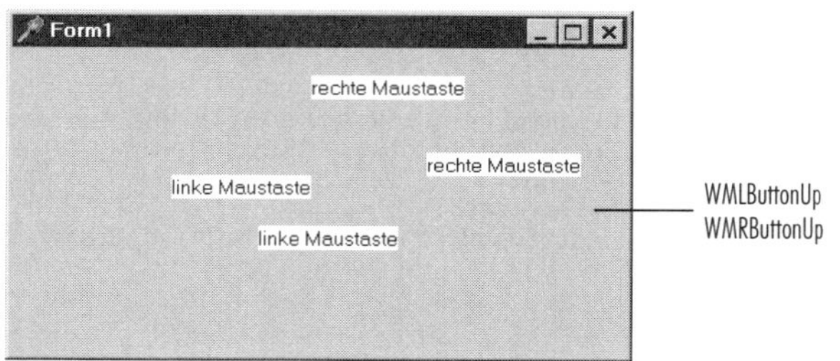

Ausführung A: DLL schreiben

1. **Lassen Sie Delphi eine neue DLL anlegen**. Rufen Sie dazu den Befehl **DATEI/NEU** auf, und wählen Sie den Eintrag ***DLL***.
2. **Definieren Sie die Routinen (und Klassen) der DLL**. Routinen oder Klassen, die exportiert werden sollen, werden als **export** deklariert.
3. **Vermerken Sie die zu exportierenden Funktionen (Klassen) im EXPORTS-Bereich der DLL**.
4. **Im Anweisungsteil der Projektdatei der DLL (begin ... end.) können Sie Anweisungen einfügen, die beim Laden der DLL in den Speicher ausgeführt werden sollen.**

Ausführung B: EXE-Datei aufsetzen

1. **Deklarieren Sie die zu verwendenden DLL-Routinen**. Dies geschieht, um die Namen der Routinen dem Compiler bekanntzumachen und ihm anzuzeigen, in welcher Datei die Definitionen der Routinen stehen. Dazu folgen hinter der Routine das Schlüsselwort **external** und der Dateiname der DLL.
2. **Rufen Sie die Routinen ganz normal auf**.

Ausführung C: DLL testen

1. **Kompilieren Sie beide Projekte in ein Verzeichnis.** Dazu müssen Sie beide Projekte nacheinander laden und einzeln kompilieren (vermutlich haben Sie dies bereits zum Abschluß der Ausführungen A und B getan).
2. **Öffnen Sie das DLL-Projekt.**
3. **Geben Sie das aufrufende Programm an.** Dazu rufen Sie den Befehl **START/PARAMETER** auf und wählen über die Schaltfläche **DURCHSUCHEN** die soeben erstellte EXE-Datei als Host-Anwendung aus.

Beispiele

Das DLL-Projekt:

```
library DllProj1;
uses
  Graphics;
```

Zu Ausführung A2:

```
procedure respond_to_rechterMaus(canvas : TCanvas;
                                 x,y : Integer);export;
  begin
  canvas.TextOut(x,y,'rechte Maustaste');
  end;

procedure respond_to_linkerMaus(canvas : TCanvas;
                                x,y : Integer);export;
  begin
  canvas.TextOut(x,y,'linke Maustaste');
  end;
```

Zu Ausführung A3:

```
exports
  respond_to_rechterMaus,
  respond_to_linkerMaus;
```

Zu Ausführung A4:

```
begin
end.
```

Die Unit der EXE-Datei:

```
unit Unit1;
interface
uses
  Windows, Forms, Messages, Graphics;
type
  TForm1 = class(TForm)
```

```
    protected
      procedure WMLButtonUp(var Param : TWMLButtonUp);
                                     message WM_LButtonUp;
      procedure WMRButtonUp(var Param : TWMRButtonUp);
                                     message WM_RButtonUp;
    end;
  var
    Form1: TForm1;

  implementation
  {$R *.DFM}
```

Zu Ausführung B1:

```
  procedure respond_to_rechterMaus(canvas : TCanvas;
                     x,y : Integer); external 'DllProj1';
  procedure respond_to_linkerMaus(canvas : TCanvas;
                     x,y : Integer); external 'DllProj1';

  procedure TForm1.WMRButtonUp(var Param : TWMMouse);
    begin
```

Zu Ausführung B2:

```
  respond_to_rechterMaus(canvas,Param.XPos,Param.YPos);
    inherited;
    end;

  procedure TForm1.WMLButtonUp(var Param : TWMMouse);
    begin
```

Zu Ausführung B2:

```
  respond_to_linkerMaus(canvas,Param.XPos,Param.YPos);
    inherited;
    end;
  end.
```

Anmerkungen

- Routinen, die nur innerhalb der DLL verwendet werden, werden ganz normal implementiert – ohne als exports deklariert zu werden.
- Außer einfachen Funktionen können auch Klassen oder Formulare exportiert werden.
- DLLs können auch aus dem Programm heraus aufgerufen werden (anstatt die Bindung wie in obigem Beispiel zur Kompilierzeit herzustellen). Hierzu dient der Befehl LoadLibrary. Die Adressen der DLL-Funktionen erhalten Sie dann mit Hilfe der Funktion GetProcAddress.

6.16 MDI-Anwendungen

Die einfachste Art, eine MDI-Anwendung zu schreiben, ist, den Anwendungs-Experten oder die Vorlage MDI-Anwendung zu benutzen. Trotzdem ist es ganz nützlich, die wichtigsten Punkte, die bei der Programmierung von MDI-Anwendungen zu beachten sind, zu kennen.

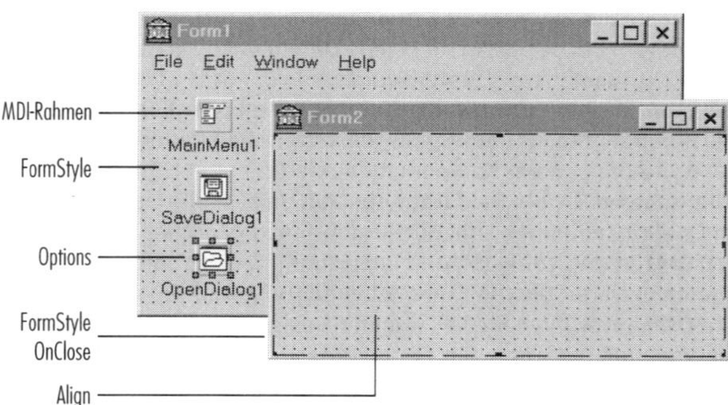

Ausführung A: MDI-Kindfenster aufsetzen

In den Kindfenstern sollen beliebige Bitmap-Dateien angezeigt werden.

1. **Legen Sie ein neues Formular an.** Rufen Sie dazu den Befehl **DATEI/NEUES FORMULAR** auf.
2. **Konfigurieren Sie das MDI-Kindfenster.** Weisen Sie dazu der Eigenschaft ***FormStyle*** den Wert **fsMDIChild** zu, und setzen Sie ***Visible*** auf **False**.
3. **Bearbeiten Sie das *OnClose*-Ereignis des MDI-Kindfensters,** um es beim Anklicken des ***Schließen***-Feldes in der Titelleiste direkt schließen zu lassen. Fangen Sie den Parameter `Action` ab, und setzen Sie ihn auf `caFree`, bevor er weitergereicht wird.
4. **Nehmen Sie eine Image-Komponente in das Formular auf.** Die Komponente für das **Image**-Element befindet sich auf der Seite ***Zusätzlich*** der Komponentenpalette. 
5. **Konfigurieren Sie die Image-Komponente.** Weisen Sie dazu der Eigenschaft ***Align*** den Wert **alClient** und der Eigenschaft ***Stretch*** den Wert **True** zu.

Ausführung B: MDI-Hauptfenster aufsetzen

1. **Konfigurieren Sie das Hauptformular der Anwendung.** Weisen Sie dazu der Eigenschaft ***FormStyle*** den Wert **fsMDIForm** zu.

2. **Nehmen Sie eine MainMenu-Komponente auf,** und richten Sie über den Befehl **Aus Schablone einfügen** aus dem Kontextmenü des Menüeditors das **MDI-Basismenü** ein.
3. **Nehmen Sie eine OpenDialog-Komponente in Ihr Formular auf.** Die Komponente für den ***Datei öffnen***-Dialog befindet sich auf der Seite ***Dialoge*** der Komponentenpalette.

4. **Setzen Sie die Eigenschaft *Options/ofFileMustExist* auf True.** Damit wird verhindert, daß der Benutzer eigene Dateinamen eingibt, was beim Laden zum Programmabsturz führen würde.
5. **Nehmen Sie eine SaveDialog-Komponente in Ihr Formular auf.** Die Komponente für den ***Datei speichern***-Dialog befindet sich auf der Seite ***Dialoge*** der Komponentenpalette.

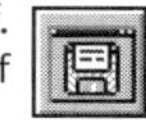

6. **Übernehmen Sie die Deklarationen aus Unit2 in die Unit1.** Aktivieren Sie im Quelltexteditor die Unit1 des Hauptfensters. Rufen Sie den Befehl **Datei/Unit verwenden** auf, und importieren Sie die Unit2.
7. **Implementieren Sie die Ereignisbehandlungsroutine zu dem Befehl Datei/Öffnen.** Wählen Sie im Formular-Designer den Befehl aus, und geben Sie im Quelltexteditor den Code zu der Funktion ein. Die Instanzen der Kindfenster werden dynamisch erzeugt, explizit angezeigt und erst mit dem Hauptfenster aufgelöst.
8. **Implementieren Sie die Ereignisbehandlungsroutine zu dem Befehl Datei/Speichern.** Zum Speichern brauchen Sie zuerst den Zugriff auf das zu speichernde Fenster. Glücklicherweise wird in der ***ActiveMDIChild***-Eigenschaft des Hauptfensters festgehalten, welches das gerade aktive MDI-Fenster ist.
9. **Implementieren Sie die Ereignisbehandlungsroutine zu den Befehlen im Menü Fenster.** Hierfür brauchen Sie nur die entsprechenden Methoden der **TForm**-Klasse aufzurufen.

Beispiele

Das MDI-Kindfenster:

```
unit Unit2;
interface
uses
  Windows, Messages, SysUtils, Classes, Graphics, Controls,
   Forms, Dialogs,ExtCtrls;
type
  TForm2 = class(TForm)
```

Zu Ausführung A4:

```
      Image1: TImage;
```

Zu Ausführung A3:

```
    procedure FormClose(Sender: TObject;
                          var Action: TCloseAction);
    end;
var
  Form2: TForm2;

implementation
{$R *.DFM}
```

Zu Ausführung A3:

```
procedure TForm2.FormClose(Sender: TObject;
                             var Action: TCloseAction);
  begin
  Action := caFree;
  end;
end.
```

Das MDI-Hauptfenster:

```
unit Unit1;
interface
uses
  Windows, Messages, SysUtils, Classes, Graphics, Controls,
  Forms, Dialogs,Menus;
type
  TForm1 = class(TForm)
```

Zu Ausführung B2:

```
    MainMenu1: TMainMenu;
    File2: TMenuItem;
    ...
```

Zu Ausführung B3:

```
    OpenDialog1: TOpenDialog;
```

Zu Ausführung B5:

```
    SaveDialog1: TSaveDialog;
    procedure Open2Click(Sender: TObject);
    procedure SaveAs2Click(Sender: TObject);
    procedure Tile1Click(Sender: TObject);
    procedure Cascade1Click(Sender: TObject);
    procedure ArrangeAll1Click(Sender: TObject);
    end;
var
  Form1: TForm1;

implementation
```

Zu Ausführung B6:

```
uses Unit2;
{$R *.DFM}
```

Zu Ausführung B7:

```
procedure TForm1.Open2Click(Sender: TObject);
var
  Child : TForm2;
begin
if(OpenDialog1.Execute) then
  begin
  Child := TForm2.Create(Application);
  Child.Caption := OpenDialog1.FileName;
  Child.Image1.Picture.LoadFromFile(OpenDialog1.FileName);
  end;
end;
```

Zu Ausführung B8:

```
procedure TForm1.SaveAs2Click(Sender: TObject);
begin
  if ActiveMDIChild <> nil then
    begin
    if(SaveDialog1.Execute) then
     begin
     (ActiveMDIChild as TForm2).Image1.Picture.
                            SaveToFile(SaveDialog1.FileName);
     end;
    end;
end;
```

Zu Ausführung B9:

```
procedure TForm1.Tile1Click(Sender: TObject);
  begin
  Tile;
  end;
procedure TForm1.Cascade1Click(Sender: TObject);
  begin
  Cascade;
  end;
procedure TForm1.ArrangeAll1Click(Sender: TObject);
  begin
  ArrangeIcons;
  end;
end.
```

Anmerkung

- Damit sind natürlich noch nicht alle Befehle des Menüsystems der Anwendung implementiert, aber die wichtigsten Punkte wurden angesprochen.

6.17 OLE-Anwendungen

Um der Gigantomanie komplexer Anwendungen entgegenzuwirken und die Produktivität bei der Software-Erstellung zu steigern, verfügt Windows über eine spezielle Schnittstelle zur Kommunikation und zum Austausch zwischen ansonsten voneinander unabhängigen Anwendungen. Diese Schnittstelle, OLE (Object Linking and Embedding) genannt, ist eine Erweiterung und Verbesserung des früheren DDE-Konzepts und fußt auf zwei Systemen:

- **Dem Einfügen (Embedding) und Verknüpfen (Linking) von Objekten** in Verbunddokumente. **Verbunddokumente** sind Dokumente, in denen Daten unterschiedlicher Natur verwaltet und angezeigt werden können. (Um beispielsweise eine ansprechende Präsentationsmappe zu erstellen, müssen Sie in Ihren Text auch Tabellen und Grafiken einbauen. Text, Tabelle und Grafik liegen aber unterschiedliche Datenformate zugrunde. Ein Dokument, in dem solche unterschiedlichen Datenformate gemeinsam untergebracht werden können, nennt man Verbunddokument.) Der Trick liegt nun darin, daß die Anwendung, zu der das Verbunddokument gehört, nur für ihre eigenen Daten (beispielsweise den Text) verantwortlich ist, während die ihm fremden Objekte (Tabelle, Grafik) nur im Dokument verwaltet werden. Zu ihrer Bearbeitung wird automatisch (ausgelöst durch einen Doppelklick auf das Objekt) diejenige Anwendung aufgerufen, die das Objekt erstellt hat.

  Anwendungen, die ihre Produkte als Objekte über OLE zur Verfügung stellen können, nennt man **Server**; Anwendungen, die Objekte in ihre Verbunddokumente aufnehmen können, nennt man **Container** oder **Client**, wobei eine Anwendung durchaus gleichzeitig Server und Client sein kann. Zur Unterstützung des Einbettens und Verknüpfens stellt Delphi die Komponente TOleContainer auf der Seite ***System*** zur Verfügung.
- **Von Automatisierung spricht man,** wenn eine Anwendung einen Teil ihrer Funktionalität in Form einer Klasse anderen Anwendungen zur Verfügung stellt. Anwendungen, die Klassen auf diese Weise exportieren, nennt man **Automatisierungs-Server**; Anwendungen, die Instanzen solcher Klassen bilden, nennt man **Automatisierungs-Controller** oder -Client, wobei eine Anwendung wiederum gleichzeitig Server und Client sein kann.

  Für einen korrekten Austausch definiert der Server zuerst die zu exportierende Klasse, wobei alle Eigenschaften und Methoden, die später von den Controller-Anwendungen verwendet werden sollen, in einem speziellen Abschnitt (automated) deklariert werden (die üblichen Zugriffsbeschränkungen published, public, protected, private gelten nicht für automatisierte Klassen). Nachdem der Server einmalig die Klasse beim Betriebssystem registriert hat, kann jede laufende Anwendung Instanzen dieser Klasse aufrufen (Funktion CreateOleObject) und nutzen (→ Ausführungsteil).

Mit einer auch nur einigermaßen vollständigen Darstellung der von Microsoft definierten OLE-Schnittstelle könnte man leicht ein eigenes Buch füllen. Eine zufriedenstellende Darstellung im Rahmen dieses Buches ist daher nicht möglich, aber auch nicht unbedingt erforderlich, da die Möglichkeiten der OLE-Programmierung unter Delphi noch recht begrenzt sind.

Ich beschränke mich daher darauf, Sie anhand eines Glossars mit den wichtigsten OLE-Begriffen vertraut zu machen, und schließe dann mit dem Ausführungsteil, in dem aufgezeigt wird, wie man automatisierte Klassen nutzen kann (weitere Beispiele zur OLE-Programmierung finden Sie im ***DEMO***-Verzeichnis von Delphi).

Übersicht: Kleines OLE-Glossar

- **OLE** (Object Linking and Embedding) ist mittlerweile das Standard-Kommunikationsprotokoll von Microsoft Windows, über das voneinander unabhängige Anwendungen miteinander kommunizieren und Daten austauschen können.
- Ein **Client** oder **Container** ist eine Anwendung, die Objekte aufnehmen kann. Der Client übernimmt die Anzeige und Abspeicherung der Objekte in seinem Dokument, wobei er – für den Benutzer unsichtbar – von verschiedenen dynamischen Linkbibliotheken unterstützt wird. Die Bearbeitung der Objekte bleibt alleinige Aufgabe des Servers, der die Objekte erzeugt hat. Der Austausch der Objekte wird stets vom Client angestoßen, der entweder ein Objekt zum Aufnehmen in sein Dokument auswählt oder einen Server zum Bearbeiten eines bereits integrierten Objektes aufruft. Da das Einfügen der Objekte vom Client ausgeht, sollte er in seiner Menüstruktur Befehle zum Einbetten und Verknüpfen (Verketten) von Objekten haben. Die Auswahl eines bereits integrierten Objektes erfolgt durch Doppelklick mit der Maus.
- **Server** sind Anwendungen, die ihre Daten in Form von Objekten zur Einbindung oder Verknüpfung den OLE-Client zur Verfügung stellen. Der Server bleibt stets für die Bearbeitung seiner Objekte verantwortlich, auch wenn diese in einem Client abgelegt sind. Dies hat zur Folge, daß, wenn Sie in einem Dokument ein Objekt doppelt anklicken, der Server aufgerufen wird. Der Server sollte unterscheiden können, ob er von einer Client-Anwendung oder vom Benutzer aufgerufen wurde. Wird er von einer Client-Anwendung aufgerufen, zeigt er meist eine andere Menüstruktur an.

- Wird ein Objekt in einem Dokument durch Doppelklick zur Bearbeitung aufgerufen, erscheint der Server. Das Erscheinungsbild des Servers hängt von der Implementierung des Clients und des Servers ab. Im einfachsten Fall erscheint der Server als Anwendung in seinem Hauptfenster mit entsprechend angepaßter Menüstruktur. Es ist aber auch möglich, daß sich der Server in das Fenster der Client-Anwendung eingliedert. Durch **MenuMerging** erscheint im Rahmenfenster der Client-Anwendung dann das Menü des Servers. Dieses Konzept, das man auch als Vor-Ort-Aktivierung (In-Place-Activation) bezeichnet, gibt es erst seit OLE 2, aber es ist heute schon Standard für anspruchsvolle OLE-Anwendungen.

Damit eine Container-Anwendung Objekte eines Servers überhaupt einbetten kann, muß sich der Server unter Windows registrieren und angeben, welche Art von Objekten er unterstützt.

- Die **Einbettung** (Embedding) ist die erste Form der Aufnahme von Objekten in Dokumente. Einbettung bedeutet, daß das Objekt zu einem physikalischen Bestandteil des Dokuments wird. Der Client übernimmt die Daten des Objektes – auch wenn er selbst mit den Daten nichts anfangen kann – und speichert sie mit dem Dokument ab.
- Die **Verknüpfung** (Verkettung, Linking) ist das Gegenstück zur Einbettung. Bei der Verknüpfung enthält das Dokument lediglich einen Verweis auf die Originaldaten des Objektes und den zugehörigen Server. Ansonsten wird das Objekt wie üblich vom Client angezeigt und vom Server bearbeitet. Die Verknüpfung kann ähnlich wie der Datenaustausch unter DDE so konfiguriert werden, daß das Objekt ständig aktualisiert wird.
- Ein **Verbunddokument** (Compound Document) ist eine Sammlung von Objekten. Im einfachsten Fall kann es sich dabei um ein reines Textdokument handeln. Wenn Sie in dieses Textdokument weitere Objekte einfügen, beispielsweise eine Paintbrush-Grafik und eine Excel-Tabelle, haben Sie ein Verbunddokument im besten Sinne des Wortes. Verbunddateien werden nicht seriell, sondern strukturiert gespeichert. Dabei werden die Daten, die von der Container-Anwendung selbst erzeugt werden, im Hauptteil abgelegt, während für die im Dokument integrierten Objekte eigene Unterabteilungen angelegt werden.
- **Automatisierung** bedeutet, daß die Funktionen eines Programms anderen Programmen zur Verfügung gestellt werden. Ein Programm, das seine Befehle anderen Programmen freigibt, wird als Automatisierungs-Server bezeichnet. Ein Programm, das automatisierte Befehle nutzt, nennt man Automatisierungs-Controller.

Ausführung A: Erstellung eines Automatisierungs-Servers

1. **Erstellen Sie ein neues Projekt** (Befehl **DATEI/NEUE ANWENDUNG**).

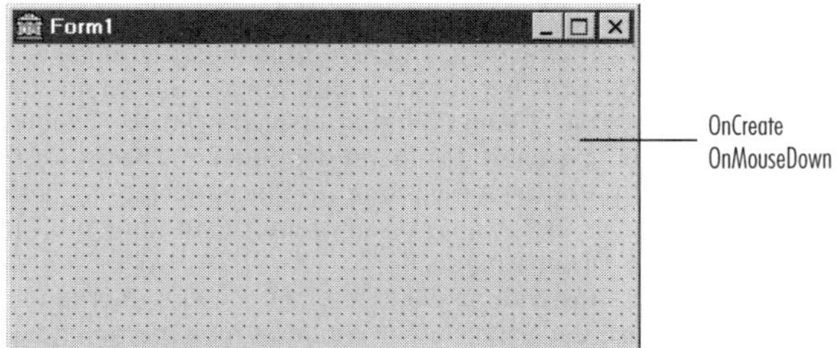

   - Dieses Projekt ist für die Implementierung des ActiveX-Servers. Soll der Server nicht als eigenständige Anwendung ausgeführt werden, sondern in einer DLL implementiert werden, beginnen Sie statt dessen mit **DATEI/NEU** ***ActiveX-Bibliothek*** auf der Seite ***ActiveX***.

2. **Speichern Sie das Projekt** (Befehl **DATEI/PROJEKT SPEICHERN UNTER**). Wenn Sie direkt oder indirekt Typbibliotheken anlegen, empfiehlt es sich, diese bzw. die Projekte, in denen sie verwendet werden, direkt zu speichern, damit nie zwei Typbibliotheken mit identischen Namen (inklusive Pfad) vorliegen.

3. **Fügen Sie dem Projekt ein Automatisierungsobjekt hinzu.** Rufen Sie hierzu den Automatisierungs-Experten auf (**DATEI/NEU**, Eintrag ***Automatisierungsobjekt*** auf der Seite ***ActiveX***). In dem erscheinenden Dialogfenster geben Sie einen Namen für die zu automatisierende Klasse an (im Beispiel **TExport**) und die Art der Instanziierung (im Beispiel **Mehrfache Instanz**), was bedeutet, daß eine Instanz des Servers mehrere Instanzen der Klasse unterstützen kann.
   Der Experte legt daraufhin eine neue Unit an, in der die Klasse als Ableitung von **TAutoObject** deklariert ist. Auch die Dispatch-Schnittstelle (im Beispiel: **ITExport**) wird automatisch angelegt und in einer Typbibliothek eingetragen, zu deren Bearbeitung der Typbibliothekseditor aufgerufen wird.

4. **Definieren Sie die Eigenschaften und Methoden, die den Controllern zur Verfügung stehen sollen.**
   - Klicken Sie im linken Feld des Typbibliotheks-Editors auf die Schnittstelle ***ITExport*** und dann auf die Schaltfläche **METHODE**, um eine neue zu exportierende Methode einzurichten.

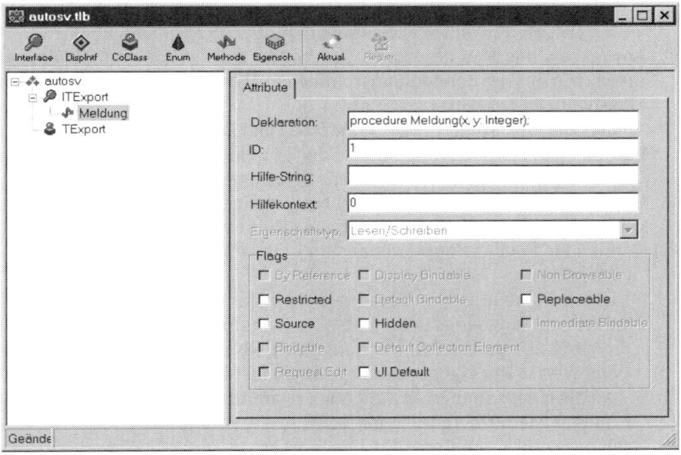

- Geben Sie rechts die Deklaration der Methode ein:
  `procedure Meldung(x,y : Integer);`
- Klicken Sie auf den Schalter **AKTUAL**, um die deklarierte Methode in die Unit der Automatisierungsklasse zu übernehmen.
- Gehen Sie zur Unit der Automatisierungsklasse, und implementieren Sie die Methode (denken Sie daran, die Unit WinProcs aufzunehmen).

Das Server-Programm soll sowohl als eigenständige Anwendung als auch zur Unterstützung der automatisierten Klasse aufrufbar sein. Dazu müssen Hauptfenster und Projektdatei angepaßt werden.

5. **Machen Sie die automatisierte Klasse und ihren Klassengenerator in der Unit des Hauptfensters bekannt.**
   - Nehmen Sie dazu die Pascal-Version der Typbibliothek (im Beispiel **autosv_TLB**) in den uses-Abschnitt des Interface-Teils auf.
6. **Erzeugen Sie das Automatisierungsobjekt in der Unit des Hauptfensters.**
   - Deklarieren Sie in der Klasse des Hauptfensters ein Datenelement vom Typ der Dispatch-Schnittstelle des Automatisierungsobjektes (im Beispiel **ITExport**).
   - Bearbeiten Sie das Ereignis ***OnCreate***, in dessen Behandlungsroutine Sie die **Create**-Methode des Klassengenerators des Automatisierungsobjektes aufrufen. (Der Klassengenerator (im Beispiel **CoTExport**) dient der Instanziierung des Automatisierungsobjektes. Er wird auto-

matisch als Teil der Typbibliothek angelegt und liefert einen Zeiger auf die Dispatch-Schnittstelle zurück.)

7. **Anpassung des Hauptfensters.** Bearbeiten Sie das Ereignis ***OnMouse-Down***, aus dessen Behandlungsroutine die Methode der automatisierten Klasse aufgerufen wird.
8. **Anpassung der Projektdatei.** Rufen Sie mit Hilfe des Befehls **ANSICHT/PROJEKT-QUELLTEXT** den Quelltext der Projektdatei auf. Binden Sie die Unit **ComServ** mit ein, die die Instanz **ComServer** zur Verfügung stellt.
9. **Bestimmen Sie, daß das Hauptfenster nur angezeigt wird, wenn der Server als eigenständige Anwendung ausgeführt wird.**
   - Blenden Sie das Hauptfenster standardmäßig aus (Eigenschaft ***Show-MainForm***).
   - Überprüfen Sie, ob der Server als eigenständige Anwendung oder zur Unterstützung eines seiner Objekte aufgerufen wurde. Das Betriebssystem übergibt der Anwendung dazu ein spezielles Argument, dessen Wert in der Eigenschaft ***StartMode*** festgehalten ist. Läuft der Server als eigenständige Anwendung (= **smStandAlone**), wird das Hauptfenster wieder sichtbar gemacht.
10. **Speichern und kompilieren Sie das Projekt.**
11. **Registrieren Sie die Klasse.** Der Code hierfür wurde bereits vom Automatisierungs-Experten implementiert. Beim erstmaligen Ausführen des Servers wird dieser automatisch registriert.
    - Ansonsten übergeben Sie der Server-Anwendung das Kommandozeilenargument **/regserver** (Befehl **START/PARAMETER**), um sie registrieren zu lassen.
    - Um eine Registrierung zurückzunehmen, führen Sie die Anwendung mit dem Argument **/unregserver** aus.
12. **Kontrollieren Sie, ob die Anwendung korrekt registriert wurde.** Windows verfügt hierfür über das Programm **RegEdit** (im ***Windows***-Verzeichnis). Rufen Sie das Programm auf. Links sehen Sie eine strukturierte Liste aller Eintragungen, rechts die Texte selbst zu den links ausgewählten Punkten. Machen Sie sich nicht die Mühe, hier per Hand zu suchen.
    - Rufen Sie den Befehl **SUCHEN** aus dem Menü **BEARBEITEN** auf, und geben Sie als Suchbegriff den OLE-Klassennamen der automatisierten Klasse ein (im Beispiel ***autosv.TExport***).

Beispiele

Die Unit des Hauptfensters:

```
unit autosv_u;
interface
```

Zu Ausführung A5:

```
uses
  Windows, Controls, autosv_TLB, SysUtils, Classes, Forms;
type
  TForm1 = class(TForm)
    procedure FormCreate(Sender: TObject);
    procedure FormMouseDown(Sender: TObject;
                    Button: TMouseButton;
                    Shift: TShiftState; X, Y: Integer);
```

Zu Ausführung A6:

```
   private
    objekt : ITExport;
    end;
var
  Form1: TForm1;

implementation
{$R *.DFM}
```

Zu Ausführung A6:

```
procedure TForm1.FormCreate(Sender: TObject);
  begin
  objekt := CoTExport.Create;
  end;
```

Zu Ausführung A7:

```
procedure TForm1.FormMouseDown(Sender: TObject;
                               Button: TMouseButton;
                               Shift: TShiftState;
                               X, Y: Integer);

  begin
  objekt.Meldung(x,y);
  end;
end.
```

Der Projekt-Quelltext des Servers:

```
program autosv;
uses
```

Zu Ausführung A8:

```
  Forms, ComServ,
  autosv_u in 'autosv_u.pas' {Form1},
  autosv_TLB in 'autosv_TLB.pas',
  autosv_o in 'autosv_o.pas' {TExport: CoClass};
{$R *.RES}
{$R *.TLB}
begin
```

```
    Application.Initialize;
    Application.CreateForm(TForm1, Form1);
```

Zu Ausführung A9:

```
    Application.ShowMainForm := false;
    if ComServer.StartMode = smStandalone then
      begin
      Form1.Visible := True;
      end;
    Application.Run;
  end.
```

Ausführung B: Erstellung eines Automatisierungs-Clients

1. **Erstellen Sie ein neues Projekt.** Hier brauchen Sie nur den Quelltext des Hauptfensters zu bearbeiten.
2. **Binden Sie die Unit ComObj ein**, von der die Funktion **CreateOleObject** zur Verfügung gestellt wird.
3. **Erzeugen Sie eine Instanz der automatisierten Klasse.** Rufen Sie hierzu die Funktion **CreateOleObject** auf, der Sie als Argument den OLE-Namen der automatisierten Klasse übergeben. Die Funktion liefert eine Instanz der Klasse zurück, die Sie einer Variablen vom Typ **Variant** zuordnen können.
4. **Rufen Sie die Methode der automatisierten Klasse auf.** Der Zugriff auf die Methode erfolgt, wie gewohnt, über den Namen der Instanz.

Beispiele

```
unit autocl_u;
interface
uses
  Windows, Messages, SysUtils, Classes, Graphics, Controls,
   Forms, Dialogs;
type
   TForm1 = class(TForm)
     procedure FormMouseDown(Sender: TObject;
                             Button: TMouseButton;
                             Shift: TShiftState; X, Y: Integer);
     procedure FormCreate(Sender: TObject);
     end;
```

Zu Ausführung B3:

```
var
  Form1: TForm1;
  objekt : Variant;

implementation
```

Zu Ausführung B2:

```
uses ComObj;
{$R *.DFM}
```

Zu Ausführung B3:

```
procedure TForm1.FormCreate(Sender: TObject);
  begin
  objekt := CreateOleObject('autosv.TExport');
  end;
```

Zu Ausführung B4:

```
procedure TForm1.FormMouseDown(Sender: TObject;
                      Button: TMouseButton;
                      Shift: TShiftState; X, Y: Integer);
  begin
  objekt.Meldung(x,x);
  end;
end.
```

6.18 Multithreading

Die einfachste Vorstellung von einem Thread ist eine Funktion, die nach ihrem Aufruf parallel zum Hauptprogramm abläuft. Wenn Sie also ein Programm schreiben, das zwei Unterfunktionen aufruft, eine zum Laden eines großen Bitmaps und eine zweite zum Zeichnen einer Freihand-Linie mit der Maus, so müßten Sie zuerst warten, bis das Bitmap geladen ist, bevor Sie mit der Maus eine Linie einzeichnen können. Wenn Sie die Ladefunktion als Thread definieren, können Sie mit dem Zeichnen schon während des Ladevorgangs beginnen, und das Beste daran ist, daß die Ausführung des Threads den Ablauf der Zeichenfunktion nicht merklich verzögert (was daran liegt, daß die einzelnen Threads unter Win32 sehr kurze Zeitscheiben zugeteilt bekommen und sich schnell abwechseln).

Das folgende Beispiel hält am Konzept der »Thread-Funktion« fest, d.h., es verwendet die API-Funktion zum Erzeugen der Threads statt der Borland-Klassen (Delphi stellt zwar eine Klasse für Threads zur Verfügung (**TThread**), für viele Multithread-Programme werden Sie aber trotzdem auf spezielle API-Funktionen zurückgreifen müssen, so daß es übersichtlicher sein kann, sich ganz an die API-Funktionen zu halten).

Das Beispielprogramm erzeugt zwei Threads, wovon der erste nach seinem Aufruf (durch Klicken mit der linken Maustaste) fortlaufend von 0 bis 9999 hochzählt und erst mit Beendigung des Programms gestoppt wird. Der zweite Thread (Aufruf durch Klicken mit der rechten Maustaste) füllt das Fenster der Anwendung nacheinander mit den Farben der Systempalette, wobei er jedesmal durch erneutes Klicken angestoßen werden muß, bevor er zur nächsten Farbe wechselt. Hat er alle Farben durch, beendet er sich selbst.

Ausführung:

1. **Thread-Funktionen definieren.** Damit die Thread-Funktionen in den Client-Bereich des Hauptfensters zeichnen können, ist es nötig, den Gerätekontext zum Zeichnen in der Thread-Funktion zu erzeugen (der Austausch über eine globale **TCanvas**-Instanz ist etwas unsauber). Zu diesem Zweck wird auf der Grundlage des Fenster-Handles (*Form1.Handle*) ein Gerätekontext erzeugt (*dc*). Im ersten Thread (**procedure Thread1**) wird direkt mit Hilfe von API-Funktionen in diesen Kontext gezeichnet, im zweiten Thread (**procedure Thread2**) wird auf der Grundlage dieses Gerätekontextes ein eigenes Canvas-Objekt erstellt.
2. **Ereignis für die Synchronisierung definieren.** Eine Möglichkeit, Threads zu synchronisieren, besteht darin, mit Hilfe der API-Funktion **CreateEvent** ein Ereignis zu definieren und den oder die zu synchronisierenden Threads auf den Eintritt dieses Ereignisses warten zu lassen. Danach muß das Ereignis nur noch an den gewünschten Stellen im Programm ausgelöst werden, d.h., vom Zustand Nonsignalled (**False**) auf Signalled (**True**) gesetzt werden. Die Funktion **CreateEvent** übernimmt folgende Parameter:

Parameter	**Bedeutung**
LPSECURITY_ATTRIBUTES lpsa	Weist auf Struktur mit Sicherheitsattributen. Wird NULL übergeben, werden Standardvorgaben übernommen.
BOOL bManualReset	**FALSE**: Ereignis wird automatisch in Nonsignalled-Zustand zurückgesetzt, wenn es einmal von einer der Funktionen **WaitForSingleObject** oder **WaitForMultipleObject** empfangen wurde. **TRUE**: Ereignis wird nicht automatisch zurückgesetzt.
BOOL bInitialState	Zustand des Ereignisses nach seiner Erzeugung.
LPCTSTR lpName	Name zur Beschreibung des Ereignisses.

3. **Threads aufrufen.** Um einen Thread zu erzeugen und aufzurufen, verwenden Sie die Funktion **CreateThread**, die folgende Parameter übernimmt:

Parameter	**Bedeutung**
LPSECURITY_ATTRIBUTES lpsa	Weist auf Struktur mit Sicherheitsattributen. Wird NULL übergeben, werden Standardvorgaben übernommen.

Parameter	Bedeutung
DWORD dwStackSize	Maximale Größe des Stacks. **0** steht für gleiche Größe wie Haupt-Thread des Programms.
LPTHREAD_START_ROUTINE lpStartAddress	Adresse der Thread-Funktion. In diesem Parameter wird der Exit-Code des Threads zurückgeliefert.
LPVOID lpParameter	Parameter, der an Thread übergeben werden kann.
DWORD dwCreationFlags	Verschiedene Flags, beispielsweise um den Thread direkt anzuhalten.
LPDWORD lpThreadId	In diesem Parameter wird die Kennung des Threads zurückgeliefert.

4. **Thread mit einem Ereignis synchronisieren**. Verwenden Sie eine der Funktionen **WaitForSingleObject** oder **WaitForMultipleObject**, damit der Thread mit seiner weiteren Ausführung wartet, bis das als Parameter übergebene Ereignis aufgefangen wurde. Der zweite Parameter für diese Funktionen bestimmt, wieviel Millisekunden der Thread auf das Ereignis wartet (**INFINITE** bedeutet, daß er unbegrenzt wartet, wenn es sein muß). Durch Aufruf der Funktion **SetEvent** wird das Ereignis ausgelöst.
5. **Thread beenden**. Alle Threads werden spätestens zusammen mit ihrem Prozeß beendet. Ansonsten hat man die Möglichkeit, den Thread von einem anderen Thread direkt stoppen zu lassen (API-Funktion **TerminateThread**, die jedoch wegen der schlechten Speicherverwaltung vermieden werden sollte), oder man ruft innerhalb des Threads die Funktion **ExitThread** auf, woraufhin der Thread sich selbst beendet.

Beispiele

```
unit Unit1;
interface
uses
  Windows, Messages, SysUtils, Classes, Graphics,
  Controls, Forms, Dialogs, WinProcs;
type
  TForm1 = class(TForm)
     procedure FormCreate(Sender: TObject);
   protected
     schalter1, schalter2 : boolean;
     procedure WMLButtonUp(var Param : TWMLButtonUp);
                                  message WM_LButtonUp;
     procedure WMRButtonUp(var Param : TWMRButtonUp);
                                  message WM_RButtonUp;
```

```
  end;
var
  Form1: TForm1;
  hEvent : THANDLE;

implementation
{$R *.DFM}
```

Zu Ausführung 1:

```
procedure  Thread1;
  var
   str : string;
   i : integer;
   dc : HDC;
  begin
  dc := GetDC(Form1.Handle);
  while 1=1 do
     begin
     for i:=0 to 9999 do
       begin
       str := IntToStr(i);
       WinProcs.TextOut(dc,10,10,PChar(str),length(str));
       end;
     end;
  ReleaseDC(Form1.Handle, dc);
  end;
```

Zu Ausführung 1:

```
procedure Thread2;
  var
   str : string;
   i : integer;
   dc : HDC;
   extCanvas : TCanvas;
  begin
  dc := GetDC(Form1.Handle);
  extCanvas := TCanvas.Create;
  extCanvas.Handle := dc;
   for i:=0 to 19 do
     begin
```

Zu Ausführung 4a:

```
     WinProcs.WaitForSingleObject(hEvent,INFINITE);
     extCanvas.Brush.Color := PALETTEINDEX(i);
     extCanvas.FillRect(extCanvas.ClipRect);
     end;
   ReleaseDC(Form1.Handle,dc);
   extCanvas.Destroy;
```

Zu Ausführung 5:

```
     WinProcs.ExitThread(0);
    end;

  procedure TForm1.FormCreate(Sender: TObject);
    begin
    schalter1 := FALSE;
    schalter2 := FALSE;
```

Zu Ausführung 2:

```
    hEvent := CreateEvent(nil,FALSE,TRUE,'Mausereignis');
    end;

  procedure TForm1.WMLButtonUp(var Param : TWMMouse);
    var
     hthread : THandle;
     ThreadId : DWORD;
     Func_addr : Pointer;
    begin
    if schalter1=FALSE then
       begin
```

Zu Ausführung 3:

```
       Func_addr := Addr(Thread1);
       hthread := WinProcs.CreateThread(nil,0,Func_addr,
                                        nil,0,ThreadId);
       schalter1 := TRUE;
       end;
    inherited;
    end;

  procedure TForm1.WMRButtonUp(var Param : TWMMouse);
    var
     hthread : THANDLE;
     ThreadId : DWORD;
     Func_addr : Pointer;
    begin
    if schalter2 =FALSE then
       begin
```

Zu Ausführung 3:

```
       Func_addr := Addr(Thread2);
       hthread := WinProcs.CreateThread(nil,0,Func_addr,
                                        nil,0,ThreadId);
       schalter2 := TRUE;
       end
      else
       begin
```

Zu Ausführung 4b:

```
        WinProcs.SetEvent(hEvent);
        end;
     inherited;
     end;
   end.
```

Anmerkungen

- Um die einzelnen Threads bei der Ausführung in der IDE zu verfolgen, benutzen Sie das Prozeß-Fenster (Menübefehl **ANSICHT/THREADS**).
- Zur weiteren Synchronisierung können Sie auch folgende Objekte verwenden:
  - **Kritische Bereiche**. Erlauben zu jedem Zeitpunkt jeweils nur einem Thread den Zugriff auf einen bestimmten Datenbereich (nur für Threads eines Prozesses).
  - **Mutexe**. Ähneln den kritischen Bereichen, dienen aber zur Synchronisierung der Threads unterschiedlicher Prozesse.
  - **Semaphore**. Verwalten den Zugriff auf Systemressourcen, beispielsweise Hardware-Schnittstellen.
- Weitere wichtige API-Funktionen zu Threads und Prozessen sind:

Tabelle 6.1: Thread-Funktionen

Funktion	Beschreibung
AttachThreadInput	Verbindet zwei Threads.
CreateEvent	Erzeugt ein Ereignis-Objekt.
CreateMutex	Erzeugt einen Mutex.
CreateProcess	Erzeugt einen Prozeß und seinen Haupt-Thread.
CreateRemoteThread	Erzeugt einen Thread, der im Adreßraum eines anderen Prozesses abläuft.
CreateSemaphore	Erzeugt eine Semaphore.
CreateThread	Erzeugt einen Thread.
DeleteCriticalSection	Löst einen kritischen Bereich auf.
DuplicateHandle	Dupliziert einen Objekt-Handle.
EnterCriticalSection	Blockiert Thread, bis dieser den Zugriff auf den kritischen Bereich erhält.
ExitProcess	Beendet den aktuellen Prozeß und seine Threads.
ExitThread	Beendet den aktuellen Thread.
GetCommandLine	Liefert einen Zeiger auf die Kommandozeile des aktuellen Prozesses.

Tabelle 6.1: Thread-Funktionen

Funktion	Beschreibung
GetCurrentProcess	Liefert einen Handle für den aktuellen Prozeß.
GetCurrentProcessId	Liefert die Kennung des aktuellen Prozesses.
GetCurrentThread	Liefert einen Handle für den aktuellen Thread.
GetCurrentThreadId	Liefert die Kennung des aktuellen Threads.
GetEnvironmentStrings	Liefert einen Zeiger auf den Umgebungsblock.
GetEnvironment-Variable	Liefert den Wert einer Umgebungsvariablen aus der Umgebung des Threads.
GetExitCodeProcess	Liefert den Exit-Code des Prozesses.
GetExitCodeThread	Liefert den Exit-Code des Threads.
GetPriorityClass	Liefert die Prioritätsklasse, der der Prozeß angehört.
GetProcessShutdown-Parameters	Liefert Informationen zur Reihenfolge beim Herunter-fahren.
GetStartupInfo	Liefert Informationen zum Start des aktuellen Prozes-ses.
GetThreadPriority	Liefert die Priorität eines Prozesses.
InitializeCriticalSection	Initialisiert einen kritischen Bereich.
LeaveCriticalSection	Gibt Zugriff auf einen kritischen Bereich ab.
OpenEvent	Liefert ein Handle zu einem bereits existierenden Er-eignis-Objekt.
OpenMutex	Liefert ein Handle zu einem bereits existierenden Mu-tex-Objekt.
OpenProcess	Liefert ein Handle zu einem bereits existierenden Pro-zeß-Objekt.
OpenSemaphore	Liefert ein Handle zu einem bereits existierenden Semaphore-Objekt.
ReleaseMutex	Gibt einen Mutex frei.
ReleaseSemaphore	Gibt eine Semaphore frei.
ResumeThread	Dekrementiert den Suspend-Zähler (ist dieser Null, wird der Thread weiter ausgeführt).
SetEvent	Setzt ein Ereignis-Objekt in den Status Signalled.
SetPriorityClass	Definiert die Prioritätsklasse für einen Prozeß.
SetProcessShutdownPa-rameters	Setzt die Reihenfolge beim Herunterfahren fest.

Tabelle 6.1: Thread-Funktionen

Funktion	Beschreibung
SetThreadPriority	Definiert die Priorität eines Prozesses.
Sleep	Stoppt einen Thread für eine bestimmte Zeit.
SleepEx	Stoppt einen Thread, bis eine Ein-/Ausgabe beendet ist.
SuspendThread.	Inkrementiert den Suspend-Zähler (ist dieser größer Null, wird der Thread gestoppt).
TerminateProcess	Beendet einen Prozeß und seine Threads.
TerminateThread	Beendet einen Thread.
Tlsxxxx	Zur Verwaltung threadlokalen Speichers.
WaitForInputIdle	Wartet, bis keine Eingaben mehr zu verarbeiten sind.
WaitForMultipleObject	Wartet, bis mehrere Ereignis-Objekte in den Signalled-Status wechseln (oder eines aus einer Liste von Ereignissen).
WaitForSingleObject	Wartet, bis ein Ereignis-Objekt in den Signalled-Status wechselt.

6.19 Hilfe-Programmierung

Um eine Anwendung mit einem kompletten Hilfe-System auszustatten, müssen Sie für

- Kurzinformationen und Hilfe-Texte in der Statusleiste und
- für eine Hilfe-Datei (.hlp)

sorgen.

Um eine Komponente mit Kurzinformation und/oder Hilfe-Text für die Statusleiste auszurüsten

- geben Sie die Texte durch einen senkrechten Strich getrennt in das Eingabefeld der ***Hint***-Eigenschaft ein (→ 6.8), und
- setzen Sie entweder die ***ShowHint***-Eigenschaft oder die ***ParentShowHint***-Eigenschaft der Komponente auf **True**. In letzterem Fall richtet sich die Anzeige der Hilfe-Texte zu der Komponente nicht mehr nach der ***ShowHint***-Eigenschaft der Komponente, sondern der ***ShowHint***-Eigenschaft der übergeordneten Komponente.

Unser eigentliches Thema in diesem Abschnitt ist jedoch die Unterstützung durch eine Hifedatei (Menü **HILFE** und kontextsensitive Hilfe mit [↵]).

Ausgangspunkt für die Hilfe-Datei ist der Quelltext: eine RTF-Datei, in der die einzelnen Bildschirmseiten der Online-Hilfe aufgeführt sind (üblicherweise entspricht jede Seite einem Hilfe-Eintrag (Topic)). Mit Hilfe des Microsoft-Hilfe-Compilers (***hcw.exe*** im Verzeichnis ***Delphi\Help\Tools***) erstellen Sie dann ein Hilfe-Projekt, in das Sie die RTF-Datei aufnehmen. Weiterhin benötigen Sie eine Content-Datei für das Inhaltsverzeichnis und einen Map-Abschnitt, der die IDs der einzelnen Hilfe-Einträge mit den ***HelpContext***-Werten Ihrer Anwendung verknüpft.

Ausführung A: Hilfe-Text aufsetzen

1. **Rufen Sie Winword auf, und legen Sie eine neue Datei an.**
2. **Setzen Sie die Seiten für die einzelnen Hilfe-Einträge auf.** Die einzelnen Einträge folgen dem immer gleichen Muster.
3. **Erzeugen Sie Fußnoten mit der ID und dem Titel des Eintrags.**
   - Legen Sie eine Fußnote mit dem Fußnotenzeichen »#« an, und spezifizieren Sie in der Fußnote einen ID-String zur eindeutigen Kennzeichnung. (Notieren Sie sich die IDs auf; sie werden beim Aufsetzen des Inhaltsverzeichnisses und des Map-Abschnitts gebraucht.)
   - Legen Sie eine Fußnote mit dem Fußnotenzeichen »$« an, und spezifizieren Sie in der Fußnote einen Titel für den Eintrag.
4. **Setzen Sie Überschrift und Text des Eintrags auf.**

5. **Richten Sie Hotspots und Links zu anderen Hilfe-Themen ein.** Der Hotspot, den der Anwender zu sehen bekommt, wird doppelt unterstrichen. Auf den Hotspot folgt direkt (ohne dazwischenliegende Leerzeichen) die ID des Hilfe-Eintrags, zu dem gewechselt werden soll.
6. **Beenden Sie den Eintrag mit einem manuellen Seitenumbruch.**
7. **Speichern Sie die Datei als Word- und als RTF-Datei ab.**

Beispiele: Die RTF-Datei

1. Eintrag:

Zu Ausführung A3:

```
$ HELPID_DATEI_MENU
```

Zu Ausführung A4:

```
Die Befehle im Menü Datei

Im Menü Datei stehen Ihnen folgende Befehle zur Verfügung
```

Zu Ausführung A5:

```
          NeuHELPID_BEFEHL_NEU
          öffnenHELPID_BEFEHL_OEFFNEN
```

Zu Ausführung A3:

```
//*** Hier folgen die Fußnoten ***//
# HELPID_DATEI_MENU
$ DATEI_MENU
```

Zu Ausführung A6:

```
//*** Hier muß ein Seitenumbruch erfolgen ***//
```

2. Eintrag:

```
$ DATEI_MENU
  Der Befehl Datei/Neu

Mit diesem Befehl können Sie eine neue Datei anlegen.


//*** Hier folgen die Fußnoten ***//
# HELPID_BEFEHL_NEU
$ BEFEHL_NEU
//*** Hier muß ein Seitenumbruch erfolgen ***//
```

3. Eintrag:

```
HELPID_BEFEHL_NEU
BEFEHL_NEU
Der Befehl Datei/öffnen

Mit diesem Befehl können Sie eine bestehende Datei anlegen.


//*** Hier folgen die Fußnoten ***//
# HELPID_BEFEHL_OEFFNEN
$ BEFEHL_OEFFNEN
//*** Hier muß ein Seitenumbruch erfolgen ***//
```

Ausführung B: Hilfe-Projekt aufsetzen

1. **Rufen Sie den Hilfe-Compiler auf (*Delphi\Help\Tools\hcw.exe*).**

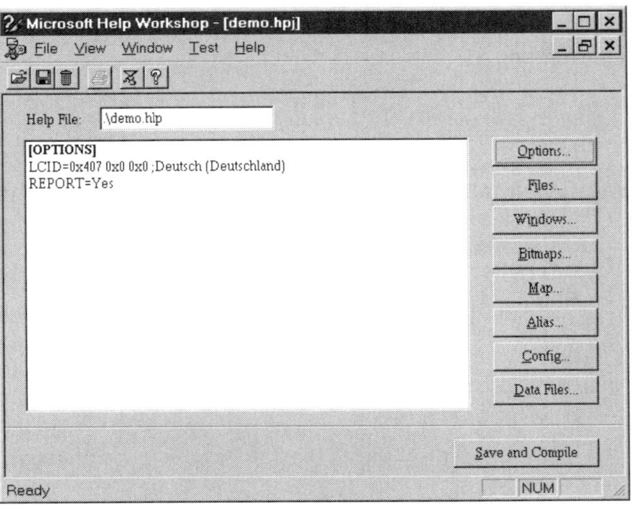

2. **Legen Sie mit Hilfe des Befehls FILE/NEW eine neue Projektdatei an.**
3. **Nehmen Sie die RTF-Hilfe-Datei in das Projekt auf.** Klicken Sie dazu auf den Schalter **FILES**.
4. **Legen Sie mit Hilfe des Befehls FILE/NEW eine Contents-Datei für das Inhaltsverzeichnis an.** Geben Sie in dem Feld ***Default filename*** den Namen

der noch zu erstellenden Hilfe-Datei (.hlp) an. Mit Hilfe der Schalter **ADDABOVE** und **ADDBELOW** können Sie das Inhaltsverzeichnis aufbauen. Es erscheint dann das Dialogfenster ***Edit Contents Tab Entry***, in dem Sie für jeden Eintrag die ID und den Titel spezifizieren, unter dem der Eintrag im Inhaltsverzeichnis aufgeführt wird.

- Über die Option ***Heading*** können Sie Überschriften zum hierarchischen Aufbau des Inhaltsverzeichnisses einrichten.

5. **Schließen und speichern Sie die Contents-Datei (Extension .cnt).**
6. **Zurück in der Projektdatei nehmen Sie die Contents-Datei in das Projekt auf.** Klicken Sie dazu auf den Schalter **OPTIONS** und in dem erscheinenden Dialogfenster zur Seite ***Files***, wo Sie mit dem Schalter **BROWSE** nach der .cnt-Datei suchen können.
7. **Zurück in der Projektdatei legen Sie die Abbildung der IDs mit Ihren HelpContext-Werten an.** Klicken Sie dazu auf den Schalter **MAP** und in dem erscheinenden Dialogfenster ***Map*** auf Schalter **ADD**, um einzelne Zuordnungen aufzunehmen.
8. **Speichern und kompilieren Sie das Projekt.** Klicken Sie dazu auf den Schalter **SAVE AND COMPILE**.
9. **Testen Sie die Hilfe-Datei.** Rufen Sie dazu den Befehl **FILE/RUN WINHELP** auf.

Beispiele: Die hpj-Datei

```
; This file is maintained by HCW. Do not modify this file
directly.

[OPTIONS]
HCW=0
LCID=0x407 0x0 0x0 ;Deutsch (Deutschland)
REPORT=Yes
```

Zu Ausführung B6:

```
CNT=.\tsthelp1.cnt
HLP=.\tsthelp1.hlp
```

Zu Ausführung B3:

```
[FILES]
.\tsthelp1.rtf
```

Zu Ausführung B7:

```
[MAP]
HELPID_BEFEHL_NEU=2
HELPID_BEFEHL_OEFFNEN=3
HELPID_DATEI_MENU=1
```

Ausführung C: Programm aufsetzen

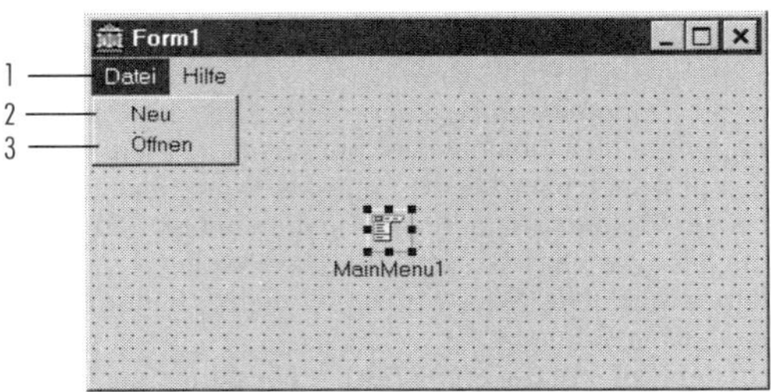

1. **Fügen Sie eine Menüleisten-Komponente in das Formular des Hauptfensters ein.** Die MainMenu-Komponente befindet sich auf der Seite ***Standard*** der Komponentenpalette.
2. **Rufen Sie den Menüeditor auf,** und legen Sie ein Menü **DATEI** mit den Befehlen **NEU** und **ÖFFNEN** an.
3. **Konfigurieren Sie die Menüeinträge.** Wählen Sie im Menüeditor nacheinander die drei Einträge aus, und weisen Sie deren HelpContext-Eigenschaften eindeutige Werte zu, beispielsweise.:
   - HelpContext für Datei = 1
   - HelpContext für Datei/Neu = 2
   - HelpContext für Datei/Öffnen = 3
4. **Legen Sie ein Hilfe-Menü mit den Befehlen INHALT und MENÜSYSTEM an**
5. **Schließen Sie den Menüeditor.**
6. **Implementieren Sie die Ereignisbehandlungsroutine zu den Befehlen HILFE/INHALT und HILFE/MENÜSYSTEM.**
7. **Weisen Sie die Hilfe-Datei zu.** Rufen Sie den Befehl **OPTIONEN/PROJEKT** auf, und gehen Sie zur Seite ***Anwendung***. Dort können Sie die Hilfe-Datei über den Schalter **DURCHSUCHEN** auswählen und der Anwendung zuweisen.

Beispiele: Die Unit des Hauptformulars

```
unit Unit1;
interface
uses
  Windows, Messages, SysUtils, Classes, Graphics, Controls,
   Forms, Dialogs, Menus;
type
   TForm1 = class(TForm)
```

Zu Ausführung C1:

```
MainMenu1: TMainMenu;
```

Zu Ausführung C2:

```
Datei1: TMenuItem;
Neu1: TMenuItem;
Oeffnen1: TMenuItem;
```

Zu Ausführung C4:

```
Hilfe1: TMenuItem;
Inhalt1: TMenuItem;
Mensystem1: TMenuItem;
```

Zu Ausführung C6:

```
    procedure Inhalt1Click(Sender: TObject);
    procedure Mensystem1Click(Sender: TObject);
    end;
var
  Form1: TForm1;

implementation
{$R *.DFM}
```

Zu Ausführung C6:

```
procedure TForm1.Inhalt1Click(Sender: TObject);
   begin
   Application.HelpCommand(HELP_FINDER, 0);
   end;
procedure TForm1.Mensystem1Click(Sender: TObject);
   begin
   Application.HelpCommand(HELP_CONTEXT, 3);
   end;
end.
```

Anmerkung

- Weitere Informationen zur Erstellung von Hilfe-Dateien (Einfügen von Bitmaps, Anlegen von Tabellen, RTF-Formate) finden Sie in der Online-Hilfe zu ***hcw.exe***.

7 Datenbank-Anwendungen

7.1 Allgemeines

Als Anwender kennt man Datenbanken üblicherweise als eine Art dynamischer Tabelle, deren Aufbau durch ihre Felder (Spalten) definiert wird und deren Inhalt in Datensätzen (Zeilen) festgehalten wird. Als Datenbank-Programmierer ändert sich daran erst mal nichts, sofern Sie gewillt sind, sich das Leben leichtzumachen, und zur Realisierung Ihrer Datenbank-Anwendungen auf bestehende Datenbank-Treiber zurückgreifen.

Natürlich braucht man nicht gleich an Datenbanken zu denken, wenn man vor dem Problem steht, größere Datenmengen in einer Anwendung zu verwalten. Je nach Umfang der Daten und Anforderung an die Verwaltung der Daten gibt es verschiedene grundlegende Datenstrukturen:

- **Arrays (statisch, aber effiziente Suche, wenn das Array sortiert ist)**
- **Listen (dynamisch, aber ineffiziente Suchverfahren)**
- **Bäume (dynamisch, mit effizienten Suchverfahren in sortierten Bäumen)**

Steigen aber die Anforderungen an Ihre Datenverwaltung, macht es meist keinen Sinn mehr, das Rad zum zweiten Mal zu erfinden. Statt dessen überläßt man die eigentliche Verwaltung der Daten einer bestehenden Datenbank-Anwendung und konzentriert sich auf die Kommunikation mit dieser. Zu diesem Zweck stellt Ihnen Borland die **Database Engine** (BDE) und eine Reihe weiterer Tools zur Verfügung.

7.2 Die Datenbank-Hilfsprogramme

7.2.1 Die Database Engine (BDE)

Die **Borland Database Engine** ist die zentrale Vermittlerin zwischen Ihren Anwendungen und den Datenbanken. Der Vorteil dabei ist, daß Sie bei der Programmierung Ihrer Anwendungen ganz allgemeine, einfach gehaltene Befehle verwenden können, die dann von der BDE mit Hilfe der jeweiligen Datenbank-Treiber in korrekte Zugriffe auf die zugrundeliegende Datenbank umgesetzt werden. Die BDE wird direkt bei der Installation von Delphi mit eingerichtet. Da sie im Hintergrund arbeitet, verfügt sie über kein Anwendungssymbol und wird nur indirekt über die an sie gerichteten Befehle angesprochen. Diese Befehle können von drei verschiedenen Seiten herstammen:

- **Ihren Anwendungen. Um aus einer Anwendung Datenbankbefehle an die BDE zu schicken, haben Sie wiederum drei Möglichkeiten:**
  - Verwendung der Datenbank-Komponenten
  - Verwendung von SQL-Befehlen
  - Verwendung der IDAPI-Funktionen
- **Den Datenbank-Dienstprogrammen (Datenbankoberfläche, Explorer, SQL-Monitor (C/S-Version), Report Smith etc.).**
- **Dem Konfigurationsprogramm zur BDE, das hauptsächlich dazu dient, Datenbank-Treiber zu installieren und Aliase einzurichten (→ 7.2.2).**

7.2.2 Datenbank-Treiber und Treiberverbindungen

Damit die **Borland Database Engine** auf eine Datenbank (beispielsweise **Paradox** oder **Access**) zugreifen kann, benötigt sie einen passenden Treiber für diese Datenbank. Per Voreinstellung sind Treiber für den Zugriff auf lokale **Paradox-**, **dBASE-**, **FoxPro-** oder **Access-**Datenbanken installiert. Für andere Datenbanken können bzw. müssen Sie zuerst einen Treiber installieren.

Ausführung: Zugriff auf lokale Access-Datenbank

1. **Öffnen Sie das BDE-Konfigurationsprogramm.** Sie können das Programm aus der Delphi-Gruppe heraus aufrufen.

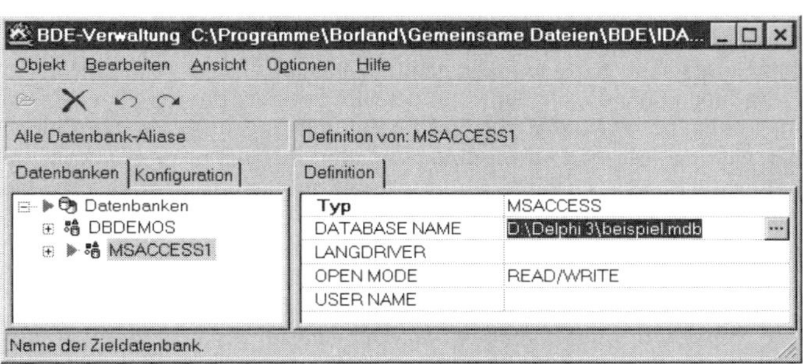

2. **Richten Sie einen Alias ein.** Rufen Sie dazu den Befehl **Neu** aus dem Menü **Objekt** auf.
   - Der Zugriff auf eine Datenbank erfolgt üblicherweise über einen Alias. In einem Alias sind alle wichtigen Informationen für den Zugriff auf eine bestimmte Datenbank enthalten (wie zum Beispiel die Position der Datenbank, der zu verwendende Treiber, die Treiber-Verbindung).
3. **Wählen Sie den zu verwendenden Treiber aus.** In dem Listenfeld des Dialogfensters ***Neuer Datenbank-Alias*** wählen Sie als Treiber den Eintrag ***MSAccess*** aus.

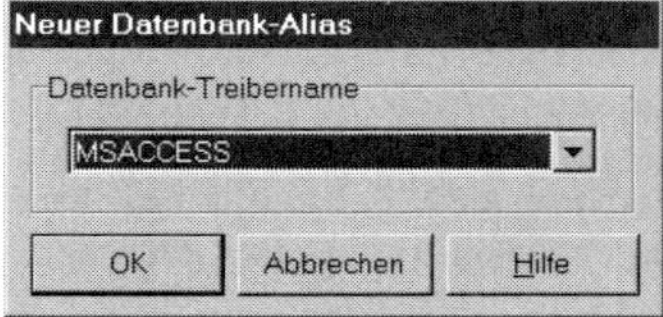

   - Die verfügbaren Treiber werden im übrigen auf der Seite ***Konfiguration*** nach ***Native*** und ***ODBC*** getrennt aufgeführt.
4. **Bearbeiten Sie den Alias.** Klicken Sie auf der Seite ***Datenbanken*** auf Ihren neuen Alias. Rechts erscheinen daraufhin die Einstellungen zu dem Alias. Klicken Sie in das Eingabefeld zu ***DATABASE NAME***. Über das rechts gelegene Schaltfeld können Sie dann die anzusprechende Access-Datenbank (Extension .mdb) auswählen.
   - Mit dem Access-Treiber und der BDE können Sie Access-Tabellen anlegen und bearbeiten, aber keine Datenbanken anlegen, in denen die Tabellen verwaltet werden.

- Wenn Sie zwar nicht Access, aber dafür einen ODBC-Access-Treiber unter Windows installiert haben, können Sie Access-Datenbanken über ***Systemeinstellungen/32-Bit-ODBC*** anlegen (➔ s.u.).

5. **Öffnen Sie das BDE-Konfigurationsprogramm.** Sie können das Programm aus der Delphi-Gruppe heraus aufrufen.

Ausführung: Neuen ODBC-Treiber für Access installieren

1. **Zuerst muß der Treiber unter Windows registriert werden.** Üblicherweise geschieht dies bei der Installation der zugehörigen Datenbank-Anwendung, Sie können aber auch entsprechende Treiber nachkaufen und mit den (hoffentlich) vorhandenen Setup-Routinen installieren.
   - Ist der ODBC-Treiber für Access korrekt unter Windows installiert, sollte sich in Ihrer ***ODBCinst.ini***-Datei (steht in Ihrem Windows-Verzeichnis) ungefähr folgender Eintrag finden:

```
[ODBC 32 bit Drivers]
Microsoft Access-Treiber (*.mdb) (32 Bit)=Installed

[Microsoft Access-Treiber (*.mdb) (32 Bit)]
Driver=C:\WINDOWS\SYSTEM\odbcjt32.dll
Setup=C:\WINDOWS\SYSTEM\odbcjt32.dll
32Bit=1
```

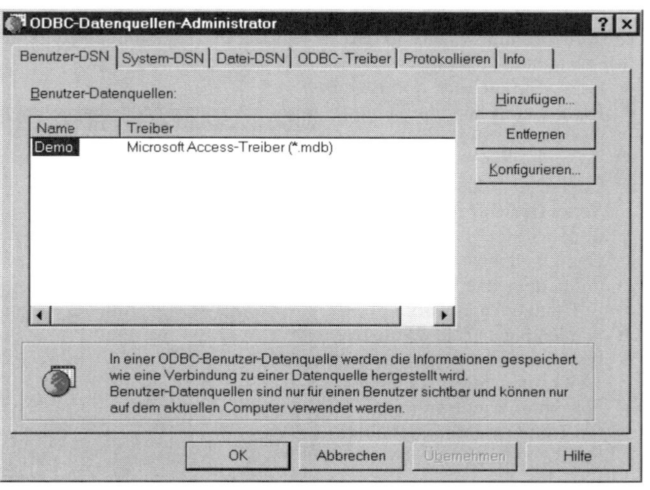

2. **Definieren Sie die ODBC-Benutzer-Datenquelle.** Auf diese Weise wird die Verbindung des Treibers mit einer Datenquelle (eine existierende Datenbank oder ein Verzeichnis, in dem später noch eine Datenbank angelegt werden soll) eingerichtet. Gehen Sie dazu folgendermaßen vor:
   - Rufen Sie das Windows-Fenster ***Systemsteuerung*** auf, und doppelklicken Sie auf den Eintrag ***32-Bit-ODBC***. In Delphi 3 können Sie auch direkt das BDE-Konfigurationsprogramm aus der Delphi-Gruppe aufrufen und den Befehl **OBJEKT/ODBC-VERBINDUNG** wählen.
   - Klicken Sie auf der Seite ***Benutzer-DSN*** auf den Schalter **HINZUFÜGEN**, wählen Sie in dem erscheinenden Dialogfenster Ihren Access-Treiber aus und schicken Sie das Dialogfenster ab (Schalter **FERTIGSTELLEN**). Die Seite ***Benutzer-DSN*** ist nur für lokale Datenbanken.
   - In dem zweiten Dialogfenster wird die Verbindung konfiguriert. Geben Sie einen beliebigen Namen für Ihre Datenquelle an. Mit den Schaltern im Feld ***Datenbank*** können Sie sodann eine existierende Datenbank auswählen oder eine neue Datenbank erstellen. Über den Schalter **ERWEITERT** können Sie den Zugriff an ein spezielles Paßwort binden.

   Die neue Datenbankverbindung wird nun auf der Seite ***Benutzer-DSN*** angezeigt und automatisch in die Datei ***odbc.ini*** eingetragen.
3. **Rufen Sie das Konfigurations-Programm zur BDE auf** (aus Delphi-Programmgruppe). Die BDE wertet die Eintragungen aus den Dateien ***odbcinst.ini*** und ***odbc.ini*** aus, so daß Sie jetzt die ODBC-Verbindung unter der BDE einrichten können:
   - Gehen Sie zur Seite ***Konfiguration***.
   - Expandieren Sie den Eintrag ***ODBC***, und rufen Sie im Kontextmenü den Befehl **NEU** auf. Es erscheint das Dialogfenster ***Neuer ODBC-Treiber***.
   - Geben Sie im Feld ***Treibername*** einen beliebigen Namen ein, unter dem der Treiber in der BDE eingerichtet wird.
   - Wählen Sie im Feld ***ODBC-Treibernamen*** den gewünschten Treiber aus (die entsprechenden unter Windows registrierten Treiber werden hier aufgeführt).

- Markieren Sie im Feld ***Datenquellen zum ...*** die gewünschte ODBC-Datenquelle aus (die in Schritt 2 eingerichtete Datenquelle sollte jetzt hier angezeigt werden). Für die Kombination Treiber/Datenquelle wird dann automatisch ein Alias erstellt und auf der Seite ***Datenbanken*** eingetragen.
- Drücken Sie **OK**.

4. **Rufen Sie die Datenbankoberfläche auf** (aus Delphi-Gruppe). Um nun eine neue Access-Tabelle zu der ODBC-Verbindung einzurichten, wählen Sie den Befehl **DATEI/NEU/TABELLE** aus. Wählen Sie in dem erscheinenden Dialogfenster den unter der BDE eingerichteten ODBC-Treiber aus (in diesem Beispiel wäre dies **ODBC_ACCESS**). Beim Abspeichern der neuen Tabelle wählen Sie dann den zugehörigen Alias aus.

7.2.3 Die Datenbankoberfläche

Steckbrief

- **Aufruf.** Sie können die Datenbankoberfläche über den Eintrag ***Datenbankoberfläche*** in der Delphi-Gruppe aufrufen oder direkt über den Befehl **TOOLS/DATENBANKOBERFLÄCHE** aus dem Menüsystem des Delphi-Hauptfensters.
- **Funktionalität und Einsatzbereich.** Mit Hilfe der Datenbankoberfläche können Sie neue Datenbank-Tabellen anlegen, ansehen, umstrukturieren und in vielfältiger Weise bearbeiten. Zudem können Sie Datenrecherchen durchführen und SQL-Dateien erstellen und ausführen. Schließlich können Sie auch Datenbank-Tabellen von einem Datenbank-Format in ein anderes umwandeln.
- **Aufbau.** Die Datenbankoberfläche wird als vollkommen eigenständige Anwendung in einem eigenen Rahmenfenster und mit eigener Menüleiste geöffnet. Sämtliche Datenbankbefehle gehen über die Borland Database Engine.

Datenbank-Tabellen anlegen

Abgesehen davon, daß Sie die **Datenbankoberfläche** natürlich selbst als kleine Datenbank-Anwendung verwenden können, eignet sie sich hervorragend, um Datenbanken zur Unterstützung und zum Testen Ihrer eigenen Datenbank-Anwendungen zu erstellen.

Wollen Sie beispielsweise lediglich einen Datenbank-Betrachter für eine immer gleiche Datenstruktur programmieren, können Sie mit der **Datenbankoberfläche** eine gleich aufgebaute, kleine Testtabelle einrichten (um Datenverluste zu vermeiden, sollten Sie Ihre Programme nie mit Originaldaten testen), und Sie brauchen dazu nicht einmal die Original-Datenbank-Anwendung, sondern nur den Treiber. Verwenden Sie dann noch die Visual-Database-Steuerelemente, benötigen Sie für die Programmierung eines reinen Datenbank-Betrachters keinerlei eigenen Code aufzusetzen(➔ Beispiel zu 7.3.3).

Ausführung: Datenbank-Tabellen anlegen

1. **Öffnen Sie die Datenbankoberfläche** (Befehl **DATENBANK/DATENBANKOBERFLÄCHE**).

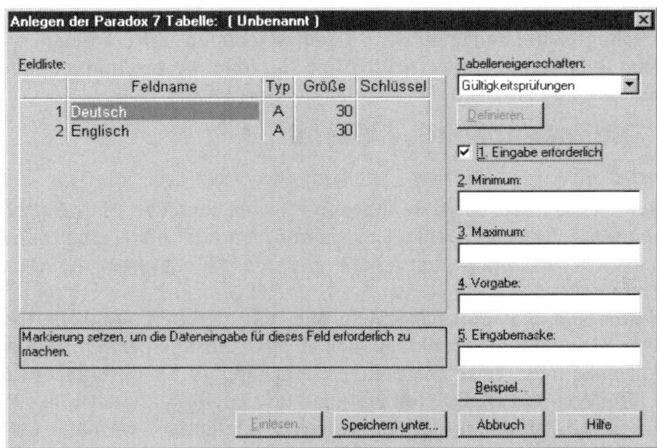

2. **Legen Sie eine neue Tabelle an** (Befehl **NEU/TABELLE** im Menü **DATEI**).
3. **Wählen Sie aus, zu welcher Art von Datenbank die Tabelle gehört.** Die Auswahl in dem erscheinenden Listenfeld hängt von den installierten Treibern ab (➔ 7.2.2).
4. **Legen Sie die Datenbank-Struktur fest.** Das Dialogfenster zur Bearbeitung der Datenbank-Struktur und der Feldeigenschaften variiert etwas in Abhängigkeit von dem gewählten Datenbanktyp. Auf jeden Fall aber legen Sie zuerst die Struktur fest, d.h., Sie definieren die Felder (Spalten) der Tabelle. Zu jedem Feld geben Sie
   - den ***Feldnamen*** (Spaltenüberschrift),
   - den ***Feld-Typ***, der bestimmt, welche Eingaben in dem Feld erlaubt sind (eine Auswahl der erlaubten Typ-Bezeichnungen finden Sie im lokalen Menü des Feldes) und
   - die ***Feldgröße*** an.

5. **Schließlich speichern Sie die Tabelle ab** (Schalter **SPEICHERN UNTER**). Haben Sie Aliase eingerichtet (BDE-Konfigurationsprogramm oder Befehl **TOOLS/ALIAS-MANAGER** der **Datenbankoberfläche**), können Sie diese auswählen, um schnell zu den entsprechenden Verzeichnissen zu wechseln.

7.2.4 Der Datenbank-Explorer

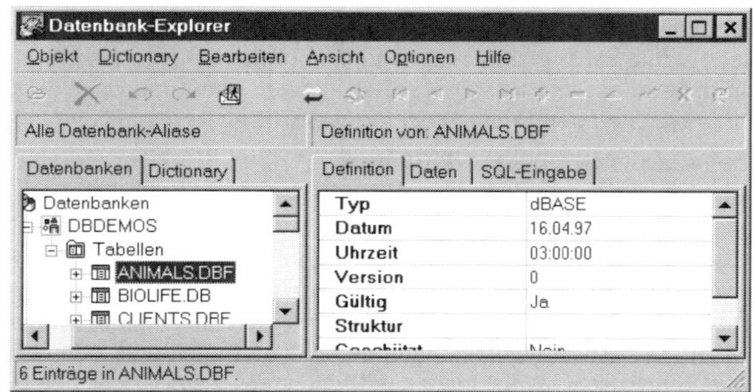

Steckbrief

- **Aufruf. Sie können den Datenbank-Explorer über den Befehl DATENBANK/EXPLORER aus dem Menüsystem des Delphi-Hauptfensters aufrufen.**
- **Funktionalität und Einsatzbereich. Mit dem Datenbank-Explorer können**
  - Sie sich darüber informieren, welche Aliase registriert sind, welche Tabellen unter diesen Aliasen abgelegt sind und wie diese Tabellen aufgebaut sind (Felder, Indizes etc.).
  - Sie können Aliase einrichten oder löschen.
  - Sie können unter Verwendung des Datenbank-Navigators Datensätze bearbeiten, einfügen oder löschen.
  - Sie können via SQL Daten abfragen.
  - Und last but not least können Sie Attributsätze definieren, die Sie im Felder-Editor (→ 7.2.6) **TField**-Objekten zuweisen können.
- **Aufbau.** Den SQL-Explorer gibt es in drei verschiedenen Varianten, so daß jede Delphi-Version ihren eigenen Explorer besitzt. Der Explorer erscheint mit eigenem Rahmenfenster und Menü. Darunter befindet sich links eine Listenanzeige, in der Sie, je nachdem welche Seite (***Datenbanken*** oder ***Dictionary***) aktiviert ist, entweder eine Tabelle oder einen Attributsatz

(Dictionary) auswählen können. Rechts davon findet sich der eigentliche Bearbeitungsausschnitt.

Attributsätze

Ein typischer Schritt bei der Datenbank-Programmierung mit den Datenbank-Komponenten besteht darin, für die verschiedenen Felder einer Datenbank-Tabelle persistente **TField**-Objekte anzulegen und diese mit Hilfe des Objektinspektors zu konfigurieren.
Da die Konfiguration der **TField**-Objekte hauptsächlich von dem zugrundeliegenden Feldtyp abhängt, hat man es mit immer wiederkehrenden Grundkonfigurationen zu tun, die als Attributsätze abgespeichert und im Felder-Editor (→ 7.2.6) komplett den **TField**-Objekten zugewiesen werden können.

Ausführung: Attributsatz definieren

1. **Rufen Sie den Explorer auf** (gleichnamiger Befehl im Menü DATENBANK).
2. **Legen Sie ein neues Dictionary-Objekt an.** Aktivieren Sie die Seite ***Dictionary***, markieren Sie den gleichnamigen Knoten und rufen Sie mit der rechten Maustaste sein Kontextmenü auf, in dem Sie den Befehl NEU auswählen. In dem erscheinenden Dialogfenster geben Sie einen beliebigen Namen für das Wörterbuch an, unter dem Sie es später auswählen können, wenn Sie zwischen verschiedenen Dictionaries wechseln wollen (Menübefehl DICTIONARY/AUSWÄHLEN). Zusätzlich wählen Sie eine Datenbank aus und verbinden das Wörterbuch mit einer Tabelle.
3. **Legen Sie einen neuen Attributsatz an.** Expandieren Sie den Knoten ***Dictionary***, markieren Sie den Knoten ***Attributmengen*** und rufen Sie mit der rechten Maustaste dessen Kontextmenü auf, in dem Sie den Befehl NEU aufrufen. Daraufhin können Sie dem neuen Attributsatz einen eigenen Namen zuweisen und ihn im Bearbeitungsausschnitt definieren.
4. **Rufen Sie im Kontextmenü den Befehl ÜBERNEHMEN auf,** um den Attributsatz verfügbar zu machen.

7.2.5 Der Formular- oder Datenbank-Experte

Steckbrief

- **Aufruf.** Sie können den Formular-Experten über den Befehl DATENBANK/FORMULAR-EXPERTE aus dem Menüsystem des Delphi-Hauptfensters aufrufen.
- **Funktionalität und Einsatzbereich.** Mit dem Formular-Experten können Sie Ihre Projekte zu Datenbank-Anwendungen ausbauen, d.h., der Experte erstellt keine eigenen Projekte, sondern lediglich die Units und Formulare zum Zugriff auf eine Datenbank. Insbesondere übernimmt der Exper-

te die Einrichtung und Verknüpfung der erforderlichen Datenbank-Komponenten und die Erstellung des Formulars zum Betrachten und Bearbeiten der Daten.

- **Aufbau.** Der Formular-Experte besteht – wie die anderen Experten auch – aus einer Folge von Dialogseiten, auf denen Sie angeben können, auf welche Tabelle zugegriffen werden soll und wie das Dialogformular zur Betrachtung und Bearbeitung der Daten angelegt werden soll. Die einzelnen Dialogseiten des Datenbank-Experten wurden bereits im 3. Kapitel beschrieben (➔ 3.6.3).

7.2.6 Der Feld-Editor

Steckbrief

- **Aufruf.** Der Feld-Editor wird durch Doppelklick auf eine der DataSet-Komponenten (TTable oder TQuery) aufgerufen.
- **Funktionalität und Einsatzbereich.** Der Feld-Editor dient zur Einrichtung und Konfiguration der Komponenten zu den Feldern einer Datenbank-Tabelle.
- **Aufbau.** Der Feld-Editor erscheint als kleines modales Dialogfenster, das vornehmlich ein Listenfeld zur Anzeige der Feld-Komponenten birgt. Über die rechte Maustaste kann ein Kontextmenü mit den Befehlen des Feld-Editors aufgerufen werden. Mit den Schaltern am oberen Rand des Editors kann man sich – vorausgesetzt, die Active-Eigenschaft der zugehörigen Datensatz-Komponente ist auf True gesetzt – in den Datensätzen der Datenbank bewegen.

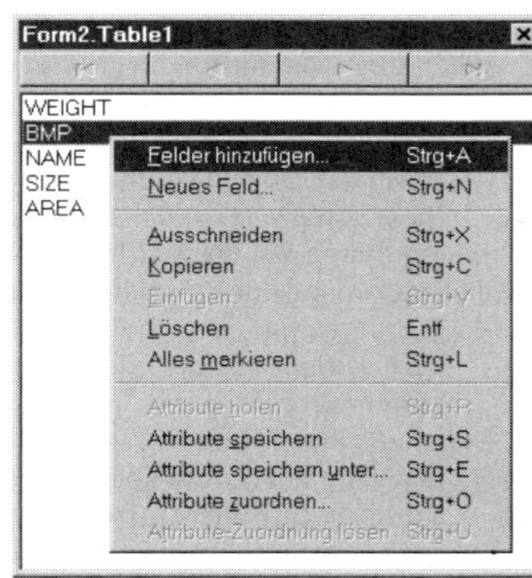

Feld-Komponenten einrichten

Mit dem Feld-Editor richten Sie persistente Komponenten für einzelne Felder ein. An sich brauchen Sie keine eigenen Komponenten für die einzelnen Felder einer Tabelle anzulegen (entsprechende Komponenten sind in der Komponententabelle auch nicht enthalten), sondern nur die Anzeige-Komponenten. Delphi übernimmt dann zur Laufzeit die dynamische Einrichtung und Auflösung der Feldinstanzen. Nachteilig bei diesem Verfahren ist, daß es zu Fehlern kommen kann, wenn die Tabelle vom Programm umstrukturiert wird, und daß Sie keinen direkten Zugriff auf die Feldinhalte haben (beispielsweise, um diese grafisch darzustellen (→ 7.3.13)). Wenn Ihnen aus einem dieser Gründe an persistenen Feldinstanzen gelegen ist, können Sie diese mit Hilfe des Feld-Editors einrichten.

Ausführung: Persistente Komponenten einrichten

1. **Rufen Sie den Feld-Editor auf** (klicken Sie doppelt auf die Dataset-Komponente Ihres Datenbank-Formulars). Der Feld-Editor erscheint und zeigt alle Felder an, für die bereits persistente Komponenten eingerichtet sind.
2. **Legen Sie eine Komponente für ein Feld der Tabelle an.** Rufen Sie das Kontextmenü auf, und wählen Sie den Befehl **FELDER HINZUFÜGEN**. Daraufhin erscheint ein weiteres Dialogfeld mit einer Liste der Felder in der Tabelle, in dem Sie die Felder markieren können, für die persistente Zugriffs-Komponenten angelegt werden sollen.
   - Ist die **Dataset**-Komponente noch nicht mit einer Tabelle verbunden, erscheint statt dessen eine Fehlermeldung. Wechseln Sie in diesem Fall in den Objektinspektor, und geben Sie den Namen der Datenbank (***DatabaseName***) und der Tabelle (***TableName***) an.
3. **Konfigurieren Sie die Zugriffs-Komponente**. Sie können dies wie üblich im Objektinspektor tun oder durch Zuweisung eines Attributsatzes.
   - Markieren Sie dazu im Feld-Editor das Feld, dessen Instanz konfiguriert werden soll, und rufen Sie im Kontextmenü den Befehl **ATTRIBUTE ZUORDNEN** auf.
   - In dem erscheinenden Dialogfenster können Sie dann den gewünschten Attributsatz auswählen, wobei allerdings nur die Attributsätze des aktuellen Dictionary angezeigt werden. Um zu einem anderen Dictionary zu wechseln, müssen Sie den Explorer aufrufen (→ 7.2.4), wozu Sie auch den Befehl **EXPLORER** im Kontextmenü der Datensatz-Komponente nutzen können.
   - Schließlich können Sie die Konfiguration im Objektinspektor nachbearbeiten.

7.2.7 Report Smith

Steckbrief

- **Aufruf.** Sie können Report Smith über seinen Eintrag in der Borlandgruppe, aber auch über die Komponente TReport direkt aus einem Delphi-Programm heraus aufrufen. Report Smith wird aber nicht mehr automatisch mit dem Delphi-Paket zusammen ausgeliefert, sondern muß extra hinzugekauft werden.

- **Funktionalität und Einsatzbereich.** Report Smith dient der Erstellung von Berichten auf der Grundlage von Daten aus einer Datenbank. Hierzu bietet Report Smith eine Vielfalt von Möglichkeiten zur Zusammenstellung der Daten und zur Formatierung und Gestaltung des Berichts (einschließlich einer integrierten Makrosprache). Darüber hinaus ermöglicht es die Laufzeitversion, abgespeicherte Berichte aus Delphi-Anwendungen heraus aufzurufen und auf den Bildschirm oder den Drucker auszugeben.
- **Aufbau.** Um seinen unterschiedlichen Aufgabenbereichen gerecht zu werden, liegt Report Smith in zwei Versionen vor:
  - Einer Voll-Version, die in eigenem Rahmenfenster erscheint und dazu dient, die Berichte anzulegen, und
  - einer Laufzeit-Version, die unsichtbar arbeitet und dazu dient, auf Veranlassung einer Delphi-Anwendung hin, Berichte auszugeben.

7.2.8 Die IDAPI

Die **IDAPI** ist eine Sammlung von Routinen, die für den Zugriff auf satzbasierte Datenbanken wie **dBase** oder **Paradox** gedacht ist. Um selbst diese Routinen in Ihren Anwendungen nutzen zu können, binden Sie in der **uses**-Anweisung Ihres Projekts die Unit ***BDE*** ein und initialisieren Sie die **Database Engine** durch einen Aufruf der Prozedur **DbiInit(Nil)**.

Anmerkung

- Eine vollständige Referenz zu den IDAPI-Funktionen finden Sie in der BDE-Online-Referenz (Symbol ***BDE API Help*** in der Delphi-Gruppe).

7.3 Datenbank-Programmierung

Für die eigentliche Programmierung haben Sie drei verschiedene Möglichkeiten:

- Verwendung der Visual Database Tools
- Verwendung der IDAPI
- Verwendung von SQL-Befehlen

Die folgenden Ausführungen beschäftigen sich hauptsächlich mit den Visual Database Tools – einschließlich eines kleinen Ausflugs in die Verwendung von Local-SQL-Befehlen.

7.3.1 Grundlagen von Datenbanken

Daten, Datenbanken und Tabellen

Der Begriff der Datenbank (database) hat im allgemeinen Sprachgebrauch zwei Bedeutungen. Zum einem bezeichnet er eine Sammlung von Daten, einen Datenbestand. Zum anderen bezeichnet er die Software, sprich das Programm, mit dem ein Datenbestand verwaltet und bearbeitet werden kann. In diesem Kapitel und bei der Programmierung unter Delphi ist unter einer Datenbank vornehmlich der Datenbestand zu verstehen.

Daten in Datenbanken werden üblicherweise in Tabellenform dargestellt. Für einige Datenbank-Programme gilt eine einfache 1:1-Entsprechung von Datenbank und Tabelle, d.h., jede Datenbank besteht aus einer Tabelle.

Andere Datenbanken – und dazu gehören vor allem die relationalen Datenbanken (➔ unten) – sind allerdings aus mehreren Tabellen zusammengesetzt. Diesem Umstand tragen auch die unterstützenden Elemente von Delphi Rechnung. Als Datenbank wird daher meist ein Verzeichnis (oder ein Alias) angegeben, in dem die Tabellen der Datenbank zu finden sind.

Aufbau von Tabellen

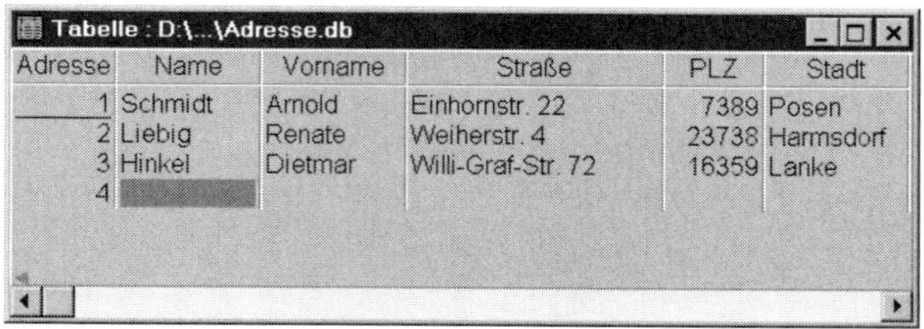

Tabelle : D:\...\Adresse.db

Adresse	Name	Vorname	Straße	PLZ	Stadt
1	Schmidt	Arnold	Einhornstr. 22	7389	Posen
2	Liebig	Renate	Weiherstr. 4	23738	Harmsdorf
3	Hinkel	Dietmar	Willi-Graf-Str. 72	16359	Lanke
4					

In einer Datenbank-Tabelle repräsentieren die Spalten der Tabelle die Felder der Datenbank, während die Zeilen die einzelnen Datensätze enthalten. Betrachtet man als typisches Beispiel den Aufbau einer Datenbank zur Adressenverwaltung, so würde man damit beginnen, durch die Definition der Felder die Struktur der Datenbank festzulegen.

Danach werden die Datensätze (sprich Adressen) eingegeben, wobei ein vollständiger Datensatz zu jeder Spalte der Datenstruktur einen Eintrag enthält. Üblichweise können auch unvollständige Datensätze eingegeben werden, beispielsweise Adressen, bei denen die Telefonummer oder der Vorname fehlen, es gibt aber auch Datenbanken-Programme, die für bestimmte Felder Eingaben zwingend vorsehen.

Die einzelnen Datensätze sind in der Tabelle in der Reihenfolge abgespeichert, in der sie eingegeben wurden. Dieses ungeordnete Ablagesystem erschwert und verlangsamt die Suche nach bestimmten Datensätzen – einer häufigen Operation auf Datenbanken. Um dem abzuhelfen, werden Tabellen indiziert. Dies bedeutet prinzipiell nichts anderes, als daß für eine bestimmte Spalte der Tabelle eine geordnete Kopie angelegt und eine Zuordnung zwischen den Einträgen der geordneten und der ungeordneten Spalte herstellt wird.

Im Falle der Adressenverwaltung wird man meist für einen gegebenen Namen die zugehörige Adresse suchen. Statt nun die Datensätze einzeln durchzugehen, erstellt man für das Feld *Name* einen Index und läßt dann direkt nach dem gewünschten Eintrag suchen. Die Datenbank-Anwendung sucht in der sortierten Kopie der Spalte nach dem vorgegebenen Namen. Findet sie ihn, hat sie damit auch den Verweis auf den entsprechenden Eintrag in der eigentlichen Tabelle und kann den gesuchten Datensatz mit der gewünschten Adresse anzeigen.

Ein Index muß aber nicht unbedingt aus einem einzigen Feld bestehen. Er kann auch zwei oder mehrere Felder umfassen, wobei die Felder in der Reihenfolge, in der sie angegeben wurden, zur Sortierung herangezogen werden. Auch mehrere voneinander unabhängige Indizes sind möglich, um nach verschiedenen Kriterien (beispielsweise nach Name oder nach Telefonnummer) in einer Datenbank suchen zu können.

Viele Datenbanken-Anwendungen setzen den Primärindex derart um, daß sie die Datensätze direkt in der entsprechenden Sortierung abspeichern.

Relationale Datenbanken

Das besondere Kennzeichen relationaler Datenbanken ist, daß sie die Daten mehrerer Tabellen zueinander in Beziehung setzen, beziehungsweise – um es von der Seite des Anwenders zu betrachten – ermöglichen, die zu verwaltende Information auf mehrere Tabellen aufzugliedern. Die Verbindung zwischen den Tabellen wird dabei durch sogenannte Schlüsselfelder hergestellt, die indiziert werden müssen und aus mehreren Feldern zusammengesetzt sein können.

- Ein Vorteil relationaler Datenbanken zeigt sich, wenn Sie viele Datensätze haben, die gleichlautende speicherintensive Einträge zu einem Feld der Datenbank besitzen.
  Ein Beispiel wäre eine Datenbank, in der alle Dateien auf Ihrem Computer gespeichert sind. Zu jeder Datei speichern Sie das Erstellungsdatum, den Datentyp und natürlich den Verzeichnispfad. Dabei haben alle Dateien eines Verzeichnisses den gleichen Verzeichnispfad, und dieser kann naturgemäß sehr lang sein, weswegen diese Information recht speicherintensiv ist. Hier kann man Speicher sparen, indem man in der Tabelle mit den Dateien statt des Verzeichnispfades ein Kürzel oder einen simplen Zahlenindex aufführt. Die gleichen Zahlenindizes werden dann in einer zweiten Tabelle mit den Verzeichnispfaden verbunden, wobei in dieser zweiten Tabelle jeder Verzeichnispfad nur einmal abgespeichert werden muß. Die Verknüpfung der beiden Tabellen erfolgt hier also über das Feld mit den Zahlenindizes.
- Ein weiterer Vorteil der relationalen Datenbanken ist ihr modulares Konzept, das sie ohne große Mühe beliebig erweiterbar macht und dabei sparsam mit Speicherressourcen umgeht.

SQL und Local SQL

SQL steht für Structured Query Language und bezeichnet eine von IBM entwickelte Sprache zur Kommunikation mit relationalen Datenbanken.

Anders als die Übersetzung des Akronyms andeutet, ist SQL jedoch nicht strukturiert, sondern besteht aus einer einfachen Sammlung von Datenbankbefehlen, mit denen Daten aus Datenbanken abgefragt, aber auch Datenbanken neu angelegt werden können. Neben der Mächtigkeit der Sprache liegt ihr Wert natürlich auch darin, daß sie einen Quasi-Standard definiert, der von den meisten Datenbanken-Anwendungen unterstützt wird.

SQL wurde allerdings speziell für Server-Datenbanken entwickelt und wird von lokalen Datenbanken wie dBASE oder Paradox nicht unterstützt. Borland stellt aus diesem Grunde Local SQL – eine leicht abgewandelte Teilmenge von SQL, die von dBASE und Paradox unterstützt wird – zur Verfügung.

Um SQL-Anweisungen in Ihre Programme aufzunehmen, verwenden Sie die **TDataSet**-Komponente **TQuery** statt **TTable**.

7.3.2 Die Datenbank-Komponenten

Nach ihrem Verwendungszweck werden die Datenbank-Komponenten in Datenzugriffs-Komponenten (***Datenzugriff***) und datensensitive Steuerelemente (***Datensteuerung***) eingeteilt.

Die Datenzugriffs-Komponenten

Die Datenzugriffs-Komponenten kapseln die wichtigsten Funktionen der **Borland Database Engine** und dienen zum Aufbau einer Verbindung zwischen einer Delphi-Anwendung und einer Datenbank. Über den **Objektinspektor** werden Sie konfiguriert und untereinander in Beziehung gesetzt, um den Datenfluß richtig zu leiten. Zur Laufzeit sind sie nicht sichtbar.

Symbol	Klassenname	Beschreibung
	TDataSource	Verbindungsglied zwischen Datenquelle (**TTable, TQuery oder TStoredProc**) und datensensitiver Komponente
	TTable	Stellt Verbindung zu Datenbank-Tabelle her.
	TQery	Für SQL-Datentransfer in beide Richtungen
	TStoredProc	Überträgt Daten von datensensitiver Komponente zu Datenquelle
	TDatabase	Richtet Verbindung zu Datenbank ein
	TSession	Zur Verwaltung von TDatabase-Komponenten. In Multithread-Datenbank-Anwendungen benötigt jeder Thread eine Instanz dieser Klasse.
	TBatchMove	Kopiert Tabelle, übersetzt zwischen Datenbank-Formaten
	TUpdateSQL	Zur Aktualisierung von Nur-Lesen-Datensätzen

Die datensensitiven Steuerelemente

Aus den datensensitiven Steuerelementen wird die eigentliche Benutzerschnittstelle aufgebaut – in ihnen werden die Inhalte der Datenbankfelder angezeigt, wobei es für jeden Datentyp eine eigene Komponente gibt.

Symbol	Klassenname	Beschreibung
	TDBGrid	Datengitter zur Repräsentation von Tabellen
	TDBNavigator	Gruppe von Schaltflächen zum Bewegen in und Verwalten von Datensätzen
	TDBText	Textfeld, das den Inhalt eines Feldes repräsentiert
	TDBEdit	Editierfeld für Spaltenwerte
	TDBMemo	Memo-Steuerelement für BLOB-Textdaten
	TDBImage	Steuerelement für BLOB-Gafikdaten
	TDBListBox	Listenfeld für Spaltenwerte
	TDBComboBox	Kombinationsfeld für Spaltenwerte
	TDBCheckBox	Markierungsfeld für Spaltenwerte
	TDBRadioGroup	Gruppe von Optionsfeldern für Spaltenwerte
	TDBLookupList	Listenfeld mit zusätzlichen Werten aus anderer Tabelle

Symbol	Klassenname	Beschreibung
	TDBLookupCombo	Kombinationsfeld mit zusätzlichen Werten aus anderer Tabelle
	**TDBRichEdit**	RTF-Editierfeld für Spaltenwerte
	TDBCtrlGrid	Datengitter zur Repräsentation von Tabellen, wobei jede Zelle mehrere Felder eines Datensatzes enthält
	TDBChart	Diagramm-Komponente zur grafischen Repräsentation von Daten

7.3.3 Verknüpfung der Datenbank-Komponenten

Die erste Aufgabe bei der Erstellung einer Datenbank-Anwendung besteht zumeist darin, ein Formular zur Betrachtung und Bearbeitung der Daten aus der Datenbank einzurichten und die Verbindung zur Datenbank herzustellen. Dies geschieht auf drei Ebenen und erfordert drei unterschiedliche Typen von Datenbank-Komponenten:

- Datensteuerungs-Komponenten zur Anzeige der Daten. Im einfachsten Fall wird für jedes Feld (Spalte) der Datenbank eine Anzeige-Komponente eingerichtet und mit dem Feld verbunden, wobei die Anzeige-Komponente nach dem Datentyp des Feldes ausgewählt wird.
- Datenzugriffs-Komponenten zur Repräsentation von Datenmengen. Hierzu stehen Ihnen die von TDataSet abgeleiteten Komponenten TTable und TQuery zur Verfügung. Die Verwendung persistenter Zugriffs-Komponenten zu einzelnen Feldern einer Tabelle ist optional (Ableitungen von TField) (→ 7.3.13).
- TDataSource, das die Verbindung zwischen den Anzeige- und den Zugriffs-Komponenten herstellt.

Die Einrichtung dieser grundlegenden Komponenten können Sie praktisch vollständig dem Datenbank-Experten (→ 3.6.3) überlassen, Sie können sie aber auch selbst vornehmen (→ unten).

Anmerkung

- Durch Einsatz der Komponenten TDatabase und/oder TSession erhalten Sie weiterreichende Möglichkeiten, auf die Art der Verbindung einzuwirken (Paßwortabfrage, Verwaltung mehrerer Verbindungen etc.).

Ausführung: Formular für Datenbank-Betrachter erstellen

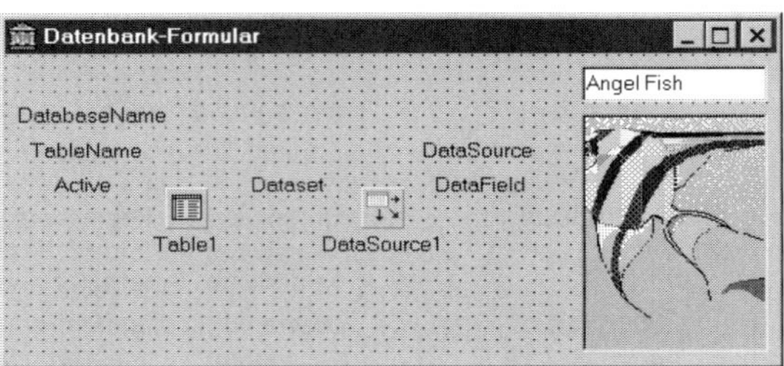

1. **Legen Sie ein neues Projekt an** (Befehl **NEUE ANWENDUNG**).
2. **Öffnen Sie in der Komponentenpalette die Seite *Datensteuerung*.**
3. **Wählen Sie für die Felder ihrer Datenbank entsprechende Steuerelemente aus,** und ordnen Sie diese in Ihrem Dialog an. Zusätzlich können Sie auch noch ein Navigator-Element vorsehen.
4. **Wechseln Sie in der Komponentenpalette zur Seite *Datenzugriff*.**
5. **Klicken Sie als Datenquelle das TTable-Symbol an,** und plazieren Sie es per Mausklick an beliebiger Stelle in Ihrem Datenbank-Formular (wird später nicht angezeigt).
6. **Klicken Sie das Verbindungselement TDataSource an,** und plazieren Sie es an beliebiger Stelle in Ihrem Datenbank-Formular (wird später nicht angezeigt).
7. **Verbinden Sie TTable mit einer Datenbank-Tabelle.** Markieren Sie dazu das **TTable**-Objekt und wechseln Sie zum **Objektinspektor**. Dort nehmen Sie folgende Einstellungen vor:
   - Setzen Sie die Eigenschaft ***DatabaseName*** auf ein Alias oder das Verzeichnis, in dem die Tabelle zu finden ist .
   - Wählen Sie für die Eigenschaft ***TableName*** den Namen der Tabellendatei an.
   - Setzen Sie die Eigenschaft ***Active*** auf **True**.
8. **Verbinden Sie TDataSource mit Ihrer Tabelle.** Klicken Sie dazu das **TDataSource**-Steuerelement an und

   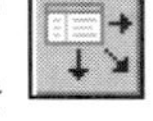

   - wählen Sie im **Objektinspektor** für die Eigenschaft ***Dataset*** den Namen der **TTable**-Komponente aus.
9. **Verbinden Sie die datensensitiven Elemente mit TDataSource.** Klicken Sie dazu die datensensitiven Steuerelemente an, und

- wählen Sie im **Objektinspektor** für die Eigenschaft ***DataSource*** den Namen der **TDataSource**-Komponente aus,
- wählen Sie für die Eigenschaft ***DataField*** aus, mit welchem Feld der Datenstruktur das Steuerelement verbunden werden soll (zuvor müssen Sie eventuell die Eigenschaft ***Active*** auf **True** setzen).

Anmerkung

- Die Zwischenschaltung der TDataSource-Komponente hat den Vorteil, daß man bei Verwendung mehrerer TTable-Komponenten leichter zwischen diesen umschalten kann (man braucht dann nur die Dataset-Eigenschaft der TDataSource-Komponente umzusetzen und gegebenenfalls die *DataField*-Eigenschaften der datensensitiven Komponenten anzupassen).

7.3.4 Datenmodule

Wenn man öfters auf bestimmte Datenbanken und Tabellen zugreift, lohnt es sich, die Datenbankverbindung, d.h. die für die Verbindung verwendeten Datenzugriffs-Komponenten, in einem Datenmodul abzulegen und dieses über die Objektablage zur Verfügung zu stellen.
Die folgende Ausführung beschreibt, wie Sie die Datenbankverbindung des Datenbank-Betrachters (➔ s.o.) als Datenmodul ablegen.

Ausführung: Datenmodule anlegen

1. **Öffnen Sie das Formular des Datenbank-Betrachters** (➔ 7.3.3).
2. **Legen Sie ein neues Datenmodul an** (Befehl **DATEI/NEUES DATENMODUL**).
3. **Kopieren Sie die TTable- und die TDataSource-Komponente des Datenbank-Betrachters in die Zwischenablage.** Durch Gedrückthalten der [⇧]-Taste und Anklicken mit der Maus können Sie beide Komponenten gleichzeitig markieren. Mit [Strg]+[X] oder [Strg]+[C] können Sie die Komponenten in die Zwischenablage aufnehmen.
4. **Kopieren Sie die TTable- und die TDataSource-Komponente in das Datenmodul.** Wechseln Sie zum Datenmodul, und fügen Sie die Komponenten mit [Strg]+[V] in das Datenmodul ein.
5. **Speichern Sie das Datenmodul.**
6. **Nehmen Sie das Datenmodul in die Objektablage auf.** Rufen Sie dazu im Kontextmenü des Datenmoduls den Befehl **DER OBJEKTABLAGE HINZUFÜGEN** auf.

Anmerkung

- Wenn Sie später eine Verbindung zu der Datenbank herstellen wollen, kopieren Sie einfach das Datenmodul aus der Objektablage in Ihr Projekt. In der Unit des Datenbank-Formulars mit den datensensitiven Komponenten müssen Sie dann das Datenmodul bekanntmachen, wozu Sie zur Unit des Datenbank-Formulars wechseln und mit Hilfe des Befehls **DATEI/UNIT VERWENDEN** die Unit des Datenmoduls in den ***uses***-Abschnitt einfügen. Zum Schluß markieren Sie alle datensensitiven Steuerelemente und setzen mit einem Schlag deren ***DataSource***-Eigenschaft auf die TDataSource-Komponente des Datenmoduls.

7.3.5 Tabellen anlegen und öffnen

Ausgangspunkt der Datenbank-Programmierung ist natürlich eine Datenbank, die nicht nur die zu verarbeitenden Daten liefert, sondern auch zum Testen und Debuggen der entstehenden Anwendung gebraucht wird.

Übersicht: Tabelle anlegen

- Erstellen Sie eine Test-Tabelle. Testen Sie Ihr Programm nicht mit bestehenden Tabellen, um unwiderbringliche Datenverluste durch Fehler in Ihrem Programm zu vermeiden.
- Test-Tabellen können Sie durch Kopieren oder mit Hilfe der entsprechenden Datenbank-Anwendungen erstellen.
- Am einfachsten ist der Einsatz der Datenbankoberfläche, mit der Sie auch Tabellen anlegen können, für die Sie keine Datenbank-Anwendung zur Verfügung haben (alles was Sie brauchen, sind geeignete Datenbank-Treiber, die Sie über Borland beziehen können und über das BDE-Konfigurationsprogramm (➔ 7.2.2) einrichten können).
- Schließlich können Sie Tabellen direkt in Ihrem Programm anlegen.

Ausführung: Tabelle mit TTable anlegen

1. **Weisen Sie der TTable-Eigenschaft *DatabaseName* das Verzeichnis zu,** unter dem die Tabelle zu finden ist.
2. **Weisen Sie der TTable-Eigenschaft *TableName* den Namen der Tabelle zu.**
3. **Legen Sie den Typ der Tabelle fest.** Mögliche Werte sind ***ttDefault***, ***ttParadox***, ***ttDBase*** oder ***ttASCII***.
4. **Definieren Sie die Felder der Tabelle**, die in der Eigenschaft **FieldDefs.Item** gespeichert werden und mit Hilfe der Methode **Add** eingerichtet werden:

   procedure Add(const Name: string; DataType: TFieldType; Size: Word; Required: Boolean);

Parameter	Beschreibung	
Name	Name des Feldes	
DataType	Erlaubte Werte sind:	
	ftUnknown	unbestimmter Datentyp
	ftString	Zeichen- oder Stringfeld
	ftSmallint	16-Bit-Integerfeld
	ftInteger	32-Bit-Integerfeld
	ftWord	16-Bit-vorzeichenloses-Integerfeld
	ftBoolean	Boolesches Feld
	ftFloat	Gleitkommafeld
	ftCurrency	Währungsfeld
	ftBCD	Binär codiertes Dezimalfeld
	ftDate	Datumsfeld
	ftTime	Zeitfeld
	ftDateTime	Datums- und Uhrzeitfeld
	ftBytes	Feste Anzahl von Bytes
	ftVarBytes	Variable Anzahl von Bytes
	ftAutoInc	16-Bit-Zählfeld
	ftBlob	Großes binäres Objektfeld
	ftMemo	Textmemofeld
	ftGraphic	Bitmap-Feld
	ftFmtMemo	Formatiertes Textmemofeld
	ftParadoxOle	Paradox-OLE-Feld
	ftDBaseOle	dBASE-OLE-Feld
	ftTypedBinary	Typisiertes binäres Feld
Size	Größe des Feldes (bei Feldern, für die diese Angabe keinen Sinn macht, setzen Sie **Size** einfach auf Null)	
Required	Ist **Required** gleich **True**, bedeutet dies, daß dieses Feld für jeden Datensatz der Tabelle Daten enthalten muß	

5. **Erzeugen Sie die neue Tabelle**, wozu Sie die Methode **CreateTable** aufrufen.

Beispiel

```
Table1.DatabaseName := 'C:\Datenbank1';
Table1.TableName := 'Tabelle1.dbf';
Table1.TableType := ttDBase;
Table1.FieldDefs.Add('ENGLISCH',ftString,40,True);
Table1.FieldDefs.Add('DEUTSCH',ftString,40,True);
Table1.CreateTable;
```

Ausführung: Tabelle mit TQuery anlegen

TQuery bietet weniger Methoden zur Bearbeitung von Datenbanken als **TTable**, erlaubt dafür aber die Ausführung von SQL-Befehlen. So erfolgt auch die Definition neuer oder das Öffnen bestehender Tabellen über SQL-Anweisungen. Diese werden in der **TQuery**-Eigenschaft SQL abgelegt und mittels **ExecSQL** oder **Open** ausgeführt.

1. **Stellen Sie sicher, daß die Eigenschaft SQL keine Einträge enthält.** Rufen Sie hierzu die Methode **SQL.Clear** auf.
2. **Fügen Sie mit Hilfe der Methode SQL.Add eine CREATE TABLE-Anweisung zur Definition und Erzeugung der Tabelle ein:**

   CREATE TABLE Tabellenname (Feldname1 Typ,
Feldname2 Typ,
...)

3. **Führen Sie die SQL-Anweisung mittels ExecSQL aus.**

Parameter	Beschreibung	
Tabellenname	Name der Tabelle, wobei anhand der Extension des Tabellennamens zwischen Paradox (.db) und dBASE (.dbf) unterschieden werden kann. Wird keine Extension angegeben, wird die Datenbank passend zum Standardtreiber der BDE angelegt.	
Feldname	Name der Felder der Tabelle.	
Typ	Für die Felder der Tabelle sind in SQL folgende Feld-Typen vorgesehen:	
	AUTOINC	Zählerfeld
	BLOB(n,1)	Memofeld
	BLOB(n,2)	Binärfeld
	BLOB(n,3)	Formatiertes Memofeld
	BLOB(n,4)	OLE-Feld
	BLOB(n,5)	Grafikfeld
	BOOLEAN	Boolesches Feld

Parameter	Beschreibung	
	BYTES(n)	Bytefeld
	CHARACTER(n)	Alphanumerisches Feld
	DATE	Datumsfeld
	DECIMAL(x,y)	BCD-Feld
	FLOAT	Gleitkommafeld
	INTEGER	Integerfeld
	MONEY	Währungsfeld
	NUMERIC(x,y)	Zahlenfeld
	SMALLINT	Kleines Zahlenfeld
	TIME	Zeitfeld
	TIMESTAMP	Datums- und Zeitfeld
	VARCHAR(n)	Alphanumerisches Feld

Beispiel

```
Query1.SQL.Clear;
Query1.SQL.Add('CREATE TABLE "Tabelle1.dbf"
                (ENGLISCH character(40),
                 DEUTSCH  character(40))');
Query1.ExecSQL;
```

Übersicht: Tabelle öffnen

- Um eine Tabelle, die durch eine TTable-Komponente präsentiert wird, zu öffnen, rufen Sie die Methode Open auf, oder setzen Sie die Eigenschaft Active auf True.
- In Tabellen, die durch eine TQuery-Komponente präsentiert werden, wird dabei versucht, eine SELECT-Anweisung aus der Eigenschaft SQL auszuführen, was zu Fehlern führen kann.
- Um die Arbeitssitzung mit einer Tabelle zu beenden – sei es, um eine andere Tabelle öffnen zu können oder die Struktur der Tabelle zu verändern – rufen Sie die Methode Close auf. Oder setzen Sie die Eigenschaft Active auf False (wenn Sie persistente Feld-Komponenten verwenden (➔ Feld-Editor) müssen Sie deren DataField-Eigenschaft zusätzlich einen leeren String zuweisen.

Das folgende Beispiel zeigt die Prozedur **FormCreate** aus der Vokabeltrainer-Anwendung (➔ 7.3.11). In der Prozedur wird der Standarddialog zum Öffnen von Dateien (**TOpenDialog**-Komponente) aufgerufen, um den Benutzer eine Tabelle auswählen zu lassen. Existiert die angegebene Tabelle nicht, legt das

Programm sie neu an (das Programm konzentriert sich lediglich auf die wichtigsten Punkte; in einer etwas benutzerfreundlicheren Version würde man das Öffnen bestehender und das Anlegen neuer Tabellen auf entsprechende Menübefehle verteilen und beim Öffnen bestehender Tabellen überprüfen, ob deren Struktur zum Programm paßt).

Beispiel

```
procedure TForm1.FormCreate(Sender: TObject);
var
  datei : TFileName;
  pfad  : string;
  loop  : Integer;
  engl, deut : boolean;
begin
  Table1.Active:= False;
  OpenDialog1.InitialDir := 'd:\Dict';
  OpenDialog1.Filter :=
                        'dBase-Tabellen (*.dbf) | *.dbf';
  OpenDialog1.Options := [ofPathMustExist];
  if OpenDialog1.Execute then
    begin
    datei := OpenDialog1.Filename;
    Table1.TableName := datei;
    if not fileexists(datei) then begin
       Table1.FieldDefs.Clear;
       Table1.FieldDefs.Add('ENGLISCH',
                             ftString,40,True);
       Table1.FieldDefs.Add('DEUTSCH',
                             ftString,40,True);
       Table1.CreateTable;
       end;
    engl := false;
    deut := false;
    Table1.Active := true;

    ...

    end
    else begin
    Application.Terminate;
    end;
end;
```

7.3.6 Felder bearbeiten

Bei der Bearbeitung der Felder muß man zwischen den Datensteuerungs-Komponenten zur Anzeige der Feldinhalte und den von **TField** abgeleiteten

Komponenten zur Repräsentation der Felder einer Tabelle unterscheiden. Erstere sind die Komponenten, aus denen Sie die Formulare zum Betrachten und Bearbeiten der Daten aufbauen und die Sie auf der Seite ***Datenzugriff*** der Komponentenpalette vorfinden. Die **TField**-Komponenten hingegen stellen die eigentliche Verbindung zu den Feldern der Tabelle her, müssen aber nicht unbedingt von Ihnen erzeugt werden, da Delphi dies automatisch für Sie übernimmt, wenn die Eigenschaft ***Active*** der Tabelle auf **True** gesetzt wird. Man spricht in diesem Fall von dynamischen Feld-Komponenten. Die andere Möglichkeit ist die Einrichtung persistenter Feld-Komponenten, für die Sie am besten den Feld-Editor aufrufen. Sie können in einer Anwendung jedoch entweder nur dynamische oder nur persistente Feld-Komponenten verwenden.

Übersicht: Dynamische Feld-Komponenten

- Werden von Delphi erzeugt, wenn die Eigenschaft ***Active*** der Tabelle auf **True** gesetzt wird.
- Es werden jeweils für alle Felder der Tabelle Komponenten angelegt.
- Die Felder ändern sich, wenn die Struktur der Tabelle geändert wurde.

Übersicht: Persistente Feld-Komponenten

- Werden am einfachsten mit dem Feld-Editor erstellt (Aufruf durch Doppelklick auf die **TTable**-Komponente).
- Sie können selbst auswählen, für welche Felder Komponenten erzeugt werden sollen.
- Falsche Zugriffe aufgrund nicht passender Tabellenstrukturen werden durch Exceptions abgefangen.
- Persistente Komponenten können durch die Zuweisung von Attributsätzen (→ 7.2.5) konfiguriert werden.

Als Feld-Komponenten stehen Ihnen zur Verfügung:

Tabelle 7.1: TField-Komponenten

Komponente	Beschreibung
TField	Basisklasse für alle anderen Feld-Komponenten
TAutoIncField	Für Zählfelder
TBCDField	Für binär codierte Dezimalfelder
TBlobField	Für BLOB-Felder (große binäre Objekte)
TBooleanField	Für boolesche Werte
TBytesField	Für feste Anzahl von Bytes
TCurrencyField	Für Währungsfelder

Tabelle 7.1: TField-Komponenten

Komponente	Beschreibung
TDateField	Für Datumsfelder
TDateTimeField	Für Datums-/Zeitfelder
TFloatField	Für Gleitkommafelder
TGraphicField	Für Grafikfelder
TIntegerField	Für 32-Bit-Integerfelder
TMemoField	Für Memofelder
TNumericFIeld	Für numerische Felder
TSmallintField	Für 16-Bit-Integerfelder
TStringField	Für Textfelder
TTimeField	Für Zeitfelder
TVarBytesField	Für variable Anzahl von Bytes
TWordField	Für vorzeichenlose Integerfelder

Die Arbeit mit den Feldern, ihren Inhalten und ihrer Anzeige erfolgt auf mehreren Ebenen.

Übersicht: Bearbeitung von Feldern

- Eigenschaften der Anzeige-Komponenten. Die Verbindung einer Anzeige-Komponente mit dem Feld, dessen Daten in der Komponente angezeigt werden sollen, erfolgt über die Eigenschaften **DataField** und **DataSource.**
- Eigenschaften der Feld-Komponente (nur für persistente Feld-Komponenten).
- Über die TDataSet-Komponente **(TTable, TQuery oder TStoredProc)** und hier vor allem die Eigenschaften
    - **Fields,** ein Array, das beginnend mit dem Index 0 für jedes Feld der Tabelle ein **TField**-Objekt enthält (die Gesamtzahl der **TField**-Objekte ist in der Eigenschaft **FieldCount** festgehalten);
    - **FieldDefs,** eine Eigenschaft mit eigenen Methoden zur Festlegung der Struktur neuer Tabellen;

  und die Methoden
    - **FieldByName,** über die Sie mit Hilfe des Feldnamens auf die zugehörige dynamische Feld-Komponente zugreifen können – meist eingesetzt, um auch bei Verwendung dynamischer Feld-Komponenten deren Methoden und Eigenschaften verwenden zu können;

- **DisableControls**, die die **TDataSource**-Komponente(n) von Ihrer Datei trennt, so daß auch die Anzeige in den datensensitiven Komponenten nicht mehr aktualisiert wird;
- **EnableControls**, die die Verbindung zwischen der **TDataSource**-Komponente und der Datei wiederherstellt.

■ Über die Navigator-Komponente, die wie eine normale Anzeige-Komponente mit der Datenquelle verbunden wird, und die vollständige Funktionalität zum Durchlaufen, Hinzufügen, Löschen und Aktualisieren von Datensätzen bereitstellt.

7.3.7 Der Datenbank-Navigator

Der Datenbank-Navigator ist eine sehr praktische Komponente, mit deren Hilfe Sie ohne große Mühe die Funktionalität zum Bewegen in einer Datenbank sowie zum Hinzufügen und Entfernen von Datensätzen bereitstellen können. Dabei stellt der Navigator genaugenommen nur die Schnittstelle zum Benutzer her – die eigentlichen Routinen gehen auf **TDataSet**-Methoden zurück.

Ausführung: Einrichtung eines Datenbank-Navigators

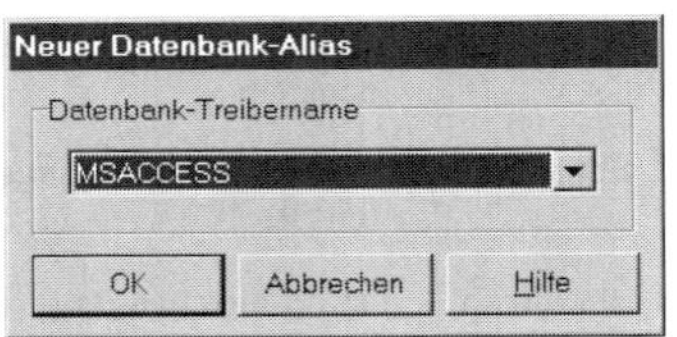

1. **Binden Sie die Navigator-Komponente in Ihre Anwendung ein.** Plazieren Sie eine Instanz des Navigators in Ihr Formular, und setzen Sie im Objektinspektor die Eigenschaft ***Datasource*** auf Ihre **TDataSource**-Komponente.
2. **Konfigurieren Sie das Erscheinungsbild des Navigators.** Hier stehen Ihnen auf der Seite ***Eigenschaften*** des Objektinspektors natürlich die üblichen Möglichkeiten zur Verfügung, wie Ausrichtung (***Align***), Abmaße, Anzeige von Kurzinformationen (***ShowHint***), Sichtbarkeit (***Visible***). Sie können zusätzlich aber auch bestimmen, welche einzelnen Schaltflächen im Navigator sichtbar sein sollen (Eigenschaft ***VisibleButtons***).

Tabelle 7.2: Navigator-Elemente

Schaltfläche	Beschreibung	
⏮	nbFirst	Wechselt zum ersten Datensatz

Tabelle 7.2: Navigator-Elemente

Schaltfläche	Beschreibung	
◄	nbPrior	Wechselt zum vorangehenden Datensatz
►	nbNext	Wechselt zum nächsten Datensatz
►I	nbLast	Wechselt zum letzten Datensatz
+	nbInsert	Fügt einen leeren Datensatz ein
–	nbDelete	Löscht den aktuellen Datensatz
▲	nbEdit	Ermöglicht das Editieren des aktuellenDatensatzes
✓	nbPost	Trägt den aktuellen Datensatz in dieDatenbank ein
×	nbCancel	Verwirft die Änderungen im aktuellen Datensatz
↻	nbRefresh	ursprünglichen Daten aus derDatenbank

3. **Bearbeiten Sie die Funktionen des Navigators.** Wenn Sie die Antwort auf die einzelnen Schalter des Navigators bearbeiten wollen, richten Sie eine Antwortroutine für das Ereignis ***OnClick*** ein und fragen Sie ab, welcher Schalter gedrückt wurde.

Das folgende Beispiel zeigt die Prozedur **DBNavigatorClick** aus der Vokabeltrainer-Anwendung (➔ 7.3.11). Die Prozedur sorgt dafür, daß im Abfragemodus des Vokabeltrainers die Schalter **nbPrior** und **nbNext** nicht mehr zum sequentiellen Durchlaufen der Datenbank führen, sondern zufällige Datensätze auswählen. (Das Anzeigen und Verbergen der einzelnen Schalter des Navigators wird in der Prozedur **RadioGroup1Click** (➔ Beispiel zu 7.3.11) vorgeführt.)

Beispiel

```
procedure TForm1.DBNavigatorClick(Sender: TObject; Button:
```

```
                                    TNavigateBtn);
ar
  max : Longint;
  datensatz : Integer;
egin
  if Modus = Abfragen then begin
    EditDeutsch.Visible := False;
    Edit1.Text := '';
    if (Button = nbPrior) or (Button = nbNext) then
      begin
      max := Table1.RecordCount;
      datensatz := random(max);
      Table1.First();
      Table1.MoveBy(datensatz);
      end;
    end;
nd;
```

7.3.8 Indizes erstellen

Einen Index zu erstellen, bedeutet im Prinzip, daß auf der Grundlage der Einträge in einem Feld (oder einer Kombination von Feldern) die Datensätze der Datenbank-Tabelle sortiert werden. Entweder werden die Datensätze dann direkt in der sortierten Reihenfolge abgespeichert (Primärindex für Paradox-Tabellen), oder es wird eine Extra-Tabelle mit einer sortierten Kopie der Indexfelder angelegt, die Verweise auf die Tabelle mit den vollständigen Datensätzen enthalten (wenn z.B. mehrere Indizes für eine Tabelle angelegt werden).

Die Indizes beschleunigen das Suchen nach Daten in einer Datenbank; für die Suche mit Hilfe der Methoden der Datenbank-Komponenten sind sie sogar zwingend erforderlich, während man mit Hilfe von SQL-Anweisungen auch in nicht indizierten Datenmengen suchen kann.

Übersicht: Indizes

- Wenn Sie mit einer **TQuery**-Komponente arbeiten, stehen Ihnen keine speziellen Methoden zur Arbeit mit Indizes zur Verfügung. Statt dessen greifen Sie hierfür auf die entsprechenden SQL-Anweisungen zurück.
  - Für Paradox-Tabellen können Sie den Primärindex direkt bei der Erzeugung der Tabelle definieren, wobei die Tabelle zum alleinigen Gebrauch durch die Anwendung geöffnet sein muß (**Exclusive** gleich **True**) und das Feld (oder die Kombination der Felder) für den Primärschlüssel die Datensätze eindeutig identifizieren muß – das Feld also keine Null-Einträge enthalten darf (**Required** gleich **True**):
    ```
    Query1.SQL.Add('CREATE TABLE "Tabelle1.dbf"
    ```

```
(ENGLISCH character(40),
 DEUTSCH  character(40),
 PRIMARY KEY (ENGLISCH))');
```

- Ansonsten verwenden Sie den SQL-Befehl **CREATE INDEX**:

CREATE INDEX Indexname ON Tabellenname (spalte1, spalte2, ...)

Parameter	Beschreibung
Indexname	Name für den zu erstellenden Index
Tabellenname	Name der Tabelle
spalte	Bezeichnungen der Felder, nach denen sortiert wird

- Wenn Sie mit einer **TTable**-Komponente arbeiten, stehen Ihnen verschiedene Möglichkeiten zur Arbeit mit Indizes zur Verfügung:
  - **IndexFields**, ein Array, das beginnend mit dem Index **0** für jedes Feld, das zum aktuellen Index gehört, ein **TField**-Objekt enthält (die Gesamtzahl der **TField**-Objekte ist in der Eigenschaft **IndexFieldCount** festgehalten);
  - **IndexDefs**, eine Eigenschaft mit eigenen Methoden zur Festlegung der Indizes für neue Tabellen. Wenn Sie sich umgekehrt auf dem Weg über die Eigenschaft **IndexDefs** über die vorhandenen Indizes informieren wollen (→ Beispiel), rufen Sie zuerst die Methode **Update** auf, um sicherzustellen, daß die zurückgelieferte Information dem aktuellen Stand entspricht;
  - **IndexName** (für lokale Datenbanken) oder **IndexFieldNames** (für SQL-Server), die dazu dienen, einen anderen als den Primärindex auszuwählen;

  und die Methoden
  - **GetIndexNames**, die in ihrem Parameter eine Liste der für die Tabelle verfügbaren Indizes zurückliefert;
  - **AddIndex**, um einen neuen Index einzurichten.

procedure AddIndex(const Name, Fields: string; Options: TIndexOptions);

Parameter	Beschreibung	
Name	Name des neuen Index	
Fields	Liste der Felder, die den Index bilden (die einzelnen Felder werden durch Semikolons getrennt)	
Options	Erlaubte Werte sind:	
	ixPrimary	Primärindex

Parameter	Beschreibung	
	ixUnique	Einziger Index
	ixDescending	Absteigende Sortierung
	ixNonMaintained	Nicht unterstützt
	ixCaseInsensitive	Keine Unterscheidung zwischen Groß- und Kleinbuchstaben

- **DeleteIndex,** um einen Index zu löschen. Die Tabelle muß dazu im exklusiven Zugriffsmodus geöffnet sein (**Exclusive** gleich **True**).

procedure DeleteIndex(const Name: string);

Parameter	Beschreibung
Name	Name des zu löschenden Sekundarindex

Das folgende Beispiel zeigt einen Ausschnitt aus der Prozedur **FormCreate** aus der Vokabeltrainer-Anwendung (→ 7.3.11). Die Prozedur überprüft zuerst, ob nicht bereits entsprechende Indizes für die Felder der Tabelle angelegt wurden. Ist dies nicht der Fall, werden die Indizes angelegt.

Beispiel

```
procedure TForm1.FormCreate(Sender: TObject);
var
  datei : TFileName;
  pfad  : string;
  loop  : Integer;
  engl, deut : boolean;
begin

    ...

    engl := false;
    deut := false;
    Table1.Active := true;
    Table1.IndexDefs.Update();
    Table1.Active := false;
    for loop := 0 to Table1.IndexDefs.Count-1 do
      begin
      if Table1.IndexDefs.Items[loop].Name =
                                        'IENGLISCH' then
         engl := True;
      if Table1.IndexDefs.Items[loop].Name =
                                        'IDEUTSCH' then
         deut := true;
      end;
    if not engl then
```

```
      Table1.AddIndex('IENGLISCH','ENGLISCH',[]);
    if not deut then
      Table1.AddIndex('IDEUTSCH','DEUTSCH',[]);
    Table1.Active := True;
    Abfragesprache := englisch;
    RadioGroup1Click(self);
    randomize();
    end
    else begin
    Application.Terminate;
    end;
end;
```

7.3.9 Nach Daten suchen

Auch in der Suche nach Daten unterscheiden sich **TTable**- und **TQuery**-Anwendungen. Während **TTable** eigene Methoden zur Suche bereitstellt, die aber darauf angewiesen sind, daß die Felder, in denen gesucht wird, indiziert sind, verwendet **TQuery** wiederum SQL-Befehle und kann auch in nichtindizierten Feldern suchen.

Auch die Suche selbst läuft unterschiedlich ab. Wenn Sie mit einer **TTable**-Komponenten arbeiten, weisen Sie den oder die Suchbegriffe den **TField**-Komponenten zu. Damit dies jedoch nicht zu einer Änderung des aktuellen Datensatzes führt, müssen Sie zuvor vom Editier- in den Suchmodus wechseln. Danach starten Sie die Suche, und wenn ein Datensatz gefunden wird, der den Suchbegriffen genügt, wird dieser zum aktuellen Datensatz.

Anders bei der Verwendung von **TQuery**. **TQuery** präsentiert einen Teil einer Tabelle (während **TTable** immer die ganze Tabelle präsentiert). Dies macht die Suche nach Daten oder die Auswahl bestimmter Datensätze recht einfach. Die Suchkriterien werden einfach in einer **SELECT**-Anweisung zusammengefaßt und ausgeführt. Danach repäsentiert **TQuery** das Ergebnis der Suchaktion.

Übersicht: Suche nach Daten

- Wenn Sie mit einer **TQuery**-Komponente arbeiten, stehen Ihnen keine speziellen Methoden zur Suche zur Verfügung. Statt dessen greifen Sie hierfür auf die SQL-Anweisungen **SELECT** zurück:

  SELECT Felderliste FROM Tabellenliste
  WHERE bedingung

Parameter	Beschreibung
Felderliste	Felder, die ausgewählt werden sollen. Mit einem Stern (»*«) können alle Felder ausgewählt werden.

Parameter	Beschreibung
Tabellenliste	Name der Tabellen, aus der die Felder stammen.
bedingung	Logische Bedingung, die erfüllt sein muß, damit ein Datensatz ausgewählt wird.

- Wenn Sie mit einer **TTable**-Komponente arbeiten, stehen Ihnen verschiedene Methoden zur Verfügung:
  - **SetKey** und **IndexKey**, die beide vom Editiermodus in den Suchmodus wechseln. **SetKey** löscht alle bisherigen Suchbegriffe, während **EditKey** deren Bearbeitung ermöglicht. Das Zurückspringen in den Editiermodus erfolgt automatisch durch den Aufruf bestimmter Methoden, beispielsweise **GotoKey**.
  - **GotoKey** startet die Suche und liefert im Erfolgsfall **True** zurück.
  - **GotoNearest** sucht im Gegensatz zu **GotoKey** nicht nur nach exakter Übereinstimmung, sondern auch nach Einträgen, die »größer« als der Suchbegriff sind.
  - **FindKey** und **FindNearest** vereinfachen die Suche, indem sie die Suchbegriffe als Parameter übernehmen und den Wechsel in den Suchmodus und das Starten der Suche automatisch ausführen.
  - Wenn Sie einen Bereich von Datensätzen auswählen wollen, verwenden Sie die Methoden: **SetRangeStart**, **SetRangeEnd**, **ApplyRange**, **SetRange**, **EditRangeStart**, **EditRangeEdit**.

Ausführung: Suche mit TQuery

1. **Stellen Sie sicher, daß die Eigenschaft SQL keine Einträge enthält.** Rufen Sie hierzu die Methode **SQL.Clear** auf.
2. **Fügen Sie mit Hilfe der Methode SQL.Add eine SELECT-Anweisung zur Definition der Auswahlkriterien ein.**
3. **Führen Sie die SQL-Anweisung mittels Open aus.**

Beispiel

```
Query1.SQL.Clear;
Query1.SQL.Add('SELECT * FROM Table1
            WHERE Table1.ENGLISCH = "'Suchbegriff'"');
Query1.Open;
```

Ausführung: Suche mit TTable

1. **Aktivieren Sie den Index,** der für die Felder definiert ist, in denen gesucht wird. Weisen Sie den Namen des Index der Eigenschaft **IndexName** des **TTable**-Objekts zu.
2. **Wechseln Sie vom Editier- in den Suchmodus** (Aufruf von **SetKey** oder **EditKey**).

3. **Weisen Sie den entsprechenden Feldern die Suchbegriffe zu.**
4. **Starten Sie die Suche** (Aufruf von **GotoKey** oder **GotoNearest**).

Anmerkung

- Die Schritte 2 bis 4 können auch durch einen Aufruf von **FindKey** oder **FindNearest** ersetzt werden.

Das folgende Beispiel zeigt die Prozedur **Button3Click** aus der Vokabeltrainer-Anwendung (➔ 7.3.11). Die Prozedur wählt je nachdem, ob die Abfragesprache Englisch oder Deutsch ist, den entsprechenden Index aus und sucht nach dem Wort, das der Benutzer im Editierfeld des Hauptformulars eingegeben hat.

Beispiel

```
procedure TForm1.Button3Click(Sender: TObject);
begin
  if Abfragesprache = Englisch then begin
    table1.IndexName := 'IENGLISCH';
    table1.SetKey();
    table1.FieldbyName('ENGLISCH').AsString :=
                                           Edit1.text;
    end
    else if Abfragesprache = Deutsch then begin
    table1.Indexname := 'IDEUTSCH';
    table1.Setkey();
    table1.FieldbyName('DEUTSCH').AsString :=
                                           Edit1.Text;
    end;
  table1.GotoKey;
end;
```

7.3.10 SQL

SQL ist eine von IBM entwickelte Sprache zum Aufbau von Datenbanken und zur Abfrage von Daten aus Datenbanken. Ihre Vorteile sind ihre Leistungsfähigkeit und die Tatsache, daß die Sprache einen Quasi-Standard darstellt, der von den meisten Datenbank-Anwendungen unterstützt wird.

Wie Sie SQL-Anweisungen mit Hilfe eines **TQuery**-Objekts in Ihre Delphi-Programme einbauen, haben Sie bereits in den vorangehenden Abschnitten sehen können. In diesem Abschnitt werden kurz die wichtigsten SQL-Befehle aufgeführt, wobei die Befehle, die auch zum Umfang von Local SQL (➔ oben) gehören, etwas näher erläutert sind. Ausführlichere Beschreibungen zu SQL und Local SQL finden Sie in den Hilfedateien Local SQL Hilfe und Local InterBase Hilfe aus der Delphi-Gruppe oder natürlich in der entprechenden Fachliteratur.

Tabelle 7.3: Local-SQL-Befehle

Befehl	Beschreibung
ALTER DATABASE	Zum Einfügen zusätzlicher Dateien in eine Datenbank
ALTER DOMAIN	Zur Änderung einer Domänen-Definition.
ALTER EXCEPTION	Zur Änderung des Meldungstextes einer Exception
ALTER INDEX	Zur Aktivierung/Inaktivierung eines Index
ALTER PROCEDURE	Zur Änderung der Definition einer »Stored Procedure«
ALTER TABLE	Zur Überarbeitung einer Tabellenstruktur

ALTER TABLE *Tname [Operation]*

Parameter	Beschreibung
Tname	Name der Tabelle
Operation	»Add spaltenname Datentyp« zum Hinzufügen von Spalten, »Drop Spaltenname« zum Löschen einer Spalte
ALTER TRIGGER	Zur Änderung eines Triggers
AVG()	Durchschnitt aller Werte in Spalte, die ungleich Null sind

AVG *(Spaltenname)*

Parameter	Beschreibung
Spaltename	Name der Spalte, aus deren Werten der Durchschnitt gebildet wird
BASED ON	Zur Deklaration einer Host-Variablen auf der Grundlage einer Spaltendefinition
BEGIN DECLARE SECTION	Kennzeichnet den Beginn der Deklaration einer Host-Variablen
CAST()	Zur Umwandlung des Datentyps einer Spalte
CLOSE	Zum Schließen eines Zeigers
CLOSE (BLOB)	Zum Schließen eines BLOB-Zeigers
COMMIT	Aktualisiert eine Datenbank entsprechend einer auf ihr ausgeführten Transaktion
CONNECT	Zur Verbindung mit einer oder mehreren Datenbanken
COUNT()	Zählt die Datensätze, die einer Bedingung entsprechen

Count *(Spalte)*

Parameter	Beschreibung
Spalte	Spalte, deren Datensätze gezählt werden
CREATE DATABASE	Zum Erzeugen einer neuen Datenbank
CREATE DOMAIN	Zum Erzeugen einer neuen Domäne
CREATE EXCEPTION	Zum Erzeugen einer Exception
CREATE GENERATOR	Zum Erzeugen eines Zählers
CREATE INDEX	Zum Erzeugen eines Index

CREATE INDEX *iname* **ON** *Tname [Spalten]*

Parameter	Beschreibung
iname	Name des Index
Tname	Name der Tabelle
Spalten	Spalten, die den Index definieren
CREATE PROCEDURE	Zur Erzeugung einer »Stored Procedure«
CREATE SHADOW	Zur Erzeugung synchronisierter Kopien einer Datenbank
CREATE TABLE	Zur Erzeugung einer neuen Tabelle

CREATE TABLE *tname (Definition)*

Parameter	Beschreibung
tname	Name der Tabelle
Definition	Definition der Tabelle
CREATE TRIGGER	Zur Erzeugung eines neuen Triggers
CREATE VIEW	Zur Erzeugung einer neuen Tabellenansicht

CREATE VIEW *Tname [Spalten]*

Parameter	Beschreibung
Tname	Name der Tabelle
Spalten	Spalten für Ansicht
DECLARE CURSOR	Zur Deklaration eines Tabellenzeigers
DECLARE CURSOR (BLOB)	Zur Definition eines BLOB-Zeigers
DECLARE EXTERNAL FUNCTION	Zur Deklaration einer benutzerdefinierten Funktion

Parameter	Beschreibung
DECLARE FILTER	Zur Deklaration eines Filters
DECLARE STATEMENT	Zur Deklaration einer benutzerdefinierten Anweisung
DECLARE TABLE	Zur Deklaration einer Tabellenstruktur
DELETE	Zum Löschen von Zeilen (Datensätzen)

DELETE FROM *tname [Bedingung]*

Parameter	Beschreibung
tname	Name der Tabelle
Bedingung	nach der Datensätze ausgewählt werden
DESCRIBE	Liefert Informationen zu Spalten
DISCONNECT	Zum Lösen einer Anwendung von einer Datenbank
DROP DATABASE	Zum Löschen einer Datenbank
DROP DOMAIN	Zum Löschen einer Domäne
DROP EXCEPTION	Zum Löschen einer Exception
DROP EXTERNAL FUNCTION	Zum Löschen einer benutzerdefinierten Funktion
DROP FILTER	Zum Löschen eines Filters
DROP INDEX	Zum Löschen eines Index

DROP INDEX *Tname.Iname*

Parameter	Beschreibung
Tname	Name der Tabelle
Iname	Name des Index
DROP PROCEDURE	Zum Löschen einer »Stored Procedure«
DROP SHADOW	Zum Löschen synchronisierter Kopien einer Datenbank
DROP TABLE	Zum Löschen einer Tabelle

DROP TABLE *Tname (Definition)*

Parameter	Beschreibung
Tname	Name der Tabelle
Definition	Definition der Tabelle
DROP TRIGGER	Zum Löschen eines Triggers

Parameter	Beschreibung
DROP VIEW	Zum Löschen einer Ansicht
END DECLARE SECTION	Kennzeichnet das Ende der Deklaration einer Host-Variablen
EVENT INIT	Zum Anzeigen von Interesse an einem InterBase-Ereignis
EVENT WAIT	Wartet auf Eintritt eines Ereignisses
EXECUTE	Zum Ausführen einer deklarierten SQL-Anweisung
EXECUTE IMMEDIATE	Zum Ausführen und Löschen einer deklarierten SQL-Anweisung
EXECUTE PROCEDURE	Zum Ausführen einer »Stored Procedure«
FETCH	Liefert den nächsten Datensatz eines Zeigers
FETCH (BLOB)	Liefert das nächste Segment einer BLOB-Spalte
GEN_ID()	Liefert einen Integer-Wert zurück
GRANT	Weist einem Benutzer Zugriffsrechte zu
INSERT	Zum Einfügen zusätzlicher Datensätze

INSERT INTO *Tname [Spalten* **VALUES** *{Werte}*

Parameter	Beschreibung
Tname	Name der Tabelle
Spalten	Spalten, die Werte erhalten
Werte	Werte zu Spalten
INSERT CURSOR (BLOB)	Zum Einfügen in BLOB-Felder
MAX()	Liefert den größten Wert aus einer Spalte.

MAX *(Spalte)*

Parameter	Beschreibung
Spalte	Spalte, deren Maximum ermittelt wird
MIN()	Liefert den kleinsten Wert aus einer Spalte

MIN *(Spalte)*

Parameter	Beschreibung
Spalte	Spalte, deren Minimum ermittelt wird
OPEN	Liefert Datensätze für einen Zeiger
OPEN (BLOB)	öffnet einen deklarierten BLOB-Zeiger

Parameter	Beschreibung
PREPARE	Bereitet eine SQL-Anweisung vor
REVOKE	Nimmt Zugriffsrechte eines Benutzers zurück
ROLLBACK	Stellt den Zustand einer Datenbank vor der letzten Transaktion wieder her
SELECT	Liefert Daten aus einer oder mehreren Tabellen

SELECT *Spalten* **FROM** *TName* **WHERE** *Bedingung*

Parameter	Beschreibung
Spalten	auszuwählende Spalten
Tname	Name der Tabelle
Bedingung	Bedingung für Auswahl
SET DATABASE	Zur Deklaration eines Datenbank-Handles
SET GENERATOR	Setzt neuen Wert für Generator
SET NAME	Setzt einen Zeichensatz
SET STATISTICS	Zur Aktualisierung eines Index
SET TRANSACTION	Zum Definieren und Starten einer Transaktion
SUM()	Berechnet die Summe der Werte einer Spalte
UPDATE	Zur Aktualisierung von Datensätzen
UPPER()	Zur Umwandlung aller Zeichen in Großbuchstaben

UPPER *(Spalte)*

Parameter	Beschreibung
Spalte	zu überarbeitende Spalte
WHENEVER	Zum Abfangen von SQL-CODE-Fehlern

7.3.11 Ein Vokabeltrainer als Beispiel

Das nachfolgende Programm implementiert einen einfachen Vokabeltrainer. Das Programm ist auf einer **TTable**-Komponente zur Repräsentation der Datenquelle aufgebaut und erwartet Tabellen mit den Feldern ENGLISCH und DEUTSCH.

Es unterstützt folgende Operationen:

- öffnen bestehender Tabellen
- Anlegen neuer Tabellen
- Editieren der Datensätze
- Hinzufügen und Löschen von Datensätzen

- Wechsel zwischen Abfrage- und Editiermodus
- Wechsel zwischen Englisch/Deutsch und Deutsch/Englisch
- Verwendung als Wörterbuch

Beispiel

```
program db_table;

uses
  Forms,
  table_f in 'table_f.pas' {Form1};

{$R *.RES}

begin
  Application.Initialize;
  Application.CreateForm(TForm1, Form1);
  Application.Run;
end.

unit table_f;

interface
uses
  SysUtils, Windows, Messages, Classes, Graphics,
  Controls,StdCtrls, Forms, DBCtrls, DB, DBTables,
  Mask, ExtCtrls, Dialogs;
type
  modi = (Einfuegen, Abfragen);
  sprache = (englisch, deutsch);
  TForm1 = class(TForm)
    Table1ENGLISCH: TStringField;
    Table1DEUTSCH: TStringField;
    ScrollBox: TScrollBox;
    Label1: TLabel;
    EditENGLISCH: TDBEdit;
    Label2: TLabel;
    EditDEUTSCH: TDBEdit;
    DBNavigator: TDBNavigator;
    Panel1: TPanel;
    DataSource1: TDataSource;
    Panel2: TPanel;
    Table1: TTable;
    OpenDialog1: TOpenDialog;
    Label3: TLabel;
    Edit1: TEdit;
    RadioGroup1: TRadioGroup;
    Button1: TButton;
```

```
    Button2: TButton;
    Button3: TButton;
    procedure FormCreate(Sender: TObject);
    procedure DBNavigatorClick(Sender: TObject;
                                Button: TNavigateBtn);
    procedure RadioGroup1Click(Sender: TObject);
    procedure Edit1KeyDown(Sender: TObject;
                    var Key: Word; Shift: TShiftState);
    procedure Button1Click(Sender: TObject);
    procedure Button2Click(Sender: TObject);
    procedure Button3Click(Sender: TObject);
  public
    Modus : modi;
    Abfragesprache : sprache;
  end;
var
  Form1: TForm1;

implementation
{$R *.DFM}
procedure TForm1.FormCreate(Sender: TObject);
var
  datei : TFileName;
  pfad  : string;
  loop  : Integer;
  engl, deut : boolean;
begin
  Table1.Active:= False;
  OpenDialog1.InitialDir := 'd:\Dict';
  OpenDialog1.Filter :=
                    'dBase-Tabellen (*.dbf) | *.dbf';
  OpenDialog1.Options := [ofPathMustExist];
  if OpenDialog1.Execute then
    begin
    datei := OpenDialog1.Filename;
    Table1.TableName := datei;
    if not fileexists(datei) then begin
       Table1.FieldDefs.Clear;
       Table1.FieldDefs.Add('ENGLISCH',
                           ftString,40,True);
       Table1.FieldDefs.Add('DEUTSCH',
                           ftString,40,True);
       Table1.CreateTable;
       end;
    engl := false;
    deut := false;
    Table1.Active := true;
```

```
    Table1.IndexDefs.Update();
    Table1.Active := false;
    for loop := 0 to Table1.IndexDefs.Count-1 do
      begin
      if Table1.IndexDefs.Items[loop].Name =
                                        'IENGLISCH' then
         engl := True;
      if Table1.IndexDefs.Items[loop].Name =
                                        'IDEUTSCH' then
         deut := true;
      end;
    if not engl then
      Table1.AddIndex('IENGLISCH','ENGLISCH',[]);
    if not deut then
      Table1.AddIndex('IDEUTSCH','DEUTSCH',[]);
    Table1.Active := True;
    Abfragesprache := englisch;
    RadioGroup1Click(self);
    randomize();
    end
    else begin
    Application.Terminate;
    end;
end;

procedure TForm1.DBNavigatorClick(Sender: TObject; Button:
   TNavigateBtn);
var
  max : Longint;
  datensatz : Integer;
begin
  if Modus = Abfragen then begin
    EditDeutsch.Visible := False;
    Edit1.Text := '';
    if (Button = nbPrior) or (Button = nbNext) then
      begin
      max := Table1.RecordCount;
      datensatz := random(max);
      Table1.First();
      Table1.MoveBy(datensatz);
      end;
    end;
end;

procedure TForm1.RadioGroup1Click(Sender: TObject);
begin
  if RadioGroup1.ItemIndex = 0 then begin
```

```
    Modus := Einfuegen;
    EditDeutsch.Visible := True;
    EditEnglisch.ReadOnly := False;
    EditDeutsch.ReadOnly := False;
    Button3.Enabled := True;
    Label3.Caption := 'Suchbegriff';
    DBNavigator.VisibleButtons := [nbFirst,nbPrior,
                        nbNext,nbLast,nbInsert,nbDelete,
                        nbEdit,nbPost,nbCancel,nbRefresh];
    end
    else begin
    Modus := Abfragen;
    EditDeutsch.Visible := False;
    EditEnglisch.ReadOnly := True;
    EditDeutsch.ReadOnly := True;
    Button3.Enabled := False;
    Label3.Caption := 'Ihre Eingabe';
    DBNavigator.VisibleButtons := [nbFirst,nbPrior,
                                       nbNext,nbLast];
    end;
end;

procedure TForm1.Edit1KeyDown(Sender: TObject; var Key: Word;
  Shift: TShiftState);
begin
   if Key = VK_RETURN then
   EditDeutsch.Visible := True;
end;

procedure TForm1.Button1Click(Sender: TObject);
begin
  if Abfragesprache = englisch then begin
    Abfragesprache := deutsch;
    Label1.Caption := 'DEUTSCH';
    EditENGLISCH.DataField := 'DEUTSCH';
    Label2.Caption := 'ENGLISCH';
    EditDeutsch.DataField := 'ENGLISCH';
    end
    else if Abfragesprache = deutsch then begin
    Abfragesprache := englisch;
    Label1.Caption := 'ENGLISCH';
    EditENGLISCH.DataField := 'ENGLISCH';
    Label2.Caption := 'DEUTSCH';
    EditDeutsch.DataField := 'DEUTSCH';
    end;
end;
```

```
procedure TForm1.Button2Click(Sender: TObject);
begin
  Close;
end;

procedure TForm1.Button3Click(Sender: TObject);
begin
  if Abfragesprache = Englisch then begin
    table1.IndexName := 'IENGLISCH';
    table1.SetKey();
    table1.FieldbyName('ENGLISCH').AsString :=
                                             Edit1.text;
    end
    else if Abfragesprache = Deutsch then begin
    table1.Indexname := 'IDEUTSCH';
    table1.Setkey();
    table1.FieldbyName('DEUTSCH').AsString :=
                                             Edit1.Text;
    end;
  table1.GotoKey;
end;

end.
```

7.3.12 Daten grafisch darstellen mit TDBChart

In vielen Fällen ist die Anzeige der Daten in Datensätzen unübersichtlich und nur schwer zu interpretieren. Gerade wenn es darum geht, Zahlen oder numerische Datenreihen (wie zum Beispiel Meßwerte) darzustellen, spielt die grafische Aufbereitung der Daten eine wichtige Rolle.
Neben der Möglichkeit, die Daten selbst einzulesen, aufzubereiten und in einer PaintBox- oder einer Image-Komponente anzuzeigen, bietet Ihnen Delphi daher eine Reihe von vorgefertigten Komponenten, die die Visualisierung von Daten in Diagrammen und Kurven vereinfachen (**TChart**, **TDBChart**, **TQRChart**, **TChartFx**, **TGraph**).
Während es in diesem Abschnitt darum geht, wie Daten auf bequeme Art und Weise aus einer Datenbank in DBChart eingelesen und in einem Tortendiagramm dargestellt werden können, beschäftigt sich der nächste Abschnitt (➔ 7.3.13) damit, wie Daten per Hand aus einer Datenbank ausgelesen und beispielsweise in einer **TGraph**-Komponente visualisiert werden können.

Ausführung:

1. **Legen Sie in der Datenbankoberfläche eine Datenbanktabelle mit Ihren Zahlen an** (➔ Tabelle *EnergieVerbrauch.db*).
2. **Legen Sie eine neue Anwendung an** (Befehl **DATEI/NEUE ANWENDUNG**).

Tabelle : D:\...\EnergieVerbrauch.db

EnergieVerbrauch	Energieform	Verbrauch
1	ÖL	4,20
2	Kohle	3,50
3	Erdgas	2,34
4	Kernenergie	0,59
5	Regenerative	0,83

3. **Nehmen Sie eine Table- und eine DBChart-Komponente in das Formular der Anwendung auf.**
4. **Verbinden Sie die Table-Komponente mit Ihrer Datenbank.** Setzen Sie hierzu im Objektinspektor die Eigenschaften ***DatabaseName*** und ***TableName*** (➔ 7.3.3).
5. **Richten Sie eine Komponente zur Darstellung Ihrer Daten ein.** Markieren Sie dazu die DBChart-Komponente, und doppelklicken Sie im Objektinspektor auf das Eingabfeld der Eigenschaft ***SeriesList***, um den Chart-Editor zu öffnen:

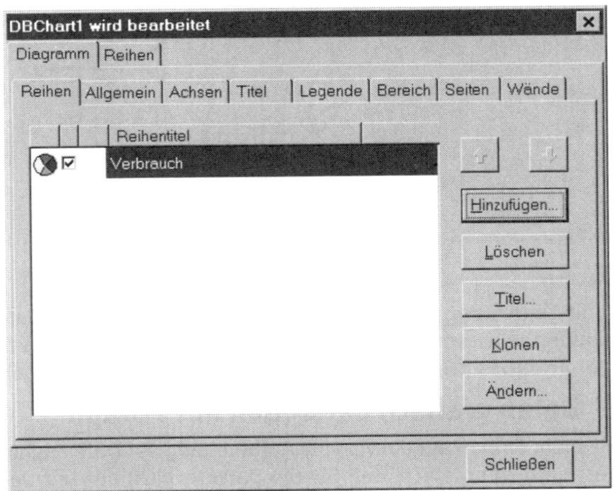

- Auf der Seite ***Diagramm/Reihen*** drücken Sie den Schalter **HINZUFÜGEN**, um ein Tortendiagramm aufzunehmen. Der Editor legt automatisch zu dem Tortendiagramm ein **Series1**-Objekt an, das Sie auch im

Objektinspektor bearbeiten können und das wir gleich mit der Datenbanktabelle verbinden werden.

- Auf der Seite ***Diagramm/Titel*** geben Sie in dem unteren Memofeld einen Titel für das Tortendiagramm ein.

6. **Verbinden Sie das Tortendiagramm mit den Werten der Datenbank.** Wählen Sie dazu in der Komponentenliste des Objektinspektors das **Series1**-Objekt vom Typ **TPieSeries** aus.
   - Setzen Sie die ***DataSource***-Eigenschaft auf **Table1**
   - Setzen Sie ***PieValues.ValueSource*** auf das Datenfeld mit den numerischen Werten (in diesem Beispiel das Datenfeld ***Verbrauch***).
   - Setzen Sie ***XLabelsSource*** auf das Datenfeld mit den Bezeichnungen (in diesem Beispiel das Datenfeld ***Energieform***).
7. **Öffnen Sie die Datenbankverbindung.** Setzen Sie dazu einfach ***Table.Active*** im Objektinspektor auf **True.**

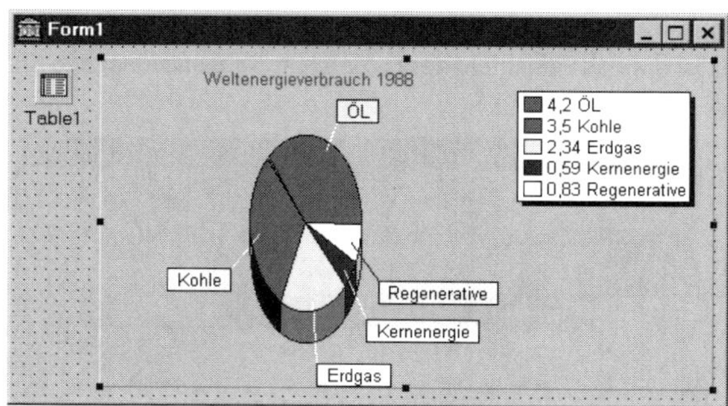

Anmerkung

- Statt die Einrichtung der anzuzeigenden Wertereihen und der Datenbankverbindung selbst vorzunehmen, können Sie auch den **TeeChart**-Experten auf der Seite ***Geschäftlich*** der Objektablage verwenden (→ 3.6.6).

7.3.13 Daten grafisch darstellen mit TGraph

Wenn Sie mehr Einfluß auf die visuelle Aufbereitung der Daten nehmen wollen, ist es meist erforderlich, daß Sie die Daten explizit aus der Datenbank auslesen und – nach optionaler Bearbeitung – an die Anzeige-Komponente übergeben. In solchen Fällen benötigen Sie persistente Feld-Komponenten ür die Datenbankfelder, deren Werte auf diese Weise bearbeitet und angezeigt werden sollen.

Die folgende Ausführung zeigt, wie Sie zwei Datenreihen in einem **TGraph**-ActiveX-Steuerelement anzeigen können.

Ausführung:

1. **Legen Sie in der Datenbankoberfläche eine Datenbanktabelle mit Ihren Zahlen an** (➔ Tabelle ***Aktienkurse.db***).

Tabelle : D:\...\Aktienkurse.db

Aktienkurse	Jahr	Aktie1	Aktie2
1	1990	23,75 DM	25,00 DM
2	1991	24,43 DM	28,32 DM
3	1992	27,34 DM	26,96 DM
4	1993	35,91 DM	30,21 DM
5	1994	50,21 DM	29,43 DM
6	1995	98,45 DM	32,55 DM

2. **Legen Sie eine neue Anwendung an** (Befehl **DATEI/NEUE ANWENDUNG**).
3. **Nehmen Sie eine Table- und eine Graph-Komponente (Seite *ActiveX*) in das Formular der Anwendung auf.**
4. **Verbinden Sie die Table-Komponente mit Ihrer Datenbank.** Setzen Sie hierzu im Objektinspektor die Eigenschaften ***DatabaseName*** und ***TableName*** (➔ 7.3.3).
5. **Legen Sie persistente Feld-Komponenten an.** Doppelklicken Sie auf die **TTable**-Komponente, um den Feld-Editor aufzurufen. Im Kontextmenü des Editors rufen Sie den Befehl **FELDER HINZUFÜGEN** auf. Wählen Sie dann alle Felder aus, und lassen Sie diese als persistente Komponenten einrichten. Danach sind die Feldinstanzen im Objektinspektor und im Programm verfügbar.
6. **Richten Sie die TGraph-Komponente ein.** Markieren Sie die Komponente im Formular-Designer, und wechseln Sie zum Objektinspektor.
   - Geben Sie zur Eigenschaft ***GraphTitle*** einen Titel für das Diagramm ein.
   - Setzen Sie ***GraphType*** auf *gphBar3D*.
   - Setzen Sie ***RandomData*** auf *gphOff*.
   - Setzen Sie ***NumSets*** auf 2 (zwei anzuzeigende Datenreihen) und ***NumPoints*** auf 6 (sechs Werte pro Datenreihe).

7. **Lesen Sie die Daten aus den persistenten Feldern in die TGraph-Komponente ein**. Richten Sie dazu eine Ereignisbehandlungsroutine zu dem *OnActivate*-Ereignis der Graph-Komponente ein.
   - Hilfe zum Gebrauch der **TGraph**-Komponente und speziell zum Einlesen der Daten finden Sie in der mit dem Steuerelement ausgelieferten Hilfedatei ***Graph.hlp*** (Verzeichnis ***Delphi/OCX/Pinnacle***).
   - In der Online-Hilfe zu der Eigenschaft ***GraphData*** ist ein Beispiel für das Einlesen der Daten. Das Einlesen in die Eigenschaft ***GraphData*** funktioniert aber leider nicht so, wie in dem Beispiel vorgeschlagen. In der folgenden Implementierung werden die Werte daher direkt in das **TGraph**-Element **Data[]** eingelesen.

```
procedure TForm1.FormActivate(Sender: TObject);
var
  J: integer;
begin
  Graph1.ThisPoint := 1;
  for J := 1 to Graph1.NumPoints do
    begin
    Graph1.ThisSet := 1;
    Graph1.Data[J] := Table1Aktie1.AsCurrency;
    Graph1.ThisSet := 2;
    Graph1.Data[J] := Table1Aktie2.AsCurrency;
    Table1.Next();
    if Graph1.ThisPoint < Graph1.NumPoints then
       Graph1.ThisPoint := Graph1.ThisPoint + 1;
    end;
end;
```

8. **Öffnen Sie die Datenbankverbindung**. Setzen Sie dazu einfach ***Table.Active*** im Objektinspektor auf **True**.
9. **Führen Sie die Anwendung aus.**

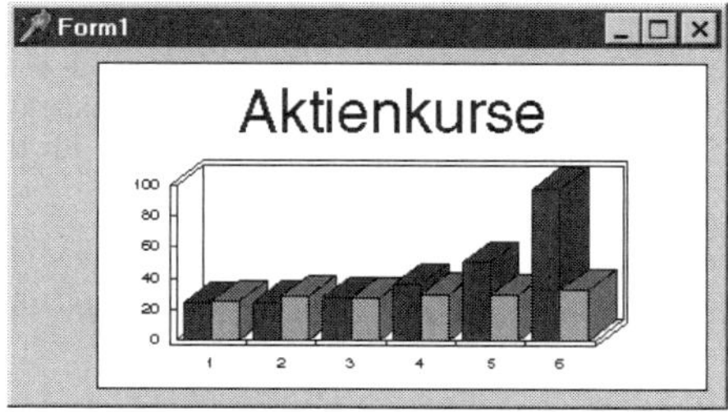

7.3.14 Berichte erstellen mit QuickReport

Der letzte Schritt bei der Erstellung von Datenbank-Anwendungen besteht üblicherweise darin, die Daten in übersichtlicher Darstellung für den Ausdruck vorzubereiten. Delphi stellt Ihnen dazu die QuickReport-Komponenten zur Verfügung (alternativ können Sie sich auch den Report Smith von Borland zulegen, mit dessen Hilfe Sie Berichte wie in einer Datenbank-Anwendung zusammenstellen können).

Wenn Sie QuickReport verwenden, bauen Sie Ihre Berichte ähnlich wie ein Anzeige-Formular auf, nur daß Sie für die Präsentation der Feldinhalte nicht die Komponenten der Seite ***Datensteuerung***, sondern die entsprechenden QR-Komponenten verwenden.

Die folgende Ausführung erstellt einen Bericht zu der Datenbank-Anwendung aus Abschnitt 7.3.12.

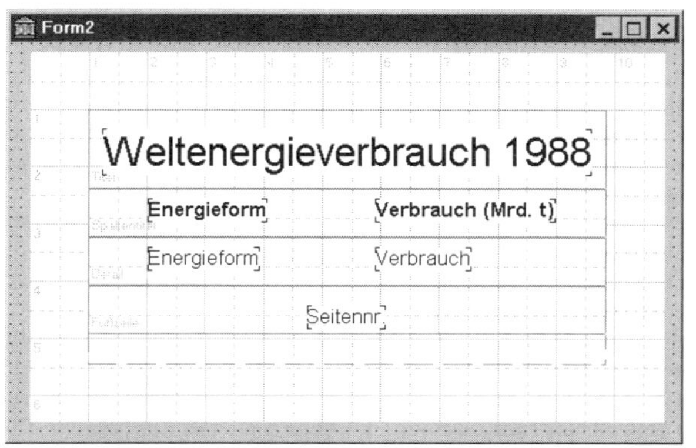

Ausführung:

1. **Öffnen Sie die Anwendung aus Abschnitt 7.3.12.** Sie können dieses Beispiel aber auch genausogut mit einer neuen Anwendung nachvollziehen.
2. **Legen Sie ein neues Formular an** (Befehl **DATEI/NEUE ANWENDUNG**).
3. **Stellen Sie eine Datenbankverbindung her** (binden Sie mit Hilfe des Befehls **DATEI/UNIT VERWENDEN** die Unit mit der Datenbankverbindung in die Unit des neuen Formulars ein, oder legen Sie eine neue Datenbankverbindung an).

4. **Nehmen Sie eine QuickRep-Komponente für die Hintergrund-Bitmap in Ihr Formular auf.** Die **TQuickRep**-Komponente befindet sich auf der Seite ***QuickReport*** der Komponentenpalette. Setzen Sie die Eigenschaft ***DataSet*** der **TQuickRep**-Komponente auf die **TTable**-Komponente der Datenbankverbindung (diese sollte bei korrekter Verbindung im Listenfeld der Eigenschaft aufgeführt sein).
5. **Passen Sie die Größe der Komponente an Ihr Formular an.**

Als nächstes wird der Bericht in vier Bändern aufgebaut:

- Ein Band für den Titel.
- Ein Band für die Spaltenüberschriften.
- Ein Band für die Aufnahme der Datensätze.
  - Dieses Band wird zur Laufzeit expandiert, um alle Datensätze anzeigen zu können. Zur Entwurfszeit plazieren Sie hier einfach die datensensitiven QR-Komponenten, die die entsprechenden Felder der Datenbank repräsentieren.
- Ein Band für die Fußzeile.

6. **Nehmen Sie für jedes dieser Bänder eine QRBand-Komponente in Ihr Formular auf**, und setzen Sie die ***BandType***-Eigenschaften der Bänder auf *rbTitle*, *rbColumnHeader*, *rbDialog* und *rbPageFooter* (weisen Sie den Bändern die ***BandType***-Eigenschaften von unten nach oben zu).
   - Schneller als das eigenhändige Aufnehmen der QRBand-Komponente ist es, die ***Bands***-Eigenschaft der QuickRep-Komponente zu expandieren (Doppelklick auf das Plus-Zeichen) und die gewünschten Bänder auf **True** zu setzen.
7. **Legen Sie den Titel des Berichts fest**. Nehmen Sie dazu eine **TQRLabel**-Komponente in das Titel-Band auf. Setzen Sie die Eigenschaft ***Alignment*** auf *taCenter*, die Eigenschaften ***AlignToBand*** und ***AutoSize*** auf **True** und die Eigenschaft ***Font.Size*** auf 20. Geben Sie unter ***Caption*** den Titel des Berichts ein (»Weltenergieverbrauch 1988«).
8. **Richten Sie die Spaltenüberschriften ein.** Nehmen Sie dazu zwei **TQRLabel**-Komponenten in das ColumnHeader-Band auf. Arrangieren Sie die Komponenten nebeneinander in dem Band, und geben Sie für die ***Caption***-Eigenschaften die gewünschten Spaltenüberschriften ein (im Beispiel »Energieform« und »Verbrauch« (Mrd t)).
9. **Nehmen Sie die Komponenten für die Anzeige der Felderinhalte auf.** Nehmen Sie dazu zwei **TQRDBText**-Komponenten in das Detail-Band auf, und arrangieren Sie die Komponenten unter den Spaltenüberschriften. Setzen Sie die ***DataSet***-Eigenschaften der Komponenten auf die **TTable**-Komponente der Datenbankverbindung (die **TTable**-Komponente sollte bei kor-

rekter Datenbankverbindung (➔ 7.3.3). Danach können Sie die ***DataField***-Eigenschaften der Komponenten auf die jeweiligen Felder der Datenbank setzen.

10. **Richten Sie die Fußzeile ein.** Nehmen Sie dazu eine **TQRSysData**-Komponente in das PageFooter-Band auf. Setzen Sie die Eigenschaft ***Data*** auf *qrsPageNumber*, um die aktuelle Seitenzahl anzuzeigen (interessant vor allem für Berichte, bei denen sich das Detail-Band über mehrere Seiten erstrecken wird). Nach Bedarf können Sie die **TQRSysData**-Komponente auch im Band zentrieren (➔ Schritt 7).
11. **Richten Sie eine Vorschau ein.** Um eine Vorschau auf den Bericht zu implementieren, brauchen Sie nur eine Button-Komponente in das Hauptformular der Anwendung aufzunehmen, die Unit des Berichts per **DATEI/UNIT VERWENDEN** in die Unit des Hauptformulars aufzunehmen und in der Ereignisbehandlungsroutine zu dem ***OnClick***-Ereignis des Schalters die **Preview**-Methode der QuickRep-Komponente aufzurufen.

Anmerkung

- Statt die einzelnen Komponenten des Berichts selbst einzurichten, können Sie auch mit einer der QuickReport-Vorlagen oder dem QuickReport-Experten aus der Objektablage beginnen (Seiten ***Formulare*** und ***Geschäftlich***) und diese dann an Ihre Bedürfnisse anpassen.

8 Internet und ActiveX

8.1 Allgemeines

Seit einiger Zeit machen nicht mehr nur das Internet und das WorldWideWeb, sondern auch wieder Microsoft mit seiner »neuen« Internet-Technologie ActiveX von sich reden.

»Das Internet und die Art und Weise des Datenzugriffs, die das World Wide Web bietet, sind wie eine Flutwelle über die Computerwelt hereingebrochen«. So steht es in einem der Microsoft-Press-Bücher, und gemeint ist, daß Microsoft hier eine Entwicklung verschlafen hat. Glücklicherweise erkannte man, daß man dem Internet etwas Wertvolles zu geben hatte, und das war OLE. Kurz entschlossen erweiterte man OLE und COM für die Verwendung im Internet und schrieb sich »ActiveX« auf die Fahne.

Die Klarstellung des Schlagwortes »ActiveX«, die ActiveX-Unterstützung durch Delphi und die Komponenten zur Internet-Programmierung sind Gegenstand dieses Kapitels.

8.2 Die Internet-Komponenten

Was bedeutet eigentlich Internet-Programmierung? Das Internet besteht aus Tausenden von vernetzten Computern und ist damit das größte existierende Wide Area Network (WAN), ja, es ist das Netzwerk schlechthin. Jeder einzelne am Netz beteiligte Computer kann dabei durchaus wie ein eigenständiger Personalcomputer behandelt werden (umgekehrt kann jeder ans Netz angeschlossene PC mit entsprechender Software als Server eingerichtet werden). So betrachtet macht es keinen Unterschied, ob Sie ein Programm auf einem PC oder einem Internet-Server ablaufen lassen.

Das Besondere am Netz und an der Internet-Programmierung ist erst der Austausch von Daten zwischen den vernetzten Computern (oder auch zwischen Servern und über Modem angeschlossenen PCs). Um diesen Datenverkehr zu regeln, bedarf es einer Reihe von Protokollen.

Dem Anwender bleiben diese Protokolle (TCP/IP, HTTP, FTP) allerdings weitgehend verborgen, da er entweder mit den verschiedenen im Internet verfügbaren Diensten (E-Mail, FTP etc.) arbeitet, die auf diesen Protokollen aufbauen, oder auf einer noch höheren Ebene mit Programmen (Web-Browser, Gopher) arbeitet, die wiederum die bequeme Arbeit mit diesen Diensten erlauben.

Auch der Delphi-Programmierer braucht sich mit diesen Protokollen und Diensten nicht näher auseinanderzusetzen, da die wichtigsten bereits in den AcitveX-Steuerelementen auf der Seite *Internet* gekapselt sind.

Die Internet-Komponenten

- **FTP.** Ein unsichtbares ActiveX-Steuerelement, das einen einfachen Zugriff auf Internet-FTP-Dienste für die Übertragung von Dateien und Daten zwischen lokalen und entfernten Maschinen ermöglicht.

  - Um eine Verbindung mit einem FTP-Server herzustellen, rufen Sie die Methode **Connect** auf, der Sie den Namen des entfernten Rechners und den Port übergeben (statt diese Angaben als Argumente an die Methode zu übergeben, können Sie diese vor dem Aufruf den Eigenschaften ***RemoteHost*** und ***RemotePort*** zuweisen). Als ***RemoteHost*** können Sie beispielsweise ***ftp.borland.com*** angeben und als ***RemotePort*** 21 (übliche Port-Nummer für FTP-Dienste).
  - Um sich auf den entfernten Rechnern auszuweisen, rufen Sie die Methode **Authenticate** auf, der Sie Ihre User-ID und das Paßwort übergeben. Wenn Sie sich auf einem Rechner einloggen wollen, auf dem kein Paßwort für Sie eingetragen ist, geben Sie als User-ID ***anonymous*** an.

(Statt User-Id und Paßwort als Argumente an die Methode zu übergeben, können Sie diese vor dem Aufruf den Eigenschaften ***UserID*** und ***Password*** zuweisen.) Den Aufruf der Methode **Authenticate** können Sie in die Ereignisbehandlungsroutine zu dem ***FTPProtocolStateChanged***-Ereignis aufnehmen.

- Um ein Verzeichnis vom entfernten Rechner einzulesen, rufen Sie eine der Methoden **List** oder **NameList** auf. Wenn zuvor die Eigenschaft ***ListItemdNotify*** auf **True** gesetzt wurde, wird für jeden Eintrag im Verzeichnis das Ereignis ***OnListItem*** ausgelöst.
- Um eine Datei herunter- oder hochzuladen, stehen Ihnen die Befehle **GetFile, GetDoc** und **PutFile** zur Verfügung. Die Parameter **RemoteFile** und **LocalFile** können den Methoden direkt übergeben oder durch Setzen der entsprechenden Eigenschaften spezifiziert werden. **GetDoc** wird ein URL statt eines einfachen Pfades übergeben.
- Mit Hilfe der Methode **Disconnect** wird die Verbindung geschlossen.
- Wenn Sie sich über den aktuellen Verbindungszustand informieren wollen, fragen Sie die Eigenschaft ***State*** ab.

Tabelle 8.1: Werte der FTP-Eigenschaft State (nur Laufzeit)

Wert	Bedeutung
prcConnecting	Herstellen der Verbindung. Es wurde eine Verbindung angefordert. Warten auf die Verbindungsbestätigung.
prcResolvingHost	Feststellen des Hosts. Tritt auf, wenn RemoteHost einen Namen anstelle einer IP-Adresse enthält.
PrcHostResolved	Host festgestellt. Tritt nur auf, wenn zuvor der Zustand ResolvingHost eingegeben wurde.
PrcConnected	Verbindung eingerichtet.
PrcDisconnecting	Verbindung geschlossen. Die Trennung der Verbindung wurde eingeleitet.
PrcDisconnected	Anfangszustand, wenn das Protokoll vor der Verbindung initialisiert wurde, nachdem ein Verbindungsversuch fehlgeschlagen ist oder eine Trennung durchgeführt wurde.

- **HTML**. Ein sichtbares ActiveX-Steuerelement, das einen HTML-Viewer mit oder ohne automatischem Netzwerk-Retrieval von HTML-Dokumenten implementiert. Außerdem wird die Analyse und die Formatierung von HTML-Daten sowie die bildlauffähige Anzeige bestimmter HTML-Seiten unterstützt. Die HTML-Komponente kann auch als nicht visueller HTML-Parser für die Analyse und Verarbeitung von HTML-Dokumenten eingesetzt werden.

- Das Anfordern von HTML-Dokumenten, das Einparsen und Anzeigen des Textes, wird von der Komponente automatisch erledigt, Sie brauchen nur die Methode **RequestDoc** mit dem URL des anzufordernden Dokuments aufzurufen. Auch die Bearbeitung von Hyperlinks ist bereits implementiert.
- Die Eigenschaft ***RequestURL*** enthält den URL des gerade angeforderten Dokuments, die Eigenschaft ***URL*** den URL des angezeigten Dokuments. Beide Eigenschaften können nur zur Laufzeit gelesen werden.
- Die Formatierung und Anzeige des eingeparsten Dokuments kann durch die Bearbeitung verschiedener Eigenschaften angepaßt werden (***Heading1Font***, ***UnderlineLinks***, ***LinkColor*** etc.).
- Um die Verarbeitung der einzelnen HTML-Tags und Elemente zu beeinflussen, können Sie das Ereignis ***OnDoNewElement*** abfangen und die Standardbearbeitung für das Element (definiert durch den Parameter **ElemType**) ausschalten (Parameter **EnableDefault := False**). Voraussetzung dafür ist allerdings, daß die Eigenschaft ***ElemNotification*** der HTML-Komponente gesetzt wurde, da das ***OnDoNewElement***-Ereignis sonst nicht ausgelöst wird.

```
if (ElemType = 'applet') then
   Application.MessageBox('Applet','',mb_ok);
```

- Der reine HTML-Quelltext (mit Tags etc.) zu einem geladenen Dokument steht in der Laufzeit-Eigenschaft ***SourceText***.

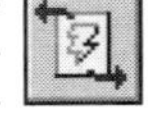

HTTP. Ein unsichtbares ActiveX-Steuerelement, das den HTTP-Protokoll-Client implementiert. Sie können damit HTTP-Dokumente direkt abrufen, für die kein Browsing bzw. keine Bildverarbeitung erforderlich ist.

- Die Komponente HTTP erlaubt Ihnen gegenüber der HTML-Komponente einen weitreichenderen Einfluß auf die Datenübertragung mit dem HTTP-Protokoll. Sie erzeugt weniger Overhead durch womöglich nicht genutzte Optionen, bietet aber auch kein Parsing und keine automatische Anzeige.

NNTP. Ein unsichtbares ActiveX-Steuerelement, das Anwendungen den Zugriff auf NNTP-News-Server ermöglicht.

- Die Verbindung mit dem Server wird wie im Falle der HTML-Komponente über die Methode **Connect** hergestellt.
- Nach dem Zustandekommen der Verbindung ändert sich die Eigenschaft ***ProtocolState*** in **nntpTransaction**. Dieser Wert kann in dem Er-

eignis ***OnProtocolStateChanged*** abgefangen und mit dem Einlesen der News-Gruppen (Methode **ListGroups**) beantwortet werden.

- Weitere Methoden erlauben das Auswählen von Gruppen (**SelectGroup**), die Auflistung der Artikel in einer Gruppe (**GetArticleHeaders**) und die Auswahl einzelner Artikel (**GetArticleBy...**). Die mit diesen Methoden angeforderten Daten werden in dem **Datastring**-Element eines **DocOutput**-Objekts abgelegt. Letzteres wird nach dem Aufruf obiger Methoden als Parameter an das ***OnDocOutput***-Ereignis übergeben. In der Ereignisbehandlungsroutine zu diesem Ereignis können die Daten dann ausgelesen und verarbeitet werden.
- Neben den eher komplizierten Methoden und Abläufen beim Einlesen von News-Gruppen und deren Artikeln verfügt die Komponente auch noch über einfache Methoden zum Senden und Empfangen von Dokumenten, deren Datenquellen bekannt sind (**SendDoc** und **GetDoc**). Datenquelle und mögliche weitere Optionen für die Übertragung können direkt beim Aufruf der Methoden übergeben werden (ansonsten werden sie aus den entsprechenden Elementen der **DocInput**- beziehungsweise **DocOutput**-Objekte herausgelesen).

- **POP**. Ein unsichtbares ActiveX-Steuerelement, das Post von UNIX oder anderen Servern empfängt, die das POP3-Protokoll unterstützen.

- **SMTP**. Ein unsichtbares ActiveX-Steuerelement, das es Anwendungen ermöglicht, auf SMTP-Mail-Server zuzugreifen und die entsprechenden Möglichkeiten zu nutzen.

- **TCP**. Ein unsichtbares WinSock-ActiveX-Steuerelement, das für Client- und Server-Anwendungen das TCP-Protokoll (Transmission Control Protocol) implementiert und den Zugriff auf TCP-Netzwerkdienste ermöglicht.

- **UDP**. Ein unsichtbares Winsock-ActiveX-Steuerelement, das einen einfachen Zugriff auf UDP-Netzwerkdienste (User Datagram Protocol) ermöglicht. Diese Komponente implementiert WinSock sowohl für den Client als auch für den Server und stellt damit einen Kommunikationspunkt dar, der den Zugang zu den UDP-Netzwerkdiensten ermöglicht. Sie kann auch zum Senden und Empfangen von UDP-Daten eingesetzt werden.

Anmerkung

- Beispiele zur Verwendung der einzelnen Komponenten finden Sie in der kontextsensitiven Hilfe zu den Komponenten (Aufruf mit [↵]-Taste) oder im Verzeichnis ***/Demos/Internet***.

8.3 Web-Browser mit THTML

Das folgende Beispielprogramm zeigt Ihnen die Programmierung eines einfachen Web-Browsers. Die wichtigsten Arbeitsschritte sind dabei die Verarbeitung von URLs und das Anzeigen der HTML-Dokumente. Die Anforderung der Web-Seiten bei den verschiedenen Web-Servern ist dagegen bereits in der HTML-Komponente implementiert.
Vor der konkreten Implementierung des Web-Browsers lohnt es sich allerdings noch, einen Blick auf das zugrundeliegende Client-/Server-Kommunikationsmodell zu werfen.

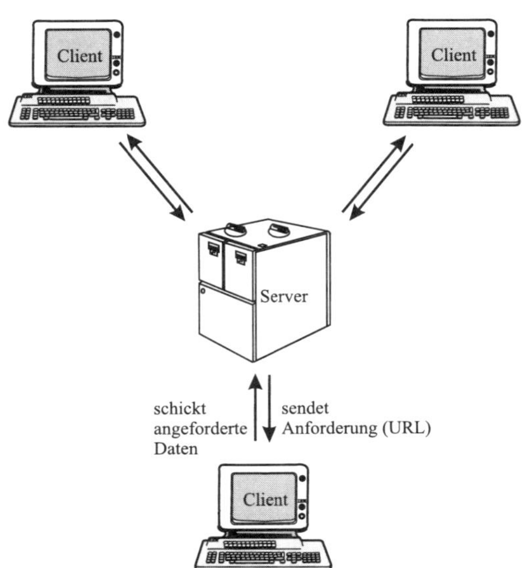

Ein Server ist dabei einfach ein Rechner, der Daten bereitstellt, die von anderen Rechnern (den Clients) abgerufen werden können. Angestoßen wird der Datenaustausch dabei immer von einem Client.

1. Klickt man beispielsweise in einem Web-Browser auf einen Hyperlink zu einem anderen Dokument, ermittelt der Client zuerst die URL zu diesem Link.

2. Dem URL (Uniform Resource Locator) entnimmt der Client die Adresse des Servers, auf dem sich das Dokument befinden soll. Der Client spricht daraufhin den Server an, und wenn alles gutgeht, wird eine TCP/IP-Verbindung zwischen beiden hergestellt.
   - Das TCP/IP-Protokoll regelt dabei die grundsätzliche Adressierung und Übertragung der Daten in Datenpaketen über das Netz.
3. Der Client schickt dann seine Anforderung, wozu er die Informationen aus dem URL (neben der Server-Adresse sind dies die genaue Lokalisation des angeforderten Dokuments auf dem Server und das gewünschte Übertragungsprotokoll (HTTP, FTP etc.)) in für den Server verständliche Informationen umgewandelt hat.
   - Die höheren Protokolle HTTP, FTP etc. regeln die Verständigung zwischen Client und Server.
4. Der Server versucht der Anforderung nachzukommen und sendet im Erfolgsfall die gewünschten Daten zurück zum Client. Zumindest sendet der Server aber eine Benachrichtigung (beispielsweise, daß die angeforderte Datei auf dem Server nicht gefunden wurde).
5. Der Client empfängt die Daten und verarbeitet sie (beispielsweise indem er das empfangene HTML-Dokument einparst und anzeigt).

Anmerkungen

- Ob ein Rechner als Client oder Server fungiert, hängt vor allem von der auf ihm ausgeführten Software ab.
- Damit ein Rechner als Server fungieren kann, muß er
  - über einen Internet-Anschluß verfügen (für nur wenig besuchte Rechner kann da schon ein schnelles Modem ausreichen);
  - über eine IP-Adresse verfügen, über die er von anderen Rechnern (Clients) aus angesprochen werden kann;
  - eine entsprechende Server-Software ausführen, die einkommende Anforderungen bearbeiten kann.
- Ein Client-Rechner braucht dagegen keine eigene Adresse, wohl aber
  - einen Internet-Anschluß und
  - spezielle Software, die Daten von anderen Rechnern anfordern kann (beispielsweise einen Web-Browser).
- Letztendlich sind es Programme, die einen Rechner als Client oder Server auftreten lassen. Die Begriffe Client und Server werden daher sowohl auf den Rechner als auch auf die Software bezogen. Folglich kann ein Rechner sowohl als Client wie auch als Server fungieren – je nachdem, welche Software auf ihm ausgeführt wird.

- Server werden zum einem nach ihrer Leistungsfähigkeit (Schnelligkeit, CGI-Unterstützung etc.) klassifiziert, zum anderem nach der Art der bereitgestellten Daten. So spricht man von Web-Servern, FTP-Servern, Datenbank-Servern. Jedem dieser Dienste entspricht eine eigene Server-Software auf dem Rechner. Um mehrere Dienste auf einem Server-Rechner gleichzeitig anbieten zu können, werden den einzelnen Dienste eindeutigen Ports zugewiesen. Über die Port-Nummer können die Client-Anwendungen exakt den von ihnen gewünschten Dienst ansprechen.

Tabelle 8.2: Übliche Port-Dienst-Kombinationen

Port	Dienst
80	HTTP
21	FTP
23	TELNET

Ausführung: Web-Browser schreiben

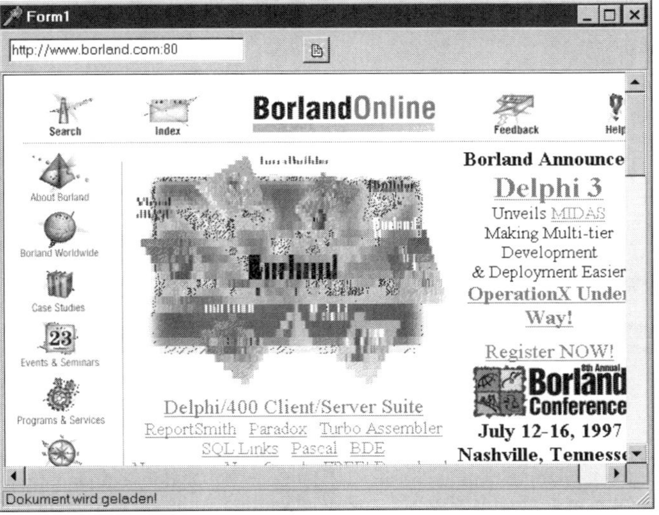

1. **Legen Sie ein neues Projekt an (DATEI/NEUE ANWENDUNG).**

2. **Nehmen Sie eine Panel-Komponente in das Formular auf.** Die **Panel**-Komponente befindet sich auf der Seite ***Standard*** der Komponentenpalette.

3. **Konfigurieren Sie die Panel-Komponente.** Setzen Sie die Eigenschaft ***Align*** auf **alTop,** löschen Sie den Titel (***Caption***-Eigenschaft) und nehmen Sie eine **Edit**- und eine **SpeedButton**-Komponente in das Panel auf.

   - Über die **Edit**-Komponente kann der Anwender eine URL eingeben. Geben Sie »http://www.borland.com« als ersten URL in die ***Text***-Eigenschaft der Edit-Komponente ein.

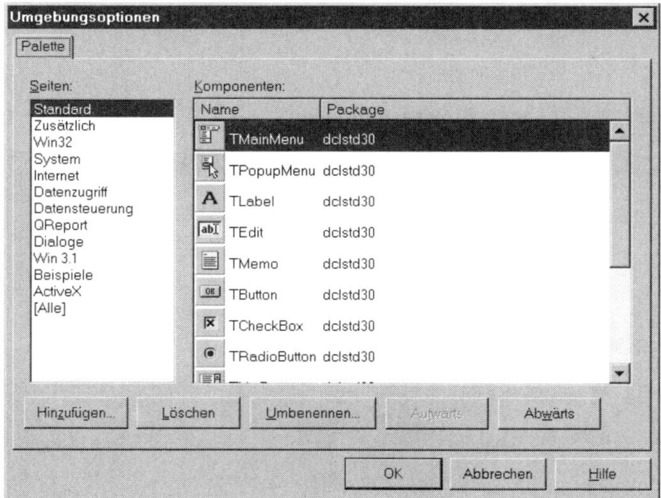

   - Über die **SpeedButton**-Schaltfläche kann der im Editierfeld eingegebene URL angefordert werden. Über die Eigenschaft ***Glyp*** können Sie eine Bitmap für die Schaltfläche laden.

4. **Nehmen Sie eine StatusBar-Komponente in das Formular auf.** Die **StatusBar**-Komponente befindet sich auf der Seite ***Win32*** der Komponentenpalette. In der Statusleiste soll angezeigt werden, wenn ein Dokument geladen wird.

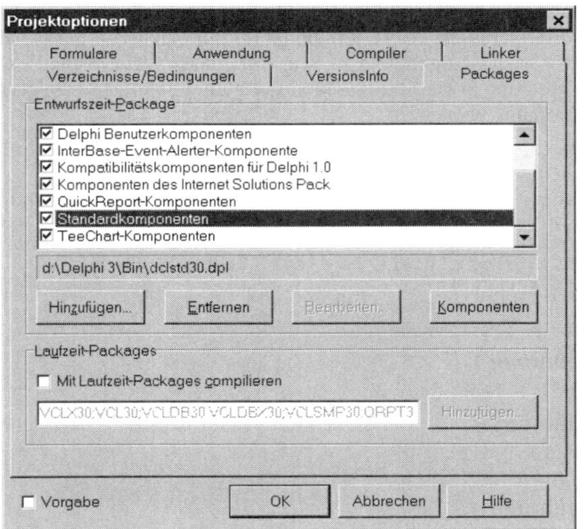

5. **Konfigurieren Sie die StatusBar-Komponente.** Setzen Sie die Eigenschaft ***SimplePanel*** auf **True,** um zur Laufzeit Texte über die Eigenschaft ***SimpleText*** ausgeben zu können.
6. **Nehmen Sie eine HTML-Komponente in das Formular auf.** Die **HTML**-Komponente befindet sich auf der Seite ***Internet*** der Komponentenpalette. In dieser Komponente werden die HTML-Dateien angezeigt.

7. **Konfigurieren Sie die HTML-Komponente.** Setzen Sie die Eigenschaft ***Align*** auf **alClient**.
8. **Implementieren Sie die Ereignisbehandlungsroutine zu dem *OnClick*-Ereignis der SpeedButton-Komponente.** Doppelklicken Sie im Objektinspektor in das Eingabefeld zu dem ***OnClick***-Ereignis. Lesen Sie mit Hilfe der HTML-Methode **RequestDoc** das gewünschte HTML-Dokument ein.
9. **Implementieren Sie die Ereignisbehandlungsroutine zu dem *OnBeginRetrieval*-Ereignis der HTML-Komponente.** Doppelklicken Sie im Objektinspektor in das Eingabefeld zu dem ***OnBeginRetrieval***-Ereignis. Geben Sie eine Meldung in die Statuszeile aus, die dem Benutzer anzeigt, daß der Ladevorgang noch andauert.

10. **Implementieren Sie die Ereignisbehandlungsroutine zu dem *OnEndRetrieval*-Ereignis der HTML-Komponente**. Doppelklicken Sie im Objektinspektor in das Eingabefeld zu dem ***OnEndRetrieval***-Ereignis. Geben Sie eine Meldung in die Statuszeile aus, die dem Benutzer anzeigt, daß der Ladevorgang beendet ist.

Beispiel

```
unit Unit1;
interface
uses
  Windows, Messages, SysUtils, Classes, Graphics, Controls,
  Forms, Dialogs, OleCtrls, isp3, ComCtrls, Buttons,
  StdCtrls, ExtCtrls;
type
  TForm1 = class(TForm)
```

Zu Ausführung 1:

```
    Panel1: TPanel;
```

Zu Ausführung 3:

```
    Edit1: TEdit;
    SpeedButton1: TSpeedButton;
```

Zu Ausführung 4:

```
    StatusBar1: TStatusBar;
```

Zu Ausführung 6:

```
    HTML1: THTML;
    procedure SpeedButton1Click(Sender: TObject);
    procedure HTML1BeginRetrieval(Sender: TObject);
    procedure HTML1EndRetrieval(Sender: TObject);
    end;
var
  Form1: TForm1;

implementation
{$R *.DFM}
```

Zu Ausführung 8:

```
procedure TForm1.SpeedButton1Click(Sender: TObject);
   begin
   HTML1.RequestDoc(Edit1.Text);
   end;
```

Zu Ausführung 9:

```
procedure TForm1.HTML1BeginRetrieval(Sender: TObject);
   begin
   StatusBar1.SimpleText := 'Dokument wird geladen!';
   Edit1.Text := HTML1.URL;
   end;
```

Zu Ausführung 10:

```
procedure TForm1.HTML1EndRetrieval(Sender: TObject);
   begin
   StatusBar1.SimpleText := 'Fertig';
   end;
end.
```

Anmerkung

- Voraussetzung für die korrekte Arbeit des Programms ist eine unter Windows eingerichtetete SLIP/PPP-Verbindung (für mehr Informationen hierzu wenden Sie sich bitte an Ihren Internet-Provider). Unter Windows 95 können Sie folgendermaßen vorgehen:

Ausführung: DFÜ-Verbindung unter Windows 95

1. **Scrollen Sie im Verzeichnisausschnitt des Explorers ganz nach unten zum Eintrag *DFÜ-Netzwerk*, und doppelklicken Sie im rechten Fenster auf das Symbol *Neue Verbindung*.**
2. **Geben Sie im Dialogfenster *Neue Verbindung erstellen* einen beliebigen Namen für die neue Verbindung ein, und richten Sie über den Schalter Konfigurieren Ihr Modem für diese Verbindung ein** (dies betrifft vor allem die Anpassung der Optionen ***Datenbits***, ***Parität*** und ***Stopbits*** an die Einstellungen Ihres Internet-Providers; für CompuServe wäre dies üblicherweise 8-Keine-1).
3. **Klicken Sie dann auf die Schaltfläche WEITER, und geben Sie in dem erscheinenden Dialogfenster die Rufnummer Ihres Einwahlknotens ein** (zu erfragen beim Internet-Provider). **Als Landeskennzahl wählen Sie Deutschland (49).**
4. **Bestätigen Sie das nachfolgende Fenster, um die Verbindung abspeichern zu lassen.** Jetzt müssen Sie allerdings noch das gewünschte Netzwerkprotokoll und den Server-Typ Ihres PCs festlegen.
5. **Klicken Sie im Explorer mit der rechten Maustaste auf die neue Verbindung, und rufen Sie den Befehl EIGENSCHAFTEN auf. Auf der erscheinenden Eigenschaftsseite klicken Sie auf den Schalter SERVERTYP.**
6. **Als Server-Typ wählen Sie *PPP: Windows 95..* aus und als Netzwerkprotokoll selbstverständlich *TCP/IP*.**

7. **Im Dialogfenster *TCP/IP-Einstellungen* können Sie die IP- und die Namensadressen festlegen.** Üblicherweise können Sie diese bei der Einwah über einen Provider-Rechner aber vom Server zuweisen lassen.
8. Paßwort und Benutzername werden beim Einwählen abgefragt.

Anmerkung

- Beachten Sie, daß von Windows hergestellte Verbindungen über Modem nicht zusammen mit den Anwendungen geschlossen werden.

8.4 ActiveX

ActiveX ist nichts grundsätzlich Neues. Im wesentlichen bezeichnet man heute als ActiveX, was früher unter OLE, OCX und COM zusammengefaßt wurde – Microsofts Realisierung eines binären Standards zur Kommunikation zwischen Software-Komponenten. Wirklich neu ist nur die Erweiterung und Anpassung dieses Standards an die Erfordernisse des Internets.

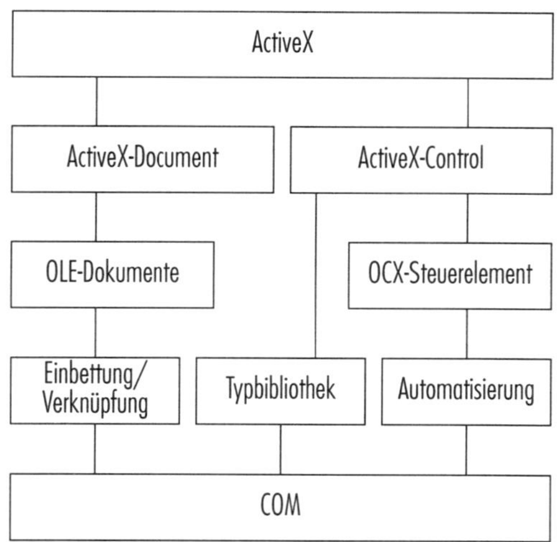

Das einzige Zuverlässige an der derzeitigen COM/OLE/ActiveX-Terminologie ist, daß sie sich fortlaufend ändert. Was gleich bleibt, sind die Konzepte hinter diesen Begriffen.

Übersicht: COM

- **Das Component Object Model (COM)** ist die Basis für OLE und ActiveX. Es erlaubt die Aufnahme von Software-Komponenten als Erweiterung des Betriebssystems und auf diesem Weg vor allem die Kommunikation zwischen Programmen über Prozeßgrenzen und – dank ActiveX – nun auch über Rechnergrenzen hinweg.
  Die Programmierung mit COM erfolgt auf unterster Ebene durch die Implementierung von COM-Objekten.

- **COM-Objekte.** Damit eine Software-Komponente (beispielsweise ein ActiveX-Steuerelement) seine Dienste über das Betriebssystem anbieten kann, muß sie ein oder mehrere COM-Objekte implementieren. Zu einem COM-Objekt gehören:
  - die Schnittstellen, die es unterstützt. In den Schnittstellen sind die Referenzen auf die Methoden enthalten, die die Software-Komponente zur Verfügung stellt. Jedes COM-Objekt muß über die vordefinierte Schnittstelle **IUnknwon** verfügen;
  - eine Klasse, in der die Methoden aus den Schnittstellen des COM-Objekts implementiert sind;
  - ein Server, in dem das Objekt implementiert ist und der für die Registrierung und Instanziierung des Objekts verantwortlich ist.

  Wie kann ein Programm die Methoden eines COM-Objekts nutzen?
  Nachdem die Software-Komponente unter Windows registriert wurde, kann jedes laufende Programm über die COM-Bibliothek des Systems auf die vorhandenen Klassen von COM-Objekten zugreifen.
  Wenn ein Programm von der Bibliothek eine bestimmte Schnittstelle einer Klasse anfordert, startet COM den Server der Klasse, und es wird eine Instanz des COM-Objekts erzeugt. Das Programm erhält danach einen Zeiger auf die gewünschte Schnittstelle des COM-Objekts zurück und kann nun über diesen Zeiger auf die Methoden der Schnittstelle zugreifen.
  - Da ein COM-Objekt mehrere Zeiger an verschiedene Programme vergeben kann, stellt sich die Frage, wann das COM-Objekt wieder gelöscht werden kann. Es enthält daher einen Referenzzähler, der bei jeder Vergabe eines Zeigers auf eine seiner Schnittstellen um Eins erhöht wird. Wird ein solcher Zeiger aufgelöst, muß das zugehörige Programm den Referenzzeiger mit Hilfe der Methode **Release** (aus der Schnittstelle **IUnknown**) dekrementieren. Ist der Referenzzähler bei 0 angelangt, wird das COM-Objekt automatisch aufgelöst.
- **OLE.** OLE steht für Object Linking and Embedding. Lange Zeit diente OLE als Oberbegriff für alles, was man mit COM machen konnte. Heute beschränkt sich der Begriff wieder im wesentlichen auf die Unterstützung von Verbunddokumenten (→ 6.17).
  - Verbunddokumente (auch OLE-Dokumente) werden heute auch als ActiveX-Dokumente bezeichnet. Der Begriff ActiveX-Dokument wird aber auch benutzt, um einen Behälter zu bezeichnen, in dem mehrere unterschiedliche Dokumente (auch Verbunddokumente) aufbewahrt werden können. (Die MSOffice-Sammelmappen sind Beispiele für solche ActiveX-Dokumente.)

- **Automatisierung.** Automatisierung bezeichnet ganz allgemein die Möglichkeit eines Programms, Teile seiner Funktionalität in Form von Klassendefinitionen anderen Programmen zur Verfügung zu stellen. Nach der Anmeldung beim Betriebssystem kann jedes beliebige Programm Instanzen der automatisierten Klassen bilden und mit diesen arbeiten (➔ 6.17).
  - Im Gegensatz zur Einbettung und Verknüpfung, bei der ein Programm (Container, Client) andere Programme (Server) aufruft, kann hier ein Programm auf die Implementierung eines anderen Programms zugreifen und mit dessen Klassendefinitionen wie mit eigenen arbeiten.
  - Automatisierung basiert auf der Schnittstelle **IDispatch**.
  - Während man früher von Automatisierung, Automatisierungs-Servern und Automatisierungs-Clients sprach, heißt es heute Scripting (oder Programmierbarkeit) und ActiveX-Komponenten mit Client- oder Server-Aufgaben.
- **OCX-Steuerelemente.** OCX-Steuerelemente (auch OLE-Steuerelemente genannt) benutzen die Möglichkeiten der Automatisierung, um ihre Eigenschaften, Methoden und Ereignisse zur Verfügung zu stellen. OCX-Steuerelemente sind dabei keine eigenständigen Programme, sondern lediglich Bausteine für Programme – Komponenten. Tatsächlich gleichen sie den üblichen Delphi-Komponenten aufs Haar, haben aber den Vorteil, daß sie nicht an eine bestimmte Programmiersprache gebunden sind. OCX-Komponenten sind daher sowohl in VisualBasic als auch in Delphi wie auch in C++Builder verwendbar. Die entsprechende Entwicklungsumgebung fungiert dabei als Automatisierungs-Client.
  - Statt von OCX-Steuerelementen spricht man heute von ActiveX-Steuerelementen oder ActiveX-Controls.
- **ActiveX.** ActiveX steht heute für nahezu alles, was früher allgemein als OLE bezeichnet wurde. Der neue Name soll dabei vor allem anzeigen, daß die alte Technologie an die Erfordernisse des Internets angepaßt wurde. Dies bringt uns zwei Vorteile:
  - ActiveX-Steuerelemente können über das Internet vertrieben und in Entwicklungsumgebungen wie auch in Web-Browsern mit entsprechender Unterstützung eingesetzt werden.
  - Web-Browser, die ActiveX-Dokumente unterstützen, können in einer Anwendung HTML-Dokumente wie auch Dokumente der Microsoft-Produktreihe anzeigen und bearbeiten.

8.5 ActiveX-Steuerelemente erstellen

Neben der direkten Programmierung mit Hilfe der entsprechenden VCL-Klassen zur Implementierung von Schnittstellen, COM-Objekten und COM-Servern gibt es auch die Möglichkeit, ActiveX-Steuerelemente auf der Grundlage bestehender oder selbst implementierter Delphi-Komponenten zu erstellen.

8.5.1 Delphi-Komponente als Basis für ActiveX-Steuerelement aufsetzen

Wie Sie Komponenten erstellen, erfahren Sie ausführlicher in Kapitel 9, »Eigene Komponenten erstellen«. Hier werden wir uns darauf beschränken, eine eigene CheckBox-Komponente zu erstellen, die beim Anklicken gelb wird. Als Grundlage dient uns dabei die VCL-Komponente **TCheckBox**, in deren Implementierung des *OnClick*-Ereignisses wir eingreifen werden.

Ausführung: VCL-Komponente anpassen

1. **Rufen Sie den Komponenten-Experten auf** (Befehl **NEUE KOMPONENTE** im Menü **KOMPONENTE**).

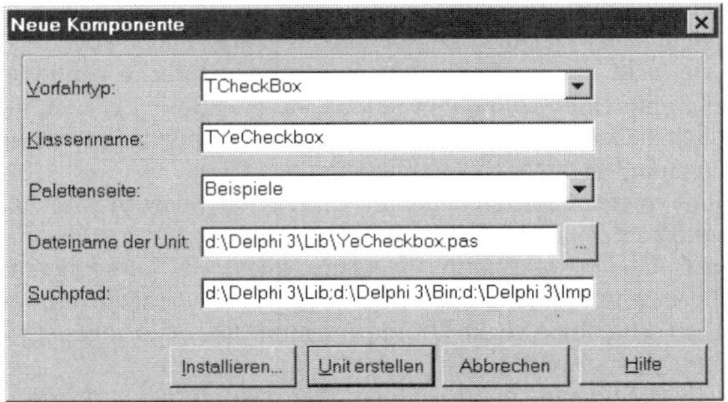

2. **Wählen Sie im Dialogfenster *Neue Komponente* als *Vorfahrtyp* die Klasse TCheckBox aus, und bearbeiten Sie die restlichen Eingaben nach Belieben.**
3. **Klicken Sie auf den Schalter UNIT ERSTELLEN**, um sich den Quelltext anzeigen zu lassen und die neue Komponente zu bearbeiten.
4. **Sehen Sie eine eigene Implementierung der Click-Methode vor** (diese wird von **TControl** als virtuelle Routine definiert, mit dem Zweck, eine vom

Benutzer der Komponente eingerichtete Ereignisbehandlungsroutine aufzurufen).

- Überschreiben Sie die **Click**-Methode. Wiederholen Sie dazu die Methodendeklaration aus **Tcontrol,** und ersetzen Sie das Schlüsselwort **dynamic** durch **override**.
- Deklarieren Sie das **private**-Datenelement **FOnClick,** und deklarieren Sie auch die **published**-Eigenschaft **OnClick**, um dem Objektinspektor den Zugriff auf **FOnClick** zu ermöglichen.
- Implementieren Sie die **Click**-Methode, in der die Hintergrundfarbe des Markierungskästchens geändert und die vom Benutzer definierte Ereignisbehandlungsroutine aufgerufen wird (soweit vorhanden).

5. **Installieren Sie die Komponente in die Komponentenbibliothek** (Befehl **KOMPONENTE INSTALLIEREN** im Menü **KOMPONENTE**). Übernehmen Sie einfach die Vorgaben im Dialogfenster ***Komponente installieren,*** und drükken Sie **OK**. Lassen Sie auch das Package neu kompilieren.
6. **Öffnen Sie ein neues Projekt, und testen Sie die neue Komponente darin aus.**

Beispiel

```
unit YeCheckbox;
interface
uses
  Windows, Messages, SysUtils, Classes, Graphics, Controls,
  Forms, Dialogs, StdCtrls;
type
  TYeCheckbox = class(TCheckBox)
```

Zu Ausführung 4a:

```
  public
    procedure Click; override;
```

Zu Ausführung 4b:

```
  private
    FOnClick: TNotifyEvent;
  published
    property OnClick: TNotifyEvent read FOnClick
                                   write FOnClick;
  end;
procedure Register;

implementation
```

Zu Ausführung 4c:

```
procedure TYeCheckbox.Click;
begin
```

ActiveX-Steuerelemente erstellen

8.5

```
  if(Checked) then
      Color := clYellow
      else
      Color := clWhite;
  if Assigned(FOnClick) then
    FOnClick(Self);
end;

procedure Register;
begin
  RegisterComponents('Beispiele', [TYeCheckbox]);
end;
end.
```

Anmerkungen

- Wenn die erste Kompilation der Komponente scheitert (genauer gesagt des Packages, in das die Komponente aufgenommen wurde), können Sie den Quelltext korrigieren und die Komponente über den Schalter **COMPIL** im Dialogfenster ***Package*** neu starten.
  - Das Dialogfenster ***Package*** können Sie über den Befehl **PACKAGES INSTALLIEREN** im Menü **KOMPONENTE** aufrufen. Wählen Sie dazu in dem erscheinenden Dialogfenster das gewünschte Package aus, und drükken Sie den Schalter **BEARBEITEN**.
- Wenn Sie Delphi-Komponenten als Ausgangspunkte für ActiveX-Steuerelemente implementieren, sollten Sie nur solche Basisklassen als Vorfahrtyp verwenden, die im Listenfeld ***VCL-Klassenname*** des ActiveX-Element-Experten (→ 8.5.2) aufgeführt sind.

8.5.2 Delphi-Komponente in ActiveX-Steuerelement verwandeln

Um auf der Grundlage einer Delphi-Komponente ein ActiveX-Steuerelement zu erstellen, bedienen Sie sich des ActiveX-Element-Experten.
Dieser erzeugt um die Delphi-Komponente herum ein ActiveX-Steuerelement. Die ursprüngliche Delphi-Komponente ist dabei als Datenelement in der Klassendefinition des ActiveX-Steuerelements enthalten (Datenelement **TDelphiControl**). Soweit es dem ActiveX-Element-Experten möglich ist, richtet er für alle **public**- und **published**-Elemente der Delphi-Komponente Schnittstellen-Methoden ein.

Ausführung: ActiveX-Steuerelement erstellen

1. **Öffnen Sie ein neues ActiveX-Bibliotheksprojekt.** Rufen Sie dazu die Objektablage auf (Befehl NEU im Menü DATEI), und wechseln Sie zur Seite ***ActiveX***. Doppelklicken Sie auf das Symbol ***ActiveX-Bibliothek***.
2. **Rufen Sie den ActiveX-Element-Experten auf.** öffnen Sie dazu die Objektablage, und wechseln Sie zur Seite ***ActiveX***. Doppelklicken Sie auf das Symbol ***ActiveX-Element***.

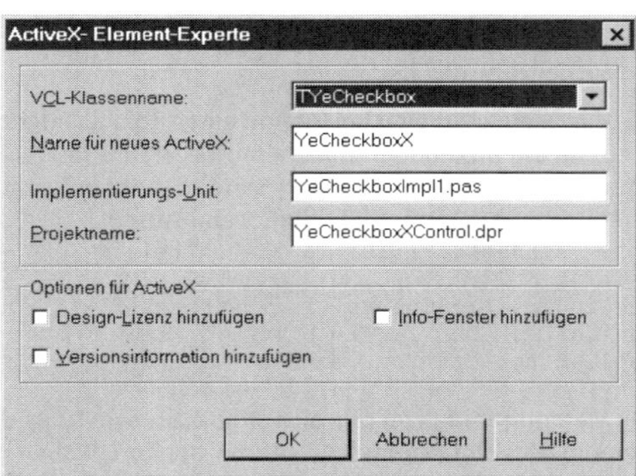

3. **Wählen Sie im Listenfeld *VCL-Klassenname*, als Basis für das neue ActiveX-Steuerelement die oben erstellte Komponente TYeCheckbox aus, und bearbeiten Sie die restlichen Optionen nach Gutdünken.**
4. **Speichern Sie das Projekt jetzt,** um Delphi die Typbibliothek für das Bibliotheksprojekt erstellen und als .tlb-Datei abspeichern zu lassen.
5. **Sie können das ActiveX-Steuerelement jetzt noch weiter bearbeiten** (beispielsweise, um Eigenschaften und Ereignisse, die nicht bei der Umwandlung übernommen wurden, einzurichten). Wenn die Unit des Steuerelements im Quelltexteditor angezeigt wird, können Sie im Menü BEARBEITEN dazu den Befehl **ZUR SCHNITTSTELLE HINZUFÜGEN** aufrufen.

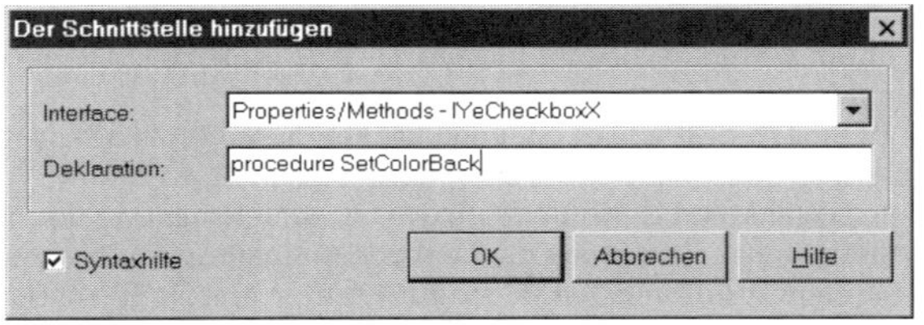

6. **Geben Sie im oberen Listenfeld an, ob Sie eine Eigenschaft/Methode oder ein Ereignis einrichten wollen, und geben Sie im unteren Eingabefeld die Deklaration des neuen Klassenelements ein. Schicken Sie dann das Dialogfenster ab.**
   - Richten Sie eine neue Methode mit der Deklaration **procedure SetColorBack;** ein.
7. **Geben Sie im Quelltexteditor den Code für die neue Methode ein.**
```
procedure TYeCheckboxX.SetColorBack;
  begin
  Set_Color(clBtnFace);
  end;
```
8. **Um das Steuerelement gleich bei Beginn einen Text anzeigen zu lassen, bearbeiten Sie die Methode InitializeControl.** Statt eine der Schnittstellen-Methoden zu verwenden, können Sie die **Caption**-Eigenschaft auch gleich über das Datenelement **FDelphiControl** setzen.
```
procedure TYeCheckboxX.InitializeControl;
begin
  FDelphiControl := Control as TYeCheckbox;
  FDelphiControl.OnClick := ClickEvent;
  FDelphiControl.Caption := 'Hier klicken';
end;
```
   - In der Methode **InitializeControl** wurde auch schon für die korrekte Verbindung des ***OnClick***-Ereignisses mit der Ereignisbehandlung des ActiveX-Steuerelements gesorgt (letztere erfolgt über die **IDispatch**-Schnittstelle).
9. **Kompilieren Sie das Projekt** (Befehl **PROJEKT NEU KOMPILIEREN** im Menü **PROJEKT**). Delphi erzeugt als Zieldatei des Bibliothekprojektes die OCX-Datei des ActiveX-Steuerelements.

Anmerkungen

- Ausgangspunkt für jedes ActiveX-Automatisierungsobjekt ist eine ActiveX-Bibliothek, die den Server für das ActiveX-Objekt bildet.
- Außerhalb des ActiveX-Steuerelements können Sie über die von dem Steuerelement zur Verfügung gestellten Schnittstellen-Methoden auf die Eigenschaften der zugrundeliegenden Delphi-Komponente zugreifen. Innerhalb des Steuerelements können Sie auch über das Datenelement **FDelphiControl** auf die DelphiKomponente zugreifen.
- Alle Methoden des ActiveX-Steuerelements (auch die Zugriffsmethoden für die Eigenschaften) werden als **safecall** deklariert.
- Um eine Eigenschaftsseite für das ActiveX-Steuerelement vorzusehen, gehen Sie zur Implementierung der Methode **DefinePropertyPages,** und fügen Sie einen Aufruf von **DefinePropertyPage** ein. Um die Eigenschaftssei-

te selbst einzurichten, doppelklicken Sie auf der Seite ***ActiveX*** der Objektablage auf das Symbol ***Eigenschaftsseite***. Bei Einrichtung der Vorlage wird dann auch die Kennung (**TGUID**) der Eigenschaftsseite für Sie angelegt, die Sie als Parameter an die Prozedur **DefinePropertyPage** von oben übergeben.

- Die Einrichtung von Eigenschaftsseiten ist optional. Ihre Funktion entspricht den Eigenschafts-Editoren des Objektinspektors.

Typbibliotheken

Beim Anlegen des Bibliotheksprojekts wurde eine Typbibliothek erstellt (um diese physisch als .tlb-Datei abzuspeichern, sollten Sie das Bibliotheksprojekt nach Aufruf des ActiveX-Element-Experten vollständig speichern; ansonsten wird sie dem Projekt als Ressource hinzugefügt).

In dieser Bibliothek werden alle wichtigen Informationen über die Typen und Schnittstellen der COM-Objekte des Servers verwaltet. Für die Portierung von COM ins Internet sind diese Informationen unabdingbar; aber auch Sie können die Typbibliotheken nutzen, beispielsweise, um sich über die vom ActiveX-Element-Experten angelegten Schnittstellen-Methoden zu informieren.

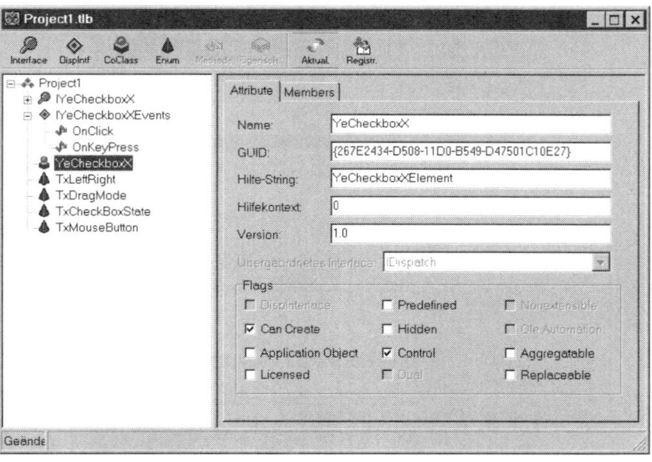

Um eine Typbibliothek zu öffnen, rufen Sie den Typbibliotheks-Editor auf. Benutzen Sie dazu einfach den Befehl **DATEI/ÖFFNEN**, und wählen Sie die .tlb-Datei des Bibliotheksprojekts aus.

Im Typbibliotheks-Editor können Sie

- sich über die Schnittstellen, die Schnittstellen-Methoden (bzw. Eigenschaften) oder die GUIDs (➔ Glossar in 8.8) der COM-Klassen und Schnittstellen informieren oder
- Schnittstellen und COM-Klassen einrichten, erweitern und löschen.

Anmerkung

■ Typbibliotheken haben auch den Vorteil, daß sich ein Programm vor dem Laden eines ActiveX-Steuerelements über dessen Methoden und Funktion informieren kann.

8.5.3 ActiveX-Steuerelemente in Delphi verwenden

Um das neue ActiveX-Steuerelement in Delphi verwenden zu können, muß es zuerst unter Windows registriert und dann in die Komponentenbibliothek aufgenommen werden.

Ausführung: ActiveX-Steuerelement installieren

1. **Registrieren Sie das ActiveX-Steuerelement.** Rufen Sie dazu einfach bei geöffnetem ActiveX-Bibliotheksprojekt den Befehl **START/ACTIVEX-SERVER EINTRAGEN** auf.

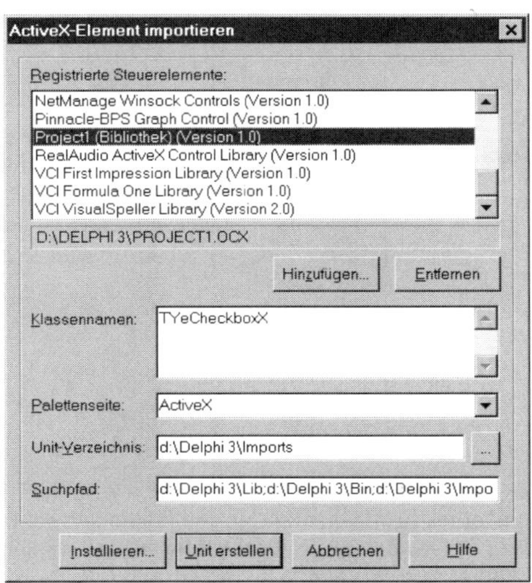

2. **Installieren Sie das ActiveX-Steuerelement.** Rufen Sie den Befehl **ACTIVEX IMPORTIEREN** im Menü **KOMPONENTE** auf. Wurde das Steuerelement erfolgreich unter Windows angemeldet, wird es im Listenfeld ***Registrierte Steuerelemente*** des Dialogfensters ***ActiveX-Element importieren*** unter dem Namen des Bibliothekprojekts aufgeführt.
3. **Wählen Sie das zu installierende ActiveX-Steuerelement im Listenfeld *Registrierte Steuerelemente* aus.** Entscheiden Sie sich für eine Palettenseite, auf der das Steuerelement angezeigt werden soll, und klicken Sie auf den Schalter **INSTALLIEREN**.
4. **Öffnen Sie nach der Installation ein neues Projekt, und testen Sie das ActiveX-Steuerelement aus.**

Anmerkungen

- Über die Registrierung des ActiveX-Steuerelements unter Windows können Sie sich auch mit Hilfe des Programms ***RegEdit.exe*** aus dem Windows-Verzeichnis informieren. (Suchen Sie in RegEdit einfach nach dem Projektnamen des Steuerelements.)
- Um die Registrierung eines ActiveX-Servers wieder aufzuheben, können Sie diesen im Listenfeld ***Registrierte Steuerelemente*** des Dialogfensters ***ActiveX-Element importieren*** auswählen und dann den Schalter **ENTFERNEN** drücken.
- Wenn Sie später die Implementierung des ActiveX-Steuerelements überarbeiten, brauchen Sie das zugehörige Bibliotheksprojekt nach der Bearbeitung nur neu zu kompilieren (solange der Pfad zur OCX-Datei sich nicht geändert hat, ist keine erneute Registrierung erforderlich).
- Wenn Sie ActiveX-Steuerelemente über das Internet anbieten wollen, rufen Sie den Befehl **OPTIONEN FÜR DISTRIBUTION ÜBER DAS WEB** auf, bearbeiten Sie die angezeigten Optionen und aktivieren Sie dann den Befehl **DISTRIBUTION ÜBER DAS WEB** (beide Befehle sind nur verfügbar, wenn ein ActiveX-Bibliotheksprojekt geöffnet ist).

8.6 ActiveX-Steuerelemente in HTML-Dokumenten verwenden

Um ein ActiveX-Steuerelement im Rahmen eines HTML-Dokuments auszuführen, benutzen Sie das OBJECT-Tag. Diesem muß als Argument die CLSID des ActiveX-Steuerelements (genauer gesagt der Klasse (!), nicht des Projekts oder einer der Schnittstellen) übergeben werden. Die Kennummer kann in der Typbibliothek (Extension .tlb) oder in der ***_TLB.pas**-Datei (unter Komponentenklasse) nachgeschlagen werden.
Innerhalb des HTML-Dokuments können Sie dann mit Hilfe einer vom Browser unterstützten Scriptsprache auf die Schnittstellen des ActiveX-Steuerelements zugreifen.

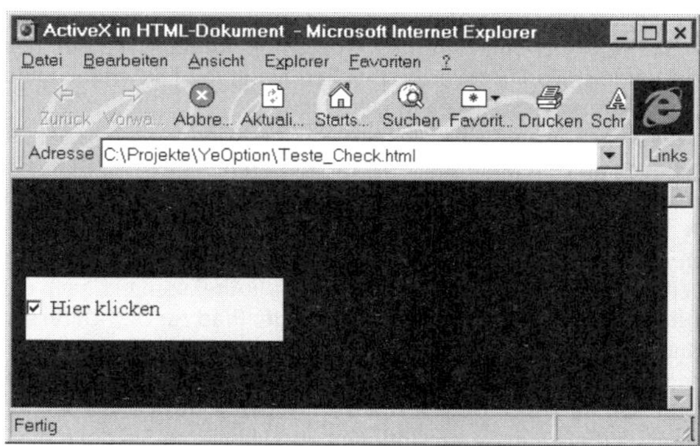

Beispiel

```
<HTML>
<TITLE>ActiveX in HTML-Dokument </TITLE>
<BODY>
<H1>Klick mich</H1>
<P>
<OBJECT
   CLASSID="clsid:E159104A-D45A-11D0-B549-D47501C10E27"
   CODEBASE="http://www..../project1.ocx"
   ID=MeinActiveX
   HEIGHT=50
   WIDTH=200
   > </OBJECT>
```

```
<SCRIPT LANGUAGE=VBScript>
  Sub MeinActiveX_OnClick()
    document.bgColor = "Black"
  End Sub
  </SCRIPT>

</BODY>
</HTML>
```

Anmerkungen

- Das Argument CODEBASE wird nur verwendet, wenn der Code des ActiveX-Steuerelements nicht auf der lokalen Maschine zu finden ist. Sollte dies der Fall sein, wird das Steuerelement heruntergeladen.
- Um dem mit dem Herunterladen der ActiveX-Steuerelemente verbundenen Sicherheitsrisiko zu begegnen, kennt der Internet Explorer von Microsoft zum Beispiel drei verschiedene Sicherheitsgrade (immer, nach Bestätigung oder nie herunterladen).

8.7 ActiveX-Formulare

ActiveX-Formulare sind Delphi-Formulare, die nach außen wie ein ActiveX Steuerelement auftreten. Ihre Erstellung und Einbindung in HTML-Dokumente läuft daher ganz analog zu den »normalen« ActiveX-Steuerelementen ab; lediglich statt der Vorlage ***ActiveX-Element*** wählt man die Vorlage ***ActiveForm*** (auf der Seite ***ActiveX*** der Objektablage).

8.8 Glossar

Hier nochmal eine Zusammenfassung der wichtigsten Begriffe zum Thema Internet- und ActiveX-Programmierung.

Übersicht: Glossar

- **ActiveX-Control**. (→ ActiveX-Steuerelement).
- **ActiveX-Dokument**. Verbunddokument, das Verknüpfung und Einbettung unterstützt.
- **ActiveX-Objekt**. COM-Objekt, das über Schnittstellen (Tabellen mit Funktionszeigern) anderen Programmen seine Funktionalität zur Verfügung stellt.
- **ActiveX-Steuerelement**. ActiveX-Objekt, das wie ein normales Windows-Steuerelement funktioniert und in verschiedenen Programmierumgebungen wie auch in HTML-Seiten verwendet werden kann.
- **CGI, Java**. Grundsätzlich sind HTML-Dokumente statische Dokumente. CGI und Java stellen Möglichkeiten dar, HTML-Dokumente durch Programme zu unterstützen. Auf diese Weise kann man zum Beispiel das aktuelle Datum oder ständig aktualisierte Daten aus einer Datenbank in Web-Dokumente einblenden. CGI-Programme werden Server-seitig ausgeführt und haben den Nachteil, daß sie u.U. die Ausführungszeit des Servers stark beeinträchtigen können. Java-Programme sind sehr vielseitig und werden vom Client ausgeführt (der Java-kompatibel sein muß). Beide Methoden haben ihre Vor- und Nachteile.

  CGI und vor allem Java stehen heute in Konkurrenz zu ActiveX:
  - ActiveX ist vielseitiger als Java, erkauft dies aber durch die Beschränkung auf die Wintel-Plattform und ein hohes Sicherheitsrisiko, da extern geladenen Programmen (in Form von ActiveX-Steuerelementen) der Zugriff auf den Rechner erlaubt wird.
  - Java ist wesentlich besser portabel (dank eines zwischengeschalteten Interpreters, der aber im Gegensatz zu Visual Basic zu keinen größeren Geschwindigkeitseinbußen führt). In puncto Internet-Programmierung bietet der neue Java-Standard (JDK 1.1.1) weitaus mehr Unterstützung, als man derzeit von ActiveX und entsprechenden Programmierumgebungen erwarten kann. Zudem wurde mit den Java-Beans nun auch in Java die Programmierung mit Software-Komponenten eingeführt.
  - ActiveX und Java kämpfen also auf dem gleichen Terrain und buhlen um die gleiche Klientel. Man darf also gespannt sein, wie der Kampf David gegen Goliath ausgehen wird.

- **Client/Server.** Kommunikationsmodell zwischen zwei Computern, bei denen der eine Computer (Client) eine Anforderung (Request) an einen anderen Computer (Server) schickt. Der Server kommt der Anforderung auf irgendeine Weise nach und sendet die angeforderten Daten oder zumindest eine Benachrichtigung zurück an den Client.
- **FTP.** Transferprotokoll für die Übertragung von Dateien.
- **GUID.** Steht für Globally Unique Identifier und dient der weltweiten eindeutigen Numerierung von COM-Objekten. Je nach Verwendungszweck spricht man auch von CLSID (identifiziert eine COM-Klasse) oder IID (identifiziert eine Schnittstelle).
- **HTML.** Steht für HyperText Markup Language. HTML ist eine auf Tags basierende Sprache zum Aufsetzen von Hypertext-Dokumenten (WWW-Dokumenten).
- **HTTP.** Steht für Hypertext Transfer Protocol und regelt die Übertragung von Hypertext-Dateien zwischen Client und Server.
- **Internet.** Weltumspannender Rechnerverbund. Außenstehende können sich über spezielle Server-Computer, die von Universitäten oder sogenannten Providern (CompuServe, AOL etc.), in das Internet einloggen.
- **MIME.** Steht für Multipurpose Internet Mail Extensions. MIME ist eine Erweiterung des SMTP-Übertragungsprotokolls um die Möglichkeit, neben reinem Text auch Grafiken, Sound und anderes zu übertragen.
- **OCX.** (➔ ActiveX-Steuerelement).
- **Schnittstelle (Interface).** Deklaration verschiedener Methoden, die ein ActiveX-Objekt anderen Programmen zur Verfügung stellt.
- **Scripting.** Programmierbarkeit von ActiveX-Steuerelementen (sowohl in entsprechenden Entwicklungsumgebungen in der jeweiligen Programmiersprache, wie auch in HTML-Seiten mittels entsprechender Script-Sprachen).
- **TCP/IP.** Steht für Transmission Control Protocol/Internet Protocol. TCP/IP ist das grundlegende Netzwerkprotokoll, mit dem im Internet Verbindungen zwischen den Rechnern aufgebaut und genutzt werden.
- **Typbibliothek.** Bibliothek, in der Informationen zu den Datentypen und Methoden eines ActiveX-Steuerelements gespeichert sind.
- **URL.** Jede Anfrage eines Clients besteht typischerweise aus drei Informationen, die zusammen als URL (Uniform Resource Locator) bezeichnet werden:
  - das zu verwendende Programm (mailto) oder Übertragungsprotokoll (beispielsweise HTTP oder FTP)
  - Adresse des anzusprechenden Servers
  - Position der angeforderten Datei auf dem Server

- **UUID.** Steht für Universally Unique Identifier (→ GUID).
- **WorldWideWeb.** Gesamtheit der HTML-Dokumente im Internet. Initiiert vom Centre Européen de Recherches Nucléaires als Hypertext-basiertes Informationsaustauschsystem.

9 Eigene Komponenten entwickeln

9.1 Allgemeines

Grundlage der objektorientierten Programmierung ist die Klasse. Klassen dienen dazu, einzelne Objekte zu kapseln, indem sie ihre Eigenschaften und Verhaltensweisen in einer Datentyp-Deklaration vereinigen.
In Fortsetzung dieses Gedankens sind Komponenten dann Klassen, die so eingerichtet sind, daß sie mittels Drag&Drop aus der Komponentenpalette in ein Formular eingefügt und mittels des Objektinspektors bearbeitet werden können.

9.1.1 Komponenten aus Sicht des Komponentenbenutzers

Übersicht:

- Eine Komponente ist ein kleines Icon, das per Drag&Drop in Anwendungen integriert wird und dort ein bestimmtes Objekt oder eine bestimmte Funktionalität zur Verfügung stellt.
- Komponenten werden über die Komponentenpalette der Delphi-IDE zur Verfügung gestellt.
- Nachdem eine Komponente im Formular abgelegt und angeklickt wurde, kann sie im Objektinspektor bearbeitet werden.
- Durch die Bearbeitung der Eigenschaften kann die Komponente zur Programmierzeit konfiguriert werden.
- Durch die Bearbeitung der Ereignisse kann der Benutzer der Komponente festlegen, wie das Programm (bzw. die Komponente) auf bestimmte Aktionen des Anwenders (gemeint ist jetzt der Anwender des Programms, das die Komponente benutzt) reagieren soll.
- Eine Komponente kann bei Ausführung des Programms sichtbar sein oder nicht.

9.1.2 Komponenten aus Sicht des Komponentenentwicklers

Übersicht:

- Eine Komponente ist eine Klasse, die **TComponent** oder eine von **TComponent** abgeleitete Klasse als Basisklasse hat.
- Um eine Komponente über die Komponentenpalette zur Verfügung zu stellen, muß sie unter Delphi registriert werden und über ein Icon zur Repräsentation in der Komponentenpalette verfügen.
- Eigenschaften und Ereignisse der Komponente, die über den Objektinspektor bearbeitet werden sollen, werden im Abschnitt **published** deklariert.
- Die veröffentlichten Eigenschaften dienen zur Konfiguration der Komponente.
- Die veröffentlichten Ereignisse sollen dem Benutzer der Komponente die Möglichkeit geben, auf bestimmte Aktionen des Anwenders zu reagieren. Die Bearbeitung der veröffentlichten Ereignisse durch den Benutzer ist optional, d.h., die korrekte Arbeit der Komponente muß unabhängig von diesen Ereignissen sein (weder dürfen nicht bearbeitete Ereignisse die korrekte Funktionsweise gefährden, noch die Tatsache, daß ein Ereignis bearbeitet wurde).
- Nicht sichtbare Komponenten werden von **TComponent** abgeleitet, sichtbare Komponenten von **TWinControl**, **TGraphicControl** oder abgeleiteten Klassen.

9.1.3 Vorgehensweise

Ausführung: **Ablaufplan der Komponentenentwicklung**

1. **Festlegung des Aufgabenbereichs.**
2. **Festlegung der Benutzerschnittstelle.**
3. **Komponentenklasse anlegen.**
4. **Eigenschaften implementieren.**
5. **Ereignisse implementieren.**
6. **Methoden implementieren.**
7. **Komponente registrieren.**

Die nachfolgenden Abschnitte zeichnen diesen Ablaufplan nach und erarbeiten anhand eines durchgehenden Beispiels zu jedem Thema die theoretischen Grundlagen.

9.2 Festlegung des Aufgabenbereichs

Zu Anfang steht die Frage, ob es sinnvoll ist, eine Klasse als Komponente zur Verfügung zu stellen. Prinzipiell kann jede Klasse als Komponente implementiert und registriert werden, was es dem Benutzer der Klasse immerhin ermöglicht, sie über den Objektinspektor zu konfigurieren, und ihm zudem die Deklaration der Klasse in seinem Projekt abnimmt. Aber natürlich hieße es, mit dem Komponentenkonzept Mißbrauch zu treiben, wollte man alle Klassen als Komponenten einrichten. Eine Komponente sollte also noch folgende Bedingungen erfüllen:

- Sie sollte möglichst unabhängig sein – in dem Sinne, daß sie nicht auf andere Komponenten oder Klassen angewiesen ist.
- Sie sollte von allgemeinem Interesse sein.
- Die Schnittstelle über den Objektinspektor sollte dem Benutzer der Komponente intuitiv aufzeigen, was und wie er mit der Komponente programmiert, und ihm die Arbeit dadurch wesentlich erleichtern.

Nachfolgend wird der Aufgabenbereich für die Beispiel-Komponente festgelegt. Als Beispiel habe ich eine Container-Komponente gewählt, die ihre Daten auf verschiedene Weisen verwaltet (Schlange, Stack, Maximum).

Die entsprechenden Datenstrukturen werden den meisten Programmierern bekannt sein, so daß es bezüglich des Sinns der Komponente und der an sie gestellten Anforderungen wohl keine Verständnisschwierigkeiten geben wird und wir uns auf die Technik der Komponentenentwicklung konzentrieren können.

Die Implementierung des Containers ist allerdings recht rudimentär, was aber hoffentlich kein Manko ist, da sich entsprechende Datenstrukturen in vielen Bibliotheken finden und ihre Theorie in zahlreichen Büchern zu Algorithmen und Datenstrukturen beschrieben ist. Im Vordergrund steht also auch hierbei wieder die Lösung und Implementierung der verschiedenen Aufgaben, die sich bei der Komponentenentwicklung stellen.

Beispiel

```
Titel:Container-Komponente
Eigenschaften:Datenverwaltung in Form
        einer Queue (Schlange)
        eines Stacks (Keller)
        als Maximum
   Verwaltung von Daten verschiedener
   Typen
   Eingabe von Daten über Objektinspektor
```

Beschreibung:

Die Komponente soll als Container für eine Sammlung von Objekten eines Datentyps dienen. Alle Objekte in einer Instanz des Containers haben den gleichen Datentyp. Für die allgemeine Verwendbarkeit der Komponente wäre es allerdings schön, wenn man Instanzen für Objekte beliebigen Typs bilden könnte. Die objektorientierte Programmierung sieht hierfür die Definition von Template-Klassen vor, die von Delphi jedoch noch nicht unterstützt werden. Delphi bietet als Alternative die Verwendung von Klassenreferenzen an, die beispielsweise bei der Implementierung des Delphi-Containers TCollection (mit seinen Einträgen vom Typ TCollectionItem) genutzt wurden. Um nicht zu weit vom eigentlichen Thema abzuschweifen, geht das vorliegende Beispiel nur den halben Weg, d.h., es definiert eine eigene Klasse für die Objekte des Containers, nutzt diese in der vorliegenden Implementierung jedoch nur zur Verwaltung von Extended-Werten. Auf diese Weise umgeht das Programm auch gleichzeitig das Problem, daß Array-Eigenschaften nicht als published deklariert werden können.

Der Container soll die Daten auf unterschiedliche Weise verwalten.

Als Queue:	Neue Werte werden am Ende eingefügt. Beim Lesen wird der Wert des ersten Elements zurückgeliefert Beim Löschen wird stets das erste Element gelöscht
Als Stack:	Neue Werte werden am Ende eingefügt. Beim Lesen wird der Wert des letzten Elements zurückgeliefert Beim Löschen wird stets das letzte Element gelöscht
Als Maximum:	Neue Werte werden am Ende eingefügt. Beim Lesen wird der Wert des größten Elements zurückgeliefert Beim Löschen wird das größte Element gelöscht

9.3 Festlegung der Benutzerschnittstelle

Ausgehend von dem Verwendungszweck der Komponente sind die Schnittstelle und der interne Aufbau der Komponentenklasse festzulegen. Im einzelnen betrifft dies:

- die Datenelemente der Klasse,
- die Eigenschaften, die für die Bearbeitung im Objektinspektor zu veröffentlichen sind,
- die Ereignisse, die von der Komponente intern bearbeitet werden müssen,
- die Ereignisse, die für die optionale Bearbeitung durch den Benutzer zu veröffentlichen sind,
- die Methoden, die die eigentliche Funktionalität der Komponente bereitstellen,
- die Auswahl der öffentlichen Methoden, die neben den veröffentlichten Ereignissen dem Benutzer die Programmierung mit der Komponente erlauben.

Beispiel

```
Datenelemente:
FAnzahl                Anzahl der Elemente im Container
FItems                 Die Elemente des Containers
FContainer             Container-Typ (Queue, Stack oder
                       Maximum)

published Eigenschaften:
Items                  Liste der Elemente im Container, die
                       vom Benutzer initialisiert werden kann
ContainerTyp           Erlaubt Benutzer die Einstellung des
                       Container-Typs (Queue, Stack oder
                       Maximum)

interne Ereignisse:
                       -

published Ereignisse:
OnTypChange            Wird ausgelöst, wenn der Container-Typ
                       zur Laufzeit geändert wird

Methoden:
Konstruktor            Zum Initialisieren des Containers
Destruktor             Zum Löschen der Elementliste FItems
GetMax                 Liefert das größte Element zurück
Read                   Liefert den Wert eines Elements (ohne
```

	das Element aus dem Container zu entfernen)
Add	Fügt ein neues Element ein
Delete	Löscht ein Element
SetContainertyp	Zum Ändern des Container-Typs zur Laufzeit
public Methoden	Konstruktor, Destruktor, Read, Add, Delete, SetContainerTyp

9.4 Komponentenklasse anlegen

Intern entspricht eine Komponente einer Klasse. Die erste Aufgabe ist es also, eine Komponentenklasse zu deklarieren. Dabei sind folgende Punkte zu beachten:

- Die Klasse für eine Komponente muß **TComponent** oder eine von **TComponent** abgeleitete Klasse als Basisklasse haben.

Tabelle 9.1: Basisklassen für Komponenten

Basisklasse	Einsatzgebiet
TComponent	Erstellung nichtsichtbarer Komponenten
TWinControl	Erstellung von Dialogelementen mit Fenster-Handle
TGraphicControl	Erstellung von grafischen Dialogelementen ohne Fenster-Handle
TCustomControl	Erstellung von grafischen Dialogelementen mit Fenster-Handle
Bestehende Komponenten	Erstellung neuer Komponenten auf der Grundlage oder durch Abänderung bestehender Komponenten (➔ 8.5.1)

- Komponentenklassen sollten in eigenen Units definiert werden.
  - Denken Sie daran, daß innerhalb einer Unit der Zugriffschutz durch **private** und **protected** aufgehoben ist.
- Die Klasse muß registriert werden.

Der einfachste Weg, alle diese Punkte zu beachten, besteht darin, den Komponenten-Experten aufzurufen.

Ausführung:

1. **Erstellen Sie eine neue Anwendung mit Hauptfenster** (Befehl NEUE ANWENDUNG im Menü DATEI). Die Anwendung ist für die Komponentenerstellung nicht unbedingt erforderlich, erlaubt es Ihnen aber, die Komponente direkt innerhalb der Anwendung auszuprobieren.
2. **Rufen Sie den Komponenten-Experten auf** (Befehl NEUE KOMPONENTE aus dem Menü KOMPONENTE).
3. **In dem Dialogfenster wählen Sie im Listenfeld *Vorfahrtyp* eine Basisklasse aus.** Geben Sie danach einen beliebigen Namen für ihre Komponentenklasse an, und wählen Sie die Seite der Komponentenpalette aus, in der die Komponente später angezeigt werden soll (wenn Sie einen neuen Seitennamen eingeben, wird diese später automatisch angelegt).
4. **Drücken Sie den Schalter UNIT ERSTELLEN.**

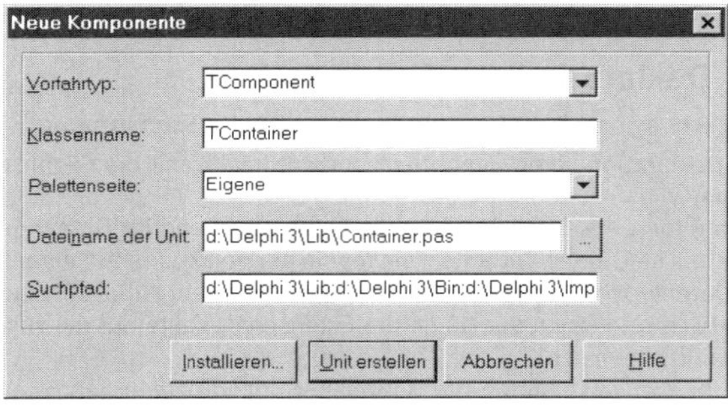

Beispiel

```
unit Container;

interface

uses
  Windows, Messages, SysUtils, Classes, Graphics, Controls,
  Forms, Dialogs;

type
  TContainer = class(TComponent)
  private
    { Private-Deklarationen }
  protected
    { Protected-Deklarationen }
  public
    { Public-Deklarationen }
  published
    { Published-Deklarationen }
  end;

procedure Register;

implementation

procedure Register;
begin
  RegisterComponents('Eigene', [TContainer]);
end;

end.
```

9.5 Eigenschaften implementieren

9.5.1 Deklaration von Eigenschaften

property *eigenschaft*: *Typ* **read** *Lesezugriff* **write** *Schreibzugriff*;

- Die Deklaration einer Eigenschaft beginnt immer mit dem Schlüsselwort **property**.
- Darauf folgt der Bezeichner für die Eigenschaft und ihr Datentyp. Eigenschaften sind keine Variablen, sie regeln nur den Zugriff auf eine Variable. Ihr Datentyp muß daher mit dem Typ der Variablen, auf die Sie zugreifen, identisch sein (auch der Name der Eigenschaft sollte auf die zugehörige Variable hinweisen).
  - Üblicherweise lauten die Bezeichner der Variablen genauso wie die Bezeichner der zugehörigen Eigenschaft mit vorangestelltem Buchstaben F (Eigenschaft *Anzahl* – Variable *FAnzahl*)
- Danach wird der Lese- und Schreibzugriff auf die zugehörige Variable festgelegt. Dabei kann man zum einen den Namen der Variablen (direkter Zugriff) oder eine Funktion (Lesezugriff) oder Prozedur (Schreibzugriff) angeben.

Anmerkungen

- Wird eine Eigenschaft das erste Mal deklariert, müssen sowohl Lese- als auch Schreibzugriff spezifiziert werden (der Compiler erlaubt allerdings auch unvollständige Deklarationen, die allerdings zu Laufzeitfehlern führen können, wenn die Speicheroptionen für die Eigenschaft (➔ 9.5.5) die fehlende Zugriffsmöglichkeit voraussetzen).
- Bei nachfolgenden Deklarationen einer bereits deklarierten Eigenschaft (➔ 5.6.6, Überladung von Eigenschaften) brauchen Lese- und Schreibzugriff nur dann angegeben zu werden, wenn der entsprechende Zugriff geändert werden soll.

9.5.2 Eigenschaften im Objektinspektor anzeigen

Als Komponentenentwickler interessiert es Sie nicht nur, wie Sie Eigenschaften deklarieren, sondern auch, wie Sie diese Eigenschaften zur Bearbeitung im Objektinspektor zur Verfügung stellen und wie Sie den Standardwert, den die Eigenschaft im Objektinspektor anzeigt, festlegen können.

- Um eine Eigenschaft im Objektinspektor anzeigen zu lassen, brauchen Sie sie nur als **published** zu deklarieren.
  - Array-Eigenschaften können nicht als **published** deklariert werden (im Beispiel gehen wir daher den Umweg über die Klasse, in der ein Array gekapselt ist).

- Der Wert, der für die Eigenschaft im Objektinspektor als Vorgabe angezeigt wird, wird über das Schlüsselwort **default** festgelegt (→ 9.5.5). Ist der Vorgabewert ungleich dem Null-Wert des zugrundeliegenden Datentyps, müssen Sie der Eigenschaft den Vorgabewert im Konstruktor der Komponente zuweisen.

9.5.3 Array-Eigenschaften

Array-Eigenschaften sind nicht zu verwechseln mit Arrays von Eigenschaften. Array-Eigenschaften sind Eigenschaften, die selbst keine Arrays sind, aber deren Datentyp ein Array-Typ ist. Sie sind in Delphi erlaubt, können jedoch nicht als **published** deklariert werden.

Für das Beispiel mit dem Container wäre ein Array aber gerade gut geeignet, um die Elemente im Container abzuspeichern. Da es dem Anwender aber möglich sein soll, die Elemente des Containers mit Hilfe des Objektinspektors zu initialisieren, müßte das Array als eine **published**-Eigenschaft deklariert werden – was gerade nicht erlaubt ist. Das Beispielprogramm behilft sich daher mit einem kleinen Umweg.

Ausführung: Indirekten Zugriff auf Array-Eigenschaft einrichten

1. **Deklarieren Sie eine Klasse als Kapselung eines Arrays** (im Beispiel ist dies die Klasse **TContainerItems**). Stellen Sie in der Klasse einfach ein Array-Datenelement zur Verfügung und optional noch eine Array-Eigenschaft (**Werte**) zu dem Array-Datenelement (**FWerte**), die den Zugriff erleichtert (natürlich darf und kann die Array-Eigenschaft nicht als **published** deklariert werden).
2. **Weisen Sie der Eigenschaft (Items) und der Variablen (FItems) der Container-Komponente, die den Zugriff auf die Elemente im Container bereitstellen sollen, als Datentyp den neuen Klassentyp (TContainerItems) zu.**
   - Der Objektinspektor greift nun über die Eigenschaft **Items** auf die **TContainerItems**-Instanz **FItems** zu, die als Datenelement das Array für die Container-Elemente enthält.
3. Zuletzt bleibt noch ein Sicherheitsproblem: Der indizierte Zugriff, der eingerichtet wurde, ist zwar sehr bequem, wenn es später darum geht, die Container-Elemente über den Objektinspektor einzugeben, ist aber ansonsten unerwünscht (der Benutzer der Komponente soll nur über die Routinen **Add**, **Read** und **Delete** auf die Container-Elemente zugreifen können). Deklarieren Sie daher das Datenelement **FWerte** der Klasse **TContainerItems** als **private** und die Eigenschaft **Werte** als **protected**.

   Gemäß den Zugriffsregeln von Delphi haben Sie als Komponentenentwickler nun weiterhin die Möglichkeit, innerhalb der Unit der Komponente den bequemen Zugriffsweg zu nutzen, während dem Benutzer der Kom ponente der Zugriff aus den Units seiner Projekte verwehrt ist (die Eigen schaft **Werte** wurde als **protected** und nicht als **private** deklariert, damit in von **TContainer** abgeleiteten Klassen der direkte Zugriff wieder möglich ist).

Beispiel

```
TContainerTyp = (ctQueue, ctStack, ctMax);
TContainerItems = class
 private
  FWerte: array[0..MaxWerte] of Extended;
  function GetWert(Index: Integer): Extended;
  procedure SetWert(Index: Integer; W: Extended);
 protected
  property Werte[Index: Integer]: Extended
                                    read GetWert write SetWert;
 end;

TContainer = class(TComponent)
 private
  FAnzahl: Integer;
  FItems: TContainerItems;
  FContainer: TContainerTyp;
 public
  constructor Create(AOwner: TComponent); override;
  destructor Destroy; override;
 published
  property Items: TContainerItems read FItems write FItems;
 end;
```

Anmerkung

- Beachten Sie, daß Sie die Eigenschaft **Werte** nicht als **Default**-Eigenschaft deklarieren dürfen. Dies würde dazu führen, daß ein indizierter Zugriff auf das **FItems**-Objekt automatisch in einen indizierten Zugriff auf das Array **FWerte** übersetzt würde:
  `FItems[i] entspräche FItems.Werte[i]`
  mit dem Resultat, daß nun Zugriffe auf das Array über die **published**-Eigenschaft **FItems** auch aus anderen Units erlaubt wären.

.5.4 Eigenschafts-Editoren

ie Art und Weise, wie der Wert einer Eigenschaft im Objektinspektor dargetellt und bearbeitet werden kann, hängt – ganz abgesehen von den **read**-nd **write**-Deklarationen – vom Datentyp der Eigenschaft ab.

abelle 9.2: Eigenschaftstypen im Objektinspektor

Datentyp	Anzeige
Einfache Datentypen	Für einfache Datentypen, deren Variablen einen einzelnen Wert aufnehmen, wird direkt der Wert der jeweiligen Eigenschaft angezeigt. Umgekehrt kann der Benutzer direkt einen neuen Wert im Editierfeld des Objektinspektors eingeben.
Aufzählungstypen	Der Objektinspektor zeigt den Vorgabewert der Eigenschaft. Zusätzlich enthält das Objektinspektorfeld einen Schalter, über den eine Liste der möglichen Werte des Aufzählungstyps aufgeklappt wird. In dieser Liste kann der Benutzer einen neuen Wert auswählen.
Boolean	Wie für Aufzählungstypen mit den möglichen Werten **True** und **False**.
Mengentypen	Werden als Menge (in eckige Klammern gefaßte Aufzählung der Elemente) angezeigt und editiert.
Klassentypen	Können nicht automatisch bearbeitet werden. Zur Bearbeitung von Klassentypen können aber Eigenschafts-Editoren deklariert werden, die dann über den Schalter im zugehörigen Objektinspektorfeld aufgerufen werden.
Arrays	Können nicht angezeigt werden.

Um die Eigenschaft **Items** der Klasse **TContainer** mit Hilfe des Objektinspektors bearbeiten zu können, muß also ein eigener Eigenschafts-Editor definiert und registriert werden.

Ausführung: Einrichtung eines dialoggestützten Eigenschaftseditors

1. **Deklaration des Eigenschafts-Editors.** Eigenschafts-Editoren werden als Klassen definiert und als solche von der Klasse **TPropertyEditor** oder einer der weiter spezialisierten Eigenschafts-Editorklassen abgeleitet.
   - Um die Basisklassen für die Eigenschafts-Editoren zur Verfügung zu stellen, müssen Sie die Unit ***DsgnIntf*** einbinden. Steht Ihnen der Quelltext zu den Units zur Verfügung, können Sie sich in dieser Unit (***Delphi/Source/ToolsApi/DsgnIntf.pas***) auch über die spezialisierten

Basisklassen informieren. Oder Sie kompilieren das Projekt nach Einbinden der Unit und rufen die Symbolanzeige auf, um sich über die zur Verfügung stehenden Eigenschafts-Editorklassen und ihre Methoden zu informieren.

- Die am häufigsten gebrauchten Routinen sind **GetValue** und **SetValue** zum Lesen und Schreiben der Werte. Die meisten spezialisierten Eigenschafts-Editorklassen sehen daher für diese Routinen eine ihrem zugrundeliegenden Eigenschaftstyp angepaßte Implementierung vor.

2. **Implementierung der Methoden zur Bearbeitung der Eigenschaft**. Um ein Dialogfenster zur Bearbeitung der Eigenschaft einzurichten, müssen Sie die Prozedur **Edit** überschreiben, in der Sie das Dialogfenster zur Bearbeitung der Eigenschaft aufrufen.
   - Im Beispielprogramm zu diesem Kapitel wurde als Dialogfenster der Standarddialog aus der Objektablage verwendet und mit einem Kombinationsfeld zum Anzeigen der Werte ausgestattet. Vor dem Anzeigen des Dialogs wird das Kombinationsfeld mit den Werten aus dem Array initialisiert, nach Schließen des Dialogs wird umgekehrt das Array mit den Werten aus dem Kombinationsfeld aktualisiert.
   - Als Alternative zum Dialogfenster können Sie Eigenschaften auch als Strings bearbeiten, wobei Sie die Methoden **GetValue** und **SetValue** überschreiben. In diesen Methoden sorgen Sie für die korrekte Konvertierung der Datenelemente in Strings und wieder zurück, wobei Ihnen die vordefinierten Methoden Ihrer Editorbasisklasse von Nutzen sein können.
3. **Festlegen der Editor-Attribute**. Die Editor-Attribute dienen zur Informierung des Objektinspektors, damit dieser weiß, welche Hilfsmittel der Editor einsetzt. Überschreiben Sie dazu einfach die Funktion **GetAttributes**, die eine Kombination der folgenden Werte zurückliefert:

Flag	Bedeutung
paValueList	Editor kann eine Liste von Aufzählungswerten ausgeben (Methode **GetValues**).
paSubProperties	Editor kann Untereigenschaften anzeigen (Methode **GetProperties**).
paDialog	Editor kann Dialog anzeigen (Methode **Edit**).
paMultiSelect	Eigenschaft soll angezeigt werden, wenn der Benutzer mehrere Komponenten ausgewählt hat.

Registrieren des Eigenschafts-Editors. Zur Registrierung wird die Prozedur **RegisterPropertyEditor** aufgerufen und das Package neu kompiliert (Aufruf des Package-Editors über **KOMPONENTE/PACKAGE INSTALLIEREN**).

RegisterPropertyEditor(TypeInfo(*Typ_der_Eigenschaft*),
Typ_der_Komponente, *'Name_der_Eigenschaft'*,
Typ_des_Editors)

Parameter	Bedeutung
Typ_der_Eigenschaft	Mit Hilfe der Funktion **TypeInfo** wird ein Zeiger auf eine Typinformation zu der zu editierenden Eigenschaft zurückgeliefert.
Typ_der_Komponente	Danach wird der Komponententyp angegeben, für den der Editor registriert wird. Wenn Sie hier **nil** angeben, wird der Editor für alle Eigenschaften des spezifizierten Typs registriert – unabhängig davon, in welcher Komponente sie deklariert sind.
Name_der_Eigenschaft	Haben Sie im vorangehenden Parameter einen Komponententyp spezifiziert, können Sie hier den Einsatzbereich des Editors weiter einschränken, indem Sie den Editor nur für eine bestimmte Eigenschaft registrieren lassen, statt für alle Eigenschaften des spezifizierten Typs.
Typ_des_Editors	Klassentyp des zu registrierenden Editors.

Beispiel

```
unit Container;
interface
uses
  DsgnIntf, Komp_dlg, Windows, Messages, SysUtils, Classes,
  Graphics, Controls, Forms, Dialogs;

type
TItemsPropEditor = class (TPropertyEditor)
  function GetAttributes: TPropertyAttributes; override;
  procedure Edit; override;
  end;

TContainerItems = class
  ...
  end;

TContainer = class(TComponent)
  ...
```

```
  property Items: TContainerItems read FItems write FItems;
  end;

procedure Register;

implementation

constructor TContainer.Create(AOwner: TComponent);
var
  i : Integer;
begin
  inherited Create(AOwner);
  FItems:= TContainerItems.Create;
  FContainer := ctMax;
  for i:= 0 to 4 do
    FItems.FWerte[i]:= i;
  FAnzahl:= 5;
end;

function TItemsPropEditor.GetAttributes: TPropertyAttributes;
begin
  Result := [paDialog];
end;

procedure TItemsPropEditor.Edit;
var
  i: Integer;
begin
  OKRightDlg:= TOKRightDlg.Create(Application);
  OKRightDlg.Combobox1.Sorted := False;
  OKRightDlg.ComboBox1.Clear;
  with GetComponent(0) as TContainer do
    for i:= 0 to Count-1 do
      OKRightDlg.ComboBox1.Items.Add(
                               FloatToStr(FItems.Werte[i]));

  if OKRightDlg.ShowModal = IdOK then
    begin
    with GetComponent(0) as TContainer do
      begin
      for i:=0 to OKRightDlg.Combobox1.Items.Count-1 do
        begin
        Items.Werte[i]:=
                 StrToFloat(OKRightDlg.Combobox1.Items[i]);
        end;
      FAnzahl := OKRightDlg.Combobox1.Items.Count;
      GetMax;
```

```
      end;
    end;
end;

procedure Register;
begin
  RegisterComponents('Eigene', [TContainer]);
  RegisterPropertyEditor(TypeInfo(TContainerItems),
                         TContainer,'Items',
                         TItemsPropEditor);
end;

end.
```

Anmerkungen

- Eigenschafts-Editoren können nicht nur für Klassentypen, sondern auch als selbstdefinierte Alternative für die anderen Datentypen, für die bereits eine Standardverarbeitung vorgesehen ist (➔ Tabelle 9.2), definiert werden.
- Eigenschafts-Editoren werden für die Eigenschaften einer Komponente oder für alle Eigenschaften eines Typs registriert.
- Die Bearbeitung einer Eigenschaft mit einem Eigenschafts-Editor erfolgt entweder in Form von Text-Strings oder mit Hilfe von Dialogfenstern.

9.5.5 Speichern und Laden

Die Eigenschaften von Formularen und deren Komponenten werden von Delphi in den sogenannten Formulardateien (.dfm) gespeichert. Delphi nutzt diese Information, um die Formulare beim Laden in die IDE sowie beim Laden der Anwendung zu rekonstruieren (die DFM-Datei sorgt also dafür, daß die Einstellungen, die der Programmierer im Objektinspektor vorgenommen hat, auch beim Aufruf des fertigen Programms berücksichtigt werden).

Standardmäßig werden alle **published**-Eigenschaften automatisch gespeichert, so daß Sie keine Arbeit mit dem Speichermechanismus haben. Wenn Sie aber selbst festlegen wollen, wann welche Eigenschaften zu speichern sind, oder Eigenschaften speichern wollen, die von Delphi nicht standardmäßig gespeichert werden können (beispielsweise Arrays), haben Sie folgende Möglichkeiten:

- Mit Hilfe des Schlüsselworts **stored** können Sie festlegen, unter welchen Umständen eine Eigenschaft gespeichert werden soll.
  - Anhängen der Anweisung **stored False** legt fest, daß die Eigenschaft nicht gespeichert werden soll.

- Anhängen der Anweisung **stored True** legt fest, daß die Eigenschaf gespeichert werden soll.
- Anhängen der Anweisung **stored** *Bedingung* legt fest, daß die Eigen schaft nur dann gespeichert wird, wenn die Bedingung erfüllt ist (als Bedingung sind eine Boolesche Variable oder eine parameterlose Boolesche Funktion erlaubt):

```
Bedingung: Boolean;
property Name: Typ read Get write Set; stored True;
property Name: Typ read Get write Set; stored Boolean;
```

- Ansonsten werden Eigenschaften nur abgespeichert, wenn sie einen anderen Wert als ihren Null-Wert enthalten (der Null-Wert einer Integer-Variablen ist **0**, eines Zeigers **nil**, und für einen String ist es der leere String) Soll der Objektinspektor einen anderen Vorgabewert für die Eigenschaft anzeigen, müssen Sie der Eigenschaft diesen gewünschten Wert im Konstruktor zuweisen. Wenn Sie dort einen anderen Wert zuweisen als den Null-Wert, führt dies normalerweise dazu, daß die Eigenschaft abgespeichert wird. Wollen Sie dies unterbinden, ordnen Sie der Eigenschaft mit Hilfe des Schlüsselwortes **default** den zugewiesenen Wert als neuen Standardwert zu, für den keine Speicherung erfolgen soll.
  - Mit Hilfe des Schlüsselwortes **nodefault** können Sie die Standardwert-Definition einer geerbten Eigenschaft aufheben:

```
property Name: Typ read Get write Set; default 13;
property Name: Typ read Get write Set; nodefault;
```

- Um einen eigenen Speichermechanismus für eine Eigenschaft festzulegen, können Sie in Ihrer Komponente die Prozedur **DefineProperties** überschreiben (➔ Beispiel). Innerhalb dieser Prozedur können Sie durch Aufrufe der Methoden **DefineProperties** oder **DefineBinaryProperties** die abzuspeichernde Eigenschaften mit den Routinen zum Lesen (im Beispiel *LoadItems*) und Schreiben (im Beispiel *SaveItems*) verbinden. Die Signatur der Routinen ist bereits vorgegeben.
  Die Methode **DefineProperties** nutzt zur Verbindung mit der .dfm-Datei Instanzen von **TWriter** und **TReader**, weshalb die Routinen zum Lesen und Schreiben entsprechende Parameter vorsehen müssen.
  Die Methode **DefineBinaryProperties** arbeitet dagegen mit reinen Streams, weshalb ihre beiden Lese- und Schreibroutinen jeweils einen Parameter vom Typ **TStream** definieren müssen.
  - **TReader** und **TWriter** sehen für die verschiedenen Eigenschaftstypen entsprechende Methoden zum Lesen und Schreiben vor. Leider gilt dies jedoch nicht für Objekte. In bestimmten Fällen kann man sich jedoch behelfen. Brauchen – wie im vorliegenden Beispiel – von dem

Objekt nur bestimmte Daten einfachen Typs in der .dfm-Datei abgespeichert zu werden, kann man eine Dummy-Eigenschaft für diesen Typ definieren und über einen **DefineProperties**-Aufruf mit den Methoden zum Lesen und Schreiben verbinden. In der Implementierung dieser Methoden kann man dann aber die Verbindung zu den eigentlichen abzuspeichernden Daten herstellen.

Beispiel

```
procedure TContainer.SaveItems(writer: TWriter);
var
  i: Integer;
begin
  Writer.WriteListBegin;
  Writer.WriteInteger(FAnzahl);
  for i := 0 to FAnzahl-1 do
    Writer.WriteFloat(FItems.Werte[i]);
  Writer.WriteListEnd;
end;

procedure TContainer.LoadItems(reader: TReader);
var
  i, anzahl: Integer;
begin
  Reader.ReadListBegin;
  anzahl := Reader.ReadInteger;
  for i := 0 to Anzahl-1 do
    begin
    Fitems.Werte[i] := Reader.ReadFloat;
    end;
  Reader.ReadListEnd;
end;

procedure TContainer.DefineProperties(Filer: TFiler);
begin
  inherited DefineProperties(Filer);
  Filer.DefineProperty('Dummy',LoadItems,SaveItems,True);
end;
```

9.6 Ereignisse implementieren

Bei der Komponentenentwicklung müssen Sie zwischen zwei Arten von Ereignissen unterscheiden:

- Ereignisse, die von der Komponenten abgefangen und bearbeitet werden.
- Ereignisse, die für die Funktionalität der Komponenten ohne grundlegende Bedeutung sind, deren optionale Behandlung aber dem Benutzer der Komponente auf dem Weg über den Objektinspektor zur Anpassung der Arbeitsweise der Komponente vorgeschlagen wird.

9.6.1 Interne Ereignisse

Um ein Ereignis (genauer gesagt eine Botschaft) in Ihrer Komponente abzufangen, gehen Sie folgendermaßen vor (➔ 6.5):

Ausführung:

1. **Binden Sie die Unit Messages ein, und definieren Sie eine Antwortprozedur für das Ereignis.**
2. **Verbinden Sie die Antwortprozedur mit dem Ereignis.** Erweitern Sie hierzu die Deklaration der Antwortprozedur um das Schlüsselwort **message,** gefolgt von der Bezeichnung der Windows-Botschaft.
   Die Bezeichner der Windows-Botschaften finden Sie in der Unit **Messages.**

Anmerkungen

- Antwortroutinen zu Windows-Botschaften sind immer Prozeduren.
- Antwortprozeduren zu Windows-Botschaften deklarieren immer einen **var**-Parameter vom Typ einer zur Botschaft passenden Struktur. Über diesen Parameter werden Informationen, die mit dem Auftreten der Botschaft in bezug stehen, übergeben (für Mausereignisse beispielsweise die Koordinaten der Stelle, an der sich die Maus bei Auftreten des Ereignisses befunden hat).
  - In der Unit **Messages** sind entsprechende Strukturen vordefiniert.

Beispiel

```
uses Messages;
procedure WMRButtonUp(var Param: TWMRButtonUp);
                                    message WM_RButtonUp;
procedure Komponente.WMRButtonUp(var Param: TWMRButtonUp);
   begin
 inherited;
 ShowMessagePos('rechte Maustaste',Param.XPos,
                                  Param.YPos);
end;
```

9.6.2 Ereignisse im Objektinspektor

Ereignisse für den Objektinspektor sind dazu gedacht, daß sie vom Benutzer der Komponente bearbeitet werden können. Sie stellen also nur einen Mechanismus zur Verfügung, der dafür sort, daß die vom Benutzer eingerichtete Ereignisbehandlungsroutine bei Eintritt des Ereignisses aufgerufen wird.
Sie sollten darauf achten, daß Ihre Komponente nicht von der Behandlung dieser Ereignisse abhängig ist, da Sie nicht voraussehen können, ob und wie der Benutzer ein Ereignis bearbeitet. Um ein Ereignis über den Objektinspektor zur Verfügung zu stellen, gehen Sie folgendermaßen vor:

Ausführung:

1. **Definieren Sie den Ereignistyp**. Ereignisse sind Zeiger auf Methoden. In der Definition des Ereignistyps legen Sie fest, welche Parameter vom Ereignis an die später vom Objektinspektor oder dem Benutzer eingerichteten Behandlungsprozeduren übergeben werden.
   - Der erste Parameter ist stets eine Referenz auf das auslösende Objekt.
   - Für die Übergabe der korrekten Parameter müssen Sie beim Auslösen des Ereignisses selbst sorgen.
2. **Definieren Sie das Ereignis selbst**. Ereignisse werden stets als Eigenschaften implementiert, damit sie im Objektinspektor sichtbar werden. Deklarieren Sie also ein **private**-Datenelement vom Typ des Ereignisses und eine **published**-Eigenschaft des gleichen Typs, die für den Lese- und Schreibzugriff immer direkt auf das zugehörige Datenelement zugreift.
3. **Lösen Sie das Ereignis aus.** Überlegen Sie sich, an welcher Stelle, sprich in welcher Routine, das Ereignis ausgelöst werden soll. Was Sie dann aber machen, ist nicht, ein echtes Windows-Ereignis auszulösen, sondern Sie benutzen einfach den Methodenzeiger Ihres Ereignisses, um die vom Benutzer vorgesehene Behandlungsroutine auszuführen.
   - Da es sein kann, daß der Methodenzeiger nicht vom Benutzer mit einer Behandlungsroutine verknüpft wurde, sollten Sie es nicht versäumen, zuerst zu prüfen, ob dem Methodenzeiger eine Prozedur zugewiesen wurde.

Anmerkungen

- Wenn Sie Ihre Komponenten von **TControl** oder **TWinControl** ableiten, erben Sie eine Reihe vordefinierter Standardereignisse. Diese sind in den Basisklassen als **protected** deklariert und können durch eine Redeklaration im **published**-Abschnitt Ihrer Komponente direkt über den Objektinspektor zur Verfügung gestellt werden.
- Namen von Ereignissen beginnt man üblicherweise mit On...

Beispiel

```
type

TCTChangeEvent = procedure(Sender: TObject) of object;

TContainer = class(TComponent)
  private
    ...
    FOnTypChange: TCTChangeEvent;
  published
    ...
    property OnTypChange: TCTChangeEvent read FOnTypChange
                                         write FOnTypChange;
  end;

procedure TContainer.SetContainertyp(Value: TContainertyp);
begin
  ...
  if Assigned(FOnTypChange) then
     FOnTypChange(Self);
end;
```

9.7 Methoden implementieren

Zu den Methoden gibt es an sich nichts Besonderes zu bemerken, außer daß Sie es bei der Implementierung von Komponenten häufiger als in anderen Klassen mit Zugriffsmethoden für Eigenschaften oder zur Behandlung von Ereignissen zu tun haben.

9.8 Komponente registrieren

Damit eine Komponente zur Entwurfszeit vom Benutzer richtig genutzt werden kann, muß sie unter Delphi registriert und in die Komponentenpalette aufgenommen werden.

Ausführung:

1. **Erzeugen Sie ein Bitmap, das die Komponente in der Komponentenpalette repräsentiert.** Rufen Sie hierzu den Bildeditor auf (➔ 3.8), und öffnen Sie eine neue DCR-Datei. Kreieren Sie ein intuitiv verständliches Symbol, wobei Sie beachten sollten, daß
   - das Bitmap den gleichen Namen wie die Komponente erhält,
   - die DCR-Datei den gleichen Namen wie die Unit der Komponente erhält und auch im gleichen Verzeichnis abgelegt wird,
   - das Bitmap 28 x 28 Pixel groß sein sollte,
   - das Bitmap mit 16 Farben auskommen sollte, damit es auch auf Bildschirmen mit geringer Farbauflösung erkennbar ist.
2. **Rufen Sie die Prozedur Register auf** (bequemerweise können Sie dies bereits vom Komponenten-Experten erledigen lassen (➔ 9.4)).
3. **Geben Sie den Pfad zur Unit ihrer Komponente ein.** Rufen Sie im Menü **TOOLS** den Befehl **UMGEBUNGSOPTIONEN** auf, und wechseln Sie im erscheinenden Dialogfenster zur Seite ***Bibliothek***. Im Editierfeld ***Pfad zur Bibliothek*** geben Sie zum existierenden Pfad den Pfad zur Unit der Komponente ein. Die einzelnen Pfade werden durch Semikolon getrennt.
4. **Installieren Sie die Komponente.** Rufen Sie im Menü **KOMPONENTE** den Befehl **KOMPONENTE INSTALLIEREN** auf. In dem erscheinenden Dialogfenster können Sie sich dafür entscheiden, ob die Komponente in ein existierendes oder ein neues Package aufgenommen werden soll. Wenn Sie das Dialogfenster abschicken, wird der Package-Editor aufgerufen, und Sie werden abgefragt, ob das Package jetzt kompiliert werden soll. Bestätigen Sie dies.

Beispiel

```
unit Container;
interface
uses
  DsgnIntf,Komp_dlg,Windows, Messages, SysUtils, Classes,
  Graphics, Controls, Forms, Dialogs;
const
  MaxWerte = 100;
type
  TCTChangeEvent = procedure(Sender: TObject) of object;
```

```
TItemsPropEditor = class (TPropertyEditor)
  function GetAttributes: TPropertyAttributes; override;
  procedure Edit; override;
end;

TContainerTyp = (ctQueue, ctStack, ctMax);
TContainerItems = class
private
  FWerte: array[0..MaxWerte] of Extended;
  max : Extended;
  maxindex: Integer;
  function GetWert(Index: Integer): Extended;
  procedure SetWert(Index: Integer; W: Extended);
protected
  property Werte[Index: Integer]: Extended
                              read GetWert write SetWert;
end;

TContainer = class(TComponent)
private
  FAnzahl: Integer;
  FItems: TContainerItems;
  FContainer: TContainerTyp;
  FOnTypChange: TCTChangeEvent;
  FDummy : Extended;
  function GetMax: Extended;
protected
  procedure SaveItems(writer: TWriter);
  procedure LoadItems(reader: TReader);
  procedure DefineProperties(Filer: TFiler); override;
public
  constructor Create(AOwner: TComponent); override;
  destructor Destroy; override;
  function Read: Extended;
  procedure Add(Value: Extended);
  procedure Delete;
  procedure SetContainertyp(Value : TContainerTyp);
  property Count: Integer read FAnzahl write FAnzahl;
  {Hilfskonstruktion fuer einfacheres Speichern}
    property Dummy: Extended read FDummy write FDummy;
published
  property Containertyp: TContainerTyp read FContainer
                        write SetContainertyp default ctMax;
  property Items: TContainerItems read FItems
                                  write FItems;
  property OnTypChange: TCTChangeEvent read FOnTypChange
                                      write FOnTypChange;
end;
```

```
procedure Register;

implementation

function TContainerItems.GetWert(Index: Integer): Extended;
begin
  result:= FWerte[index];
end;

procedure TContainerItems.SetWert(Index: Integer; W:
   Extended);
begin
  FWerte[index]:=w;
end;

constructor TContainer.Create(AOwner: TComponent);
var
  i : Integer;
begin
  inherited Create(AOwner);
  FItems:= TContainerItems.Create;
  FContainer := ctMax;
  for i:= 0 to 4 do
    FItems.FWerte[i]:= i;
  FAnzahl:= 5;
end;

destructor TContainer.Destroy;
begin
  FItems.Free;
  inherited Destroy;
end;

function TItemsPropEditor.GetAttributes: TPropertyAttributes;
begin
  Result := [paDialog];
end;

procedure TItemsPropEditor.Edit;
var
  i: Integer;
begin
  OKRightDlg:= TOKRightDlg.Create(Application);
  OKRightDlg.Combobox1.Sorted := False;
  OKRightDlg.ComboBox1.Clear;
  with GetComponent(0) as TContainer do
    for i:= 0 to Count-1 do
```

```
      OKRightDlg.ComboBox1.Items.Add(
                               FloatToStr(FItems.Werte[i]));

  if OKRightDlg.ShowModal = IdOK then
    begin
    with GetComponent(0) as TContainer do
      begin
      for i:=0 to OKRightDlg.Combobox1.Items.Count-1 do
        begin
        Items.Werte[i]:=
                 StrToFloat(OKRightDlg.Combobox1.Items[i]);
        end;
      FAnzahl := OKRightDlg.Combobox1.Items.Count;
      GetMax;
      end;
    end;
end;

procedure TContainer.SetContainertyp(Value: TContainertyp);
begin
  FContainer := Value;
  if Assigned(FOnTypChange) then
     FOnTypChange(Self);
end;

function TContainer.GetMax: Extended;
var
  i: Integer;
begin
  FItems.max := FItems.Werte[0]; FItems.maxindex := 0;
  for i:= 1 to Count-1 do
    if FItems.Werte[i] > FItems.max then
      begin
      FItems.max := FItems.FWerte[i];
      FItems.maxindex := i;
      end;
  Result:= FItems.max;
end;

function TContainer.Read: Extended;
begin
  case FContainer of
    ctQueue: Result:= FItems.FWerte[0];
    ctStack: Result:= FItems.FWerte[FAnzahl-1];
    ctMax  : Result:= GetMax;
    end;
end;
```

```
procedure TContainer.Add(Value: Extended);
begin
  case FContainer of
    ctQueue: FItems.FWerte[Count]:=Value;
    ctStack: FItems.FWerte[Count]:=Value;
    ctMax  : FItems.FWerte[Count]:=Value;
    end;
  Inc(FAnzahl);
end;

procedure TContainer.Delete;
var
  i : integer;
begin
  case FContainer of
    ctQueue: for i:= 0 to Count-2 do
               FItems.FWerte[i]:= FItems.FWerte[i+1];
    ctStack: ;
    ctMax  : begin
             for i:= FItems.maxindex to Count-2 do
               FItems.FWerte[i]:= FItems.FWerte[i+1];
             end;
    end;
  Dec(FAnzahl);
end;

procedure TContainer.SaveItems(writer: TWriter);
var
  i: Integer;
begin
  Writer.WriteListBegin;
  Writer.WriteInteger(FAnzahl);
  for i := 0 to FAnzahl-1 do
    Writer.WriteFloat(FItems.Werte[i]);
  Writer.WriteListEnd;
end;

procedure TContainer.LoadItems(reader: TReader);
var
  i, anzahl: Integer;
begin
  Reader.ReadListBegin;
  anzahl := Reader.ReadInteger;
  for i := 0 to Anzahl-1 do
    begin
    Fitems.Werte[i] := Reader.ReadFloat;
    end;
```

```
  Reader.ReadListEnd;
end;

procedure TContainer.DefineProperties(Filer: TFiler);
begin
  inherited DefineProperties(Filer);
  Filer.DefineProperty('Dummy',LoadItems,SaveItems,True);
end;

procedure Register;
begin
  RegisterComponents('Eigene', [TContainer]);
  RegisterPropertyEditor(TypeInfo(TContainerItems),
               TContainer,'Items',TItemsPropEditor);
end;
end.
```

10 Die Delphi-3-Bibliotheken

10.1 Die RTL

Die Delphi-Laufzeitbibliothek (englisch: RTL für Runtime Library) ist eine Sammlung von Prozeduren und Funktionen zu verschiedenen Standardproblemen:

- Ein- und Ausgabe, Dateiverwaltung
- Einfache Routinen zur String-Bearbeitung
- Arithmetische Routinen
- Speicherverwaltung
- Typenkonvertierung
- Routinen für Datums- und Zeitangaben

Zusammen mit einer Reihe unterstützender Datentypen, Variablen, Konstanten und Exceptions sind diese Routinen auf die vier Units

- System
- ShareMem
- SysUtils und
- Math

verteilt, die Sie wie üblich über die **uses**-Anweisung in Ihre Programme aufnehmen (die Unit **System** stellt hier insofern eine Ausnahme dar, als sie automatisch jedem Delphi-Programm beigefügt wird). Die Laufzeitbibliothek enthält eine Vielzahl allgemein nützlicher Funktionen und Prozeduren. Die Unit **System** enthält darüber hinaus eine Reihe von Variablen, die bei der Initialisierung der Programme durch Windows und bei der korrekten Beendigung der Programme verwendet werden (die Routinen und Klassen zur Windows-Programmierung sind allerdings auf die Units **Windows**, **Messages**, **Ole2** etc. (➔ Verzeichnis ***Delphi/Source/RTL/Win***, wenn Sie über die Professional-Version verfügen) und natürlich auf die Units der VCL (➔ 10.2) verteilt). Zudem sind große Teile der Laufzeitbibliothek, wie auch Teile anderer Delphi-Units, in Assembler programmiert, was die Laufzeit Ihrer Programme natürlich verbessert.

In den folgenden Abschnitten können Sie sich über die

- Datentypen, Konstanten und Variablen
- Exceptions
- Prozeduren und Funktionen

der RTL-Units informieren.

procedure **Abort;** SysUtils

Löst eine Exception ohne begleitende Fehlermeldung aus.

function **Abs(X);** System

Liefert den Absolutwert des Arguments zurück.

procedure **AddExitProc***(Proc: TProcedure);* SysUtils

Fügt die übergebene Prozedur in die Liste der Exit-Prozeduren der Laufzeitbibliothek ein. Beim Beenden der Anwendung werden diese Prozeduren in der umgekehrten Reihenfolge (LIFO) aufgerufen und abgearbeitet.

function **Addr***(X): Pointer;* System

Liefert die Adresse des spezifizierten Objekts zurück.

procedure **AddTerminateProc***(TermProc: TTerminateProc);* SysUtils

Wird benutzt, um eine Terminierungsprozedur in die Liste der Prozeduren aufzunehmen, die bei Beendigung des Programms aufgerufen werden.

function **AdjustLineBreaks***(const S: string): string;* SysUtils

Ändert alle Zeilenumbrüche (CR, LF, LF/CR) im String in echte CR/LF-Sequenzen (LF/CR-Paare werden beispielsweise in UNIX-Texten verwendet).

function **AllocMem***(Size: Cardinal): Pointer;* SysUtils

Reserviert einen Block der spezifizierten Größe *Size* auf dem Heap und initialisiert den Speicherbereich mit Nullen. Mittels der Prozedur **FreeMem** kann der Speicher wieder freigegeben werden.

var **AllocMemCount***: Integer;* System

Anzahl der allokierten Speicherblöcke.

var **AllocSizeCount***: Integer;* System

Gesamtgröße der allokierten Speicherblöcke.

function **AnsiCompareFileName***(const S1, S2: string): Integer;* SysUtils

MBCS-Version von **AnsiCompareText**.

function **AnsiCompareStr***(const S1, S2: string): Integer;* SysUtils

Vergleicht die beiden Strings *S1* und *S2* unter Berücksichtigung der Groß-/Kleinschreibung. Der Vergleich hängt von den lokalen Einstellungen unter Windows ab. Der Rückgabewert zeigt das Ergebnis an:

Ergebnis	Bedeutung
negativ	S1 < S2
0	S1 = S2
positiv	S1 > S2

function **AnsiCompareText***(const S1, S2: string): Integer;* SysUtils
Vergleicht die beiden Strings *S1* und *S2* ohne Berücksichtigung der Groß- und Kleinschreibung. Der Vergleich hängt von den lokalen Einstellungen unter Windows ab. Der Rückgabewert zeigt das Ergebnis des Vergleichs an (➔ **AnsiCompareStr**).

function **AnsiLowerCase***(const S: string): string);* SysUtils
Konvertiert alle Zeichen des übergebenen Strings in Kleinbuchstaben.

function **AnsiExtractQuotedStr***(var Src: PChar; Quote: Char): string;* SysUtils
Entfernt Anführungszeichen aus dem übergebenen String (mit MBCS-Unterstützung).

function **AnsiLastChar***(const S: string): PChar;* SysUtils
Liefert einen Zeiger auf das letzte Zeichen in String *S* zurück (mit MBCS-Unterstützung).

function **AnsiLowerCaseFileName***(const S: string): string;* SysUtils
MBCS-Version von **AnsiLowerCase**.

function **AnsiPos***(const Substr, S: string): Integer;* SysUtils
MBCS-Version von **Pos**.

function **AnsiQuotedStr***(const S: string; Quote: Char): string;* SysUtils
MBCS-Version von **QuotedStr**.

function **AnsiStrComp***(S1, S2: PChar): Integer;* SysUtils
MBCS-Version von **StrComp**. Der Vergleich hängt zudem von den lokalen Spracheinstellungen unter Windows ab.

function **AnsiStrIComp***(S1, S2: PChar): Integer;* SysUtils
MBCS-Version von **StrIComp**. Der Vergleich hängt zudem von den lokalen Spracheinstellungen unter Windows ab.

function **AnsiStrLastChar***(P: PChar): PChar;* SysUtils
Liefert einen Zeiger auf das letzte Zeichen in String *S* zurück (mit MBCS-Unterstützung).

function **AnsiStrLComp***(S1, S2: PChar; MaxLen: Cardinal): Integer;* SysUtils
MBCS-Version von **StrLComp**. Der Vergleich hängt zudem von den lokalen Spracheinstellungen unter Windows ab.

unction **AnsiStrLIComp**(*S1, S2: PChar; MaxLen: Cardinal): Integer;* SysUtils

MBCS-Version von **StrLIComp**. Der Vergleich hängt zudem von den lokalen Spracheinstellungen unter Windows ab.

unction **AnsiStrLower**(*Str: PChar): PChar;* SysUtils

MBCS-Version von **StrLower**. Der Vergleich hängt zudem von den lokalen Spracheinstellungen unter Windows ab.

unction **AnsiStrPos**(*Str, SubStr: PChar): PChar;* SysUtils

MBCS-Version von **StrPos**.

unction **AnsiStrRScan**(*Str: PChar; Chr: Char): PChar;* SysUtils

MBCS-Version von **StrRScan**.

unction **AnsiStrScan**(*Str: PChar; Chr: Char): PChar;* SysUtils

MBCS-Version von **StrScan**.

unction **AnsiStrUpper**(*Str: PChar): PChar;* SysUtils

MBCS-Version von **StrUpper**. Der Vergleich hängt zudem von den lokalen Spracheinstellungen unter Windows ab.

unction **AnsiUpperCase**(*const S: string): string;* SysUtils

Konvertiert alle Zeichen des übergebenen Strings in Großbuchstaben.

unction **AnsiUpperCaseFileName**(*const S: string): string;* SysUtils

MBCS-Version von **AnsiUpperCase**.

procedure **Append**(*var f: Text);* System

Öffnet eine Datei f und setzt den Dateizeiger auf das Ende der Datei, so daß neuer Text angehängt wird.

procedure **AppendStr**(*var Dest: string; const S: string);* SysUtils

Hängt den String *S* an den String *Dest* an (Dest:= Dest + S). Wird nur noch aus Gründen der Abwärtskompatibilität verwendet.

function **ArcCos**(*X: Extended): Extended;* Math

Arkuskosinus berechnen. Das Argument muß im Bereich zwischen -1.0 und 1.0 liegen (Radiant), der Rückgabewert liegt im Bereich [0..PI].

function **ArcCosh**(*X: Extended): Extended;* Math

Arkuskosinus hyperbolicus berechnen. Das Argument muß größer oder gleich 1 sein, der Rückgabewert ist eine reelle Zahl größer oder gleich Null.

function **ArcSin**(*X: Extended): Extended;* Math

Arkussinus berechnen. Das Argument muß im Bereich zwischen -1.0 und 1.0 liegen (Radiant), der Rückgabewert liegt im Bereich [-PI/2..PI/2].

function **ArcSinh***(X: Extended): Extended;* Math

Arkussinus hyperbolicus berechnen. Argument und Rückgabewert sind beides reelle Zahlen.

function **ArcTan***(X: Extended): Extended;* System

Liefert den Arkustangens des Arguments zurück.

function **ArcTan2***(Y, X: Extended): Extended;* Math

Die Funktion ArcTan2 berechnet den Arkustangens des Quotienten X/Y (= ArcTan(Y/X)), und liefert einen Winkel im Bereich [-PI..PI] zurück.

function **ArcTanh***(X: Extended): Extended;* Math

Arkustangens hyperbolicus berechnen. Das Argument muß im Bereich zwischen -1.0 und 1.0 liegen (Radiant), der Rückgabewert ist eine reelle Zahl.

procedure **Assert***(expr: Boolean* [; msg: string]*);* System

Prüft, ob der übergebene boolesche Ausdruck **True** ist. Löst die Exception **EAssertionFailed** aus, wenn der Ausdruck **False** ergibt.

var **AssertErrorProc***: Pointer;* System

Fehlerbehandlung zur Prozedur **Assert**;

function **Assigned***(var P): Boolean;* System

Überprüft, ob eine Zeiger- oder eine prozedurale Variable gleich **nil** ist.

procedure **AssignFile***(var F; FileName: String);* System

Verbindet den Namen einer externen Datei mit einer Datei-Variablen.

procedure **AssignStr***(var P: PString; const S: string);* SysUtils

Weist dem übergebenen String-Zeiger *P* einen neu allokierten String zu. Wird nur noch aus Gründen der Abwärtskompatibilität verwendet.

procedure **Beep***;* SysUtils

Ruft die Windows-API **MessageBeep** mit dem Parameter Null auf.

function **BeginThread**
(**SecurityAttributes:** *Pointer; StackSize: Integer;* System
ThreadFunc: *TThreadFunc; Parameter: Pointer;*
CreationFlags: *Integer; var ThreadId: Integer): Integer;*

Kapselt die Windows-API-Funktion **CreateThread** (→ 6.18) zum Aufruf eines neuen Threads.

Parameter	Bedeutung
SecurityAttributes	Weist auf Struktur mit Sicherheitsattributen. Wird **nil** übergeben, werden Standardvorgaben übernommen.
StackSize	Maximale Größe des Stacks. 0 steht für gleiche Größe wie Hauptthread des Programms.
Threadfunc	Thread-Funktion. Die Signatur dieser Funktion ist durch **TThreadFunc** vorgegeben.
Parameter	Parameter, die an Thread übergeben werden sollen.
CreationFlags	Verschiedene Flags, beispielsweise, um den Thread direkt anzuhalten.
ThreadId	In diesem Parameter wird die Kennung des Threads zurückgeliefert.

procedure **BlockRead** System

(var F: File; var Buf; Count: Integer [; var Result: Integer]);

Liest maximal *Count* Datensätze aus der geöffneten Datei *F* in die Puffer-Variable *buf*. In Result wird die tatsächliche Anzahl eingelesener Datensätze zurückgeliefert.

procedure **BlockWrite** System

(var f: File; var Buf; Count: Integer [; var Result: Integer]);

Liest maximal *Count* Datensätze aus der Puffer-Variablen *buf* in die geöffnete Datei *F*. In *Result* wird die tatsächliche Anzahl der ausgegebenen Datensätze zurückgeliefert.

procedure **Break;** System

Bricht eine **for**-, **while**- oder **repeat**-Anweisung ab und fährt mit der nachfolgenden Anweisung fort.

function **ByteToCharIndex** SysUtils

(const S: string; Index: Integer): Integer;

Gibt an, das wievielte Zeichen das *Index*-te Byte im String darstellt.

function **ByteToCharLen** SysUtils

(const S: string; MaxLen: Integer): Integer;

Liefert die Anzahl Zeichen in einem MBCS-String zurück.

function **ByteType** SysUtils

(const S: string; Index: Integer): TMbcsByteType;

Liefert den Bytetyp des *Index*-ten Byte im String zurück.

function **Ceil***(X: Extended):Integer;* Math

Rundet auf nächste Ganzzahl auf.

function **ChangeFileExt** SysUtils

(const Filename, Extension: string): string;

Ändert die Extension der spezifizierten Datei (*Filename* kann mit oder ohne Extension angegeben werden).

function **CharToByteIndex** SysUtils

(const S: string; Index: Integer): Integer;

Gibt an, das wievielte Byte das *Index*-te Zeichen im String darstellt.

function **CharToByteLen** SysUtils

(const S: string; MaxLen: Integer): Integer;

Liefert die Anzahl der Bytes in einem MBCS-String zurück.

procedure **ChDir** *(S: string);* System

Ändert das aktuelle Verzeichnis in den durch *S* gegebenen Pfad.

function **Chr***(X: Byte): Char;* System

Liefert das Zeichen mit der angegebenen Ordinalzahl (ASCII-Code) zurück.

procedure **Close***(var F);* System

Löst die Verbindung zwischen einer externen Datei und der Datei-Variablen *F*. Dient vornehmlich der Rückwärtskompatibilität. In Delphi-Anwendungen sollten Sie die Prozedur **CloseFile** verwenden.

procedure **CloseFile** *(var F);* System

Löst die Verbindung zwischen einer externen Datei und der Datei-Variablen *F*, die mittels **Reset, Rewrite** oder **Append** geöffnet wurde.

var **CmdLine***: PChar;* System

Bei jedem Programmaufruf speichert Windows die Kommandozeile des Aufrufs und weist der Variablen **CmdLine** einen Zeiger auf diesen String zu. Mit Hilfe dieses Zeigers kann das Programm dann abfragen, ob dem Programm beim Aufruf irgendwelche Kommandozeilenargumente übergeben wurden (➔ 6.3).

var **CmdShow***: Integer;* System

Dieser Wert legt das Erscheinungsbild des Hauptfensters fest und wird beim Aufruf des Programms der Windows-Funktion **ShowWindow** übergeben.

Die folgende Tabelle zeigt die möglichen Werte für **CmdShow.** Werte, die speziell für die Initialisierung des Hauptfensters geeignet sind, sind mit einem Sternchen gekennzeichnet.

Wert	**Bedeutung**
SW_HIDE*	versteckt das Fenster.
SW_MAXIMIZE	vergrößert das Fenster zu einem Vollbild.

Wert	Bedeutung
SW_MINIMIZE	verkleinert das Fenster zu einem Symbol.
SW_RESTORE	aktiviert das Fenster und stellt seine Normalgröße wieder her, wenn es minimiert oder maximiert war.
SW_SHOW	Aktiviert das Fenster in seinem augenblicklichen Zustand.
SW_SHOWDEFAULT	Definiert den anfänglichen Anzeigemodus für das Hauptfenster und wird verwendet, wenn eine Anwendung von einem anderen Programm mittels **CreateProcess** aufgerufen wird.
SW_SHOWMAXIMIZED*	Aktiviert und maximiert das Fenster.
SW_SHOWMINIMIZED*	Aktiviert und minimiert das Fenster.
SW_SHOWMINNOACTIVE	zeigt Fenster als Symbol.
SW_SHOWNA	zeigt Fenster in seinem aktuellen Zustand, ohne es zu aktivieren.
SW_SHOWNOACTIVATE	Zeigt Fenster in seiner aktuellen Größe und Position, ohne es zu aktivieren.
SW_SHOWNORMAL*	Aktiviert das Fenster und zeigt es in seiner Normalgröße.

function **CompareMem** SysUtils
(P1, P2: Pointer; Length: Integer): Boolean;
Vergleicht *Length* Bytes des von *P1* referenzierten Speichers mit *Length* Bytes des von *P2* referenzierten Speichers und gibt **True** zurück, wenn die Speicherbereiche identisch sind.

function **CompareStr***(const S1, S2: string): Integer;* SysUtils
Vergleicht die beiden Strings *S1* und *S2* unter Berücksichtigung der Groß- und Kleinschreibung. Der Rückgabewert zeigt das Ergebnis des Vergleichs an:

Ergebnis	Bedeutung
negativ	S1 < S2
0	S1 = S2
positiv	S1 > S2

function **CompareText***(const S1, S2: string): Integer;* SysUtils
Vergleicht die beiden Strings *S1* und *S2* ohne Berücksichtigung der Groß- und Kleinschreibung. Der Rückgabewert zeigt das Ergebnis des Vergleichs an (→ **CompareStr**).

function **Concat** *(s1 [, s2, ..., sn]: string): string;* System

Verkettet zwei oder mehrere Strings zu einem einzigen großen String.

procedure **Continue;** System

Bewirkt, daß die aktuelle Iteration einer **for-**, **while-** oder **repeat-**Schleife abgebrochen und mit der nächsten Iteration fortgefahren wird.

function **Copy***(S: String; Index, Count: Integer): String;* System

Liefert einen Teil-String von *S* mit maximal *Count* Zeichen zurück. Sofern *Index* nicht größer als die Länge von *S* ist, beginnt der Teil-String mit der Position *S[Index].*

function **Cos***(X: Extended): Extended;* System

Liefert den Kosinus des Winkels *X* im Bogenmaß zurück.

function **Cosh***(X: Extended): Extended;* Math

Kosinus hyperbolicus berechnen. Das Argument ist eine beliebige reelle Zahl (Radiant), der Rückgabewert ist größer oder gleich 1.

function **Cotan***(X: Extended): Extended;* Math

Kotangens berechnen (= 1/tan(X)). Das Argument ist eine beliebige reelle Zahl, die jedoch kein Vielfaches von PI sein darf; der Rückgabewert ist eine reelle Zahl.

function **CreateDir***(const Dir: string): Boolean;* SysUtils

Erstellt ein neues Verzeichnis. Liefert im Erfolgsfall **True** zurück.

var **CurrencyDecimals***: Byte;* SysUtils

Anzahl der Ziffern rechts des Dezimal-Separators in Währungsbeträgen.

var **CurrencyFormat***: Byte;* SysUtils

Definiert Plazierung und Separator des Währungssymbols (wird von den Routinen zur Umwandlung und Ausgabe von Währungs- und Zeitangaben verwendet). Mögliche Werte sind:

Wert	Format
0	'$1'
1	'1$'
2	'$ 1'
3	'1 $'

var **CurrencyString***: string;* SysUtils

Definiert das zu verwendende Währungssymbol (wird von den Routinen zur Umwandlung und Ausgabe von Währungs- und Zeitangaben verwendet).

function **CurrToStr***(Value: Currency): string;* SysUtils

Wandelt die Währungsangabe *Value* in eine String-Darstellung um.

function **CurrToStrF***(Value: Currency): string;* SysUtils

Wandelt die Währungsangabe *Value* in eine String-Darstellung um (entspricht einem Aufruf von **FloatToStrF** (→ unten) mit einer Präzision von 19 Stellen).

function **CycleToRad***(Cycles: Extended): Extended;* Math

Rechnet Bogenlänge (in Einheiten eines Vollkreises) in Radiant um (Radiant = Bogen*2().

function **Date***: TDateTime;* SysUtils

Liefert das aktuelle Datum zurück.

const **DateDelta***= 693594;* SysUtils

Tage zwischen dem 01.01.0001 und dem 31.12.1899.

var **DateSeparator***: Char;* SysUtils

Separator-Zeichen zwischen Jahr, Monat und Tag bei Datumsangaben.

function **DateTimeToFileDate** SysUtils

(DateTime: TDateTime): Integer;

Konvertiert eine **TDateTime**-Zeitangabe in das DOS-Datums-/Uhrzeitformat.

function **DateTimeToStr***(DateTime: TDateTime): string;* SysUtils

Konvertiert die Datums- und Zeitangabe aus *DateTime* in einen String (die Konvertierung richtet sich nach den Werten von **ShortDateFormat** und **LongTimeFormat** (→ unten)).

procedure **DateTimeToString** SysUtils

(var Result: string; const Format: string; DateTime: TDateTime);

Konvertiert die Datums- und Zeitangabe aus *DateTime* in einen String, der über den Parameter *Result* zurückgegeben wird (die Konvertierung richtet sich nach dem Formatierungs-String *Format* (→ **FormatDateTime**)).

function **DateTimeToTimeStamp** SysUtils

(DateTime: TDateTime): TTimeStamp;

Konvertiert eine Datums-/Zeitangabe vom Typ **TDateTime** in das *TimeStamp*-Format.

function **DateToStr**(*Date: TDateTime): string;* SysUtils

Konvertiert die Datumsangabe aus *Date* in einen String (die Konvertierung richtet sich nach dem Wert von **ShortDateFormat** (→ unten))

function **DayOfWeek**(*Date: TDateTime): Integer;* SysUtils

Liefert den Wochentag des Datums als Integer zwischen 1 (Sonntag) und 7 (Samstag) zurück.

procedure **Dec**(*var X[; N: Longint]);* System

Dekrementiert die Variable *X*. Wurde *N* nicht spezifiziert, wird *X* um eins vermindert, ansonsten wird X := X - N zurückgeliefert.

var **DecimalSeparator**: *Char;* SysUtils

Zeichen zur Trennung des ganzzahligen Anteils vom Bruchteil.

procedure **DecodeDate** SysUtils

(Date: TDateTime; var Year, Month, Day: Word);

Dekodiert die Datumsangabe aus *Date* in *Year* (Jahr), *Month* (Monat) und *Day* (Tag).

procedure **DecodeTime** SysUtils

(Time: TDateTime Hour, Min, Sec, MSec: Word);

Dekodiert die Zeitangabe aus *Time* in *Hour* (Stunden), *Min* (Minuten), *Sec* (Sekunden) und *MSec* (Millisekunden).

function **DegToRad**(*Degrees: Extended): Extended;* Math

Rechnet Winkelgrad in Radiant um (Radiant = Grad*(/180).

procedure **Delete**(*var S: string; Index, Count:Integer);* System

Löscht aus *S* einen Teil-String von maximal *Count* Zeichen. Sofern Index nicht größer als die Länge von *S* ist, beginnt der Teil-String mit der Position *S[Index]*.

function **DeleteFile**(*const FileName: string): Boolean;* SysUtils

Löscht die spezifizierte Datei vom Datenträger. Liefert im Erfolgsfall **True** zurück.

function **DiskFree**(*Drive: Byte): Integer;* SysUtils

Liefert die Anzahl freier Bytes auf dem spezifizierten Datenträger (0 = aktuelles Laufwerk, 1 = A, 2 = B usw.) in Byte zurück.

function **DiskSize**(*Drive: Byte): Integer;* SysUtils

Liefert die Größe des spezifizierten Datenträgers (0 = aktuelles Laufwerk, 1 = A, 2 = B u.s.w.) in Byte zurück.

procedure **Dispose**(*var P: Pointer);* System

Gibt den dynamischen Speicherbereich, auf den *P* verweist, wieder frei. Danach ist *P* undefiniert.

procedure **DisposeStr***(P: PString);* SysUtils

Gibt einen String-Zeiger frei, der zuvor mit **NewStr** reserviert wurde. Wird nur noch aus Gründen der Abwärtskompatibilität verwendet.

var **DLLProc***: Pointer;* System

Für dynamische Linkbibliotheken. Sie können dieser Variablen einen Zeiger auf eine Prozedur zuweisen, die bei jedem Eintritt in die DLL aufgerufen wird. Die Prozedur erhält vom Betriebssystem einen der Werte:

Wert	Bedeutung
DLL_PROCESS_ATTACH	DLL wird von einem Prozeß aufgerufen .
DLL_PROCESS_DETACH	DLL wird von einem Prozeß freigegeben .
DLL_THREAD_ATTACH	DLL wird von einem Thread aufgerufen .
DLL_THREAD_DETACH	DLL wird von einem Thread freigegeben .

und muß daher die folgende Signatur haben: *procedure DLLHandler(Reason: Integer);*

function **DoubleDecliningBalance** Math

(Cost, Salvage: Extended; Life, Period: Integer): Extended;

Berechnet nach dem Verfahren der degressiven Doppelraten-Abschreibung den tatsächlichen Abschreibungsbetrag eines Aktivpostens für eine bestimmte Periode. Die Berechnung beruht auf dem Anschaffungspreis (*Cost*), dem Restwert (*Salvage*), der Nutzungsdauer (*Life*) und der Abschreibungsperiode (*Period*).

EAbort = *class (Exception);* SysUtils

»Stille« Exception, die den Benutzer nicht über ihre Abarbeitung informiert.

EAccessViolation = *class (Exception);* SysUtils

Wird bei einem ungültigen Zugriff auf einen Speicherbereich ausgelöst.

EAssertionFailed = *class(Exception);* SysUtils

Wird ausgelöst, wenn an die Prozedur **Assert** ein boolescher Ausdruck übergeben wird, der nicht **True** ist.

EControlC = *class (Exception);* SysUtils

Wird bei der Benutzung von Strg+C für eine Anwendung im Bildschirmmodus ausgelöst.

EConvertError = *class (Exception);* SysUtils

Wird ausgelöst, wenn eine der Funktionen **StrToInt** oder **StrToFloat** den angegebenen String nicht in einen gültigen ganzzahligen oder Gleitkommawert konvertieren kann.

EDivByZero = *class (EIntError);* SysUtils

Wird ausgelöst, wenn die Anwendung versucht, einen ganzzahligen Typ durch Null zu dividieren.

EExternalException = *class (Exception);* SysUtils

Wird nur bei bestimmten Exception-Codes ausgelöst (→ Online-Hilfe).

EInOutError = *class (Exception);* SysUtils

Wird bei einem E/A-Betriebssystemfehler ausgelöst.

EIntError = *class (Exception);* SysUtils

Basisklasse für ganzzahlige mathematische Exceptions.

EIntOverflow = *class (EIntError);* SysUtils

Wird ausgelöst, wenn ein berechnetes ganzzahliges Ergebnis zu groß für den reservierten Speicherplatz ist (wird nur ausgelöst, wenn die Bereichsüberprüfung eingeschaltet ist (→ Dialogfenster ***Projektoptionen***)).

EInvalidArgument = *class(EMathError);* Math

Wird ausgelöst, wenn einer der Parameter der Routine außerhalb des Gültigkeitsbereichs liegt oder eine Berechnung unmöglich macht.

EInvalidCast = *class (Exception);* SysUtils

Wird ausgelöst, wenn eine Typumwandlung mit dem Operator **as** versucht wird, aber diese nicht erlaubt ist.

EInvalidOp = *class (EMathError);* SysUtils

Wird bei undefinierten Befehlen, nicht exakten Ergebnissen, ungültigen Operationen oder bei Stack-Überläufen des Gleitkomma-Prozessors ausgelöst.

EInvalidPointer = *class (Exception);* SysUtils

Wird bei einer ungültigen Zeigeroperation ausgelöst.

EMathError = *class (Exception);* SysUtils

Basisklasse für alle spezifischen mathematischen Gleitkomma-Exceptions (**EInvalidOp**, **EZeroDivide**, **EOverflow**, **EUnderflow**).

const **EmptyString**: *string = '';* SysUtils

function **EncodeDate***(Year, Month, Day: Word): TDateTime;* SysUtils

Konvertiert die Parameterwerte *Year* (Jahr), *Month* (Monat) und *Day* (Tag) in eine Datumsangabe vom Typ **TDateTime.**

function **EncodeTime** SysUtils

(Hour, Min, Sec, MSec: Word): TDateTime;

Konvertiert die Parameterwerte *Hour* (Stunden), *Min* (Minuten), *Sec* (Sekunden) und *MSec* (Millisekunden) in eine Zeitangabe vom Typ **TDateTime.**

procedure **EndThread**(*ExitCode: Integer);* System

Beendet einen Thread. Wird innerhalb der Thread-Funktion des zu beendenden Threads aufgerufen.

function **Eof**(*var F): Boolean;* System

Überprüft, ob die aktuelle Dateiposition gleich dem Dateiende ist.

function **Eoln** *[[var F: Text)]: Boolean;* System

Überprüft, ob die aktuelle Dateiposition gleich dem Zeilenende einer Textdatei ist.

EOutOfMemory = *class (Exception);* SysUtils

Wird ausgelöst, wenn die Anwendung versucht, nicht vorhandenen dynamischen Speicher zu reservieren.

EOverflow = *class (EMathError);* SysUtils

Wird ausgelöst, wenn ein berechnetes Ergebnis für das reservierte Register zu groß ist.

EPrivilige = *class (Exception);* SysUtils

Wird ausgelöst, wenn ein Benutzerprogramm versucht, einen für die Prozessor-Privilegebene ungültigen Prozessorbefehl auszuführen.

EPropReadOnly = *class (Exception);* SysUtils

Wird ausgelöst, wenn bei einer OLE-Automatisierung versucht wird, auf eine nur lesbare Eigenschaft zu schreiben.

EPropWriteOnly = *class (Exception);* SysUtils

Wird ausgelöst, wenn bei einer OLE-Automatisierung versucht wird, eine nur beschreibbare Eigenschaft zu lesen.

ERangeError = *class (EIntError);* SysUtils

Wird ausgelöst, wenn das Ergebnis eines Ausdrucks, das einem Integer-Typ zugewiesen werden soll, dessen Wertebereich überschreitet.

procedure **Erase**(*var F);* System

Löscht die mit *F* verbundene externe Datei.

var **ErrorAddr**: *Pointer;* System

Bricht die Anwendung mit einem Laufzeitfehler ab, wird dieser Variablen die Adresse derjenigen Anweisung zugewiesen, die den Laufzeitfehler verursacht hat.

var **ErrorProc**: *Pointer;* System

Zeigt auf eine RTL-Behandlungsroutine für Laufzeitfehler.

EStackOverflow = *class (Exception);* SysUtils

Wird ausgelöst, wenn der Stack des aktuellen Threads voll ist.

EUnderflow = *class (EMathError);* SysUtils

Kann ausgelöst werden, um auf Gleitkommaberechnungen hinzuweisen, deren Ergebnis zu klein ist, um sie noch darzustellen (üblicherweise wird dann einfach mit Null weitergerechnet).

EVariantError = *class (Exception);* SysUtils

Wird bei Unstimmigkeiten in Zusammenhang mit Varianten ausgelöst:

- bei ungültiger Typumwandlung,
- bei ungültigen Operationen,
- wenn Variante kein Array ist,
- wenn Varianten-Array nicht erzeugt werden kann,
- wenn der Index des Arrays außerhalb der Grenzen liegt,
- wenn Variante kein OLE-Objekt *Idispatch* enthält.

function **ExceptAddr***: Pointer;* SysUtils

Liefert die Adresse zurück, bei der die aktuelle Exception ausgelöst wurde.

var **ExceptClsProc***: Pointer;* System

Zeigt auf eine Prozedur, die eine Betriebssystem-Exception auf eine Delphi-Klassenreferenz abbildet.

Exception = *class (TObject);* SysUtils

Basisklasse aller Exceptions.

var **ExceptionClass***: TClass;* System

Legt die Exception-Basisklasse fest, deren abgeleitete Exceptions vom Debugger gemeldet werden.

function **ExceptObject***: TObject;* SysUtils

var **ExceptObjProc***: Pointer;* System

Zeigt auf eine Prozedur, die eine Betriebssystem-Exception auf eine Delphi-Klasseninstanz abbildet.

var **ExceptProc***: Pointer;* System

Zeigt auf die RTL-Behandlungsroutine, die Exceptions bearbeitet, die von keiner anderen Behandlungsfunktion aufgefangen werden.

Liefert einen Verweis auf das aktuelle Exception-Objekt zurück.

procedure **Exclude***(var S: set of T; I:T);* System

Löscht das Element *I* aus der Menge *S*.

procedure **Exit***;* System

Beendet die Routine, in der **Exit** aufgerufen wird.

var **ExitCode**: *Integer;* System

Definiert den Exitcode eines Programms, wird aber nur noch aus Gründen der Rückwärtskompatibilität verwendet. Neue Programme sollten **finalization** verwenden.

var **ExitProc**: *Pointer;* System

Ermöglicht die Installierung einer Exit-Prozedur. Die Prozedur, auf die der Zeiger weist, wird jeweils beim Beenden des Programms aufgerufen.

function **Exp**(*X: Real*): *Real;* System

Liefert die Potenz von *X* zurück.

function **ExpandFileName**(*const FileName: string*): *string;* SysUtils

Liefert den vollständigen Dateinamen (Laufwerk, Pfad, Dateiname) der Datei zurück, die durch *FileName* spezifiziert wird.

function **ExpandUNCFileName** SysUtils

(const FileName: string): string;

Liefert den vollständigen Dateinamen (Server, Pfad, Dateiname) der Datei zurück, die durch *FileName* spezifiziert wird. Entspricht der Funktion **ExpandFileName** für Netzwerke.

function **ExtractFileDir**(*const FileName: string*): *string;* SysUtils

Extrahiert aus dem übergebenen Dateinamen den Laufwerksbuchstaben und die Verzeichnisangabe. Der zurückgelieferte *String* kann als Verzeichnisangabe direkt an andere Routinen (**CreateDir**, **RemoveDir** etc.) übergeben werden.

function **ExtractFileDrive**(*const FileName: string*): *string;* SysUtils

Extrahiert aus dem übergebenen Dateinamen den Laufwerksbuchstaben.

function **ExtractFileExt**(*const FileName: string*): *string;* SysUtils

Extrahiert aus dem übergebenen Dateinamen die Datei-Extension.

function **ExtractFileName**(*const FileName: string*): *string;* SysUtils

Extrahiert aus dem übergebenen Dateinamen den Dateinamen mit Extension (ohne Pfad).

function **ExtractFilePath**(*const FileName: string*): *string;* SysUtils

Extrahiert aus dem übergebenen Dateinamen den Laufwerksbuchstaben und die Verzeichnisangabe.

EZeroDivide = *class (EMathError);* SysUtils

Wird ausgelöst, wenn die Anwendung versucht, einen Gleitkommawert durch Null zu teilen.

fa-Konstanten (Dateiattribute) SysUtils

◆*const* **faReadOnly** = *$00000001;*
◆*const* **faHidden** = *$00000002;*
◆*const* **faSysFile** = *$0000004;*
◆*const* **faVolumeID** = *$00000008;*
◆*const* **faDirectory** = *$00000010;*
◆*const* **faArchive** = *$00000020;*
◆*const* **faAnyFile** = *$0000003F;*

function **FileAge***(const FileName: string): Integer;* SysUtils

Liefert Datum und Uhrzeit der Erstellung der spezifizierten Datei als **Integer** zurück.

procedure **FileClose***(Handle: Integer);* SysUtils

Schließt die angegebene Datei.

function **FileCreate***(const FileName: string): Integer;* SysUtils

Erzeugt unter dem angegebenen Namen eine neue Datei. Im Erfolgsfall stellt der zurückgelieferte Integerwert den Handle der Datei dar, im Fehlerfall ist der zurückgelieferte Wert gleich -1.

function **FileDateToDateTime** SysUtils
(FileDate: Integer): TDateTime;

Konvertiert eine von DOS stammende Datums- und Uhrzeitangabe in einen **TDateTime**-Wert.

function **FileExists***(const FileName: string): Boolean;* SysUtils

Liefert **True** zurück, wenn eine Datei dieses Namens bereits existiert.

function **FileGetAttr***(const FileName: string): Integer;* SysUtils

Liefert die Dateiattribute der angegebenen Datei zurück.

function **FileGetDate***(Handle: Integer): Integer;* SysUtils

Liefert die Datums-/Uhrzeitangabe der durch *Handle* spezifizierten Datei im DOS-Format zurück. Ist der Handle nicht gültig, liefert die Funktion den Wert -1 zurück.

var **FileMode***: Byte;* System

Bestimmt den zu verwendenden Zugriffsmodus für Dateien (0 – nur lesen, 1 – nur schreiben, 2 – schreiben und lesen), der beim Aufruf von **Reset** verwendet werden soll.

function **FileOpen** SysUtils
(const FileName: string; Mode: Integer): Integer;

Öffnet die angegebene Datei unter Verwendung des spezifizierten Zugriffsmodus. Als Modus kann eine OR-Verknüpfung aus einer **fmOpen**- und einer **fmShare**-Konstanten (➔ unten) übergeben werden. Im Erfolgsfall stellt der zurückgelieferte Integerwert den Handle der Datei dar, im Fehlerfall ist der zurückgelieferte Wert gleich -1.

function **FilePos***(var F):Longint;* System

Liefert die aktuelle Position innerhalb der Datei *F* zurück.

function **FileRead** SysUtils

(Handle: Integer; var Buffer; Count: Integer): Integer;

Liest *Count* Bytes aus der Datei, die durch ihr *Handle* spezifiziert ist, in den Puffer *Buffer*. Im Erfolgsfall gibt der zurückgelieferte Integerwert die Anzahl tatsächlich gelesener Bytes an, im Fehlerfall ist der zurückgelieferte Wert gleich -1.

function **FileSearch***(const Name; DirList: string): string;* SysUtils

Durchsucht die Verzeichnisse aus *DirList* nach der spezifizierten Datei. Die Suche beginnt immer im aktuellen Verzeichnis. Sollen mehrere Verzeichnisse durchsucht werden, sind diese durch Semikolon zu trennen. Zurückgeliefert werden die Verzeichnisse, in denen die Suche erfolgreich war, bzw. ein leerer String.

function **FileSeek***(Handle, Offset, Origin: Integer): Integer;* SysUtils

Positioniert den aktuellen Dateizeiger der geöffneten Datei, die über ihr *Handle* spezifiziert ist. Der Dateizeiger wird um *Offset* Bytes vom gewünschten Ausgangspunkt *Origin* verrückt.

Origin	Verschiebung
0	Offset Bytes vom Dateianfang aus
1	Offset Bytes von der aktuellen Position aus
2	Offset Bytes vom Dateiende aus

Im Erfolgsfall stellt der zurückgelieferte Integerwert die neue Position des Dateizeigers dar, im Fehlerfall ist der zurückgelieferte Wert gleich -1.

function **FileSetAttr** SysUtils

(const FileName: string; Attr: Integer): Integer;

Setzt die Dateiattribute der spezifizierten Datei. Dem Parameter *Attr* kann eine OR-Verknüpfung von **fa**-Konstanten (→ oben) übergeben werden.

function **FileSetDate** SysUtils

(Handle: Integer; Age: Integer): Integer;

Ersetzt die DOS-Datums-/-Uhrzeitsangabe der durch ihr *Handle* spezifizierten Datei durch den in *Age* gegebenen Wert.

function **FileSize***(var F): Integer;* System

Liefert die Größe der Datei *F* in Bytes zurück.

function **FileWrite** SysUtils

(Handle: Integer; const Buffer; Count: Integer): Integer;

Schreibt *Count* Bytes aus dem Puffer *Buffer* in die Datei, die durch ihr *Handle* spezifiziert ist. Im Erfolgsfall gibt der zurückgelieferte Integerwert die Anzahl tatsächlich geschriebener Bytes an, im Fehlerfall ist der zurückgelieferte Wert gleich -1.

procedure **FillChar***(var X; Count: Integer; value);* System

Füllt ab der Adresse von *X Count* aufeinanderfolgender Bytes mit dem Wert von *value*, das vom Typ **Byte** oder **Char** sein darf.

procedure **Finalize***(var V [; Count: Integer]);* System

Wenn Sie ein dynamisches Objekt, das lange Strings oder Varianten enthält, mit **FreeMem** statt mit **Dispose** auflösen wollen, sollten Sie zuvor die Prozedur **Finalize** aufrufen, um die langen Strings zu leeren und die Varianten auf *Unassigned* zu setzen.

Da der Compiler den Aufruf automatisch löscht, wenn die übergebene Variable keine langen Strings oder Varianten enthält, sollten Sie es sich zur Gewohnheit machen, **Finalize** aufzurufen.

Sind mehrere Variablen in einem Speicherblock zusammengefaßt, können Sie über den Parameter *Count* bestimmen, wieviele Variablen bearbeitet werden sollen.

procedure **FinalizePackage***(Module: HMODULE);* SysUtils

Beendet das spezifizierte Package.

procedure **FindClose***(var F: TSearchRec);* SysUtils

Gibt Speicher frei, der von **FindFirst** allokiert wurde. Wird stets zum Abschluß einer **FindFirst**/**FindNext**-Sequenz aufgerufen.

function **FindFirst** SysUtils

(const Path: string; Attr: Integer; var F: TSearchRec): Integer;

Durchsucht das spezifizierte Verzeichnis (*Path*) nach dem ersten Eintrag, der mit dem spezifizierten Dateinamen und den Dateiattributen übereinstimmt. Dabei wird Speicher allokiert, der mit **FindClose** wieder freigegeben werden muß.

Dem Parameter *Attr* kann eine der **fa**-Konstanten (→ oben) übergeben werden. Im Erfolgsfall liefert die Funktion den Wert 0 zurück. Um den nächsten Eintrag zu finden, rufen Sie die Funktion **FindNext** auf.

function **FindNext***(var F: TSearchRec): Integer;* SysUtils

Liefert den nächsten Eintrag zurück, der mit den Angaben der Funktion **FindFirst** übereinstimmt. Im Erfolgsfall liefert die Funktion den Wert 0 zurück.

procedure **FloatToDecimal** SysUtils

(var Result: TFloatRec; const Value; ValueType: TFloatValue; Precision, Decimals: Integer;

Wandelt zur weiteren Formatierung einen Gleitkommawert in eine dezimale Darstellung um. Der Gleitkommawert *Value* muß vom Datentyp **Extended** oder **Currency** sein, und dieser Typ muß dem Parameter *ValueType* übergeben werden. *Precision* gibt die Anzahl der Stellen, *Decimals* die Anzahl der Dezimalstellen an.

function **FloatToStr***(Value: Extended): string;* SysUtils

Wandelt den angegebenen Gleitkommawert in eine String-Darstellung um.

function **FloatToStrF** SysUtils

(Value: Extended; Format: TFloatFormat; Precision, Digits: Integer): string;

Wandelt den angegebenen Gleitkommawert in eine String-Darstellung um.

Für die Genauigkeit (*Precision*) gelten folgende Empfehlungen:

Datentyp	Genauigkeit
single	bis zu 7 Stellen
double	bis zu 15 Stellen
extended	bis zu 18 Stellen

Für Format und Digits gibt es folgende Möglichkeiten:

Formattyp	Datentyp
ffGeneral	Kürzeste Zahlendarstellung (Dezimal- oder Exponentialschreibweise, wobei Digit entweder die Mindestanzahl der Dezimalstellen oder der Stellen im Exponent angibt)
ffExponent	Exponentialschreibweise; Digit gibt die Mindestanzahl der Stellen im Exponent an (0 - 4)
ffFixed	Dezimalschreibweise; Digit gibt die Mindestanzahl der Dezimalstellen an (0 - 18)
ffNumber	Zahlenformat: -d.ddd.ddd,nnn..
ffCurrency	Währungsformat; Digit gibt die Mindestanzahl der Dezimalstellen an (0 - 18)

function **FloatToText** SysUtils

(Buffer: PChar; const Value; ValueType: TFloatValue; Format: TFLoatFormat; Precision, Digits: Integer): Integer;

Wandelt den Gleitkommawert *Value* in eine Dezimaldarstellung um (➔ **FloatToStrF**). Der Gleitkommawert muß vom Datentyp **Extended** oder **Currency** sein, und dieser Typ muß dem Parameter *ValueType* übergeben werden. Das Ergebnis wird in *Buffer* geschrieben.

function **FloatToTextFmt** SysUtils

(Buffer: PChar; const Value; ValueType: TFloatValue; Format: PChar): Integer;

Wandelt den Gleitkommawert *Value* in eine Dezimaldarstellung um (➔ **FormatFloat**). Der Gleitkommawert muß vom Datentyp **Extended** oder **Currency** sein, und dieser Typ muß dem Parameter *ValueType* übergeben werden. Das Ergebnis wird in *Buffer* geschrieben.

function **Floor***(X: Extended): Integer;* Math

Rundet auf vorherige Ganzzahl ab.

procedure **Flush***(var F: Text);* System

Leert den Puffer einer Textdatei, die für die Ausgabe geöffnet ist. Damit wird sichergestellt, daß alle Änderungen, die bisher noch im Arbeitsspeicher zwischengepuffert wurden, in die physikalische Datei geschrieben werden.

fm-Konstanten (Dateimodi) SysUtils

- *const* **fmClosed** *= $D7B0;*
- *const* **fmInput** *= $D7B1;*
- *const* **fmOutput** *= $D7B2;*
- *const* **fmInOut** *= $D7B3;*

fm-Konstanten (Dateiöffnungsmodi) SysUtils

- *const* **fmOpenRead** *= $0000;*
- *const* **fmOpenWrite** *= $0001;*
- *const* **fmOpenReadWrite** *= $0002;*
- *const* **fmShareCompat** *= $0000;*
- *const* **fmShareExclusive** *= $0010;*
- *const* **fmShareDenyWrite** *= $0020;*
- *const* **fmShareDenyRead** *= $0030;*
- *const* **fmShareDenyNone** *= $0040;*

function **FmtLoadStr** SysUtils

(Ident: Integer; const Args: array of const): string;

Lädt die durch *Ident* spezifizierte String-Ressource aus der Ressourcen-String-Tabelle eines Programms und übergibt ihn als Formatierungs-String zusammen mit den in den Formatierungs-String aufzunehmenden Daten (gespeichert in *Args*) der Funktion **Format** (→ unten). Das Ergebnis von **Format** wird zurückgeliefert.

procedure **FmtStr** SysUtils

(var Result: string; const Format: string; const Args: array of const);

Formatiert und integriert die Serie von Argumenten aus dem offenen Array *Args* in den Formatierungs-String *Format* (→ **Format**) und liefert das Ergebnis in *Result* zurück.

function **Format** SysUtils

(const Format: string; const Args: array of const): string;

Zur Formatierung von *Strings* (vgl. C-Funktion **printf**). Ausgangspunkt ist der String *Format*, der neben den üblichen Zeichen auch Sonderzeichen, die sogenannten Formatspezifizierer, enthält. Ein Formatspezifizierer ist ein Platzhalter für einen Wert aus dem Array *Args*. Dessen Werte werden der Reihe nach (oder entsprechend ihrer Indizes) den Formatspezifizierern im Format-String zugewiesen und entsprechend der Angaben im Formatspezifizierer in Zeichenketten umgewandelt.

Der allgemeine Aufbau eines Formatspezifizierers sieht folgendermaßen aus:

% [index:] [–] [Breite] [.Genauigkeit] Formattyp

Formattyp	Datentyp
s	Zeichenkette (**Char**, **PChar** oder **String**)
d	Dezimale Ganzzahl (**Integer**)
x	Hexadezimale Ganzzahl (**Integer**)
f	Gleitkommazahl, dezimale Schreibweise:
	[-]mmm.dddd
e	Gleitkommazahl, Exponential-Schreibweise:
	[-]m.ddddE(xx
g	Gleitkommazahl, die kürzeste Darstellung wird gewählt (**f** oder **e**)
p	Zeiger: XXXX:YYYY
n	entspricht »f«, jedoch mit Kennzeichnung der Tausenderstellen
m	Währungsangabe
%	bewirkt, daß das Zeichen »%« ausgegeben wird

Beispiel

```
str := format('Dies ist der Buchstabe %s und
              sein Ascii-Code: %d',
              ['T',Ord('T')]);
```

Ausgabe

Dies ist der Buchstabe T und sein ASCII-Code: 84

function **FormatBuf** SysUtils

(var Buffer; BufLen: Cardinal; const Format;
FmtLen: Cardinal; const Args: array of const): Cardinal;

Dient wie **Format** (➔ oben) zur Erstellung eines formatierten Strings, spezifiziert aber zusätzlich die Länge des Formatierungs-Strings (*FmtLen*) und des Puffers *Buffer* (*BufLen*), in dem das Ergebnis zurückgeliefert wird. Der Rückgabewert der Funktion gibt an, wie viele Zeichen tatsächlich in *Buffer* geschrieben wurden.

function **FormatCurr** SysUtils

(const Format: string; Value: Currency): string;

Formatiert und konvertiert die Währungsangabe *Value* gemäß dem Formatierungs-String *Format* in einen String. Der Formatierungs-String bezeichnet in diesem Fall eine Maske (➔ **FormatFloat**).

function **FormatDateTime** SysUtils

(const Format: string; DateTime: TDateTime): string;

Formatiert die Datums- und Uhrzeitangabe aus *DateTime* entsprechend dem Formatierungs-String *Format*, der neben den üblichen Zeichen auch Sonderzeichen, die sogenannten Formatspezifizierer, enthält. Ein Formatspezifizierer ist ein Platzhalter für einen Wert aus *DateTime*.

Spezifizierer	Formatierung
c	Zeigt das Datum an und verwendet dazu das Format, das in der globalen Variablen **ShortDateFormat** gespeichert ist, gefolgt von der Zeit im Format der globalen Variablen **LongTimeFormat**.
d	Zeigt den Tag als Zahl ohne führende Null an (1-31).
dd	Zeigt den Tag als Zahl mit führender Null an (01-31).
ddd	Zeigt den Tag als Abkürzung (Son-Sam) an und verwendet dazu die in der globalen Variablen **ShortDayNames** angegebenen Strings.

Spezifizierer	Formatierung
dddd	Zeigt den Tag mit seinem vollständigen Namen an (Sonntag - Samstag) und verwendet dazu die Strings, die in der globalen Variablen **LongDayNames** angegeben sind.
ddddd	Zeigt das Datum in dem Format an, das durch die globale Variable **ShortDateFormat** festgelegt wird.
dddddd	Zeigt das Datum in dem Format an, das in der globalen Variablen **LongDateFormat** festgelegt ist.
m	Zeigt den Monat als Zahl ohne führende Null an (1-12). Wenn der Bezeichner m unmittelbar auf einen Bezeichner h oder hh folgt, wird die Minute anstelle des Monats angezeigt.
mm	Zeigt den Monat als Zahl mit führender Null an (01-12). Wenn der Bezeichner mm unmittelbar auf einen Bezeichner h oder hh folgt, wird die Minute anstelle des Monats angezeigt.
mmm	Zeigt den Monat als Abkürzung an (Jan - Dez) und verwendet dazu die Strings, die in der globalen Variablen **ShortMonthNames** festgelegt sind.
mmmm	Zeigt den Monat mit vollem Namen an (Januar - Dezember) und verwendet dazu die Strings aus der globalen Variablen **LongMonthNames**.
yy	Zeigt das Jahr als zweistellige Zahl an (00-99).
yyyy	Zeigt das Jahr als vierstellige Zahl an (0000-9999).
h	Zeigt die Stunde ohne führende Null an (0-23).
hh	Zeigt die Stunde mit führender Null an (00-23).
n	Zeigt die Minute ohne führende Null an (0-59).
nn	Zeigt die Minute mit führender Null an (00-59).
s	Zeigt die Sekunde ohne führende Null an (0-59).
ss	Zeigt die Sekunde mit einer führenden Null an (00-59).
t	Zeigt die Zeit in dem Format an, das in der globalen Variablen **ShortTimeFormat** festgelegt ist.
tt	Zeigt die Zeit in dem Format an, das in der globalen Variablen **LongTimeFormat** angegeben ist.

Spezifizierer	Formatierung
am/pm	Verwendet das 12-Stunden-Format für den voranstehenden Bezeichner h oder hh und zeigt 'am' für Zeiten vor 12 Uhr mittags und 'pm' für Zeiten nach 12 Uhr mittags an. Der Bezeichner am/pm kann in Kleinschreibung, Großschreibung oder in gemischter Schreibweise eingegeben werden und wird entsprechend angezeigt.
a/p	Verwendet das 12-Stunden-Format für den voranstehenden Bezeichner h oder hh und zeigt 'a' für Zeiten vor 12 Uhr mittags und 'p' für Zeiten nach 12 Uhr mittags an. Der Bezeichner a/p kann in Kleinschreibung, Großschreibung oder in gemischter Schreibweise eingegeben werden und wird entsprechend angezeigt.
ampm	Verwendet das 12-Stunden-Format für den voranstehenden Bezeichner h oder hh und zeigt den Inhalt der globalen Variablen **TimeAMString** für jede Zeit vor 12 Uhr mittags sowie den Inhalt der globalen Variablen **TimePMString** für jede Uhrzeit nach 12 Uhr mittags an.
/	Zeigt das Datumstrennzeichen an, das in der globalen Variablen **DateSeparator** angegeben ist.
:	Zeigt das Zeittrennzeichen an, das in der globalen Variablen **TimeSeparator** angegeben ist.
'xx'/"xx"	Zeichen, die in einfache oder doppelte Anführungszeichen eingeschlossen sind, werden wie eingegeben angezeigt und beeinflussen die Formatierung nicht.

Beispiel

```
str := FormatDateTime('"Treffen uns am" dddd,
       ' + '"den" d mmmm, ' +
       '"um" hh:mm AM/PM',
       StrToDateTime('15.2.95 10:30am'));
```

Ausgabe

Treffen uns am Mittwoch, den 15. Februar, um 10:30 AM

function **FormatFloat** SysUtils

(const Format: string; Value: Extended): string;

Formatiert und konvertiert den Gleitkommawert *Value* gemäß dem Formatierungs-String *Format* in einen *String*. Der Formatierungs-

String bezeichnet in diesem Fall eine Maske mit folgenden Elementen:

function **Frac**(*X: Real*)*: Real;* System

Platzhalter	**für**
0	Ziffern. Andere Zeichen werden durch 0 ersetzt
#	Ziffern. Andere Zeichen werden gelöscht
.	Trennzeichen für Dezimalstellen
,	Trennzeichen für Tausenderstellen
E+	Exponentialschreibweise
'x' oder "x"	Ausgabe der Originalzeichen ohne Beeinflussung der weiteren Formatierung
;	Trennt Abschnitte für Zahlen größer, kleiner oder gleich Null

Liefert den Bruchanteil des Arguments *X* zurück.

procedure **FreeMem**(*var P: Pointer*[*; Size: Integer*]*);* System

Löscht die Zeigervariable *P* und gibt den zugehörigen, mittels **GetMem** allokierten Speicherbereich frei. Wird *Size* spezifiziert, muß es der genauen Größe des mit **GetMem** reservierten Speichers entsprechen.

procedure **Frexp** Math

(X: Extended; var Mantissa: Extended;
var Exponent: Integer) register;

Teilt eine Gleitkommazahl X in Mantisse und Exponent auf, die dann in den Variablenparametern zurückgegeben werden. Beachten Sie, daß der Exponent zur Basis 2 angegeben wird und die Mantisse im Bereich [0,5..1) liegt.

function **FutureValue** Math

(Rate: Extended; NPeriods: Integer; Payment, PresentValue: Extended; PaymentTime: TPaymentTime): Extended;

Liefert als Ergebnis den zukünftigen Wert einer Investition. Die Höhe der Investition gibt der Wert *PresentValue* an. Der Rechnung liegt eine bestimmte Anzahl (*NPeriods*) regelmäßiger, konstanter Zahlungen (*Payment*) und ein konstanter Zinssatz (*Rate*) zugrunde. Der Parameter *PaymentTime* (→ **TPaymentTime**) gibt die Fälligkeit der Zahlungen an.

function **GetAllocMemCount***: Integer;* ShareMem

Gibt die Anzahl der allokierten Speicherblöcke an.

function **GetAllocMemSize**: *Integer;* ShareMem

Gibt die Gesamtgröße der allokierten Speicherblöcke an.

function **GetCurrentDir**: *string;* SysUtils

Liefert das aktuelle Verzeichnis zurück.

procedure **GetDir**(*D: Byte; var S: string);* System

Liefert in *S* das aktuelle Verzeichnis des durch *D* spezifizierten Laufwerks zurück.

Wert	Laufwerk
0	Standard
1	A
2	B
3	C

procedure **GetFormatSettings**; SysUtils

Setzt Formatierungs-Variablen auf ihre Standardwerte zurück.

function **GetHeapStatus**: *THeapStatus;* System

Liefert den aktuellen Status der Speicherverwaltung in einer **THeapStatus**-Struktur zurück.

function **GetHeapStatus**: *THeapStatus;* ShareMem

Liefert Informationen zur Speicherverwaltung in Form einer Struktur vom Typ **THeapStatus** (→ unten) zurück.

function **GetLocaleChr** SysUtils

(Locale, LocaleType: Integer; Default: Char): Char;

Wird verwendet, wenn Information aus lokaler Kategorie nur aus einem Buchstaben besteht (→ **GetLocaleStr**).

function **GetLocaleStr** SysUtils

(Locale, LocaleType: Integer; const Default: string): string;

Zum Abfragen einer lokalen Einstellung. Der Parameter *Locale* gibt an, welche lokale Einstellung abzufragen ist; der Parameter *LocaleType* spezifiziert, welche Information aus der lokalen Einstellung abzufragen ist. Konnte keine Information ausgelesen werden, wird der String *Default* zurückgeliefert, der damit als Fehlermeldung benutzt werden kann.

Lokale Einstellungen können mit Hilfe der Windows-API selbst zusammengestellt und eingerichtet werden. Vordefiniert sind:

Locale

LOCALE_SYSTEM_DEFAULT

LOCALE_USER_DEFAULT

Lokale Kategorien sind:

LocaleType

LOCALE_ICALENDARTYPE
LOCALE_ICURRDIGITS
LOCALE_ICURRENCY
LOCALE_IDIGITS
LOCALE_IFIRSTDAYOFWEEK
LOCALE_IFIRSTWEEKOFYEAR
LOCALE_ILZERO
LOCALE_IMEASURE
LOCALE_INEGCURR
LOCALE_INEGNUMBER
LOCALE_ITIME
LOCALE_S1159
LOCALE_S2359
LOCALE_SCURRENCY
LOCALE_SDATE
LOCALE_SDECIMAL
LOCALE_SGROUPING
LOCALE_SLIST
LOCALE_SLONGDATE
LOCALE_SMONDECIMALSEP
LOCALE_SMONGROUPING
LOCALE_SMONTHOUSANDSEP
LOCALE_SNEGATIVESIGN
LOCALE_SPOSITIVESIGN
LOCALE_SSHORTDATE
LOCALE_STHOUSAND
LOCALE_STIME
LOCALE_STIMEFORMAT

procedure **GetMem***(var P: Pointer; Size: Integer);* System

Reserviert einen Speicherbereich der Größe *Size* und weist ihn der Zeiger-Variablen *P* zu.

procedure **GetMemoryManager** System
(var MemMgr: TMemoryManager);

Liefert die Einsprungpunkte der aktuell installierten Speicherverwaltung in Form einer **TMemoryManager**-Struktur zurück.

procedure **GetPackageInfo** SysUtils
(Module: HMODULE; Param: Pointer;
var Flags: Integer; InfoProc: TPackageInfoProc);

Greift auf die Informationstabelle des spezifizierten Package zu und listet die enthaltenen Units und benötigten Packages auf.

function **GradToRad***(Grads: Extended): Extended;* Math

Rechnet Winkel in Neugradmaß (rechter Winkel entspricht 100 Grad) in Radiant um (Radiant = Grad*(/200).

procedure **Halt** *[(Exitcode: Integer)];* System

Führt zu einer anormalen Beendigung des Programms.

const **HeapAllocFlags***: Word = 2;* System

Flag, das Allokation auf Heap beeinflußt. 2 entspricht der Windows-Konstanten **GMEM_MOVEABLE**, welche bestimmt, daß der allokierte Speicherbereich von Windows verschoben werden kann.

function **Hi**(*X*): *Byte;* System

Liefert das hochwertige Byte von *X* als vorzeichenlosen Wert zurück

function **High**(*X*); System

Liefert den höchsten Wert aus dem Definitionsbereich des Arguments zurück.

var **HInstance**: *Longint;* System

Handle der Instanz; wird dem Programm von Windows zugewiesen.

var **HPrevInst**: *Longint;* System

Handle der vorangehenden Instanz (in 32-Bit-Umgebung obsolet); wird dem Programm von Windows zugewiesen.

function **Hypot**(*X, Y: Extended*): *Extended;* Math

Liefert die Länge der Hypothenuse eines rechtwinkligen Dreiecks zurück. *X* und *Y* sind die Längenangaben für Ankathete und Gegenkathete (Berechnung nach Satz des Pythagoras).

type **IDispatch** = interface(IUnknown); System

Oberste Dispatch-Schnittstelle.

```
IDispatch = interface(IUnknown)
    ['{00020400-0000-0000-C000-000000000046}']
    function GetTypeInfoCount(out Count: Integer):
                 Integer; stdcall;
    function GetTypeInfo(Index, LocaleID: Integer;
                 out TypeInfo): Integer; stdcall;
    function GetIDsOfNames(const IID: TGUID; Names:
                 Pointer; NameCount, LocaleID:
                 Integer; DispIDs: Pointer):
                 Integer; stdcall;
    function Invoke(DispID: Integer;
                 const IID: TGUID;
                 LocaleID: Integer;
    Flags: Word; var Params; VarResult, ExcepInfo,
                 ArgErr: Pointer): Integer; stdcall;
    end;
```

procedure **Inc**(*var X [; N: Longint]*); System

Inkrementiert die Variable *X*. Wurde *N* nicht spezifiziert, wird *X* um eins erhöht, ansonsten wird X := X + N zurückgeliefert.

procedure **Include**(*var S: set of T; I:T*); System

Fügt der Menge *S* das Element *I* hinzu.

function **IncMonth** SysUtils

(*const Date: TDateTime; NumberOfMonths: I*nteger): *TDateTime;*

Berechnet das Datum *NumberOfMonths* nach dem übergebenen Datum und liefert das neue Datum zurück.

procedure **Initialize***(var V [; Count: Integer]);* System

Wenn Sie ein dynamisches Objekt, das lange Strings oder Varianten enthält, mit **GetMem** oder **ReallocMem** statt mit **New** einrichten wollen, sollten Sie zuvor die Prozedur **Initialize** aufrufen, um die langen Strings und die Varianten korrekt zu initialisieren.

Da der Compiler den Aufruf automatisch löscht, wenn die übergebene Variable keine langen Strings oder Varianten enthält, sollten Sie es sich zur Gewohnheit machen, **Initialize** aufzurufen.

Sind mehrere Variablen in einem Speicherblock zusammengefaßt, können Sie über den Parameter *Count* bestimmen, wie viele Variablen bearbeitet werden sollen.

procedure **InitializePackage***(Module: HMODULE);* SysUtils

Initialisiert das spezifizierte Package.

var **InOutRes***: Integer;* System

Speichert das Ergebnis einer E/A-Operation; wird beim Aufruf der Standardfunktion **IOResult** zurückgeliefert.

var **Input***: Text;* System

Datei-Variable für reinen Lesezugriff, die in Konsolenanwendungen mit dem Konsolenfenster verbunden und als Standardeingabegerät verwendet wird.

procedure **Insert** System

(Source: string; var S: string; Index: Integer);

Fügt ab der Position *S[Index]* den String *Source* als Teil-String in *S* ein.

function **Int***(X: Real): Real;* System

Liefert den Integerteil des Arguments zurück.

function **InterestPayment** Math

(Rate: Extended; Period, NPeriods: Integer; PresentValue, FutureValue: Extended; PaymentTime: TPaymentTime): Extended;

Liefert als Ergebnis den Zinsanteil einer Darlehensrückzahlung bzw. Sparratenzahlung für eine gegebene Periode (*Period*). Die Berechnung geht davon aus, daß das Darlehen (*PresentValue*) bzw. die Zielsparsumme (*FutureValue*; erhält bei Darlehenstilgung den Wert 0) durch regelmäßige, konstante Zahlungen und bei konstantem Zinssatz (*Rate*) nach einer Laufzeit von *NPeriods* getilgt (oder angespart) ist. Der Parameter *PaymentTime* (→ **TPaymentTime**) gibt die Fälligkeit der Zahlungen an.

(→ Funktion **PeriodPayment** für den korrespondierenden Tilgungs- bzw. Sparanteil) *function* **InterestRate** Math

(NPeriods: Integer; Payment, PresentValue, FutureValue: Extended; PaymentTime: TPaymentTime): Extended;

Liefert als Ergebnis den erforderlichen Zinssatz für eine Investition, deren Anfangswert *PresentValue* beträgt und deren Endwert nach einer Laufzeit von *NPeriods* regelmäßigen, konstanten Zahlungen (*Payment*) eine Höhe von *FutureValue* annehmen soll. Falls *NPeriods* eine Anzahl von Jahren bezeichnet, ergibt sich ein Jahreszinssatz, falls *NPeriods* eine Anzahl von Monaten bezeichnet, ergibt sich ein monatlicher Zinssatz. Der Parameter *PaymentTime* (➔ **TPaymentTime**) gibt die Fälligkeit der Zahlungen an.

function **InternalRateOfReturn** Math

(Guess: Extended; const CashFlows: array of Double): Extended;

Liefert als Ergebnis den internen Zinsfuß einer Investition zurück. Ausgangsbasis für die Berechnung sind der bereitgestellte geschätzte Zinsfuß und das Array *CashFlows* mit den Zahlungsein- und -abgängen. Es wird davon ausgegangen, daß die Zahlungen in regelmäßigen Abständen erfolgen. Die erste Zahlung (der erste Eintrag im Array) gibt die Anfangsinvestition an und ist auf jeden Fall negativ.

function **IntPower** Math

(Base: Extended; Exponent: Integer): Extended register;

Zur Berechnung von Potenzen, deren Exponenten ganzzahlig sind. Der Rückgabewert ist *BaseExponent*.

function **IntToHex***(Value: Integer; Digits: Integer): string;* SysUtils

Wandelt eine Zahl in einen String hexadezimaler Schreibweise um *Digits* ist die minimale Anzahl an Zeichen im erzeugten String (wird notfalls mit führenden Nullen aufgefüllt).

function **IntToStr***(Value: Integer): string;* SysUtils

Wandelt einen Integer in einen String um.

function **IOResult***: Integer;* System

Liefert den Status der zuletzt durchgeführten E/A-Operation zurück.

var **IsConsole***: Boolean;* System

Ist **True**, wenn das Modul als Konsolenanwendung kompiliert wurde.

function **IsDelimiter** SysUtils

(const Delimiters, S: string; Index: Integer): Boolean;

Liefert **True**, wenn das Zeichen zu dem *Index*-ten Byte von *S* ein Begrenzungszeichen (Delimiter) ist und kein führendes oder abschließendes Byte ist.

function **IsLeapYear***(Year: Word): Boolean;* SysUtils

Liefert **True** zurück, wenn das übergebene Jahr ein Schaltjahr bezeichnet.

var **IsLibrary***: Boolean;* System

Ist **True**, wenn es sich bei dem Modul um eine DLL handelt.

function **IsMemoryManagerSet***: Boolean;* System

Liefert True, wenn ein Speicher-Manager definiert wurde (→ **SetMemoryManager**).

var **IsMultiThread***: Boolean;* System

Ist **True**, wenn mehrere Threads existieren.

function **IsPathDelimiter** SysUtils

(const S: string; Index: Integer): Boolean;

Liefert **True**, wenn das Zeichen zu dem *Index*-ten Byte von *S* gleich '\' ist und kein führendes oder abschließendes Byte ist.

function **IsValidIdent***(const Ident: string): Boolean;* SysUtils

Liefert **True**, wenn der angegebene String ein gültiger Pascal-Bezeichner ist.

type **IUnknown** *= interface;* System

Oberste Schnittstelle (→ 8.4). Entspricht **TObject** für Klassen.

```
IUnknown = interface
    ['{00000000-0000-0000-C000-000000000046}']
    function QueryInterface(const IID:
             TGUID; out Obj): Integer; stdcall;
    function _AddRef: Integer; stdcall;
    function _Release: Integer; stdcall;
  end;
```

function **LastDelimiter***(const Delimiters, S: string): Integer;* SysUtils

Liefert den Byte-Index des am weitesten rechts gelegenen Begrenzungszeichens.

function **Ldexp***(X: Extended; P: Integer): Extended register;* Math

Zur Berechnung von Potenzen zur Basis 2. Liefert den Wert **X * 2P** zurück.

var **LeadBytes***: set of Char = [];* SysUtils

Gibt an, welche Zeichen in einem Multibyte-Zeichensatz führende Bytes sind.

function **Length***(S: string): Integer;* System

Liefert die Zahl der im String *S* tatsächlich verwendeten Zeichen zurück.

var **LibModuleList***: PLibModule = nil;* System

Liste der Module einer Anwendung.

function **Ln**(*X: Real*): *Real;* System
Liefert den natürlichen Logarithmus des Ausdrucks *X* zurück.

function **LnXP1**(*X: Extended*): *Extended;* Math
Liefert den natürlichen Logarithmus von X+1.

function **Lo**(*X*): *Byte;* System
Liefert das niederwertige Byte des Arguments *X* als vorzeichenlosen Wert zurück.

function **LoadPackage**(*const Name: string*): *HMODULE;* SysUtils
Lädt eine gegebene Package-DLL und ruft die Initialisierungsblöcke der darin aufgeführten Units auf.

function **LoadStr**(*Ident: Integer*): *string;* SysUtils
Lädt die durch *Ident* spezifizierte String-Ressource aus der EXE-Datei der Anwendung.

function **Log2**(*X: Extended*): *Extended;* Math
Logarithmus zur Basis 2.

function **Log10**(*X: Extended*): *Extended;* Math
Logarithmus zur Basis 10.

function **LogN**(*Base, X: Extended*): *Extended;* Math
Logarithmus zur Basis *Base*.

var **LongDateFormat**: *string;* SysUtils
Format-String zur Umwandlung einer Datumsangabe in einen langen String (→ **FormatDateTime**).

var **LongDayNames**: *array[1 .. 7] of string;* SysUtils
String-Array mit den langen Tagesbezeichnungen.

var **LongMonthNames**: *array[1 .. 12] of string;* SysUtils
String-Array mit den langen Monatsnamen.

type **LongRec** = *packed record;* SysUtils
Struktur, in der die hohen und niedrigen Words einer Variablen gespeichert werden können.

```
LongRec = packed record
    Lo, Hi: Word;
    end;
```

var **LongTimeFormat**: *string;* SysUtils
Format-String zur Umwandlung einer Zeitangabe in einen langen String (Stunden, Minuten und Sekunden).

function **Low**(*X*); System
Liefert den niedrigsten Wert im Definitionsbereich des Arguments zurück.

function **LowerCase***(const S: string): string;* SysUtils

Liefert einen String in Kleinbuchstaben zurück, der den gleichen Text enthält wie der in *S* übergebene String.

var **MainInstance***: Longint;* System

Handle der main-HInstance.

function **MaxIntValue**(const Data: array of Integer): Integer; Math

Liefert den höchsten Integerwert aus dem Array *Data*.

function **MaxValue***(const Data: array of Double): Double;* Math

Liefert den höchsten mit Vorzeichen angegebenen Wert aus dem Array *Data*.

function **Mean***(const Data: array of Double): Extended;* Math

Berechnet den Mittelwert aller Werte im Array *Data* (Summe der Werte dividiert durch Anzahl der Werte).

procedure **MeanAndStdDev** Math

(const Data: array of Double; var Mean, StdDev: Extended);

Berechnet für die Daten im Array den Mittelwert und die zugehörige Standardabweichung und gibt sie in den entsprechenden Variablenparametern zurück (die Ausführung dieser Funktion ist doppelt so schnell wie die Einzelaufrufe der Funktionen **Mean** und **StdDev**).

const **MinComp** = *-9.223372036854775807e+18;* Math

const **MaxComp** = *9.223372036854775807e+18;* Math

Konstanten für Wertebereich des Integer-Datentyps **Comp**.

const **MinDouble** = *5.0e-324;* Math

const **MaxDouble** = *1.7e+308;* Math

Konstanten für Wertebereich des Gleitkommadatentyps **Double**.

const **MinExtended** = *3.4e-4932;* Math

const **MaxExtended** = *1.1e+4932;* Math

Konstanten für Wertebereich des Gleitkommadatentyps **Extended**.

function **MinIntValue**(const Data: array of Integer): Integer; Math

Liefert den kleinsten Integerwert aus dem Array *Data*.

const **MinSingle** = *1.5e-45;* Math

const **MaxSingle** = *3.4e+38;* Math

Konstanten für Wertebereich des Gleitkommadatentyps **Single**.

function **MinValue***(const Data: array of Double): Double;* Math

Liefert den kleinsten mit Vorzeichen angegebenen Wert aus dem Array *Data*.

procedure **MkDir***(S: string);* System

Erzeugt ein neues Unterverzeichnis mit dem Pfad *S*.

procedure **MomentSkewKurtosis** Math

(const Data: array of Double; var M1, M2, M3, M4, Skew, Kurtosis: Extended);

Berechnet die wesentlichen Faktoren einer statistischen Analyse: die ersten vier empirischen Momente und die Koeffizienten für empirische Schiefe (*skewness*) und empirischen Exzeß (*kurtosis*). *M1* enthält den empirischen Mittelwert, *M2* die empirische Varianz. Die in *Skew* zurückgegebene empirische Schiefe ist ein Maß für die Symmetrie der Verteilung. Der in *Kurtosis* zurückgegebene empirische Exzeß reflektiert die Flachheit der Verteilungskurve.

const **MonthDays** SysUtils

Zum Nachschlagen der Anzahl der Tage in einem Monat.

```
const MonthDays: array [Boolean] of TDayTable =
   ((31, 28, 31, 30, 31, 30, 31, 31, 30, 31, 30, 31),
      (31, 29, 31, 30, 31, 30, 31, 31, 30, 31, 30, 31));
```

procedure **Move***(const Source; var Dest; Count: Integer);* System

Kopiert *Count* Bytes aus der Quelle *Source* nach *Dest*.

const **MSecsPerDay***= SecsPerDay * 1000;* SysUtils

function **MSecsToTimeStamp** SysUtils

(MSecs: Comp): TTimeStamp;

Konvertiert eine Datums-/Zeitangabe in Millisekunden in das TTimeStamp-Format.

var **NegCurrFormat***: Byte;* SysUtils

Definiert das Währungsformat bei der Umwandlung von negativen Gleitkomma- in Dezimalzahlen. Mögliche Werte sind:

Wert	Format	Wert	Format
0	($1)	1	-$1
2	$ -1	3	$1-
4	(1$)	5	-1$
6	1-$	7	1$-
8	-1 $	9	-$ 1
10	1 $-	11	$ 1-
12	$ -1	13	1- $
14	($ 1)	15	(1 $)

function **NetPresentValue** math

(Rate: Extended; const CashFlows: array of Double; PaymentTime: TPaymentTime): Extended;

Berechnet aus einer Reihe von Zahlungsein- und ausgängen (Array *CashFlows*) den aktuellen Nettobarwert. Die Berechnung geht davon aus, daß die Zahlungen mit einem festen Abzinsungssatz (*Rate*) diskontiert werden. Der Parameter *PaymentTime* (→ **TPaymentTime**) gibt die Fälligkeit der Zahlungen an.

procedure **New***(var P: Pointer);* System

Weist der Zeiger-Variablen *P* einen Speicherbereich zu. Die Größe des allokierten Speicherbereichs richtet sich nach dem Datentyp von *P*.

function **NewStr***(const S: string): PString;* SysUtils

Allokiert Heap-Speicher für einen String. Wird nur noch aus Gründen der Abwärtskompatibilität verwendet.

function **Norm***(const Data: array of Double): Extended;* Math

Berechnet die Euklidische 'L-2'-Norm (**Sqrt(SumOfSquares)**).

function **Now***: TDateTime;* SysUtils

Liefert das aktuelle Datum und die augenblickliche Uhrzeit zurück.

var **Null***: Variant;* System

Nullwert des Datentyps **Variant**.

const **NullStr***: PString = @EmptyStr;* SysUtils

function **NumberOfPeriods** Math

(Rate, Payment, PresentValue, FutureValue: Extended; PaymentTime: TPaymentTime): Extended;

Berechnet die erforderliche Laufzeit (Anzahl der Perioden) für eine Investition, deren Anfangswert *PresentValue* beträgt und deren Endwert auf der Basis regelmäßiger, konstanter Zahlungen (*Payment*) und einem auf eine Periode bezogenen Zinssatz (*Rate*) eine Höhe von *FutureValue* annehmen soll. Der Parameter *PaymentTime* (→ **TPaymentTime**) gibt die Fälligkeit der Zahlungen an.

function **Odd***(X: Longint): Boolean;* System

Prüft, ob das Argument eine ungerade Zahl ist. Wenn ja, liefert die Funktion **True** zurück.

function **Ord***(X): Longint;* System

Liefert den Ordinalwert eines Ausdrucks zurück (üblicherweise der ASCII-Code zu einem Zeichen oder der Index eines Elements aus einem Aufzählungstyp).

procedure **OutOfMemoryError***;* SysUtils

Löst die Exception **EOutOfMemory** aus.

var **Output***: Text;* System

Datei-Variable für reinen Schreibzugriff, die in Konsolenanwendungen mit dem Konsolenfenster verbunden und als Standardausgabegerät verwendet wird.

function **ParamCount***: Integer;* System

Liefert die Anzahl der dem Programm in der Kommandozeile übergebenen Parameter zurück.

function **ParamStr***(Index: Integer): string;* System

Liefert einen Kommandozeilenparameter zurück. Welcher Parameter zurückgeliefert werden soll, wird durch Angabe seines Index bestimmt. Der Index 0 liefert den Namen und Pfad des aufgerufenen Programms.

function **Payment** Math

(Rate: Extended; NPeriods: Integer; PresentValue, FutureValue: Extended; PaymentTime: TPaymentTime): Extended;

Berechnet die vollständig verzinste Zahlung für ein Darlehen (oder eine Investition) der Höhe *PresentValue* auf der Basis regelmäßiger, konstanter Zahlungen und eines auf eine Periode bezogenen konstanten Zinssatzes (*Rate*) bei einer Laufzeit von *NPeriods*. Bei der Berechnung wird angenommen, daß die Zinsen nachschüssig am Ende einer Periode gezahlt werden. *FutureValue* bezeichnet den Wert, den die Investition zu einem bestimmten zukünftigen Zeitpunkt darstellen wird. Der Parameter *PaymentTime* (→ **TPaymentTime**) gibt die Fälligkeit der Zahlungen an.

Package-Flags SysUtils

- *const* **pfNeverBuild** = *$00000001;*
- *const* **pfDesignOnly** = *$00000002;*
- *const* **pfRunOnly** = *$00000004;*
- *const* **pfModuleTypeMask** = *$C0000000;*
- *const* **pfExeModule** = *$00000000;*
- *const* **pfPackageModule** = *$40000000;*
- *const* **pfLibraryModule** = *$80000000;*

type **PackageInfoTable** = record; System

Wird zur Verwaltung der Packages benutzt.

```
PackageInfoTable = record
    UnitCount : Integer;
    UnitInfo : PUnitEntryTable;
    end;
```

function **PeriodPayment** Math

(Rate: Extended; Period, NPeriods: Integer; PresentValue, FutureValue: Extended; PaymentTime: TPaymentTime): Extended;

Liefert für die angegebene Periode (*Period*) den Tilgungsanteil (oder Sparanteil) einer regelmäßigen Darlehensrückzahlung (oder Ansparrate). Die Berechnung geht davon aus, daß das Darlehen (*PresentValue*) bzw. die Zielsparsumme (*FutureValue)*; erhält bei Darlehenstilgung den Wert 0) durch regelmäßige, konstante Zahlungen und bei konstantem Zinssatz (*Rate*) nach einer Laufzeit von *NPeriods* getilgt (oder angespart) ist. Der Parameter *PaymentTime* (➔ **TPaymentTime**) gibt die Fälligkeit der Zahlungen an.

(➔ **InterestPayment** für den korrespondierenden Zinsanteil)

function **Pi***: Extended;* System

Liefert den Wert von Pi (3.1415...) zurück.

function **Poly** Math

(X: Extended; const Coefficients: array of Double): Extended;

Berechnet den Wert eines Polynoms einer Variablen. Der Grad des Polynoms richtet sich nach der Anzahl der Koeffizienten, die im Array *Coefficients* übergeben werden.

function **PopnStdDev***(const Data: array of Double): Extended;* math

Berechnet für die Werte im Array *Data* die auf die Grundgesamtheit bezogene Standardabweichung (= **sqrt(PopnVarianc**).

function **PopnVariance** math

(const Data: array of Double): Extended;

Berechnet für die Werte im Array *Data* die auf die Grundgesamtheit bezogene Varianz (= TotalVariance/N).

function **Pos***(Substr: string; S: string): Integer;* System

Sucht in dem String *S* nach dem ersten Vorkommen des Teil-Strings *Substr.* Zurückgeliefert wird der Index des ersten Zeichens von *Substr* in *S*, bzw. Null, wenn kein Vorkommen gefunden wurde.

function **Power***(Base, Exponent: Extended): Extended;* Math

Zur Berechnung von Potenzen, deren Exponenten Bruchzahlen sein können. Der Rückgabewert ist *BaseExponent*. Ist der Exponent eine Bruchzahl oder ist sein Wert größer als **MaxInt**, muß die Basis größer Null sein.

function **Pred***(X);* System

Liefert den Vorgänger des Arguments zurück, bei dem es sich um eine Variable eines Ordinaltyps (**Char**, Aufzählungstyp) handeln muß.

function **PresentValue** Math
(Rate: Extended; NPeriods: Integer; Payment, FutureValue: Extended; PaymentTime: TPaymentTime): Extended;
Berechnet den aktuellen Wert einer Investition auf der Grundlage regelmäßiger, konstanter Zahlungen (*Payment*), einem festen Zinssatz (*Rate*) und einer Laufzeit von *NPeriods*. *FutureValue* bezeichnet den Wert, den die Investition zu einem bestimmten zukünftigen Zeitpunkt darstellen wird. Der Parameter *PaymentTime* (→ **TPaymentTime**) gibt die Fälligkeit der Zahlungen an.

function **Ptr***(Address: Integer): Pointer;* System
Wandelt die angegebene Adresse in einen Zeiger um.

type **PWordArray** *= ^TWordArray;* SysUtils

function **QuotedStr***(const S: string): string;* SysUtils
Setzt den übergebenen String in Anführungszeichen (Anführungszeichen innerhalb von *S* wird zur Kennzeichnung ein zweites Anführungszeichen vorangestellt) und liefert den neuen String zurück.

function **RadToCycle***(Radians: Extended): Extended;* Math
Rechnet Radiant in Bogenlänge (in Einheiten eines Vollkreises) um (Bogen = Radiant / 2().

function **RadToDeg***(Radians: Extended): Extended;* Math
Rechnet Radiant in Winkelgrad um (Grad = Radiant * 180/().

function **RadToGrad***(Radians: Extended): Extended;* Math
Rechnet Radiant in Winkel in Neugradmaß (rechter Winkel entspricht 100 Grad) um (Grad = Radiant * 200/().

procedure **RaiseLastWin32Error;** SysUtils
Löst eine Exception zu dem zuletzt aufgetretenen Win32-Fehler aus.

var **RaiseList***: Pointer;* System
Zeiger auf die Liste aktuell ausgelöster Exceptions.

function **RandG***(Mean, StdDev: Extended): Extended;* Math
Erzeugt Gauß-verteilte Zufallszahlen.

function **Random** *[(Range: Integer)]: Real;* System
Wurde ein Bereich angegeben, wird eine Zufallszahl zwischen 0<=X<Range zurückgeliefert. Wird kein Bereich spezifiziert, wird eine Bruchzahl im Bereich 0<=X<1 zurückgeliefert. Damit wirklich Zufallszahlen erzeugt werden, muß der Zufallsgenerator zuvor durch einen einmaligen Aufruf von **Randomize** initialisiert werden (→ **RandSeed**).

procedure **Randomize;** System
Initialisiert den integrierten Zufallszahlengenerator (→ **random**).

var **RandSeed***: LongInt;* System

Startwert für den integrierten Zufallszahlengenerator. Für gleiche Startwerte liefert der Zufallsgenerator stets die gleiche Folge von Zufallszahlen, was für die Reproduzierbarkeit von Ergebnissen von Bedeutung sein kann.

procedure **Read***(F ; V1 [, V2, ..., Vn]);* System

procedure **Read***([var F: Text;] V1 [, V2, ..., Vn]);* System

Liest eine oder mehrere Komponenten in eine bzw. mehrere Variablen entsprechenden Typs ein. Bei Textdateien (zweite Form) kann auf die Angabe einer Datei verzichtet werden, woraufhin vom Standardeingabegerät (üblicherweise die Tastatur) eingelesen wird.

- **Einlesen von Strings**
  - Es werden alle Zeichen bis zum nächsten Zeilenende bzw. bis zum Dateiende eingelesen.
  - Bevor die nachfolgende Zeile eingelesen werden kann, muß mittels eines Aufrufs von **readln** das Zeilenendezeichen ausgelesen werden.
  - Ist die erweiterte Syntax aktiviert (Compiler-Direktive **{$X+}**), können null-terminierte Strings in null-basierte Zeichen-Arrays eingelesen werden.
- **Einlesen von Zeichen**
  - Der Inhalt der Datei wird Zeichen für Zeichen eingelesen.
  - Wurde das Dateiende erreicht, wird das Strg-Z-Zeichen (**Char**(26)) eingelesen.
- **Einlesen von Integer- oder Gleitkommawerten**
  - Leerzeichen, Tabulatorzeichen oder Zeilenendezeichen vor einem numerischen String werden übersprungen.
  - Wenn der numerische String nicht dem erwarteten Einleseformat entspricht, kommt es zu E/A-Fehlern.

procedure **Readln***([var F: Text;] V1 [, V2, ..., Vn]);* System

procedure **Readln***(F);* System

Zum zeilenweisen Einlesen von Textdateien (im Gegensatz zu **Read** wird hierbei das Zeilenende mit eingelesen). Werden keine Variablen zum Einlesen angegeben, wird die aktuelle Dateiposition einfach zur nächsten Zeile vorgerückt.

procedure **ReallocMem***(var P: Pointer; Size: Integer;* System

Erweitert oder verkleinert den für *P* allokierten Speicherbereich entsprechend der Größenangabe *Size*. *P* muß zuvor auf **nil** gesetzt oder irgendwann mit **GetMem** initialisiert worden sein. Der Vorteil ist, daß der bisher referenzierte Speicherbereich und sein Inhalt übernommen wird.

function **RemoveDir***(const Dir: string): Boolean;* SysUtils

Löscht das Verzeichnis *Dir*, sofern es vorhanden und leer ist. Liefert im Erfolgsfall **True** zurück.

procedure **Rename***(var F; Newname);* System

Ändert den Namen einer externen Datei.

function **RenameFile** SysUtils

(const OldName, NewName: string): Boolean;

Versucht, den Namen der Datei *OldName* in *Newname* zu ändern. Liefert im Erfolgsfall **True** zurück.

procedure **Reset***(var F [: File; RecSize: Word]);* System

Öffnet die bereits existierende Datei, die mit *F* verbunden ist. *RecSize* wird nur im Zusammenhang mit untypisierten Dateien verwendet und dient dann dazu, die Größe der einzelnen Datei-Komponenten anzugeben.

procedure **Rewrite***(var F: File [; RecSize: Word]);* System

Erzeugt und öffnet eine neue Datei mit dem *F* zugewiesenen Dateinamen. Existiert bereits eine Datei gleichen Namens, wird sie gelöscht. *RecSize* wird nur in Zusammenhang mit untypisierten Dateien verwendet und dient dann dazu, die Größe der einzelnen Datei-Komponenten anzugeben.

procedure **RmDir** *(S: string);* System

Löscht das Unterverzeichnis *S*, sofern dieses leer ist.

function **Round***(X: Extended): Longint;* System

Rundet einen Wert vom Typ **Real** zu einem Integerwert auf oder ab. Liegt *X* exakt zwischen zwei Integerwerten, wird als Ergebnis der Integerwert mit dem größten Betrag zurückgeliefert.

procedure **RunError** *[(Errorcode: Byte)];* System

Hält die Programmausführung an, indem am aktuellen Befehl ein Laufzeitfehler mit der angegebenen Nummer ausgelöst wird.

var **SafeCallErrorProc***: Pointer;* System

Fehlerbehandlung zur **safecall**-Aufrufkonvention.

const **SecsPerDay***= 24 * 60 * 60;* SysUtils

procedure **Seek***(var F; N: Longint);* System

Verschiebt die aktuelle Position einer Datei auf die N-te Komponente. Die erste Komponente hat den Index **0**. Mittels **Seek(F,FileSize(F))** kann man an das Ende der Datei springen, um sie zu erweitern.

function **SeekEof** *[(var F: Text)]: Boolean;* System

Nur für Textdateien. Liefert **True**, wenn von der aktuellen Position an bis zum Dateiende nur noch Whitespace-Zeichen (Leerzeichen, Tabulatorzeichen, Zeilenendezeichen) zu finden sind.

function **SeekEoln** *[(var F: Text)]: Boolean;* System

Nur für Textdateien. Liefert **True**, wenn von der aktuellen Position an bis zum Zeilenende nur noch Whitespace-Zeichen (Leerzeichen, Tabulatorzeichen) zu finden sind.

function **SetCurrentDir***(const Dir: string): Boolean;* SysUtils

Wechselt das aktuelle Verzeichnis zu *Dir.* Liefert im Erfolgsfall **True** zurück.

procedure **SetLength***(var S: string; NewLength: Integer);* System

Setzt die dynamische Länge der String-Variablen *S*.

procedure **SetMemoryManager** System

(const MemMgr: TMemoryManager);

Dient zur Anpassung der Speicherverwaltung. Über die Variable *MemMgr* vom Typ **TMemoryManager** (➔ unten) werden die neuen Funktionen zur Speicherverwaltung übergeben.

procedure **SetString** System

(var S: string; buffer: PChar; len: Integer);

Kopiert *len* Zeichen aus *buffer* in den String *S*, dessen Länge zuvor angepaßt wurde.

procedure **SetTextBuf***(var F: Text; var Buf [; Size: Integer]);* System

Mit dieser Funktion kann einer Textdatei ein Puffer *Buf* der Größe *Size* zugewiesen werden, der den Standardpuffer (128 Byte groß) ablöst. Der Puffer muß vor dem öffnen der Datei zugewiesen werden, da es sonst durch den Puffertausch zu Datenverlusten kommen kann.

Das Puffern der Ein- und Ausgabe ist ein allgemein übliches Verfahren, um die Laufzeit eines Programms zu verbessern. Einzelne Ein- oder Ausgaben werden dabei im Arbeitsspeicher ausgeführt, der jeweils nur blockweise Daten von der Festplatte liest oder auf sie schreibt. Auf diese Weise wird die Zahl der Festplattenzugriffe reduziert, was die Laufzeit natürlich verbessert.

Um eine physikalische Datei mit ihrem Puffer abzugleichen und dadurch zu aktualisieren, können Sie die Prozedur **Flush** aufrufen.

function **Sin***(X: Extended): Extended;* System

Liefert den Sinus des Arguments im Bogenmaß zurück.

procedure **SinCos** Math

(Theta: Extended; var Sin, Cos: Extended) register;

Berechnet gleichzeitig den Sinus und den Kosinus für den Winkel Theta (in Radiant) und gibt sie in den entsprechenden Variablenparametern zurück (die Ausführung dieser Funktion ist doppelt so schnell wie die Einzelaufrufe der Funktionen **Sin** und **Cos**).

function **Sinh***(X: Extended): Extended;* Math

Sinus hyperbolicus berechnen. Argument und Rückgabewert sind beides reelle Zahlen.

function **SizeOf***(X): Integer;* System

Liefert die Anzahl der Bytes zurück, die von *X* belegt werden.

var **ShortDateFormat***: string;* SysUtils

Format-String zur Umwandlung einer Datumsangabe in einen kurzen String (nur Jahr, Monat und Tag).

var **ShortDayNames***: array[1 .. 7] of string;* SysUtils

String-Array mit den kurzen Tagesbezeichnungen.

var **ShortMonthNames***: array[1 .. 12] of string;* SysUtils

String-Array mit den kurzen Monatsnamen.

var **ShortTimeFormat***: string;* SysUtils

Format-String zur Umwandlung einer Zeitangabe in einen kurzen String (nur Stunden und Minuten).

procedure **ShowException** SysUtils

(ExceptObject: TObject; ExceptAddr: Pointer);

Zeigt die Nachricht an, die mit einer Exception verbunden ist.

function **Slice***(var A: array; Count: Integer): array;* System

Ermöglicht es, die ersten *Count* Elemente des Arrays *A* als einen Unterabschnitt auszuwählen, der als offener Array-Parameter übergeben werden kann.

function **SLNDepreciation** Math

(Cost, Salvage: Extended; Life: Integer): Extended;

Berechnet den Wert der linearen Abschreibung eines Aktivpostens für einen bestimmten Zeitraum (*Life*). Der Parameter *Cost* bezeichnet den Anschaffungspreis, der Parameter *Salvage* den Restwert (➔ **SYDDepreciation** für degressive Abschreibung).

function **Sqr***(X: Extended): Extended;* System

Liefert das Quadrat des Arguments zurück.

function **Sqrt***(X: Extended): Extended;* System

Liefert die Quadratwurzel des Arguments zurück.

function **StdDev***(const Data: array of Double): Extended;* Math

Berechnet die Standardabweichung für die Werte im Array *Data* (= **sqrt(Variance)**).

procedure **Str***(X [: Width [: Decimals]]; var S);* System

Wandelt *X* entsprechend der Formatierungsparameter in eine String-Darstellung um. Die Prozedur entspricht der Prozedur **Write**, nur daß in den String *S* und nicht in eine Datei oder ein Ausgabegerät geschrieben wird.

function **StrAlloc***(Size: Cardinal):PChar;* SysUtils

Weist einen Puffer für einen null-terminierten String mit der max. Länge von *Size*-1 Byte zu. Die Größe des Strings ist vor dem String gespeichert (➔ Freigeben mit **StrDispose**).

function **StrBufSize***(Str: PChar): Cardinal;* SysUtils

Liefert die maximale Anzahl der Zeichen zurück, die in einem mit **StrAlloc** zugewiesenen String-Puffer gespeichert werden können (ohne Header).

function **StrByteType** SysUtils

(Str: PChar; Index: Cardinal): TMbcsByteType;

Liefert den Bytetyp des *Index*-ten Byte im String zurück.

function **StrCat***(Dest, Source: PChar): PChar;* SysUtils

Hängt eine Kopie von *Source* an das Ende von *Dest* an und liefert *Dest* zurück.

function **StrComp***(Str1, Str2 : PChar): Integer;* SysUtils

Vergleicht *Str1* mit *Str2* unter Berücksichtigung der Groß- und Kleinschreibung. Der Rückgabewert zeigt das Ergebnis des Vergleichs an:

Ergebnis	Bedeutung
negativ	S1 < S2
0	S1 = S2
positiv	S1 > S2

function **StrCopy***(Dest, Source: PChar): PChar;* SysUtils

Kopiert *Source* nach *Dest* und liefert *Dest* zurück.

procedure **StrDispose***(Str: PChar);* SysUtils

Löscht einen Zeiger, der zuvor mit **StrAlloc** (➔ oben) oder **StrNew** (➔ unten) eingerichtet wurde.

function **StrECopy***(Dest, Source: PChar): PChar;* SysUtils

Kopiert *Source* nach *Dest* und liefert das Ende von *Dest* (**StrEnd**(*Dest*)) zurück.

function **StrEnd**(*Str: PChar*): *PChar;* SysUtils

Liefert einen Zeiger auf das Nullzeichen am Ende von *Str* zurück.

function **StrFmt** SysUtils

(Buffer, Format: PChar; const Args: array of const): PChar;

Formatiert und integriert die Serie von Argumenten aus dem offenen Array *Args* in den Formatierungs-String *Format* (➔ **Format**) und liefert das Ergebnis in *Buffer* zurück.

function **StringOfChar**(*Ch: Char; Count: Integer*): *string;* System

Liefert einen String zurück, der mit *Count* Zeichen *Ch* initialisiert ist.

function **StringToWideChar** System

(const Source: string; Dest: PWideChar; DestSize: Integer): PWideChar;

Wandelt den in Source angegebenen String von ANSI in Unicode um und speichert ihn in dem durch die Adresse *Dest* und die Größe *DestSize* definierten Speicherbereich. Als Ergebnis wird *Dest* zurückgeliefert.

function **StrIComp**(*Str1, Str2:PChar*): *Integer;* SysUtils

Vergleicht *Str1* mit *Str2* ohne Berücksichtigung der Groß- und Kleinschreibung. Der Rückgabewert zeigt wie bei **StrComp** (➔ oben) das Ergebnis des Vergleichs an.

function **StrLCat** SysUtils

(Dest, Source: PChar; MaxLen: Cardinal): PChar;

Hängt höchstens *MaxLen* – StrLen(Dest) Zeichen aus *Source* an das Ende von *Dest* an und liefert *Dest* zurück.

function **StrLComp** SysUtils

(Str1, Str2: PChar; MaxLen: Cardinal): Integer;

Vergleicht maximal die ersten *Maxlen* Zeichen von *Str1* mit *Str2* unter Berücksichtigung der Groß- und Kleinschreibung. Der Rückgabewert zeigt wie bei **StrComp** (➔ oben) das Ergebnis des Vergleichs an.

function **StrLCopy** SysUtils

(Dest, Source: PChar; MaxLen: Cardinal): PChar;

Kopiert höchstens *MaxLen* Zeichen von *Source* nach *Dest* und liefert *Dest* zurück.

function **StrLen**(*Str: PChar*): *Cardinal;* SysUtils

Liefert die Anzahl der Zeichen in *Str* zurück (das abschließende Nullzeichen wird nicht mitgezählt).

function **StrLFmt** SysUtils

(Buffer: PChar; MaxLen: Cardinal; Format: PChar;
const Args: array of const): PChar;

Formatiert und integriert die Serie von Argumenten aus dem offenen Array *Args* in den Formatierungs-String *Format* (→ **Format**) und liefert das Ergebnis in *Buffer* zurück (*Buffer* wird nicht größer als *MaxLen*).

function **StrLIComp** SysUtils
(Str1, Str2: PChar; MaxLen: Cardinal): Integer;
Vergleicht maximal die ersten *Maxlen* Zeichen von *Str1* mit *Str2* ohne Berücksichtigung der Groß- und Kleinschreibung. Der Rückgabewert zeigt wie bei **StrComp** (→ oben) das Ergebnis des Vergleichs an.

function **StrLower***(Str: PChar): PChar;* SysUtils
Wandelt *Str* in Kleinbuchstaben um.

function **StrMove** SysUtils
(Dest, Source: PChar; Count: Cardinal): PChar;
Kopiert genau *Count* Zeichen aus *Source* nach *Dest* (*Source* und *Dest* dürfen sich überlappen).

function **StrNew***(Str: PChar): PChar;* SysUtils
Legt mit Hilfe von **StrAlloc** (→ oben) eine Kopie von *Str* auf dem Heap an und liefert einen Zeiger auf die Kopie zurück.

function **StrPas***(Str: PChar): string;* SysUtils
Wandelt den null-terminierten String *Str* in einen Pascal-String um.

function **StrPCopy***(Dest: PChar; Source: string): PChar;* SysUtils
Kopiert einen Pascal-String *Source* in einen nullterminierten String *Dest* und liefert *Dest* zurück.

function **StrPLCopy** SysUtils
(Dest: PChar; const Source: string; MaxLen: Cardinal): PChar;
Kopiert höchstens *MaxLen* Zeichen aus einem Pascal-String *Source* in einen null-terminierten String *Dest* und liefert *Dest* zurück.

function **StrPos***(Str1, Str2: PChar): PChar;* SysUtils
Liefert einen Zeiger auf das erste Vorkommen von *Str2* in *Str1* zurück.

function **StrRScan***(Str: PChar; Chr: Char): PChar;* SysUtils
Liefert einen Zeiger auf das letzte Vorkommen von *Chr* in *Str* zurück.

function **StrScan***(Str: PChar; Chr: Char): PChar;* SysUtils
Liefert einen Zeiger auf das erste Vorkommen von *Chr* in *Str* zurück.

function **StrToCurr***(const S: string): Currency;* SysUtils
Wandelt den übergebenen String in eine Währungsangabe um.

function **StrToDate***(const S: string): TDateTime;* SysUtils
Wandelt den String *S* in eine Datumsangabe um.

function **StrToDateTime***(const S: string):TDateTime;* SysUtils
Wandelt den String *S* in eine Datums- und Zeitangabe um.

function **StrToFloat**(*const S: string*): *Extended;* SysUtils

Wandelt den übergebenen String in einen Gleitkommawert um.

function **StrToInt**(*const S: string*): *Integer;* SysUtils

Wandelt einen String (Zahl in dezimaler oder hexadezimaler Schreibweise) in einen Integerwert um. Kann der String nicht umgewandelt werden, wird eine **EConvertError**-Exception ausgelöst (➔ oben).

function **StrToIntDef** SysUtils

(const S: string; Default: Integer): Integer;

Wandelt den String *S* (Zahl in dezimaler oder hexadezimaler Schreibweise) in einen Integerwert um. Kann der String nicht umgewandelt werden, wird der Wert von *Default* zurückgeliefert.

function **StrToTime**(*const S: string*): *TDateTime;* SysUtils

Wandelt den String *S* in eine Zeitangabe um.

function **StrUpper**(*Str: PChar*): *PChar;* SysUtils

Wandelt *Str* in Großbuchstaben um.

function **Succ**(*X*); System

Liefert den Nachfolger des Arguments zurück, bei dem es sich um eine Variable eines Ordinaltyps (**Char**, Aufzählungstyp) handeln muß.

function **Sum**(*const Data: array of Double*): *Extended;* Math

Berechnet die Summe aller Werte im Array *Data*.

function **SumInt**(const Data: array of Integer): Integer register; Math

function **SumOfSquares** Math

(const Data: array of Double): Extended;

Berechnet die Summe über die Quadrate der einzelnen Werte im Array *Data*.

procedure **SumsAndSquares** Math

(const Data: array of Double; var Sum, SumOfSquares: Extended) register;

Berechnet gleichzeitig die Summe der Werte sowie die Summe der quadrierten Werte aus dem Array *Data* und gibt die Summen in den entsprechenden Variablenparametern zurück (die Ausführung dieser Funktion ist doppelt so schnell wie die Einzelaufrufe der Funktionen **Sum** und **SumOfSquares**).

function **Swap**(*X*); System

Vertauscht die höherwertigen mit den niederwertigen Bytes des Arguments.

function **SYDDepreciation** Math

(Cost, Salvage: Extended; Life, Period: Integer): Extended;

Berechnet den Wert der degressiven Abschreibung eines Aktivpostens für einen bestimmten Zeitraum (*Life*). Der Parameter *Cost* bezeichnet den Anschaffungspreis, der Parameter *Salvage* den Restwert. Der Parameter *Period* gibt die Periode an, für die Sie den Abschreibungswert berechnen wollen (➔ **SNDDepreciation** für lineare Abschreibung).

function **SysErrorMessage***(ErrorCode: Integer): string;* SysUtils

Liefert einen Fehlermeldungs-String zurück, der dem gegebenen Fehlercode des Betriebssystems entspricht.

function **SysFreeMem***(P: Pointer): Integer;* ShareMem

Gibt den Speicherbereich, auf den *P* weist, frei.

function **SysGetMem***(Size: Integer): Pointer;* ShareMem

Gibt Zeiger auf einen Speicherbereich der Größe *Size* zurück.

var **SysLocale**: *TSysLocale;* SysUtils

Struktur für lokale Spracheinstellungen.

function **SysReallocMem** ShareMem

(P: Pointer; Size: Integer): Pointer;

Zur Veränderung der Größe eines adressierten Speicherbereichs.

function **Tan***(X: Extended): Extended;* Math

Berechnet den Tangens. Tan(X) = Sin(X) / Cos(X). Als Argument ist jede reelle Zahl erlaubt, mit Ausnahme der ungeraden Vielfachen von (/2.

function **Tanh***(X: Extended): Extended;* Math

Tangens hyperbolicus berechnen. Das Argument ist eine beliebige reelle Zahl, der Rückgabewert liegt im Bereich (-1..1).

type **TByteArray** = *array [0..32767] of Byte;* SysUtils

type **TDateTime**: *type Double;* System

Typ zur Codierung von Datums- und Zeitangaben. Eine Gleitkommazahl dieses Typs gibt an, wieviel Zeit seit dem 30.12.1899 0:00 Uhr verstrichen ist: 2.5 steht beispielsweise für zweieinhalb Tage, also den 01.01.1900 12 Uhr mittags. Diese Form eignet sich besonders gut, Differenzen zwischen Datumsangaben zu berechnen.

type **TDayTable** = *array[1..12] of Word;* SysUtils

Zur Unterstützung des Arrays **MonthDays**.

var **Test8086**: *Byte;* System

Ist gleich 2 für Prozessoren ab dem 386er.

var **Test8087***: Byte;* System

Ist gleich 3 für Co-Prozessoren ab dem 387er.

var **Test8087***: Byte;* System

Liefert

- -1 für Pentium-Prozessoren mit fehlerhafter Gleitkommaberechnung (setzen Sie in diesem Fall die Option ***Pentium-sicheres FDIV*** auf der Seite ***Compiler*** des Dialogfensters ***Projektoptionen***)
- 0 wenn keine sichere Diagnose möglich ist
- 1 wenn Pentium-Prozessor ohne Fehler ist

function **TextToFloat** SysUtils

(Buffer: PChar; var Value; ValueType: TFloatValue): Boolean;

Wandelt einen null-terminierten, durch *Buffer* gegebenen String in einen Gleitkommawert um und liefert diesen in *Value* zurück. Der Parameter *Value* muß vom Datentyp **Extended** oder **Currency** sein, und dieser Typ muß dem Parameter *ValueType* übergeben werden. Im Erfolgsfall liefert die Funktion den Wert **True** zurück.

type **TFileName** *=string;* SysUtils

Typ der Eigenschaft **FileName** von öffnen-und-Speichern-Dialogfenstern.

type **TFileRec** *= record;* SysUtils

Repräsentiert das interne Format für typisierte und nicht typisierte Dateien.

```
TFileRec = record
    Handle: Integer;
    Mode: Integer;
    RecSize: Cardinal;
    Private: array[1..28] of Byte;
    UserData: array[1..32] of Byte;
    Name: array[0..259] of Char;
    end;
```

type **TFloatFormat** = SysUtils

(ffGeneral, ffExponent, ffFixed, ffNumber, ffCurrency);

Definiert eine Aufzählungsliste von Formatierungscodes für die **FloatToXXX**-Funktionen (➔ oben).

type **TFloatRec** *= record;* SysUtils

Typ des Var-Parameters Result der Prozedur **FloatToDecimal.**

```
TFloatRec = packed record
    Exponent: Smallint;
    Negative: Boolean;
    Digits: array[0..20] of Char;
end;
```

type **TFloatValue** = *(fvExtended, fvCurrency);* SysUtils

Zur Unterscheidung zwischen Gleitkommawerten und Währungsangaben. Wird dem Parameter *ValueType* der **FloatToXXX**-Funktionen übergeben (→ oben).

type **TGUID** = *record;* System

Struktur zum Abspeichern von Globally Unique Identifiers (zur Unterstützung von Interfaces).

```
TGUID = record
    D1: Integer;
    D2: Word;
    D3: Word;
    D4: array[0..7] of Byte;
  end;
```

type **THeapStatus** = *record;* System

Rückgabetyp zur Funktion **GetHeapStatus**.

```
THeapStatus = record
    TotalAddrSpace: Cardinal;
    TotalUncommitted: Cardinal;
    TotalCommitted: Cardinal;
    TotalAllocated: Cardinal;
    TotalFree: Cardinal;
    FreeSmall: Cardinal;
    FreeBig: Cardinal;
    Unused: Cardinal;
    Overhead: Cardinal;
    HeapErrorCode: Cardinal;
  end;
```

var **ThousandSeparator**: *Char;* SysUtils

Separator-Zeichen für Tausender-Stellen.

function **Time**: *TDateTime;* SysUtils

Liefert die aktuelle Uhrzeit zurück.

var **TimeAMString**: *string;* SysUtils

var **TimePMString**: *string;* SysUtils

Suffix-String für Zeitwerte zwischen 12:00 und 23:59 bei einem Uhrzeitformat mit 12 Stunden.

var **TimeSeparator**: *Char;* SysUtils

Separator-Zeichen zwischen Stunde, Minute und Sekunde bei Zeitangaben.

Suffix-String für Zeitwerte zwischen 00.00 und 11:59 bei einem Uhrzeitformat mit 12 Stunden.

function **TimeStampToDateTime** SysUtils

(const TimeStamp: TTimneStamp): TDateTime;

Konvertiert eine Datums-/Zeitangabe im **TTimeStamp**-Format in das **TDateTime**-Format.

function **TimeStampToMSecs** SysUtils
(const TimeStamp: TTimeStamp): Comp;
Konvertiert eine Datums-/Zeitangabe im **TTimeStamp**-Format in Millisekunden.

function **TimeToStr(Time**: *TDateTime): string;* SysUtils
Konvertiert die Zeitangabe aus *Time* in einen String (die Konvertierung richtet sich nach dem Wert von **LongTimeFormat** (→ oben)).

type **TInterfaceEntry** = record; System
Wird zur Verwaltung der Interfaces benutzt.

```
TInterfaceEntry = record
    IID: TGUID;
    VTable: Pointer;
    IOffset: Integer;
  end;
```

type **TInterfaceTable** = *record;* System
Wird zur Verwaltung der Interfaces benutzt.

```
TInterfaceTable = record
    EntryCount: Integer;
    Entries: array[0..9999] of TInterfaceEntry;
  end;
```

type **TInterfacedObject** = *class(TObject, IUnknown);* System
Oberste Basisklasse mit oberster Schnittstelle.

```
TInterfacedObject = class(TObject, IUnknown)
  private
    FRefCount: Integer;
  protected
    function QueryInterface(const IID: TGUID;
                 out Obj): Integer; stdcall;
    function _AddRef: Integer; stdcall;
    function _Release: Integer; stdcall;
  public
    property RefCount: Integer read FRefCount;
  end;
```

var **TlsIndex**: *Integer;* System
Index für Thread-lokalen Speicher.

var **TlsIndex4**: *Integer;* System
4*Index für Thread-lokalen Speicher.

type **TLibModule** = *record;* System
Datenstruktur zur Registrierung von Packages und Modulen.

```
type TLibModule = record
    Next: PLibModule;
    Instance: Longint;
    ResInstance: Longint;
    Reserved: Integer;
  end;
```

type **TMbcsByteType** = SysUtils

(mbSingleByte, mbLeadByte, mbTrailByte);

Byte-Typen für Multibyte-Zeichensätze.

type **TMemoryManager** = *record;* System

Struktur-Typ zur Konfiguration der Speicherverwaltung. Über diese Struktur können Sie eigene Funktionen zur dynamischen Speicherverwaltung einrichten (sicherer ist es, die alten Funktionen in neuen Funktionen mit zusätzlicher Funktionalität zu kapseln (➔ Beispiel aus Online-Hilfe zu Indexeintrag **SetMemoryManager**)).

```
TMemoryManager = record
GetMem: function(Size: Integer): Pointer;
FreeMem: function(P: Pointer): Integer;
ReallocMem: function(P: Pointer;
                     Size: Integer): Pointer;
end;
```

type **TMethod** = *record;* SysUtils

Struktur, in der die Code- und Datenanteile eines Methodenzeigers gespeichert werden können.

```
TMethod = record
    Code, Data: Pointer;
    end;
```

type **TModuleUnloadRec** = *record;* System

Wird zur Verwaltung der Module verwendet.

```
TModuleUnloadRec = record
    Next: PModuleUnloadRec;
    Proc: TModuleUnloadProc;
  end;
```

type **TNameType** = *(ntContainsUnit, ntRequiresPackage);* SysUtils

Datentyp zur Unterstützung des Funktionszeigers **TPackageInfoProc**.

type **TObject** = *class;* System

Oberste Basisklasse aller Delphi-Objekte (➔ 5.6).

function **TotalVariance** Math

(const Data: array of Double): Extended;

Berechnet die Gesamtvarianz für die Werte im Array *Data* (= Summe der quadrierten Differenzen zwischen den Werten und ihrem Mittelwert).

type **TPackageInfoProc** = *procedure;* SysUtils

Signatur zur Unterstützung der Prozedur **GetPackageInfo** (➔ oben).

```
TPackageInfoProc = procedure (const Name:
        string; NameType: TNameType;
        Flags: Byte; Param: Pointer);
```

type **TPaymentTime** = *(ptEndOfPeriod, ptStartOfPeriod);* Math

Dieser Aufzählungstyp wird als Parameter in vielen finanzmathematischen Routinen (**InterestRate**, **Payment** etc. (➔ oben)) eingesetzt.

type **TResStringRec** = *record;* System

Struktur zur Unterstützung der Funktion **LaodStr**.

```
TResStringRec = record
    Module: ^Longint;
    Identifier: Integer;
  end;
```

function **Trim**(*const S: string): string;* SysUtils

Entfernt führende und abschließende Leer- und Steuerzeichen aus dem übergebenen String.

function **TrimLeft**(*const S: string): string;* SysUtils

Entfernt führende Leer- und Steuerzeichen aus dem übergebenen String.

function **TrimRight**(*const S: string): string;* SysUtils

Entfernt abschließende Leer- und Steuerzeichen aus dem übergebenen String.

function **Trunc**(*X: Extended): Longint;* System

Rundet einen Gleitkommawert durch Verwerfung des Bruchanteils auf einen Integerwert ab.

procedure **Truncate**(*var F);* System

Löscht alle Daten aus der Datei *F*, die auf die aktuelle Dateiposition folgen, und legt die aktuelle Position als Dateiende fest.

type **TSearchRec** = *record;* SysUtils

Wird als Parametertyp von den Funktionen **FindFirst**, **FindNext** und **FindClose** (➔ oben) benutzt, um Informationen über gefundene Dateien zurückzuliefern.

```
TSearchRec = record
    Time: Integer;
    Size: Integer;
    Attr: Integer;
    Name: TFileName;
    ExcludeAttr: Integer;
    FindHandle: THandle;
    FindData: TWin32FindData;
    end;
```

type **TSysLocale** = *packed record;* SysUtils

Struktur für lokale Spracheinstellungen.

```
TSysLocale = packed record
    DefaultLCID: LCID;
    PriLangID: LANGID;
    SubLangID: LANGID;
    FarEast: Boolean;
  end;
```

type **TTerminateProc** = *function: Boolean;* SysUtils

Signatur für Abbruchfunktion (→ **AddTerminateProc**).

type **TTextRec** = *record;* SysUtils

Ist das interne Format einer Variablen vom Typ **text**.

```
TTextBuf = array[0..127] of Char;
TTextRec = record
    Handle: Integer;
    Mode: Integer;
    BufSize: Cardinal;
    BufPos: Cardinal;
    BufEnd: Cardinal;
    BufPtr: PChar;
    OpenFunc: Pointer;
    InOutFunc: Pointer;
    FlushFunc: Pointer;
    CloseFunc: Pointer;
    UserData: array[1..32] of Byte;
    Name: array[0..259] of Char;
    Buffer: TTextBuf;
    end;
```

type **TThreadFunc** = *function;* System

Definiert die Signatur für Thread-Funktionen. Die Anweisungen des Threads werden in einer Funktion dieser Signatur implementiert. Zum Starten des Threads wird die Thread-Funktion der Funktion **BeginThread** als Argument übergeben.

TThreadFunc = function(Parameter: Pointer): Integer;

type **TTimeStamp** = *record;* SysUtils

Struktur, in der Zeitangaben gespeichert werden können. **Time** bezeichnet die Anzahl der Millisekunden, die seit Mitternacht verstrichen sind, und **Date** die Anzahl der Tage seit dem 01.01.0001 plus einem Tag.

```
TTimeStamp = record
    Time: Integer;
    Date: Integer;
    end;
```

type **TVarData** = *record;* System

Stellt die interne Struktur einer Variablen vom Typ **Variant** dar (→ **VarType** für eine Beschreibung der Typcodes).

```
TVarData = record
    VType: Word;
    Reserved1, Reserved2, Reserved3: Word;
    case Integer of
      varSmallint: (VSmallint: Smallint);
      varInteger:  (VInteger: Integer);
      varSingle:   (VSingle: Single);
      varDouble:   (VDouble: Double);
      varCurrency: (VCurrency: Currency);
      varDate:     (VDate: Double);
      varOleStr:   (VOleStr: PWideChar);
      varDispatch: (VDispatch: Pointer);
      varError:    (VError: Integer);
      varBoolean:  (VBoolean: WordBool);
      varUnknown:  (VUnknown: Pointer);
      varByte:     (VByte: Byte);
      varString:   (VString: Pointer);
      varArray:    (VArray: PVarArray);
      varByRef:    (VPointer: Pointer);
  end;
```

type **TVarRec** = *record;* System

Wird innerhalb von Prozeduren mit einem Parameter vom Typ **array of const** verwendet.

```
TVarRec = record
    case Byte of
      vtInteger:    (VInteger: Integer;
                     VType: Byte);
      vtBoolean:    (VBoolean: Boolean);
      vtChar:       (VChar: Char);
      vtExtended:   (VExtended: PExtended);
      vtString:     (VString: PShortString);
      vtPointer:    (VPointer: Pointer);
      vtPChar:      (VPChar: PChar);
      vtObject:     (VObject: TObject);
      vtClass:      (VClass: TClass);
      vtWideChar:   (VWideChar: WideChar);
      vtPWideChar:  (VPWideChar: PWideChar);
      vtAnsiString: (VAnsiString: Pointer);
      vtCurrency:   (VCurrency: PCurrency);
      vtVariant:    (VVariant: PVariant);
  end;
```

type **TWordArray** = *array [0..16383] of Word;* SysUtils

Unit-Flags

- *const* **ufMainUnit** = *$01;*
- *const* **ufPackageUnit** = *$02;*
- *const* **ufWeakUnit** = *$04;*
- *const* **ufOrgWeakUnit** = *$08;*
- *const* **ufImplicitUnit** = *$10;*

function **TypeInfo**(*TypeIdent): Pointer* System

Liefert einen Zeiger auf eine Typinformation zurück, die vom Compiler zur Laufzeit für den gegebenen Typbezeichner *TypeIdent* generiert wird.

var **Unassigned**: *Variant;* System

Wird Variablen vom Typ **Variant** zugewiesen, um anzuzeigen, daß dieser noch kein Wert zugewiesen wurde.

procedure **UniqueString**(*var S: string);* System

Sorgt dafür, daß der angegebene String eindeutig ist, sprich sein Referenzzähler auf Eins steht.

type **UnitEntryTable** = System

array [0..9999999] of PackageUnitEntry;

Wird zur Verwaltung aller Packages benutzt.

procedure **UnloadPackage**(*Module: HMODULE);* SysUtils

Gibt eine gegebene Package-DLL frei und ruft die **Finalization**-Blöcke der darin aufgeführten Units auf.

function **UpCase**(*Ch: Char): Char;* System

Wandelt *Ch* in Großbuchstaben um.

function **UpperCase**(*const S: string): string;* SysUtils

Liefert einen String in Großbuchstaben zurück, der den gleichen Text wie *S* enthält.

procedure **Val**(*S; var V; var Code: Integer);* System

Wandelt den String-Wert *S* in eine Zahl vom Typ **Integer** oder **Real** um und legt sie in *V* ab. Entspricht ein Zeichen aus dem String nicht dem numerischen Format, wird der Index dieses Zeichens in der Variablen *Code* zurückgeliefet.

function **VarArrayCreate** System

(cont Bounds: array of Integer; VarType: Integer): Variant;

Erzeugt ein Varianten-Array mit festgelegten Grenzen *Bounds*. *VarType* definiert den Typ der Array-Elemente und muß einem der Typcodes **varXXXX** (➔ **VarType, TVarData**) angehören (**varArray** und **varByRef** sind nicht erlaubt).

function **VarArrayDimCount**(*const A: Variant): Integer;* System
Liefert die Zahl der Dimensionen der angegebenen Variante zurück.

function **VarArrayHighBound** System
(const A: Variant; Dim: Integer): Integer;
Liefert die obere Grenze der angegebenen Dimension im angegebenen Varianten-Array zurück.

function **VarArrayLock**(*const A: Variant): Pointer;* System
Sperrt das angegebene Varianten-Array, so daß die Größe des Arrays nicht mehr verändert werden kann, und gibt einen Zeiger auf die im Array gespeicherten Daten zurück.

function **VarArrayLowBound** System
(const A: Variant; Dim: Integer): Integer;
Liefert die untere Grenze der angegebenen Dimension im angegebenen Varianten-Array zurück.

function **VarArrayOf**(*const Values: array of Variant): Variant;* System
Erzeugt aus den Werten im Parameter-Array *Values* ein eindimensionales Varianten-Array.

procedure **VarArrayRedim** System
(var A: Variant; HighBound: Integer);
Ändert die Größe des angegebenen Varianten-Arrays.

procedure **VarArrayUnlock**(*var A: Variant);* System
Hebt die Sperrung eines mit **VarArrayLock** gesperrten Varianten-Arrays auf, so daß seine Größe wieder verändert werden kann.

function **VarAsType** System
(const V: Variant; VarType: Integer): Variant;
Wandelt die angegebene Variante in den spezifizierten Typ (**VarType**) um. Bei dem Argument zu *VarType* muß es sich um einen der Typcodes **varXXXX** (➔ **VarType**, **TVarData**) handeln (**varArray** und **varByRef** sind nicht erlaubt).

procedure **VarCast** System
(var Dest: Variant; const Source: Variant; VarType: Integer);
Wandelt die durch *Source* angegebene Variante in den spezifizierten Typ um und speichert die neue Variante in *Dest*. Bei dem Argument zu *VarType* muß es sich um einen der Typcodes **varXXXX** (➔ **TVarData**) handeln (**varArray** und **varByRef** sind nicht erlaubt).

procedure **VarClear**(*var V: Variant);* System
Löscht die angegebene Variante, wonach die Variante den Wert **Unassigned** besitzt.

procedure **VarCopy** System
(var Dest: Variant; const Source: Variant);
Kopiert die in *Source* angegebene Variante in die durch *Dest* angegebene Variante.

function **VarFromDateTime***(DateTime: TDateTime): Variant;* System
Liefert eine Variante vom Typcode **varDate** zurück, die den angegebenen Datums- und Uhrzeitwert enthält.

function **Variance***(const Data: array of Double): Extended;* Math
Berechnet die Varianz für die Werte im Array *Data* (= **TotalVariance**/N-1).

function **VarIsArray***(const V: Variant): Boolean;* System
Liefert **True** zurück, wenn die angegebene Variante ein Array ist.

function **VarIsEmpty***(const V: Variant): Boolean;* System
Liefert **True** zurück, wenn die angegebene Variante den Wert **Unassigned** besitzt.

function **VarIsNull***(const V: Variant): Boolean;* System
Liefert **True** zurück, wenn die angegebene Variante den Wert Null besitzt.

function **VarToDateTime***(const V: Variant): TDateTime;* System
Wandelt die angegebene Variante in einen Datums- und Uhrzeitwert um.

function **VarType***(const V: Variant): Integer;* System
Liefert den Typcode der übergebenen Variante zurück.

Typcode	Wert	Beschreibung
varEmpty	$0000	Variante ist Unassigned
varNull	$0001	Variante ist Null
varSmallint	$0002	16-Bit-Integer (Typ Smallint)
varInteger	$0003	32-Bit-Integer (Typ Integer)
varSingle	$0004	Gleitkommawert (Typ Single)
varDouble	$0005	Gleitkommawert (Typ Double)
varCurrency	$0006	Währungsangabe (Typ Currency)
varDate	$0007	Datum und Uhrzeit (Typ TDateTime)
varOleStr	$0008	Referenz auf dynamisch zugewiesenen Unicode-String
varDispatch	$0009	Referenz auf OLE-Automatisierungsobjekt
varError	$000A	Fehlercode des Betriebssystems

Typcode	Wert	Beschreibung
varBoolean	$000B	Boolescher Wert (Typ WordBool)
varVariant	$000C	Variante
varUnknown	$000D	Referenz auf unbekanntes OLE-Objekt
varString	$0100	Referenz auf dynamisch zugewiesenen Pascal-String (Typ AnsiString)
varTypeMask	$0FFF	Bit-Maske, die den Typ der Variante definiert
varArray	$2000	Variante ist Array
varByRef	$4000	Variante ist Referenz

function **WideCharLenToString** System
(Source: PWideChar; SourceLen: Integer): string;
Wandelt *SourceLen* Unicode-Zeichen aus dem Puffer *Source* in einen ANSI-String um und liefert diesen zurück.

procedure **WideCharLenToStrVar** System
(Source: PWideChar; SourceLen: Integer; var Dest: string);
Wandelt *SourceLen* Unicode-Zeichen aus dem Puffer *Source* in einen ANSI-String um und liefert diesen als **var**-Parameter zurück.

function **WideCharToString***(Source: PWideChar): string;* System
Wandelt den null-terminierten Unicode-String *Source* in einen ANSI-String um und liefert diesen zurück.

procedure **WideCharToStrVar** System
(Source: PWideChar; var Dest: string);
Wandelt den null-terminierten Unicode-String *Source* in einen ANSI-String um und liefert diesen als **var**-Parameter zurück.

function **Win32Check***(RetVal: BOOL): BOOL;* SysUtils
Prüft den Rückgabewert einer Win32-API-Funktion mit booleschem Rückgabewert. Liefert die API-Funktion **False** zurück, ruft **Win32Check** die Prozedur **RaiseLastWin32Error** auf.

const **Win32Platform***: Integer = 0;* SysUtils

type **WordRec** *= packed record;* SysUtils
Struktur, in der die hohen und niedrigen Bytes einer Variablen gespeichert werden können.

```
WordRec = packed record
    Lo, Hi: Byte;
    end;
```

procedure **Write***(F, V1, ..., Vn);* System

procedure **Write***([var F: Text;] P1 [, P2, ..., Pn]);* System

Schreibt eine oder mehrere Werte in eine Datei.

Bei Textdateien (zweite Form) kann auf die Angabe einer Datei verzichtet werden, woraufhin in das Standardausgabegerät (üblicherweise der Bildschirm) geschrieben wird. **Write** für Textdateien erlaubt zudem die Angabe von Feldbreiten und Nachkommastellen für die einzelnen auszugebenden Argumente:

Formatierung Argument [: MinBreite [; DezStellen]]

Argument: Ist der eigentliche auszugebende Ausdruck.

MinBreite: Gibt die minimale Anzahl Zeichen an, die bei der Ausgabe des Ausdrucks geschrieben werden. Enthält der Ausdruck weniger Zeichen als in MinBreite angegeben, werden ihm Leerzeichen vorangestellt.

- **DezStellen:** Legt die Anzahl der auszugebenden Nachkommastellen für Real-Typen fest.

Für typisierte Dateien: schreibt eine Datei in eine Datei-Komponente.

procedure **Writeln***([var F: Text;] P1 [, P2, ..., Pn]);* System

Erweitert die Prozedur **Write** für Textdateien, indem sie nach jeder Ausgabe noch eine Zeilenende-Marke schreibt.

10.2 Die VCL

Die VCL (Visual Component Library) bildet das Herzstück Delphis. In ihren Units sind die Klassen zu allen von Delphi vordefinierten sichtbaren und nichtsichtbaren Komponenten vereinigt – ohne die die uns so angenehme grafische Anwendungserstellung mit Delphi nicht möglich wäre. Darüber hinaus enthält sie aber auch eine Reihe weiterer Klassen, die in der folgenden Referenz zur Abgrenzung von den Komponenten als einfache Objekte bezeichnet werden und deren Aufgabe es ist, die wichtigsten API-Routinen und -Strukturen zu kapseln und dem in der objektorientierten Programmierung Bewanderten die Erstellung von Windows-Anwendungen auch in Bereichen zu erleichtern, die Komponenten nicht zugänglich sind (ein schönes Beispiel hierfür ist die unkomplizierte Gafikausgabe mit Hilfe der Klasse **TCanvas** (➔ 6.11).
Ein weiterer Vorteil der VCL ist ihr hierarchischer Aufbau, der die Orientierung und Einstufung der unterschiedlichen Klassen erleichtert.

- Im nachfolgenden Abschnitt finden Sie eine alphabetische Auflistung der wichtigsten Klassen und Funktionen der VCL. Klassen, die Komponenten der Komponentenbibliothek implementieren, sind hier allerdings nicht mehr aufgeführt; wenn Sie sich über Komponenten informieren wollen, schlagen Sie bitte im Abschnitt 3.4.2 nach.
- Die Auflistung soll Ihnen vor allem zur schnellen Übersicht und Orientierung dienen. Detailliertere Hilfe zu den einzelnen Elementen der Klassen finden Sie in der ausführlichen Online-Hilfe.

Funktion AnsiToNative — DB

Die Funktion **AnsiToNative** übersetzt ANSI-Zeichen in den von *Locale* abhängigen ursprünglichen Zeichensatz.

function **AnsiToNative***(Locale: TLocale; const AnsiStr: string; NativeStr: PChar; MaxLen: Integer): PChar;*

Variable Application: TApplication — Forms

Die Variable **Application** ist die Anwendungs-Komponente für Ihr Projekt.

Variable Automation: Automation — OleAuto

Die Variable **Automation** dient zur allgemeinen Verwaltung von OLE-Automatisierungsprojekten.

Funktion Bounds — Classes

Die Funktion **Bounds** liefert ein Rechteck mit den angegebenen Abmessungen zurück.

function **Bounds***(ALeft, ATop, AWidth, AHeight: Integer): TRect;*

Prozedur Check — DB

Die Prozedur **Check** testet auf einen Wert ungleich Null.

procedure **Check***(Status: Integer);*

Funktion Clipboard — Clipbrd

Liefert eine Instanz des Typs **TClipboard** zur Operation auf der Zwischenablage.

function **Clipboard***: TClipboard;*

Funktion ColorToRGB — Graphics

Die Funktion **ColorToRGB** liefert den von Windows verwendeten RBG-Wert für einen von Delphi benutzten **TColor**-Typ zurück.

function **ColorToGraphics***(Color: TColor): Longint;*

Funktion DirectoryExists — FileCtrl

Die Funktion **DirectoryExists** stellt fest, ob das mit *Name* angegebene Verzeichnis existiert.

function **DirectoryExists***(Name: string): Boolean;*

Prozedur ForceDirectories — FileCtrl

Mit Hilfe der Prozedur **ForceDirectories** können alle Verzeichnisse, die entlang des Pfades spezifiziert sind, auf einmal erstellt werden.

procedure **ForceDirectories***(Dir: string);*

Funktion GetLongHint — Controls

Die Funktion **GetLongHint** liefert den zweiten Teil des zweiteiligen Strings (eingeleitet durch das Zeichen »|«), der als Wert der Eigenschaft *Hint* spezifiziert ist.

function **GetLongHint***(const Hint: string): string;*

Funktion GetParentForm — Forms

Die Funktion **GetParentForm** liefert das Formular zurück, das Besitzer des spezifizierten Steuerelements ist.

function **GetParentForm***(Control: TControl): TForm;*

Funktion GetShortHint — Controls

Die Funktion **GetShortHint** liefert den ersten Teil des zweiteiligen Strings (abgeschlossen durch das Zeichen »|«), der als Wert der Eigenschaft *Hint* spezifiziert ist.

function **GetShortHint***(const Hint: string): string;*

Funktion GraphicExtension — Graphics

Die Funktion **GraphicExtension** liefert die Dateinamenserweiterung für das durch den Parameter *GraphicClass* spezifizierte Grafikobjekt.

function **GraphicExtension***(GraphicClass: TGraphicClass): string;*

Funktion MessageDlg — Dialogs

Die Funktion **MessageDlg** zeigt ein Meldungs-Dialogfenster in der Mitte des Bildschirms an.

function **MessageDlg***(const Msg: string; AType: TMsgDlgType; AButtons: TMsgDlgButtons; HelpCtx: Longint): Word;*

Funktion MessageDlgPos — Dialogs

Die Funktion **MessageDlgPos** zeigt ein Meldungs-Dialogfenster an, dessen Position durch *X* und *Y* festgelegt ist.

function **MessageDlg***(const Msg: string; AType: TMsgDlgType; AButtons: TMsgDlgButtons; HelpCtx: Longint; X, Y: Integer): Word;*

Prozedur NativeToAnsi — DB

Die Funktion **NativeToAnsi** übersetzt die nativen Zeichen in den in *Locale* angegebenen ANSI-Zeichensatz.

procedure **NativeToAnsi***(Locale: TLocale; NativeStr: PChar; var AnsiStr: string);*

Funktion Point — Classes

Die Funktion **Point** wandelt die übergebenen Koordinaten in eine **TPoint**-Struktur um.

function **Rect***(ALeft, ATop, ARight, ABottom: Integer): TRect;*

Funktion Printer: TPrinter — Printers

Die Funktion **Printer** liefert eine **TPrinter**-Instanz des aktuellen Druckers zurück.

function **Printer***: TPrinter;*

Funktion Rect — Classes

Die Funktion **Rect** wandelt die übergebenen Abmaße in eine **TPoint**-Struktur um.

function **Rect***(ALeft, ATop, ARight, ABottom: Integer): TRect;*

Variable Screen:TScreen — Forms

Die Variable **Screen** ist eine Instanz der Klasse **TScreen,** die Ihr Bildschirm-Bitmap repräsentiert.

Variable Session: TSession — DB

Die Variable **Session** repräsentiert die aktuelle BDE-Sitzung.

Boolean;

Funktion SetPrinter — Printers

Die Funktion **SetPrinter** dient zur Einrichtung eines neuen Standarddruckers. Der alte Standarddrucker wird zurückgeliefert.

function **SetPrinter***(NewPrinter: TPrinter): TPrinter;*

Funktion ShortCut — Menus

Die Funktion **ShortCut** erzeugt zur Laufzeit ein Tastenkürzel für ein Menü.

function **ShortCut***(Key: Word; Shift: TShiftState): TShortCut;*

Prozedur ShortCutToKey — Menus

Die Prozedur **ShortCutToKey** teilt ein Tastenkürzel eines Menüs in seine Komponenten auf: den virtuellen Tastencode, Shift und den Status der Kombinationstaste.

function **ShortCutToKey***(ShortCut: TShortCut; var Key: Word; var Shift: TShiftState);*

Funktion ShortCutToText — Menus

Die Funktion **ShortCutToText** konvertiert ein Tastenkürzel in einen String.

function **ShortCutToText***(ShortCut: TShortCut): string;*

Prozedur ShowMessage — Dialogs

Die Prozedur **ShowMessage** zeigt ein Meldungsfenster mit einem **Ok**-Schalter an.

function **ShowMessage***(const Msg: string);*

Prozedur ShowMessagePos — Dialogs

Die Prozedur **ShowMessagePos** zeigt ein Meldungsfenster mit einem **Ok**-Schalter an einer vorbestimmten Bildschirmposition an.

function **ShowMessagePos***(const Msg: string; X, Y: Integer);*

Objekt TActiveForm (TCustomForm) — Axctrls

Ein Delphi-Formular, das in ActiveX-Host-Anwendungen als ActiveX-Steuerelement fungiert.

Objekt TActiveXControl (TAutoObject) — Axctrls

Abstrakte Basisklasse zur Erzeugung von ActiveX-Steuerelementen.

Komponente TApplication (TComponent) Forms

Dies ist die zentrale Anwendungsklasse. Mit Hilfe der Methoden dieser Klasse richten Sie ihr Programm ein, erzeugen Sie das zugehörige Rahmenfenster und verarbeiten Sie einkommende Botschaften.

Jedes Delphi-Programm benutzt automatisch eine Komponente **TApplication**, die Ihr Programm kapselt. Delphi deklariert zudem eine Variable **Application** vom Typ **TApplication**, die eine Instanz Ihres Programms ist.

Komonente TAutoIncField (TIntegerField) DBTables

Die Komponente **TAutoIncField** stellt eine Spezialisierung der Klasse **TIntegerField** für Datenbankfelder dar, die ihren Wert automatisch um Eins erhöhen können.

Objekt TAutoObject (TTypedComObject) ComObj

Basisklasse, die die IDispatch-Schnittstelle unterstützt und für alle Automatisierungs-Server verwendet wird.

Objekt TAutoObjectFactory (TTypedComObjectFactory) ComObj

Klassengenerator für **TAutoObject**.

Komponente TBDCField (TNumericField) DBTables

Die Komponente **TBDCField** stellt eine Spezialisierung der Klasse **TNumericField** für Datenbankfelder mit Gleitkommawerten fester Nachkommastellenzahl dar.

Objekt TBinaryField (TField) DBTables

Die Komponente **TBinaryField** stellt eine Spezialisierung der Klasse **TField** für Datenbankfelder mit Binärwerten dar.

Objekt TBitmapImage (TInternalImage) Graphics

Die Klasse **TBitmapImage** wird intern von der Klasse **TBitmap** verwendet und enthält statistische Informationen zu dem Bitmap.

Object TBits (TObject) Classes

Die Klasse **TBits** repräsentiert ein Array zur Verwaltung von booleschen Werten (Flags).

Komponente TBlobField (TField) DBTables

Die Komponente **TBlobField** stellt eine Spezialisierung der Klasse **TField** für Datenbankfelder mit BLOB-Werten (Binary Large Objects) dar.

Objekt TBlobStream (TStream) — DBTables

Die Klasse **TBlobStream** vereinfacht den Zugriff auf **TBlobField-**, **TBytesField-** oder **TVarBytesField**-Felder, indem diese wie Streams behandelt werden können.

Object TBookmarkList (TObject) — DBGrids

Die Klasse **TBookmarkList** wird intern von der Klasse **TDBGrid** zur Verwaltung der ausgewählten Spalten verwendet.

Komponente TBooleanField (TField) — DBTables

Die Komponente **TBooleanField** stellt eine Spezialisierung der Klasse **TField** für Datenbankfelder mit booleschen Werten dar.

Objekt TBrush (TGraphicsObject) — Graphics

Instanzen der Klasse **TBrush** dienen dazu, Grafikwerkzeuge zum Füllen von Flächen zu definieren.

Objekt TButtonControl (TWinControl) — StdCtrls

Basisklasse für die verschiedenen Schalterelemente.

Komponente TBytesField (TBinaryField) — DBTables

Die Komponente **TBytesField** stellt eine Spezialisierung der Klasse **TBinary-Field** für Datenbankfelder mit Byte-Werten dar.

Objekt TCanvas (TPersistent) — Graphics

Instanzen der Klasse **TCanvas** repräsentieren Zeichenflächen. Die Klasse stellt dem Programmierer alle wichtigen Werkzeuge und Routinen für Zeichenoperationen zur Verfügung und bereitet das Programm gleichzeitig automatisch für die Grafikausgabe vor.

Objekt TClipboard — Clipbrd

Das Objekt **TClipboard** kapselt die Zwischenablage von Windows ein.

Objekt TCollection (TPersistent) — Classes

Die Klasse **TCollection** dient zur Verwaltung einer Sammlung von Objekten des Typs **TCollectionItem**.

Objekt TCollectionItem (TPersistent) — Classes

Objekte der Klasse **TCollectionItem** können als Elemente in Container-Objekten des Typs **TCollection** verwaltet werden.

Objekt TColumn (TCollectionItem) DBGrids

Objekte der Klasse **TColumn** dienen dazu, Informationen über die Darstellung einer **TDBGrid**-Spalte abzuspeichern.

Objekt TColumnTitle (TPersistent) DBGrids

Objekte der Klasse **TColumnTitle** dienen dazu, Informationen über die Darstellung des Titels einer **TDBGrid**-Spalte abzuspeichern.

Objekt TComboButton (TSpeedButton) DBLookup

Wird intern von der Klasse **TDBLookupCombo** zur Erzeugung ihres Schalters verwendet.

Objekt TCommonDialog (TComponent) Dialogs

Basisklasse für die Win95-Standarddialoge.

Objekt TComponent (Tpersistent) Classes

Die Klasse **TComponent** ist der Ausgangspunkt für alle Komponenten. Jedes Element, das der Benutzer im Formular-Designer manipulieren kann, ist ein Nachkomme von **TComponent**, und alle Komponenten erben einen Teil ihrer Grundfunktionen von **TComponent**. Möchten Sie also eigene Komponenten schreiben, müssen Sie als Basisklasse **TComponent** oder eine von **TComponent** abgeleitete Klasse verwenden.

Objekt TComponentFactory (TAutoObjectFactory) VclCom

Klassengenerator-Delphi-Komponenten, die Schnittstellen unterstützen.

Objekt Tcontrol (Tcomponent) Controls

Die Komponente **TControl** ist die Ausgangsbasis für alle Steuerelemente. Steuerelemente sind visuelle Komponenten, die der Anwender zur Laufzeit sehen und manipulieren kann. **TControl** stellt alle die Eigenschaften, Methoden und Ereignisse zur Verfügung, die den verschiedenen Steuerelementen gemeinsam sind.

Objekt TControlCanvas (TCanvas) Controls

Spezialisierung der Klasse **TCanvas** für Steuerelemente.

Objekt TConversion (TObject) ComCtrls

Objekte der Klasse **TConversion** werden von **TRichEdit**-Elementen benutzt, um Konvertierungen zwischen dem RTF- und einem anderen Format vorzunehmen (**TConversion** ist nur für reines ASCII-Format eingerichtet, für andere Formate müssen abgeleitete Klassen implementiert werden).

Komponente TCurrencyField (TFloatField) DBTables

Die Komponente **TCurrencyField** stellt eine Spezialisierung der Klasse **TFloatField** für Datenbankfelder mit besonders großen Gleitkommawerten dar.

Objekt TCustom...

Basisklassen für verschiedene Gruppen von Steuerelementen.

Objekt TDataModule (TComponent) Forms

Die Klasse **TDataModule** repräsentiert nicht sichtbare Datenmodule (Befehl DATEI/NEUES DATEN-MODUL). Datenmodule dienen zum Aufnehmen und Austauschen von Gruppen nicht sichtbarer Komponenten.

Objekt TDataSet (TComponent) DB

Die Klasse **TDataSet** dient als Basisklasse zur Repräsentation von Datenmengen (die eigentlichen Datenmengen-Klassen sind **TTable, TQuery** und **TStoredProc**).

Komponente TDateField (TField) DBTables

Die Komponente **TDateField** stellt eine Spezialisierung der Klasse **TField** für Datenbankfelder mit Datumsangaben dar.

Komponente TDateTimeField (TField) DBTables

Die Komponente **TDateTimeField** stellt eine Spezialisierung der Klasse **TField** für Datenbankfelder mit Datums- und Uhrzeitangabe dar.

Objekt TDBGridColumns (TCollection) DBGrids

Die Klasse **TDBGridColumns** dient zur Verwaltung einer Sammlung von **TColumn**-Objekten zu einer **TDBGrid**-Komponente.

Objekt TDDEMgr (TComponent) DdeMan

Die Klasse **TDDEMgr** dient zur Verwaltung von DDE-Verbindungen.

Objekt TDesigner (TObject) Forms

Abstrakte Klasse, die dem Programmierer einen teilweisen Zugriff auf den Formular-Designer von Delphi ermöglicht.

Objekt TDragControlObject (TDragObject) Controls

Instanzen von **TDragControlObject** werden bei **OnStartDrag**-Ereignissen als **var**-Parameter zurückgeliefert, um auf das Verhalten und das Erscheinungsbild der Drag-Vorgänge Einfluß nehmen zu können.

Objekt TDragObject (TObject) — Controls

Basisklasse zu **TDragControlObject**. Beide dienen dazu, auf Drag-Vorgänge Einfluß zu nehmen.

Komponente TDrawGrid (TCustomGrid) — Grids

Die Komponente **TDrawGrid** stellt ein Gitterelement zur Präsentation von Daten dar. Im Gegensatz zur abgeleiteten Klasse **TStringGrid** ist es auch für grafische Daten geeignet, ist aber in der Programmierung aufwendiger, wenn einzelne Zellen editierbaren Text anzeigen sollen.

Komponente TField (TComponent) — DB

Die Komponente **TField** wird beim Zugriff auf Felder in einem Datensatz gebraucht. Ein Satz von **TField**-Komponenten wird automatisch immer dann erzeugt, wenn eine Datei-Komponente aktiviert wird; der sich ergebende Satz von **TField**-Komponenten ist dynamisch und spiegelt die zu dieser Zeit aktuellen Spalten in einer zugrundeliegenden physischen Tabelle wider.

Objekt TFieldDef (TObject) — DB

Objekte der Klasse **TFieldDef** werden von den Datensatz-Komponenten (**TTable, TQuery, TStoredProc**) verwendet, um Informationen über die Felder einen Datenbank-Tabelle zu speichern.

Objekt TFieldDefs (TObject) — DB

Objekte der Klasse **TFieldDefs** werden von Datensatz-Komponenten verwendet, um die **TFieldDef**-Objekte mit den Informationen zu den physikalischen Feldern ihrer zugrundeliegenden Datenmenge zu verwalten.

Objekt TFiler (TObject) — Classes

Basisklasse zu **TReader** und **TWriter**, die das Einlesen und Schreiben formatierter Daten über Streams unterstützen. **TFiler** definiert u.a. den Konstruktor, der die beiden Hilfsklassen mit einem Stream verbindet.

Objekt TFileStream (THandleStream) — Classes

Spezialisierte Stream-Klasse, die einen Stream mit einer Datei verbindet. Die Datei wird durch ihren Dateinamen spezifiziert (vgl. **THandleStream**).

Komponente TFloatField (TNumericField) — DBTables

Die Komponente **TFloatField** stellt eine Spezialisierung der Klasse **TNumericField** für Datenbankfelder mit Gleitkommawerten dar.

Objekt TFont (TGraphicsObject) Graphics

nstanzen der Klasse **TFont** dienen dazu, Schriftarten zu definieren.

Objekt TGraphic (TPersistent) Graphics

3asisklasse für die Bildklassen: **TBitmap**, **TIcon** und **TMetafile**.

Objekt TGraphicControl (Tcontrol) Control

Die Klasse **TGraphicControl** ist die Basisklasse für Steuerelemente, die keine echten Fenster darstellen, sondern nur einen Teilbereich eines übergeordneten Fensters. Instanzen von **TGraphicControl** werden meist dazu verwendet, einen grafikfähigen Bereich in einem Fenster einzurichten (das Pendant zu **TGraphicControl** ist **TWinControl**).

Komponente TGraphicField (TBlobField) DBTables

Die Komponente **TGraphicField** stellt eine Spezialisierung der Klasse **TBlobField** für Datenbankfelder mit Grafiken dar.

Objekt TGraphicsObject (TPersistent) Graphics

Basisklasse zu den drei wichtigsten Windows-Grafikwerkzeugen: **TBrush**, **TFont** und **TPen**.

Objekt THandleStream (TStream) Classes

Spezialisierte Stream-Klasse, die einen Stream mit einer Datei verbindet. Die Datei wird durch ihren Handle spezifiziert (vgl. **TFileStream**).

Objekt THeaderSection (TCollectionItem) ComCtrls

Objekte der Klasse **THeaderSection** repräsentieren die einzelnen Spaltenabschnitte einer **THeaderControl**-Komponente.

Objekt THeaderSections (TCollection) ComCtrls

Die Klasse **THeaderSections** dient zur Verwaltung einer Sammlung von **THeaderSection**-Objekten einer **THeader**-Komponente.

Objekt TIcon (TGraphic) Graphics

Die Klasse **TIcon** kapselt Symbolgrafiken (.ICO-Dateiformat).

Objekt TIconOptions (TPersistent) ComCtrls

Die Klasse **TIconOptions** dient zur Konfiguration der Icons zu einem **TListView**-Element.

Objekt TIndexDef (TObject) DBTables

Objekte der Klasse **TIndexDef** repräsentieren die Indizes von Tabellen.

Objekt TIndexDefs (TObjects) DBTables

Die Klasse **TIndexDefs** dient dazu, die Indizes einer Tabelle (**TIndexDef**-Objekte) zu verwalten.

Objekt TIndexFiles (TStringList) DBTables

Die Klasse **TIndexFiles** wird intern zur Verwaltung von Indexdateien verwendet.

Objekt TIniFile (TObject) IniFiles

Die Klasse **TIniFile** dient zum Schreiben und Lesen von INI-Dateien.

Objekt TInplaceEdit (TCustomMaskEdit) Grids

Die Klasse **TInplaceEdit** stellt den von **TCustomGrid** abgeleiteten Gitter-Komponenten einen Editor zur internen Verwendung bereit.

Komponente TIntegerField (TNumericField) DBTables

Die Komponente **TIntegerField** stellt eine Spezialisierung der Klasse **TNumericField** für Datenbankfelder mit Integerwerten dar.

Objekt TInternalImage (TObject) Graphics

Die Klasse **TInternalImage** ist die Basisklasse zu **TBitmapImage** und **TIconImage** und dient dem Zugriff und der Freigabe der Bildobjekte.

Object TList (TObject) Classes

Die Klasse **TList** implementiert eine dynamisch erweiterbare Liste. In der Liste werden nur die Zeiger auf die eigentlichen zu verwaltenden Objekte gespeichert.

Objekt TListColumn (TCollectionItem) ComCtrls

Objekte der Klasse **TListColumn** repräsentieren einzelne Spalten in einem Listenelement (**TListBox**).

Objekt TListColumns (TCollection) ComCtrls

Die Klasse **TListColumns** dient zur Verwaltung einer Sammlung von **TListColumn**-Objekten zu einer **TListBox**-Komponente.

Objekt TListItem (TPersistent) ComCtrls

Objekte der Klasse **TListItem** repräsentieren einzelne Einträge eines **TListView**-Steuerelements.

Objekt TListItems (TPersistent) ComCtrls

Die Klasse **TListItems** dient zur Verwaltung einer Sammlung von **TListItem**-Objekten zu einer **TListView**-Komponente.

Objekt TLoginDialog (TForm) DBLogDlg

Die Klasse **TLoginDialog** kapselt einen Dialog zum Einloggen in Datenbankanwendungen.

Komponente TMemoField (TBlobField) DBTables

Die Komponente **TMemoField** stellt eine Spezialisierung der Klasse **TBlobField** für MEMO-Felder dar.

Objekt TMemoryStream (TCustomMemoryStream) Classes

Spezialisierte Stream-Klasse, die einen Stream mit einer Speicheradresse verbindet.

Komponente TMenuItem (TComponent) Menus

Die Komponente **TMenuItem** enthält die Eigenschaften, Methoden und Ereignisse für die einzelnen Einträge eines Menüs.

Objekt TMetafile (TGraphic) Graphics

Die Klasse **TMetafile** kapselt Metadatei-Grafiken.

Objekt TMetafileCanvas (TCanvas) Graphics

Die Klasse **TMetafileCanvas** ist eine Spezialisierung der Klasse **TCanvas** für Metadatei-Grafiken. Metadatei-Grafiken werden stets zuerst in einen MetaFileCanvas-Kontext gezeichnet und dann mittels der **TCanvas**-Methode **Draw** in den gewünschten Canvas-Kontext kopiert.

Objekt TNumericField (TField) DBTables

Die Komponente **TNumericField** stellt eine Spezialisierung der Klasse **TField** für Datenbankfelder mit numerischen Werten dar und ist selbst wieder Basisklasse zu **TIntegerField, TFloatField, TBCDField**.

Objekt TObject System

Die Klasse **TObject** ist der Urahn aller Objekte (also auch jeder Komponente) in Delphi und sollte auch bei der Bildung eigener Klassen als Basisklasse fungieren. **TObject** deklariert insbesondere die grundlegenden Routinen zur Instanziierung und Auflösung von Klassen (→ 5.6).

Objekt TOleStream (TStream) **Axctrls**

Spezialisierte Stream-Klasse, die von ActiveX-Steuerelementen verwendet wird, um sich selbst aus einem Stream zu laden bzw. in einen Stream zu schreiben.

Objekt TPage (TCustomControl) **ExtCtrls**

Hilfsklasse zu **TNoteBook**.

Objekt TParaAttributes (TPersistent) **ComCtrls**

Die Klasse **TParaAttributes** stellt den Typ der Eigenschaft **Paragraph** einer **TRichEdit**-Komponente dar und dient der schnellen Absatzformatierung mittels vordefinierter Einstellungen.

Objekt TParam (TObject) **DBTables**

Ein Objekt der Klasse **TParam** kapselt Informationen über einen Parameter von **TQuery** (Parameter einer Abfrage) oder von **TStoredProc** (Parameter einer Prozedur).

Objekt TParamList (TObject) **DB**

Die Klasse **TParamList** wird intern von der Klasse **TSession** verwendet.

Objekt TParams (TPersistent) **DBTables**

Die Klasse **TParams** dient zur Verwaltung einer Sammlung von **TParam**-Objekten zu den Parametern einer **TQuery**-Abfrage oder einer **TStoredProc**-Prozedur.

Objekt TParser (TObject) **Classes**

Die Klasse **TParser** dient zum Parsen von Stream-Eingaben.

Objekt TPasswordDialog (TForm) **DBPWDlg**

Die Klasse **TPasswordDialog** kapselt einen Dialog zur Paßwortabfrage in Datenbankanwendungen.

Objekt TPen (TGraphicsObject) **Graphics**

Instanzen der Klasse **TPen** dienen dazu, Grafikwerkzeuge zum Zeichnen von Linien zu definieren.

Objekt TPersistent (Tobject) **Classes**

Die Klasse **TPersistent** bietet wenig eigene Funktionalität (die einzig interessante **TPersistent**-Methode ist **Assign**, die dazu dient, eine Klasseninstanz zu kopieren), ist aber insofern erwähnenswert, als sie den Ausgangspunkt für die streamfähigen Klassen bildet (Klassen, deren Objekte unter Verwendung von Stream-Operationen gespeichert und geladen werden können).

Objekt TPicture (TPersistent) — Graphics

Objekte der Klasse **TPicture** nehmen beliebige Bildformate (**TBitmap, TIcon, TMetaFile**) auf.

Objekt TPopupDataList (TDBLookupListBox) — DBCtrls

Die Klasse **TPopupDataList** dient in der Klasse **TDBLookupComboBox** zur Unterstützung des Listenanteils des Steuerelements.

Objekt TPopupGrid (TDBLookupList) — DBLookup

Die Klasse **TPopupGrid** dient in der Klasse **TDBLookupCombo** zur Unterstützung des Listenanteils des Steuerelements.

Objekt TPrinter (TObject) — Printers

Die Klasse **TPrinter** kapselt die Druckerschnittstelle von Windows.

Objekt TPropertyPage (TCustomForm) — Axctrls

Abstrakte Basisklasse, die ein Delphi-Formular implementiert, das als Eigenschaftsseite für ein ActiveX-Steuerelement verwendet werden kann.

Objekt TReader (TFiler) — Classes

Hilfsklasse zum Einlesen formatierter Daten über Streams.

Objekt TRegistry (TObject) — Registry

Die Klasse **TRegistry** dient zur Kapselung der Win95-Registrierdatenbank.

Objekt TReportDirProperty (TPropertyEditor) — Report

Interner Editor zur Bearbeitung der **TReport**-Eigenschaft **ReportDir**.

Objekt TResourceStream (TCustomMemoryStream) — Classes

Spezialisierte Stream-Klasse, die einen Stream mit einer Ressource verbindet.

Objekt TScreen — Forms

Die Klasse **TScreen** repräsentiert den Bildschirm. Sie kapselt Informationen zu den auf dem Desktop vorhandenen Fenstern sowie zu den Abmessungen des Bildschirm-Bitmaps.

Objekt TScroller (TCustomControl) — Tabs

Die Klasse **TScrollBox** dient der Klasse **TTabSet** zur Implementierung von Bildlaufleisten.

Objekt TScrollingWinControl (TWinControl) — Forms

Basisklasse zu Fenstern, die Bildlaufleisten anzeigen können (**TScrollBox TForms**).

Objekt TSessionList (TObject) — DB

Das Objekt **TSessionList** enthält eine Liste aller Komponenten **TSession**, die verschiedene Sitzungen der Borland-Datenbank-Engine (BDE) repräsentieren (wichtig beispielsweise für Multithread-Datenbankanwendungen).

Komponente TSmallIntField (TIntegerField) — DBTables

Die Komponente **TSmallIntField** stellt eine Spezialisierung der Klasse **TIntegerField** für Datenbankfelder mit **SmallInt**-Werten dar.

Objekt TStatusPanel (TCollectionItem) — ComCtrls

Objekte der Klasse **TStatusPanel** repräsentieren einzelne Elemente oder Felder in einer **TStatusBar**-Komponente.

Objekt TStatusPanels (TCollection) — ComCtrls

Die Klasse **TStatusPanels** dient zur Verwaltung einer Sammlung von **TStatusPanel**-Objekten zu einer **TStatusBar**-Komponente.

Objekt TStream (TObject) — Classes

Die Klasse **TStream** stellt die grundlegende Funktionalität für Stream-Eingaben und -Ausgaben in Delphi-Anwendungen zur Verfügung (Streams stellen »Datenströme« dar, die u.a. den Vorteil haben, daß mit ihnen Objekte streamfähiger Klassen (in der VCL-Hierarchie sind alle Klassen ab **TPersistent** mehr oder weniger streamfähig) abgespeichert und geladen werden können).
Die Richtung eines Streams wird durch die Auswahl einer von **TStream** abgeleiteten Stream-Klasse festgelegt: **TFileStream, TMemoryStream, TResourceStream.**

Komponente TStringField (TField) — DBTables

Die Komponente **TStringField** stellt eine Spezialisierung der Klasse **TField** für Datenbankfelder mit Zeichenketten dar.

Komponente TStringGrid (TDrawGrid) — Grids

Die Komponente **TStringGrid** repräsentiert eine String-Tabelle, deren einzelne Zellen vom Anwender editiert werden können.

Objekt TStringList (TStrings) — Classes

Die Klasse **TStringList** implementiert eine Liste, die auf die Verwaltung von Strings spezialisiert ist.

Objekt TStrings (TPersistent) — Classes

Objekte des Typs **TStrings** dienen vielen Komponenten zur String-Manipulation. Ein **TString**-Objekt hat selbst keine Möglichkeit, Strings zu speichern, sondern nutzt die Speichermöglichkeiten des Steuerelements, von dem es benutzt wird (vgl. **TStringList**).

Objekt TStringStream (TStream) — Classes

Spezialisierte Stream-Klasse, die einen Stream mit einem String verbindet. Der String wird dem Konstruktor der Stream-Klasse übergeben und in der Eigenschaft **DataString** verwaltet.

Objekt TTabPage (TWinControl) — Tabnotbk

Die Klasse **TTabPage** repräsentiert die einzelnen Seiten eines **TTabbedNoteBook**-Steuerelements.

Komponente TTabSet (TCustomControl) — Tabs

Bei der Komponente **TTabSet** handelt es sich um Reiterelemente zur Auswahl der Seiten einer **TNoteBook**-Komponente.

Komponente TTabSheet (TWinControl) — ComCtrls

Bei der Komponente **TTabSheet** handelt es sich um eine einzelne Seite einer **TPageControl**-Komponente.

Objekt TTextAttributes (TPersistent) — ComCtrls

Die Klasse **TTextAttributes** stellt den Typ der Eigenschaften **DefAttributes** und **SelAttributes** der Komponente **TRichEdit** dar und dient der schnellen Textformatierung mittels vordefinierter Einstellungen.

Objekt TThread (TObject) — Classes

Basisklasse zur Erzeugung und Konfiguration von Threads. **TThread** kann nicht selbst instanziiert werden, sondern dient nur als Basisklasse für eigene Thread-Klassen.

Komponente TTimeField (TField) — DBTables

Die Komponente **TTimeField** stellt eine Spezialisierung der Klasse **TField** für Datenbankfelder mit Uhrzeitangaben dar.

Objekt TTreeNode (TPersistent) ComCtrls

Objekte der Klasse **TTreeNode** repräsentieren die einzelnen Elemente (Knoten) einer **TTreeView**-Ansicht.

Objekt TTreeNodes (TPersistent) ComCtrls

Die Klasse **TTreeNodes** dient zur Verwaltung einer Sammlung von **TTreeNode**-Objekten zu einer **TTreeView**-Komponente.

Komponente TVarBytesField (TBytesField) DBTables

Die Komponente **TVarBytesField** stellt eine Spezialisierung der Klasse **TBytesField** für Datenbankfelder mit bis zu 65.535 Byte-Werten dar.

Komponente TWordField (TIntegerField) DBTables

Die Komponente **TWordField** stellt eine Spezialisierung der Klasse **TIntegerField** für Datenbankfelder mit **Word**-Werten dar.

Objekt TWriter (TFiler) Classes

Hilfsklasse zum Schreiben formatierter Daten in Streams.

Funktion ValidParentForm Forms

Die Funktion **ValidParentForm** gibt das Formular zurück, in dem das im Parameter *Control* angegebene Steuerelement zu finden ist.

function **ValidParentForm***(Control: TControl): TForm;*

Objekt TWinControl (Tcontrol) Controls

Die Komponente **TWinControl** ist die Basisklasse für Steuerelemente, die echte Fenster darstellen. Dies sind Steuerelemente, die über ein Fenster-Handle verfügen und von Windows verwaltet werden (das Pendant zu **TWinControl** ist **TGraphicControl**).

Stichwortverzeichnis

A
Abbruchbefehle 240
Abbruchprozeduren 240
Abschlußteil 199
Access 384
ActiveX 434, 447, 449
– Control 461
– Dokument 461
– Glossar 461
– in HTML- Dokumenten 458
– Objekt 461
– Steuerelement 461
ActiveX-Element importieren 457
ActiveX-Formulare 460
ActiveX-Steuerelement
– erstellen 450, 453
– installieren 456
Adressen 301
Adreßräume 302
Align 321
Animation 344
Anweisungsteil 200, 264
Anwendung erstellen 306
Array-Eigenschaften 473
Arrays 211, 264
Assembler 66
Aufbau
– einer Pascal-Unit 198
– eines Pascal-Programms 198
Aufruf 264
Aufrufkonventionen 266
Aufruf-Stack 178
Aufzählungstypen 207
Ausführungszeit 169
Automatisierung 361
Automatisierungs-Controller 359
Automatisierungs-Server 359
AVI-Format 349

B
Bäume 382
Basisklassen 288, 470
BDE Database Engine 383
Bedingte Verzweigung 234, 236
Beispielressource erstellen 160
Benutzerschnittstelle 468
Berichte erstellen 431
Bezeichner 202
Bibliotheken 492
Bildeditor 156
Bitmap-Ressourcen einbinden 154
Bitmaps 153, 341
Blöcke 225
Boolean 208
Botschaften
– kontrollieren 195
Botschaften überwachen 193
Botschaftsverarbeitung 295ff

C
CGI 461
Char 206
Client 360
Codegröße 169
COM 447
COM-Modell 290
Compiler
– Konfiguration 130
– aufrufen 129
Compiler-Direktiven 243
Container 360
Cursor 161

D
Database Engine 383
Dateien 216
Datenbanken 382
– Access 384

– Arrays 382
– Bäume 382
– Database Engine konfigurieren 383
– Database Engine 383
– datensensitive Steuerelemente 398
– Dynamische Feld-Komponenten 407
– Experte 390
– Explorer 389
– Listen 382
– ODBC-Treiber 385
– Persistente Komponenten 392
– Treiber 383
Datenbank-Navigator 409
Datenbankoberfläche 387
Datenelemente 274
Datenmodule 401
Datensätze 382
Datenstrukturen 382
Datentypen 204
– Arrays 211
– Aufzählungstypen 207
– Boolean 208
– Datei-Typ 216
– deklarieren 205
– Gleitkommatypen 208
– Integer-Typen 206
– Mengen 215
– Records 213
– String-Typen 209
– Teilbereiche 208
– Zeichen-Typen 206
– Zeiger 218
Debugger 181
– Anzeige 174
– Aufbau 181
– Funktionalität 181
– konfigurieren 190
– Windows-Anwendungen 189
Debugging 22, 163, 168
Debug-Techniken 166
Deinstallation Delphi 3 28
Deklaration 202
– von Datentypen 205
– von Konstanten 204
– von Variablen 205
– von Eigenschaften 472
Deklarationsteil 200, 264
Delphi
– die RAD-Umgebung 32
– Installation 26
– Zusatzprogramme 24
Delphi 3 beenden 30
– starten 30
Delphi-Ereignisse 299
Desktop 72
Destruktor 278
DFÜ-Verbindung 445
Dialogfenster einrichten 330
DLL Dynamische Linkbibliotheken 352
– schreiben 352
– testen 353

E

Editoren
– Formular-Designer 39
Eigenschaften
– im Objektinspektor 472
– implementieren 472
Eigenschafts-Editoren 475
Embedding 359
Ereignisbehandlungsroutinen 310
Ereignisorientiert 292
Ereignisse
– im Objektinspektor 483
– implementieren 482
Exception 256
– Behandlung 258
Experte
– Anwendung 139
– Datenbank 141

– Dialog 143
– QuickReport 144
– TeeChart 145
Experten 139
– Komponenten-Experte 470
External-Deklaration 267

F

Fehler
– Laufzeit 165
– Logische 166
Fehlerkategorien 164
Feld-Editor 391
Felder 311, 382
Fenster
– dynamisch erzeugen 91
– Erzeugung 100
– Hauptfenster 93
– instanziieren 91
File-Sharing 303
ForeHelp 25
Formular-Designer 39
– Konfiguration 40
– zum Quelltexteditor wechseln 39
Formulare 72
– bearbeiten 93
– Dateien 39
– Eigenschaften 94
– erstellen 88
– erzeugen 89
– in der RAD-Umgebung 34
– in Objektablage aufnehmen 102
– programmieren 99
Formular-Experte 390
for-Schleife 238
Forward-Deklaration 266
FTP 435
Function overhead 268
Funktionen
– Rekursive 267
Funktionsdeklarationen 265

G

GDI-Objekte 336
Gerätekontexte 336
Gleitkommatypen 208
Grafische Oberfläche 292
GUID 462
Gültigkeitsbereiche 225
– Klassen 226
– Records 226
– Unit System 227
– Units 227

H

Haltepunkte 178
– einrichten 183
Hauptfenster einrichten 296
– erstellen 306
– registrieren 295
Heap 302
Hint 321
HTML 436

I

IDAPI 393
IDE 32, 44
– Charakteristika 35
– Fensterverwaltung 61
– Integrierte Entwicklungsumgebung 21
– Konfiguration 65
Implementationsteil 199
Index 395, 411
Indizes erstellen 411
Initialisierungsteil 199
Installation Delphi 3 26
Integer 206
Interne Ereignisse 482
Internet 462
– Komponenten 434f
– Programmierung 434
– Protokolle 435

J
Java 461

K
Klasse einsehen 173
Klassen 272
Klassendeklaration 269
Klassenhierarchie 173
Klasseninstanzen 286
Klassenmethoden 289
Klassenreferenzen 289
Klassentypen 269
Kommentare 201
Komponenten 103
– ActiveX 123
– Aufgabenbereich festlegen 466
– aus Sicht des Benutzers 464
– aus Sicht des Entwicklers 465
– Basisklassen 470
– bearbeiten 125
– Beispiele 122
– Benutzerschnittstelle festlegen 468
– Datensteuerung 118
– Datenzugriff 117
– deklarieren 470
– Dialoge 121
– eigene Komponenten erstellen 464
– gruppieren 124
– in der RAD-Umgebung 34
– Internet 117
– Palette 104
– positionieren 123
– QReport 119
– registrieren 486
– sichtbare
– nicht-sichtbare 36, 39
– Standard-Eigenschaften 127
– System 114
– Win 3.1 121
– Win32 111
– zur Internet-Programmierung 435
Komponentenentwicklung 465
Komponentenklasse 470
Komponentenpalette 36, 486
– Konfiguration 37
– Packages auswählen 38
– Seiten hinzufügen 38
– Standard-Konfiguration 38
Konfiguration
– Database Engine 383
– Formular-Designer 40
– Komponentenpalette 37
Konsolenanwendungen
– Beispiele, siehe Kapitel 5
– erstellen und ausführen 197
Konstanten 203
– deklarieren 204
– typisierte 204
Konstruktor 277
Kontextmenü 30, 327
Kritische Bereiche 373
Kritischen Code 167

L
Laden 479
Laufzeitbibliothek
– Abort 493
– Abs 493
– AddExitProc 493
– Addr 493
– AddTerminateProc 493
– AdjustLineBreaks 493
– AllocMem 493
– AllocMemCount 493
– AllocSizeCount 493
– AnsiCompareFileName 493
– AnsiCompareStr 493
– AnsiCompareText 494
– AnsiExtractQuotedStr 494
– AnsiLastChar 494
– AnsiLowerCase 494
– AnsiLowerCaseFileName 494

– AnsiPos 494
– AnsiQuotedStr 494
– AnsiStrComp 494
– AnsiStrIComp 494
– AnsiStrLastChar 494
– AnsiStrLComp 494
– AnsiStrLIComp 495
– AnsiStrLower 495
– AnsiStrPos 495
– AnsiStrRScan 495
– AnsiStrScan 495
– AnsiStrUpper 495
– AnsiUpperCase 495
– AnsiUpperCaseFileName 495
– Append 495
– AppendStr 495
– ArcCos 495
– ArcCosh 495
– ArcSin 495
– ArcSinh 496
– ArcTan 496
– ArcTan2 496
– ArcTanh 496
– Assert 496
– AssertErrorProc 496
– Assigned 496
– AssignFile 496
– AssignStr 496
– Beep 496
– BeginThread 496
– BlockRead 497
– BlockWrite 497
– Break 497
– ByteToCharIndex 497
– ByteToCharLen 497
– ByteType 497
– Ceil 497
– ChangeFileExt 498
– CharToByteIndex 498
– CharToByteLen 498
– ChDir 498
– Chr 498
– Close 498
– CloseFile 498
– CmdLine 498
– CmdShow 498
– CompareMem 499
– CompareStr 499
– CompareText 499
– Concat 500
– Continue 500
– Copy 500
– Cos 500
– Cosh 500
– Cotan 500
– CreateDir 500
– CurrencyDecimals 500
– CurrencyFormat 500
– CurrencyString 501
– CurrToStr 501
– CurrToStrF 501
– CycleToRad 501
– Date 501
– DateDelta 501
– DateSeparator 501
– DateTimeToFileDate 501
– DateTimeToStr 501
– DateTimeToString 501
– DateTimeToTimeStamp 501
– DateToStr 502
– DayOfWeek 502
– Dec 502
– DecimalSeparator 502
– DecodeDate 502
– DecodeTime 502
– DegToRad 502
– Delete 502
– DeleteFile 502
– DiskFree 502
– DiskSize 502
– Dispose 502
– DisposeStr 503
– DLLProc 503
– DoubleDecliningBalance 503

– EAbort 503
– EAccessViolation 503
– EAssertionFailed 503
– EControlC 503
– EConvertError 503
– EDivByZero 504
– EExternalException 504
– EInOutError 504
– EIntError 504
– EIntOverflow 504
– EInvalidArgument 504
– EInvalidCast 504
– EInvalidOp 504
– EInvalidPointer 504
– EMathError 504
– EmptyString 504
– EncodeDate 504
– EncodeTime 504
– EndThread 505
– Eof 505
– Eoln 505
– EOutOfMemory 505
– EOverflow 505
– EPrivilige 505
– EPropReadOnly 505
– EPropWriteOnly 505
– ERangeError 505
– Erase 505
– ErrorAddr 505
– ErrorProc 505
– EStackOverflow 505
– EUnderflow 506
– EVariantError 506
– ExceptAddr 506
– ExceptClsProc 506
– Exception 506
– ExceptionClass 506
– ExceptObject 506
– ExceptObjProc 506
– ExceptProc 506
– Exclude 506
– Exit 506
– ExitCode 507
– ExitProc 507
– Exp 507
– ExpandFileName 507
– ExpandUNCFileName 507
– ExtractFileDir 507
– ExtractFileDrive 507
– ExtractFileExt 507
– ExtractFileName 507
– ExtractFilePath 507
– EZeroDivide 507
– fa-Konstanten 508
– FileAge 508
– FileClose 508
– FileCreate 508
– FileDateToDateTime 508
– FileExists 508
– FileGetAttr 508
– FileGetDate 508
– FileMode 508
– FileOpen 508
– FilePos 509
– FileRead 509
– FileSearch 509
– FileSeek 509
– FileSetAttr 509
– FileSetDate 509
– FileSize 509
– FileWrite 510
– FillChar 510
– Finalize 510
– FinalizePackage 510
– FindClose 510
– FindFirst 510
– FindNext 510
– FloatToDecimal 511
– FloatToStr 511
– FloatToStrF 511
– FloatToText 512
– FloatToTextFmt 512
– Floor 512
– Flush 512

– fm-Konstanten 512
– FmtLoadStr 512
– FmtStr 513
– Format 513
– FormatBuf 514
– FormatCurr 514
– FormatDateTime 514
– FormatFloat 516
– Frac 517
– FreeMem 517
– Frexp 517
– FutureValue 517
– GetAllocMemCount 517
– GetAllocMemSize 518
– GetCurrentDir 518
– GetDir 518
– GetFormatSettings 518
– GetHeapStatus 518
– GetLocaleChr 518
– GetLocaleStr 518
– GetMem 519
– GetMemoryManager 519
– GetPackageInfo 519
– GradToRad 519
– Halt 519
– HeapAllocFlags 519
– Hi 520
– High 520
– HInstance 520
– HPrevInst 520
– Hypot 520
– IDispatch 520
– Inc 520
– Include 520
– IncMonth 520
– Initialize 521
– InitializePackage 521
– InOutRes 521
– Input 521
– Insert 521
– Int 521
– InterestPayment 521
– InterestRate 522
– InternalRateOfReturn 522
– IntPower 522
– IntToHex 522
– IntToStr 522
– IOResult 522
– IsConsole 522
– IsDelimiter 522
– IsLeapYear 523
– IsLibrary 523
– IsMemoryManagerSet 523
– IsMultiThread 523
– IsPathDelimiter 523
– IsValidIdent 523
– IUnknown 523
– LastDelimiter 523
– Ldexp 523
– LeadBytes 523
– Length 523
– LibModuleList 523
– Ln 524
– LnXP1 524
– Lo 524
– LoadPackage 524
– LoadStr 524
– Log10 524
– Log2 524
– LogN 524
– LongDateFormat 524
– LongDayNames 524
– LongMonthNames 524
– LongRec 524
– LongTimeFormat 524
– Low 524
– LowerCase 525
– MainInstance 525
– MaxComp 525
– MaxDouble 525
– MaxExtended 525
– MaxIntValue 525
– MaxSingle 525
– MaxValue 525

- Mean 525
- MeanAndStdDev 525
- MinComp 525
- MinDouble 525
- MinExtended 525
- MinIntValue 525
- MinSingle 525
- MinValue 525
- MkDir 525
- MomentSkewKurtosis 526
- MonthDays 526
- Move 526
- MSecsPerDay 526
- MSecsToTimeStamp 526
- NegCurrFormat 526
- NetPresentValue 526
- New 527
- NewStr 527
- Norm 527
- Now 527
- Null 527
- NullStr 527
- NumberOfPeriods 527
- Odd 527
- Ord 527
- OutOfMemoryError 527
- Output 528
- Package-Flags 528
- PackageInfoTable 528
- ParamCount 528
- ParamStr 528
- Payment 528
- PeriodPayment 529
- Pi 529
- Poly 529
- PopnStdDev 529
- PopnVariance 529
- Pos 529
- Power 529
- Pred 529
- PresentValue 530
- Ptr 530
- PWordArray 530
- QuotedStr 530
- RadToCycle 530
- RadToDeg 530
- RadToGrad 530
- RaiseLastWin32Error 530
- RaiseList 530
- RandG 530
- Random 530
- Randomize 530
- RandSeed 531
- Read 531
- Readln 531
- ReallocMem 531
- RemoveDir 532
- Rename 532
- RenameFile 532
- Reset 532
- Rewrite 532
- RmDir 532
- Round 532
- RunError 532
- SafeCallErrorProc 532
- SecsPerDay 532
- Seek 532
- SeekEof 533
- SeekEoln 533
- SetCurrentDir 533
- SetLength 533
- SetMemoryManager 533
- SetString 533
- SetTextBuf 533
- ShortDateFormat 534
- ShortDayNames 534
- ShortMonthNames 534
- ShortTimeFormat 534
- ShowException 534
- Sin 533
- SinCos 534
- Sinh 534
- SizeOf 534
- Slice 534

- SLNDepreciation 534
- Sqr 534
- Sqrt 534
- StdDev 535
- Str 535
- StrAlloc 535
- StrBufSize 535
- StrByteType 535
- StrCat 535
- StrComp 535
- StrCopy 535
- StrDispose 535
- StrECopy 535
- StrEnd 536
- StrFmt 536
- StrIComp 536
- StringOfChar 536
- StringToWideChar 536
- StrLCat 536
- StrLComp 536
- StrLCopy 536
- StrLen 536
- StrLFmt 536
- StrLIComp 537
- StrLower 537
- StrMove 537
- StrNew 537
- StrPas 537
- StrPCopy 537
- StrPLCopy 537
- StrPos 537
- StrRScan 537
- StrScan 537
- StrToCurr 537
- StrToDate 537
- StrToDateTime 537
- StrToFloat 538
- StrToInt 538
- StrToIntDef 538
- StrToTime 538
- StrUpper 538
- Succ 538
- Sum 538
- SumInt 538
- SumOfSquares 538
- SumsAndSquares 538
- Swap 538
- SYDDepreciation 539
- SysErrorMessage 539
- SysFreeMem 539
- SysGetMem 539
- SysLocale 539
- SysReallocMem 539
- Tan 539
- Tanh 539
- TByteArray 539
- TDateTime 539
- TDayTable 539
- Test8086 539
- Test8087 540
- TextToFloat 540
- TFileName 540
- TFileRec 540
- TFloatFormat 540
- TFloatRec 540
- TFloatValue 541
- TGUID 541
- THeapStatus 541
- ThousandSeparator 541
- Time 541
- TimeAMString 541
- TimePMString 541
- TimeSeparator 541
- TimeStampToDateTime 541
- TimeStampToMSecs 542
- TimeToStr 542
- TInterfacedObject 542
- TInterfaceEntry 542
- TInterfaceTable 542
- TIsIndex 542
- TIsIndex4 542
- TLibModule 542
- TMbcsByteType 543
- TMemoryManager 543

– TMethod 543
– TModuleUnloadRec 543
– TNameType 543
– TObject 543
– TotalVariance 543
– TPackageInfoProc 544
– TPaymentTime 544
– TResStringRec 544
– Trim 544
– TrimLeft 544
– TrimRight 544
– Trunc 544
– Truncate 544
– TSearchRec 544
– TSysLocale 545
– TTerminateProc 545
– TTextRec 545
– TThreadFunc 545
– TTimeStamp 545
– TVarData 546
– TVarRec 546
– TWordArray 547
– TypeInfo 547
– Unassigned 547
– UniqueString 547
– UnitEntryTable 547
– UnloadPackage 547
– UpCase 547
– UpperCase 547
– Val 547
– VarArrayCreate 547
– VarArrayDimCount 548
– VarArrayHighBound 548
– VarArrayLock 548
– VarArrayLowBound 548
– VarArrayOf 548
– VarArrayRedim 548
– VarArrayUnlock 548
– VarAsType 548
– VarCast 548
– VarClear 548
– VarCopy 549
– VarFromDateTime 549
– Variance 549
– VarIsArray 549
– VarIsEmpty 549
– VarIsNull 549
– VarToDateTime 549
– VarType 549
– WideCharLenToString 550
– WideCharLenToStrVar 550
– WideCharToString 550
– WideCharToStrVar 550
– Win32Check 550
– Win32Platform 550
– WordRec 550
– Write 551
Laufzeitfehler suchen 180
Linkbibliothek 73
Linker
– Optionen 132
– aufrufen 129
Linking 359
Listen 382
Local InterBase Server 24
Local SQL 396

M

Mauspalette 55, 321
MCI Media Control Interface 349
MDI-Anwendungen 76 355
MDI-Hauptfenster 355
MDI-Kindfenster 355
MediaPlayer-Komponente 349
Mengen-Typ 215
Menü Ansicht 49
– Bearbeiten 46
– Datei 45
– Datenbank 54
– Komponente 53
– Projekt 51
– Start 52
– Suchen 48
– Tools 54

Menübefehl
– suchen 180
Menüs 317
MenuMerging 361
Methoden 276
– implementieren 485
Methodenzeiger 222
MIME 462
Modularisierung 167
Multimedia 349
Multitasking 304
Multithreading 303, 368
Mutexe 373

N
NNTP 437

O
Object Pascal 197
– Standardanweisungen 203
Objektablage 147
– Aufbau 147
– konfigurieren 149
– Verwendung 147
Objektinspektor 41, 397
OCX-Steuerelemente 449
OLE 360
OLE-Anwendungen 359
OLE-Glossar 360
Online-Hilfe 31
OOP 272
Operatoren
– Adreß 232
– Arithmetische 228
– Bit 229
– Boolesche 231
– Klassenoperator 233
– Mengenoperatoren 231
– String 231
– Vergleichsoperatoren 232
– Zuweisungsoperator 232
Optimierung 168

P
Packages 133
– Anzeige an- und ausschalten 38
– Entwurfszeit 134
– installieren 136
– Laufzeit 134
Parameter 264
Pascal 19
Pascal-Algorithmus 66
POP 438
Port-Dienst-Kombinationen 441
Programmabbruch 242
Programmablauf
– Steuerung 182
Programmanalyse 163
Programmerstellung 66
– Beispiel 67
– Programmbeginn 295
Programmierbeispiele
– Konsolenanwendungen 197
– Programmerstellung 67
Programmkopf 198
Projekt 71
Projektdatei 71
– Quelltext 43, 84
Projekte
– erstellen 75
– konfigurieren 86
– Pflege 77
Projektfenster 79
Projektoptionen 71
Projektverwaltung 71
– Vorteile 74
Projektvorlage 81
Prozedurdeklarationen 263
Pufferung der Ein-/Ausgabe 533

Q
Quelltexteditor 59, 177
QuickReport 431

R

RAD (Rapid Application Development) 20f, 32
– Beispiel für Programmerstellung 67
– Elemente der RAD-Umgebung 36
– Formular-Designer 39
– Komponentenpalette 36
– Konzeption 34
– Nachteile 20
– Programmierablauf 67
– Vorteile 20
RAD-Ablauf 67
Records 213
Relationale Datenbanken 395
Report Smith 392
Resource Workshop 25
Ressourcen 152
– erstellen 155
Ressourcendatei 72
RTL 492

S

Schlüsselwörter 202
– array 211
– begin 200
– const 200, 204
– end 200
– file 216
– finalization 199
– implementation 199
– initialization 199
– interface 198
– library 198
– message 299
– packed 211
– program 198
– published 465
– record 213
– set 215
– type 200
– unit 198
– uses 198
– var 200, 205
– with 214
Schleife 234, 237
– repeat 239
– while 238
Schnittstellen 290
Schnittstellenvorgaben 288
Scripting 462
SDI-Anwendung 76
Segmentverwaltung 309
Semaphore 373
SendMessage 299
Server 360
set 215
SMTP 438
Speicherkonzepte 302
Speichern 479
Speicherverwaltung 301
Spezifizierer 264
Sprite 344
SQL 396, 416
Standardvorlagen definieren 150
Statuszeile 321
Strings 209
– Long Strings 210
– Null-terminierte Strings 210
– Short Strings 209
– Wide Strings 210
String-Typen 209
Symbolanzeige 171
Symbole 161
– anzeigen 173
– deklarieren 173
– suchen 173

T

Tabellen
– anlegen 402
– öffnen 402
TApplication 299
Tastenkürzel 57, 317

TComponent 470
TCP/IP 462
TDBChart 426
Teilbereichstyp 208
Textdatei 72
TForm
– Eigenschaften 100
– Eigenschaften von 95
– published-Ereignisse von 98
Thread
– AttachThreadInput 373
– CreateEvent 373
– CreateMutex 373
– CreateProcess 373
– CreateRemoteThread 373
– CreateSemaphore 373
– CreateThread 373
– DeleteCriticalSection 373
– DuplicateHandle 373
– EnterCriticalSection 373
– ExitProcess 373
– ExitThread 373
– GetCommandLine 373
– GetCurrentProcess 374
– GetCurrentProcessId 374
– GetCurrentThread 374
– GetCurrentThreadId 374
– GetEnvironment 374
– GetEnvironmentStrings 374
– GetExitCodeProcess 374
– GetExitCodeThread 374
– GetPriorityClass 374
– GetProcessShutdown Parameters 374
– GetStartupInfo 374
– GetThreadPriority 374
– Hilfe-Programmierung 376
– Hilfe-Text 376
– InitializeCriticalSection 374
– LeaveCriticalSection 374
– OpenEvent 374
– OpenMutex 374
– OpenProcess 374
– OpenSemaphore 374
– ReleaseMutex 374
– ReleaseSemaphore 374
– ResumeThread 374
– SetEvent 374
– SetPriorityClass 374
– SetProcessShutdownParameters 374
– SetThreadPriority 375
– Sleep 375
– SleepEx 375
– SuspendThread 375
– TerminateProcess 375
– TerminateThread 375
– Tlsxxxx 375
– WaitForInputIdle 375
– WaitForMultipleObject 375
– WaitForSingleObject 375
Threads 179
Tortendiagramm 426
Turbo Assembler 24
Typbezeichner 205
Typbibliotheken 455, 462
Typen 205
– Array 211
– Aufzählungstyp 207
– Boolescher 208
– Comp 209
– Currency 209
– Datei 216
– Double 209
– Einfache 205
– Extended 209
– Gleitkommatypen 206, 208
– Integer 206
– Long String 210
– Mengen 215
– Nullterminierte String 210
– Ordinaltypen 206
– Prozedur 221
– Real 209

– Record 213
– Short String 209
– Single 209
– String 209
– String-Literale 210
– Struktur 211
– Teilbereichstyp 208
– Varianten 223
– Wide String 210
– Zeichentyp 206
– Zeiger 218
– Zeiger far 301
– Zeiger near 301
Typumwandlung 224

U

UDP 438
Überwachte Ausdrücke 175
Units 72
– Abschlußteil 199
– Aufbau 198
– Implementationsteil 199
– Initialisierungsteil 199
– Interface-Teil 198
– untersuchen 173
URL 462
uses-Anweisung 198
UUID 463

V

Variable 204
– deklarieren 205
– ändern 179
– globale 200
Varianten 213
VCL 552
– AnsiToNative 552
– Application 552
– Automation 552
– Bounds 552
– Check 553
– Clipboard 553
– ColorToRGB 553
– DirectoryExists 553
– ForceDirectories 553
– GetLongHint 553
– GetParentForm 553
– GetShortHint 553
– GraphicExtension 554
– MessageDlg 554
– MessageDlgPos 554
– NativeToAnsi 554
– Point 554
– Printer 554
– Rect 554
– SetPrinter 555
– ShortCut 555
– ShortCutToKey 555
– ShortCutToText 555
– ShowMessage 555
– ShowMessagePos 555
– TActiveForm 555
– TActiveXControl 555
– TApplication 556
– TAutoIncField 556
– TAutoObject 556
– TAutoObjectFactory 556
– TBDCField 556
– TBinaryField 556
– TBitmapImage 556
– TBits 556
– TBlobField 556
– TBlobStream 557
– TBookmarkList 557
– TBooleanField 557
– TBrush 557
– TButtonControl 557
– TBytesField 557
– TCanvas 557
– TClipboard 557
– TCollection 557
– TCollectionItem 557
– TColumn 558
– TColumnTitle 558

- TComboButton 558
- TCommonDialog 558
- TComponent 558
- TComponentFactory 558
- TControl 558
- TControlCanvas 558
- TConversion 558
- TCurrencyField 559
- TCustom 559
- TDataModule 559
- TDataSet 559
- TDateField 559
- TDateTimeField 559
- TDBGridColumns 559
- TDDEMgr 559
- TDesigner 559
- TDragControlObject 559
- TDragObject 560
- TDrawGrid 560
- TField 560
- TFieldDef 560
- TFieldDefs 560
- TFiler 560
- TFileStream 560
- TFloatField 560
- TFont 561
- TGraphic 561
- TGraphicControl 561
- TGraphicField 561
- TGraphicsObject 561
- THandleStream 561
- THeaderSection 561
- THeaderSections 561
- TIcon 561
- TIconOptions 561
- TIndexDef 562
- TIndexDefs 562
- TIndexFiles 562
- TIniFile 562
- TInplaceEdit 562
- TIntegerField 562
- TInternalImage 562
- TList 562
- TListColumn 562
- TListColumns 562
- TListItem 562
- TListItems 563
- TLoginDialog 563
- TMemoField 563
- TMemoryStream 563
- TMenuItem 563
- TMetafile 563
- TMetafileCanvas 563
- TNumericField 563
- TObject 563
- TOleStream 564
- TPage 564
- TParaAttributes 564
- TParam 564
- TParamList 564
- TParams 564
- TParser 564
- TPasswordDialog 564
- TPen 564
- TPersistent 564
- TPicture 565
- TPopupDataList 565
- TPopupGrid 565
- TPrinter 565
- TPropertyPage 565
- TReader 565
- TRegistry 565
- TReportDirProperty 565
- TResourceStream 565
- TScreen 565
- TScroller 565
- TScrollingWinControl 566
- TSessionList 566
- TSmallIntField 566
- TStatusPanel 566
- TStatusPanels 566
- TStream 566
- TStringField 566
- TStringGrid 566

– TStringList 567
– TStrings 567
– TStringStream 567
– TTabPage 567
– TTabSet 567
– TTabSheet 567
– TTextAttributes 567
– TThread 567
– TTimeField 567
– TTreeNode 568
– TTreeNodes 568
– TVarBytesField 568
– TWinControl 568
– TWordField 568
– TWriter 568
– ValidParentForm 568
VCL-Komponente anpassen 450
Verbunddokumente 359
Vererbung 283
Verzweigungen 234
Virtueller Speicher 302
Vorlagen aus der Objektablage 148

W

WAV-Format 349
Web-Browser 439
Win16 294
Win32 294
Win95-Logo 162
– Anwendung 76
Windows-Programmierung 292
– Botschaftsverarbeitung 296, 297
– Hauptfenster 296
– Win16 294
– Win32 294
WinSight 192
WorldWideWeb 463

Z

Zeichen-Typen 206
Zeichenwerkzeug 159
Zeiger 218
Zugriffsmodifizierer 270